小王子的星辰与玫瑰

圣埃克苏佩里传

SAINT-EXUPERY

[美国]斯泰西·希夫 著　李宁 译

译林出版社

图书在版编目（CIP）数据

小王子的星辰与玫瑰：圣埃克苏佩里传／（美）斯泰西·希夫（Stacy Schiff）著；李宁译.—南京：译林出版社，2021.5
（传记译林）
书名原文：Saint-Exupéry: A Biography
ISBN 978-7-5447-8608-9

I. ①圣… II. ①斯… ②李… III. ①圣埃克苏佩里（Saint-Exupéry, Antoine de 1900—1944）－传记 IV. ① K835.655.6

中国版本图书馆 CIP 数据核字（2021）第 051738 号

著作权合同登记号　图字：10－2018－526 号

小王子的星辰与玫瑰：圣埃克苏佩里传　［美国］斯泰西·希夫／著　李宁／译

责任编辑　许　昆
装帧设计　韦　枫
校　　对　蒋　燕
责任印制　董　虎

原文出版　Henry Holt and Company, 2006
出版发行　译林出版社
地　　址　南京市湖南路 1 号 A 楼
邮　　箱　yilin@yilin.com
网　　址　www.yilin.com
市场热线　025-86633278
排　　版　南京展望文化发展有限公司
印　　刷　南京爱德印刷有限公司
开　　本　787 毫米 × 1092 毫米　1/16
印　　张　35.5
插　　页　12
版　　次　2021年5月第1版
印　　次　2021年5月第1次印刷
书　　号　ISBN 978-7-5447-8608-9
定　　价　108.00元

谨以此书献给

马克·德·拉布吕耶尔

目录

序　言

有一本百科全书用两个词很好地概括了他出生时的困境，“赤贫贵族”。安托万·德·圣埃克苏佩里的第一份工作是卡车销售员。到了1929年，他已颇有成就，成了一名飞行员，并出版了人生第一部小说。随后五年，他失业了，只能勉强糊口。1939年，圣埃克苏佩里摘得美国书商协会的国家图书奖，同年凭借《风沙星辰》获得法兰西学术院小说大奖；他似乎即将踏进法兰西学术院的殿堂。然而，五年后，由于政治立场，或者更确切地说是由于缺乏政治立场，他成了一个不受欢迎的人，并自此蒙羞居住在阿尔及尔，满心悲伤，作品也受到审查。也正是在那一年，他在第二次世界大战中失踪，是伤亡人员中最著名的法国作家，时年四十四岁。

圣埃克苏佩里英年早逝，人们却因此对他更加着迷，如同对一切夭折的人与物，如玛丽莲·梦露，又如“泰坦尼克号”。他的死亡之谜在《小王子》中有精准的预示——主人公观看了四十四次日落，这也使得他的死愈加扑朔迷离。除此之外，还有对他的颂悼之词：虽然圣埃克苏佩里已逝世五十多年，他的时代却一直延续至今。靠着众多善于言辞的朋友，他活了下来。这些朋友几十年来的赞美如同一场雪崩，在其重压之下,他的形象变得扁平。这场雪崩自然又引发了下一场:一些人不遗余力、乐此不疲地提醒我们,圣埃克苏佩里是人,不是神。贬低他的人不过是充当了狂热崇拜的护卫者,反而突显了圣埃克苏佩里其人;他们只是纠缠于传说,而这些传说现在使得作家备受其苦。

隐藏在传说之下的这个人绝不平凡,但我们有理由相信他也并不超凡。圣埃克苏佩里无疑是勇气过人的,他绝不是一名训练有素的飞行员,只是短时飞行运送邮件,加起来也不到六年。他经历了航空业的
ix 开拓时期,却并不是其中最杰出的实践者;他更像是早前的鲍斯韦尔。他同样不循常规。他表现得极度缺乏个人野心,是一位坚定的独行者。在他看来,不顺从更能展现出英勇。他的友情很可靠,但其中一半忠诚一半争吵。他的情感史充满痛楚。同时,圣埃克苏佩里又是个性非常强的一类天才人物。这种个性对他挫折不断的人生几无影响,只有一部分渗透进他的作品。晚餐时,他激情四射地讲述自己在利比亚沙漠中险些渴死的故事,听众入了迷,感同身受好像也脱水了,瘫坐在椅子上。凡见过他的人都忘不了他。

一名飞行员如何成为作家,如何能像圣埃克苏佩里一样,写出如此抒情的作品?一位贵族何以担任空中邮差?两个职业都不含有预先确定的因素,并且对于一个同时涉足文学和航空两个世界的人而言,两者的交集比他希望的更少——尤其是在1920年代的法国。通常来讲,这两个职业并不很搭配。作家与日常经验保持一定距离,他的任务是重铸经验;飞行员的工作特点是高度的即时性、完全的在场。作家可能重塑事件,而飞行员必须敏捷地适应事件。于圣埃克苏佩里而言,这两个职业——以及与它们相关的生活和作品——难解难分。他的传记作者享有得天独厚的便利。他的大部分作品都是纪实性的,虽有些浪漫主义色彩,但仍具有传记性质;也有一些不如纪实作品一般单纯直白,但也足够容易解码。这部传记虚构的内容很少,想象的成分也不多,其中

事实浩瀚如海。尽管圣埃克苏佩里是健忘的——婚后六年,他就忘记了婚礼日期——但他既不篡改,也不掩盖过去。他不说谎。他为事物增添了光晕,但他也正是为光晕而活,为堂吉诃德式行为而活,这种行为最终使他走向毁灭。他塑造那些诚实故事的方式,最终向我们展现的与这些故事本身一样多。它使得我们能够开始想象他生命中真正至关重要的时刻,那些他独自身处几千英尺[*]高空、任何传记作者都无法触及的时刻。

作品忠于作家的生活,但它们仍然不能完全代替他。作家在纸页上放飞思绪,就如同他在驾驶舱中一样;有一句话常用来评价圣埃克苏佩里:“在 A 处思想 B。”作品很简单,而圣埃克苏佩里并不简单。在早期作品中,找不到那位写出暴躁、愤怒、饱受压迫文字的作家。这里,那些传说又一次影响了我们:圣埃克苏佩里的传记作者致力于厘清小王子,就是那位毫无戒备心的 B-612 星球来客的缘起。到目前为止,他人生的记录者们假装这位写出了我们这个时代最温柔文字的人没有个人生活,只是深陷婚姻的泥沼。我们如果过多地拘泥于传统的披风战 x
士形象,就不容易理解小王子;如果只从他的文字解读,也很容易埋没圣埃克苏佩里。他的人生远比他透露的更丰富,而超验特质更少——描述这些超验特质的文献不可计数——他的人生远比看起来的更世俗。

他的名字有个注释,标注了发音 Sant-Exoopairee,所有音节都重读。名人改名很出名。圣埃克苏佩里承认,他有“一个美丽的姓”,并且对这个姓感情很深,以至于他不许两个女人——姐姐和妻子——以它署名发表作品,从而分享它。(最终两人都违背了他的意愿。)朋友和熟人自作主张地按照他孩童时期的绰号,叫他“圣埃克斯”(Saint-Ex),尽管他

---

* 1 英尺约等于 0.3 米。本书保留原书公制、英制表述,在首次出现英制单位处,提供换算比例。——译注

本人并不这样称呼自己,后来他以这个名号成了传奇飞行员。在名字方面,他仅有过一次让步。法国陷落之后,旅居纽约期间,他授权美国的出版商在他名字里加一个连字符,以免有些人总是称他为“埃克苏佩里先生”。在这本书中,我保留了这个迟来的连字符,不这样的话,他的名字在英语中会让人觉得有些奇怪。“他是法国的圣徒吗?”1940 年,查尔斯·林德伯格的儿子就很困惑,曾这样问母亲。有趣的是,安妮·莫罗·林德伯格回答,从不太通常的意义上来说,圣埃克苏佩里确实算
xi 一位圣徒。一年之前,她便已经为这位法国人倾倒了。

第一章　无垠高空之王

1927—1928

夜空有星——沙漠只有远方。

大海有岛——沙漠更远处，还是沙漠；

建一座堡垒，或一所房子，在沙漠上，

你将一无所成。

——柏瑞尔·马卡姆，《夜航西飞》

1928 年是安托万·圣埃克苏佩里一生中最为安定的日子。他无经济之虞，无情感纠葛，无就业压力。他住在西撒哈拉，房子是五年前从法国漂洋运来的一所木头棚屋。一面朝向大海，涨潮时海浪拍打窗子；另一面朝向沙漠。附近有一座非常宏伟的西班牙要塞，城墙上有雉堞，在要塞的映衬下，圣埃克苏佩里的木屋显得很矮小，但它守卫着机库。除此之外，笔直的地平线只在游牧人来安扎帐篷时，才会被遮挡住。圣埃克苏佩里二十八岁，从前一年 10 月起，他担任朱比角机场的负责人。十五年后，他这样写道："住在沙漠里时，我最爱我的房子。"

屋内的家具很简单，一张铺了一层薄草垫的木板当床，还有一扇用两个油桶支起来的门,他伏在上面写作。这张木板床对于身高六英尺两英寸*的飞行员来说太短了;刚到朱比角的头几个月,圣埃克苏佩里用一个木箱作为枕头来加长床板,后来一位朋友说可能换个方向睡更舒服。他常给母亲写信,信中列了一份其余物品的清单:一个水壶、一
3 只金属盆、一台打字机、一架子书、一部发条留声机、一副纸牌、空中邮政公司的记录,还有他所飞航线的档案。圣埃克苏佩里的室友是四名法国机械师和十个摩尔人,他们都是空中邮政的员工,同住的还有狨猴吉吉、一条狗、一只大肥猫和一条鬣狗。至于邻居,就是西班牙要塞里的人了,他们的头头是一位官架子很大的卡斯蒂利亚贵族,德·拉·培尼亚上校。当时的西属里奥德奥罗河北岸,即今天的西属撒哈拉,面积大致相当于大不列颠,如今只有摩尔人居住。

我们完全有理由认为,朱比角,也就是今天摩洛哥的塔尔法亚小城的机场,是“世界上最荒凉的简易机场”。若在空中邮政公司飞行员这个以身强体壮而出名的群体中提起朱比角,早晚会谈到“神经衰弱”这个词。沙漠有独特的魅力,飞过非洲航线的飞行员们都会毫不吝惜地赞美其无与伦比的美,并声称撒哈拉是他们真正的情人,但人们普遍认为朱比角是一个被上帝抛弃的地方。1929 年,圣埃克苏佩里刚刚离开,一位记者曾到访朱比角。甚至尚未降落到朱比角的沙地跑道上,他就评论起这地方“悲惨的孤独”。他的评论在进入西班牙要塞后得到了证实,人们的病态令他震惊,他惊讶地发现“他们有着乞丐和强盗的奇怪样貌。他们如此邋遢,仿佛是特意化装出来的。但是,比起邋遢而言,更可怕的是他们的沉默”。他想这惨状是德·拉·培尼亚上校施加的恶毒诅咒,直到一位法国机械师提醒他说:“你难道不知道朱比角是西班牙的军事监狱?”让·梅尔莫兹可能是法国最著名的飞行员,并以活

* 1 英寸等于 2.54 厘米。——译注

力著称，1927年2月，他在朱比角住了一周。他说，他从来没有“如此压抑和窒息。狱警与囚犯几乎没有区别，他们的制服破烂不堪，帆布鞋裂着口子，他们肮脏、无所事事、默默无声”。梅尔莫兹招了两名摩尔人打下手，整整一周都在给法国军营做饭，口袋里装着一把左轮手枪。他晚上睡十四个小时，练习西班牙语，经常打牌，数着日子过，而日子却过得慢悠悠，令人气恼。

朱比角木屋位于卡萨布兰卡以南六百英里*，达喀尔以北一千七百英里；圣埃克苏佩里在给朋友的信里说，他“离最近的小酒馆有一千公里”，他没有夸大其词。水和日用品每月从加那利群岛运来；朱比角没有天然港口，每隔四周潮水才足够平静，能达到入港条件。这里气候并不温和，白天气温高达38℃左右，风刮个不停，这意味着朱比角的风向
袋总是顽固地处于水平状态，通常刮的是东北狂风。风吹起沙尘，无孔 4
不入；它成了几乎每餐的佐料，更糟糕的是，沙子还会侵入飞机的汽化器和燃料。西撒哈拉海岸是世界上最干旱的海岸，但空气异常潮湿，即使在最炎热的季节也是如此。潮湿对飞机非常不利，对1920年代的飞机尤其如此。湿气渗透布制机翼，使机翼膨胀，与支撑架分离，还会腐蚀金属零件。飞行员谈论天气是可以理解的，因为天气对他们至关重要。今天，飞行员们依靠卫星生成的气象图，但在1920年代的西属撒哈拉，气象图充其量是粗略的预测，气象学与其说是科学，不如说是直觉。离开朱比角多年后，圣埃克苏佩里仍记得嗅到沙暴将临的气息；他很高兴学会了破译撒哈拉的“秘密语言”，能够从“一只蜻蜓的振翅中读懂沙漠的愤怒”。在这样的天气飞行，一点也不诗意。从实际的航空角度来看，朱比角绝不是天堂。

公平地说，如果1920年代空中邮政公司的航线范围更大，法国人

---

* 1英里约等于1.6千米。——译注

绝不会来打扰相对平静的朱比角。从两个方面看，里奥德奥罗河*名不副实：首先它不是一条河，其次也没有黄金。**西班牙人选择了一个条件恶劣的地方安营，不过它恰好战略性地为空中邮政公司的一条邮政航线打下基础，这条航线连接着法国航空所在地图卢兹与其南面三千英里的法属非洲最大城市达喀尔。当时的邮政飞机为宝玑 14，以每小时八十英里的巡航速度飞行，极限航程在四百英里以内。受到这些条件的限制，新兴的航空服务业不得不与西班牙人商谈，使用仅有的两座加油站，就是里奥德奥罗的朱比角，以及在南部与它相邻的锡斯内罗斯。这两处相距遥远，同波士顿与华盛顿之间距离差不多。一切顺利的时候，从图卢兹飞往达喀尔大约需要五十五小时，每二百五十到三百五十英里落地一次，而且只能在白天飞行；飞机的行进情况通过无线电来回传递。宝玑 14 不是先进的飞机，它的引擎功率为三百马力，螺旋桨是木制的，驾驶舱是敞开式的；机上没有无线电，没有悬挂架，仪器精度不高，也没有刹车。一位飞行员说，油表的示数更像是管道中的沙尘量，而不是油箱中的油量。圣埃克苏佩里则说，指南针在理论上是个不错的发明，但在实践中，它充其量是个风向标。

平均下来，宝玑 14 飞行一万五千五百英里左右就会出一次故障，相当于在卡萨布兰卡和达喀尔之间每往返五趟就会出一次故障。这种
5 简陋飞机的优点在于易修理：据说在紧急情况下，一把锤子、一些钉子、一把锯子、一块木板和一些胶水就足以让一架宝玑 14 重新运转起来。正如梅尔莫兹所说："在有商用飞机之前，我们已经有了商业飞行。"如果说事故中飞机损坏程度重于飞行员损伤，这可能与另一位伟大的法国飞行先驱，路易·布莱里奥指出的一个事实有关："飞机撞向

---

* "里奥德奥罗"在西班牙语中意为"黄金之河"。——译注

** 事实上，整个西撒哈拉没有一片绿洲或者湖泊，唯一盛产的矿物是磷酸盐。

地面时,飞行员能免于受伤并不在于他本人多么高明,而在于人们所说的飞机弹性。”

非洲航线于1925年5月开通,随后,达喀尔这座殖民帝国的行政首府——面积接近欧洲大陆上法国的二十倍——两天便可以收到来自卡萨布兰卡的邮件。(换作海运,收到这样一封信夏天需要一周,冬天则要两周。)圣埃克苏佩里在朱比角安定下来时,航空公司开始以里奥德奥罗基地为踏板,向南美洲发展航线。只有在引擎功率更大、更可靠的拉泰科埃尔26取代宝玑14之后,飞机才不必在里奥德奥罗落地。而那是1930年以后的事了,在那之前,法国人一直仰赖西班牙人的帮助,这一点西班牙人也很清楚。里奥德奥罗是1920年代马德里—奥赛码头*往来信件中一个被常常提及的地方。地理学上,有很多因为有用而兴起,而在用途不存之后仍存在的地方。宝玑14和非洲航邮将朱比角标示在地图上,拉泰科埃尔26和南美航邮又使它渐渐被遗忘。

圣埃克苏佩里来到朱比角的前一年,刚刚飞越大西洋的查尔斯·林德伯格注意到:大雾和雨夹雪是邮航飞行员两个最可怕的敌人。他不熟悉摩尔人。里奥德奥罗河虽说是西班牙的殖民地,但它只有两座要塞,只有面朝大海的要塞是安全的,可以乘船迅速撤离。西班牙人不会冒险走出要塞的围墙。圣埃克苏佩里在写给妹夫的一封信中不无幽默地说:一个人走出要塞围墙六十英尺,就会挨枪子;走出一百五十英尺,就会丧命或者被卖为奴隶,结局因季节而异。他说得不算很夸张:他到这里之前几个月,已经有两个西班牙人在要塞围墙边消失了。没多久,摩尔人就发现了法国飞行员的价值。第一批抓走的飞行员被扣下来,要拿钱赎回;1926年,两名飞行员遇害,还有一名在扣押期间因伤死亡。寄往达喀尔的信件拆开后,法郎散落出来。消息很快传开了,说

---

* 奥赛码头是巴黎第七区的一个码头,位于塞纳河左岸,旁边是奥赛街。法国外交部位于奥赛码头,法国人喜欢用地名称呼政府机构,因此奥赛码头通常代表法国外交部。——译注

邮航是空中金矿。射击飞机变得司空见惯；圣埃克苏佩里报告说，摩尔人射击飞行员就像射猎鹧鸪。（他还很快注意到一件幸运的事，摩
6 尔人射击空中物体时瞄不准，因为在撒哈拉很少有机会练习射击。）当飞机引擎在空中轰鸣时，情况就不同了。法国飞行员因摩尔人紧张是情有可原的。据说航空公司的负责人皮埃尔-乔治·拉泰科埃尔是一位非常强硬的商人，不愿支付赎金，而摩尔人拿不到钱就一直慢慢折磨飞行员。

皮埃尔-乔治·拉泰科埃尔拥有这家航空公司，制造了飞机，但里奥德奥罗的问题完全落在他的运营总监迪迪埃·多拉身上。人们能够记住多拉主要归功于圣埃克苏佩里的作品，在他笔下，多拉有着军人的自律和沉默的严谨。他的独创性足以使他永载史册。在航空公司刚创立的那几年里还没有无线电，他就为宝玑 14 配备了信鸽，万一飞机失事可以飞鸽传书。当他发现里奥德奥罗存在更大危险时，又给飞行员配备了武器。随后，他把这些飞行员派到非洲航线去，两人一组飞行，并明确指示，飞行员遇到险情时，要为护航机最大限度靠近自己的飞机着陆提供便利。他动过给飞机配备摩尔人录音的念头，也许这样可以更好地向摩尔人介绍这家法国企业；他确信拉泰科埃尔的宏大愿景能打动摩尔人。最后，他还安排当地口译员陪同飞行。飞机在高空庄严地飞行，机舱里四处是邮包，飞行员腰挎镶嵌宝石的剑，身着蓝袍的摩尔人给邮件带来了新的浪漫气息。同一般口译员相比，他们有些不寻常，因为除了极个别的人，他们只会说单语，他们的任务与其说是翻译，不如说是谈判赎金。

1927 年，发生了一些可怕的事件后，多拉意识到西班牙人正等待着最后一场灾难发生，朱比角的问题仍未解决。在这个处境微妙的前沿基地，他需要的是一位大使，一个能够让西班牙人相信法国航空可以在这里运营，能够让法国在里奥德奥罗的存在更易为人接受，也能够处理

好与摩尔人之间关系的人。很自然,他想到了圣埃克苏佩里。他是贵
族出身,能够得到西班牙人尊重;这名飞行员已经显示出了一些魅力;
他已经在非洲邮政航线飞行了十个月,对朱比角很熟悉。有人认为,多
拉急切地想让圣埃克苏佩里担任大使,就像他急切地想让他来做飞行
员一样。当时,圣埃克苏佩里从航空公司请了病假,正在法国休养。他
得了登革热,关节疼痛,走路一瘸一拐的。炎热干燥的气候可以减轻症
状。秋天,他被召回图卢兹,并被紧急派往朱比角,1927 年 10 月 19 日,他
抵达那里。他的任务很简单:修复与西班牙当局的关系,并“在沙漠里随
时随地准备营救遇到危险的飞行员”。他的工作有点像撒哈拉里的圣伯 7
纳犬。“沙漠中的担水者,”他后来写道,“是那里最了不起的神职人员。”

*

像在很多小地方一样,朱比角的职位头衔很大。大家都知道德·拉·培尼亚上校是朱比角的督察长,可实际上他的管理仅限于要塞内。圣埃克苏佩里被任命为机场负责人,虽然知道自己的管理区域并不大,但他乐于接受这个职位需要承担的工作。他最初来到朱比角是因为“德·圣埃克苏佩里”这个姓氏,这是一个很好的贵族姓氏。迪迪埃·多拉打赌他的这个贵族姓氏会引起德·拉·培尼亚上校注意,多拉赌赢了。讽刺的是,从不羞于告诉任何人如何给他写信、把信寄到哪里的圣埃克苏佩里,在那一年年初曾从达喀尔写信给他的母亲,提醒她:“信封上不要写‘伯爵’两个字。”他的头衔让他感到分裂,而所有的头衔都意在于此,天性与出身使然,圣埃克苏佩里一直痛苦地感到分裂。如果有人称他“尊敬的伯爵”,他便觉得对方品位低俗,不愿理睬对方。不出意料,这种行为使他与另一个世界保持着距离,在那个世界里,人由头衔、关系和财产来定义,而这些圣埃克苏佩里一无所有。

朱比角的妙处在于，它荒凉偏远，最大限度地减弱了圣埃克苏佩里姓氏之中“德”字的激冷效应。他本人或许很少注意到这个介词，但他周围的人，特别是空中邮政公司的同事们，总是难免注意到。1920 年代，一个尊贵的姓氏在法国的任何地方都会引人注目，在机场自不必说。与此同时，朱比角帮他出了名。1928 年，他在沙漠飞行表演中以高超的技艺赢得了同事的尊敬。航线上的飞行员们一直认为圣埃克苏佩里是一个分裂的人，现在他们不再谈论他的名字了，而是谈论他的怪异。对于他们来说，他可能从来都不是圣埃克苏佩里伯爵，而是尊敬的圣埃克苏佩里。用空中邮政一位机械师的话说，他“算是我们的英国女王”。离开撒哈拉时，他的名字已经简化为更亲切的圣埃克斯。（二战期间，他的名字被美国人进一步简化，成了“埃克斯少校”。）同时，圣埃克苏佩里逐渐习惯了他的姓氏。

圣埃克苏佩里二十七岁来到朱比角。在此之前，他已在杂志上发表了一篇小说，有过非常痛苦的感情经历，也短暂地从事过几种职业，
8 但都不成功，直到一年前他成了一名邮政飞行员。在二十几岁的年纪，他常给母亲写信亲密地坦露内心，流露出对一事无成的忧惧。他担心自己懒惰，担心这么快就厌倦了自己，担心无法证明自己的价值，还担心永远找不到一个他爱的女人。大家都很清楚，他自己也明白，他与这个世界格格不入。1925 年，他悲伤地写道：“我如此不同寻常，请试着照我真实的样子来看待我吧。”显然，他也不了解自己真实的样子。他知道他不喜欢什么：任何一种幸福，若是使人失去活力、心满意足或一成不变，他便不喜欢。他有一种预感，自己会度过冒险的一生。飞越非洲时，他曾这样描绘冒险——“一种经久的渴望，去探索未至之境，任凭双脚引路，不论明天如何”——这与失业，与半心半意的状态完全不同。他很生气家里人把他看作“一个肤浅的、喋喋不休的懒汉”。他非常想得到认可，但似乎找不到证明自己的竞技场。1927 年初，在第一次去非

洲之前，他写信给母亲说，他真心希望自己回家时能成为“一个适合结婚的人”。

在圣埃克苏佩里生活的时代，年轻贵族并没有很多职业选择，特别是对那些不想循规蹈矩而没有进入军事或外交领域的人而言。这两者过去是，现在也仍然是贵族子弟的标准职业生涯；如今，三分之二的法国贵族家庭中至少有一名现役军官。1926 年 10 月，就是圣埃克苏佩里入职航空公司的那个月，他给一位密友的妹妹勒妮·德·索西纳写了信——他曾想写信来追求索西纳，但没有成功——在信中他半开玩笑地说，希望自己成为一个“英俊的情人”。如果有人为了财富而嫁给他，未尝不是一种选择，然而于圣埃克苏佩里而言，却绝无可能。“我希望我是一个‘英俊的情人’，打着帅气的领带，拥有辉煌的情史。我应该早点在这方面训练自己，现在为时已晚。我真的很后悔。现在我渐渐秃顶了，不用再去费力改变了。”他不无伤感地说。

即便在头发渐渐稀疏之前，圣埃克苏佩里也很难扮演这样的角色。他比大多数法国人高一头，行动笨拙，称不上常人眼里的英俊。他像熊一样笨手笨脚。他的“米老鼠鼻子、突出眼眶的黑眼睛、如炬的目光”使他仿佛超然世外。他尤其不注意穿着。更甚的是，自他经常飞行后，还会满指甲污垢地出现在巴黎最高雅的地方。他手上沾满机油，还向勒妮抱怨说，只有他自己觉得这双手很漂亮。一旦到航空公司工作，他就 9
背离了那个指甲光洁的世界，还拿它打趣，起初他是带着几分泄恨意味的。没过几个月，他就给一位女性友人写信说，他为自己在空中邮政公司的状况兴奋：“我很高兴这不是小白脸们的游戏，而是一个职业。”他从达喀尔给一位老师写信：“当引擎在里奥德奥罗上空轰鸣，我从一个新角度观看世界，回忆、希望和文艺小白脸们的圈子，等等，我感觉自己因而变得明智了。”最终，他曾隐约渴望的假期竟成了最可怕噩梦的代名词：在他的第一部小说中，一名飞行员走进达喀尔的一家酒吧，成了

"所有这些小白脸中间一位笨拙的探险家"。他喜爱冒险，但正如安妮·莫罗·林德伯格敏锐地评论的，他只有跨越"出身、教育和修养"的障碍，才能真正纵情于兹。

不过，他的选择可能是错误的。偶尔，他会承认自己选择这样的生活是愚蠢的。为什么要在荒漠中流汗，为什么要留在漫无边际的黄沙之中，"法国有碧绿的田野，有溪流，有奶牛。巴黎的街上女子随处可见。多好啊。还有戏剧、音乐、乐子"。他认为冒险的生活更有意义，也许他错了。到朱比角一段时间后，这些疑虑渐渐消散，不过有时他还是会拿大冒险的世界和他抛在身后的温馨居家生活作比较。为了给自己辩解，他这样回复一位写信告诉他婚讯的巴黎朋友：

> 你订婚了，你感到幸福……一切都那么甜蜜、清新和平静。我收到你的信时，已经有八天没有刮过胡须，赤脚，满手污渍。我收到信时刚刚探险回来，原本我是回不来的……我邀请了几位摩尔酋长来喝茶。他们正在这儿。他们哑着嗓子和我打招呼。若是在二十公里外，我不太可能信任他们。现在他们却成了我的座上宾。我离开你，回到我自己的生活。你的来信真像一阵清风。

刚到朱比角没几个月，他告诉母亲，他驯服了一条变色龙。"我在这里的任务就是驯服，"他接着说，"驯服是一个好听的词，很适合我。"他又驯服了瞪羚，但对沙漠里的一种沙狐，就是聊狐，他就没那么好的运气了。他很想为妹妹驯养一只。只有西班牙人的警卫犬让他毫无办法，一天晚上，这条狗还想咬他肩膀。他完全把握了他的任务，那就是与西班牙、摩尔人，还有这片沙漠面对面地打交道；他找到了自己的使命。"驯服"对圣埃克苏佩里来说，一直近乎一个宗教表
10 达。他第一次按照广义来使用它大概是在 1927 年 1 月 1 日，当时他

独自在阿利坎特的一家咖啡馆里迎接新年。凌晨2点,他坐下来给勒妮·德·索西纳写信。在一趟神奇的飞行中,他来到一座西班牙小镇,镇上欢腾的气氛让他感到自己恢复了青春。但是在信中,他高昂的兴致常常因深沉的渴望转而冷淡。“你驯服了我,”他对她说,“坦白地说,被驯服是甜蜜的。只是你也会让我的日子蒙上忧伤。”对一位年轻贵族来说,这份工作相当完美:圣埃克苏佩里对妹夫描述他的工作说,他身兼飞行员、大使和探险家三职。这相当于20世纪的游吟诗人、十字军战士和游侠骑士。正如他给朋友夏尔·萨勒信中所写的:“品尝了禁果……经历了短时的绅士生活。”无论在精神上,还是在实际生活中,他都是一位贵族,而这完全在于他的性格,尽管最初他是因为姓氏来到这片沙漠的。然而,圣埃克苏佩里被法国机械师们忆起,主要是因为他友善、内向、在深夜里精神旺盛,所有这些都使朱比角成为非洲航线上的新热点。

在沙漠中,圣埃克苏佩里的技术并不复杂。他抓紧时间了解游牧民族,这是他一直想做的事,尽管他肯定没跟迪迪埃·多拉说过这么多。刚到几周,他就骄傲地汇报,他很受当地孩子们喜爱,因为无论到哪里,孩子们都喜欢他;他还在上阿拉伯语课,不过总的来说他学习语言不太成功。他用亲切的肢体语言和幽默感开展外交工作。他请酋长们喝茶,酋长们则邀请他到一英里外的沙漠腹地,到他们的帐篷去,那里还从没有西班牙人踏足过。他说自己很安全,因为摩尔人越来越了解他,更准确地说,是因为他的无畏给摩尔人留下了印象。他真被摩尔人迷住了,至少最初是这样的;他们也信任他。用多拉的话说,圣埃克苏佩里“善良,正直,尊重形式、习俗和传统,这使他被视为、被尊为圣徒”。同时,他非常乐于邀请西班牙军官们到法国营地共进晚餐,甚至在供给严重不足,危及法国菜声誉时也是如此,这令他的同事沮丧。他有时还会请这些军官们下棋。他的纸牌技艺已经很纯熟了,在朱比角有大把时间打磨它。他研读各种技术手册,并兴致勃勃地向所有感兴趣的人展示他那些实际的和形而上学的实验。简而言之,他是一位非常能干的大使。他即刻获得了成功。他到任才几个月,每一架飞机经过时,西班牙人都会同时升起法国国旗和他们自己的西班牙
11 国旗;摩尔人会跑来迎接这位"了不起的白人托钵僧"。很快,他赢得了相称的头衔。1928 年,他骄傲地写信给姐姐说,摩尔人封他为"飞鸟机长"。

*

空中邮政公司的飞行员不像我们想象的那样衣着光鲜。他们是一支衣着随便的队伍,更像是塞缪尔·贝克特笔下的人物,而不是传说中穿着皮制服的天使长。圣埃克苏佩里也不例外,在摄于朱比角的那些照片中,他穿着各式各样奇奇怪怪的衣服,不讲究搭配,也不够整洁,他腰间系着一条羊毛围巾,脸上胡子拉碴。这与他信中所说的"英俊的情人"相距甚远。显然,他喜欢上了穿一件旧晨袍,有点像摩尔人的打扮。他脸晒黑了,胡子也不刮,看上去与游牧民族没什么区别。飞行员亨利·吉约梅后来成为圣埃克苏佩里在航空公司最亲密的知己,他回忆了在朱比角降落时圣埃克苏佩里迎接他的情形:"穿着宽袍,打扮怪异……"吉约梅问道:"你在这里干什么?"显然他并不知道圣埃克苏佩里的新职位。"这是我的家,"新上任的机场负责人答道,"今晚你是我的客人。"

圣埃克苏佩里本人刚到时是托托·劳贝里接待的,托托是图卢兹的机械师,热爱在这条航线工作,也喜爱红酒和绿茴香酒——他发现在沙漠里,这两种酒的供应比水充足——这两项爱好在当地都出了名。托托身边跟着一只宠物猴,名叫奇奇。奇奇跟托托一样喜欢喝酒。托托喊奇奇说:"向老板问好,宝贝。"托托负责维修经停朱比角的飞机,还

兼任厨师。另一位机械师马沙尔更年轻健壮，他在离机场更远的地方做维修工作。托托告诉圣埃克苏佩里，营地的人设计了一套巧妙的系统，以减少夜间来客。西班牙人则依靠要塞的围墙，防守非常严密。在一个刮着沙暴的深夜，圣埃克苏佩里来到这座要塞前面，他不会说西班牙语，差点被一名过度尽责的西班牙哨兵结果了性命。法国营地靠的是一套装置，一台由小螺旋桨供电的磁力电机给门把手通电。据传，圣埃克苏佩里注意到了这个发明，但第二天一早他猛地打开门时已经把它忘得一干二净。他到朱比角后，这个发明就用不上了。用多拉的话说，在朱比角，圣埃克苏佩里对“锁和螺栓没有多大兴趣，因为他的人格魅力足以保护自己”。

在朱比角，大家通常围着一张长木桌吃晚餐，桌边的椅子各式各样。就算鬣狗已经因为气味太大被赶出门外，晚餐上也从不缺风景。
空中邮政公司的另一位飞行员亨利·德洛内留下了一幅无价的图画， 12
描绘了一天晚上朱比角满满一屋人的场面。除了常客外，还有当天下午从达喀尔将邮件送到北方来的亨利·吉约梅和勒内·里盖勒，以及第二天早上要继续把邮件送往卡萨布兰卡的梅尔莫兹和德洛内。屋里一派男生宿舍的气氛：梅尔莫兹只穿着长裤，帅气地坐在角落里，在专心玩填字游戏。里盖勒把朱比角的宠物狗系在梅尔莫兹座椅的板条上，等待即将上桌的饭菜，狗正饥肠辘辘，闻到饭菜味准得跳起来。马沙尔急着上演恶作剧，正在与托托商量上菜顺序，但对于上菜顺序，托托是不会轻易改变主意的。突然，所有注意力都转移到了奇奇身上，它正用剃刀刀片咯咯地磨牙。马沙尔还没来得及解释，这是一周以来猴子第三次耍聪明，所有水果就已经推向猴子的方向。与此同时，托托正请大家向新招来的摩尔人管家说明自己的晚餐要求。阿蒂拉一句法语也不会说，他戴着蓝色面罩，看起来更适合与沙暴作战，而不是与一群喧闹的法国人纠缠。吉约梅在桌布上胡乱玩着文字游戏，他难倒了圣埃克苏佩里,高兴不已。圣埃克苏佩里带着勉强的幽默接着玩,最后他告诉吉约梅"这是傻—瓜",大家都笑闹起来。圣埃克苏佩里巧妙地催眠了托托,这时候,聚会已入尾声。德洛内努力不去想,要是第二天一早他和梅尔莫兹继续北上时起了大雾该怎么办,真会起大雾的。

不是每个晚上或下午都这么有趣。邮政飞机每八天才经停朱比角一次,因此圣埃克苏佩里要静静度过中间的七天。飞行员一到,还来不及洗去仆仆风尘,就立即被盘问起外面世界的消息。他们讲述航线上的精彩故事,每个故事在一遍遍的复述中不断地丰满起来,就像圣埃克苏佩里听到的那些中世纪故事一样。除了这些规律的降落和起飞——一周中最重要的时刻,也是衡量时间的唯一节奏——就没什么别的日常事务了。圣埃克苏佩里忙于文书工作,另外,每天早上要驾驶机场的四架飞机转一圈,以消除冷凝。朱比角的几个月渗透了他的所有作品。在《小王子》中,小王子独自留在他的星球上,每天早上小心翼翼地给他的玫瑰浇水,而圣埃克苏佩里则是在里奥德奥罗尽职尽责地烘干他的飞机,这两者之间的关联尤其紧密。他和西班牙人下棋;他写信游说家人给他来信,给他寄唱片;他拜访摩尔人。偶尔他也会驾驶飞机到卡萨布兰卡送邮件。他对自己的隔绝状态很敏感。在第一部小说《南方邮航》中,他这样写道:"我们最近的邻居在五六百英里之外,也困在撒哈
13 拉里,像琥珀之中的苍蝇。"他在1928年写给朋友的信中说:"我们互不相识,如同太阳系中不同的星球彼此相隔。"心情好的时候,他会报告说自己读书了,或者划船了,又或者研究当地的地形了。当孤寂更深重时,他会说:"我来描述一下我的生活:上午、中午、傍晚。每天都一样,无聊透顶。我读一点书,抽很多烟,走了四分之一英里。"他多次写道,这是僧侣的生活。

圣埃克苏佩里并不觉得这有什么不好。他很容易走神,他自己也承认这一点,而很少有什么地方比沙漠更适于冥想。这里十分寂静,他

有时非常需要寂静，他还学会了给寂静分类：

> 部族之间和解，凉爽的傍晚来临，那是平和的寂静……烈日中断了一切思考和活动，那是正午的寂静。北风止息，虫儿像绿洲上散出的花粉一般飞过来，宣告沙暴从东而来，那是表面的寂静。远处的部族正在谋划着什么，那是密谋的寂静。阿拉伯人讨论他们之间难以理解的分歧，那是神秘的寂静。信使迟迟不归，那是紧张的寂静。深夜屏息谛听，那是敏锐的寂静。思念所爱的人，那是忧郁的寂静。

他在信中反复提到他的“僧侣小屋”、“僧侣”生活和脾性，但他总是怀着喜悦写下这些文字。信是他的信仰，通过对信的热爱，他与同事们结下了难解难分的情谊。据说，对于梅尔莫兹来说，“一件不动的邮包就是一颗停止跳动的心”。飞行员们对邮件的热情神奇而有传染性。一天，圣埃克苏佩里拦住德洛内，问了一个让他倍感焦虑的问题：“当我们冒险，有时竟如此随意地冒险去运送邮件时，是出于什么样的情感？”德洛内也说不清楚，但他的不知所以并没有打消圣埃克苏佩里追寻答案的念头。圣埃克苏佩里仿佛一个未必能最终寻找到上帝的灵魂。他后来写道：“邮件是神圣的，它的内容并不重要。”朱比角的与世隔绝、弃绝和心无旁骛滋养着这个不羁、有些率性又急于被他人需要的年轻人。“在撒哈拉，一切显得那么孤寂和赤裸，任何在撒哈拉生活过的人，都会怀念那段一生里最美的岁月。”他在去世前两年写道。

尽管如此，还是遇到了难关，那是从圣埃克苏佩里到达朱比角大概两个月后，圣诞节期间开始的。作为机场负责人，他在平安夜听到摩尔
人正在做战斗准备，他马上引燃信号弹，火光“像剧院灯光一般”亮彻天 14
空。他嘲讽地向母亲保证说，这场战斗会以丢失四匹骆驼、三名妇女结

束的,“就像所有的摩尔人大场面一样”。加那利群岛的食品供给来晚了,晚餐成了罐头宴会,没有什么节日气氛。那天晚上太无趣了,圣埃克苏佩里10点就上床睡觉了。好消息是:他写了六行书稿。“这挺多的。”他告诉母亲。新年伊始也是同样的调子,与其说是因为发生了新危机,不如说是因为没有新危机。与西班牙的关系一如既往地平稳。邮政飞机照常抵达和离开;圣埃克苏佩里觉得这像是母鸡每周来探望小鸡。如果飞机延误,他就要准备去救援:“我怀着虚荣心,时刻准备着去冒险。但是远处传来轰鸣,宣布飞机要入港了,同时也宣布生活比我想象的简单,浮想联翩是有限度的,我伪装的可爱形象就显得有些滑稽好笑。”圣埃克苏佩里注定是沙漠里的王牌维修工,1927年12月初到1928年夏天他当班期间,拉泰科埃尔邮航往返朱比角要飞过七百五十多英里的异教领空,却奇迹般地没出任何故障。

这一节奏在2月末发生了一点改变。圣埃克苏佩里向卡萨布兰卡报告说,他的眼睛发炎了。这可能是由长时间沙漠飞行造成的,因为他不得不时刻戴着墨镜、面对刺眼的强光;也可能是由以前的一次受伤感染造成的,随着年龄增长,感染不时复发。这显然很痛苦,但似乎并没有影响飞行员在恢复期享受生活,他也没有在卡萨布兰卡住院。眼疾可能要妨碍他漫无目的地阅读了,他在朱比角曾这样读了很多书:他常向其他飞行员要一些技术手册来读,对这种技术书籍他总是如饥似渴;到1928年年中,他读了许多小说,他喜欢玛格丽特·肯尼迪的《永恒的少女》和科莱特的《白日的诞生》。有一段时间,他随身带一卷波德莱尔。后来有人说,他可能更喜欢抚摸,而不是阅读图书。这个习惯似乎已经在朱比角得到证实。阿加迪尔机场距圣埃克苏佩里四个小时的航程,是他最近的邻居。机场负责人的妻子记得,有一次圣埃克苏佩里驾驶满载唱片的飞机来换书。他说,若床边或者床上没有一摞书,他晚上是无法入睡的。“实际上他不读那些书,书里的思想陪伴着他,就像装在药瓶里的宝贵药片。他需要知道,万一需要,一伸手就够得着。”3月底,圣埃克苏佩里从卡萨布兰卡返回朱比角,显然已经痊愈了。他错过了第一份法国—南美邮件的运送,以及紧张的搜索行动,当时运送邮件的飞机在锡斯内罗斯城以北五十英里处耗尽了燃料。 15

1928年上半年并没有完全虚度。到1月中旬,圣埃克苏佩里在圣诞节前写的六行文字已经扩展成一百页小说,他想从几个不同的视角展开叙事,所以这部小说写得非常困难。到7月份,他已经完成了一百七十页手稿。他声称自己也不知道该如何看待这部小说,希望回到巴黎时能把手稿交给1920年代的两位文学教宗安德烈·纪德和拉蒙·费尔南德斯,他是通过一位表亲结识他们的。这部小说是《南方邮航》,是关于一桩失恋、关于法国—南非邮航的故事,它是小说,也是自传。在一位著名评论家看来,小说对残酷的现实世界与男主人公“充满玫瑰和童话的内心”做了杰出的对比;在上了一点年纪的圣埃克苏佩里看来,这部作品不应当公开出版。

《南方邮航》奠定了圣埃克苏佩里的风格,他的作品都是在流亡中创作的,都打上了朱比角的印记。这部小说对他的个人生活同样重要,写作它的时候,同事们还不觉得他是一位作家。尽管他的办公室出了名地到处是稿纸,尽管人们经常看到他在驾驶舱里涂涂写写,但在朱比角只有个别人隐隐约约意识到他正在写一本书。到1928年的最初几个月,他开始劝说访客晚上坐下来听他讲一些戏剧故事。约瑟夫·克塞尔是一位了解他,也了解朱比角的记者。他回忆说,圣埃克苏佩里的声音低沉、单调,从听众的床脚传来,很快成了咒语。外面,远远的“哨兵!”喊声从一所西班牙岗哨传到下一所,风夹着里奥德奥罗的沙在呼啸。由于飞行劳顿,圣埃克苏佩里的早期评论家们没来得及听他读完作品就睡着了。1928年3月,他在卡萨布兰卡一家咖啡馆里见到了让-马里·孔蒂,这次会面以国际象棋开始,持续了十三个小时,他给让-马里读了这部小说。圣埃克苏佩里告诉这位还醒着的同事,他是第一个听完整部小说的人。

圣埃克苏佩里是一个完美主义者,这种特质或许更适合飞行员,而不是作家。他不断地纠正自己。据说,梅尔莫兹在听了他新写的几页小说后,不耐烦地打断:“你以前给我读过这些了!”(另一次,他显然不
16 得不为他的宠物猴子洛拉所犯的错道歉。洛拉趁人不在,吃掉了《南方邮航》的几页纸。)梅尔莫兹的罪过也许可以原谅:正是他指着营地地板上一件寄往达喀尔的邮件,给圣埃克苏佩里找到了合适的书名。作家发现吉约梅是一位更耐心的听众,在朱比角他常给吉约梅读小说,后来在巴黎和布宜诺斯艾利斯也是如此。是吉约梅鼓励他将《南方邮航》写下去。“好吗?”圣埃克苏佩里恳切地问。“好。”吉约梅回答,“真可惜,我不会像你一样写作。”他不需要自己写:吉约梅会在圣埃克苏佩里的小说《风沙星辰》中永生,还有西属撒哈拉的神秘,以及作品中令人尊敬的黑奴巴克。

1928 年的春天过得很慢,极有可能是从那时起,圣埃克苏佩里开始关心巴克的事。在平安夜写给母亲的信中,他第一次哀叹巴克的命运。那几个月,朱比角机场的这位负责人几乎每天都同摩尔人一起喝茶。他结交了各种朋友,特别是一些伊扎金部族的朋友,伊扎金是里奥德奥罗北部最凶残的部族。他已经习惯让黑奴为自己沏茶。摩尔人认为法国人是异教徒,在交往中毫不掩饰这一点(他们曾经问圣埃克苏佩里:“你们像山羊一样吃菜,像猪一样吃猪肉……如果不认识真理,你们的飞机和无线电有什么用?”),但黑人在图腾柱上依旧处于下端。他们为摩尔人做饭、照料骆驼,每周领取报酬;只有老到无力再工作时,他们才会获得自由,其实只是被扔到沙漠里等死。圣埃克苏佩里曾见到:“孩子们在黑乎乎的残躯边上玩耍,每天黎明跑去看看那人是否还在动,但孩子们不会嘲笑将死的老奴。”令他震惊的不是不公,也不是老奴

的痛苦,而是人死后脑中的记忆也随着消亡了:“正是那时我才第一次意识到,人死去时,一个不为人知的世界也消逝了……他坚硬的头骨在某种意义上是一只古老的宝箱。如果免受沉船之灾,我不知道会有什么样的五彩之物,什么样的欢庆画面,什么样的残念,在沙漠里流落、枉然。”

巴克是圣埃克苏佩里遇到的第一个谈起脑中记忆的奴隶。奴隶都会有一个新名字,他也不例外。巴克本名穆罕默德·本·拉乌森。他原来住在马拉喀什,家里有妻子和三个孩子。他是个牲畜贩子,没有忘记自己曾经“赶着一大群母羊”。巴克是塞内加尔人,遭到绑架,在三年时间里被多次转卖,最后成为朱比角一个摩尔人的财产。他不得不兼职给法国人当服务员,一个月三百法郎。每个月他的主人都会准时出现,收走巴克的劳动报酬,用殴打来回应巴克的恳求,之后就消失了,直到下个月的月末再来。巴克求邮航飞行员把他藏在阿加迪尔飞机上; 17
他可能是最清楚北方邮政航线时刻表的人。法国人有些犹豫,他们知道摩尔人会报复偷走奴隶的人。况且,报复行为会针对西班牙人,这无疑会使沙漠里原本就很微妙的政治关系恶化。巴克恳求了几个月,加上圣埃克苏佩里从家里和一些慈善机构筹得了一笔钱,最终他提出一个解决办法:他出钱给这个奴隶赎身。

圣埃克苏佩里的肤色并不利于做这桩买卖。摩尔人并非每天都能遇到来买奴隶的欧洲人,便利用这一机会狮子大开口,起价就是两万法郎(当时约合八百美元)。过了几个月,摩尔人态度才有所缓和,后来“我和十五个摩尔人在沙地上围坐一圈,讨价还价了一周”,巴克终于成了他的人,但他并未透露成交的价格。这笔交易并非完全开诚布公:圣埃克苏佩里贿赂了两名土匪来帮忙砍价,这两人是巴克主人的朋友。一个人坚持说巴克身体不好,建议摩尔人趁他还值点钱卖掉他。另一个人的说辞听起来更合理。拉吉建议要价五十比塞塔,说“用卖巴克得到的钱,你能买到骆驼、步枪和子弹。那样你就能打劫法国人”。举行了正式的释放仪式之后,圣埃克苏佩里把巴克锁在法国营地。他很了解摩尔人,知道任何参与这场交易的人“都会乐于在距离要塞五十英尺的范围内砍下巴克的头,以此来当着我的面取乐”。

巴克在法国营地住了一段时间,过着“舒适的囚禁”生活——他梦想着重归故里,每天都要人给他描述二十遍回家的情形。法国机械师们发现,巴克获得自由之后比给摩尔人当奴隶还要穷,考虑到他要在马拉喀什重新立足,便一起凑了一千法郎给他。在圣埃克苏佩里,也在其他人看来,巴克离开朱比角的场景非常有戏剧性——现在他已不仅仅是一位瞪羚的驯服者或者是一只母鸡——他觉得自己正把“五十岁的新生儿”送到外面的世界去。“巴克最后看了一眼荒凉无垠的朱比角。二百个摩尔人围着飞机,来看一个奴隶迎接新生活的情形。‘再见,巴克。’他们叫道。‘不,’自由的人回答,‘我是穆罕默德·本·拉乌森。’”在阿加迪尔,穆罕默德·本·拉乌森显然不负众望,用这一千法郎做了很多事情。他请了侍者端茶倒水,还到卡斯巴找了柏柏尔妓女。他把剩下的法郎全部买了礼物,大部分是金色便鞋,送给镇上的孩子
18 们。在圣埃克苏佩里看来,原来的奴隶成功地转变了。他回到阿加迪尔,有了自由,有了钱,改变了自己的处境:“他感到卸去了阻碍人进步的人际关系的负担;眼泪,告别,喜悦。”一千法郎花光后,“他感到了真正的负担。巴克拖着一千个需要金色便鞋的孩子,勉力前行”。而对朱比角的隐士——他正同其他飞行员一起忙于运送邮件——来说,这就是实实在在的幸福。

*

1928 年夏天,圣埃克苏佩里悠闲喝茶的日子结束了,而沙漠里的谈

判工作却看不到头。6 月 29 日夜里，他被飞机惊醒，这在以前从没有发生过。他迅速打开跑道照明灯，原来是一架拉泰科埃尔 25，几乎可以肯定，这是他第一次在朱比角看到这种飞机。令他吃惊的，与其说是看见这架庞大的单翼机——飞行速度比宝玑 14 要快 40%，倒不如说是它在夜间的不期而至。（常规夜航下一年才开通。）飞行员马塞尔·雷纳跨出机舱，紧随他的是一位刚刚负责在航线建立无线电通信的工程师埃德蒙·塞尔，再后面是一位高级督察员。他们未能预先告知朱比角机场他们要来，督察员坚持让雷纳和塞尔立即继续飞往锡斯内罗斯，虽然此时与锡斯内罗斯无法建立无线电通信。圣埃克苏佩里考虑到气象条件，并不赞同这一提议；浓雾笼罩海岸几天了，直到当晚才散去。然而，他是一名年轻的飞行员，面对的是一位高级督察员：6 月 30 日周六凌晨 2 点半，雷纳和塞尔起飞南去，督察员留在朱比角。七小时后，圣埃克苏佩里通过无线电向锡斯内罗斯和埃蒂安港（在今毛里塔尼亚的努瓦迪布镇以南）发出信息。“我们发出类似船只的求救信号，”他在《南方邮航》中写道，“请求新的邮政飞机支援，请求……”然而，沿线没有人接收到雷纳和塞尔的消息。

圣埃克苏佩里立即登上宝玑 14，在随后几个月的大部分时间里，他都驾着这架飞机从空中搜索。他还给摩尔人捎信，问他们能否帮助他侦察。他们只知道雷纳和塞尔在沙漠或者海里。那天晚上，浓雾笼罩了朱比角以南的大部分海岸，而拉泰科埃尔 25 只配备了最基本的仪器。这两点都不是好兆头。7 月 4 日，扩大后的搜索队伍在埃蒂安港集合。圣埃克苏佩里驾驶第一架飞机，机上载着航线的负责人阿尔伯特·泰特，还有一名口译员。第二架宝玑 14 由里盖勒驾驶，也配了一 19
名口译员。第三架由亨利·布尔加驾驶，机上携带了一名额外的口译员和让-勒内·勒菲弗，这位航空公司的王牌机械师当时被派遣到锡斯内罗斯。他们的任务是尽可能广地搜索里奥德奥罗河。三架飞机从埃蒂安港起飞，到其北一百一十五英里的巴尔瓦斯角，里盖勒的螺旋桨不转了，被迫紧急着陆。圣埃克苏佩里非常专业地将布尔加的飞机引导至沙漠中就近的一处，以便降落。他在上空盘旋，一边等待确定故障原因，一边寻找路过的车队。勒菲弗跑到出问题的飞机前，发现连杆裂了，碎成了几段，他痛心地称之为“一团沙拉”。没有时间再举行最后的仪式了，虽然刚才他们也许已经举行过了。里盖勒立即登上布尔加的飞机。多一名乘客意味着有人不得不下来，因此他们只好抛下口译员，再次起飞。

几分钟后，布尔加的宝玑飞机漏油了。他调转机头，降落在里盖勒的飞机旁边。口译员肯定非常吃惊，竟然有人来给他做伴了。这一次，勒菲弗的情况没有那么糟糕。需要更换油管，他估计修理时间为三四个小时。圣埃克苏佩里收到信号，要求他也降落，他照做了。口译员们被派去站岗，现在至少已经是正午，泰特和里盖勒开始准备晚上的露营地。宝玑 14 虽然不可靠，但三架飞机起飞，没有一架到达目的地的情况仍然很少见。圣埃克苏佩里和布尔加帮助勒菲弗将里盖勒飞机上的油管拆下来安装到布尔加的飞机上，要是有梯子，这个操作会方便得多。之后，圣埃克苏佩里做了预热，就是让引擎开足马力，但并不起飞。现在已近黄昏；似乎一切就绪，等着黎明时离开。所幸的是，供给比飞机更可靠；泰特和里盖勒拿出一流储备，准备了一桌简单的晚餐：白火腿、鹅肝酱、沙丁鱼和奶酪酱。勒菲弗调笑道，这八个孤独无助的人没有理由说自己受苦了，因为同他们一起困在这里的还有几瓶上好的红酒。

圣埃克苏佩里和勒菲弗对这个夜晚的记忆有所不同，但都绝不是一个悲伤的夜晚。机械师回忆说，大家“没有辜负这些储备，每个人都兴致高昂”，讲故事，说奇闻逸事，还玩了几把纸牌。之后，圣埃克苏佩里给大家表演了他高超的纸牌戏法，“像个快乐的孩子一样向我们展示他的魔术师才华”。这个困在异教地区深处的夜晚，在圣埃克苏佩里的
20 记忆中具有象征意义，他常常从不幸遭遇中获得很多文学方面的益处。

以下是他对这个夜晚的描述,《风沙星辰》正因这一段落而得名:

> 我们从机舱里搬出五六个木头货箱,倒空了,围成一圈。我们在每个箱子里面放进一支点燃的蜡烛,箱子就像岗亭一样,稍微遮蔽着火焰。就这样,在沙漠之中,在星球裸露的皮肤上,在世界初始的那份孤独中,我们建立了一个人类村落。在摇曳的烛光中,我们坐在尺幅之大的沙地上,在村子的场地上,在夜里等待。我们等待着黎明时获救,或是摩尔人到来。我不知道是什么赋予了这个夜晚圣诞节的气氛。我们讲故事,开玩笑,唱起歌谣。一种淡淡的欢欣在弥漫,好似度过愉快准备的节日。而我们一贫如洗。只有风、沙和星辰。简朴如特拉普派修道士。在这片昏暗的沙地上,几个人在世上除了记忆一无所有,却正分享着无形的财富。我们终于相遇了。人们并肩行走多年,各自沉默闭锁,彼此说着无所谓的话,现在危险来临了。他们要齐心协力了。

圣埃克苏佩里的叙述经过了一些艺术加工。他第一次为《巴黎晚报》描写那个夜晚,恰在事过十年之后,当时他提到有几位飞行员在沙漠中被摩尔人杀害了。到1939年,他的叙述是,飞行员遇害的地点“正是”法国邮航现在的营地。他可能夸大了危险——勒菲弗只提到法国人带着武器——但关于这个超凡夜晚的一些未透露的实际细节,更有深意。勒菲弗回忆,主要是圣埃克苏佩里在说话、开玩笑、唱歌,对同事们施加着魔力。他活跃了一整夜,或许是因为他很高兴,或许是为了让其他人忘记寒冷,又或许两者兼而有之。一开始,他非常兴奋地介绍了自己发明的几台凡尔纳式装置;接着,他建议图卢兹为空中邮政公司的飞机配备驴子,他相信这些动物能吓住摩尔人和他们的骆驼;最后,他谈论了存在的本质。显然,他对这一夜的描述没有办法比在自己作品里更准确了，因为他是魔力的中心。

夜深了，即便是圣埃克苏佩里的魅力也无法赶走大家的睡意。他们一致认为，悬挂在机翼上的邮箱是抵挡大风和寒冷的最佳庇护所。每个人都钻进一个箱子里，唯独圣埃克苏佩里不行，无论他怎么蜷缩，都没办法挤进去，他决定还是在开放的驾驶舱里过夜。这样睡了没多久大家就坚持不住了，因为当地最低温度可达到-37℃，法国人当然对
21 此毫无准备。据勒菲弗说——他在箱子里肯定很不舒服，不然也说不出这么多当时的情况——凌晨三四点，圣埃克苏佩里从宝玑飞机出来，“把行李舱里能找到的东西都披在身上，像幽灵一般绕着飞机走来走去，想要暖和起来……在那样的时刻，人很容易陷入绝望，但他似乎体验着极度的欣喜、强烈的幸福。在那之前，我们在广袤的沙漠里感到孤独，他因而不仅仅感激自己身为飞行员拥有的技术，并且感激人与人之间能赢得他喜爱和赞赏的一切”。勒菲弗的话如同预言。其他人醒来时，圣埃克苏佩里接着详细讲述他看到了北极星，这是多么难得的机会。他的兴高采烈一定令人非常气恼，因为里盖勒马上就告诉这位朱比角机场的负责人：“北极星，与几小时的睡眠相比根本不算什么。”两小时后，六个法国人挤在两架飞机里到达锡斯内罗斯，而口译员在沙漠里又待了一夜。随后，锡斯内罗斯急忙发出了一批电报，让沿岸的机场放心，这一周里并没有像人们担心的那样发生更多伤亡。

那天，锡斯内罗斯总督收到一封信，是雷纳和塞尔托摩尔人使节送来的。6月30日，他们因大雾不得不低空飞行，在从朱比角到锡斯内罗斯的半路上，突遇一座沙丘而被撞落。三个小时后，他们被里奥德奥罗最凶残的部族热圭巴俘虏。在空中搜索他们的飞机将是徒劳的，因为热圭巴人已经把一千五百磅*重的拉泰科埃尔飞机毁掉了。他们扯开

---

* 1磅约等于0.45千克。——译注

塞尔的行李，显然对他的洗漱用品特别感兴趣。他们琢磨比画着每个物品该怎么用，之后往自己身上喷洒了古龙水。这有点像 1926 年事件的重演。当时摩尔人对一个急救包产生了兴趣，他们喝下了预防坏疽和破伤风的血清、酒精棉球、碘乳膏的混合物，还好法国人很幸运，药水没造成伤亡。雷纳和塞尔比他们的行李走运，两人毫发无伤。自然，对方开出了赎金：两个法国人的价格是一百万匹骆驼、一百万支步枪，以及释放所有热圭巴部族的囚犯——“小意思”，圣埃克苏佩里在给母亲的信中写道。第二天早上，他向北飞往朱比角，其他人向南飞往埃蒂安港。勒菲弗、里盖勒和布尔加绕飞一圈，向里盖勒的宝玑飞机致以最后的敬意。他们离开二十四小时后，飞机支离破碎。 22

*

“在这种时刻，”圣埃克苏佩里那年夏天写信给母亲说，“人慷慨地用生命冒险。”如果发生了什么事，空中邮政公司的管理者可能希望圣埃克苏佩里不要在 1928 年过于大度。夏天渐进尾声，不幸的事越发多了，而在逆境中怀着热情的人也越发顽强。7 月 18 日，雷纳和塞尔被囚禁的第三周，第二队飞行员在锡斯内罗斯和朱比角之间降落。这次是一架护航机在朱比角以南紧急迫降，驾驶员是里盖勒，驾驶宝玑 14 所能遇到的坏运气他都碰到了。莫里斯·迪梅尼载着邮件和坏消息继续飞到朱比角，因为一方面里盖勒飞机附近没有合适的降落地点，另一方面他不敢在沙漠里最敏感的地区之一去冒损失两架飞机的风险。给圣埃克苏佩里报完信，他再次起飞去救距离要塞只有二十英里的里盖勒。对这一次，还有以后的飞机迫降——这几个月里迫降发生的频率很惊人——圣埃克苏佩里都写了信回家，讲述在沙漠中拯救邮件的壮举。他说，他在五天内在沙漠上空飞行了五千英里。他像兔子一样遭到三百个摩尔人扫射；除了看北极星的那晚，他曾四次降落在异教徒的地盘上，还有其他令人毛骨悚然的冒险经历。“我从来没有，”他告诉母亲，“这么频繁地降落或睡在撒哈拉沙漠中，也没有听到过这么多子弹呼啸而过的声音。”

现在圣埃克苏佩里开始组织救援里盖勒的飞机。没有穿越沙丘的路，这架飞机不可能通过陆路运回机场，海岸上是悬崖，海路也行不通。他需要尽快驾驶这架宝玑飞机从沙漠中飞出去。他立即与几个同意守卫飞机的摩尔人出发前往事故地点。在空中，他遇到里盖勒和迪梅尼正往朱比角去，那里比较安全。看到他们，圣埃克苏佩里非常高兴，然而这种喜悦很快就被看到飞机时的苦恼冲淡了。这里距朱比角只有二十分钟航程，但这架宝玑需要大修大补。按照规定，这架飞机应当留在沙漠里，但圣埃克苏佩里不会那么做。令人高兴的是，比起规定，他更擅长与摩尔人打交道。显然，在回去的路上，他还到附近的摩尔人酋长那里去谈事情。他得意地穿着那身出名的浴袍，谈论风和天气，喝下三杯茶，然后礼貌地请他们护送。一番讨价还价之后，圣埃克苏佩里付了钱，对方答应了护送。

接下来两天，他拉起了一支队伍，包括：六名骑马、配备武器的摩尔人；九名步行的工人；两匹马，一匹给机械师马沙尔，一匹给自己；两头驴，用来驮水和补给；一匹骆驼，用来驮工具；另有两匹骆驼，用来拉一
23 辆架在飞机轮子上的车。这是圣埃克苏佩里的一项发明，上面搭载着飞机引擎、升降机和锯木架，可以在沙丘上行动自如。它在朱比角难免受到一些嘲笑，但圣埃克苏佩里对它的性能特别满意。后来，他忍不住在给图卢兹的正式报告中提到自己的发明：“至少在撒哈拉，这是第一次用骆驼当役畜。”这支不同寻常的队伍傍晚时分向南出发，7 月 21 日早晨抵达目的地。圣埃克苏佩里发现飞机比他离开时损坏得更严重了，自然很不高兴。他分派看守飞机的摩尔人要么放弃任务离开了，要

么被吓跑了,宝玑飞机已经被人破坏了。他注意到,飞机的引擎支架已经被活塞杆完全切断了,这意味着需要更换新支架。而且,看起来也不可能要按他原先的计划把宝玑飞机拖到更平坦的地方了。他用骆驼送信给朱比角,请一位机械师过来拆掉几个支架;马沙尔也着手从失事飞机上卸下支架。与此同时,所有人都投身到修建临时跑道的工作中,随后两天,大部分时间里大家在忙这件工作。他在报告中说,他自己也拿起镐和铲干了很久。他喜欢读技术手册,这帮了他大忙。沙子是软的,他不确定在没有外力拉升的情况下,他能否从跑道上起飞。在跑道末端,他用沙子建了一个密实的踏板,飞机可以高速接近踏板,之后要么弹射到空中,要么达不到足够的空速,栽进沙里。为了应对后一种情况,圣埃克苏佩里在六十英尺外建了一个平台,飞机会从平台反弹起来或者——在最坏的情况下——坠毁,但不会给飞行员带来实际危险。这些安排,他在给公司的正式报告中只字未提。

夜幕降临时,赶骆驼的人从朱比角回来了,引擎也装好了。在此之前,远处传来枪声,摩尔人飞快地拿起枪。将近午夜,一名伊扎金部族的送信人飞奔到营地,带来消息说,再过几分钟,嗜杀的艾特-杜萨就要到了,他们都会没命;德·拉·培尼亚上校下令让大家返回朱比角。他们立刻启程回要塞,运气好的人能三人骑一匹骆驼。撤退了九英里后,圣埃克苏佩里得知,发出警报的不是上校,而是那位善良的送信人。他怒气冲冲地下令回到建了一半的跑道去。这个想法让摩尔人大为恼火。翻译阿塔夫对他说,如果他不能保证不再有法国人死去,他的麻烦可就大了;而且艾特-杜萨很有可能会杀掉所有人,阿塔夫承认他更担心这一点。圣埃克苏佩里必须把他们劝回去;他羞辱摩尔人,说他们是
懦夫,激将法成功了。这对他来说绝不是一个星空下的美妙夜晚。上 24
午9点,秩序恢复了,工作也重新开始了,可这时两架西班牙飞机从头顶飞过,下达了上校的正式命令,要求圣埃克苏佩里撤退。“我把命令

函仔细收好，当作纪念品。我决定当晚回去，但我要驾着飞机回去。”他后来说。

到中午时分，不远处此起彼伏的枪声合奏出一曲交响乐，他们伴着这音乐工作。每次响起枪声，摩尔人都会卧倒，这是一种可以理解的习惯。傍晚，新引擎才安装好，跑道也准备就绪。马沙尔费了很大劲修好引擎，圣埃克苏佩里承认，“在这次冒险中，上帝的名声多次受损”。晚上 6 点钟，他和马沙尔一起起飞，飞往朱比角。他私下报告说：“从技术角度讲，在踏板上的起飞是完美的，在朱比角的降落也是完美的。”但在撰写正式报告时，他只是稍带幽默，并不骄傲，仅仅吹嘘了将骆驼用作役畜的事：费用，他解释说，“是一次性支付了一大笔钱，因为(1) 没有账单；(2) 无休止的讨论和复杂的情况让账目非常混乱”。接着他又很保守地补充道：“我不知道这次冒险的花费算不算夸张，因为没有先例。”向阿尔伯特·泰特汇报时，他似乎很清楚，这样的英勇行为也后无来者：“不要为这次救援而责备我，因为这是值得尝试的。我们坚持挽救这架飞机，仅仅是出于单纯的优雅。这不关公司的事。”

毫无疑问，正如一位机械师所言，圣埃克苏佩里对于这次救援非常满意，因为这表明他不仅勇气可嘉，还很有智慧。很快有传闻称，当地平线上出现蓝色头巾时，他正在临时跑道上驾驶着里盖勒的飞机加大油门，正在朱比角空中表演飞行特技，这时他才突然想起马沙尔维修引擎时，二十四个螺栓中只拧上了四个。不难相信，在朱比角晚餐餐桌上讲起这个传闻，他几分钟就会睡着。也许冒险中最困难的部分是起草正式报告，他于回来后一周，在 8 月 1 日提交了这份报告。勒菲弗回忆说：“圣埃克苏佩里皱着眉头，从来没有像必须写报告时这么愁苦过。他无法克制自己冷嘲热讽、脱口而出的话，他的智慧是如此生动。”他是朱比角机场负责人，肩负的责任不具体，也很消耗精力。他讨厌行政的、程式化的事务，这类事务迫使他将自己古怪的庞大身躯塞进一个盒子或归入一个类别。在朱比角的书桌旁，他已经酝酿出挫败感，这种挫败感促使他后来在作品中采取了报复，报复《夜航》中心胸狭隘的督察，《风沙星辰》中静坐不动的人，《空军飞行员》中的政治家，《小王子》中 25
的官僚、学者和商人。他成为两个有名的法国观念的化身：一个是团队精神，这解释了他为何对自己有新的信心，他也会成为团队精神杰出的文学代言人之一；另一个是贵族义务精神，它让圣埃克苏佩里与这一切分别开来，并且让他对公司的行政要求更加不耐烦。两者之间很难平衡。

9 月 17 日那场不循常规的营救行动就充分表明了这一点，当时圣埃克苏佩里想营救仍然被囚禁着的雷纳和塞尔。两位飞行员是分开关押的，却都在信中谈到，他们即将遭到杀害；所有营救行动或关于营救的谈判都失败了。圣埃克苏佩里在与摩尔人的接触中，偶然得知两人的下落（关押地点常常变动），他几次设法给他们送去了食物和衣服。这一次，他先确信泰特不会在锡斯内罗斯，之后擅自南行，停到悬崖间的一道山谷中，放下一个摩尔人，给他留了几天的食物和水。摩尔人会接近热圭巴人，试着谈好合理的赎金，三天后在同一地点与圣埃克苏佩里会合。圣埃克苏佩里自掏腰包，给他的同伙买了两匹骆驼，好让他能长途跋涉到达热圭巴人的营地。

圣埃克苏佩里能够起飞是一个奇迹，当时他飞行的方向逆着强风，因此他不得不翻过三座沙丘，每过一座都会失速一次，最后好容易才飞出山谷。但这还不算麻烦，他到达锡斯内罗斯麻烦才开始。德·拉·培尼亚上校惊慌地通过无线电向机场发出消息：他看到一架飞机向南飞去，但按照日程安排，要到第二天才有邮政飞机南飞。保罗·努巴尔德是锡斯内罗斯的机械师，他接到电话有些惊讶。由于周一没有安排法国航班，努巴尔德便自作主张告诉上校，他一定是看见自己人的飞机起飞了，却没有意识到。之后，他与锡斯内罗斯的其他飞行员一起出发,在空中搜索。肯定有人弄错了,他们非常希望是西班牙人。更糟糕的是,圣埃克苏佩里获知的泰特行程有误。这位航线负责人比圣埃克苏佩里稍早到达锡斯内罗斯,正在跑道上迎接他呢,这迎接一点也不热情。朱比角负责人圣埃克苏佩里奉命返回自己的机场,一同过去的还有两架定于第二天早晨从那里起飞的邮政飞机。

假若他听从了泰特的命令,就会错过两天后在沙漠中与摩尔人的会合;在锡斯内罗斯和朱比角之间,要不为人知地躲起来消磨时间是非
26 常困难的。此时,圣埃克苏佩里的创造性与说服力共同发挥了作用。他立即向机械师努巴尔德坦白了他的计划。两人都知道锡斯内罗斯没有备用飞机;机械师想出一个办法,就是确保圣埃克苏佩里的宝玑飞机的引擎早晨不能正常运转。北方的邮件来了又去;而朱比角的飞行员却滞留在此,泰特非常愤怒。努巴尔德假装整天忙着修理难以对付的引擎,直到晚上才宣布修好了。第二天黎明,圣埃克苏佩里独自驾着飞机离开。

不幸的是,努巴尔德为圣埃克苏佩里所做的努力都白费了。摩尔人可能没有与热圭巴部族联系。他确实看到邮政飞机向北飞去,并发射了所有的信号弹来吸引他们的注意,但显然无济于事。等圣埃克苏佩里来找他时,摩尔人已经没有办法发出信号告知自己的位置;圣埃克苏佩里在空中盘旋了一圈又一圈,没有看到他的同伴。当然,在报告中,他省略了抵达锡斯内罗斯之后发生的事,只是懊悔地说,泰特告诉他,正在抓紧与摩尔人谈判,也没有为自己的“不循常规”做什么辩护。不过,他的懊悔也就到此为止。他还从泰特那里了解到,因为雷纳和塞尔的问题,他们与西班牙人的关系很脆弱,他的鲁莽行为可能危及整个行动。圣埃克苏佩里用一个十二岁孩子的逻辑争辩说,空中邮政公司只需要宣布不对他的飞行负责即可。毕竟,他是未经公司许可行事的,他补充说,因为他没有提出过请求,所以自然就无法遭到拒绝。抵达朱

比角后，圣埃克苏佩里给努巴尔德发了一封电报，告诉他自己已安全抵达，也告诉他这次行动失败了。泰特从锡斯内罗斯给图卢兹捎去一张便条，提醒总部说，负责人已正式命令圣埃克苏佩里从此老老实实待在朱比角，“因为他过于慷慨的天性，使他忘乎所以了”。

*

圣埃克苏佩里原定于1928年9月离开朱比角，他指望一旦雷纳和
塞尔获释，他就可以回去。他一直向往法国的奢侈繁华，向往一个地
方，“在那里，人们相遇时会礼貌地彼此问候，而不是开枪；在那里，你不
会以一百二十五英里的时速*在大雾中迷失”。但他比以往任何时候都
更牢地扎根于冒险生活。他写信告诉母亲，希望9月能回家，但只要局 27
势不明，问题悬而未决，他就有责任留下来。这似乎是他第一次使用
“责任”一词，后来证明这个词于他的文字和思考是如此重要，他写道：
“有可能，我实际上并非一无所长。”

尽管他遭到泰特斥责，但那年秋天，圣埃克苏佩里将继续证明自己不仅仅有一技之长。另一次出色的救援行动发生在10月，当时他前去救助在朱比角以南一百五十英里处被摩尔人击落的一架西班牙飞机。这一次，他的蛮干冒险为他赢得了荣誉。原因不仅在于救援获得了成功，还在于在公司看来，圣埃克苏佩里让西班牙人丢了颜面，证明了西班牙人是解救两名人质的最大障碍。他们已经被囚禁了一百一十七天，快要获救了。在给图卢兹的便条中，泰特对雷纳和塞尔的命运充满忧虑，但10月18日的记录却鼓舞人心：

---

* 如果圣埃克苏佩里把宝玑14开到时速一百二十五英里，他一定是顺着强风飞行。巡航速度通常为时速八十到一百英里。

> 两架西班牙飞机从朱比角出发执行侦察任务，一架发生故障，飞行员迫降，飞机撞毁；摩尔人译员受了重伤，飞行员也受伤了。护航机见状不敢再贸然降落，只好返航。圣埃克苏佩里同第二架西班牙飞机前往救援。第二架飞机着陆时，又撞毁了。圣埃克苏佩里则娴熟地着陆，将两名伤员带回朱比角，之后他再次起飞去救回第二架飞机的人员。与西班牙人高高在上和斤斤计较的态度相比，这是多么可爱的回应！我立刻忘记了他上个月的冒险带给我的所有麻烦。本中校一定要写下此信，向公司表示感谢！

圣埃克苏佩里在沙漠中所做的努力，在一定程度上缓和了法国和西班牙的关系，但要消除1920年代法国和西班牙之间的敌意，需要奇迹。两个远离家乡的贵族之间对弈是一回事，宗主国之间完全信任则是另一回事，特别是西班牙人意识到法国人在西北非的优势，心里怨愤。在返回法国后提交的关于里奥德奥罗的报告中，圣埃克苏佩里提到，一位朱比角的上尉直截了当地告诉他，西班牙人不愿意帮助法国人，因为空中邮政公司遇到的每一个问题最终都有利于计划要建设的塞维利亚—布宜诺斯艾利斯航线。在同一份报告中，他还宣泄了对摩尔人的不满。他的看法与同事们的不同，也许从人类学的角度看，他对当地游牧民族的看法更中肯一些，不过，这与他后来在《风沙星辰》中描绘的浪漫画面并不相同：

> 没有人想去安抚游牧民族，如同没有人想去安抚国际黑社会组织一样。同一个部落的人可以是我们的朋友，也可以是敌人，这取决于时间、地点和当时的情况。摩尔人崇尚力量，只有当谈话意味着强力时，才会对他们产生影响，即便这强力还没派上用场……
> 28 对于游牧民族，作为稳定社会之基础的情感，“感恩、友谊、尊重等”

> 都失去了意义。他们的社会条件崇尚不同的精神。期待摩尔人懂得感恩是荒谬的,谴责他们忘恩负义也是荒谬的。欧洲意义上的感恩源于一系列社会条件,在这样的社会中交往和需求是固定的;而一个游牧部落明天的需求可能和今天的截然不同。

这两个顽固的难题并没有削弱里奥德奥罗在圣埃克苏佩里心中的重要性,他已经在沙漠中度过了一年多。那段时间,他在逆境中历练。他第一次生出了他的作品赖以存在的那些想法:责任的重要性、由责任而起的友谊、内在生命的优先性。十三年后,在纽约,有人形容这位知名作家走路时“提着屁股,仿佛在沙漠里行走”。1928年底返回法国时,他身上带着一股异域风情。他不再是一个孤单、笨拙的人,不再顶着贵族头衔,却被沾染污垢的指甲出卖。他是“圣埃克斯”,名声在外。邮航公司不断制造出关于他的神话;有一个不太夸张的故事讲到,在朱比角工作的十三个月里,他救下了十四名飞行员。他自己的写作证实着这些神话:在《风沙星辰》中,他花十四页讲述了自己在沙漠中的三次迫降,其实这三次事件并非都发生于他在朱比角期间。他的英勇事迹一直持续到最后一分钟:由于接替他的飞行员在前往朱比角的途中遭遇大雾,飞机坠毁,他返回法国的时间推迟了。(“我注定是不幸的。”即将离任的机场负责人在给母亲的信中写道。)路易·维达尔驾驶飞机,带着非洲邮政航线人员的工资飞往朱比角;结果他非但没能把二万法郎送到——钱被摩尔人偷走了——还花费了公司二万二千六百法郎赎回和营救他。

和所有流亡者一样,圣埃克苏佩里也极为怀旧,很快朱比角也染上一层玫瑰色的光晕。在里奥德奥罗的最后几个月,他喜欢嘲笑一所岗哨说,“二百人……住在一座要塞里,从来没有出去过”;不到一年时间,他已经开始怀念以前的生活。多年来,他一直靠在朱比角积累下来的故事和后来关于沙漠的故事引起别人兴趣，这些故事总是强调戏剧性、异域特质和大自然的把戏，从不侧重英雄主义。他怀念僧侣般的生活。他所有的作品都带着朱比角的影子，尽管并非都是撒哈拉原本的样子。小说《南方邮航》中遍布着空运的黄金、被俘的公主、深埋的宝藏，还有天鹅绒、琥珀和珍珠，其实它们都是沙漠中的稀缺之物。这个“玫瑰和仙女的内在世界”是舶来的；在荒凉的朱比角，它支撑着圣埃克苏佩里。
29 它是圣埃克苏佩里理解摩尔人秘密王国的原因，它是一个人——任何人，哪怕是一个塞内加尔奴隶——内心的宝藏。想到流亡时，他想到的不是朱比角，而是一个有着更多传说、更为神秘的家。木屋仍然是他最爱的家，但他最想念的家却不像那样简陋。他声称这个家比孤独，比沙暴，比沙漠中耀眼的月光更加真实。他在给母亲的信中写道，仅是门厅，“就比非洲之心更神秘”。它在《南方邮航》和《小王子》中扮演角色；《夜航》的初稿在其中落笔；《风沙星辰》中有对它的细节描写，当时圣埃克苏佩里在夜里迫降在里奥德奥罗的沙漠中。独自在沙漠中，他沉入记忆：

> 某个地方有一座园子，长着黑森森的冷杉和椴树，还有一座我喜欢的老房子。它离我很远，不能温暖我的肉体，也不能庇护我……但这些都不重要。它的存在足以填补我的夜晚。我不再是
> 30 被抛到岸上的这副肉体；我面向自己；我是这所房子的孩子。

第二章　祖　国

1900—1909

在法国人眼里，所有的孩子都充满野性，需要被驯服，需要无情地按照成年人的标准去塑造。

——杰西·R. 皮茨，《寻找法国》

1900年6月29日上午8点，安托万·德·圣埃克苏佩里出生于里昂的佩拉街。他第二天受洗，取名安托万·让-巴蒂斯特·马里·罗歇·德·圣埃克苏佩里，昵称托尼奥。他总说，自己出生在里昂纯属偶然——父母都不是里昂人，全家人几乎没怎么在那里待过——而里昂也似乎听到了他的抗议。里昂对这个名人儿子的诞生是非常谨言少语的，只在市政厅入口上方悬挂了一块匾额作为纪念。这条街叫阿方斯·福希耶大街，短时间内不会有更名之虞。* 除了对美食的拉伯雷式品位、对法国第一大城市的爱恨交织，圣埃克苏佩里受法国第二大城市的影响很小。在法国这个一切都以巴黎标准衡量的国家——计算距离的起点是巴黎圣母院门前地面上铺嵌的一块小石头——里昂仍然以地方特色为傲。最终，

* 2000年，为纪念圣埃克苏佩里诞辰一百周年，里昂机场更名为里昂-圣埃克苏佩里机场，阿方斯·福希耶大街更名为圣埃克苏佩里大街。——译注

不管圣埃克苏佩里是来自里昂，还是并非来自巴黎，都已不再重要。

他的父母都是地方贵族，巴黎贵族称这个阶层为“小猎鹰”，是将他们比作一种体形较小、只捕杀小猎物的猎鹰。这个词很准确，它意味着，当地人给予地方贵族的尊重，与有头衔的巴黎人给予他们的尊重是
31 成反比的。巴黎贵族现在只打理他们的酒窖，把葡萄园留给其他人看管。圣埃克苏佩里家族来自法国中部的利穆赞地区，是法国最古老的家族之一，可追溯到十字军东征时期。圣埃克苏佩里的祖父迎娶了阿利克丝·布卢基耶·德·特雷兰，她的家族居住在图尔。圣埃克苏佩里母亲的家族是布瓦耶·德·丰斯科隆贝，其父系一方来自普罗旺斯的埃克斯，其母系一方是罗马内·德·莱斯特朗热家族，也是南方人，来自维瓦赖，就是现在法国东南部的阿尔代什。父母家族都有头衔和庄园，有时也有财产。圣埃克苏佩里的祖父是伯爵，外祖父则是男爵。家谱的细节对作为飞行员的圣埃克苏佩里来说无关紧要，他并不沉湎于法国过去的辉煌，只有说起法国现在的弊病时才会非常笼统地谈及。（他作品中仅有几行回忆祖辈的文字，写的不是家族的成就，而是曾祖父的厨子那一成不变的乏味。）然而，他显然有“一个好名字”。父亲的家族出过一位法兰西学术院成员，也出过很多优秀的军官；高祖父曾随拉斐德侯爵参加美国独立战争。母亲的家族出过一位大主教、一位宫廷大臣、几位杰出的音乐家和多位骑士。圣埃克苏佩里有他非常喜爱的家人，在感情上和物质上极度依赖他们。但他不认为血缘关系本身足以为一个人赢得爱，令他母亲沮丧的是，他甚至不认为它足以赢得礼貌的对待。他从父系家族继承了“奇妙的欢乐”和魅力；从母系家族得到了对音乐、艺术和精神生活的鉴赏力，以及与之匹配的敏感。

圣埃克苏佩里外形和身高都像他的父亲让·德·圣埃克苏佩里，父亲1863年出生在弗洛拉克，当时祖父费尔南是专区区长。后来，一家九口定居勒芒，费尔南·德·圣埃克苏佩里任职于一家保险公司；对

于曾在四个不同的区担任区长的伯爵来说,这可能不是一个好的职业选择,但它非常稳定,特别是在 1870 年后刚刚建立的民主世界里。费尔南·德·圣埃克苏佩里似乎向让推荐了这个职业,让当时从军官学校辍学参加工作——后来他的弟弟替他赎了这个罪过——1896 年到里昂时,他成了太阳公司的督察。尽管他父亲当时负责公司在两个区的业务,在安托万·德·圣埃克苏佩里的出生证明上,他父亲却自述为“无业”,这透露了他出生的那个时代的许多信息。

让·德·圣埃克苏佩里可能是在到达里昂的第一年,遇见了比他小十二岁的玛丽·布瓦耶·德·丰斯科隆贝。两人算是远亲,在玛丽的姑外祖母和教母特里科伯爵夫人的公寓里经人介绍相识,后来伯爵 32
夫人在这个年轻家庭的生活中扮演了关键角色。伯爵夫人闺名加布丽埃勒·德·莱斯特朗热,1896 年时六十三岁。她的丈夫和唯一的女儿都早已去世,女儿是在 1869 年,没到四岁生日就夭折了。特里科伯爵给遗孀留下一套俯瞰里昂中心的时髦公寓,到了冬天的那几个月,她就住在这里。也许对她来说,更珍贵的是她继承过来的位于城市东北面四十五英里的庄园,1896 年 6 月 8 日,让·德·圣埃克苏佩里和玛丽·布瓦耶·德·丰斯科隆贝在这座庄园里举行了婚礼。到 1897 年 1 月,这对夫妇在佩拉街安顿下来,大女儿玛丽-马德莱娜出生。一年零一天后,即 1898 年 1 月 26 日,二女儿西蒙娜出生,她显然是圣埃克苏佩里家族光宗耀祖的最佳人选。两个女孩后来成了家中的“姐姐”。1900 年安托万出生,1902 年家里又添了二儿子弗朗索瓦,1903 年 5 月三女儿加布丽埃勒出生,她是圣埃克苏佩里最喜欢的妹妹,大家叫她迪迪。

1904 年 3 月 14 日晚,让·德·圣埃克苏佩里在妻子家附近的火车站候车室中风,这个家庭破碎了。当时他四十一岁。他倒下几分钟后,一位医生赶到了,但没能使这位年轻人苏醒过来;让·德·圣埃克苏佩里在妻子的怀抱中,在拉福克斯车站接受临终圣礼,当时一列东行的火车到站，很多旅客正走出车厢。孩子们不在他身旁，我们不清楚他们是怎样获知父亲死讯的。安托万那时还不到四岁；他的生活将因为这件他可能并不记得的事情发生重大改变。自那时起，他受到的最大影响来自一位女性：特里科伯爵夫人。现在玛丽·德·圣埃克苏佩里成了一位二十八岁的寡妇，要养活五个孩子，却没有固定的收入，伯爵夫人自己曾两度失去亲人，她同情、支持玛丽。那年一家人离开了佩拉街的公寓，在伯爵夫人的圣莫里斯-德雷芒庄园里借住了六个月，如果让·德·圣埃克苏佩里活着的话，他们肯定不会去那里住。在那年余下的时间里，他们住在伯爵夫人在里昂白莱果广场的公寓，或者与玛丽·德·圣埃克苏佩里的父母住在拉莫勒庄园。拉莫勒庄园在圣特罗佩附近，由修道院改造而成，带有两座中世纪的塔楼和私家热带森林。庄园自 1770 年以来一直属于圣埃克苏佩里家族，让·德·圣埃克苏佩里的葬礼就是在这里举行的。

玛丽·德·圣埃克苏佩里优雅、温柔地履行了家庭责任。她是一位爱孩子的母亲，永远怀着怜爱、柔情，永远慷慨、尽心，她的这些品质
33 都会在大儿子那里经受考验。她不一味赞同，因此她的祝福很有分量。丈夫去世使她的存在更显眼，这对安托万产生了一种违背物理定律的影响：他对母爱百尝不厌。缺席的父亲会以奇怪的方式在场，让·德·圣埃克苏佩里的影子很长。他的儿子从未写过丧父之殇——不过其作品可以理解成给失丧的男性亲情谱写的安魂曲——似乎也从未谈起过父亲。即使他不因这个问题而情绪低落，也不遗憾，但私底下他确实在与焦虑作斗争。他认为父亲死于梅毒，并且相信这种疾病是具有遗传性的。这并不是一个离谱的想法，当时梅毒的死亡率达到 15%，福楼拜在《庸见词典》中将梅毒定义为每个人或多或少都会得的病。不管怎么说，这种关切不便让人去发挥奇特的想象。

*

圣埃克苏佩里的童年是在圣莫里斯-德雷芒的庄园里度过的。这所房子对圣埃克苏佩里一家来说弥足珍贵，以至于当西蒙娜·德·圣埃克苏佩里被比她更出名的弟弟禁止以家族姓氏发表小说时，她改用了西蒙娜·德·雷芒这个名字。这里是“黑森森的冷杉和椴树”，这里是“秘密王国”，是“玫瑰和仙女的内在世界”。不在其中者难以切身感受到其中魅力。庄园是路易十六时期的漂亮建筑，从里昂乘火车或马车都可以到。特里科伯爵和伯爵夫人在1850年代初买下了它，并在第二帝国的辉煌时期按当时流行的风格重新装修了。宅子的房间大而昏暗，长长的门前走廊镶嵌着木板，寒气逼人，像洞穴一般。房子的右翼俯瞰起伏的山脚，特里科夫妇在这一侧新建了一座小教堂，里面存放着女儿的遗骨。宅子后面是一个生长着美丽椴树的园子。圣埃克苏佩里夫人在圣莫里斯招待父母两个家族，即丰斯科隆贝家和莱斯特朗热家的亲戚；她早就在这里感到宾至如归了。现在，这所房子刚好在复活节前对她的“部落”开放了，一直到10月，它都是圣埃克苏佩里一家的基地。圣埃克苏佩里夫人和大女儿、二女儿在一楼住；三楼是小一些的孩子和女家庭教师的地盘。其中一位家庭教师是奥地利人宝拉，她在这里工作了两年，非常令人怀念。没过多久，安托万的个性力量就显现出来了：三楼的窗户装上了护栏，以防有人夜里在屋顶上跑来跑去。地板上常传来咚咚的跑跳声，尤其是在洗澡时，宝拉或是后来的家庭教师手
里握着洗澡绵，奋力追赶光着身子的托尼奥。 34

托尼奥满头金色鬈发，因此赢得了“太阳王”的绰号。事实上，他正欢快地试着第一次行使自己的绝对权力。他有专属的宝座，就是一把心爱的绿色小椅子。很快，他的急迫态度让他格外突出，母亲成了暴政的首要目标：“在家里，他像影子一样跟着我，手里拿着那把上了漆的小椅子，这样无论我在哪里，他都可以坐在我身边。”他追着母亲听故事，不听到决不罢休。圣埃克苏佩里夫人鼓励孩子们把她讲的故事生动地

表演出来。她要保证儿子们至少沉浸在凡尔纳和安徒生的世界里。因此,圣埃克苏佩里家的孩子们很早就投身文学创作了。圣埃克苏佩里自述六岁开始写诗。家里有三个孩子是作家,但谁也不像安托万一样对第一批听众要求那么高,如果弟弟弗朗索瓦不听他读作品,就会挨他一顿揍。在一位表亲家,他和姐姐西蒙娜成了优秀的导演;他们如饥似渴地阅读了舅舅图书室里所有的历史书、回忆录和冒险故事,以挖掘的故事为基础创作短剧。在众多表亲的协助下,这些短剧上演了,赢得了聚会的大人们的喜爱。圣埃克苏佩里把这番鼓励发挥到了逻辑上的极致。他通常晚上写诗,满屋子找听众。他裹着毯子或台布,叫醒弟弟和姐妹们,给他们朗读自己新写的诗句。遭到大家抗议后,他接着来到圣埃克苏佩里夫人的房间,点亮灯,热情地重复刚才的表演,经常要闹腾到凌晨 1 点。他对多次闯入房间的解释很简单。“突然被叫醒时,人的头脑特别清醒。”他告诉母亲。多年后,他穿过巴黎市或拨打国际长途剥夺朋友一晚的睡眠时,不再以此为借口了。

他并不只是对文学怀着激情,他的受害者也不局限于家人。安妮-玛丽·庞塞特的父亲在里昂歌剧院做指挥,安妮每周都去圣莫里斯,教圣埃克苏佩里家的孩子们学习钢琴和声乐。有一天,托尼奥不停地问她活塞是怎么工作的。最后,她不得不板着脸说“够了,托尼奥,你真烦人”,才打发掉了这个热心于当机械师的孩子。在圣埃克苏佩里家,蒙特叙神父的看法很有分量。他每隔一天来圣莫里斯一趟,这家人热情
35 接待他,他则以不断磨炼提升他们的纸牌技艺作为回报。他尤其不能幸免于托尼奥的热情。一天晚上,他被这个十二岁的孩子缠上了,孩子非要给他看自己为飞行自行车设计的发动机,他溜到牌桌上,笃定地说:“安托万在科学方面非常有天赋。”神父的话相当于给年轻的发明家颁发了许可证;他获许继续设计他的奇特装置,他说还需要一台小型热油发动机。大家在村子里四处寻找,最后托尼奥得到了他想要的东西,满

心欢喜地调试、把玩了好几个小时。不过，“这个像少了几根触手的章鱼的奇怪东西”终于了结了；一天下午，它在弗朗索瓦面前爆炸，被没收了。

年轻的工程师毫不畏缩，继续设计飞行自行车。那时，萨冈亲王踩着脚踏板、骑着“钢铁小精灵”穿过布洛涅森林刚过去二十年，莱特兄弟发明飞机也才九年，这么想来，飞行自行车似乎是一个合乎逻辑的混合体。圣埃克苏佩里用村里木匠设计的柳条支架，把旧床单绑在自行车上；尽管是从陡峭的斜坡上冲下来，并且据一位目击者说，他也狂踩脚踏板，他到底没能飞起来。（他的尝试也不是完全没有意义；事实上，九年后一个法国人骑着一辆双翼无桨自行车在空中飞行了四十英尺。）圣埃克苏佩里二十八九岁时驾驶的飞机不比当年他设计的飞行器复杂多少。休假时，他会回到圣莫里斯，去缝纫室坐在玛格丽特·沙佩（又叫莫伊茜）身旁，激动地对她讲起自己才结束的艰苦工作。玛格丽特是这里的管家，1914 年房子里的德国员工被换掉时，她就来到了圣埃克苏佩里家。在《风沙星辰》中，他写了玛格丽特令人失望的反应：“你会说我一点也没变。小时候我就撕破过衬衫——‘多可怕！’——摔破过膝盖，晚上回家来包扎。不，夫人，不！我不是从园子那头回来，而是从世界那头回来！……‘当然！’你会说，‘男孩们总是跑来跑去，摔断骨头，觉得自己特别了不起！’”（村里一个孩子记得托尼奥正像他自己描述的一样，总是至少扎着一条绷带。）在姐姐西蒙娜的记忆中，弟弟和管家的会面是另一番景象：年轻的飞行员还是老样子，喜欢用他在异教徒地盘降落的故事来折磨脆弱的莫伊茜。“安托万任性又充满想象力，总能得逞。”她说。所有证据都支持西蒙娜的版本。

想发明飞行自行车，对十二岁的男孩来说是很自然的事；总的来说，圣埃克苏佩里童年着迷的爱好与他生活的时代、成年后的癖好确实 36
联系很紧密。他出生那年——当时法国唯一飞上天的人，驾驶的是人们所说的“机械蝙蝠”——马可尼的电报、X 光和城际电话首次出现在巴黎世界博览会上,这届博览会首次展示了各种自行车和汽车。在安托万视为珍宝的发动机被没收前,安托万和弗朗索瓦(虽然不大情愿)合力把它装配起来,为一个灌溉系统提供动力。他们想种植蔬菜,以高价卖给唐特·特里科。后来发动机爆炸,被没收了,他们的规划也宣告失败。这次创业失败了,但圣埃克苏佩里对表弟说,他们终有一天都会成为园丁,后来他也多次表示园艺才是他真正的使命。园艺意象在他的作品中随处可见;他对女人的最高赞美是将她比作绿地、花坛或是受到精心照料的花园,这对一个试图尽可能少在地球上停留的男人、对一个从二十多岁起就对椴树严重过敏的男人来说,真是讽刺。

圣埃克苏佩里家的孩子们都特别喜爱动物,但这种喜爱并没有完全得到回报。一只燕子从巢里掉下来,孩子们喂它吃红酒泡过的面包,希望它恢复,然而事与愿违,燕子因消化不良死了。圣莫里斯的田鼠更喜欢自由,而不是被关在一个存满食物的储藏室里。驯养的蟋蟀在纸盒里挣扎、死去;据诊断,它们口干舌燥,所以被小心翼翼地浸在水里,结果淹死了。圣莫里斯的蜗牛对为它们设计的土窝不感兴趣;有一年,经过训练、为圣埃克苏佩里夫人贺寿的蜗牛,趴在起跑线上一动也不动,或许是由于比赛中它们被染成不同的颜色,因油漆无法呼吸。在《小王子》的读者中,鲜有像宝拉这样对圣埃克苏佩里独具一格的写作不感到意外的:这本书很容易让她想起安托万童年时的想法。“他经常问我,如果我是狮子、大象、猴子,我会做什么。他专心致志地听我讲我当野兽的生活。”宝拉记得她和圣埃克苏佩里家的孩子们在拉莫勒庄园散步的时光,陪伴他们的还有姨妈马德莱娜·德·丰斯科隆贝的一只猫、几条狗和几只拴着绳子的海龟。

圣埃克苏佩里小时候便展现出了成年后的一些习惯。他在餐桌上还是那样热情洋溢。一天,他从山上散步回来,坐在午餐桌旁,懊悔地承认,他刚刚在园丁家吃了四个生鸡蛋。但他的胃口似乎并未受忏悔影响。早些时候,三个最小的孩子是和家庭教师在厨房里吃饭的,即使这样,在隔壁用餐的大人们还是难免为穿透力极强的尖叫——“不要胡萝卜!”——困扰。(多年后,圣埃克苏佩里对一个姐妹说“你不再爱我了”,因为这个姐妹居然给他吃他最讨厌的青豆,这在他看来简直是一种背叛。)他的房间总是乱糟糟一片,只有加布丽埃勒获得特许可以来整理。西蒙娜记得,那是因为仆人们拒绝帮他整理。她弟弟把纸稿放在一只有天鹅绒衬里的小箱子里;只有等箱子关不上了,他才会考虑做必要的分类整理。他坐在那里,周围散落的珍贵文件几乎铺满房间的地板,这时候他是幸福的。 37

他很少被管教约束。在少数情况下,母亲会失去耐心,用拖鞋打他或者吓唬他说当天的饭[午后零食]会比平时“简单”。有一个法子能让这个活蹦乱跳的孩子安静下来:一位姨妈记得她曾让安托万用奶瓶给小表妹喂奶,他表现得“无限温柔”。两个小家伙都很安静,整整一小时都没听到一点声音。姨妈承认,除此之外,“他是一等一的恶魔”。在他母亲眼中,他是个吵闹的孩子,但也不乏爱幻想和感性的一面。他能想到的最大苦难——这是在贡布雷村诞生之前——是没有得到一个晚安吻就要去睡觉。后来他深情地写道:“母亲,您来到我们身边,俯下身子,为您的小天使们护航;保证旅途平安,所以没有什么敢惊扰我们的美梦,您抚平了每一条皱纹、每一个折痕、被子上的每一道凸起。”他既专横、控制欲强,又细腻敏感,常常需要得到别人的赞许和理解。这一切,他都指望母亲给予他。可以说,在这方面其他女人都无法与他母亲相比。

*

玛丽·德·圣埃克苏佩里是我们心目中典型母亲的化身:她总是满心牵挂和同情;她拥有超越理性的智慧;她的善意是珍爱的、有益的、持久的。即使长子的名望让其他孩子的成就黯然失色,她也不愿意区分对每个孩子的忠诚:“安托万当然有才华,但我所有的孩子都才华横溢。我不能说,安托万从小比其他孩子更有才华。”她的父亲和祖父都是作曲家,她自己也是一位造诣颇深的音乐家,每周日她都去村里的教
38 堂演奏风琴。似乎正是她以训练有素的女低音让圣莫里斯庄园充满音乐。安德烈·德·丰斯科隆贝是她兄弟的儿子,比安托万小九岁,他在圣莫里斯度假时,也被那里“浓厚的音乐氛围”打动:“房子里回响着雷纳尔多·哈恩、福雷、舒曼、舒伯特或马斯奈的旋律。”在玛丽·德·圣埃克苏佩里的指导下,孩子们组成了一个合唱团;他们学会了许多中世纪的曲子,这些曲子构成了圣埃克苏佩里所有曲目的核心,后来他曾到母亲意想不到的地方表演它们。

玛丽·德·圣埃克苏佩里是一位颇有才华的粉画家,一生都在作画。1929 年,在《夜航》评审期间,她向里昂市出售了三幅画作。这让圣埃克苏佩里自豪地说:“我们一家多么了不起!”1967 年,在九十二岁高龄,她出版了一部诗集。这是她的第二部诗集,大多是关于孩子们和在圣莫里斯的岁月。她和儿子一样,非常感性。在作品《欺骗》中,她写了童年时的失望。1881 年,两位“王子”——实际上是沙特尔公爵和巴黎伯爵——要来参加晚宴。她期待了好几天,最后不情愿地承认,两位访客并没有什么特别之处:“什么？这个人,是王子？他看起来真普通!我好想对他吐舌头!”对习俗的戒心不是她给儿子的唯一馈赠。一位侄女记得她极具魅力,但常常语焉不详:“她的来信令人愉快,但有时信息不怎么准确……在告知加布丽埃勒刚生了宝宝的消息时,她写道‘迪迪干了一件了不起的事’,但没有具体说迪迪生的是男孩还是女孩。”她对精确也没有概念。她不擅长财务,这倒不意外,她是一位二十一岁结婚、八年后独自养育五个孩子、喜欢裁剪精良的长裙的女子,也并非在女性自始至终以家庭为重的传统环境中长大。

在很大程度上，玛丽·德·圣埃克苏佩里在经济和住房方面受惠于自己的家族——她偶尔会情绪低落——但她从不表现出来。她身体不太好，不过最后还是比自己的三个孩子活得更长。1913 年 3 月，她带着两个儿子到法国北部待了十天，与儿时的密友住在一起。这位朋友也是寡妇，有四个孩子。梅尼尔·杜比松伯爵夫人在她的日记中写过，圣埃克苏佩里夫人的眼睛和腿都出了问题。她认为，这次旅行——包括前往圣米歇尔山的朝圣之旅——对朋友的身体和道德都大有裨益。一行人花了相当长的时间唱歌（安托万的声音赢得了不同寻常的称赞），并与来访的神父一起参加弥撒。玛丽·德·圣埃克苏佩里信仰很坚定。她健康状况不佳，又多次失去亲人——1907 年 2 月，在丈夫去世 39
三年后，她又失去了父亲——这些都令她更为虔诚。借由“对天主教的真正财富的尊重”，她的人生和家人简单地维系在一起。她的精神世界——即使不完全是她的信仰——深深地影响了儿子。

与玛丽·德·圣埃克苏佩里不同，特里科夫人对于信仰的态度更宽松，但家教则比较严。每天晚饭后，家人必须一起去圣莫里斯教堂祈祷，但在仪式上，圣埃克苏佩里却发现她表现得出奇地随意：“事实上，仪式让她觉得有点无聊。她离开休息室时开始大声祈祷，吸引了她身后所有祈祷者的注意；然后，她跪下，再站起来，完全不在意别人的目光。”在圣莫里斯村，她像地方官一样管事，但圣埃克苏佩里一家来了以后，她在自己家里就没那么大权威了。她全心收养了圣埃克苏佩里夫人，也因此接纳圣埃克苏佩里夫人的大女儿玛丽-马德莱娜，这个柔弱的女孩甚至更加受她宠爱。1920 年特里科夫人去世时，将圣莫里斯连同其二百五十公顷的土地留给了圣埃克苏佩里夫人，并留给玛丽-马德莱娜一大笔钱。她对两个曾侄外孙们的看法却大不相同。在她看来，他们“吵闹、粗俗、脏乱、不听话，破坏或者弄脏他们碰到的一切东西”。她基本上尽量避免与他们相处。“我的两个弟弟，”西蒙娜·德·圣埃克苏佩里不得不承认,“的确令人难以忍受。但是,他们像很多精力过于旺盛,又没有父亲管教的孩子一样。他们打得很凶,谁也管不了他们。”

大家族的共识是,圣埃克苏佩里家的孩子们被惯坏了。这些孩子完全没有规矩,这意味着他们不喜欢那些和母亲不同、更愿意管教他们的长辈。圣埃克苏佩里对圣莫里斯湖南面中央走廊的记忆终生挥之不去,为这记忆奠定基色的是舅舅于贝尔。于贝尔舅舅是典型的“严厉形象”,他与另一位舅舅在走廊上踱步,而当时只有五六岁的托尼奥则蜷缩在暗处。“这个人一生中从未亲切地揪过小孩子耳朵或捏过小孩子脸颊,总是在我淘气时凶巴巴地皱着眉头威胁我:‘下次再去美国时,我会带回一台鞭打机。美国机器是世界上最先进的,所以美国孩子是世界上最听话的。’”一位堂弟记得,十一岁的安托万总是喜欢和人争论。最常与他争吵的人是他的祖父费尔南·德·圣埃克苏佩里。他和祖父度过
40 几次假。“我祖父和安托万在这一点上很像,”堂弟回忆道,“他俩都来自南方,都非常喜欢高谈阔论,但我祖父认为只有大人才有权参与谈话,孩子们不能插话,乖巧地在旁边听就是了。安托万绝不相信年轻人就该沉默。这种歧见常常引发互相指责。”玛丽·德·圣埃克苏佩里微笑着向她儿子的一位密友说起她夫家的氛围:“就像罗马皇帝马可·奥勒留的统治。”一位叔叔曾经公开断言,圣埃克苏佩里家的男孩们将一事无成。四十二岁的圣埃克苏佩里借《小王子》中的讲述者给出了回应:“我在那些大人中间生活过很长时间。我仔细地观察过他们。但这并没有改变我对他们的看法。”

*

面对成人世界时,圣埃克苏佩里常常遵从青少年时期的想法。他自己的叙述是我们能找到的关于他童年时光的最好描写。虽然他的一

些自传性片段触发了一系列记忆有意识或无意识在回避的问题,却有助于明确什么对他来说最重要。他母亲能证明他写的东西大多是真实的,即使她可能会将圣埃克苏佩里认为的冒险称为愚蠢;像所有人一样,她明白尽管儿子写的东西包含一些创造性成分,但他断然不会胡乱编造。西蒙娜·德·圣埃克苏佩里对圣莫里斯岁月的描述也印证了她弟弟勾画的图景:

> 安托万童年时受到家人的耳濡目染,也受到更加低微的动植物世界的影响,对我们来说,这个动植物世界就是圣莫里斯和它的园子。天气好时,我们在丁香树丛中建造树屋和木屋,用青苔做地毯……下雨时,我们玩哑谜猜字游戏,或者去阁楼探秘。我们不顾扬起的灰尘和掉落的石膏,在墙壁和旧梁的裂缝间寻找宝藏,因为我们认为每座老房子都藏着宝藏。

圣埃克苏佩里无论在哪里,都对宝藏充满兴趣。这常常是他唯一的行囊。他在《小王子》中提醒我们,宝藏是否被发掘并不重要;只要它存在就给房子施了魔咒。他对一所“没有秘密,没有隐秘处,没有神秘性……没有地下密室、埋藏的箱子和宝藏的房子”毫无兴趣;对于朋友他也有类似期望。在《夜航》中,“寻找黄金宝藏”的地点转移到了天空,但在《南方邮航》中它仍实实在在是在大地上的: 41

> 十岁时,我们在阁楼上的木制品中找到了避难所。死鸟、爆裂的老树干,奇装异服——人生的舞台侧景。我们所说的宝藏,老房子的秘密宝藏,是隐藏着的。童话故事里将它描写得如此美妙,有蓝宝石、蛋白石、钻石,它闪着柔和的光。这是每一堵墙、每一条梁存在的理由。巨大的横梁守护着房子,像在抵抗着我们不知道的

什么东西。是的,抵抗的是时间。因为时间是宿敌。

圣埃克苏佩里虽不安分,但并不急着长大,或急着争取自由。在圣莫里斯的花园里,在母亲宽容的眼神里,他享有充分的自由。后来他发现宿敌不可回避,世界如此严酷时,选择重返儿时的园子。他一封又一封地给母亲写信,说母亲是他的避难所、他的安全保障、他的“平静之源”、他的“柔情泉源”、他的“全能支持者”。1931 年,他在信中对母亲说“我生病时、悲伤时、孤独时,想到的人都是您”,当时他才结婚不久。前一年,他寄了一封特别伤感的信给母亲:“教会我‘无垠’之意义的不是银河系,不是飞行,也不是大海,而是您房间里的第二张床。生病是一件多好的事啊,我们每个人都盼望着轮到自己生病。那张床是一望无际的海洋,流感让我们获许进入其中。”在更加艰难的时刻,他描写从热被窝里爬起来去执行飞行任务的情形,如同“被人从母亲的怀里拉走”。浓烈的母爱于他是一件温暖的披风,无论走到哪里都穿着,年龄越大裹得越紧。1940 年,他驾驶飞机穿过德国人的炮火时,一边思索着自己的墓志铭该怎么写,一边自问:“一旦你长大成人,就要完全靠自己了。但是谁能抵挡一个曾经被全能的宝拉紧握小手的男孩?”被困在撒哈拉沙漠中时,他也这样回想起莫伊茜和她的一大堆亚麻织物。

圣莫里斯的女性为圣埃克苏佩里提供的“主权保护”,现在延伸至对房子本身的记忆:他仿佛退回过去,进入一个备受呵护的世界。他声称从莫伊茜那里懂得了“永恒”,此外还从两位舅舅在圣莫里斯走廊上踱步中体味这个概念,“如潮涨潮落”,他如此哀叹法国的未来。他珍视那些夜里从窗口透进他位于三楼的房间的神秘事物。在利比亚,在危地马拉,还有独自在撒哈拉时,当他情绪低落,干净平整的白床单带给他慰藉;他在第一本小说和最后一部作品——他逝世二十多年后才出版——中都曾写到白床单。二十九岁时,他给母亲写信说,在熟识之物

中,给他最多回报、最可信赖、最亲切的是“圣莫里斯楼上房间里的小火
炉。从来没有什么东西像这只小火炉一样,让我如此确信存在……不 42
知道为什么,但它让我想到一条忠犬。小火炉保护我们免受一切困苦。我从未有过这样一位好朋友……”。他甚至会在战时的家书中向妻子赞扬它一贯的忠诚:“你一定像我童年时圣莫里斯的小火炉,冬夜里窗子结了一层冰,小火炉在我房间里安静地散发热气。我会醒来,听小火炉圆鼓鼓的肚子发出呼呼的声音。我感到自己被这个小家神保护着,很开心自己还活着,便接着睡去。”

圣埃克苏佩里每一部作品之下都汩汩流淌着他奇妙的童年生活。这使他成为一位出色的小说家,但失落的世界也可能令人迷惑。对一个头脑特别抽象的人来说,失落的世界似乎比手头的工作更加引人入胜。“这个童年记忆的世界,”他三十岁时告诉母亲,“在我看来,永远比另一个更真实。”后来,他在同一封信里补充说:“我不确定在童年之后,我是否生活过。”当时他身在布宜诺斯艾利斯,一边尝着思乡之苦,一边开始创作《夜航》,这部书的初稿是以圣埃克苏佩里夫人的形象开篇的。仿佛沙暴、异教徒部落和沙漠中的机械故障都是一场梦,而莫伊茜的洗衣间才是持久的现实。被波德莱尔称为天分的能力——随意寻回童年——证明既是一种诅咒,又是一种祝福:对于圣埃克苏佩里来说,这是一个他常常陷入懊悔的理由。三十八九岁时,有一次,他一出现孩子们就尖叫起来。他郑重地评论说:“有一件事总是让我难过,那就是长大。”成年于他而言是一种放逐,远比在朱比角度过的漫长而孤寂的数月更令人痛苦。《小王子》中的讲述者在成年人的世界里非常孤独,直到他遇到小王子,另一个世界的使者,在那个世界里,孩子们可以思考严肃的问题,同时保持童真并且无须付出任何代价。成年后圣埃克苏佩里发现,并不是每个人都像圣莫里斯的亲人那样,包容他犯错、提要求、保持思想独立。快乐的童年也会捆绑人。 43

第三章　天地万物

1909—1915

我对知识的渴望是时断时续的，但我想把大脑沉浸在我双脚未曾到达的氛围里的渴望持续不断、永恒不竭。

——梭罗，《远足》

1909 年夏末，圣埃克苏佩里夫人举家北迁至勒芒，这是一座有七万人口的工业城市，位于巴黎西南面一百四十英里处。这里是她公公结束政治生涯后定居的地方。他的两个女儿也在这座城市。圣埃克苏佩里讲话时总是提到勒芒或法国西部，而不是里昂，这算是对父系家族的敬意吧。圣埃克苏佩里夫人搬家是为儿子们的教育考虑。费尔南·德·圣埃克苏佩里曾把他的两个儿子送到圣克鲁瓦圣母学院，他的孙子们也在 10 月入读耶稣会学校。堂兄居伊·德·圣埃克苏佩里比安托万早一年上学。圣埃克苏佩里显然此前在里昂的一所教会学校圣巴泰勒米山学习过一两年，所以他被安排在第七班，相当于六年级。那是一所二百五十人的学校，从一年级开始，有一半学生是寄宿生。或许是为了欢迎他加入，或许为了让他始终是一个新生，同学们很快将他的名字戏称为“塔塔纳”*。

* 法语原文“Tatane”，意思为“鞋子”。——译注

圣埃克苏佩里家位于克洛-马戈街 21 号，是一所带小花园的普通公寓，但并不是一派秩序井然的样子。这可能是由于圣埃克苏佩里夫人时常不在家，男孩们由婶婶照顾。家里唯一的时钟好像坏了。住在 44
城北的邻居保罗·戈尔捷也是圣克鲁瓦学院的学生，每天早上和安托万一起步行二十五分钟去上学。两人定好 7 点半出发，这样就能赶上 8 点上课。每天一大早，圣埃克苏佩里就来到戈尔捷家门口，问几点了，每次都是 6 点到 6 点半之间。至少有一次，圣埃克苏佩里提到他家在克洛-马戈街的房子里没有钟。不过，这个解释恐怕不可信，更有可能是因为他喜欢吃完第二顿早餐才去上课。

在勒芒的头几年，圣埃克苏佩里学业并不突出。关于这一点，西蒙娜·德·圣埃克苏佩里说得简单直接，她断言弟弟"绝不是神童"。圣克鲁瓦学院的神父们开设了很多拉丁文和希腊文课程，他们记得圣埃克苏佩里"善良而聪明，但常常注意力不集中，是个坐不住的孩子"。圣埃克苏佩里常常在课后被留下来，原因很多：数学考试连续几次不及格、注意力不持久、书桌太乱、衣冠不整，等等。他的成绩波动很大，在"总体行为"以及"秩序、仪表和整洁"方面分数令人失望，但他的总体表现比这些分数给人们带来的预期要好一些。

圣埃克苏佩里九岁至十五岁生活在勒芒，对这段生活的描写更契合一位内向的哲学家，而不是圣莫里斯那个喧闹的发明家：他姐姐认为，离开家庭的温暖后，他变成了一个内向的孩子。让-马里·勒列夫尔 1905 年入读圣克鲁瓦学院，他回忆说圣埃克苏佩里这位新同学郁郁寡欢，不爱笑。老师们觉得他"恍惚、耽于沉思"。很少有同学能理解他这样的性格，他们开玩笑说他在"神游"。他不喜欢同学们嘲笑他，但也很快就消气了。

他在文学上花费的功夫并不总对学习有用，但在圣克鲁瓦，他的文学修习从未松懈。正是在这里，他开始与母亲通信。在他上学期间，母亲有时在圣莫里斯，有时在拉莫勒庄园。最早、最长的信里有一封写的是，圣埃克苏佩里去索莱姆的本笃会修道院实地学习，此行影响了他的一生。十三岁时，他找到让-马里·勒列夫尔，询问勒列夫尔是否愿意合办一份他正在编的杂志。圣埃克苏佩里已经招了一位体育作家、一位讽刺漫画家和几位专栏作家，但他把卷首页和诗歌专栏预留给了自己。这份杂志只出了一期就停刊了，编辑们却因此招来警察，遭到数小
45 时拘留。不过第二年，他获得了热门的年度最佳写作奖。这一年，圣埃克苏佩里在马戈塔修士的指导下，第一次对课程发生了兴趣。勒列夫尔记得他是一位难得的鼓舞人心的教师，他本可以向人夸耀，圣埃克苏佩里的第一篇航空故事是写给他的，但他并没有那么做。安托万跟随法语老师洛奈修士学习时，他的修辞学老师认为他是一位杰出的文体学家，是班上最优秀的学生。1914 年，他写了一篇短文《一顶帽子的漫长旅程》，巩固了他在洛奈班上的声名。勒列夫尔回忆道，老师非常喜欢这篇文章，“他让我们阅读、讨论了两个多小时”。

圣埃克苏佩里在文学上的最初名望是凭借一顶礼帽的自传赢得的。这顶帽子讲述它诞生于一家工厂，然后到了巴黎最大的帽子店，展示在橱窗里，所有经过橱窗的人都仰慕它的优雅，它“平和宁静地生活，等待步入世界的那一刻”。一天晚上，一位绅士买下了它。这位绅士是如此尊贵，以至于店主将要价翻了倍，“因为他的座右铭是从不放过一个机会——或一张钞票”。这顶礼帽跟随绅士到俱乐部，初次亮相就赢得了一致赞美。有那么几个月，它过着娇宠的生活，每天都有仆人用毛刷把它悉心清理两遍。然而，帽子被绅士作为新婚礼物送给自己的马车夫后，它的生活发生了翻天覆地的变化：“第一天，我三次滚进泥坑，更残酷的是，甚至没有人帮我擦去泥水。”为了报复新主人对它的忽视，帽子缩水了。然而，它的小聪明却事与愿违，它被以六法郎的价格卖给了一个二手服装商人，“一个可怕的犹太人”，十四岁的圣埃克苏佩里写

道。在下一笔交易中，它的价格降到了不到三法郎，这使得新主人一点也不重视它。令人高兴的是，它在这位主人手里没待多久，就被一阵狂风吹到了塞纳河上的鸟群中。它随水中的鱼漂游，又落入收破烂人之手，被放进一间昏暗肮脏的小屋，这小屋是“非洲国王们的豪华服装仓库”。很快，礼帽克服了对新主人的恐惧，他是这个国度最强大的王子，礼帽发现主人摸过的东西不会因此而褪色，也就安心了。在生命的最后几天，礼帽写下这些话，希望能传回法国去，这样它的同胞们“会知道在我身处的国家，不戴帽子的风尚永远不会扎根；等我没用了，也可以成为受人崇拜的文物，因为我曾经为卓越的主人，尼日尔国王巴姆-布姆二世的脑袋增光添彩”。

老师把《一顶帽子的漫长旅程》还给圣埃克苏佩里，给了相当于 A^- 46
的成绩。洛奈的评语是：“拼写错误过多，风格时而笨拙。”圣埃克苏佩里怀有那个时代的文化成见是可以理解的，因为他在家里接受了很多政治方面的观念，因为他在学校受到的教育是如此的；只有享受特权者才把孩子送去耶稣会学校。十四岁时，他可能遇到过几个亲德雷福斯的人，但没有接触过共和国的拥趸。从文学而不是从政治角度看，这篇短文可以说充满了预见性：圣埃克苏佩里将赌上名誉，忠心服务一位主人；他仍将痴迷时间的流逝。奇妙的想象，以及对成年人道德习俗异想天开的控诉，将成为他的生活和文学作品的标记。他也会去非洲，从某种意义上说也算是被风吹去的，稍后小王子也“趁一群野鸟迁徙的机会离开了”。在这样的旅程中，圣埃克苏佩里会摆脱时代的偏见。然而，可以公平地说，圣克鲁瓦的普通学生——十四岁的法国人已经足够大，可以有自己的政治观点了——无疑是君主主义者，特别是当时正处于政教刚刚分离的时期。政教分离使圣克鲁瓦付出了惨痛的代价，这所学校依据政令要搬迁到更朴实的地段，它的申诉未能获批。没有理由认为，在青少年时期，圣埃克苏佩里的立场会异于学校中盛行的君主制度政治倾向。

在勒芒,他一直保持着早年的文学习惯。奥黛特·德·西内蒂是他家朋友的女儿,年长他两岁,她的兄弟们也在圣克鲁瓦圣母学院念书,她清楚地记得圣埃克苏佩里到她家庄园做客的情形。他对这位出名的金发美女表达仰慕之情的方式,我们很熟悉。安托万"写诗,写悲剧,坚持要读给我们听。说实话,在那个年龄,我们更愿意玩,而不是听。这并没有阻止他经常跟着我。他手里拿着自己的作品,边走边慷慨激昂地朗读"。多亏奥黛特·德·西内蒂,圣埃克苏佩里很多早期的诗得以保留下来。洛奈修士不会过多关注拼写错误的数量,而是对这位年轻诗人浪漫主义的深度印象深刻,他的作品显然有 19 世纪大师拉马丁的影子。

在勒芒之外西内蒂的家里,西内蒂家和圣埃克苏佩里家的孩子们一起上舞蹈课。安托万把它作为任务,也跟着跳。他特别讨厌方阵舞,但他们恰恰跳得最多。奥黛特·德·西内蒂很倒霉,是圣埃克苏佩里的固定搭档,她说:"他跳舞时怀着最大的恨意,像一只熊似的挪来挪去。"
47 在勒芒,也是他的笨拙而不是他的学术才华令人们印象更深。他的钢笔总是出毛病,这件事众所周知。当时,钢笔才发明,很受追捧,在他手里却成了愤怒的对象。他在骑自行车方面也没什么才华。他多次与让-马里·勒列夫尔骑行,通常他都落在后面,一旦他的自行车出了问题,就得找朋友来帮忙修理。显然,这并没有阻止他像我们其他人一样"弄脏手,有时他的手甚至比我们的还脏"。一个备受青睐的目的地是勒列夫尔家在勒芒以南五英里的乡居,坐落在米萨讷森林的松树林里。这片森林附近的小村子于诺迪埃里面有一条跑道。这个半英里长的赛马场开拓自一片松林荒地,是一处神圣之地,不过安托万错过了一年前它的封圣仪式。

*

1908 年 8 月 8 日,周六,两个小男孩骑着自行车飞奔到勒芒,尖叫着:“他飞了! 他飞了!”这一次长辈也和他们一样充满了热情。大家刚刚见证了开启欧洲航空时代的盛事。威尔伯·莱特在于诺迪埃跑道上空飞行两圈,控制良好,用时1分45秒。在法国,这不是持续时间最长的飞行(这一年,每个月都有人声称创造了新的飞行纪录,达到15分、16分半或20分);对莱特来说,这也不是他迄今时间最长的飞行。但是,对美国人来说只是例行表演的飞行,对法国人来说简直是奇迹。法国人觉得,飞行更像是一个笨拙拉升的问题,而不是一个科学控制的问题。法国人也飞行过,但他们的飞机起飞很慢,摇晃得厉害,着陆也不可靠;他们没想过尝试绕着四面环树的空地飞行。那天在于诺迪埃,从没有人见过斜飞或急转弯,几乎没有人想到威尔伯·莱特能那样飞行;法国媒体称他为“杂技演员”和“戏耍高手”。

由于下雨,这次飞行表演推迟了几天,终于在晚上6点半举行了。莱特表演时仅有几百人在场,但其中就有无比顽强的法国飞行员路易·布莱里奥。布莱里奥本人一个月前曾在空中停留了大约8分30秒,但他仍明白他此刻所见的重要意义。“机械飞行的新时代已经来临,”他宣布,“看完这次飞行,我心情难以平静,无法充分表达我的观点。”然而,有些人却懂得如何表达,到了周一,两千来人来到跑道边等待观看表演。那天莱特飞了两次,第一次做了一个一百度急转弯,第二次做了欧洲飞行史上第一个8字飞行。“我们输了。”《晨报》周二承认,当时有三千名观众在等待这位证明过自己的美国人表演,他在七十 48
英尺的高度绕着跑道飞行了三次。“我们从未见过在做了两三个不到两分钟的飞行动作后,完全反转飞行。”威尔伯周五给他的兄弟写信说。当时情况很清楚,美国人没有虚张声势,他们已经完全掌握侧向控制技术,飞行界的人还没有完全理解这项技术,但它即将带来飞行革新。

如果说在莱特的勒芒飞行表演之前,法国似乎在飞行领域处于领先地位的话，那在很大程度上要归功于在法国出生的工程师奥克塔夫·沙尼特，五年前他在法国航空俱乐部演讲，报告了莱特兄弟取得的进展，而他本人也曾经在基蒂霍克参与莱特兄弟的工作。很快，法国的航空设计腾飞了。莱特在勒芒的飞行将“翘曲机翼”——美国人解决控制问题的部分方法——这份礼物送给了法国人，法国人马上将先进的技术用到了自己制造的飞行器上。* 自此，法国的航空业发展迅速、引人注目，尽管由于多种原因，法国的天气状况并不是很有利。发明热气球的蒙戈尔菲耶兄弟和他们的同胞强烈认为，在航空领域取得成功是他们与生俱来的权利。法国航空俱乐部成立于1898年，是世界上第一家航空俱乐部。看一看它的会员名单和传统，就能感受到这个国家彼时的辉煌。俱乐部在马克西姆餐厅聚会，喝掉了许多香槟。这家餐厅总是把价格定得很高，以保证来店消费顾客的层次。早期的会员大多或富有，或在汽车工业地位不凡，至少也是有头衔的贵族。飞行起初是富有的工业家、有地位的工程师或是有军方背景的社会名流热衷的活动。它是绅士飞行员们的天地；后来，航空业依靠政府补贴发展。在法国，满足这些条件的人很多。20世纪初，在世界其他地方很难找到一个集财富、英勇和工程智慧于一体的国家。法国是这样的国家，一个高尚可敬的人会花整个下午在巴黎的“驯化花园”做飞行实验，而不是钻进华尔街或伦敦金融城。航空与其说是一项技术，不如说是一项运动，它由其他国家的有闲阶层引介而来：1906年，移居巴黎的巴西人阿尔贝托·
49 桑托斯-迪蒙进行了欧洲大陆的第一次动力飞行。在这方面，刚刚起步的航空业与时尚业相似：高级时装之都是巴黎，因为很多顾客住在巴黎，但其主要推动者，比如创始人，通常来自其他地方。

---

* 利用这项引进的新技术，法国人取得了很大成功：第一次世界大战期间，法国拥有的飞机数量仅次于德国，并且很快成为盟军飞机的首要生产商。美国直到1927年查尔斯·林德伯格到巴黎后才重新获得航空领域的优势地位。

注重品质、小规模生产造福了法国的时装和汽车工业，也造福了年轻的航空工业。同样，法国家族企业占主导地位这一点也提供了优势；一个人的远见可以灵便地调动一股专业的生产力量。欧洲各国对自己的国界很敏感，这不无道理；对一个被敌国环绕的小国来说，航空的应用就显得非常迫切。20世纪初，齐柏林伯爵发明了硬式飞艇，这一成功对德国诱惑太大，他们因而在航空领域失去阵地；英国人比法国人更有理由感到安全。当时美国人的冷淡可能与他们距离欧洲遥远有关，早期飞机无法飞越那么远。另外，法国还受益于成熟的公共竞争环境。当时法国刚刚为世界贡献了埃菲尔铁塔、苏伊士运河和巴黎地铁几大奇观，法国已经蓄势待发，准备好迎接新的挑战了。* 1905年，莱特兄弟想要出售他们的发明时，首先选择卖给自己的政府。然而，美国陆军部和英国相关部门均持怀疑态度，三次回绝了他们。因此，他们只好带着“飞行者号”前往法国。

1908年3月，经过几个月的谈判，莱特兄弟签署了一份协议，授权一个法国财团生产“飞行者号”。按照协议，他们需要进行两次五十公里的示范飞行；为了履行这一义务，威尔伯·莱特在勒芒开了店。6月，他考虑了很多地方，最终选定于诺迪埃的跑道，这是他的第二选择，因为那里远离法国的闪光灯，也因为当地飞行俱乐部的主席莱昂·博莱好心地把自己的汽车厂给他用，还让工人去帮忙。尽管博莱盛情相待，还有一位当地罐头制造商给莱特兄弟的工棚提供上好的沙丁鱼、凤尾鱼和芦笋罐头，但对威尔伯·莱特来说，这个地方最终还是不够理想。装箱的“飞行者号”被海关工作人员损坏了，花了七周才重新组装好；博莱的工人说不了几句英语，莱特则不会说多少法语，而莱特也没有助手。他在给奥克塔夫·沙尼特的信中写道，勒芒是一个老派小镇，“在

* 相应地，苏伊士运河工程师的儿子雅克·德·莱塞普是第二个飞越英吉利海峡的人。

50 某些方面，和基蒂霍克一样出世”。

勒芒也没理由抱怨莱特什么。从1908年8月8日到1909年1月2日，他定期在离勒芒很近的地方飞行，在于诺迪埃飞了九次，在奥武尔的炮兵场飞了一百二十次。奥武尔是他的首选场地，他在于诺迪埃展示了飞行奇迹后，法国军方才相信他，并给他提供了这块场地。每次有两三千人来观看他的飞行魔术，其中一半时间都有一名乘客和他一起坐在“飞行者号”上。他给奥维尔写信说，他做的最让人吃惊的事是带着二百四十磅重的博莱飞了一圈。但他言之过早了：12月31日，他在气温零下的天气飞行了两个半小时——要知道年初他在法国的飞行只持续了一分半钟——为这一年画上了句号。他因此获得米其林奖杯，几乎同时还获得了荣誉军团勋章。

如果说1908年是航空业的元年，那么1909年就是它成熟的一年，毫无疑问，在欧洲大陆上的确如此。威尔伯·莱特刚刚回到美国，以布莱里奥为主的法国人就开始宣称在航空业处于领先地位了。7月25日周日清晨4点，布莱里奥在法国北部海岸的加莱从床上爬起来，奔向他的飞机。他的单翼飞机新安装了翘曲机翼，在莱特到法国之前，布莱里奥就一直在断续地进行实验，他是第一个使用副翼的人，而副翼这种横向控制方式正是今人所采用的。他拄着拐杖，因为他的脚在早先的事故中严重烧伤了。从加莱起飞三十七分钟后，他降落在多佛城堡后面的一片英国草地上。他的拐杖绑在飞机的一侧，他飞越英吉利海峡时并没有导航辅助，全靠自己的两只眼睛。对于一个法国人闯入英国那具有传奇色彩的与世隔离，英国人的反应是自1066年来从未有过的。他们将布莱里奥视为英雄。在伦敦，他的飞机在塞雷福里奇百货公司展出，吸引了十二万人前来膜拜。那周晚些时候，在巴黎，人们拉着这台机器，像拉着帝国战车一样穿越这座兴奋的城市，当布莱里奥经过时，共和国装甲卫队挥舞长剑以示敬意。（在摄于这两座城市的照片上，这位胜利的英雄看起来站得很稳，拐杖无影无踪。）一个月后，兰斯的香槟制造商赞助了全球首场航空竞赛，它成了航空史上的分水岭。三十八架飞机参加了8月的竞赛；虽然这场活动是国际性的，但除了一名美国人和一名英国人外，其他飞行员都是法国人。超过十万名观众拥向兰斯，目睹一项又一项纪录被打破。影响更为深远的是，兰斯竞赛的六台机器向公众出售。连同这一年晚些时候又推出的两个机型，这 51
些飞机完整地代表了第一代飞机，今天的所有飞机都承袭自它们。

正是追随着兰斯的航空业热潮，圣埃克苏佩里来到了勒芒。他来晚了一年，无法见证于诺迪埃的奇迹，但空气中还飘荡着莱特的魔力。* 法国发起了一场航空高烧，而这些年尝试设计飞机的远不只有圣埃克苏佩里这个执着的男学生。截至1911年底，法国持有飞行执照的人比美国、英国和德国加起来的都要多；法国人保持着飞行海拔高度、时长和速度的世界纪录。那年第一次举办长途飞行比赛，法国飞行员优势显著。那年，一个美国人花了七周，经历了十五次重大坠机事故，终于驾驶着几乎重新制造的莱特双翼飞机飞越美国，赢得了五万美元的赫斯特奖奖金。除了格伦·柯蒂斯的水上飞机，欧洲的飞机在设计和性能上都明显优于美国机器，而其中法国飞机又是最精密的。** 就航空业发展而言，那是一段令人眼花缭乱、极其狂热的岁月。那时反对者话音刚落，不到几分钟他们的反对就会被证明是多么愚蠢。虽然没有理由认为圣埃克苏佩里对航空业的发展比任何其他青春期前的男孩更敏感，但他无可避免地受到了影响。1909年至1914年，一系列"第一"不停地出现，有些是好消息，有些则不是——第一次长途飞行、第一次航空邮件递送、第一次飞行特技表演、第一位在飞机上丧生的女性、第一

* 在勒芒市中心，现在可以从威尔伯·莱特街，沿博莱大街一直走到安托万·德·圣埃克苏佩里街。

** 只有一项例外：1913年，伊戈尔·西科尔斯基在圣匹兹堡制造了第一架客运飞机。1914年，他驾驶这架飞机载着四名乘客飞抵基辅，中途只停了一次。

次两架飞机在空中相撞、第一只飞越英吉利海峡的猫——媒体报道大显身手。童年时，圣埃克苏佩里耳濡目染这些事件，接触它们一点也不比接触汉斯·克里斯蒂安·安徒生或儒勒·凡尔纳的故事少。他出生的那一年，飞机尚未问世；到他十四岁时，首位不间断地飞越大西洋者将获得五万美元奖金，而在九十天内最快完成环球飞行者将获得十五万美元奖金。历史事件会推迟这两项竞赛；林德伯格再过十三年才会在布尔歇降落，到那个时候，世界已经越来越小，奖金的实际价值也已减半。无论对于航空，还是对于未来的航空游吟诗人圣埃克苏佩里，这
52 都是光辉而又纯真的岁月。

*

圣埃克苏佩里首次飞行是在 1912 年 7 月末，当时他在圣莫里斯度假。那个夏天，他和妹妹加布丽埃勒经常骑自行车到离度假庄园四英里远的昂贝略机场。这座机场投入使用不久，里昂的一些实业家在这里试验制造飞机。其中有一个人试验特别成功，他以自己——还有两位帮助他完善飞机的波兰兄弟——的名字命名了这架早期的全金属飞机。贝尔托-弗罗布莱夫斯基既像一架现代飞机，也像一只蝙蝠，尽管它用连杆操纵、重量很大、发动机只有七十马力，但气闭性却很好。他们共制造了三架贝尔托-W，第二架安装了大功率发动机，以期拿到一份军方合同。1914 年 3 月，就在和军方签订合同之前几天，这架加大马力的贝尔托-W 在昂贝略机场坠毁，弗罗布莱夫斯基兄弟也在空难中丧生。

正是在其中的第三架飞机上，圣埃克苏佩里接受了“飞行洗礼”，当时这架飞机是由加布里埃勒·弗罗布莱夫斯基驾驶的。很快，圣埃克苏佩里就成了机库里的常客，强烈的好奇心驱使他一刻不停地向机械

师们发问,问题多到让他们害怕。他特别渴望飞行,而这是他母亲严令禁止的。为了确保儿子不能如愿,她还亲自来过几次机场。不过,在7月末的一个下午,安托万来到机场,满脸得意。当时二十岁的机械师阿尔弗雷德·泰诺清楚地记得,这个十二岁的孩子和加布里埃勒·弗罗布莱夫斯基之间的对话:

——先生,妈妈现在已经正式同意我接受飞行洗礼了。

——真的吗?

——是的,先生,我向您保证!

有充分的理由认为,这次谈话的每一句都是当时真实发生的,但没有理由认为圣埃克苏佩里夫人突然改变了心意。然而,这个小把戏起作用了,在夏天一个晴朗无风的下午,安托万·德·圣埃克苏佩里坐在一架贝尔托-弗罗布莱夫斯基里,绕昂贝略机场飞了两圈。这趟飞行虽然没有创造历史——十多年后,这位当时的乘客才获得飞行执照——却激发了热情。这位年轻的飞行爱好者当然几乎无法对他的母亲保守这个秘密:将圣埃克苏佩里介绍给昂贝略机场飞行员的村里男孩乔治·蒂博后来说“他高兴地跳起来”。安托万还邀请蒂博到庄园,一边在厨房吃点心,一边讨论飞行问题。回到勒芒,他把飞行冒险故事讲给奥黛特·德·西内蒂听,向她示爱;他把一架飞机印在了他在圣克鲁瓦办的一份时运不济的杂志的封面上;他为马戈塔修士写了一首诗,起头的诗
句是“机翼在傍晚的微风中震颤/引擎的歌声安抚沉睡的灵魂”,这部作 53
品并没有表明这个人和这台机器将永远联系在一起。后来在对弗罗布莱夫斯基夫人遇难的两个儿子表示哀悼时,圣埃克苏佩里夫人写道,皮埃尔和加布里埃勒对“小安托万”非常溺爱。圣埃克苏佩里自己也从勒芒寄去了一封哀悼信,但明显是在他母亲的授意下写的。

对圣埃克苏佩里来说，在昂贝略机场的那几分钟可能是那些年里最重要的。对其他人而言，两年后的夏天发生在萨拉热窝的事件改变了世界。1914年8月2日，所有二十一岁以上的法国人都被动员起来；超过一百万男性——全国15%的成年男性——奔赴前线。夏末，在一战正式爆发一个月后，安托万的教父居伊·德·圣埃克苏佩里的父亲去世，享年四十九岁。圣埃克苏佩里夫人被任命为护士长，到在昂贝略火车站新设立的医院工作。为了让孩子们离自己近一些，母亲让安托万——应该还有弟弟弗朗索瓦，不过记录不太清楚——从勒芒回来，并转入位于索恩河畔自由城的耶稣会学校，这所学校距圣莫里斯四十五英里。我们无法得知当时学生们怎么看待爆发的矛盾，但可以确定的是，圣埃克苏佩里家的男孩们在蒙格雷圣母学校处境并不好。对胆小的、圆脸的安托万来说，情况很糟糕，他上翘的鼻子和爱幻想的样子很快为他赢得了两个绰号："摘月亮的人"和"太空学员"。同学们的回忆印证了这一印象。后来成为神父的路易·巴尔容回忆说，圣埃克苏佩里最令人印象深刻的是，他像是来自另外一个世界："他首先是一个爱做梦的人。我记得，他常常手托下巴凝视着窗外的樱桃树……我想起来，他是一个不爱出风头的男孩，很特别，不过不是书呆子，有时也会开怀大笑，变得热情洋溢。"

学业方面，圣埃克苏佩里仍然很平庸。1951年，在查阅了学校的记录后，蒙格雷的校长写道："我们的这位作家当时成绩平平，只有法文稍好些，但是由于他的字写得很糟糕，所以分数比他实际的水平低。"安托万的专长仍旧是诗歌和绘画。他以自己的方式热切地追求这两项爱好。他写了许多关于战争和威廉皇帝的史诗，还配上了诙谐的漫画。后来，他想摆脱和这些不成熟的早期文学作品之间的联系，他没想到居然有人把它们留存下来了。"当然，像所有年轻人一样，我当时深信自己是一位诗人，疯狂地创作了两年诗歌。"说起少年时期的作品，他承

认，说它们是“糟糕的拉辛，悲惨的雨果”，也算公允。他对功课不得要 54
领，在自习室里，他与邻桌总是热衷打扰别人学习，以此找乐子。他自学会了倒写出清晰可读的句子。1941 年，他向一位吃惊的记者解释道：“在学校，我写的史诗单词中间没有空格，用这种方式，老师和同学就没法从后面偷看我的诗了。”第一学期期末，圣埃克苏佩里夫人同意了两个儿子的要求，给他们转学，蒙格雷校方对此并没有特别失望。两个男孩在勒芒上完 1914 至 1915 学年，随后秋季又转学到圣母会在瑞士开办的学校，在那里度过了两年愉快的时光。这是他们第一次寄宿，也是他们第一次和母亲分开好几个月。

1915 年 11 月，开学几周后，出于某种原因，圣埃克苏佩里兄弟到了弗里堡的圣让庄园。安托万入读十二年级，这是法国中学教育的倒数第二年。在餐厅吃饭时，圣埃克苏佩里坐在夏尔·萨勒旁边，而萨勒当即就结识了这位新同学。夏天时，两人还算是邻居，他们似乎模模糊糊认出了对方，因为萨勒的祖父母住在昂贝略河对岸。作为介绍，圣埃克苏佩里大声说道：“你猜怎么着，我坐过飞机。那简直棒极了！”吃饭时，他一直在讲飞机，他的新朋友萨勒在旁边听得全神贯注。他找到了一件可以完全投入进去的事情，从而或多或少回到现实中。他已邂逅自
己的命运，尽管在接下来的十一年里，命运之神都在逃避他。 55

第四章　失落的地平线

1915—1920

在法国，一个赤脚的男孩并不会成长为一位总统，他只会成为一个赤脚的男人。

——珍妮特·弗兰纳，《昨日巴黎》

事实证明，第一次离乡于圣埃克苏佩里大有益处。远离了圣莫里斯的溺爱，也远离了耶稣会学校的严规，十五岁的圣埃克苏佩里似乎开始独立了。圣让庄园是我们所知唯一他在成年后视为圣地的学校；也是唯一他在作品中提到的学校，这些事实都表明他对这所学校有一些感情。在《南方邮航》中，叙述者"带着忧伤"回忆起自己的家："松林中有一座白色带山墙的房子，一扇窗户亮了，接着另一扇窗户也亮了。"很明显，这是圣让庄园。只不过在圣埃克苏佩里笔下，这所漂亮的学校比实际上简朴；迄今为止，它的校园是圣埃克苏佩里见过的最奢华的。学校像一座整洁的红屋顶村庄，俯瞰着寂静的弗里堡镇；开阔的运动场外是一片茂密的林子。这是一所三语学校，有一千名学生，其中一小半是瑞士人，一大半是外国人，也就是法国人。学校没有围墙，这样就不会把打理得很整洁的校园与外界隔离开来；这里洋溢着相互信任的气氛。

圣母会学校建于1903年,可算是向英国公学体系的致敬。它同样是面向特权阶层的学校,但也充满自由气息,教师和学生之间的接触频繁而温暖,它乐于接收外面世界的消息(虽然这些年大多是不好的消息;一战中,它的校友也显著减少了),优秀的学生享有更多的独立自主。例如,学业出色的学生可以到高楼层一个安静的房间里和教师们 56
近距离接触,而圣埃克苏佩里从未因成绩好而获得这一殊荣。学校的规章建议教职员工不要光顾着指导男孩子们,而忽视了"教育"他们,这一教育理念直接源自英国。教师们要"让寄宿的学生放松,实行人性化管理,以避免寄宿的缺点"。学校管理者的态度是,把纪律观念逐渐灌输给学生,远比居高临下地强加给他们更好,虽然这种理念在年少的圣埃克苏佩里身上并没有取得显著的成效,但多年以后在他的作品中却多有体现。"我喜欢这里,"这名圣让的学生曾这样对母亲说,这句话可以视为他辉煌岁月的引语,"这里的气氛有些严肃,但每个人都充满了公正感。"

对圣莫里斯的古怪诗人圣埃克苏佩里来说,圣让庄园肯定比耶稣会学校更适合他,但对于这位未来的"服从大王"来说,完全投入学术生活中还为时过早。他经常因为在餐桌上没有按要求讲德语而受到训斥,他则常用法语回应。他虽然不擅长讲德语——事实上是所有外语——却把自己的瑞士口音练得近乎完美。许多年里,他会唱一首歌,用弗里堡式法语演绎雨果、马拉美或魏尔伦来取悦朋友。在课堂上,他的表现仍旧极不稳定,偶尔在法语或拉丁语上取得好成绩,在日常学习中,他通常在班里扮演"红灯"的角色,更常用的说法是"尾灯",也就是说他在班里垫底。两年里,他的地理成绩都是班里最差的,他没有忘记过,后来还用几种方式来调侃这一点。在《小王子》中,叙述者就懊悔在六岁时因为地理这等平淡无奇的事情,而放弃了有前途的画家生涯。他冷淡地评论说,他曾飞到世界各地,现在有理由说地理科目是有用的。他一眼就能分辨出亚利桑那州和中国："如果在夜间迷失了方向，地理就是很有用的科目了。"

人们往往更容易回忆起童年的屈辱时刻，而不是荣耀时刻，就算荣耀时刻其实更多也无济于事。有趣的是，圣埃克苏佩里选择记录下来的学校时光，是在弗里堡时分心、失败或挨罚的时刻。在《空军飞行员》开篇，他是一个十五岁的少年，专心求解几何学问题，总是"乖乖地摆弄着圆规、直尺和量角器"。几行之后，在微风中摇晃的树枝吸引了他的注意力："我从一个勤奋的学生变得懒散。"1940 年，执行完一次侦察飞行任务后，他接受指挥官的检查，这时他回忆起被老师问到怎样合并伯
57 努利方程时自己感到的不适。他对于这种无力的感觉似乎并不陌生："在老师的注视下，你浑身僵硬，一动不动，像是被钉住的昆虫。"他担心自己会"失败，就像一个男孩当着全班的面在讲台上罚站"。《南方邮航》的叙述者成为邮政飞行员后，曾回去看望寄宿学校的老师们，他对老师们"过去的怠惰"表现出极大的宽容。他很乐意揭老师们知识的老底。那些曾经用地理测试吓唬他的老师们自己从未去过非洲，却要测验他对知识的掌握情况。现在，他们倒要问圣埃克苏佩里那些他们讲过，但只有圣埃克苏佩里才真正学会了的秘密。如果说出"难道人们都知道三角形的内角和，以及仰光的经度"这句话的人竟然是一名学习勤奋的学生，那就奇怪了。

老样子，圣埃克苏佩里的才能体现在规定学习课程之外的方方面面。他继续广泛阅读——正是在这个时候，他发现并如饥似渴地阅读了陀思妥耶夫斯基的作品（"我立刻觉得，我进入了一片广阔的天地"）——并且再次以诗歌闻名。"我崇拜波德莱尔，"1941 年他这样描述十六岁的自己，"虽然有些惭愧，但我必须承认，我牢牢记住了勒贡特·德·李勒、埃雷迪亚，以及马拉美所有的诗。"圣埃克苏佩里在弗里堡创作的诗歌中有波德莱尔的影子，而 1915 年或 1916 年圣让学校的

课程里是绝对没有波德莱尔的。他的这些诗充满激情，但尚有几分青涩。其中几首诗表明他对奥黛特·德·西内蒂的爱已不复存在，被取而代之了。宝贵的草稿散落在他的口袋里，后来也同样散落在驾驶舱里。通常，他同时创作两三首诗；他灵感充沛，在这里读书的第二年，他创作了两首哲理诗，献给不同的人。其中第二首送给一位正在经历困难的同学。（“帮助朋友们战胜困难已经是他非常关注的问题了！”1951年，一位教过他的老师自豪地说，那时圣埃克苏佩里在人们眼中比他实际上更热衷此事。）

据弗里堡的记录显示，圣埃克苏佩里在足球和击剑方面表现优异，在足球队里担任守门员和中锋。可惜的是，若说圣让优良的设施使他的运动天赋得以发挥出来，这些天赋却很快夭折了。他无疑还是那个不擅长运动的家伙。他的真正天赋最终还是关乎意愿：照历史老师的说法，他是一个笨拙的孩子，“常弄翻桌子，碰倒牛奶壶和咖啡杯，然而在需要建造纸模型或拆解复杂的机械物品时，他那长着修长手指的大手却如编织女工般灵巧”。多年后，他在一间客厅里差点失手打破茶杯，有人问起，他算是特别笨拙，还是非常机敏呢。“非常机敏。”他回答道，还说毕竟他最后什么也没打碎嘛。 58

他在文学方面则表现得始终如一。他擅长记忆诗歌，对戏剧的热情丝毫不减于圣莫里斯时期。他能精彩地演绎莫里哀的戏剧，他在课堂上的表现有多么平淡无奇，在课外辩论会上的表现就有多么出色而机智。圣埃克苏佩里扮演《无病呻吟》中的医生，一副那个时期他所有照片中的模样：长久痛苦、笨拙、孤独、拘谨。现在他比同学高出一头；因为身高，留存下来的所有集体照中，他都在最后一排。和其他照片相比，在圣让关禁闭时拍摄的一张照片上，他也没有流露出明显不快的神情。他的金色头发早已不那么卷曲，发色也变暗了。因此，他最引人注目的特征与其说是头发，不如说是他的朝天鼻，这对一个学生来说是非常痛苦的。他眼窝扁平,棕色的眼睛微微突出,两条浓密的眉毛紧挨着眼睛,和他的父亲一模一样。这个十六岁的男孩因而长得有几分像猫头鹰。后来,圣埃克苏佩里的相貌有时奇特,有时又英俊,他的形象似乎游走在演员华莱士·肖恩和年轻时的奥森·威尔斯之间;作为一名学生,大多数时候他看上去都是清瘦而郁郁寡欢的。然而,他一笑就成了恶作剧的化身。这样的神情变化令人印象深刻,以至于1930年代他的一位朋友评论说,圣埃克苏佩里"在那些看到他微笑的人心中留下了永久的创伤,哪怕只看到过一次"。在弗里堡,他的微笑仅仅是开始和他的幼稚较量;干扰他学习的并非喧闹,而是不专心。圣埃克苏佩里在这个时候的确已经走出自我的世界,第一次结交了亲密的朋友,这三位朋友都是里昂人。继夏尔·萨勒之后,他又交到了好朋友路易·德·博纳维,并在1916年夏天结交了马克·萨布朗。博纳维的母亲显然比圣埃克苏佩里夫人更能干,当儿子需要时,她会前往瑞士探望他。她的儿子长相英俊,一头浅褐色头发,比圣埃克苏佩里还要内向两倍,有抑郁倾向。聪明又迷人的萨布朗较圣埃克苏佩里年长几岁,也是一个特别敏感的男孩,他和圣埃克苏佩里在音乐和诗歌方面趣味相投。在圣让,弗朗索瓦在音乐和艺术方面脱颖而出。他们是安托万最早的知己。

圣埃克苏佩里在弗里堡时收获了友谊,也留下了一些东西。尽管母亲非常虔诚,他在耶稣会学校也度过了几年时光,但他并没有变成一个真正的天主教徒。他非但没有背弃精神生活,对它的迷恋还随着年龄的增长而增强;他深知宗教的重要性,还常常声称后悔与教会失去联系。他对信仰的疏忽并未妨碍人们对他的作品作出大量宗教解读。圣
59 埃克苏佩里一再宣称,他"在圣母会学校时失去了信心",他确实是一个自由、追求平等秩序、更多致力于教育而不是教会的人。圣埃克苏佩里在弗里堡求学的第一年,学校并不是特别注重宗教教学(每周授课两个小时,少于法语、拉丁语、希腊语或德语),第二年宗教课则与哲学课一

起开设。

圣埃克苏佩里为何会失去信仰,或者在一些特别的地方重获掩藏的信仰,对此有很多解释。然而,远离教会肯定与圣埃克苏佩里本人,而不是与圣母会有关;他对事物古怪的、高度个人化的态度与有组织的教育,与有组织的宗教都格格不入。1917 年,圣埃克苏佩里写信给他的母亲说,他每周都忏悔,尽管他当时就读于一所非教会学校,并没有人要求他这样做。那之后,没有资料表明他曾经为宗教目的再次踏进教堂。他第一部小说的主人公诚然"将自己献给信仰,就像他将自己献给任何精神约束一样",却发现在巴黎圣母院,绝望的呼喊多于出于信仰的行为,这座教堂对此极为失望。圣埃克苏佩里在弗里堡的物理老师对这名学生在科学方面的敏锐印象深刻,他在照相底片上放置一个十字架,展示了金属阻挡 X 光的能力。这项实验不仅显示出他的科学天赋,还是一个生动的暗喻,喻指这位飞行员后来对自己最初被传授的观念的凝视。

1916 年秋天,圣埃克苏佩里买了一台折叠柯达相机,想用它做实验。他写信给母亲说,他花很多时间拉小提琴,希望她能寄一些音乐碟片过来。他报告说,虽然他为自己完全没有德语天分而沮丧,但仍在努力学习。除此之外,听起来他还是很高兴的。9 月的一封信显示了他的异想天开,以及暴露自己之愚蠢的能力。新学期返回弗里堡时,他在瑞士边境一下子喜欢上了轻装旅行的想法:"母亲,您不知道像空气一样轻盈,像风一样自由是多么令人愉快。"因此,他把所有的行李都塞进一个大箱子,写上在圣让的地址,留给海关查验。他知道他可以派一名搬运工去瑞士车站帮他取回箱子。他一到弗里堡就碰到了一位老师,老师马上问他怎么没带行李箱。圣埃克苏佩里自豪地解释了他的巧妙安排。"正当我又一次夸耀自己的天才主意时,搬运工回来了,带回一个坏消息:行李箱不见了!"之后,他跑去查看弗里堡站的每一列火车,急

切地等待着，好像拉封丹寓言中被固定在贵族闪亮服装上的喜鹊。"每
60 次我回到学校，脸就拉得更长，一副束手无策的样子；我一定像美杜莎的弃儿……我一无所有！甚至连一件衬衫领、一支牙刷都没有。"几天后，行李箱安全到达。不难理解为什么它主人的老师们经常说这个学生"很有创意"。

这封信和弗里堡时期留存下来的任何其他信件，均丝毫没有提及那场夺去超过百万法国人性命的战争，圣埃克苏佩里只是曾主动告诉母亲，法国护士可以去瑞士度假三周，费用由政府支付。她为什么不利用这次休假去弗里堡看望儿子们呢？这场战争在圣埃克苏佩里的诗中痕迹更重，他哀叹战争的破坏性，遗憾自己离前线太远。在圣让，他似乎与战争绝缘，就如同1915年至1917年欧洲大陆的人一样；这所学校非常亲法，每天张贴前线公报给男孩们看，但它与战争现实的唯一接触是不具有威胁性的瑞士军队，军人在行军途中偶尔会在圣让的草坪上露营。

弗里堡有两项考试，立时吸引了圣埃克苏佩里的注意力。他之前所有的学习都是为中学毕业会考做准备，这是高等教育的通行证。这项考试虽然不像今天这样必不可少，但对于上层社会家庭的儿子来说是强制性的。1916年6月，圣埃克苏佩里在索邦通过了中学毕业会考的第一科考试——文学考试。他和姑外祖母——男爵夫人费尔南·德·丰斯科隆贝住在一起，几乎可以确定那是他第一次去法兰西喜剧院。如果说他给母亲的那封关于这趟旅行具体细节的信暗示了什么的话，那就是他和今天的考生一样，在考试前很紧张。艰难的考试为期两天，在之前的几周里，他一定在非常努力地学习；据统计当时只有一半学生通过了这次中学毕业会考。在考场上，他自然是奋笔疾书。"此刻我离开了索邦，"他向母亲报告说，"在那里我刚刚写完了我的拉丁文文章，还帮我的邻桌也写了一篇，他是一个非常友好，但特别笨的男孩。

明天我还要帮他做希腊语翻译。”第二年夏天，在里昂，他又成功地提交了会考第二科——哲学的答卷。严格来说，这是他一生中通过的第一次重要考试，也是他最后一次通过考试。

1917 年初，弗朗索瓦·德·圣埃克苏佩里病倒退学了。到了 5 月，他仍未返回弗里堡。德·博纳维夫人告诉了安托万这个坏消息，他的弟弟患上了风湿热。7 月 10 日，十五岁的弗朗索瓦在圣莫里斯的病床上死于心脏病，葬在庄园的家族墓地里。

对弟弟病故，圣埃克苏佩里仅在作品中做过一次直接描写，那已经 61
是二十五年之后了，他至少有两点写得不够准确。他说自己当时十五岁，其实是弗朗索瓦十五岁。（对这个小纰漏也不用太在意，因为圣埃克苏佩里似乎总是记不对日期。）他声称，他最近才明白人的肉体并不那么重要，他觉得自己本应该早点明白，而弟弟的去世给他补上了这一课。（1943 年，他写道：“肉体是一个旧躯壳，没有人会留恋。”）在那些年的大部分时间里，圣埃克苏佩里都完全无视了这一点。不然，我们能看到的唯一描述就有些奇怪了，但它很可能是真实的：在去世前二十分钟，弗朗索瓦曾向护士要求见哥哥一面。那是清晨 4 点。显然他非常痛苦，但他挥了挥手。“别难过，”他安慰安托万说，“我没事。没办法，我的身体就是这样。”带着骄傲和难为情，他将自己在尘世所拥有的东西托付给哥哥：“如果他是塔楼的建造者，他会交由我完成未竟的部分。如果他是一位父亲，我会接替他抚育他的孩子。如果他是一名侦察机飞行员，他会把收集到的情报传递给我。但他还是个孩子，托付我照顾的是一台玩具蒸汽机、一辆自行车和一支步枪。”也许圣埃克苏佩里作品中另一个金发男孩的去世与这一场景相像，弗朗索瓦“片刻间一动不动。他没有叫喊。他像一棵树那样缓缓地倒下”。随后，安托万拍下了弟弟躺在病床上的照片。

随后几年里，他似乎只对一个朋友谈起过弗朗索瓦。（他一向不轻易流露情绪,沉默不语就表明一件事很重要。)显然,他失去了最亲密的知己:“他说他失去了一位朋友,这位朋友的陪伴于他而言永远都是弥足珍贵的。”痛失亲人,对加布丽埃勒的打击最大,她和弗朗索瓦年龄最相近,形影不离。弗朗索瓦去世后,圣埃克苏佩里把她搂在怀里,小声地向她许诺:“我会尽我所能成为这个世界上最好的哥哥。”圣埃克苏佩里成了家里唯一的男人。

*

1917 年夏天,圣埃克苏佩里夫人想尽一切办法让儿子走出悲伤。换个地方似乎是最有效的方法,7 月下旬,安托万被送往各地散心,有些很有帮助,有些则不然。(他的姐妹们似乎还和母亲住在一起。)他先到
62 了在勒芒的祖父母家,费尔南·德·圣埃克苏佩里正在研究家族历史,试图用家谱调查吸引他的兴趣。他和堂亲们一起去了位于布列塔尼海岸上卡纳克镇的家族庄园,他在勒芒生活期间也来过这里。据堂兄居伊讲,这一次他很难打心底里开心起来,他甚至变得非常厌恶居伊。随后他前往位于克勒兹的博纳维庄园,在那里他要愉快得多。他 8 月下旬到达,在那里逗留了一个月。在此期间,他再次心有所爱。他每天花四个小时骑马,少一些的时间学数学,他似乎很喜欢这样;他不知道何时能够再见到母亲。

夏天,他决定报考海军军官学校,它相当于美国的安那波利斯军校。对一直专注学习艺术和文学的安托万来说,这不免有些奇怪。但他当时确实报了名。对于一名未来的飞行员,这或许不是很好的选择,但对圣埃克苏佩里家族的人来说,在 1917 年作出这样的选择是很自然的事。安托万过早失去了父亲,生命中缺少男性榜样。在颇为传统的法国,父亲的榜样很多时候决定了儿子的职业选择(无论如何,让·

德·圣埃克苏佩里并没有开辟出一条可以垂范儿子的职业之路），不过家族中往前数三四代也有海军军官。此外，当时正值一战。在法国，海军是君主主义者在军队中的大本营，伤亡历来比其他军种要少。要想考入海军军官学校，首先要在巴黎读一所预备学校。在预备学校，圣埃克苏佩里与一些报考其他大学校的学生一起学习高等数学，这些大学校不属于大学体系，报考者不必参加竞争性考试。作为法国青少年中的精英，圣路易高中的男孩们分成几组，每组依照升学目标起了名字：海军军官学校组、圣西尔军校组、巴黎综合理工学院组、巴黎中央理工学院组。良性竞争使他们找到了自己的位置；巴黎中央理工学院组是海军军官学校组的死敌；在圣埃克苏佩里看来，海军军官学校组是最活跃的，而圣西尔军校组是最呆板的。有一天，这些学校的毕业生将和其他大学校的学生（他们大多是工科生）一起，成为过去统治，现在仍然统治法国的官僚阶层的成员。*

1917年秋天，亨利·德·塞戈涅几乎刚到巴黎的波舒哀中学，就遭到一个高大笨重的圣西尔军校组学生袭击。塞戈涅被"一个大个子救
出来。他身材强壮，肩膀宽阔，身体显得不太协调。他算不上英俊，但 63
上挑的眼睛和翻翘的鼻子透露出他强大而独特的个性"。很快他们就成了好朋友——只有面对塞戈涅时，圣埃克苏佩里才说出了他对弗朗索瓦早逝的悲伤——他们和另外三个男孩组成了形影不离的小团体，每天从他们住宿和自习的波舒哀中学出发，去位于卢森堡花园另一边的圣路易高中上课。与塞戈涅、贝特朗·德·索西纳、阿尔贝·德·东皮埃尔和埃利·德·瓦苏瓦涅（他父亲当时是法国总统的副官）一起，圣埃克苏佩里有了一个亲密的朋友圈子，朋友们亲切地叫他"圣埃克苏"。他的生命似乎也因此蓬勃向上，但他仍有些冷漠，并不总是参加

* 今天，法国二百家最大的企业中，有一半其董事长毕业于巴黎综合理工学院或法国国立行政学院。

这个小团体的活动。“一片云总会飘散，圣埃克苏也会退隐到自己的世界里……很容易认为他有些小情绪，但事实并非如此。他只是暂时撤回他的堡垒。”小团体的朋友们用各种恶作剧引逗他，可是圣埃克苏佩里自己的世界拉扯着他，使他不能常常与伙伴们在一起。这些年里，他的人生哲学似乎建立在与这些男性伙伴的友谊之上，而他常常被描述为害羞、隐秘、不愿社交的人。实际上，这位热衷遵守职业道德的民主斗士的第一个社交圈是完全贵族化的。

塞戈涅曾经写道，圣埃克苏佩里对待学习的态度同他对待玩乐一样：只有喜欢才会去做。他能够高度集中注意力，达到近乎痴迷的程度。据塞戈涅说，可悲的是，他的这位天才同学似乎对课业提不起任何兴趣。在圣路易高中目标明确、竞争激烈的气氛中，这是一个很大的缺点。如果高数不是课业的一部分，那么圣埃克苏佩里肯定会认真投入地学习，就像后来他所做的那样，只可惜那时为海军军官学校的考试做准备为时已晚。老师们理解他反常规的学习方法，而他母亲则不同，虽然儿子常常在信中写到自己学习有多么努力，但她知道儿子在学业方面的不足。“我身体很好，道德没问题，数学也不错。”他在一封信里写道；他还说，在老师看来，他完全有希望通过海军选拔考试；他在班里的名次逐步提升，不过因为近三年里他只准备了文学课程，所以还有很多知识需要补起来；他的成绩相当于 C^-，这对他来说并不算坏。似乎没有人想知道这个劲头十足的文学爱好者会在海军军官学校做什么，而圣埃克苏佩里本人也毫不关心。在法国，在战时，在 20 世纪的头几年，法国人，尤其是年轻贵族是不会关心这些问题的。

圣埃克苏佩里展现出突出的天赋，虽说还没有明确的方向，但教师们也为之感动，怀着仁慈不遗余力地帮助他发展所长。事实证明，有些
64 时候这是不可能实现的。在波舒哀的自习室，塞戈涅和圣埃克苏佩里享有难得的特权，他们在房间前面和后面各自独占一张书桌，而班里其

余三十八名同学则坐在长凳上,共用一张长桌。他俩的书桌颇有些奢侈:椅子明显比长凳更舒适,因为长凳没有靠背,不能向后摇;在公用桌子上学习的同学只得把书整齐地放在开放的木格架上,而书桌则更为私密。圣埃克苏佩里滥用了这项特权,以至于他的书桌被描述为“乱糟糟的一堆”。热纳瓦修士注意到他的杂乱,多次提醒他,要想书桌不被收走,就必须整理好。圣埃克苏佩里并没有当回事,结果有一天修士“像朱庇特一样大吼”,宣布他得在休息时间和一个同学换位置。安托万向来对批评很敏感,听到吼声,他吓得发抖。然而,他并没有作出该有的认错举动。

他先是发泄不满,向支持他的塞戈涅长篇大论地分析了修士无可指摘的性格。然后,他平静地从桌上拿起一张干净的纸,写下一首小诗,这是圣路易高中留存下来并传给后来学生们的少数几首诗之一。

我靠后,在一侧坐,
价值不到一元的小桌。
我像枚骄傲的徽章,
我主人功绩辉煌。
我黑得好像来自热带,
常年的苦工把我累坏。
我温顺,我矜持,
是目前最文静的桌子。

位置挺好,靠窗,
像条蜥蜴,沐浴阳光,
受主人影响我有些失调,
接近艺术,一切方好。

我们无比淡泊宁静，
什么也不能影响我们的安宁。
与坟墓里安息的人相比，
我们更加受到世界的荫庇。

我表达的所有愿望，
都仅限于当前的状况。
但我的平和是一现昙花，
虽然，我洛可可般庞大，
还是被驱离了这种宁静，
就像国王被赶出了宫廷。
噢，我在另一个地方发呆，
硬生生被迫与主人分开。

尾诗

您一个举措，
就抵消了我们所有的强烈抗议。
求您，感动于这小小的祈求，
还给我，我的小桌，情同手足。

这首请愿诗一写完，他就抄到了黑板上，修士回来看见了，要求他立即擦掉。塞戈涅挽回了局面，他把这首诗抄下来，当天晚上去修士的办公室给修士看了。修士本来不是脾气火暴的人，这一点大家都清楚，那天大发雷霆是因为圣埃克苏佩里太过分了。修士自然无法拒绝如此文雅的请求。圣埃克苏佩里被告知，他可以保留原来的桌子，但是必须整洁有序。这件小事虽然有趣，却未能使他领悟到，精神富足的人适用一套不同的规则。

不过，在波舒哀的第一年，他不得不收起自己高昂的兴致，部分原因是他在巴黎是寄宿生，经济有些拮据。据塞戈涅分析，出于对母亲的尊重，圣埃克苏佩里克制自己，不去做那些男孩子们常干的荒唐事。因为母亲已经为他作出了牺牲，他不想让母亲失望。就算这是实情，安托万在其他事情上却让母亲大伤脑筋，束手无策。

苛求——这是圣埃克苏佩里在圣路易时写给母亲的信里让人最容易想到的词。最早的几封为后来的那些信定下了这个调子。在信里，圣埃克苏佩里要求：母亲每天给他写一封信，他要有一本自己的相册（“相册，而不是活页夹”），他还要有很多松露巧克力。对于食物，他的要求格外具体：“我不喜欢炸肉饼……我喜欢真正的糕点，比如马卡龙、松露巧克力（不要果仁味的！！！）和糖果。”他还提醒母亲，他已经说得很清楚了。他开玩笑似的生造了一句话：“安托万提议，家里来决议。”这句话起初有些滑稽，但慢慢就不那么可笑了，多年后甚至还颇有道理。不到一个月，他就提出要一顶圆顶呢帽（或者把买帽子的钱寄到圣埃克苏佩里夫人在巴黎的朋友那里）、牙膏、鞋带（要在里昂买，不能在昂贝略买，因为昂贝略的鞋带明显差一些）、邮票、一顶水手帽、一本地图册、妹妹的照片等，还要家里勤给他写信。他的信每次都以各种要求结尾，过了一段时间，他干脆把要求压缩成了购物清单：“鞋子、橡皮、零花钱。”

虽然他总是写信提出各种要求——这种做法会一直持续下去，不过很快，这名学生的要求就局限于邮件、钱和母亲的看法了——圣埃克苏佩里还是表现出“心底柔软的”一面。塞戈涅敏锐地发现他极其敏感：“他非常需要友谊、温暖和信任，或者说他需要很多爱。没有爱，他的个性就不会蓬勃发展。”他对自己远离母亲、姐妹，还有圣莫里斯的温情感受深刻。在信中，他对家人如此苛求，又如此深爱。他抱怨自己每 66

天要学习十小时，但也告诉母亲他很开心；如果母亲在身边，简直就是在天堂。他一再提到，他希望他当上军官时，母亲来和他一起生活："我会租一间小房子，我们一起住；我每周三天在港口，四天在海上，在港口的三天，我们就待在一起。这将是我第一次独自生活，刚开始，我当然需要母亲来保护我！您会看到，我们在一起很开心。"当他得知母亲生病了，就想尽一切办法来转移她的注意力，即便那些日子没什么"特别快乐的事"。他一定成功了；因为他的信很有趣，哪怕里面只有一些胡言乱语和漫画。而且，他懂圣埃克苏佩里夫人的心思。他写了一份关于波舒哀宿舍里道德情况的报告，在其中他向母亲保证，虽然这所学校信教的人明显比耶稣会学校要少，"但很奇怪，人们更尊重他人"。他的同学们，不论有什么样的宗教信仰，都是他所见过的最认真的学生。圣埃克苏佩里夫人为未成年的儿子生活在光明之城巴黎——特别是当时的巴黎，人们在道德方面异常松懈——感到担忧，他向母亲保证说："我相信我永远都是爱您的托尼奥，这一点不会改变。"

*

事实上，圣埃克苏佩里在堂亲和家里朋友的庇护下，很快感受到了巴黎的繁盛。他有最好的导游。从他对自己社交生活的描述来看，很难相信他每周学习六天，每天学习十小时，更感觉不到他在圣路易时法国正在经历战火。他追求过几个姑娘，或许是他自己主动的，因为他有点孤独，或许是母亲坚持要他这么做。西内蒂一家偶尔来巴黎，而博纳维一家则常常住在巴黎。因为和博纳维一家的交往，他有机会再次见到让娜·德·芒东，1917 年夏天，他爱上了她，后来一直深深被她吸引。塞戈涅和贝特朗·德·索西纳都时常邀请他去家里玩。在巴黎，他见到了两位姑姑阿利克丝·德·圣埃克苏佩里和阿奈·德·圣埃克苏佩

里、小舅雅克·德·丰斯科隆贝、姑外祖母费尔南·德·丰斯科隆贝的 67
家人，还有母亲的表侄女伊冯娜·德·莱斯特朗热。在母亲的朋友中，他拜访了若尔当夫人，每周去看望她，偶尔还会留下来与她家一起度过周六的晚上。若尔当夫人主动给这位年轻人当道德监督员，还赠送给他一系列小册子，提醒他可能遇到什么危险。他向母亲报告，他还认真地与同学们分享了这些小册子；孩子们的反应可想而知。

在所有亲戚中，圣埃克苏佩里最喜欢伊冯娜·德·莱斯特朗热，认为她最迷人、最有创造力、最精致、最聪明、最善良、最优秀。“伊冯娜令人赞叹，她如此雅致，和她在一起每一秒都不会无聊，她对巴黎的所有名胜古迹如数家珍——多么令人愉快。她有自己的想法，对一切，对数学和其他学科都很有兴趣——简而言之，她很完美。”那时，特雷维兹公爵夫人伊冯娜住在马拉盖码头一家极为奢华的酒店，距伽利玛出版社的办公室和非正式会议室只有几步路；伽利玛旗下知名的文学月刊《新法兰西评论》的大部分工作人员，晚上回家时都会经过她的沙龙。她不仅带着年轻的表弟圣埃克苏佩里行走在巴黎的街巷，还为他弹钢琴，邀请他去看歌剧，也读他的诗，不过她宣称这些诗句平庸而过于感伤。圣埃克苏佩里是否因她的看法而灰心，我们不得而知。不管怎样，伊冯娜·德·莱斯特朗热后来给了这位表弟开启文学未来的钥匙。如安托万所说，她全身散发着优雅的光芒，后来证明，对于敏感的表弟而言，她是一盏启明灯。尽管圣埃克苏佩里接受了良好的教育，享有贵族特权，但他还远远没有成为一个巴黎人。

要想知道这个十七岁的学生易受影响的程度，我们可以看看他对于和比利时国王的姐妹旺多姆公爵夫人共进午餐的叙述。他的姑姑阿奈是公爵夫人的女侍从，她费了一番功夫为侄子拿到了一封邀请信。显然，圣埃克苏佩里比他母亲年轻时更喜欢和王室成员打交道。事实证明，他对贵族阶层的迷恋，以及后来对在巴黎放纵享乐的沉迷是短暂的，但1917年秋天，他仍然是一个没见过多少世面的乡下人，为在盛大的午餐会上不失态、不说错话而满怀骄傲。他的镇定得到了嘉奖：公爵夫人许诺请他去法兰西喜剧院看一场周日喜剧，几周后她就兑现了承诺。受公爵夫人之邀的荣幸，以及观剧的好位置都让他颇受触动，这样一个座位的票价几乎可以买一台他珍爱的柯达相机。这段时间，他和
68 姑姑阿利克丝·德·圣埃克苏佩里走得越来越近；他把姑姑对他的好意归因于他"无懈可击"的新衣橱，这是母亲按他的要求为他购置的。他画了一幅画，描绘自己与父亲的姐妹郊游："阿奈姑姑、一位我不认识的女士（她去了摩洛哥，有荣誉军团勋章，阿奈姑姑非常喜欢她，你们知道我说的是谁吗？），还有另外一位热衷君主主义的女士，我们去一家点心样式繁多的甜品店喝下午茶，我饱餐了一顿。"

少年的心并不难俘获，特别是在战争时期。现在，巴黎的甜品店每周只开四天门，由于缺少糖、黄油和面粉，越来越没法做出圣埃克苏佩里尤为喜爱的马卡龙和松露巧克力。不过，他们却想着法子做出各种蛋白酥，依照规定，蛋白酥不一定要堂食。回忆起当时的情形，安德烈·马尔罗写道，令人尴尬的是，他对战争最后几天的记忆主要是人造黄油。圣埃克苏佩里比他幸运，1918年，他描述了一位莱斯特朗热姨妈："罗丝姨妈总是令人愉快，除了高尚的道德外，最令人愉快的是她的下午茶。周日，她叫我去吃下午茶，我发誓，我每次走的时候肚子里都是够消化一周的黄油——新鲜、细腻、入口即化。"

在巴黎，尽管可以品尝美味的下午茶，可以去剧院看剧，还可以悠闲地散步，战争离圣埃克苏佩里还是近在咫尺。如果他和朋友们仔细瞧瞧，就能在卢森堡看到，两旁生长着栗子树的道路边有一块块豆子和胡萝卜地。1918年初，修建得最深的地铁站牌子上写的不是"地铁"，而是"避难所"；市政人员愉快地接管了附近的避难所，这些避难所都挂着写有黑白标语的牌子。有消息说，贴了纸的窗户炸不坏，很快，巴黎

的每一块玻璃、每一面镜子都贴了纸,大多是点缀式的,有些则裹得像木乃伊。整座城市俨然成了阅兵场,成千上万的士兵穿着各种制服从街上走过。在和平咖啡馆,常有穿着不同制服的士兵停留,引来众多崇拜者。这一切对青少年充满吸引力,即使在战争时期最漫长、最寒冷的冬天也不例外。1917 年末,圣埃克苏佩里首次描绘了焦虑的巴黎,街上的路灯九成都熄灭了。他的描述不乏诗意:“整个巴黎都染上了蓝色。有轨电车亮着蓝色的灯;圣路易高中的走廊亮着蓝色的灯。现在从高楼窗口眺望巴黎,这座城市像一个巨大的墨点,没有一点反射,也没有一道光环,只有惊人的漆黑!”

与 1918 年初的事件相比,蓝色灯光对生活的影响并不大,那时夜晚的巴黎街上空无一人,只有骑着自行车的警察像燕子一样掠过。3 69
月,德国人的“大伯莎”炮开始从七十五英里外的森林射击巴黎;大约在那个时候,学生们激动起来,这种情绪压倒了所有艺术情感。圣埃克苏佩里异常激动地给路易·德·博纳维写信说,他终于“目睹了一点战争”:

> 午夜刚过;我睡得正香,正做着最令人激动的梦(我梦到我是一名铁路工程师,我的火车怎么也停不下来),突然被奇怪的噪声惊醒了。我睁开眼睛,看见一名管理员站在我面前,手里拿着一支蜡烛,正在叫宿舍里的人起床。我想:“他疯了!他怎么不开灯呢?”我确信该起床了。同样令人困惑的是,睡在旁边的同学看了看手表,突然跳起来:现在才差一刻 12 点啊。啊,倒霉。哎!但是齐柏林飞艇来了!太棒了,总算是没白被吵醒。事实上,我听到:砰……砰砰……砰砰,砰砰砰,砰砰。大炮越来越响,突然火箭在四面八方飞射;有的一发冲天,有的炸成王冠状,一瞬间又飞散成上千颗星星。太神奇了!……这是我第一次目睹这场战争,战争在空中进行,真是不可思议,非常震撼。

1918 年 3 月，他给博纳维、西蒙娜演示了战争的情景，当时他们三人一起乘火车去法国南部过复活节假期。

这次袭击造成了严重伤亡。圣埃克苏佩里向朋友保证，他们是不会在报纸上看到这则消息的。综合商店已沦为瓦砾；三枚炸弹落在位于圣米歇尔大道上的巴黎矿业学院；一栋六层的公寓楼连同楼内居住的四十位居民灰飞烟灭。德国人的传单从天空飘下来，上面草草写着“明晚见”和“回头见”。（总之，哥达轰炸机袭击了巴黎七十七次，大炮则轰炸了四十四次。）圣埃克苏佩里说，如果敌人当晚再来，他会跑上屋顶去看，那样观察得更清楚。同时，他问博纳维是否介意与西蒙娜分享他的信，因为同样的事情写两遍很无聊。他希望西蒙娜能理解他所经历的磨难，并建议她用松露巧克力来抚慰他受伤的神经。

圣埃克苏佩里情绪高涨，炸弹再次落下时，圣路易高中的很多学生吵着爬到屋顶观看。民众也和学生们一样态度鲁莽，在轰炸期间，大多数人都是往高处爬，而不是往低处躲。这次轰炸共造成大约五百人死亡，受伤者还要多一倍多，好奇心导致伤亡人数增加，因为轰炸时人们
70 本该安全地躲在地下，他们却要么在楼上的窗口看，要么在街上聊天。（在弗勒吕大街，热特吕德·斯坦和爱丽丝·托克拉最多也就下到公寓门卫室里。）圣埃克苏佩里找了一个“好位置”，一秒也没错过令人难忘的战争场面。他很遗憾没能完整地给母亲讲述战争造成的破坏，因为有监督员审查信件，不过这种情况只是偶尔困扰他。他观察到，战争造成的破坏把最坚定的和平主义者变成热心的爱国者，他为此高兴：“这将终结对于战争的冷漠，因为它正在慢慢影响国人。”

目睹巴黎被战火焚烧，对圣路易高中的学生们影响并不大，他们中绝大多数人的爱国热忱会在二十年后接受检验。圣埃克苏佩里越来越不认同政府发誓在第二次轰炸发生时把男孩们转移到地下室的做法：“真是一群懦夫！”他以体育解说员和善的热情介绍德国人的战况：“哥

达轰炸机又来了。这个国家成了什么样子！根本无法入睡！今天，他们制造了令人难以置信的混乱，比前天的情况还要糟糕十倍。”这次伤亡人员已难以计数，许多大楼都被摧毁了，其中有不少是在学校附近。有三枚炸弹原本是要袭击旁边国防部的，却落在了圣多米尼克大街上丰斯科隆贝男爵的公寓旁边。这些都不是一个母亲希望听到的消息。“注意，”圣埃克苏佩里夫人的儿子在详细讲述完当地的破坏情况后写道，“我还活着。”

他可能很珍惜观看轰炸的前排位置，但是学校的管理层认为那太危险：为了治好学生们爬上屋顶观看轰炸这一不可救药的坏毛病，1918年春天圣路易高中的学生都被转移到距巴黎市区二十英里的拉卡纳尔高中。在那之前，大炮刚刚制造了一场受难节大袭击，这促使巴黎人第一次大规模撤离。转移并没有改变学生们沉迷于观看轰炸的习惯。“这是一个美丽的夜晚，意味着我可以有把握地预测：哥达轰炸机，醒来，地下室。”圣埃克苏佩里在给母亲的信中写道，“我希望您在这里体验一次炮击，就一次。您会觉得自己处于一场可怕的风暴，或者是飓风之中。”这绝不是圣埃克苏佩里夫人第一次因为儿子的热情而彻夜难眠。不过，他向母亲保证，如果德国人进入巴黎，他会步行逃跑。“坐火车，”他清醒地推理道，“是没用的。”

此时距签订停战协定只有几个月了，炸弹却越来越频繁地落下；到6月中旬，几乎没有悬念，哥达轰炸机晚上来袭击，而大炮则在白天轰炸。到了夏天，已经有近一百万巴黎人离开了，城市空了，但它仍然在顽强地继续前进，克服新的危险、更高的物价、更严格的食品管控，迈着
令人钦佩的步伐前进。周日，布洛涅森林公园熙熙攘攘。剧院、电影 71
院、邮局、银行、市场都多多少少像往常一样营业。餐馆和咖啡馆照常开门迎客，仍然拥挤，不过现在菜单严重受限，营业时间也缩短了。甜品店不得不用新鲜水果来充实货架。在拉卡纳尔高中，食品短缺让人

感受到了情况的严重性：圣埃克苏佩里抱怨说，他的胃像水箱一样空空如也，他快要饿死了。他不再想着买松露巧克力了，而是恳求母亲送来煮熟的鸡蛋、酥皮馅饼和面包，越快越好。

*

局势并没有关照这位要报考海军军官学校的学生，他自己倒是非常看重学业。1918 年夏天，作为维达尔将军夫妇的客人，他在法国东部的贝桑松待了一段时间，这两位家里的朋友似乎主动提出要监督他学习。他写信给西蒙娜，说他正在勤奋学习：每天 5 点半起床，花五个小时学习物理，五个小时学习德语。他正在全力准备入学考试，他想，如果没能通过考试，他就申请去前线；将军告诉他，如果加入步兵，他可以选择自己喜欢的军营。一到前线，他就可以要求加入航空部队，这是他第一次提到这个愿望。在签订停战协定前后，他参加了海军军官考试，真的没能通过，不过到那时，战争即将结束，他已不能申请入伍了。这虽然是个好消息，但给圣路易高中投下了奇怪的阴影，圣埃克苏佩里在那年秋天回到圣路易高中，为第二次参加入学考试做准备。

停战协定在一所本来就纪律涣散的学校里掀起了一连串狂欢作乐；事实证明，这些男孩破坏性极强，最后学校只得开除民选团体的主要发起人塞戈涅。（他获许选择自己的接班人，他将职位传给了圣埃克苏佩里。圣埃克苏佩里在给母亲的信中开心地提到了这项荣誉。）在停战后的骚乱中，学生们喧闹着来到巴黎的妓院，至少有些学生是光顾过这里的，他们打开大门，扰乱生意。这些恶作剧似乎是庆祝和平的一种奇怪方式。四年来，成年人只顾着打仗，青少年便浑水摸鱼，不必好好学习，这时要恢复秩序，对青少年来说可不一定是个好消息。对塞戈涅来说，这种混乱是用来掩饰深深忧虑的一种自然方法：这些十八九岁的

孩子现在不能像他们的兄长一样成为战争英雄,他们该怎么办?仅仅 72
相隔几年,这些男孩就和他们的兄长处于两个不同的世界:圣西尔军校1914届毕业生全部阵亡。战乱也会给一个人的文学教育带来不同的影响。圣埃克苏佩里被关在圣路易高中学习之时:海明威正看着马德莱娜蛋糕店的外墙在他面前掉落;约翰·多斯·帕索斯吃惊地看着渔民争先恐后地冲向塞纳河,捞起被炸昏的鱼;约瑟夫·克塞尔——他是与圣埃克苏佩里初期创作风格最相近的法国作家——在1916年志愿入伍,执行侦察飞行任务,虽然他只比圣埃克苏佩里大两岁。这些作家可以把战争当作作品主题。我们不知道,圣埃克苏佩里是否与塞戈涅有着同样的关切——这种关切最终让航空业的冒险工作更加吸引人。具有讽刺意味的是,《凡尔赛条约》签订后第二天,他终于满十九岁,达到了入伍年龄。

那年,他在波舒哀继续学习,第二年,也就是1920年6月第三周他再次参加考试。他通过了笔试——在他所写的为数不多的自传性荒诞故事中,他假装法语作文得了最低分数——但7月在位于布雷斯特的海军军官学校举行的口试中,他确实遭遇了失败。他发挥非常不稳定,胆怯与蔑视同样会让他考试失败。这可能也和他缺乏准备有关,尽管那年夏天他在波舒哀花了很长时间,还在圣莫里斯三楼花了好几周来学习。毫无疑问,在考试前后,他和他金发碧眼的另一个自我都认为:“大人从来不问关键的问题。”学习了三年,他已经超龄,不能参加第三次考试了。

就圣埃克苏佩里自己而言,他并没有对海军生涯表现出任何特别的兴趣,尽管作为一名青少年,他也有一些脱离实际的梦想,又缺乏职业抱负。“等我当上工程师,等我赚了很多钱,等我有三辆汽车,我们就一起开车去君士坦丁堡。”他在1919年给西蒙娜的信中所写的这些,可能最接近他的想法。对文学上的远大抱负,他则表述得更为清晰。在

圣路易高中，他继续创作诗歌，他自豪地向母亲报告说，他在维达尔家
朗读自己的作品，赢得了称赞。他觉得自己当然也能够创作一些戏剧，
因为他受到亨利·巴塔伊和亨利·伯恩斯坦的戏剧启发，意识到这种
形式可以浓缩很多原始的情感。法国有很多种文凭——如今单是洗衣
工就有四种文凭——作家也有文凭。但在1920年，对圣埃克苏佩里这
名没有父亲的年轻人来说，即便有人看到他数学练习本上颇具艺术感
73 的公式曲线图，也不会认为他可能成为作家。他要做家人希望他做的
事情，不过他做得乱七八糟。最后，他在圣路易高中得了一项绘画奖，
这就如同在加州理工学院获得诗歌奖一样。在很多方面，他都错失了
良机。然而，法国的教育体系不允许你犯错，是彻头彻尾的精英教育模
式，不会给你第三次、第四次机会。这位之前报考海军军官学校的学生
现在前途渺茫。在某种程度上，圣埃克苏佩里肯定是知道这一点的。
受到失败的巨大打击，他患上了消化功能紊乱，那年夏天，他不得不在
维希休养了三周。

1920年秋天，圣埃克苏佩里回到巴黎。他唯一的经济来源是母亲
的资助。母亲总是在经济状况允许时，尽可能满足他的要求。他成了
巴黎美术学院建筑学专业的一名旁听生。不过，他常常出现在沿波拿
74 巴街走几步就到的马拉盖码头，他不是去绘图，而是去喝咖啡的。

第五章　一线希望

1920—1922

我仿佛一个多雨之国的国王，

富有却无能，年轻却已苍老。

——波德莱尔，《恶之花》

1920年，巴黎重获新生，但代价高昂。巴黎重现六年前的社交风潮——有些圈子的活动中心暂时转移到外省——在人们的欢笑声和尖叫声中迎来了法国的疯狂时代。那年夏天，埃兹拉·庞德和詹姆斯·乔伊斯都搬到了巴黎；和巴黎美术学院的学生一样，他们经常去圣日耳曼大街，街上到处都是文学活动，国外人和本地人都会参加。空气中弥漫着轻松的气息，但在某些方面，此时的生活比1914年更加艰难。法国在战争中失去了超过10%的劳动力；人们抱怨着一种让人不满意的和平；在接下来的几年里，法国因政治、财政和工业动荡而极不稳定。商品价格比战时上涨了四倍并持续增长；法棍面包在1919年12月价值五十生丁，一个月后涨到了九十生丁。圣埃克苏佩里夫人尽她所能来帮助她第一次独立生活的儿子。圣埃克苏佩里夫人的境遇可能会好些，但自从4月特里科姑祖母去世后，她的生活也不太富裕——圣莫里斯庄园维护费用高昂，而要是用作农场的话，收益又很低，颇有些鸡肋之感。因此，不管怎么样，圣埃克苏佩里的各方面条件都是有限的。

圣埃克苏佩里也没什么野心，至少在建筑学方面是这样。贝尔纳·拉莫特战争期间旅居纽约，是一位精力充沛的画家，他所作的壁画曾经悬挂在白宫泳池旁，如今他是第一批欢迎圣埃克苏佩里来巴黎美
75 术学院的人之一。在描述这名新来的学生时，他直截了当地说圣埃克苏佩里不像一位建筑师，这就如同他不是牙医一样，“他肯定有时也想知道自己在美术学院做什么，因为他对建筑的热爱并不强烈”。在拉莫特和他的同伴离开画室去附近的小餐馆吃午饭的工夫，他们发现圣埃克苏佩里已经在雅拉饭店安顿好了，正忙着涂涂写写，不过他没有画画，而是在写字。这种做法闹了很多笑话。在没法嘲笑他对文字的热忱时，人们以其他理由取笑他——有人建议他下雨时最好低着头，“否则你可能因为鼻子的形状（翘鼻子）淹死”。现在圣埃克苏佩里肯定对这两个玩笑免疫了；不过精明的拉莫特还是仔细观察到圣埃克苏佩里生活中有很多矛盾之处，发现了一些奇怪的地方：“奇怪的是，这个大个子，这个身材魁梧、把我比得像个小孩子的男人，竟然像小女孩一样敏感。这很奇怪，这两者明显是矛盾的。他非常敏感、善良，并且总是有点笨拙。”

这样的描述对圣埃克苏佩里来说不太合适，因为他的未来还未确定，同时又很难从过去中解脱出来。不管他如何在朋友面前巧妙地掩饰或者也可能并没有掩饰，因为他喜欢说实话，他当时尚未取得成就，也很依赖他人。然而，这使他似乎总也成熟不起来。秋天，有一次他和圣普罗夫家的人共进晚餐。圣普罗夫家是他的远亲，以前未曾谋面，但母亲曾写信把他介绍给他们。后来他气愤地给母亲写信：“您究竟跟他们说了什么？唐特见到我后似乎非常惊讶，问我如果您看到我一个人旅行是不是会很担心。我当时惊呆了！然后她问我多大，我回答后她

说:‘你竟然二十岁了！从你母亲的来信上看,我以为你是一个十五岁的小男孩呢。’他们以为我从来没有离开过您,而唐特也不想和对生活一无所知的人打交道！后来我告诉他们我在巴黎上了三年学,他们很震惊,呆立了十五分钟后放声大笑。您究竟跟他们说了什么?”

然而,圣埃克苏佩里没有勇气去尝试理顺自己的生活。由于当时处于待业状态,加上经济不独立,他和母亲的关系有些紧张。当时他一定很有挫败感,母亲也一定因为没能把他从困顿之中解救出来而感到沮丧。当然,他不是第一个因为没有一纸文凭而陷入困境的法国人。比较有名的还有:安德烈·马尔罗,他没拿到学位;路易·雷诺,参加
了中央考试但没通过;莱昂·布卢姆,参加完一年级的结业考试后离开 76
了巴黎高等师范学院。甚至有人认为,法国考试的高失败率导致人们普遍紧张不安;法国是一个每天都让人们意识到自己成功或失败了的国家,一个才华横溢的十九岁考生赢得的盛名可以为他的一生铺平道路。圣埃克苏佩里从波舒哀毕业时开始抱怨说自己很抑郁,他可能已经精疲力竭了。去圣莫里斯后,他也常常为自己的粗鲁无礼和易怒冷漠道歉。圣埃克苏佩里知道母亲有很多事情要应付,但还是不得不向她要钱,他一直承诺要对此作出弥补。他在经济上无以自立的情况可以追溯到这个时期,尽管在1920年,这种无力似乎更多是由他在事业上还没有找到固定方向,而不是由他的性格特点造成的。我们不知道圣埃克苏佩里夫人在接下来几年中借给了儿子多少钱——1921年,这笔资助高达每月五百法郎或三十五美元,相当可观——但我们知道,圣埃克苏佩里夫人借给她儿子的钱足够让全家人相信,母亲后来经济困难都是因为他。

大概就是从这段时间开始,他每周去两次卢浮宫,以“滋养我萌生出的艺术修养”,并拜访他在波舒哀最喜欢的老师叙杜尔修士;叙杜尔修士热心且严格地帮助他锤炼散文写作技能。应朋友之邀,他频繁去

剧院看戏。在塞戈涅的引荐之下，他在香榭丽舍大街剧院的一部二流歌剧中担任临时演员，扮演禁卫军的角色。他在舞台上失误了，当时他没接住长矛，只好穿着紧身束腰外衣弯腰捡起它，观众一片骚动，他的演员生涯就此结束。小提琴和母亲送给他的那本波德莱尔是他永远的伙伴；两者忧郁的气质非常适合他。他似乎是个彻底的唯美主义者：他在 1919 年提到，“……每到一处，我都会遇到一些让我无比着迷的小事：肖邦的一个音符、萨曼的一首诗、弗拉马里翁的一本书或者和平大街上的一颗钻石”。

然而，他的生活并不像乔伊斯或海明威那样放荡不羁。尽管圣埃克苏佩里当时无所适从，还是有一些巴黎顶尖画室向他敞开了大门。他的生活变得混乱，时而租陋室享盛宴，时而住华屋吃糠菜，最终他习惯了这种生活方式。我们没有关于他当时穿着的记载，但他非常古怪荒诞，言行举止常常随心所欲，既不是世界上第一个也不是最后一个穷困潦倒的贵族。在索西纳家他总是这副模样——裹着床单，慷慨陈词。
77 也许就是在这时他形成了自己此后一贯的风格——一种近乎粗劣的随意，其中一部分原因在于他漫不经心，另一部分在于他经济拮据。

圣埃克苏佩里在这些奢华宅邸受到了各种礼遇。在索西纳家，索西纳先生评价他是“多么了不起的孩子！”，但索西纳夫人和五个女儿之一看法不同，他突如其来的沉默总是让她们很困惑。一个周末，圣埃克苏佩里与伊冯娜·德·莱斯特朗热的父母见面，谈话的内容涉及政治、赛马、金融和桥梁，这期间圣埃克苏佩里一句话也没有说。大家难以接受他的沉默并告诉了他母亲。这种“沉默的壁垒”对索西纳最小的妹妹勒妮来说并不是什么障碍，她认为只要是小孩都能轻松接近圣埃克苏佩里，她自己就有这样的本领，或者说她有神奇的点金术。美丽的路易丝·德·维尔莫兰也是如此，那时可能是圣埃克苏佩里初次见到她。在这两个家庭里，天资聪颖的人可以不遵守客厅里的繁文缛节；而这位乡下伯爵的古怪——接受过所有良好教育,并且和莱斯特朗热是亲戚——增加了他的吸引力。

在接下来一段时间里,圣埃克苏佩里住在距美术学院仅有几步之遥的路易西亚纳旅店,这里房费比较便宜。他依靠附近餐馆的低价饭菜勉强度日,一顿好饭只要五法郎,一瓶好酒只要六十生丁,还有味道不错的烩水果;这是一个饥寒交迫的年轻人负担得起的,他还可以点一份土豆或者卡芒贝尔奶酪做配菜。他不缺朋友。夏尔·萨勒在巴黎高等商学院学习,这是法国最好的商学院。塞戈涅和贝特朗·德·索西纳不久便邀请他们才华横溢的朋友去家里做客。正是因为他俩,圣埃克苏佩里才有机会见识天差地别的生活。在圣纪尧姆街的一家豪华酒店里,索西纳向他的父母和姐妹介绍了圣埃克苏佩里。这家酒店的墙壁上装饰着拉马丁、欧内斯特·雷南、普鲁斯特、雷纳尔多·哈恩和拉威尔的诗句、曲子和散文;圣埃克苏佩里似乎并不需要这些大人物鼓励,他拿起勒妮的小提琴表演了一段即兴演奏。通过表亲,也可能是通过索西纳,圣埃克苏佩里找到了谢兹街上的维尔莫兰家,部长和政客们聚集于此,这是巴黎另一处奢华宅邸。前一年,他给家里写信道:“这些政客们非常令人喜爱,他们也喜欢我。”他和索西纳的孩子们讨论他没有什么未来选择,勒妮特别同情他身处困境。

性格的双重性明显体现在他住所的变迁上。他不总是住在路易西 78
亚纳旅店;在一部分艺术生涯中,圣埃克苏佩里和伊冯娜·德·莱斯特朗热住在一起。公寓距学校很近,然而这不是最吸引人的一点。拉莫特记得有一次去拜访这位贫寒的朋友,朋友提议他画一幅窗外的美景并让他在某天早晨来,“早晨”指的是将近11点。拉莫特在马拉盖码头9号门门口遇到了一名男仆,男仆轻蔑地看了一眼拉莫特的画架,便把他留在人行道上,不理睬他。幸好,一位身穿豪华浴袍的朋友救他脱离了这种耻辱。两人顺着螺旋梯上楼,来到圣埃克苏佩里的房间,这时他刚刚吃完早餐。圣埃克苏佩里的房间简直和波舒哀的书房一样乱——纸片、纸屑和废纸团扔得到处都是。（伊冯娜·德·莱斯特朗热后来承认，她害怕圣埃克苏佩里公寓里乱糟糟的样子。有一次，她被圣埃克苏佩里在公寓里制造的“尼亚加拉大瀑布”的声音吵醒，她对此既不高兴也不惊讶。原来圣埃克苏佩里泡澡睡着了，热水流出来淹掉了整个楼梯。她好容易把他叫醒，让他帮忙。他睁开眼睛说的第一句话是：“你今天早上为什么对我这么凶？”）然而，这里的景色确实非同寻常。两扇窗户面向卢浮宫，还有一扇面向学校和雅拉饭店的露台。拉莫特曾多次描绘 1920 年冬天这里的景象，当时圣埃克苏佩里穿着浴袍坐在床上写下“致巴尔扎克”。巴尔扎克把 1848 年革命的喧嚣挡在门外，门内是他自己和他的作品，还有那句“现在回到现实世界”，圣埃克苏佩里也许能够通过这些放荡不羁的尝试推迟他对未来的思考。

毫无疑问，圣埃克苏佩里是故意拖延的。1919 年，相较于他预期加入海军的时间来说，他延迟入伍了，不过他知道他最终会入伍的。1920 年至 1921 年冬天不过是经济停滞前的一次彩排，奏响了他在巴黎那六个月生活的序曲：“十年后我将成为什么人？我根本不会为此担忧。”他能力出众但没有雄心壮志。

*

圣埃克苏佩里在 1921 年 4 月应征入伍，开启了两年的军旅生涯。他要求在航空部队任职，并于第九天抵达斯特拉斯堡，加入位于该市南部诺伊霍夫的第二战斗机组。诺伊霍夫场地宽阔，最初由德国人建设；
79 1918 年阿尔萨斯回归法国，诺伊霍夫场地成为军事和商业机场。圣埃克苏佩里是作为二等兵加入第二战斗机组的；他被分配做地勤人员。这是小组里的低级工作：“地勤人员”一词的法语“rampant”有匍匐、爬行、卑躬屈膝之义，意思是这些人就像匍匐植物、爬行动物或卑躬屈膝的人一样卑微。此外，作为一名没有受过训练的新兵，他没有资格参加飞行培训。他得到的待遇与任何没有中学毕业文凭或者没有接受过三年高等数学教育的年轻人一样，随后几周，他好好利用了这些优势。

圣埃克苏佩里在城里租了一间小公寓，只要有时间就去休息。（上午 11 点到下午 1 点半、下午 5 点到晚上 9 点他有空，之后回到诺伊霍夫，在军营里过夜。）他在斯特拉斯堡写的家书大部分是在 11 月 22 日大道写的，那里比军营要安静些，年轻的士兵会去那里喝杯茶，抽支烟，放松自己。他的寓所是斯特拉斯堡最好的；他可以随时使用房东的电话，享受着奢侈的中央供暖、电灯和浴缸。当然，干净明亮的房子不是免费的；为此圣埃克苏佩里夫人每月支付一百二十法郎的租金。这是她儿子的第一套家具齐全的公寓，有一段时间他对这所公寓很着迷，就像对斯特拉斯堡着迷一样，“这是一座精致的城市，比里昂大得多”。*

每天的生活在早晨 6 点准时开始，但圣埃克苏佩里放浪不羁的生活并没有像他预想的那样停止。圣埃克苏佩里对军队的第一印象是“简直无所事事”。因此，他说服母亲给他买一辆摩托车，这样他就可以骑摩托车从机场去 11 月 22 日大道，空闲时还可以去阿尔萨斯旅行。他说军队生活就是学习敬礼和踢足球，他常常双手插兜，叼着没有点燃的香烟，打发无聊的时光。更重要的是，这时军用航空领域仍处于起步阶段，说实话，圣埃克苏佩里比法国空军早到斯特拉斯堡，当时这里就像一个大型足球训练营地。这里和中学几乎没有什么不同，当然不比中学更无聊。他到这里后不久给母亲写信说：“从现在开始到下午 2 点无事可做。到了下午 2 点也同样无事可做，不过是让在甲处的人走到乙处，在乙处的人走到甲处，如此反复，这样我们就能回到原地重新再

---

* 事实上，当时里昂的人口是斯特拉斯堡的三倍多。

来。"5月,他觉得这里很迷人;6月初,又感到这里的训练很压抑。但在
80 那时,他试图改变规则的努力开始有回报了。

在斯特拉斯堡,从不滥用特权的他抓住时机找门路。他曾申请在航空部门任职,这样就可以执行飞行任务,不用再做地勤和炮手了。他附近的机场就有昂里奥战斗机和斯帕德-埃贝蒙战斗机,这自然丝毫不会阻碍他的雄心。阻碍他的是飞行规则:当时新入伍的军事飞行员在法国各地的众多基地接受训练,不包括斯特拉斯堡。此外,在斯特拉斯堡,只有具备飞行学员身份的人才可以驾驶飞机。到了1920年以后,平民接受飞行训练就容易一点了,法国颁发了大约两千份飞行执照,但费用高昂。这时候,圣埃克苏佩里全力以赴,他的心思从对圣莫里斯亲人的执念转向事业。在他违反规章制度时,两名军官帮助了他,虽然他们并不鼓励这种行为。比伊上尉和费利贡德少校与他有一些共同点,两人都把这名不同寻常的新兵当作自己的部下一样照顾。费利贡德少校答应考虑圣埃克苏佩里要成为见习飞行员的请求,但他说至少需要两个月来做一些必要的安排。与此同时,费利贡德少校还和这名受过良好教育的士兵说好一件事:从5月26日起,圣埃克苏佩里将讲授空气动力学和燃烧物理学的课程。"我会有一间教室、一块黑板和几名学生……多么激动人心!您能想象我当老师吗?"他在给母亲的信中写道,并借机向她要钱。(没有证据表明圣埃克苏佩里教过课,不过当时经费和课本确实到了。)比伊上尉家在里昂,圣埃克苏佩里不知道母亲是否认识比伊上尉,但他还是说服母亲和此时已十八岁的妹妹加布丽埃勒,在可能是比伊上尉亲戚的人面前为他美言。

与此同时,圣埃克苏佩里参观了东方航空公司,它是与军队共用诺伊霍夫跑道的商业公司之一。罗贝尔·阿埃比是公司唯一的飞行员;这家公司曾希望赢得斯特拉斯堡—布鲁塞尔—安特卫普航线,但被隔壁公司抢先了。拥有五架飞机的东方航空公司已将自己重新定位为专

门提供专机服务、游览观光和航拍的公司。那是一个晴朗的周末上午，大概是4月10日，一个穿着邋遢的年轻人来打听飞行票价。飞行要价五十法郎，在当时价值不菲（比旺多姆公爵夫人在法兰西喜剧院的包厢价格还贵十法郎），阿埃比怀疑这个年轻人没有那么多钱。出乎意料的是，年轻人接受了这一价格，阿埃比就驾着法曼F－40带他沿标准航线飞行，大约十分钟后着陆。飞机缓缓滑向机库，阿埃比从飞机上跳下来，就在这时，圣埃克苏佩里问是否可以再飞一次。一开始，阿埃比非常吃惊，因为以前从来没有人提过这样的要求。但他很快就答应了，觉 81
得“与一个飞机迷做生意是非常愉快的”。说清楚第二次飞行要再花五十法郎后，阿埃比便应圣埃克苏佩里的要求，飞到城市的南边和北边，俯瞰孚日山和莱茵河，这次飞行耗时超过十分钟。

尽管圣埃克苏佩里作为一名炮手的训练还没有开始，但他已经飞行了几次。军事飞行员很多都是功勋卓著的王牌飞行员，他们时常会满足一下这些想要飞上天的地勤人员。通常，乘客都不想再体验了，因为飞行员喜欢为乘客带来“难忘的特技表演”。只有圣埃克苏佩里要求多次飞行。他向母亲讲述了自己第一次乘坐斯帕德飞机（当时首屈一指的战斗机）的经历，这是他第一篇写飞行的散文：

> 我对空间、距离和方向的感觉完全消失了。在寻找地面时，我时而向下看，时而向上看，时而向左看，时而向右看。我以为自己飞得很高，突然间又被近乎垂直地抛向地面。我以为我离地面很近，不到两分钟就被五百马力的引擎拉到三千英尺的高度。它跳舞、摇摆、颠簸……啊！啦啦！

他盼望着第二天能再次飞行，满怀欣喜地期待着“旋转、翻滚，还有那足以清空我胃里一年的午餐的连转”。他怎么能多次乘坐斯帕德飞行呢？战斗机组的一名下士得知他的飞行记录后，困惑不解。圣埃克苏佩里只告诉母亲，他能坐飞机是因为认识一些朋友。他热情地希望能够驾驶斯帕德——“它在空中翱翔，好像鲨鱼在水中畅游，它甚至看起来也像鲨鱼”——也渴望有一天规章能够允许他那么做。他很冲动，想去摩洛哥做志愿者，那里正在培训新的法国飞行员，条件是接受完培训要服役三年。（他有一个朋友驻扎在拉巴特，名叫马克·萨布朗，他们一直保持通信。萨布朗让他的这个想法更加强烈了。）他好像突然感觉时间紧迫，信中充满了急切之情。

只有一个办法能让圣埃克苏佩里既获得军事飞行员培训资格，还不必延长服役时间。如果能获得民用执照，他将自动成为一名飞行学员，他只需要在军队服役两年就行。这个办法要花一大笔钱（一般人不会这么做）——如果他自愿多服役一年，就可以不花钱——但圣埃克苏
82 佩里还是选择了这条路。最后，他需要说服的不是长官，而是母亲。圣埃克苏佩里夫人一定对儿子另有打算，在他服役期间，一直强迫他学习（他称在所有体能训练结束后他已经筋疲力尽，学习几乎是不可能的），现在圣埃克苏佩里夫人对他的计划一定要更加慎重考虑了。圣埃克苏佩里在信中直截了当地表明自己的想法，现在母亲已经不反对了：“母亲，您要是能体会我想飞行的渴望就好了。”“看起来您想让我泄气。告诉我您永远不会那样做，好吗？”“我想过，怀疑过，讨论过。”“我向您发誓，没有理由为我担心。”“您在信中说让我做一个深思熟虑的决定，我保证飞行这个决定就是经过深思熟虑的。我一分一秒都不能耽误，我很着急。”这个需要一大笔钱的年轻人写道。我们无从得知究竟是哪一个原因促使圣埃克苏佩里夫人向银行申请贷款的；但她一定非常容易受固执己见的儿子影响。他恳求母亲：“我需要一份适合我的工作，否则我将一事无成。”听起来他似乎完全没有享受过在巴黎六个月期间奢侈而无所事事的生活。6月初，圣埃克苏佩里夫人寄来了钱。

另一场谈判要容易得多。圣埃克苏佩里又一次去拜访罗贝尔·阿埃比,这次是穿制服去的,他问有没有办法让他学习飞行。(“您还记得我吗?”他问,因为在斯特拉斯堡,一个热爱飞行、做地勤工作,且衣衫褴褛的贵族并不常见。)阿埃比告诉他,他需要指挥官的授权,以及东方航空公司的许可。当时不仅诺伊霍夫机场没有正式的飞行教学,阿埃比也从未教过任何人飞行。此外,军人驾驶民用飞机更是史无前例。

不久,在比伊上尉的协助下,加尔德指挥官在他的办公室里召开了一次会议。圣埃克苏佩里和阿埃比参加了会议,令阿埃比倍感惊讶的是,加尔德指挥官授权士兵接受训练,而其他机场均无此例外。加尔德的授权有几个附加条件:圣埃克苏佩里要在工作时间之外上课;每个人都要以自己的荣誉发誓保守这一秘密;学员不得拍摄与东方航空公司飞机或与阿埃比所在公司的合影。圣埃克苏佩里和东方航空公司的主管商定,他支付两千法郎学费。两人发了誓,握了手,这件事——用阿埃比的话说是“一个真正的阴谋”——就这样定了下来。圣埃克苏佩里向母亲要学费来改变他的人生,他在信中写道:“我求您,母亲,不要跟任何人提起这件事。”

6月18日,圣埃克苏佩里驾驶配备双控系统的法曼 F-40开始接受训练。那天,圣埃克苏佩里绕机场飞了三圈,三次降落,总共用了十 83
五分钟。第一次着陆后,阿埃比建议他操控时少用一些“蛮力”,这是新手飞行员通常会得到的建议。在接下来的几周里,他经常在上午8点之前、中午或下午6点之后飞行;他需要接受完二十五小时的培训才能获得执照,而且他知道自己即将被调往摩洛哥。为了实现梦想,他开始报复性地训练,每天要完成地勤人员和东方航空公司飞行员的双份飞行练习。阿埃比欣慰地观察到他的学员反应敏捷,判断迅速。法曼的发动机装在机尾,因此两人交谈很方便且不会受到螺旋桨噪声干扰。然而,阿埃比发现他与圣埃克苏佩里的对话都很短,他们之间存在某种隔阂。在阿埃比的航空日志中,他的学员是“圣埃克苏佩里伯爵”,尊称为“伯爵先生”;圣埃克苏佩里可能认为阿埃比无法理解他对飞行的热爱。他不知道自己的教员有过逃离管制、逃避服役的辉煌事迹。阿埃比是一名德军士兵,在一次重伤后的恢复期,他学会了飞行;1918 年,为了避免被送回前线,他用螺旋桨打伤了自己。停战后,阿尔萨斯回归法国,阿埃比曾作为飞行员加入法国陆军,却被分配到海军,因为这次调动他辞去了军职。在接下来三周,他们两个形影不离,教员始终不能鼓起勇气告诉圣埃克苏佩里,他的女房东曾两次来找他,希望他能告诉“伯爵先生”,她来打扫卫生时常看到大额银行汇票揉得皱巴巴地扔在地板上,这样不太好。(在圣埃克苏佩里动身去摩洛哥之前,阿埃比才对他提起这件事。圣埃克苏佩里有些不高兴,将长期以来对那些劝他整理房间的人的嘲笑一股脑发泄到了阿埃比身上。)

两周里,两人驾驶法曼上了十一堂课,总共飞行了二十一圈:“这是保守飞行……小心缓慢地转弯,平稳着陆——飞机没有旋转或翻转。”圣埃克苏佩里在给母亲的信中如此描述。以前,法曼是一种不错的飞机,然而阿埃比知道圣埃克苏佩里没有耐心等待法曼修好,便给他介绍了索普威思,一种速度更快、更敏捷的飞机。圣埃克苏佩里在信中抱怨那架麻烦不断的法曼已经占用了他好几节宝贵的课;毫无疑问,他也对阿埃比表达了自己的沮丧。7 月 8 日,他们驾驶英国飞机索普威思飞行了两圈,阿埃比对这两次飞行非常满意。9 日上午,第三次飞行之后,阿
84 埃比从飞机上跳下来并命令圣埃克苏佩里道:“起飞!”尽管圣埃克苏佩里每天都问阿埃比自己何时才能单独飞行,此时他却目瞪口呆地回答阿埃比说:“什么?”几分钟后,11:10,他第一次独自飞上了高空。此前,他只有两个半小时的飞行经验。

圣埃克苏佩里的起飞和飞行没有出现差错;阿埃比随后发射了一枚绿色信号弹,提醒他该着陆了。在距离地面五米的时候,他意识到了

自己的错误，突然加快了速度。引擎发出噼啪声，过一会儿没声音了。圣埃克苏佩里安全着陆，随即又开始第二圈飞行，这次飞行没出差错。后来阿埃比注意到，圣埃克苏佩里的鞋子边缘在第一次落地时烧焦了。圣埃克苏佩里报告说飞机的引擎着火了。阿埃比耐心地向他解释引擎没有着火，只是他加速过快，引擎回火了。总的来说，阿埃比对这个学员挺满意，下午他穿过训练场向加尔德指挥官汇报圣埃克苏佩里的学习进展，并表示圣埃克苏佩里现在可以单独飞行了。指挥官查看了学习档案，随即下令阿埃比停止授课。十七年后，圣埃克苏佩里和阿埃比又见面了，那是在维希一家咖啡馆的露台上，圣埃克苏佩里认出了他的教员，当时阿埃比一家还有圣埃克苏佩里正在那里休养。（讽刺的是，当时圣埃克苏佩里刚从危地马拉的坠机事故中恢复过来。）昔日的学员如今成为名人，他为阿埃比一家买了开胃酒，并对阿埃比夫人讲述那天早上他独自飞行时的情景："夫人，您知道我第一次独自飞行是多么快乐吗！我一点也不想着陆。我相信要是汽油够用，我还会在天上飞！"

在阿埃比看来，1921 年夏天发生的事情很不寻常。圣埃克苏佩里作为地勤人员没有获得正式许可就在军用机场学习飞行，而当时是禁止在机场进行一切教学活动的。他们用的飞机属于一家只能提供观光飞行的民航公司。教员曾是德军的飞行员，此前从未教过任何人飞行。他的学员的确在合适的地方找到了朋友。还有一点进一步证明了事情不寻常。可能是受母亲替他说情的影响，6 月底国防部明智地表现出了选择性的不知情：国防部把圣埃克苏佩里到摩洛哥服役的时间往后推迟了两周，这样圣埃克苏佩里才有机会完成国防部假装不知道的训练。 85

*

6月中旬,斯特拉斯堡天气炎热,圣埃克苏佩里瘦了很多。他没有记录天气对飞行的影响——高温使飞机行动迟缓,尤其是在起飞的时候,另外,热气会干扰飞行员的视线——只是抱怨棋友中暑了,不能再和他对弈。他感到很不舒服,并笑称现在自己鉴赏艺术品——当时他看不到多少艺术品——完全基于其热量多少。他告诉母亲,他不再欣赏18世纪热情丰满的作品,兴趣转向了勃朗峰的冰川和俄国战役的石版画。他将如何在摩洛哥生存还有待观察,但他渴望离开。“去拉巴特当飞行员,我很高兴。从飞机上看沙漠一定很壮观。”在斯特拉斯堡的最后三个月,他终于松了一口气。

由于和阿埃比一起训练,他调到摩洛哥之前的休假时间缩短了,不过7月初从马赛出发前往丹吉尔之前他在巴黎见到了母亲。当月下旬,他加入了第三十七战斗机组,驻扎在距卡萨布兰卡六英里的地方,随后他发现在斯特拉斯堡时的希望彻底破灭了。“我梦想中的香蕉树、枣树、椰子树呢?”他抱怨道。他向往圣莫里斯的碧绿草地和法国花园。“我遇到灌木丛时,会摘下几片叶子塞进口袋。然后我回到房间,热心地研究它们,轻轻地转动它们。这对我有好处。”他写道。圣埃克苏佩里为人熟知的主人公正是因为一朵玫瑰穿越星际。他此时还不知道,沙漠会是他最肥沃的土地,是他的秘密花园,他在沙漠里成长最多。多年后,圣埃克苏佩里总结道:“如果你总是带着城市的喧嚣,就无法与沙漠交流。”1921年夏天,巴黎和斯特拉斯堡仍然在他耳边回响。

他身边的朋友无助他发展恋情。值得注意的是,圣埃克苏佩里没有在斯特拉斯堡和卡萨布兰卡结交新朋友;他在阿尔萨斯的生活和在摩洛哥发的牢骚表明,他尽量与外界保持距离。他经常抱怨他那些飞行员朋友平凡无奇。在这位给集体住宿赋予了无限诗意的军人看来,他们也很难有什么有趣之处:

> 露天营地里充斥着各种抱怨，就像是船员们的抱怨；下雨后，营地周围全是水洼，不禁让人想起诺亚方舟。在里面，我们每个人都默默地把自己埋在白色的蚊帐里，那场景仿佛是寄宿女校。正当你开始习惯这个想法，正当你觉得自己开始变得害羞和迷人时，你会突然被大骂声惊醒。对此，你也回以同样激烈的骂声；周围白色的蚊帐似乎受到了惊吓，瑟瑟发抖。 86

他写日常生活时颇有微词——刚开始很慢，很不严谨；他抱怨每天下象棋，从当地的无花果树上采果子，退潮时捕蟹。尽管摩洛哥的日出或是偶尔到集市一逛都能让他开心，分散他的注意力，但只要一想到自己把生活搞得一团糟，他就很痛苦。“流放”快结束时，他的绝望达到了顶点。尽管训练进展得很快，他仍旧写信回家说：“我还是为不知道该选择哪条路而痛苦。建筑专业学习时间太长了[学制三年]，太长了，我对自己几乎没有信心。”早些时候，圣埃克苏佩里告诉母亲，他找到了自己命中注定的事业——炭笔速写，他在美术学院时还没有想到。现在看来，这似乎和他原来考虑过的航空工程函授课程一样毫无价值。“诗歌、绘画，这些对我来说都是自然而然产生的兴趣。但价值几何呢？非常少。我对自己没有信心。”

尽管如此，他还是继续写十四行诗，把写的诗交给母亲，希望获得她的支持，并且继续要书（安娜·德·诺瓦耶的作品和夏尔·佩吉的诗歌）和期刊（他希望母亲能为他订阅《新法兰西评论》和《装饰艺术》作为圣诞礼物）。他的描述仍然闪烁着汉斯·克里斯蒂安·安徒生的魔力，只是一开始听起来不像。他说在卡萨布兰卡的集市更容易忘却孤独，因为路都是单行道，那些金色便鞋——注定会成为巴克的金色便鞋——会和他说话。在向母亲讲述他如何学会借助指南针飞行时，他实际上是写下了《风沙星辰》中最难忘的场景。在卡萨布兰卡，他写道：

> 今晚,在宁静的灯光下,我学会了用指南针确定方向。桌子上摆着地图,布瓦洛中士解释说:“到这儿来(我们俯身专注地看示意图),你向西转四十五度。”……我做了个梦……中士把我叫醒:“注意点……现在向西一百八十度,除非你喜欢抄近路。”……布瓦洛中士递给我一杯茶。我慢慢地啜饮。我梦见在异教徒的地盘迷失了方向。我渴望参与飞越沙漠的长途飞行任务。

后来,在图卢兹,圣埃克苏佩里会坐下来与传奇人物亨利·吉约梅来一场类似的谈话:“我摊开地图,很好奇地问他是否愿意和我一起重温一次飞行。在那里,我在灯光下弯着腰,和老兵肩并肩,仿佛回到了学生时代的平静安宁。”在听别人说话时,圣埃克苏佩里总会坠入梦境,这点他无法克服。然而,如果他在五年多一点的时间里多学点导航知识,也
87 许在卡萨布兰卡他就不会那么绝望了。

让这位飞行学员陷入痛苦的就是人们常说的“思乡病”。所有他最喜欢的音乐都令他悲伤:太快乐、太温柔、太动人了。他告诉母亲,她的来信是他生命中唯一的光亮。他写给母亲的信都甜蜜无比,除了母亲不回信的时候。信中常常反复地说:“您为我们做了一切,我却辜负了您的爱。我既自私又笨拙。您需要我时,我却一点也帮不上忙。在我看来,每一天我都更了解您,也更爱您了。这点毋庸置疑;对一个需要帮助的人来说,母亲是唯一的真正避难所。但您为什么不再写信给我?我焦急地等船,却等不到任何信件,这是不公平的。”有时,他迫不及待,甚至没有具体要求:“给我寄照片,给我写信,给我任何您喜欢的东西,但一定要给我寄点什么来。”

除了凉爽的天气,还有两样东西让圣埃克苏佩里不再忧郁。他飞行的次数越来越多。起初,他平均每天清晨驾驶宝玑 14 飞行六次;很快,他对飞机有了足够的信心,认为它们是杰作,并开启了正式的极限

旅程。到了11月他在拉巴特参加预备役军官考试时，他每天上午从拜赖希德飞到拉巴特再飞到卡萨布兰卡，飞一个三角形，一百五十英里航程，到下午累得筋疲力尽。到年底，他飞到南部边境再折返，大约用五个小时。（他说他回来的时候，看到五十英里外的卡萨布兰卡，感到一种“十字军到达耶路撒冷”的骄傲。）当时，他看起来像1920年代的深海潜水员。

> 如果你在早上看到我像爱斯基摩人那样裹得严严实实，像大象那样壮实，你一定会笑我。我有一顶巴拉克拉瓦盔式帽，它像面具一样遮住了整张脸，只露出眼睛，我还戴着护目镜。脖子上围着一条长围巾，白毛衣外面套着一件毛皮衬里的飞行服。戴着宽大的手套，大鞋子里穿着两双袜子。

即便这样，早晨在七千英尺的高空仍然感到很冷。然而，这名飞行学员说，在花二十分钟用冻僵的手从口袋里取出地图时，他内心充满了自豪和眷恋。

马克·萨布朗也过来帮助他。这位来自里昂的才华横溢的朋友使摩洛哥变得宜居，在圣埃克苏佩里心中，他一直是衡量友谊的标尺。显然，萨布朗当时是驻拉巴特的军官。如果说这两人没有更早一点见到对方，那在年底圣埃克苏佩里在拉巴特待了八天，准备考试时，他们也
终于见面了。萨布朗的出现减轻了他受考试折磨的痛苦，这名年轻的 88
飞行学员称对此毫无准备，也毫不关心。他说，通过考试后将度过“可怕的军事理论学校”学习时光，这对他毫无吸引力，也不会产生什么影响。他告诉母亲，如果通过了考试，他就打算离开军队。面对“机械而乏味”的军校教育，他觉得建筑学学位似乎又有了吸引力。不过，萨布朗带他见识了另一种军队生活，他现在完全迷上了。

在拉巴特，萨布朗带着圣埃克苏佩里去见皮埃尔·普里乌上尉，他是摩洛哥国内事务高级专员。普里乌是一位艺术家和音乐家，热情欢迎受过良好教育的年轻法国军官到他家做客。他住在高处，俯瞰着拉巴特那些粉刷洁白、闪闪发光的迷宫般的房子。圣埃克苏佩里写道："你感觉就像在极地的雪里行走，阿拉伯市镇的这一部分都沐浴着月光。"上尉的房子紧挨着一座地势稍低的清真寺。从这里不仅可以比在下面街上更近、更清楚地听到宣礼师的声音，还能俯瞰清真寺，就像从井边往井里望。若非如此，上尉的客人们在这里会忘记时光的流逝。圣埃克苏佩里考试刚结束，萨布朗就被派往卡萨布兰卡；萨布朗养成了一个习惯，每周六晚上带朋友去普里乌家做客两天。萨布朗、圣埃克苏佩里和其他四个年轻人通常会突然来访。他们兴致高昂地享用晚餐、妙趣横生地交谈、聆听雅致的音乐，还玩纸牌消遣，至少要玩到凌晨三四点。（圣埃克苏佩里夫人可能会不太高兴，虽然她儿子很开心，但这个新假期的安排每晚会花费她十六法郎。）不过，她倒是不用担心会被儿子忘记。这里的风景令圣埃克苏佩里感动，他向主人借了一张信纸给母亲写道："我在一间漂亮的淡紫色客厅里给您写信，整个人埋在一堆大枕头里，面前放着一杯茶，嘴上叼着一支烟。萨布朗在弹钢琴——德彪西或拉威尔——还有一群朋友在打牌。"傍晚时分，这片绿洲上的晚霞能够为整片田野染上落日的色彩，圣埃克苏佩里现在看到这片开满红色和黄色花朵的田野闪闪发光。第一次，他发现了一个完全适合他的社会环境。这里时光悠闲自在，没有那么多死板的规章制度，朋友间友谊深厚，谈话充满活力。他尽可能将家庭环境的审美移植到军旅或寄宿生活中。在这样的环境里，他整个人散发着光彩。在北非阳光的照耀下，即使他还没有扎下根来，也开始开花了。体验了飞行，到过普里乌上尉的客厅，他很快就意识到"伟大首先——也总是——来自个
89 体自身之外的目标。一个人一旦把自己封闭起来，就会变得可怜"。

1922年2月，圣埃克苏佩里乘船回到法国，空气中弥漫着怀旧之情。“我不能抱怨摩洛哥，它对我来说还不错。”他在船上写道，“我在一个糟糕的军营里度过了沮丧的几天。”——早些时候，他曾写信给姐姐，说他的身体和脑子都长出了蘑菇——“但我现在知道那是一段充满诗意的生活。”从丹吉尔出发跨越地中海到马赛时，他也在脑海里想象着回家的情景：他会要求母亲准备精致的晚餐并准备好他的房间，他要挑战国际象棋，拥抱他的家庭教师，恳请西蒙娜不要泄露他回到博纳维家的消息，这样他就可以给路易一个惊喜。结局好就一切都好：这位从前报考海军军官学校的学生这时发现自己晕船。

*

回圣莫里斯的事可能还得再等等，圣埃克苏佩里想，可能要等到月底。通过预备役军官考试后，他从马赛出发向北做短途旅行，到伊斯特尔。他这么做是不太情愿的；他对一个朋友说，他费了好大劲才考及格，但考虑到做事要得当，他才没有安排长途旅行。或许是半途而废的海军生涯让他有所顾忌。至少他可以庆幸自己没有以优异的成绩通过考试：虽然只有十二分之一的考生通过了考试，但圣埃克苏佩里在通过的全部六十九名考生中排名第六十八。（他也是唯一通过的飞行学员。）在1月的最后一天，他拿到了飞行执照。2月5日，他升为下士。两个月后，他被派往法国中部布尔日郊外的阿沃德机场，那里曾是一战期间飞行员的主要训练基地。这一次，他没有像他说过的那样离开军队；可以猜测，他已经开始有点乐在其中了。

让·埃斯科是里昂本地人，他记得圣埃克苏佩里在斯特拉斯堡时在挑战规则方面取得的非凡胜利，未来二十年中他会是圣埃克苏佩里人生中的重要人物。他回想起圣埃克苏佩里刚到阿沃德时滑稽的形象:“裤子肥大,上衣袖子太短,紧身裤难以形容,制服帽两侧支棱着两片大护耳。”这并不完全是圣埃克苏佩里的错,这些穿戴都是从物资供应处买的;当时空军还很年轻,制服多少会有点随意。那年秋天,当圣埃克苏佩里获得第二顶圆形平顶军帽的时候,仍然没有关于帽子的规
90 定,他可以选择颜色。(那年,国防部才把空军与骑兵、步兵视为同等重要的军种;再过六年,才有空军部;再过十一年,空军才独立。)10月,圣埃克苏佩里穿的是卡其色制服,跟在4月份一样;只有在法国受过训练的军官才有权穿浅蓝色。这也使他与众不同。他一手为自己赢得了“怪胎”的名声。有人问他之前在哪里读书,他说他来自美术学院,这种回答无异于到神学院,却声称自己来自后备军官训练团。没有通过海军军官学校口试的消息传开后,他这样解释:“我不喜欢考官的长相。所以我想怎么回答就怎么回答!”就像一位朋友后来评价的,他把屋子搞得乱七八糟的能力,就像他不整的衣冠一样引人注目。那年夏天,他给母亲写信说:

> 我在我的小房间里写信。房间混乱,令人感到亲密而舒服。我的书、我的炉子、我的棋盘、我的墨水瓶和我的牙刷在我的桌子上围绕着我。我久久凝望着我的王国;我的臣民不会畏缩在抽屉里。您想要一块巧克力吗?等等,在指南针和甲醇药水瓶中间有一块。您想要一支钢笔吗?看看水槽那边。

他在这里得心应手,尽管这算不上一种军人作风。他考试成绩非常好,但他并不符合军人的形象。和在斯特拉斯堡时一样,他继续写作和绘画。他仍是一个无可救药的漫画家。他用相机做技术实验。一位同学记得,圣埃克苏佩里缠着他——长达四个小时——要他介绍他熟悉的冶金厂如何运作。圣埃克苏佩里一边听他讲解过程,一边搞恶作

剧，在他的示意图上画淘气的魔鬼和紧张的天使。一个与众不同、名叫拉鲁伊的同学用催眠术做了一个实验，圣埃克苏佩里也被这个实验迷住了。他以埃斯科为他的第一批被试之一，试图催眠埃斯科，但不算成功。不过，他在斯特拉斯堡军营里学到的纸牌戏法效果不错：1930 年代到 1940 年代初，他遇到了很多人，他们只记得圣埃克苏佩里很高，很有名，很会玩纸牌。总的来说，在阿沃德，他比以前更加开朗，尽管他与人接触的方式仍让人疲惫。埃斯科回忆说，他们一起去里昂度假时从未停止讨论。这些实际上是自言自语：他的同伴圣埃克苏佩里滔滔不绝地谈论陀思妥耶夫斯基、波德莱尔、科克托和季洛杜。 91

一个共同的问题把埃斯科和圣埃克苏佩里紧密联系在一起。在阿沃德接受培训是为了获得飞行观察员执照，但凡有些雄心壮志的军官都要有这张执照。课程主要包括课堂作业，还有一些飞行观察；当时没有飞行计划，实际上只有七名学员获得了飞行执照。学员们的课程安排得满满当当：在学习了航海、气象学和轰炸之后，这些年轻人以乘客的身份坐进莎尔玛生飞机或宝玑 14——但在阿沃德接受培训的军官可以在一天的课程开始前（通常是早上 6 点到 8 点）在索普威思上练习几个小时。埃斯科坚定地说，从未见过像圣埃克苏佩里这样热爱飞行的人，他的睡眠习惯似乎也证实了这一点。他是出了名地起得晚，但一到要飞行的时候，他天刚亮就起来，拉着袖子把埃斯科也叫醒。

作为一名飞行观察员，他既缺乏学习动力，也没有天分。他的遭遇尽人皆知，还没起床，同伴们就开始羞辱他，随后弄乱他列队点名时要穿的制服。很快，他就因不可救药地心不在焉而出了名。现在，这个名声无论他走到哪里都甩不掉了。

在信中，圣埃克苏佩里忽而越发独立，忽而好像永远都成熟不了。当母亲不回信时，他就生气，对她很凶，责怪她把自己关在“封建的圣莫里斯”。种种迹象表明，他和母亲总是相互责怪。与此同时，圣埃克苏佩里对军事纪律、战术课程以及缺乏幽默感的军官们也没有生出好感来。他写道,他想象母亲在圣莫里斯的客厅里摆满鲜花,以此抵御军队生活的枯燥。圣埃克苏佩里觉得,母亲是对抗军队中严厉长官的一剂良药,就如在他学生时代母亲是对抗严厉老师的良药一样。他一遍又一遍地写道,他觉得自己像个小男孩,需要别人安慰。他高兴地宣布,他很快就要开始接受少尉的训练了,并将每月领取一千法郎的津贴,这种欣喜是前所未有的。"然后我会结婚,我会有一套小公寓、一名厨师和一位可爱的妻子。"他憧憬道。紧接着他告诉母亲,阿沃德的裁缝是个冷酷无情的人,不断地暗示他赶紧支付账单。他问母亲能否马上寄给他二百法郎?

在同学中间,圣埃克苏佩里是出了名地经常收到电报汇票,也是出了名地对金钱完全没有概念。他经常周日去巴黎;如果母亲没有按时拍电报汇来这次旅行的费用,他便会毫不犹豫地向同学借钱。(他很感激,因为他仔细地一笔一笔偿还了所有的债务。后来,他在美国的文学
92 经纪人说,圣埃克苏佩里是唯一还钱给他的作家,这位经纪人曾多次慷慨地向他伸出援手。)6月,学员们在马伊的一个特别训练营待了两周,其中一个周末他不在,他去巴黎参加堂兄居伊的婚礼了。显然是母亲让他去的,或许他突然意识到自己过得狼狈不堪,或许觉得这场婚礼是他再次开口要钱的好借口。他想尽办法让母亲明白,在这种情况下不能吝啬于给他一些资金,不能让他在婚礼上穿得破破烂烂。就在他要开始领取一千法郎津贴的前一个月,他试图劝说母亲给他汇来三百法郎,显然,母亲对他的要求很生气,他也向巴黎的亲戚提出过这样的要求。圣埃克苏佩里无礼地一再要求母亲不要生他的气,并向母亲保证他比90%的同学都要认真。只是他没说,他的生活习惯也比大多数同学昂贵。

8月,学员们搬到凡尔赛住了两个月,接受各种陆战训练。埃斯科

和圣埃克苏佩里经常遇到的问题是：怎么飞？课程只安排在上午；飞行爱好者们只要能自己做好安排并参加上午9点的课，军队便欢迎他们来学习飞行。维拉库布利是法国早期的航空中心之一，离这里只有四英里远，两人很快安排埃斯科的弟弟把兄弟共有的一辆摩托车从伦敦送过来。他们送了一笔钱——其中一部分无疑是从圣莫里斯汇来的——给圣拉扎尔海关的人。有了这辆摩托车，他们每天早晨就可以从容出发。在维拉库布利，他们最早到达机库，一系列崭新的高德隆C59在机库里闪闪发光。埃斯科的日志比圣埃克苏佩里的更具体，圣埃克苏佩里曾被告知这种战斗机比他熟悉的索普威思战斗机还要快。两名飞行员都飞了两圈，用了半个小时，埃斯科记录道，他们一直在笑。他们被告知，只要天气允许，他们每天早上都可以来。埃斯科的注意力转向摩托车，但圣埃克苏佩里没有：另一座停满宝玑14的机库引起了他的注意。很快，受训的两名军官开始了第二阶段的入门课和飞行训练，在空中停留的时间增加了半个小时。因此，在接下来的几个月里，他们都贪婪地积累着飞行时间。在给母亲的信中，圣埃克苏佩里只提到他每天都飞来飞去，平静而快乐。

从凡尔赛开始，他每天晚上都会溜进巴黎市区，埃斯科偶尔也和他一起去。1922年10月初，他完成了训练，10日被任命为少尉。圣埃克
苏佩里的成绩位于班级中上游*——他的空军长官们并不觉得圣埃克 93
苏佩里在军队不专心，认为他是一位技术专家，也是一名很有前途的飞行员，这一点对后来发生的一切很重要——因此可以自己选择接下来去哪里工作。也许他是毫不犹豫地提出去巴黎的。（埃斯科选择去里昂，并与圣埃克苏佩里分开了两年，直到有一天在巴黎街头偶遇，他们才重聚。两人的第二选择都是摩洛哥，这证明圣埃克苏佩里很怀旧。）

* 他在六十二人中排名第二十七位。

圣埃克苏佩里被派往驻扎于巴黎主要机场布尔歇的第三十四空军团，林德伯格五年后将在那里着陆。圣埃克苏佩里作为预备役军官职责并不繁重：每天早早地出现在机场，每周飞行几次。

他曾经初涉艺术，曾对波舒哀感到失望，如今又重拾了快乐。在军队服役十八个月后，他并没有更加严于律己——那些年，空军能包容有悖传统的人，当时大多数法国军队仍难以认真对待一个没有经过圣西尔或索米尔的严酷考验的所谓军官——对他来说，不服从仍然是英勇的表现。如今他二十二岁了，但并不比一年半以前更负责任、更有担当。但闲散的岁月使他有机会巩固几段重要的友谊，他也从先前失败的阴影中走了出来。他有良友和持久的激情。虽然停战协定使一种前途变得暗淡，但战争也提供了一种新的职业；圣埃克苏佩里已经把服役变成了自己的优势。现在，他至少不再是一个早熟的怀旧主义者，不再沉迷于过去。他雄心勃勃，甚至开始考虑未来，或者至少可以想象一
94 下：在1922年夏末的某个时候，他坠入了爱河。

第六章　漫步云端

1922—1926

贵族工作的目的绝不是挣钱糊口。

——南希·米特福德,《贵族的义务》

圣埃克苏佩里钟情的对象对于他的朋友们来说并不奇怪,因为他们之中大多数人也对这个女人有着同样的情愫。不过奇怪的是,这位年轻军官的深情得到了回报。在路易丝·德·维尔莫兰的追求者中,他绝不是最有魅力的一个,因为几乎每一个爬三层楼梯到她位于谢兹街上那家宏伟酒店的顶层房间的男人都富有魅力。那是一段拥挤的楼梯。楼下是举办沙龙的场所。维尔莫兰夫人,这位活泼的黑发美女接待过共和国的许多政治家和部长:爱德华·埃里奥、保罗·潘勒韦和莱昂·贝拉尔都是常客。维尔莫兰夫人的丈夫是一位遗传学家,他在世时家族的农业生意很兴隆,但他在路易丝小时候就去世了;他是剧作家萨沙·吉特里和保罗·克洛代尔的好友。在与别人交谈时,维尔莫兰夫人总是认真倾听。作为一位母亲,她很宽容,很少注意到她四个儿子和两个女儿的来访大军。更何况房子本身的格局就是不规则的巴洛克风格,不那么容易注意到人来人往。当然,这些访客在进出时或多或少也是小心谨慎的。秘密、电话和信件的往来也得益于看门人莱昂·于贝尔的帮助,他是孩子们的同谋,特别关照孩子们。这是一个欢乐的家庭,也是一个备受欢迎的地方,甚至从中还能嗅出一丝堕落的味道。在傍晚的休息时间,波舒哀中学的很多学生都到谢兹街1号来,以至于学
95 校的老师忍不住问:“我想知道,维尔莫兰夫人那里究竟有什么,让所有男孩一直往她那儿跑?”

亨利·德·塞戈涅可以骄傲地回答这个问题:

> 在维尔莫兰家顶楼,在那间宽敞精致、陈设考究的房间里,床上躺着世间最可爱的美人。曼妙的女郎身着浅粉色睡衣,抽着克雷文A牌香烟;她是一首诗,是诗歌的化身,魅力的化身;她娇小的脸蛋仿佛梦中之物,一场白日梦。场面绝美,而她令人无法抵御的呢喃更甚。她聪明非凡,美艳绝伦,当真是世间尤物。

路易丝·德·维尔莫兰一生从来没有得到过适度褒奖。作为维尔莫兰家最小的孩子,亲友们都亲切地唤她“露露”。1920年代初,路易丝患了髋关节疾病,打着石膏,卧床近三年。所以她以一种有点非正统的方式接待客人,人们常说这种非正统方式非常大胆。这也在一定程度上解释了为什么她的四个哥哥对她宠爱有加;她的康复对受病痛折磨的康复期患者是一种鼓励;康复后她走路还有点跛,不过这平添了她的魅力。在圣埃克苏佩里眼中,这一缺陷让这位有着棕色头发、碧绿眼眸和苍白肤色的完美美人成了顶楼娇娘:一位童话里的公主。

圣埃克苏佩里可能是于1918年或1919年第一次来到贝特朗·德·索西纳家旁边的谢兹河畔,索西纳家与维尔莫兰家关系密切。也可能是奥诺雷·德艾蒂安·德尔韦——他是圣路易高中的学生,也是这两家的表亲——给双方做了介绍。(法国有悠久的历史:维尔莫兰家

声称他们家谱上有圣女贞德的一位表亲。)路易丝那时应该是十六七岁;新来的表兄年长她两岁。圣埃克苏佩里成为这所房子的常客,这样一来就很难说在三楼恋爱何时取代了诗歌创作。不过不可能是在1922年夏天之前,那时圣埃克苏佩里从斯特拉斯堡、卡萨布兰卡和阿沃德回来,暂留凡尔赛。那年夏天,他突然有了恋爱的想法。他半开玩笑半认真地写信给母亲,请母亲帮他找一位姑娘。她应该像他刚刚遇到的三位美国姑娘一样:喜欢跳舞,因为有趣;喜欢音乐,因为动听;说埃菲尔铁塔难看,知晓详情后又一致认为它漂亮。提起对爱情的憧憬,他写道:“我不需要她用文学理论来取悦我。” 96

那年6月,在路易丝的主持下,一个“诙谐社团”,即“波舒哀小组”成立了。它的使命是“帮助成员发展健康的粗俗诙谐能力”。创始委员会成员的名字也不陌生:索西纳被任命为档案保管员,奥利维耶·德·维尔莫兰被任命为司库,瓦苏瓦涅被任命为“节俭的会计”。圣埃克苏佩里出现在名单最后,伯爵被授予了“善感与滑稽大诗人”称号。俱乐部的二十六条章程倡导粗俗,主要是餐桌上的粗俗,还区分了适合奶酪的无味幽默与适合甜点的玩笑。他们不会讨论政治和宗教,很明显是出于美学原因,而非礼貌原因。这里允许决斗,鼓励冲突,拳击和空手道还会得到奖励。在某些方面,“波舒哀小组”俱乐部与所有少年协会相似,甚至连官方颜色和吉祥物也不例外。在另一些方面,它又属于一个特定的时空:在它的官方供应商中,不仅有一个香烟品牌,还有波特酒、开胃酒、消化酒和香槟。(最终,只有路易王妃香槟和酩悦香槟入选。)

章程保证在谢兹街为所有成员举办一场热情洋溢的招待会。6月20日俱乐部签署章程时“善感与滑稽大诗人”显然并没有出席——到了晚秋时节,他才开始真正受到邀请。他以一场惯常的艰难追求履行了自己的职务,童年时期他也曾这样追求自己喜欢的女孩,有弗里堡的神秘美人奥黛特·德·西内蒂,还有让娜·德·芒东。只不过这次他的付出似乎更有价值。年轻女性中,很少有人像路易丝·德·维尔莫兰那样吸引一位诗人,也很少有人像她这样能自己写诗,能把整座图书馆的诗作背得烂熟,还对这位诗人付出的努力大加赞赏。路易丝的精彩故事使圣埃克苏佩里着迷,他用十四行诗向路易丝倾诉爱意。

路易丝·德·维尔莫兰和圣埃克苏佩里都是异想天开的人,童年也都充满了令人着迷的色彩。即使在路易丝六十岁的时候,她的一位仰慕者说,她依然迷恋儿时的魔法。她的童年是在巴黎西南面十二英里处的韦尔里埃勒比松度过的,那里有一座拥有浪漫历史的庄园。庄园是1680年路易十四为另一位“路易丝”建造的:拉瓦利埃小姐失去了国王(她输给了曼特农夫人),却得到了这座庄园。而且,路易丝·德·维尔莫兰很幸运,并没有修习数学、科学、拉丁语或希腊语这些繁重的课程,只是每天阅读一些文学作品。在圣埃克苏佩里出现之前两年,路易丝的母亲曾为她这种耽于幻想的状态责备她。因为她觉得耽于幻想降低了女儿对男人的吸引力,维尔莫兰夫人无疑是富有这种魅
97 力的。“你每天都写那些鸡毛蒜皮的小事,还总盯着窗外看……男人可不喜欢这样。”路易丝笔下的“鸡毛蒜皮”是诗歌和小说。她总爱这样开头:“意大利女王有一只非比寻常的猫,这是一只幽灵猫”或是“从前有一个男人,娶了一张大办公桌做妻子。那张办公桌的每一个抽屉里都藏着一个孩子”。她会拉大提琴,会画画,还能涂鸦。没有人比她更适合做圣埃克苏佩里伯爵夫人了。

路易丝的房间就像普里乌上尉的房间或索西纳的客厅一样,在那里圣埃克苏佩里总是神采奕奕。路易丝并没有让他黯然失色,他为路易丝写了很多诗歌——有人说是一整部诗集,不过大部分好像被路易丝弄丢了。二十二年后,她表达了对圣埃克苏佩里的看法,也让人们得知这位追求者的魅力所在,她这样描述:“他是我们年少时的魔术师。

一位游吟诗人,一位骑士,一位血统高贵的法师,一个神秘的孩童,温文尔雅。他快活又严肃,他独特的习惯、口音、美德和话语充满了我们的处所。他仿佛来自一个邻近的地方,你却无法在这个世界的地图上找到它。”对于一个宣告自己不属于这个世界的女孩,对于一个后来被朋友称为“驯服的精灵,乖张地将你带入超现实世界”的女孩来说,两人简直是天作之合。

这也是一件有利可图的事。在任何男人看来,路易丝·德·维尔莫兰都是充满吸引力的猎物,一位贫穷的贵族尤其如此认为。对圣埃克苏佩里来说,路易丝的财富不可能不重要;他没有财产这个问题是维尔莫兰一家非常关心的。圣埃克苏佩里倔强地拒绝一段权宜的婚姻,不过,他明白大家都希望他那么做。(他在1928年写信给路易丝说:“他们让我赶快结婚,他们希望我娶个女继承人,过上安详舒适的生活。”)事实证明,娶路易丝可真是件极其麻烦的事。1922年秋,当圣埃克苏佩里把自己打算结婚的想法说出来的时候,他还住在第十二区的一家廉价旅馆里。他在维拉库布利和布尔歇机场飞行,兴高采烈地驾驶着一架纽波特29给朋友们举行空中洗礼,他们则帮他给飞机涂上满身的迷彩色。这就是他职业生涯的全部。他的社交圈子还在扩大:他认识了博纳维一家、维达尔一家、塞戈涅以及他的姑姑阿奈、若尔当一家,还有叙杜尔修士。圣埃克苏佩里或许曾写信告诉母亲自己和路易丝相恋的事,毕竟母亲的意见举足轻重,不过那些信没有留存下来;圣埃克苏佩里第一次提到未婚妻是在1923年。然而,几乎可以确定的是,1922年末,他母亲把一串祖传的珍珠项链寄到或是带到了巴黎,打算作为订婚礼物送给路易丝。但是那串项链够不上维尔莫兰家的标准——路易丝把项链送到珠宝店,打算自费重新装饰一番,但珠宝店那边却出了岔子,把账单寄到了圣埃克苏佩里那里,从而引起了误解—— 98
维尔莫兰夫人原本就对这个求婚者不满意,这样一来,情况更糟了。

“就算路易丝爱他，”她的哥哥安德烈写道，“我们的母亲也不爱他。母亲几乎听不明白圣埃克苏佩里在说什么，觉得他很无聊，希望女儿能嫁给一个更出色的人。”一向宠爱路易丝的维尔莫兰兄弟顾虑可能没有这么多——他们肯定更容易被圣埃克苏佩里的魅力折服——但无论如何都很难赞成他们疼爱的妹妹选择一位飞行员丈夫。维尔莫兰一家认为，嫁给飞行员就等于守寡，这个傲慢的年轻人是“注定要遇难的”，这个想法可不是他们独有的。圣埃克苏佩里当然知道这些反对意见，也可能辩解过，但他的辩解都在 1923 年 5 月 1 日变得苍白无力，那一天自然法则站在了他的对立面。

据空军档案显示，那个周二的上午，圣埃克苏佩里在布尔歇机场接到了另一位中尉，当时他开着一架昂里奥 HD 14，本来是打算去度假兜风的。事实上，他没有资质驾驶昂里奥飞机——他获准驾驶的是高德隆 C59。飞机离开跑道后不到一分钟，就从三百英尺的高空急速坠落。圣埃克苏佩里的乘客里绍中尉头骨骨折；而他自己全身重伤，后来的并发症困扰了他很久。圣埃克苏佩里应该为这起事故负全责。飞机残骸表明他在操控飞机时犯了关键错误。在巴黎的维尔曼医院，圣埃克苏佩里发现自己尽管浑身颤抖发麻，但还活着。在给母亲的信中，他写道：“请原谅我从前向您抱怨了那么多。但请相信我，千万不要尝试从二百七十英尺的高度头朝下坠落，那样太容易受伤了。”圣埃克苏佩里一如既往地幽默：他告诉母亲，若是维尔莫兰家有谁写来了浸着泪水的信，就转寄给他。

不少人来看望圣埃克苏佩里，首先是亨利·德·塞戈涅，他是圣埃克苏佩里的紧急联系人。随后十天，亨利大部分时间都陪在朋友的病床边。圣埃克苏佩里说，他讲了太多次坠机的经过，多到他对讲述内容烂熟，却忘记了坠机；这种叙事技巧他后来会大量练习。夏尔·萨勒从报纸上得知，“圣埃克苏佩里中尉”在布尔歇机场发生了一场严重事故。

他马上反应过来,这是他在弗里堡认识的那位痴迷飞机的朋友。圣埃克苏佩里出院后,夏尔去见了他。只是奇怪的是,飞行员的姐妹们却没来探望他。就像此前他骨折后曾写信给母亲一样,他生气地说不会原谅她们对他漠不关心。 99

这位飞行员因为"对尝试所有类型的飞机兴趣过于浓厚"而被暂时停飞,但官方对他侥幸逃生并不完全持指责态度。迫降的方式有很多种:有聪明的,也有不那么聪明的;如今,学习这两者之间的差异是飞行学员教育的重要组成部分。"天生的战斗机飞行员。飞行技术优秀。才智卓越。"官方报告热情地称赞他。圣埃克苏佩里被处以最轻的处罚,禁飞十五天。不过,大家对他遭遇这次不幸并没有官方那么宽容:路易丝·维尔莫兰让姐姐玛丽-皮埃尔去看望圣埃克苏佩里,借姐姐的口告诉他,路易丝不可能忍受这种提心吊胆的生活。玛丽代表妹妹,要求圣埃克苏佩里放弃飞行。这个从高空坠落的男人已深坠爱河。出院之后,还没等到完全康复,他就答应了这个要求。

*

那场事故并没有使圣埃克苏佩里一蹶不振。他和几个堂亲住在韦纳伊街,继续社交,在那里他不缺少关注。没有人知道那年春天他是不是又飞行了一次,但最终他兑现了对路易丝的承诺。6 月 5 日,服役两年的圣埃克苏佩里正式退役。作为一名预备役军官,和平时期他对军队的唯一义务就是今后每年都到维拉库布利机场或奥利机场报到,参加为期两周的训练,很明显圣埃克苏佩里对履行这一义务满怀期待。不过那场事故后不久的一封信让我们看到了他内心更珍视的东西。他一方面提到写作进展顺利,有可能会在《新法兰西评论》上发表一篇小说;另一方面提到,"我的生活中倒没有什么新鲜事,和露露在一起的每一天都平静而甜蜜”。

然而并非一切都如同在天堂般美好，圣埃克苏佩里身体开始出现状况。1923 年夏天的某个时候，因为那次事故的缘故，他又住进了维希的一家诊所。除了日常水疗外，至少在开始阶段，他在阿卡兰别墅的治疗还包括看电影、看戏、写小说和品尝巧克力。（后者对他已明显肿大的肝脏并没有多大帮助。）那时他和路易丝已经决定在 10 月底或 11 月初举行婚礼，不过这个决定似乎遭到维尔莫兰阵线的一致反对。反对立场最坚定的是路易丝的母亲，不过维尔莫兰兄弟——后来被称为路易丝的“兄弟总参谋部”——并没有帮母亲忙。他们注意到圣埃克苏佩
100 里一副大块头——法国人称之为“冰柜风格”（一个礼貌点的说法，意思是“粗笨无脑的家伙”）——更注意到他笨手笨脚，所以叫他“呆滞的厚脸皮”。路易丝的一位叔叔私下同意，如果她母亲坚决反对，叔叔会挽着新娘走向圣坛。他向这对年轻人保证，如有必要，可以在没有维尔莫兰夫人同意的情况下为他们安排婚礼。维尔莫兰家的朋友夏尔·达尼埃尔-樊尚是前劳工部部长，还会在下一届政府担任该职，他是一战时期获得过勋章的飞行员。他承诺帮助圣埃克苏佩里找一份工作，不过有一段时间这也就是张空头支票罢了。圣埃克苏佩里夫人依然在资助儿子；准新郎突然开始为工作的事情懊恼了。路易丝不在身边，他非常痛苦，尤其在医生因为担心他的肝脏而延长了治疗时间后，他就更加痛苦了。他还有其他担忧：考虑到即将举行婚礼，也考虑到父亲得过梅毒，他还安排了梅毒测试，这是他第一次检测。结果证明他的担忧毫无根据。

维希的天气开始变热了，这对圣埃克苏佩里的精神和智力都没有什么好处。他觉得自己没有以前机智了，连一句简单的双关语都不会用；他甚至没有精力去看戏。他对维希的赛马不感兴趣。他喝酒，昏睡，做梦，毕竟在这种处境下他只能做这些事情；他一心想着路易丝。

“我在写一部小说，”他在给母亲的信中写道，“到目前为止，只写了一行。那是标题。这部小说甚至谈不上原创，标题就是‘故事’。”

8月底，这对恋人相聚了，远离订婚引发的所有担忧。路易丝得了重感冒，和她的家庭教师彼得曼小姐去瑞士疗养了。在侏罗山的勒孔维利耶，圣埃克苏佩里和路易丝会合了。为了这次旅行，他卖掉了柯达相机，他母亲也为他提供了部分资金。路易丝写信感谢圣埃克苏佩里夫人慷慨相助；两人还开始一起写信寄到圣莫里斯，他们经常一个人写句子的开头，另一个人接着写完。咯咯的笑声在信纸上跳跃；在一封信的末尾，路易丝以难以辨认的字迹抱怨道，圣埃克苏佩里一直亲吻她，她都握不住笔了。在两人的梦幻世界中，至少可以说在两人各自的梦幻世界中，他们很幸福。路易丝感谢圣埃克苏佩里夫人让她拥有了这段一生中最幸福的时光。不过，正如路易丝描述的那样，她的未婚夫——这名前飞行员——心里只有飞行：“他向我描绘在天空和陆地之间经历的或恐怖或崇高的时刻，而我只想着怎么去装饰我们未来的家，便打断他，问问他喜不喜欢厚垫的座椅。”

瑞士田园生活的其余时光更加愉快。一次，两人甩掉了彼得曼小 101
姐。彼得曼小姐一定觉得陪伴这对情侣令她身心疲惫。数年以后，路易丝回忆了那一幕：

> 我们秘密逃离了。我们花了几便士乘坐小火车；坐下的时候，我小心翼翼地不让裙子起皱，再脱下白色棉手套。在他看鸟、看云、看气流的时候，我打量着小木屋、浆过的窗帘、小花园和堤岸上的植物。然后，我们对视，交流我们观察到的一切，直到抵达比安。天空灰蒙蒙，湖面映着黑色的倒影，天气很不好。我们站在树下，感到阵阵凉意。“我们得暖和暖和，买些巧克力，抽上一两支烟。我们去火车站坐一会儿吧。那里的海报太漂亮了。”他向我建议。

> 即将分别的情侣在火车站里毫不犹豫地接吻。当火车的汽笛发出拥抱的信号，一对对即将离开彼此的恋人紧紧地把对方拥在怀中。我们也像他们一样拥抱，但心里清楚这只是一场“把戏”。

月底，两人经由日内瓦回到法国，那时两人充分展示出了陷入爱情的意乱情迷（或者说真情流露）。那天下午，在这座瑞士城市，圣埃克苏佩里听到军乐声，从湖边的餐桌旁跳起来，他拉上了路易丝。“像所有出生于1914年那场战争之前的年轻人一样，我们都是爱国主义者。”路易丝解释道。她跟着未婚夫在街上茫然地走着，心中想着法国国旗、战争带来的屈辱、阿尔萨斯-洛林经历的磨难，最终他们在高昂的音乐中热泪盈眶。她哭着高喊：“法兰西万岁！”却只有一面瑞士国旗在她面前飘扬。一个日内瓦军团刚刚演习完回来。

回到巴黎后，圣埃克苏佩里听从路易丝的建议，提醒达尼埃尔-樊尚他曾承诺要给自己提供一份工作。他并不擅长这种执着；现在他在未婚妻的坚持下做了这番自我推销，以后他会更愿意去恳求女人。人们常说，法国每一个历史性时刻背后都有一个女人；不知是由于他默许还是刻意为之，圣埃克苏佩里非常男性化的事业却常常受生命中的女性左右。（“我妻子的意见是无价之宝。”在秋天写给母亲的信中，他这样写道。这是他对这一问题唯一直白的表述。）达尼埃尔-樊尚与维尔莫兰家的友谊起了作用——在经过多次被圣埃克苏佩里礼貌地称为“外交式拜访”的接触之后——圣埃克苏佩里得到了生产主管一职，在位于圣奥诺雷郊区大街56号的蒂伊勒里·布瓦龙酒店工作。他做记账工作，每月挣八百法郎，不幸的是，这点钱还不够他告别母亲的资助。

102 “我生活中的现实问题还没有得到妥善解决。”大概是在9月下旬，他在给母亲的信中非常含蓄地写道。他的办公室离协和广场不远，以他的薪水他是住不起巴黎市中心的旅馆的。在一家旅馆住了几周后，一位姑姑想办法帮他安排了另外的住处。他迫切想迎娶路易丝，维尔莫兰家也不那么反对了；这样一来，圣埃克苏佩里甚至觉得，或许下个月回巴黎时，他可以住在维尔莫兰家。然而，经济问题仍然困扰着他。他曾向家里的朋友借钱，不过对方面对他的请求似乎有些为难。他给母亲写信："您穷困潦倒的儿子名下只有三法郎二十生丁了。"他向母亲保证，他已经尽可能精打细算了。这不太符合实际情况。他虽然不再驾驶飞机，但吃得很好，可能还表现出了慷慨付账的天性。坠机事故发生后，他还欠布尔歇机场一百九十法郎，所以他不敢联系任何一位飞行员朋友。他也很孤独，因为很多朋友，还有他的未婚妻都在外地度暑假。

不过，次月情况开始变糟。路易丝按计划回到巴黎，但对于婚事她有了不一样的想法。圣埃克苏佩里知道了她的想法，但起初并没有意识到这意味着什么，以为只是出于身体原因。路易丝的医生担心怀孕会损伤她的髋关节，原定于 11 月 1 日举行的婚礼推迟了六到八个月。或许是因为路易丝家人的反对开始左右她了，或许是因为圣埃克苏佩里真的太穷了。路易丝曾说，她无法取悦圣埃克苏佩里，她既不是第一个，也不是最后一个这么想的女人，她说："没有什么能让安托万满意，也没有什么在他看来是完美的，他的要求是无理的。他还总是制造模棱两可和误解。"10 月初，圣埃克苏佩里去圣莫里斯参加加布丽埃勒与皮埃尔·吉罗·德·阿盖的婚礼。皮埃尔·吉罗·德·阿盖是丰斯科隆贝家的邻居，是他从小玩到大的朋友。路易丝本来是要陪他去的，但最后并未一同前往。年轻的未婚夫眼看自己的婚礼要泡汤，便在妹夫的婚礼上板着脸。他的郁郁寡欢引起了注意，十周年庆典上展示的照片也证实了这一点，照片上他闷闷不乐。圣埃克苏佩里意识到自己举止不当，回到巴黎后，他去信给母亲做了一通雄辩的解释——道歉的话到了笔尖，信戛然而止，没有落笔。他写道，母亲真的不应该责怪他；他前一段时间过得很艰难。不过目前还不错，他向母亲承诺，如果母亲能到巴黎来看他，他一定乖乖听话。（那时他租住在薇薇安街的一间公寓里。）

路易丝到比亚里茨过冬去了——因为她与祖母起了争执，所以不103 能待在巴黎附近的韦里埃——圣埃克苏佩里独自留下，他说自己最大的乐趣就是工作。他一定从比亚里茨听说了关于这桩婚姻的坏消息，因为圣诞节前他到度假小镇去“澄清事实”。路易丝待他很温柔，要他给自己一两个月来整理思绪，但整理的结果并不遂他的意。在给母亲的下一封信中，他请求母亲不要再和他提起这件事。他说他再也不愿去想这件事了，尽管至少在接下来的十年里他还在想。那段时间，他向路易丝的姐姐玛丽求助，请玛丽帮助他渡过难关，因为玛丽比他的任何挚友都要了解他的未婚妻。但是圣埃克苏佩里伤心至极，后来他到维尔曼医院疗养，在那里他还是渴盼着未来的幸福。时隔几年，他才又一次见到路易丝，当时他偶遇路易丝从出租车上下来。路易丝没有看见他，但圣埃克苏佩里发誓，要是路易丝看到了他，他一定转身离去。路易丝怀孕了，但差点晕过去的是他。

*

圣埃克苏佩里爱上了他那个时代最迷人的女人之一，一个活在那行令她出名的诗句中的女人：“Je t’aimerai, d’amour, toujours ce soir.”（“我会爱你，永远，今晚。”）他是她的第二个未婚夫；也许他应该多想想在他之前的那位海军中尉。轻浮这一特点让圣埃克苏佩里爱上了她，但也让她变得完全不可靠，路易丝自己比任何人都清楚。“我对自己的忠诚没有信心。”数年之后，路易丝说道。过了好久，他才能够心平气和地面对她，圣埃克苏佩里很吃惊自己对她的痴情竟如此长久。1925 年，圣埃克苏佩里仍然觉得，路易丝是他遇见的唯一愿意娶为妻子的女人。两年后，他经常从朱比角给她写信，猜测对方的想法、分析他们的关系。“唉,露露,你对我来说真的太重要了!”1929 年初,他问路易丝他们是不是不要通信了;即使不断被路易丝伤害,他依然选择原谅。他许诺不再和路易丝谈感情——在之后的五年里,他还是一再提起——这并不能表明他已经忘记了过去发生的一切。他不得不承认,那是不可能的:“我需要一段幸福的恋情,但除了我们的这段,我对任何恋情都不屑一顾。那是我永远的痛……”他在信里坦白。这也是一种追求。他一直给路易丝寄他的文学作品,并在这封信里附了一份《南方邮航》的手稿,希望她能允许自己将这部作品献给她。除了寄去已完成作品的一份副本,圣埃克苏佩里还附上了一封直白的长情书。他向路 104
易丝透露了小说中关于邮航的秘密:作品相当于同一位仙女的谈话,这位仙女来自一个被施了魔法的王国,而她就是自己心目中的仙女,统治着他渴望居住的王国。“不要太快忘记我。”他最后写道。

写这封信的时候,他的前未婚妻已经嫁人,成了一位母亲。路易丝·德·维尔莫兰最终嫁给了一个比她大十六岁的美国人。亨利·利·亨特是利·S. J. 亨特的儿子。老亨特是一位漂泊的企业家,亨利曾在韩国从事采矿业,赚了一大笔钱,后来又在拉斯维加斯的发展中大力投资。亨利曾为法国而战,后来成了维尔莫兰家的朋友。他给路易丝讲南美洲热带的故事,讲长尾鹦鹉、猴子、兰花和天堂鸟。“我真想亲眼看看那一切。”路易丝叹了口气。亨特回答说,路易丝只要嫁给他就行了。如果说她应该为伤了一名漫游的飞行员的心付出代价,即便只是短暂的代价,那么她确实付出了:她被安顿在荒凉的拉斯维加斯,在她公公家里;她丈夫重返巴西的生意场——那里有兰花、猴子和天堂鸟。这是1920 年代的拉斯维加斯,一个尘土飞扬、只有五千人的边陲小镇。傍晚时分,路易丝走路到卡森街去寄信,一群牛仔和矿工看到这个法国女人经过,下马冲她吹起口哨。她在那里住了四年,其中有两年大部分时间是在圣菲疗养院度过的。

放逐对路易丝·德·维尔莫兰和她的前未婚夫产生了同样的影响：她成了一名作家。她的第一部小说于1934年由伽利玛出版社出版，这要感谢圣埃克苏佩里曾把她引荐给莱斯特朗热；到1969年去世前，路易丝共出版了十四部小说和三部诗集。这些作品的献词透露了作者的很多信息：一部分是向奥森·威尔斯、勒内·克莱尔和让·科克托致敬的。有一大群人，其中许多人的名字都很显眼，曾在楼梯下苦苦等待路易丝·德·维尔莫兰，而我们的女主人公却从未正眼瞧过他们。"她知道微笑是通行证，通往心灵的唯一密码。"圣埃克苏佩里在谈到他的第一部小说《南方邮航》的女主人公时写道。或者就像另一位仰慕者说的，"她知道女性的专长是帮助男人成长"。

多年后，路易丝·德·维尔莫兰成了安德烈·马尔罗的伴侣，这是一个奇怪的巧合，将两个一生中几乎没什么话可说的人的名字永远联系在一起。1930年代，她曾与安德烈·马尔罗短暂交往。她狡黠又精准地自称"玛丽莲·马尔罗"。这位作家和政治家是一个控制欲很强的人，路易丝过得并不轻松。"她和马尔罗的结合，"还是那位仰慕者说，
105 "就像一只鸟嫁给了一头象。"在路易丝生命的最后时刻，她仍然和马尔罗居住在一起。她主动说出了她真正爱过的五个男人的名字。她的两任丈夫、马尔罗以及圣埃克苏佩里都没上榜。*

*

路易丝·德·维尔莫兰在圣埃克苏佩里的感情生活中扮演的角色一直备受争议——尽管了解他的人并不这么认为——但在他的文学作品中扮演的角色不容置疑。圣埃克苏佩里经历过的心碎在他的小说

---

* 入选者为：亚历山大·德·米洛、萨沙·德·曼齐亚利、让·雨果、加斯东·伽利玛，以及达夫·库珀。

《南方邮航》中都有迹可循。这部小说如同沉积岩一般,而最早的一层可能要追溯到1924年。圣埃克苏佩里一直坚信童话里的公主存在,后来他真遇到了一位。他书中描绘的女性——除了《南方邮航》中法比安的妻子是一个小女孩的形象之外——一般是脆弱的、孩子般的树精灵,属于动物王国,而非来自人类世界。尽管《南方邮航》出版时不是献给路易丝的,但圣埃克苏佩里承认它的手稿确实是献给她的,在某种程度上是为她而写的。(《风沙星辰》中巴克故事的打字稿也是献给路易丝的。不过,圣埃克苏佩里出版的作品中没有一本是献给女人的。)《南方邮航》实际上可以看作双重致敬,一部分是写给路易丝的,一部分是写给飞行的,结果就像软垫家具同气流的联姻一样复杂难解。正如评论家们观察到的,这部小说的两个主要层面——爱情故事和对命途多舛的巴黎—达喀尔航线的追踪——并没有很好地融合。它算不上一部杰作,但对疗愈伤痛大有好处。

雅克·贝尼斯是《飞行员》中首个出场的人物,他和故事的叙述者都是邮航飞行员,两人是最好的朋友。他们从小就被热纳维耶芙迷住了。对于他俩来说,热纳维耶芙是椴树林、橡树林和羊群的公主;她是"脆弱的孩童",是"天真的小女孩",是"水中仙女"。她是稍加修饰的路易丝,不过圣埃克苏佩里可能也糅合了金发妹妹加布丽埃勒的形象。热纳维耶芙是两个男孩儿时的清泉。随着小说展开,时间推移,她长大了,成熟了,嫁给了自负的埃兰,生活并不幸福。这位冷漠的中产阶级人士不欣赏也不理解他的"战利品"。他们的孩子夭折后——原型显然是1925年加布丽埃勒失去儿子这件事——她愿意让强大的贝尼斯,"脚步沉重的探险家",带她一起走,而她"脚步轻盈如月亮"。小说的叙述者知道这是徒劳的。热纳维耶芙的人生似乎"总是有好运气,而她浑然不觉",贝尼斯想法很好,他打算从她的生活中清理掉"一千件不再受到关注,却构成了她的生活的东西"。爱情是一回事,生活又完全是 106

另外一回事;贝尼斯从韦尔里埃勒带走了热纳维耶芙。这位叙述者的想法是圣埃克苏佩里作品中对实用主义不多的赞同之一,显然他从路易丝那里得到了教训。

现实世界的确密谋反对雅克·贝尼斯,就像经常密谋反对他的创作者一样。当贝尼斯带着他的战利品消失在夜色中,离开了巴黎和埃兰时,汽车的前灯坏了,突然下起倾盆大雨,一个火花塞熄灭了。他发现忘了带手电筒。森斯的酒店要么关门,要么没有空房。事实证明,热纳维耶芙难以获得自由。她离不开由波斯地毯、古玩、熨烫平整的亚麻织物组成的世界。在一家三流旅馆住了一晚后,贝尼斯把她送回了原来的世界。"就好像我一直试图把她拖到海底一样。"他告诉叙述者,他们的"水中仙女"原来不是美人鱼。对贝尼斯来说,那个本应由热纳维耶芙守护的甜蜜而迷人的世界再也找不回来了。即使在后来的日子,圣埃克苏佩里似乎还不能接受一个女人成长。"少女身体中的女人苏醒后,天就亮了……随之而来的是一个蠢货……这个蠢货生生把公主变成奴隶。"他在《风沙星辰》中写道。从《南方邮航》可以清楚地看到,圣埃克苏佩里眼中的路易丝并不是一位魅力女人,没有阿奈·南所说的"高高在上的那种微笑,以及让我想起法国历史上所有描绘贵族和傲慢的画作的那种脸",而是一位孩童女神,一股自然力量。

圣埃克苏佩里的作品中,只有《南方邮航》中有真正意义上的女性角色,也可以算上《小王子》中的那束玫瑰,那是另一种爱情。小王子和他那朵虚荣而反复无常的花的故事映射了他与路易丝恋爱失败:小王子是因为对玫瑰的误解才踏上了前往地球的旅程。实际上,路易丝不经意地在诗集《幻想的回声》中写下了玫瑰的台词:"请爱上我,我美丽又睿智/我会与虚荣断绝关系/只要你愿意带我到现实世界。"从她的作品里不大能解析出一名理智的飞行员的形象——她的情感生活被认为是本世纪最纷乱的——但应该注意的是,在她 1958 年的作品《出租车上的信》中，一段平淡相宜的婚姻也经受住了所谓真爱的攻击。

这是具有讽刺意味的，因为路易丝是出了名地反复无常。圣埃克苏佩里曾指责她迫切需要一个世界，其中“任何行动都留不下痕迹；你在沙滩上留下脚印时，会感到一种动物般的痛苦。你注定要生活在海底，因为只有在那里才不会被海面之上的东西干扰”。她的哥哥安德烈也同意这个看法。然而，最终是贝尼斯永远消失在撒哈拉沙漠，他变得 107
比空气还轻，没有在如此包容的沙子上留下痕迹，几乎不能“找到一个孩子的浅浅的印痕”。轻盈的热纳维耶芙在贝尼斯的生命中留下了清晰无误的痕迹，就像活泼的路易丝在飞行员的作品中无处不在一样，而她曾将飞行员带回现实。到头来，是她拘于安稳的现实世界中，而圣埃克苏佩里却在缥缈的世界中生机勃勃。

*

路易丝·德·维尔莫兰的影响也颇具讽刺意味。这段感情的结果是，她的前未婚夫更深地陷入了自己原本深恶痛绝的资产阶级世界。从 1923 年秋到 1924 年秋，他每天早晨都要到蒂伊勒里·布瓦龙酒店五楼的小隔间报到。没过多久，他就得出结论：“我不适合这间二十平方英尺[*]的办公室。”他称这里为牢笼。他忙于簿记和整理文件，感觉这是一项特别繁重的任务，因为他认真归档的文件再也不会有人来查阅。

圣埃克苏佩里的主要消遣是无聊地催促手表的指针转快点。他美化这种无聊，对萨勒吹嘘道：“为了让时间过快点，我想尽了办法。我现在可是这方面的专家。”盯着窗外院子另一边的围墙是没有用的；最好

---

* 1 平方英尺约等于 0.09 平方米。——译注

的办法是把一项紧急任务留到最后一分钟去做。这个时候，在主管的严密监视下，手表指针会像风车一样转得飞快。“现在11点10分整。现在11点11分整。现在11点12分整。我觉得自己好像在爬一段没有尽头的楼梯。现在是11点13分过几秒……想起刚才是差4分10点，我就有了希望；看来我能坚持到中午。”他没有同事来听他吐苦水；手表的秒针是他最好的朋友，是唯一能让他感到时间流逝的物件。他有两个小时的午休时间。在这段时间里，他可以写诗、吃午饭、参观无政府主义者俱乐部，还可以谈情说爱。只有在口袋里只剩下三法郎五十生丁的时候，他才会想起应当遵循的道德和原则。

他欣然承认这份工作“像晚礼服一样”适合他。不过雇主也不是傻子。圣埃克苏佩里喜欢趴在办公桌上睡觉，他认为这是一种简单管用的时间消磨法。不过，他最后只好改掉了这个习惯。那天老板和一群主管来巡视，看到了这位熟睡的员工。当时圣埃克苏佩里从梦中惊醒，
108 尖叫了一声“妈呀”，大家面面相觑。管理者们可能觉得他疯了，不过还是留用了他，甚至还对他放宽了限制。1924年夏天，他被公司派去巴黎展览会，在展位上骄傲地展示产品。“您要是在那里看到我，您会笑出声来的。”他在给母亲的信中写道。那年6月，公司让他给工厂拍一些航拍照片，当时他一定也笑出声来了。

信中的世界闪闪发光，生活却并不如此。这位年轻的办公人员几乎无家可归。他在普里乌上尉那里住了几个月，那时普里乌上尉刚从摩洛哥回来，住在肖蒙山附近伯蒂街的一间公寓里。之后，圣埃克苏佩里辗转多家廉价旅馆。他最渴望拥有一个属于自己的地方，在那里他可以与路易丝介绍给他的“密友”交往，与他们在一起时，他总是兴致勃勃。他买彩票，不过曾照亮那位深陷绝望中的飞行员的幸运之星再也没有发过光。但是中奖的希望至少能帮助他坚持下去。“虽然心碎，但还是有得忙了。”他写道。

圣埃克苏佩里意识到自己身处困境——在朋友们纷纷取得高学历时,落榜的影响充分显现出来——想方设法要摆脱。对于圣埃克苏佩里来说,为数不多的几条路中有一条是做记者,可他没有时间做新闻报道(也没有这方面的天分),况且特约记者的专栏对他没什么吸引力。1924 年初,听说中国正在招募飞行教员,他觉得这可能是条解决经济困难的路子。无疑他是在奥利机场听说这个消息的,当时他开始时不时周日去那里飞行。不过他最后也没去中国。在离地面一千二百英尺的高空,他与发动机相伴,暂时忘却了生活中让他心理失衡的种种不幸。飞行似乎是他唯一仍然幻想的事情了。"等我有钱了,"他在给加布丽埃勒的一封信中说,"我自己买一架小飞机,开到圣拉斐尔教堂看你。"

然而,圣埃克苏佩里还是一贫如洗。母亲要卖掉圣莫里斯的房子,它已经成了经济负担,这对他来说可不是一个振奋人心的消息。不过,他答应帮帮家里,他期待 1924 年夏天巴黎开奥运会时,三十万美国游客能给他带来一些机会。也许正是这个消息让圣埃克苏佩里对堆积如山的账单感到愧疚。他开始不想问母亲要钱了,而母亲也疲于满足他的要求。他去了几趟圣莫里斯——包括那年夏天和朋友们的一次旅行和秋天的第二次旅行——但由于财力有限,旅行开支被压缩到最低限度。有一次,他痛苦地向母亲解释说,如果他到南方去,回到巴黎之后
又得向母亲伸手要钱。他对迪迪也很歉疚,迪迪 8 月份生了小孩,写信 109
请他到家里去。车票要花掉半个月的薪水;他向妹妹解释了生活上的种种限制,怅然若失地说,在十五个月里,他和妹妹在一起的时间只有三天。(第二年,数字一样令人丧气:两年里,只在一起八天。)他写道:"我可能活到一百岁也看不到你家里的样子,看不到我的外甥。"他接受邀请,去勒芒看望了堂亲,主要是因为这可以省下四天的生活费。"我是世界上最失败的人。"他在那年夏天写道,之后不久,姐姐玛丽-马德莱娜被诊断出患有癫痫。

圣埃克苏佩里的窘境在秋天有所改善。10月24日，他搬到了奥尔纳诺大道上的泰坦尼亚酒店，这是巴黎不那么时尚的地方之一。第十八区离谢兹街和马拉盖码头非常远，不过好在他负担得起。在接下来的十一个月里，泰坦尼亚酒店让圣埃克苏佩里在巴黎落了脚。开始，他住在六楼的一个房间里，从小阳台上可以望见蒙马特区和圣心区。他讨厌这些房间——尽管他总是和现实物质世界保持距离，但始终喜爱舒适——但这不妨碍他那年冬天在街头偶遇让·埃斯科后，说服埃斯科搬到他住的酒店去。当时，埃斯科舒舒服服地住在军事学院附近一个配有家具的房间里。不过，事实证明他没有办法拒绝圣埃克苏佩里的请求。（毕竟这位朋友在飞机数量不足时会争辩说："让我先飞，你知道飞行对我比对你更重要！"在鱼子酱还没端上来时就会和他讨价还价："我吃多的那一份，你知道的，我比你更喜欢吃鱼子酱！"）埃斯科搬到这里没多久，圣埃克苏佩里就霸占了他的房间——他似乎在优化后来用在伊冯娜·德·莱斯特朗热身上的技巧——然后搬到四楼更加豪华的房间去了。不过，这些东西很快淹没在他狼藉的生活中了。他写信给母亲说，等他有钱了，就接她过来一起住；可是照目前的情况，他连把衬衫领子和袜子分开的勇气都没有。

秋天，圣埃克苏佩里还写信告诉了母亲一个好消息，他很快会找到一份新工作，从事汽车行业。"这将是我一年来第一次开心。"他写道，他在别处机灵地指出，没有两种快乐是相似的。这种快乐和他在去年秋天期盼的快乐是不一样的，但也是一种安慰。10月，绍尔卡车公司把
110 他从枯燥的簿记工作中解救出来，他成了绍尔的旅行推销员。在圣埃克苏佩里看来，这家公司给他提供了一万二千法郎年薪、约二万五千法郎年佣金，还配了一辆汽车，待遇很优厚。培训期是三个月（圣埃克苏佩里误以为是两个月），薪水和他在布瓦龙酒店的工资差不多。他穿着蓝色工装裤，挨个查看沾满机油的零件，仔细学习卡车发动机的奥秘。

他自豪地向萨勒说，他觉得自己现在能一个人拆装朋友的那辆雪铁龙。在这种工程学校里，圣埃克苏佩里表现优异，不过特权人士一般不会就读这种工程学校。今天，法国新闻杂志可能会挖掘在巴黎交通管理部门工作的贵族的故事，登在封面上，这依然是吸引人的话题。但在1920年代，穿着工装裤的贵族是很稀奇的。在圣埃克苏佩里一生所穿的所有不合身的制服中，没有一件比蓝色工装更不合适了。但他说自己被工作迷住了。朴实的机械语言也牢牢地吸引着他，他无法抗拒在汽车修理厂里表现出来的机敏。“我穿上工装，”他给家里写信说，“成了一个新人。”

他不再无聊，而是疲惫不堪。绍尔的工厂位于叙雷纳，现在是巴黎的西郊，当时距离泰坦尼亚酒店有一个半小时的路程。旅馆的搬运工和埃斯科费了很大劲才到那里。圣埃克苏佩里早上5点半到6点之间起床，然后穿过布洛涅森林，在冬天的太阳升起之前到达叙雷纳。每天工作和通勤要花十三个小时，这样一来，他只剩下吃晚饭的时间，还有拖着埃斯科一起晚睡的时间，根本没办法写作。这不是作家的生活——他抱怨说自己不再阅读或写作了——但很奇怪，他状态不错。这是他第一次在团队里、在非学术性环境里用自己的双手工作，他乐在其中。职业学校的乐趣并没有完全改变他：有钱的时候，他还是会在周日去奥利机场租飞机开；事实上，没钱的时候，他一样会去。他常常晚起，不得不坐出租车去叙雷纳上班，每一趟都让他手头更紧。他为一大笔“置装费”游说，这是真的，因为他从退役后就再也没有买过一套新衣服。

1925年初冬，他脱下工装裤，换上西装，和一位同事到法国北部旅行了两周，同事要教他旅行推销的艺术。随后，他被派到蒙吕松，在那里他要负责法国中部的三个省：克勒兹、谢尔和阿列。刚做旅行推销员的前几周，圣埃克苏佩里忙得头晕目眩。那个时候他还没有汽车，只好

111 坐火车出差；不过他有了收入，有了工作，生活独立，还能四处走走。接下来的几个月里，他几乎不曾连续两晚住在同一个地方，他从一家酒店来到另一家酒店，从一家咖啡馆来到另一家咖啡馆。但只要时间允许，他就会赶回巴黎。就这样，他找到了书中雅克·贝尼斯带热纳维耶芙住的三流旅馆的原型，这一类旅馆会为旅行推销员推出“特价房”。在旅途中，除了亨利·德·塞戈涅来访，还有他与夏尔·萨勒驱车进行过几次短途旅行之外（两人通常都在外面待到天亮），剩下的时间里他都是一个人。圣埃克苏佩里又欣喜又沮丧，他把这称为流亡者的生活，一位朝圣者、漂泊的犹太人的“沉默解药”。这一切，一直到后来搬去蒙吕松邮局附近的住所，都是另一种生活的预演。

圣埃克苏佩里是一个需要听众的人，是朋友和家人使他在巴黎、在旅行时能够坚持下去。他在绍尔那一年寄出的信件之多难有人能匹敌，这是一份早期的证据，证明——正如他和我们这个世纪的所有作家高声宣称的那样——作家收入不错。信纸抬头组成了这四处漂泊的一年里所经之处的地图：他从布萨克的奥库蒂里耶酒店、维耶尔宗的迪博夫大酒店、蒙泰奥维孔特一位工程师的办公室和布尔日的咖啡馆写信。他让朋友和家人做好准备，迎接最终将从埃蒂安港、达喀尔、布宜诺斯艾利斯和蓬塔阿雷纳斯纷至沓来的信件；在他眼里，这份工作变成了世界旅行。这些信件也开始显明他的生活节奏与众不同。圣埃克苏佩里不大喜欢在信末写下日期——在他们的文化中，在信末写下日期与署名一样是约定俗成的——但他偶尔要克服这种习惯，因为在漂泊的这一年里时间并不精确。“我还毫无头绪，”他动手写信，“正值午夜时分，现在是明天还是昨天？”他正在想时间落款该怎么写。“现在是 20 世纪，”他在给埃斯科的一张便笺上写下了他从巴黎到维耶尔宗的三段旅程，最后一段用黑色的大方框表示，“因为现在是晚上。”

在一封日期为“后天”的信中，他提到与一位潜在客户会面。客户许诺以后在他这里买一辆卡车。“我不关心以后的事情,那时候我已经饿死了。”圣埃克苏佩里嘟囔道。这封信配有多幅插图,其中包括《小王子》中酒鬼的原型,他想描绘一个总出差的人是如何休息的。尤其是他和埃斯科的通信,就像连环画一样:圣埃克苏佩里描绘了他的牙痛,描绘了布尔日的主干道;他画了一幅自己躺在床上的速写(有一次,他指出了自己的守护天使的位置,但说他画不出来)。他还画了一张旅行推 112
销员的时间分配柱状图,大部分时间用于使人们回到原位,而阅读有趣的书的时间最少。

外省的生活在这个曾经的巴黎人眼中留下了一些他渴望的东西,他从漫画家的角度去观察它,从人类学家的角度去倾听它。他在给埃斯科的信中画出了外省人的生活(一张结满蜘蛛网的日历)和巴黎人的生活(一个由三百马力的发动机驱动、由一个裸体女人控制的里程表)。一幅布尔日咖啡馆插图上画了一个空房间,写着“年费客户刚刚离开”。他有一台小型不敬检测器,每当遇到妄自尊大或自我感觉良好的人就会发出警报,今年警报经常响起。他向萨勒吐露,他害怕在里什咖啡馆奢华的信纸上写写画画:“在这张纸上写字责任多大啊!它出自蒙吕松最重要的咖啡馆,我可真是肆无忌惮!”他被法国中部的口音、风俗和小缺点吸引住了,他向萨勒描绘蒙吕松:“这里到处是小店主,他们一辈子的活动范围只有二十码*。杂货店老板、水果商贩、殡仪馆老板都挤在一个狭小的空间里。人生可以是这么短暂的一段旅程。”这是圣埃克苏佩里第一次近距离接触小资产阶级的生活——有人可能会称之为现实世界——他大开眼界。

他也被法国乡村的奇特风貌吸引,他和萨勒参加舞会正是如此。他们原以为蒙吕松的聚会非常有趣,但到了那里却发现没有酒吧,没有

---

* 1码约等于0.9米。——译注

鸡尾酒，也没有爵士乐。在“专区区长的舞会”上，人们跳华尔兹舞。姑娘们的母亲挨着房间的墙站成一排，像陪审员一样审视着整个过程。女儿们在舞池里旋转跳跃，“老卫士们”在一旁愉快地聊天。姑娘们的护送者是一群骑自行车的人，穿着硬挺的晚礼服，衣服散发出樟脑丸的气味；他们拉拉衣袖，照照镜子，拽平硬撅撅的、刮擦脖子的衣领。圣埃克苏佩里写到克勒兹河畔的阿让通时也同样热情洋溢，这是一座每隔四小时就会被蒸汽小火车的噪声惊扰的村庄。一天下午，他散完步，倚在镇上老石桥的栏杆上。“我把帽子放在一旁，感到一种无与伦比的自由。我的帽子也一样，它现在正驶向美国。我看着它慢慢地调转方向，很聪明地拐了个弯，消失了。”圣克鲁瓦的故事又活过来，被风裹挟的东西总是让他着迷。这些信是他竭力取乐自己的事物之一。到达蒙吕松几个月后，他承认自己无趣又愚蠢：“我的生活很空虚。起床，开车，吃午饭。吃晚饭，脑袋里什么都不想。真是悲哀。”

他不适合做旅行推销员，正如不适合做办公室职员一样。和销售
113 比起来，他的天分在写作上。如果说贵族不适合在消费社会生存，因为贵族做生意违反了旧世界的规则，那么贵族出身的推销员便会受到中产阶级反对，因为他们损害了商贩和传统工头的利益，而为顾客或者说是为公众服务。可能是因为他脸皮太薄，也可能是因为他姓圣埃克苏佩里，他的旅行推销工作进展困难。“客户们关心自己的利益。”他总结道。他画了一幅画，上面是一位经理坐在办公室里，眼睛睁得大大的，办公室里挂着枪架，铺着用销售员的皮做成的地毯。公司的保险柜上醒目地写着：“不要白费劲，钥匙丢了。”这是一种充斥着拒绝和绝望的生活，他在这方面就像在其他方面一样缺乏天分，一样滑稽可笑。他请求埃斯科为他向圣菲亚克祈祷。他在信的结尾处画了一块墓碑，上面写着：“最后一位绍尔客户长眠于此。”

圣埃克苏佩里没有在信中提及他取得的成功，因为他一无所成。

据统计,圣埃克苏佩里在漂泊的一年里,卖出的卡车数量在一与零之间(绍尔的销售员平均每月卖出三到四辆卡车)。他的工作一度陷入危险,不过正是他身上那些不适合推销工作的特点解救了他。他是一位艺术家、一个怪人、一个爱开玩笑的人,而这家公司的老板恰好有一个诗人的灵魂,喜欢怪人。他没办法和大多数员工讨论波德莱尔,但他有理由不和圣埃克苏佩里讨论销售业绩。这不是圣埃克苏佩里最后一次从法国文学的荣耀中受益。尽管这个国家分工严格,但政治家们通常都是出过书的作家,将军们都是法兰西学术院的成员,知识分子们往往接近权力的中心。举几个例子,在维尔莫兰家或那之后圣埃克苏佩里遇到过这些人:庞加莱入选法兰西学术院;埃里奥做过文学教授,他确实胜任;戴高乐也是一位知识分子,他曾因替导师代笔的书反响过大而与贝当争执;维尔莫兰据说能够背诵《愚比王》;皮埃尔-乔治·拉泰科埃尔收藏珍本。

最后,1926年冬天,圣埃克苏佩里自愿离开了绍尔公司。他这样做是因为看不到未来,不过他当时预感自己在文学上付出的努力很快会得到回报。否则,他的前途将一片渺茫。他回到巴黎,他以前就与巴黎格格不入,现在更加不适应了。在绍尔漂泊期间,他常常到巴黎的朋友那里去。这后来成了雅克·贝尼斯的行事风格。他慢慢发现,“久别之 114
后,一个人再也找不到自己的位置,失去了归属感”。他知道陌生人进城会引起好奇,而他来巴黎肯定会引起关注。他在信中不厌其烦地向母亲描绘回家的情景,这情形和《南方邮航》中贝尼斯归家时几乎如出一辙。他回到了大都市,不过他还不是其中的一分子。“就像一个来自非洲的探险家。”他四处拜访,却发现没有他,朋友们日子照样过,不是忙忙碌碌,就是不在城中。在《南方邮航》中,贝尼斯去了一家舞厅;1926年,圣埃克苏佩里回到始终善待他的让·埃斯科身边,他拉着埃斯科去看电影——如果电影没有达到他的预期,他就在电影放映到一半的时候离开电影院——或者拖到很晚才睡觉。（最合圣埃克苏佩里胃口的电影是卓别林的《天路历程》和穆尔瑙的《最后的笑声》。）年初的一天晚上，他让埃斯科坐在那不勒斯咖啡馆里看他读《飞行员》，他来观察埃斯科的反应。他看到了姐姐西蒙娜的影子，那时她正在巴黎学习档案管理，她全心投入自己的工作，和弟弟完全不同。圣埃克苏佩里觉得没有什么比在巴黎独自度过一个下雨的周日更漫长。

上流社会慢慢再次向圣埃克苏佩里张开怀抱，但事实上他已经不再喜欢那种生活。一部分原因或许是分手的记忆让他痛苦。他开始抱怨有闲上层社会的各个小集团惺惺作态、喋喋不休，他称之为“这虚假的文化”。他对小白脸生活的蔑视也源于此。圣埃克苏佩里在给母亲的信中抨击了这个世界：“我不喜欢有些人在化装舞会上穿成枪手就感觉自己是骑士了。”母亲觉得那时他很难与人相处。然而，他坚持这种有害的敏感性，开始大谈特谈内在生活的至高无上，它与会客室里那些浮夸又做作的情感是相反的。内在似乎是唯一的完整世界，尽管他知道这可不利于社交。他在给母亲的信中写道：“请您务必原谅我排斥外界，我还是选择把自己封闭起来。”无聊的谈话使他厌烦；轻率的推理令他愤怒；矫揉造作令他沉默；公开披露私人信息令他怒不可遏。他本可以滔滔不绝，但在提到个人生活时，无论是在书面上还是在谈话中，他都会彻底沉默。1925 年末，加布丽埃勒失去了她尚在襁褓中的儿子。1926 年夏天，玛丽-马德莱娜去世，他看着母亲埋葬了第二个孩子。每当提及这些事时，他都会沉默。“感情越亲密，我发现自己越难以将它表现出来。”他后来在给母亲的信中解释道，不过他并不总是为自己默
115 默无语而心怀愧疚。

他毫不犹豫地谴责那些违反或不欣赏他的规则的人，还有那些过着显赫或公开生活的人。对他认为虚伪的家庭成员，圣埃克苏佩里非常刻薄，这一点让母亲极为不悦。他抱怨道，母亲不能指望他也接受这

种人。

圣埃克苏佩里对一切华而不实的东西都不耐烦，这一点也延伸到他对文学的看法上。1923 年秋，他开始为贝特朗·德·索西纳可爱的妹妹勒妮提供文学咨询，当时他的婚约也快解除了。“人需要学习的不是写作，而是观察。”那年秋天，这位还未发表过作品的诗人认真地建议道。三年半之后，他宣布：“人需要生活才能写作。”一天下午，勒妮的姐姐竟敢在会客厅里把皮兰德娄比作易卜生，这差点断送了他们之间还未成熟的友情。“看门人的形而上学。”圣埃克苏佩里嘴里嘟囔着冲出“白衣夫人”餐厅，他碰翻了一张咖啡桌，身后一片沉默。他不能原谅皮兰德娄给了看戏人一种思想上的幻觉；他觉得剧作家误导了观众，允许他们像摆弄纸牌一样轻易玩弄形而上学。在他看来，这种把戏最不可原谅。他担心花言巧语会模糊意义，我们学会了漂亮地写作和说话，却没有学会正确地推理。圣埃克苏佩里讨厌为自娱自乐而写作的人，这些人“过分追求风格”，他与马克·萨布朗为此闹翻了。对于作家来说，只有一件事是重要的：“人得有东西要说。”二十四岁的圣埃克苏佩里坚持己见。

绍尔的那一年渐行渐远，那段过去使他成了一位平民主义者。早在 1924 年，他就开始用浪漫的笔触描绘他在空军中队的生活：“我最爱刚入伍的那段生活，喜爱与机械师、职员那深厚的同志情谊，什么也比不上它。我甚至爱我们在监狱里唱的那些悲伤的歌。”一个每天从斯特拉斯堡军营逃到城里公寓的士兵说出这样的话，很奇怪。这是圣埃克苏佩里第一次赞美这个男性组织，他后来为此赌上了自己的声誉。还在布瓦龙酒店时，他就给母亲写了这样一封信。在绍尔的机械师中间，他过得很快乐，同事们大概都太了解他的底细了。他没过过苦日子，他需要一份工作。但他不必受此诱惑。这是他对一段心碎的感情，对造成这段心碎感情的浮躁社会，对他在其中毫无地位但又急切要获得地位的世界,对它们的反应。在绍尔,没有惺惺作态,也没有无缘无故。“咖啡馆里的社会什么都没教给我。”他在给勒妮·德·索西纳的信中
116 写道,他把皮兰德娄的艺术称为形而上学的泡沫,“我喜欢的人得养家糊口,得熬到月底,他们就这样与生活紧紧相连。他们更聪明。”让·埃斯科,还有其他人都注意到,圣埃克苏佩里更喜欢和一名诚实的清洁工说话,而不是和一位文质彬彬的花花公子交谈。他永远是一位精英——这是骨子里的——但是现在他已经发出了带有民主色彩的领主口号。

和路易丝分手后几个月里,圣埃克苏佩里对文学失去了兴趣。但正是这几个月让他找到了自己的主题。他从漫无目的、孤独、无家可归的两年中受益匪浅。他很多次选择舒适的生活,虽然有时是无意的,但现在他对舒适的生活越来越不耐烦。未付的账单、不确定的未来、伤透的心、消逝的青春都是上帝的恩赐;它们最早教给他飓风、沙暴和新兴的邮政服务将在未来几年教给他的东西。它们教他学会转身,虽然不是朝着他生来的方向。最初是出于必要,他对人的工作产生了尊敬之情。法语版《风沙星辰》以歌颂“困难”开篇。就像只有经历过孤独的人歌颂友情才更有说服力一样,只有几乎滑进体制裂隙的人才会激愤地赞美被荒废的潜质。

多年来,圣埃克苏佩里一直在游说,希望得到经济资助,他称自己不能与世界格格不入。法语的表达更有诗意:“我不能活得像熊一样。”这与福楼拜给19世纪有抱负的作家的建议恰恰相反:“与世界决裂,应该活得像熊一样。”圣埃克苏佩里曾经闲散,现在开始看到行动的重要性;他曾经放纵、贪图享乐,经过痛苦的两年,他开始认识到坚忍、负责任的生活包含着智慧,现在他崇尚这样的生活。他是共和国的一位贵族,这个身份其实一点用也没有,从一开始他就与所处的世界格格不入。他也许生来享有特权,但在他如今向往的世界里却并非如此。就

算家庭背景助圣埃克苏佩里更早地成了一位作家，那也跟他的飞行事业无关。在这一点上，他的名字和身份都对他不利。圣埃克苏佩里坚持不懈地克服了先天优势；这是他最了不起的成就之一。他所受的教育、家人的期望、名人未婚妻的要求，都曾使他远离自己的道路。1925
年冬天，当伽利玛出版社首次考虑推出圣埃克苏佩里的作品集时，他是 117
个旅行推销员。1926 年 4 月，当《银船》第一次刊登他的作品时，《飞行员》的作者是一位前飞行员。毋庸置疑，是他对天空的眷恋引起了那位
愿意与他签约的杂志编辑的注意。 118

第七章　高空的朋友

1926

生活中，最令我惧怕的莫过于受到他人观点束缚，囿于成规。

——查尔斯·林德伯格，《查尔斯·林德伯格战时日记》

1925 年下半年，《银船》的文学编辑让·普雷沃在莱斯特朗热家第一次见到圣埃克苏佩里。在加斯东·伽利玛、安德烈·纪德和让·斯伦贝谢经常光顾的一间客厅里，他们很像两位少年；他们肩并肩站着，尤其是在摆满漂亮精致物件的沙龙里，像是来访的足球运动员。普雷沃也是"一台冰柜"，粗脖颈，大脸盘，宽肩膀；联想到他们一家住在香槟区，纪德给他起了个绰号叫"阿登的野猪"。不管在身体上还是在智力上，他都像一头猛冲的公牛。普雷沃为自己的运动能力自豪，他是唯一喜欢定期与海明威比赛拳击的法国人，他此前很欣赏海明威强健的文风。他们第一次比赛时，海明威猛击普雷沃的脑袋，折断了拇指；后来，海明威向司各特·菲茨杰拉德承认，他和计时员打好招呼，要是普雷沃打他太狠，就提前吹结束哨。（至少有一次，才过四十五秒，裁判就宣布一场两分钟的比赛结束了。）多年以后，当圣埃克苏佩里和普雷沃一起乘坐他的西蒙飞机时，两个人的体重加起来竟然有点麻烦。起飞前，圣埃克苏佩里匆忙在普雷沃带来的一本书的封面上写道:“坐到后面去。”

普雷沃可以说是第一位在体育领域开启文学生涯的法国人——1925 年他出了第一本书《体育的乐趣: 人体测试》——不过他和绍尔的 119
推销员不同,他与文学界并非格格不入。普雷沃毕业于巴黎高等师范学院,那里是知识分子的摇篮。他记忆力惊人,特别擅长背诵诗歌,据说他能连续背诵四十八个小时。不过这样的天才并不总是战无不胜的。玛塞勒·奥克莱尔也是在这一时期遇见了圣埃克苏佩里,之后她成了普雷沃的妻子。她曾告诉丈夫,他很容易被体育教练或《大英百科全书》取代。普雷沃有充分的理由骄傲,也很容易找到理由发脾气,如果不是那么失礼的话。比如,他受不了纪德是出了名的,而纪德是圣埃克苏佩里另一位早期拥趸。圣埃克苏佩里没那么自以为是,也很有教养,这两点深深吸引了普雷沃,两人成了很好的朋友。这段友谊似乎是建立在歌曲之上的。两人都会唱许多法国老歌,而且互相欣赏,他们的歌曲也很受莱斯特朗热的座上宾欢迎。

普雷沃对圣埃克苏佩里的感情更像是哥哥对弟弟的爱。其实,圣埃克苏佩里比他高,也比他年长一岁,我们可以想象卡车销售员在表亲的会客厅里遇到这位编辑时是什么场景。就像圣埃克苏佩里之后遇到的其他挚友那样,普雷沃会直接叫他的乳名;伊冯娜·德·莱斯特朗热当时介绍圣埃克苏佩里时,说的应该是“托尼奥”。此前,普雷沃就得知圣埃克苏佩里在写作,这件事在伊冯娜·德·莱斯特朗热家不算秘密,当年早些时候,伽利玛还在这里与圣埃克苏佩里讨论过出版他的作品集。普雷沃代表文学杂志《银船》表达了对圣埃克苏佩里作品的兴趣,从前一年 6 月份开始,普雷沃就为阿德里安娜·莫尼耶编辑这份杂志。在《飞行员》末尾的注释中,普雷沃记述了圣埃克苏佩里偶然出版作品的经过:“我是通过朋友认识他的,我一直很欣赏他描述自己印象的那种力量和技巧。我了解到他用文字把这种印象记录下来了，就想读一读这些文字。我觉得他已经把手稿弄丢了，是凭记忆重新写出来的。（他先在脑子里构思好一切，再落笔。）”显然，欣赏圣埃克苏佩里及其冒险故事需要背景知识，普雷沃和大家一样都所知不多——传统法国文学里缺少自然题材，就像缺少体育题材一样——因而很容易为这些出名的要塞所吸引。普雷沃听得津津有味。

冬末，圣埃克苏佩里完成《南方邮航》的收尾，它是更宏大的故事《雅克·贝尼斯的逃离》的一部分，这个故事他已经写了一段时间。1924年，他曾给《新法兰西评论》投稿，不过并没有被采用。后来，圣埃
120 克苏佩里将其创作成了一部结构松散的小说。在一个大幅改编的版本中，雅克·贝尼斯的故事酝酿了这么多年，仿佛在等待一个情节出现，最终它成了《南方邮航》这本书。圣埃克苏佩里一如既往地慷慨，1925年，他与朋友们分享了创作中的手稿。博纳维和萨布朗看后大为赞赏。埃斯科读过《飞行员》，觉得不错。他读手稿的时候，圣埃克苏佩里正俯身盯着他，作家要按约定的时间把这份手稿送到普雷沃那里去。圣埃克苏佩里答应把手稿送到双叟咖啡馆，交给普雷沃。这是一家1920年代到1930年代的咖啡馆。普雷沃按照约定时间来到圣日耳曼-德-普雷斯广场，但心高气傲的作家并没有出现，编辑最终空手而归。几小时后，他又来到这里，等待他的是打包好的书稿。这样一来，将圣埃克苏佩里的第一部小说投稿给编辑的殊荣就落在了咖啡馆收银员的头上。圣埃克苏佩里无意中把自己的事情交托给了一个女人。这或许是最好的安排，因为随书稿附上的信实在平淡无味：

> 亲爱的先生：对上一次爽约我很抱歉。这是我的飞行故事。有几处打字错误我改正了，但是肯定还有很多问题我没有发现。如果你发现了其他愚蠢的错误，恳请见谅。里面还有一些细节错

> 误，特别是标点符号错误，对这些我实在一窍不通。如果你期待一部真正精彩的小说，请尽快读完，我迫不及待想知道你的想法。我已经离开了，把书稿留在这家舒适的咖啡馆里了。希望很快就能够见到你。圣埃克苏佩里

普雷沃一定很快就把故事读完了；两人的非会面交接大概发生在1月或是2月。到了1926年4月，《飞行员》就登在了《银船》杂志上。普雷沃介绍其作者是“一位航空和机械方面的专家”，这真是对一位预备役空军中尉（他已于1月晋升）和前卡车销售员的恰当描述。法国不是一个连飞行员或卡车销售员都能发表作品的国家——尤其是与里尔克、布莱兹·桑德拉尔和马丁·路德的作品一起发表在文学评论杂志上——更何况那年春天圣埃克苏佩里连一份正经工作都没有。《飞行员》是几个故事的集合，第一个故事讲述的是雅克·贝尼斯在一次精彩的飞行后，回到了熟悉、伤感，但又如此陌生的城市。这一篇几乎一字不落地又出现在《南方邮航》中。第二个故事呈现了飞行固有的戏剧性：贝尼斯的学员驾驶飞机起飞，大雾袭来时飞机还没着陆。贝尼斯在地面咬着牙大喊“关掉！关掉！关掉！”，莫尔捷——“飞得像猪一样”——笨拙地着陆了。莫尔捷坠机了，一群士兵手足无措地围在受伤的飞行员身边。贝尼斯却表现得冷静而克制——这是圣埃克苏佩里在 121
《夜航》中赋予严厉的里维埃的品质——他以作家欣赏的专业作风生硬地驱散了所有围观者。另外一名学员骄傲地目睹了这场死里逃生之后，向教员贝尼斯保证他绝不会吓得第二天不敢起飞，贝尼斯却没有夸赞他勇气可嘉。他对这起悲剧不以为然，认为这不过是工作中的常见之事。在故事的最后，贝尼斯将自己献给了飞行事业。他驾驶的飞机的左翼在一次即兴特技表演之后被人为地损坏了。这个故事有些零散；碎片般的细节没有拼凑出完整的故事，隐喻有些生硬。不过，这位

二十六岁的作家已经开始讲述他最喜欢的主题了。贝尼斯在军用飞机跑道附近的酒吧里吃午饭，偷听飞行员们谈话。他乐于看到，他们一面在工作中表现出野蛮的英勇主义，一面言谈谦逊。他认为其中的缘由简单易懂：“这是他们的职业操守，我非常欣赏这些人。”

不过，对那些以文学为职业的人，圣埃克苏佩里兴趣不大。他文学生涯早期的关键邂逅发生在马拉盖码头，在那里他遇见了普雷沃、伽利玛、纪德和雷蒙。但巴黎的文学中心在步行十分钟远的地方，沿着波拿巴街走，路过双叟咖啡馆，再沿着圣日耳曼大街往东走几个街区，就到了著名的奥登路。在位于奥登路 12 号的西尔维娅·比奇的莎士比亚书店和阿德里安娜·莫尼耶的“书友之家”之间，坐落着《银船》杂志社，它是巴黎文学活动的中心。4 月 20 日，在于莎士比亚书店举办的沃尔特·惠特曼书展的开幕酒会上，詹姆斯·乔伊斯将这个生机勃勃的世界一角戏仿地称为“奥登河畔斯特拉特福”。那天晚上，比奇的客人有保罗·瓦莱里、斯伦贝谢、瓦莱里·拉博、普雷沃和奥克莱尔、艾略特、莫尼耶、哈里·克罗斯比和凯瑞丝·克罗斯比、海明威和埃兹拉·庞德。简而言之，它是战后巴黎文坛一个很生动的剖面。如果圣埃克苏佩里出席了开幕酒会（不过他并没有受到邀请），他可能会遇到刘易斯·加朗蒂埃，这人后来成了他的英语翻译，更是他在美国生活期间的坚定拥护者。像海明威一样，他离成功也只差一步。（最初把海明威介绍给法国人的是《银船》杂志 3 月的美国作家特刊，介绍的是一部短篇小说；《太阳照常升起》于 1926 年在美国发表。）圣埃克苏佩里不会说英语，二十五岁左右对小说基本失去了兴趣。他没有耐心和别人进行机智的对话，包括和作家们的工作谈话。我们不知道他是否读过比奇、莫尼耶和《银船》杂志看好的作家的作品——他也没有向惠特曼、艾略特、
122 海明威和乔伊斯表达过敬意——当然，后三位作家和他根本没有交集。圣埃克苏佩里与他的拳击手朋友一起哼唱法语老歌，这就是他与海明

威最亲密的关系。然而,两位作家今后会产生交集,他们去世后作品也不可避免地被归入一类。我们可以想象圣埃克苏佩里在莫尼耶店里楼上餐厅的餐桌旁,享用她最拿手的烤鸡,但是我们没有资料证明他真的这样做过。不过在那里,圣埃克苏佩里可能和莱昂-保罗·法尔格短暂地见过面,因为餐桌旁总有莱昂的一席之地,或许两人在 1930 年代见过很多次。圣埃克苏佩里或许还遇见了安德烈·莫鲁瓦,这是他在美国"流亡"期间的一位挚友,此外还有莱昂·沃斯,圣埃克苏佩里把《小王子》献给了他。即使这样,圣埃克苏佩里也没有在这些文人眼中留下什么持久印象。

在《银船》发表作品为他进入"奥登河畔斯特拉特福"圈子提供了门路,不过这是一个非常封闭的世界。颇有影响力的评论家让·盖埃诺后来写道,文学界"完全就在巴黎的几所房子里,在一些狭小的杂志社或出版社,在画室,在咖啡馆,在艺术家的工作室,在几间阁楼里。要想进入这个圈子可不容易。真正能够对话的作家只有几十人,他们之间相互承认,仅此而已"。他们对那些生活在对岸的作家怀有偏见(或者像加斯东·伽利玛的传记作者所写的那样,一个人不能生活在右岸,却装作具有"《新法兰西评论》精神"),那些作家在错误的出版社出书,经常光顾错误的咖啡馆。如果说圣埃克苏佩里不完全属于圣日耳曼文学之乡——到 1935 年,这里将成为世界艺术的十字路口——那也是他自己的选择。凭借人脉,他比许多人更容易进入这个地方。圣埃克苏佩里非常崇尚友爱,他不喜欢俱乐部那一套。1920 年代的圣日耳曼是一个特别排外的团体,它很小,但所有成员都全身心投入。让·普雷沃写信给玛塞勒·奥克莱尔的父母,请求他们将女儿嫁给自己时,用的是一份带《银船》杂志抬头的信笺。1926 年 4 月,在比奇举办惠特曼书展一周后,两人喜结连理,弗朗索瓦·莫里亚克和拉蒙·费尔南德斯给予了他们支持。新娘和新郎都在伽利玛出版社出书;他们婚后的第一个住处是莫尼耶店里的一个小房间。伊冯娜·德·莱斯特朗热是他们的女儿弗朗索瓦的教母；她也是费尔南德斯特别亲密的朋友。就这样，文学既是一份职业，也是一项社会义务；在某些人看来，圣日耳曼的不入世正是它的魅力所在。然而，对于一个渴望行动的作家，一个在任何情况下都拒绝扮演知识分子的作家来说，上流文学的小圈子对他并没有什么吸引力。如果圣埃克苏佩里讨厌什么的话，那一定是小圈子。

普雷沃采用了《飞行员》之后，勒妮·德·索西纳和圣埃克苏佩里的其他朋友都松了一口气，他们一直和圣埃克苏佩里一样，为他在绍尔
123 的工作头疼。终于，蹩脚大诗人要成为作家了！圣埃克苏佩里觉得没什么了不起，写作只是经验使然。他又开始寻找一份赚钱的工作。

*

夏天，爱德华·巴雷斯将军伸出援手，安排圣埃克苏佩里加入法国航空公司（CAF），这是一家专为布尔歇机场的游客航班提供服务的商业航空公司。巴雷斯将军不仅是凡尔赛的航空研究中心的负责人，还在巴黎地区指挥军事飞行。（由于母亲和姐姐的缘故，巴雷斯将军一直是圣埃克苏佩里家的朋友；他在这家主要由军事飞行员组成的航空公司中说话很管事。）这份工作对圣埃克苏佩里来说是个转折点：飞行第一次成了他谋生的手段。6月23日，他通过了空运评级，这是一份比较难取得的执照，持有人可以载客。回想起来，圣埃克苏佩里承认，巴雷斯将军的帮助是天赐良机：圣埃克苏佩里在以巴雷斯为原型的《风沙星辰》中写道，如果没有他，自己就不会进入商业航空领域，不会了解这个行业，也就不会在空中邮政公司驾驶飞机，不会写出这本书。

7月10日，圣埃克苏佩里开始在多兰德 AM-1 上进行一系列飞行

训练。这是一种为战时侦察任务大批量生产的双翼飞机。两周后，他带着第一位乘客在巴黎上空观光，飞行费用大约是一百五十法郎。他们飞了二十二分钟。空中洗礼持续了六场，通常圣埃克苏佩里每天飞行不会超过两次；他的航空日志就像一张张邀舞卡片，简单记录下了一次次的短途飞行。生活对他要求并不高。他每天在空中的时间很少超过一小时，也不用经常工作，还有很多时间和朋友们一起消遣。也许他的飞行频率和法航的其他飞行员一样；圣埃克苏佩里用以前常常威逼埃斯科的那一套猛烈攻势，去对付负责飞行任务的经理方丹夫人。“夫人，让我飞吧！您抽支香烟！”“先生，我不抽烟，不过下次洗礼你可以参加！”从不受贿的方丹夫人如是说。

在难熬的夏天，法航的工作给了圣埃克苏佩里不少慰藉。玛丽-马德莱娜在6月的第一周死于肺结核，圣埃克苏佩里夫人承受不了失去长女的打击。这段时间，圣埃克苏佩里和母亲之间没有多少信件往来，
我们有理由推测，初夏他回圣莫里斯度过了一段时间。没有记录显示 124
他从绍尔回来后住在巴黎的什么地方；虽然至少有一次他把泰坦尼亚酒店作为自己的地址，但酒店的账簿显示，从1925年底起他就不住在那里了。他可能又住在马拉盖码头了。法航薪水微薄，他不再像从前那么阔绰了。虽然这些年他发表了一部作品，是一件值得夸赞的事情，但他几乎不会说起这份成功。毕竟他付出了很多才最终走上文学之路。只有家人对他发表作品印象深刻。圣埃克苏佩里曾向埃斯科抱怨说，那些以前对他失望的亲戚突然开始关注他。（应该说，也正是这些亲戚慷慨地为他提供资金和住宿。）此外，《银船》在5月版之后停刊。为了苦苦维持，阿德里安娜·莫尼耶在5月中旬破产了，只得“忍着悲伤和耻辱”卖掉她的私人图书馆来支付开销。世界似乎一次又一次地从圣埃克苏佩里身后消失；他的工作主题是进步，他的生活主题却是怀旧。可悲的是，他的文学处女作正好刊登在《银船》的倒数第二期上。

众所周知,巴黎接纳了一批年轻的侨民,这群人以音乐、文学和咖啡馆生活为这座城市注入了活力。超现实主义者在圆屋顶咖啡馆畅快喝酒;乔治·安塞尔、保罗·罗伯逊和约瑟芬·贝克让音乐和戏剧世界沸腾;奥登路上的图书出版更是让附近忙碌而喧闹。然而,对圣埃克苏佩里来说,在1926年,美国爵士乐并不是合适的配乐,他开始感到年华老去。一部分原因在于,他和朋友们的现状有些不同,他们已经开始安定下来了。还有一部分原因在于,圣埃克苏佩里开始脱发了,这件事已经困扰了他好几年。不过,他虽然行动愈发笨拙,但比以前好看多了。他写信给母亲说,没有什么能比年轻更让他高兴了。他渴望年轻的感觉。他不掩饰自己的孤独,越来越渴望婚姻。他厌倦了"这种总是持续不了多久的生活";他想要孩子,想要"很多小安托万"。然而,他叹息道,他只遇到过一个让他心动、想要与之结婚的女人。

在家庭幸福的问题上,圣埃克苏佩里总是举棋不定。他不知道难以放松究竟是艺术上的优势还是疾病。他告诉母亲,他期待一个女人首先能够平复他的焦虑。"这是人最需要的。您想象不到,生活多么沉重,年轻人感到自己多么无用。您想象不到,一个女人能带来什么,她
125 能给予什么。"这些话,他写给了一个肯定回答不上来这些问题的女人。在同一封信里,他还承认对婚后无聊的舒适生活有些恐慌。他发现一个生活安定又自我满足的男人不会有什么长远的发展,这是他专门批评一位朋友的话。他看不起被自己——还有小王子——称为"蘑菇"的那种人;多年后,他给这类人下了定义:他们紧紧抓住一棵自己完全不了解的树,天真地追求他们"虚幻的小小存在"。后来,他还抱怨说,朋友们安定下来后和他的关系慢慢淡了:"我身边的朋友都结婚了,从此情况变了:他们筑起了小栅栏。我总是感觉被遗忘了。"他对找到适合自己的伴侣不抱希望了,一次又一次地灰心。(圣埃克苏佩里向妹妹加

布丽埃勒提起的择偶标准异常苛刻：他的“娇小的少女”必须美丽又聪明、迷人又安静、镇静又忠诚。）母亲觉得他太挑剔了；他回答说，他也是这么要求自己的，因此他有权要求别人。他现在要找一个只喜欢聪明人的聪明女人，一个能安慰他又不会让他觉得厌烦的女人。这个要求不过分吧？

圣埃克苏佩里的择偶高标准和他的罗曼史并不冲突。他在巴黎和女人调情、约会，就像他当年做旅行推销员时那样，他还是只对人说失败的故事。他身边的女人有贝布尔河畔栋皮埃尔的帽商，还有一位捷克美甲师。捷克女人实在太漂亮了，圣埃克苏佩里忍不住向她表露爱意。（“你不是第一个追求我的人。”她回绝得很干脆。）他曾青睐一位娇小却性感的绍尔秘书，不过他一点甜头都没尝到。他和朋友未婚妻的姐妹，露西-玛丽·德库尔相处了一段时间。姑娘金发碧眼、美艳动人，还读过音乐学院，有一段时间，她被圣埃克苏佩里高超的讲故事本领吸引，后来一直和他保持通信。1925 年，一位俄罗斯占卜师预言，八天后圣埃克苏佩里会迎娶一位年轻寡妇。他兴趣盎然，不过年轻寡妇让他又等了七年。

圣埃克苏佩里又开始从朋友那里寻求慰藉。不过让他沮丧的是，这群人慢慢地成了军官、专业人员和丈夫。（塞戈涅今年结婚了；从去年开始，博纳维不仅通过了中央考试，还成了一名陆军中尉；索西纳后来加入了海军，1924 年升为军官。）他更加依恋勒妮·德·索西纳了，不过她对此毫无察觉。整个夏天，勒妮定期来看望圣埃克苏佩里。她是一位卓有成就的音乐家，对文学有着浓厚的兴趣，也是圣埃克苏佩里的文学作品的早期读者。后来，圣埃克苏佩里才意识到自己爱上了她——这种爱与他过去和现在对路易丝·德·维尔莫兰的爱完全不同，更像是自友情发展而来的爱情。塞戈涅很快察觉了；但是由于经历 126
过和路易丝失败的感情经历，圣埃克苏佩里拒绝承认这份感情。1926

年下半年,他经常写信给勒妮,说自己对她的孤僻感到恼火,再也不会给她写信了。但不到一周,他又坐下给勒妮写信。1927年,他准备向勒妮承认自己爱她,也承认自己投入了“太多真心”,感到伤心失望。(勒妮·德·索西纳那一年开始以音乐会小提琴手的身份在欧洲和南美赢得赞誉,后来又出版了几部作品,包括一本帕格尼尼的传记。她一生未婚。)在巴黎,圣埃克苏佩里靠着微薄的薪水生活,居无定所,日子过得浑浑噩噩,比独身还要孤独。他在给加布丽埃勒的信中写道:“我苦苦追求科莱特们、波莱特们、露西们、黛西们和加比们,她们都差不多,都是不到两个小时就让我厌倦。”他把这些女人称为他的“候车室”。他和雅克·贝尼斯一样,也在路边摊等待遇到一段故事。随后,9月,等待突然壮烈地结束了。

*

空中洗礼的生意并不景气,圣埃克苏佩里在法航的薪水无法解决他的经济问题。在1926年,一名飞行员要谋生,最好的路子是从事航空邮政工作。战后不久,航空邮政开始运营,现在正掀起一股热潮,尤其是在法国,那里的航空邮政十分领先。客运不再是一项可以得到航班提供的热水瓶、手套、护目镜和大衣的体验,不过仍旧奢侈、震耳欲聋、充满刺激又令人浑身起鸡皮疙瘩——既是因为害怕,也是因为寒冷——这项体验与其说是舒适,不如说是时髦。客运刚刚具备了运营的可行性,因此对商业飞行员的需求主要来自蓬勃发展的邮政业。1926年夏天,圣埃克苏佩里说服了叙杜尔修士,他是圣埃克苏佩里在波舒哀中学的老师,经常鼓励他创作,两人一直保持联系。他的老朋友贝波·德·马西米是法国最成功的邮航公司拉泰科埃尔公司的总经理。他向马西米推荐了圣埃克苏佩里。就这样,圣埃克苏佩里无意中遵循了战后一份评估最赚钱职业的报告提出的建议。该杂志吹捧工商业是未来最有前景的行业，又提醒道，所有的理想工作都是靠影响、赞助和运气获得的，圣埃克苏佩里正是如此。到了9月，叙杜尔已经安排圣埃克苏佩里接受拉泰科埃尔公司经理的面试，显然这是圣埃克苏佩里一再纠缠他的结果。同月，查尔斯·林德伯格乘一架一战期间的德哈维兰双翼飞机将纽约的邮件从圣路易送到芝加哥，这架飞机就像他一周前在伊利诺伊机场坠毁的那架一样破旧。他开始思考，有了足够的燃 127
料和时间，他能用一架更可靠的飞机做些什么。

叙杜尔和马西米都是很有教养的人，他们在索姆河的战壕里相识。在那里，服役的修士和意大利伯爵（马西米曾作为志愿兵驾驶飞机）曾谈论文学。战后他们的关系依然密切；马西米把儿子送到波舒哀，托付给叙杜尔。修士并没有为他教导过的学生的专业技能背书，却向经理高度赞扬了学生的文学素养。他还说，除了在文学领域的前途，圣埃克苏佩里唯一的抱负就是成为一名航空公司飞行员。这引起了马西米的兴趣，因为他本人就是一位剧作家和翻译家。在拉泰科埃尔任职七年间，他为公司雇用的员工大部分都是战时的优秀军人。

大概是在10月初，马西米在巴黎遇到了朋友的门生，他从来没有忘记对圣埃克苏佩里的印象："这个高大的年轻人似乎对自己的身材非常在意，他为坐进椅子时占了太多空间而恼火。"他似乎患上了健忘症；他不能讨论任何对他有好处的事情。只有谈到航空公司及其日常运营时，他才精神头十足。不然，这场面试可能会以失败告终。马西米告诉圣埃克苏佩里，他必须在公司下面的图卢兹基地接受一系列测试。如果他飞得好，就可以在公司预期要开通的航线上飞行一段时间。"然后呢？"应试者问，声音有些焦虑。"然后……好吧！"意大利人大吃一惊，顿了一顿，"我们的运营主管需要一名副手。"圣埃克苏佩里打断了他的话，脸涨得通红，唾沫飞溅："先生，我特别想飞……只想飞。"他明确表示他愿意当晚就动身前往图卢兹。对马西米来说，无论如何这都是一场不同寻常的面试，他被圣埃克苏佩里的热情打动了。他不能给这位应试者任何明确的许诺，不过同意给图卢兹那边打个电话，看看能做些什么安排。他打算再和圣埃克苏佩里聊聊他的作品，但《空军飞行员》的作者已经打开门准备离开了。

无论是在这次会面时，还是在后来的一次谈话中，圣埃克苏佩里都被告知，图卢兹来信请他过去。大家达成一致，工作邀请函会寄到在阿盖的他妹妹家。那周，他在布尔歇机场参加了义务体检，收拾好了行装。在同巴黎的朋友道别时，他情绪并不高涨。他觉得自己被这座向他许下许多承诺却从未兑现过的城市打败了；这样想来，巴黎对他来说只是镀金的囚笼。可所有的失败都归咎于他自己，这样的想法让他更
128 加痛苦："我不是个好人。我只配独自收拾行囊去往遥远的地方，走得远远的。"他在给勒妮·德·索西纳的便条中写道，还附上了一篇可能尚未发表的短篇小说，即《舞女玛农》的手稿。这是一个让·里斯似的故事，讲述了皮加勒区的一位舞女和一个年龄有她两倍大的男人的爱恨纠葛，手稿中的意象应该是放进了《南方邮航》。启程之前，他还和从前的一位老师分享过这个故事。

搬家让他身心俱疲。他无法舍弃一堆古怪的物件，它们对他来说毫无用处，却突然让他感到一种难以抗拒的需要；他有一大堆琐事要办；他的木箱太沉，保管起来很麻烦。好像是对过去的一种报复，他再也没有在哪里扎下根。一切收拾妥当，他只剩下十五分钟就要动身去车站了。这十五分钟，他独自在马拉盖码头度过。那是傍晚时分；他的朋友们都去看电影、听音乐会或者去乡下了，留下他一人。他头痛，可能感冒了；他脑子里想的是勒妮·德·索西纳和他们那段不尽如人意的友谊。他戴着帽子，穿着外衣，难受地瘫坐在扶手椅上，陷入了深深的忧伤。他这副样子并不像一个终于要着手开创未来的人。

10 月 11 日,航空公司老板皮埃尔-乔治·拉泰科埃尔的信寄到了阿盖,让圣埃克苏佩里去图卢兹郊外的蒙托德兰机场。按照流程,他要带上执照、航空日志和一份去西班牙的有效护照。他必须向公司的运营总监迪迪埃·多拉报到——人们都称呼他多拉先生。圣埃克苏佩里从家里借来路费,坐火车来到图卢兹。14 日,他站在多拉面前,这个男人将在他笔下获得永生,小说人物塑造得如此强大,以至于这位航空公司的总监余生都试图区分自己与小说中的另一个自我。多拉后来帮助圣埃克苏佩里只能算是还人情。

迪迪埃·多拉,凡尔登的英雄。在那场战役中,他获得了十字勋章、五张奖状,还有浑身的弹片;他拿到了飞行执照,身体康复了,在 1917 年成为战斗机中队的队长;他是 1918 年第二次马恩河战役后六十四名飞行员中唯一的幸存者;他能从空中定位打击“大伯莎”;他花了十二年时间,于 1930 年建成了世界上最大的航空邮政系统。多拉于 1969 年去世,享年七十九岁。他创立了自己的命途多舛的航空公司。他曾担任法航在奥利机场的运营总监。然而,他成就卓著的一生无人探究,人们更在意的是他与圣埃克苏佩里的第一次相见。他以极度精准闻名,他所讲的故事几乎没有什么变化。他的简洁名副其实——据说他 129
与别人谈话从不会超过三分钟——因此保留了许多话没说。多拉是一个永远带着使命感的人,他于 1919 年 8 月与拉泰科埃尔公司签订了合同,并于 9 月驾飞机运送了第一份图卢兹—拉巴特邮件。对他来说,战争并没有结束,只是改变了战场。他要把一个实业家不切实际的梦想变成现实。“人们每天写信,”皮埃尔-乔治·拉泰科埃尔说,“邮政服务如果做不到每天服务就毫无意义。”如果说生活中大部分事情的诀窍是把日常之事变成大事,在日常生活中激起一些不寻常的火花,那么早期航空邮政的挑战则是把日常之事变得稀松平常。这是办事有条不紊的多拉的成就;这是他给一群身处窘境的退伍军人和年轻的土耳其人灌输的使命。在图卢兹,他们像《指环王》里的人物一样聚集起来,后来成为法国第一批一战后的英雄。这些人就包括现在站在多拉面前的这个年轻人,他不懂求职的学问,在面试时迟到了一个小时。

午餐前,身材矮胖的多拉在机场简朴的办公室里接待了圣埃克苏佩里。多拉叼着一支香烟,办公桌上堆满了杂乱的纸张;他身后是一幅巨大的西班牙地图,上面画着许多彩色的线。他的典型着装,不管在室内还是室外,都是一顶软塌塌的毡帽,一件皱巴巴的雨衣,还有早晨5点钟投下的身影。多拉之前接待其他飞行员的态度堪称冷淡;圣埃克苏佩里收到的问候恐怕也并不热情,因为这位总监后来承认他对这个细皮嫩肉的新人有些顾虑。多拉在回忆录中写道,圣埃克苏佩里的航空日志很薄,写得还不如业余飞行员让人印象深刻。两年前,多拉对让·梅尔莫兹六百小时的飞行时长都不屑一顾,这可是圣埃克苏佩里当时飞行时长的两倍。(相比之下,同样从1922年开始飞行的查尔斯·林德伯格,到那年秋天已经飞行了近两千小时。)圣埃克苏佩里的航空日志中应该包括他在布尔歇机场发生的那起事故,这位总监应该也问及此事了。更让人头疼的是,多拉发现眼前的这个年轻人"在精神和智力上明显与众不同;他似乎更喜欢做梦,而不是飞行"。他声音柔和,更像一位诗人。在这个容易滋生傲慢的领域,他肯定不是一个独断专行的人。他举止笨拙;多拉还发现他缺乏风度,而这是那些适婚少女的母亲们非常关注的。多拉希望能在飞行员身上看到机敏或老练等特质。他是最早对"合适员工"作出判断的行业权威。

1920年代的飞行员与其说是科学家或工程师,不如说是冒险家。
130 公众仍然认为飞行员是边缘人;不久前,有人告诉路易·布勒盖,造飞机还不如纵情饮酒好。没有人给予航空运输业绝对信任,据多拉观察,其中信心最小的就是飞行员。他们比任何人都清楚这些脆弱机器的极限;他们无法想象这些不可靠的装置有一天要飞越大洋。在运送邮件的头几年,多拉曾不得不解雇一名优秀的飞行员。在从卡萨布兰卡返回图卢兹途中,天气恶劣,这位飞行员在西班牙的一处海岸迫降,他很不明智地建议乘客说:"你们应该坐船!那安全得多。"多拉没有办法相信圣埃克苏佩里的专业技能;也没有多少迹象表明,圣埃克苏佩里具有从事这份工作所需要的自信、平和、坚韧等特质。

这位总监还有更深层的顾虑。叙杜尔——多拉在前线时与他熟识——确实为这位学生说过好话。但是,据多拉后来观察,这些推荐只是好话而已。尽管修士夸赞了圣埃克苏佩里,但这话在机场跑道上远没有当时在第六区文化村时那么有分量,圣埃克苏佩里似乎更属于那里。更重要的是,多拉必须承认这个事实,即圣埃克苏佩里是通过他的贵族同事来找他的。对此,他简短地评论道:"马西米向我推荐了他,他们都有贵族头衔。"马西米抛弃了往日的贵族头衔,但多拉注意到叙杜尔的这位学生在签字时并不会忘记自己的贵族头衔。在约七十名飞行员中,圣埃克苏佩里是唯一这么做的人。

那么,他为什么要接纳圣埃克苏佩里,至少是暂时接纳他,还让他参加了所有飞行员都必须首先接受的培训?或许是因为他对圣埃克苏佩里感兴趣;或许是出于某种程度的同情,不过多拉似乎并不拥有这一美德;又或许只是因为他需要一名飞行员(在 1923 年至 1926 年间招募的一百二十六名飞行员中,五十五人离开了公司,七人因公殉职)。他和任何人一样清楚,优秀的飞行员往往不问出处,招募这样一个人对他来说也没什么损失。他说,在简短的会面中,他能够强烈地感觉到圣埃克苏佩里对成功的渴望。在多拉看来,这个年轻人唯一取得一些进展的方面是社会活动;不过,他不知道这已经是很明显的成功了。他怀疑,他起初在这个年轻人身上看到的矫揉造作,其实只是羞怯与单纯。虽然他并不希望在圣埃克苏佩里这样的人身上看到这些特点,但与自负和妄自菲薄等他厌恶的品质相比,谦逊更有前途。(梅尔莫兹驾驶宝玑 14 第一次试飞时,擅作主张为多拉表演了特技。他因此差点还没入职就被解雇了。)这位苛刻的总监是出了名地守时,他毕生的心血都投
131 入于此,可他原谅了这位中午才来参加 11 点面试的申请人。圣埃克苏佩里一定很快就意识到了迟到的严重性。在多拉的提点之下,他多少悔悟了,他在信中这样描述他第一天上班的情形:“我认识到,任何延误都是可耻的,无论缘由如何。”

*

在拉泰科埃尔公司,圣埃克苏佩里先从机械师做起。多拉设计这一实习期的目的是调教最初占据了航空公司大部分职位的战争老兵。他们大部分还沉浸在过去的荣光中;多拉觉得很有必要帮他们卸下巨大而笨重的“骄傲盔甲”,教会他们习惯例行程序、单调的工作和团队合作。许多老兵觉得这种训练有失身份,不过这位前绍尔员工不这么觉得。在拉泰科埃尔公司工作的头几周里,圣埃克苏佩里又一次穿上了蓝色工装,他学会了使用扳手、拆卸发动机、检查机油和水的泄漏情况,懂得了如何防止连杆断裂,如何焊接和清洗汽缸。多拉惊喜地发现,新雇员曾经精心护理的双手快速地发生了变化。手的蜕变代表着人的蜕变。多拉认为,前期的磨炼让他把热情转化为职业性。更重要的是,圣埃克苏佩里显见的笨拙无法掩盖他在机械方面的天赋。

现在圣埃克苏佩里如鱼得水。宝玑 14——1926 年到 1927 年拉泰科埃尔机群的主力机型,圣埃克苏佩里在朱比角驾驶它表演过特技——并不比绍尔公司的卡车更复杂。战争期间共制造了五千五百架双翼飞机,装备成轻型轰炸机或侦察机;美国购买了近一百五十架,美

国的德哈维兰 D. H. 4B 可能与它最为相近了。这种机型在外观或名气上不能与其他战斗机匹敌；速度不快（它的巡航速度是每小时八十英里，是现在法国高速列车的一半），也不容易操作。但宝玑 14 A2 是当时最安全可靠的飞机，它每飞行一万五千五百英里才会抛锚，或者换一种标准衡量，即使机翼缺损或只有一半的活塞正常运行，它都能飞行。圣埃克苏佩里对驾驶这种机型有一些经验，这在一定程度上要归功于他在维拉库布利与埃斯科的大胆飞行。到达图卢兹几周后，他接受了第一次飞行测试并通过了，不过多拉认为这次飞行“表现平平”。他还有很大的提升空间，在接下来的飞行训练中，圣埃克苏佩里的进步很稳定。多拉密切关注他的进步，这倒不是因为他对这个日后会成为空中游吟诗人的人特别宠爱，恰恰相反，是因为比起大多 132
数新雇员，他更加担心圣埃克苏佩里。

在蒙托德兰，多拉不是唯一盯着圣埃克苏佩里的人。所有刚刚来到这里的年轻飞行员都会受到老兵们的质疑，他们只是勉强得到了接纳。不过在同一批进入公司的新员工里，圣埃克苏佩里很引人注目。一开始是由于他的名字和明显的出世气质，很快又由于他那出了名的任性。没有人把他当回事。年轻的飞行员莱昂·安托万早一年进入拉泰科埃尔公司。他还记得有一天早上，圣埃克苏佩里没有出现在从图卢兹酒店到机场跑道的电车上，这可是大错。有人跑到他的房间里去看他被什么事耽搁了；原来这个旷工者在洗澡时睡着了。他面前还漂着一本书。这种事很快传开了。后来，在西班牙的一座机场，这位要写诗赞美早期航空邮政准时的年轻人，在飞机即将起飞之时，却表示不能按时起飞。“你疯了吗？”机场的负责人问。“没疯，我把手套忘在旅馆了。”圣埃克苏佩里解释说。“那就不戴手套起飞吧，我的朋友！”负责人嘲讽说。一位研究这一行的历史学家指出，在个人生活中没有时间观念的人在处理信件时却能够严格把控时间。不愿遵守这种纪律的人会被同事们强迫去适应它，“就像在宗教团体中失去自我的怀疑论者”。圣埃克苏佩里几乎释然地接受了这一比喻，虽然他并不总能接受这一做法。六年后，他写道：“我加入空中邮政时，感觉自己进入了修道院。”

拉泰科埃尔“修道院”在图卢兹大广场外，离机场八英里，在罗米吉埃街和卢瓦街的转角处。阳台大酒店是一座五层的粉红色砖砌建筑，每天清晨和傍晚，它将法国西南部的都会映出一片玫瑰色的光芒。酒店客房体面优雅，每晚七法郎。（对特别的客户，比如长相异常英俊的梅尔莫兹，价格可能低至五法郎。）阳台大酒店与另外两家餐厅——赛特和比利牛斯，其中也有飞行员住宿——成了拉泰科埃尔航空公司的修道院。原因很简单，图卢兹当时只有几家酒店，而经济实惠的阳台大酒店正好就在蒙托德兰有轨电车的行驶路线上。（朱比角的机械师托托在法国就像在沙漠中一样爱喝酒，整夜狂欢之后，他拄着一根棍子，敲打着轨道，跌跌撞撞地来到机场。）这里有三个未婚女人，其中两个是姐妹，经营着廉租旅馆。圣埃克苏佩里来到这里时，这家旅馆已经完全属于拉泰科埃尔公司的流浪汉了。对这个新来的人来说，很重要的一
133 点是，这家旅馆离图卢兹最好的几家咖啡馆只有数步之遥，而这些咖啡馆都在市政厅广场或威尔逊广场附近。到航线的头六个月里，他频频写信；很多是写给勒妮·德·索西纳的。圣埃克苏佩里很幸运地被安排在阳台大酒店四楼一个宽敞的房间里，里面有一座壁炉和两扇窗户，从窗口可以俯瞰广场。

多拉和妻子住在城里。清晨 4 点，他坐公司的汽车来到蒙托德兰机场。邮件早晨 8 点到达，是由通宵火车和卡车从巴黎的奥赛火车站送来的。拉泰科埃尔的员工在阳台大酒店门前等 10 路电车；电车咔嗒咔嗒地开到酒店门口，一群男人已经在黑暗中聚在人行道上，他们手揣在皮夹克的口袋里，嘴里叼着香烟。电车载着他们到了蒙托德兰机场。

在那里,他们的“圣职”封藏在机油里,在那些在冰冷的机库中上的枯燥却至关重要的气象学课里,在对即将做的工作的畏惧里,在对已经完成飞行任务者的敬佩里。(共有一百二十名员工在航空邮政服务中殉职,平均每年约十人。)有轨电车把飞行员送到离机场四分之一英里的地方;最后一段路需要步行。圣埃克苏佩里习惯在这段路尽头的赛特餐厅待一会儿。目光敏锐的机械师马里于斯·法布尔注意到,这位飞行员早餐习惯吃两个羊角面包喝一杯咖啡:圣埃克苏佩里没钱的时候,会拘谨地和机械师们坐在赛特餐厅里,他知道他们会为他买一份一法郎的早餐。“不过,他手头宽裕时会很大方,不仅为我们这一桌,也为其他人买早餐。”法布尔回忆说。

圣埃克苏佩里满怀热情地迎接新生活的挑战,尽管工作并不总是卓越超凡的,甚至远谈不上风光。机械师实习期满之后,他不定期地驾驶宝玑飞机送邮件。周五,下着大雨,圣埃克苏佩里驾驶一架新飞机在三百英尺的高空试飞了一个小时。这次飞行就像洗澡一样。周日,他清晨6点醒来,驾驶另一架飞机,但十分钟后就迫降了(用他自己的话说,飞机“表达了回到地面的迫切愿望”),因此他一整天都在无聊和昏昏欲睡中度过。他买了火柴、香烟和邮票,想找点事做。圣埃克苏佩里说他的房间里已经有三十盒火柴和能用上四十年的邮票。他每月的薪水大概是一千法郎——他从图卢兹给家里写的第一封信是他最后一封要钱的信。不过,他一旦上了飞机,就发现工作日、周末和假期之间是没有区别的。去年,梅尔莫兹报告说,他每天飞行六百英里,七个小时, 134
每工作两天休息一天。不过,圣埃克苏佩里一点也不伤心。黎明时,邮政飞机在蒙蒙细雨中起航,这是一幅美丽的景象。他很快就欣赏起这种与其说是一项运动,不如说是一场战斗的航空飞行。危险、冒险的先驱性、为了崇高且抽象的事业而作出牺牲,以及短暂的生活方式,使人超脱了自我。圣埃克苏佩里曾抱怨说,他很难独立完成这些事情。“一个人有时能力有限。”他在给母亲的信中写道。出于更大的责任，他加入了团队，慢慢从阴郁中走出来。一个苛刻的家庭，以其自身的信条发动了一场非常私人的战争，要抵御这三重诱惑是不容易的，圣埃克苏佩里——他可能比拉泰科埃尔公司大多数人更需要这些构件——买了钩子、线和铅锤。尽管所有人都看到了宗教的装饰，他却开始提炼和浪漫化新生活的精神方面。这一次，那个曾经什么都不加入的人——找到了符合理想的事业，或者说他只是没有别的选择——成了狂热分子。

驾驶了几周新飞机，并且多次飞往距图卢兹不到两小时航程的佩皮尼昂之后，圣埃克苏佩里乘坐飞机，被送往图卢兹—巴塞罗那—阿利坎特航线，途经卡萨布兰卡。驾驶飞机的是亨利·吉约梅，是梅尔莫兹1925年冬天带到公司来的，两人在军队服役期间相识。吉约梅曾获得拉泰科埃尔公司史上最难获得的两项荣誉。多拉认为吉约梅在他认识的所有飞行员中最为优秀。这位严厉的总监认为，飞行员一旦结婚，对公司的价值就会降低四分之三，不过他承认，吉约梅例外。（这更像是对吉约梅夫人的赞扬。）吉约梅比圣埃克苏佩里小两岁，是一个没有明显自我意识的人。他坦率、谦逊、沉默寡言。梅尔莫兹也是一个安静的人，一位英雄——在无数次惊险的特技表演中，有一次是为一具尸体冒险——不过有些虚荣。这不能怪他，毕竟梅尔莫兹惊为天人，他刚到图卢兹的时候，连多拉都想夸赞他那一头绝伦的鬈发。他因人品和功绩而受人尊敬；如果睡在他身边的女人得知第二天早上他们的感情就将结束，女人一定会痛苦得想自杀。在两人中，梅尔莫兹是更显眼的那个，他更突出一些：正如后来在拉泰科埃尔公司流传一时的话一样，“梅尔莫兹开垦，吉约梅耕作”。如果说吉约梅在如今已经人满为患的法国飞行员神殿中占有一席之地，部分功劳要归于圣埃克苏
135 佩里，他讲述了吉约梅的故事。梅尔莫兹则靠自己的功过被人铭记，也

被人遗忘。* 圣埃克苏佩里在1926年的大多数起步活动都是在吉约梅的监督下进行的，这并非偶然，因为多拉参与了安排。

在吉约梅驾驶飞机带圣埃克苏佩里两次往返图卢兹和阿利坎特之后，多拉给这名新飞行员派了第一份送件差事。11月底或12月初的一个晚上，多拉在办公室里向他宣布了这个消息，他们的对话内容几乎被圣埃克苏佩里原封不动地记录到了《风沙星辰》中。

> 他说："你明天飞。"我一动不动地站着，等着他让我走。沉默了一会儿，他又说："你知道规定吧？"那时候的发动机跟今天的不一样。它可能毫无预兆，就发出一阵瓶瓶罐罐碰撞的乒乒乓乓声，突然坏掉了。一个人就这样把命交出去：撞上西班牙坚硬的岩石就没什么救了……不过，最要紧的是不要撞上山体；在山区的云海中盲目飞行后果不堪设想。遇上麻烦的飞行员淹没在白色羊毛一般的云层之中，可能会浑然不知地直冲向山峰。因此，那天晚上，那个谨慎的声音反复提醒我："靠着指南针，在西班牙上空的云海中飞行很棒，潇洒自在，但是——"我被一幅清晰的图景震动了，"但是你要记住，云海之下是永生。"

圣埃克苏佩里写道，那天晚上他带着一种孩子般的自豪离开了多拉的办公室。不过他并没有忘记第二天早上等待他的危险。对驾驶宝玑14敞开式驾驶舱飞机的飞行员来说，比利牛斯山脉的湍流、雾和暴风雪是巨大的挑战，飞机的飞行高度上限是一万三千五百英尺；在山区

---

* 据说，当法兰西银行要为宣传法国科技成就而发行一系列钞票，让法国小学生投票选出本国最重要的飞行员时，呼声最高的是"梅尔莫兹"。一个人可以亲近历史，也可以冒犯历史：1930年代，梅尔莫兹加入了法西斯政党——火十字团，这一经历让他在社会主义政府眼中失去了印上钞票的资格。圣埃克苏佩里则从同事的失宠中获利，于1993年替代梅尔莫兹印在了五十法郎纸币上。

更容易迷路，更危险，也更难实现紧急着陆。此外，比利牛斯山脉绝不普通；从驾驶小飞机的飞行员的角度看，它比高得多的阿尔卑斯山脉更加可怕。这里潜藏着急始磁暴、湍流，还有一年四季笼罩的高云。就在前一年，比利时的王牌飞行员维利·科庞在飞越比利牛斯山脉时，同行的飞行
136 员提醒他要抖擞精神、做好准备；上一位和他同飞的乘客命丧于此。同样的厄运降临在皮埃尔·雅拉迪厄身上，他在圣埃克苏佩里之前来到朱比角。圣埃克苏佩里听说自己要飞处女航了，那天晚上，他到阳台大酒店找到吉约梅，希望他能和自己一起温习一下路线。吉约梅问新人感觉如何，还拿出两只玻璃杯和一瓶波特酒。“没你想得那么困难。”飞行老兵向他保证。他穿着衬衫，把圣埃克苏佩里的地图摊在面前的桌子上。

那天晚上，圣埃克苏佩里上了一节他一生中最不正规的地理课，这也是他第一次喜欢地理课。他记得：“吉约梅不是把西班牙当作知识讲给我听，他让我和这个国家成了好朋友。他不跟我谈省份、人和牲畜。”飞行老兵也没有提到骤风或无线电导航。拉泰科埃尔公司提供的地图是最基本的米其林地图或普通的调查地图；圣埃克苏佩里说，他曾因为原野无礼地拒绝按照他资料上的标示排布而斥责它。在多拉的坚持下，飞行员总是在云层下，沿着边界的自然地标飞行，即使这意味着可能要跳过树顶。吉约梅向圣埃克苏佩里介绍了另外一种观察地表情况的方法。他说到了一排高高的橘子树；说到了只住着一对农民夫妇的偏僻山坡，他们就像照亮飞行员航线的灯塔；说到了一条蜿蜒经过紧急降落点的静静的小溪，它会在最意想不到的地方出现；说到了一群绵羊，大约三十只，不知从哪里冒出来，跑到飞机轮子边上。他教圣埃克苏佩里辨认河流的颜色，飞行员可以凭它判断在附近降落是安全的，还是会陷进沼泽里。这是圣埃克苏佩里的地理，吉约梅的地理则是维吉尔式的。“渐渐地，在灯光下，地图上的西班牙变成了仙境。”他后来写道。以吉约梅的这次教导为原型，圣埃克苏佩里写出了《南方邮航》中

的一个场景，在其中，埃涅阿斯没有说出能够使他免于一死的秘密。吉约梅描绘的橘园、溪流和牧羊女们却知道。这些智慧来自一种秘密语言，它是圣让庄园老师所不懂的，与圣莫里斯阁楼上的秘密语言却是相似的。圣埃克苏佩里喜欢他那带有神秘主义色彩的自然世界，这是靠凭视觉和直觉飞行——或者用一位机械师的话说，是凭“感觉”飞行——得到的。像所有法国贵族一样，他对土地有着持久的依恋；像所有早期的飞行员一样，他对天空同样一往情深。

事实证明，在阳台大酒店的那个夜晚不仅对圣埃克苏佩里本人，而且对他与吉约梅的友谊都很关键。圣埃克苏佩里后来所著的法国版
《风沙星辰》就是献给吉约梅的。在蒙托德兰，据说多拉无处不在，发生 137
的一切他都能听到，也能看到；当然也包括这次两人的促膝长谈。多拉的叙述可能比圣埃克苏佩里的更生动：

> 深夜，我看见圣埃克苏佩里坐在吉约梅身旁；他们正聚精会神地注视着摆在面前的一张地图。少言寡语的吉约梅开始讲话了，语气越来越激动。他说的是他的王国，幅员辽阔，因他独特的发现而辽阔……谈话越来越深入，吉约梅显露出一位诗人的灵魂。他在与圣埃克苏佩里的交流中发现了自我。我立刻明白，两人之间诞生了一份珍贵的友谊。

在一次采访中，多拉比平时更健谈一些。他承认，在灯光昏黄的客厅里，他看到吉约梅热心解答圣埃克苏佩里的问题，而圣埃克苏佩里在地图上仔细地做着标记。只有在那一刻，他才觉得录用叙杜尔的这名学生的决定是对的。

*

那个冬夜，圣埃克苏佩里离开吉约梅的住处，轻快地散步。从深夜漫步开始，之后的十二小时为他的人生观奠定了基调，至少回头看是这样的。1926年，他仍然更关心自己的进化，而不是更广泛意义上的人的进化，但是在他的才能得到施展、视野得到拓宽之后，这一点发生了变化。正如他所见——圣埃克苏佩里常常能够洞悉事件，给出合理的解释——这十二小时显明了工作、技艺和使命的力量，并使他超越了自我。（他确实一直在读尼采的书——“我非常喜欢这位作家。”那年秋天他这么说——但这完全是另一码事。）他漫步在图卢兹的街道上，竖起衣领抵御寒风，陶醉在一种混合了自豪和焦虑的甜蜜之中，像一个刚刚坠入爱河的人。从他身边经过的人不知道，他们将把自己珍视的希望、宝贵的商业利益交给眼前的这个人，他要带着它们飞越高山和国界；他是一个牧羊人、一名战士，又是一位魔术师。“我独自与星星为知己。”他心想，品味着要承担的新责任，还有这份工作的宗教意义。他走过亮着灯的商店橱窗前，发现自己身处“美好事物的天堂”，却只能品尝到“一种疏离的陶醉”。他不需要这些尘世间的小玩意，此时他正“笼罩着友谊的光环，像平安夜的一个孩子，期待着惊喜，为幸福时刻的到来
138 满心欢喜地做着准备”。

凌晨3点钟，他醒来，外面下着雨。三十分钟后，他穿好衣服，坐在小手提箱上，在阳台大酒店门前湿漉漉的人行道上等电车*，这个清晨，电车也被施了魔法。它载来了他以前的生活；他突然有一种濒死的感觉，他感受到了官僚气氛。对此他并没有给予过度的同情。电车里充满陈腐烟草和潮湿衣物的气味；圣埃克苏佩里觉得，“味道就像政府办公室里的灰尘，人的生活陷入其中就仿佛陷入流沙”。每隔五百码左右，电车就会停下来，上来一名公证人、一名警卫或一名海关稽查员。

* 在《风沙星辰》中，圣埃克苏佩里笔下的“电车”误变成了公交车。

电车隆隆前行，这些人要么立刻进入梦乡，要么悄悄地和邻座抱怨家庭的不幸。圣埃克苏佩里对自己的伪装很得意：他与这些官僚难以区分，不过几个小时后，他们会被锁在办公室里，成为“枯燥乏味的日常工作、繁文缛节和单调生活”的牺牲品，而他却会在天上与巨龙搏斗。电车成了一种茧——自然作家圣埃克苏佩里最喜欢的形象——人可以破茧而出。在这个特别的早晨，他感觉“王国在他心中诞生了”：

> 旧官僚……你们像白蚁，用水泥把阳光可以穿透的每一道缝隙都堵起来，你们觉得这样是宁静的生活。你们团成一个球，里面有优雅的安全、日常，以及守旧生活中令人窒息的陈规，而屏蔽了风、潮汐和星辰。你们决定不受到重大问题烦扰，但忘了自己生而为人的命运，这就是一个大麻烦。你们不是这座流浪星球上的居民，不要问自己一些没有答案的问题。你们是图卢兹的小资产阶级。没有人抓着你们的肩膀，还来得及。

他同情这些“旧官僚”，没有谴责他们，因为他明白，他们逃脱不了。没有人来唤醒他们灵魂里隐藏的音乐家、诗人和天文学家。正如圣埃克苏佩里总是迫切要指出的那样，没有培育人的园丁，没有治愈灵魂的医生，没有人像小王子那样，不管玫瑰多么不合作，多么不值得，都愿意保护、荫庇和培育玫瑰。圣埃克苏佩里可能没有说过，也没有写过他在四岁时失去了父亲——就像先哲尼采五岁丧父一样——但很明显这段经历在他的生命中留下了印记。

圣埃克苏佩里对这群和他一起通勤的人的描述与其说是控诉，倒不如说是如释重负的长叹。所有人都屈服于命运，飞行员心知肚明。如果说他在回避这些人，那是因为他害怕被认出来；他躲避这些人，就 139
像亨利五世躲避福斯塔夫。他不会成为一个惯于久坐的人，也不会成为一个小白脸，就是在安稳的工作岗位上身心俱疲的人。拉泰科埃尔公司抓住了他的肩膀，不过还来得及；迪迪埃·多拉是他的园丁。他以一种迂回的方式，偶然参与了20世纪为数不多的几场十字军东征。他天生的谦虚并未阻碍他发现这一相似之处。在多拉那本《风沙星辰》的扉页上，圣埃克苏佩里将题词献给这样一个人，他独自建立了"一种独立的文明，人们在其中感到比在别处更高贵"。他是一个懂得感恩的人，还很谦逊。他知道他可以把这个名字派上用场，用另一名飞行员的话来说，这个名字听起来很像"一位圣杯骑士"。责任感可能是贵族的另一个名字，圣埃克苏佩里发现了贵族精神的最后堡垒。讽刺的是，多拉为了让飞行员们好好工作，总是不厌其烦地提醒大家，他们只是普通的工人："记住，想象力和英雄主义不属于这里。你们是工人。"

尽管圣埃克苏佩里崇尚人民，谴责巴黎的上流社会，极为尊重吉约梅，并投身拉泰科埃尔团队，但事实上他的人道主义理想带有明显的不民主色彩。一方面，他声称自己最欣赏那位踏实肯干的园丁，那位五个孩子的母亲。另一方面，他又厌恶那种个人屈从于工作的恶臭气息。他对一位地上的宇宙园丁的想法完全是精英主义的。在最后一部作品中，他对这一观点进行了深入探讨。这部作品具有宗教性质，他在其中为寡头政治做了充分的辩护。他知道是普世价值把人们联系在一起，但他始终批判这一标准的低劣。他不明白为什么是皮兰德娄而不是易卜生，是爵士乐而不是莫扎特，是廉价的印刷品而不是梵高或塞尚的作品最终获得成功。他喜欢军营的生活，但常常住在营外；在图卢兹，他很快就搬出阳台大酒店，住进了附近阿尔萨斯-洛林街上的一间公寓，虽然这种情况在拉泰科埃尔公司员工中并不像在斯特拉斯堡那样少见。他享受独处。

第一次飞行结束后不久，他在图卢兹的一家咖啡馆里给一位朋友写信。他坐在一张他已经连续坐了好几个晚上的桌子旁，打量着一屋子默默玩纸牌的人。他们安静地喝着开胃酒;他在角落里沉思。他们在考虑下一步出什么牌;他在憧憬摩尔人和飞机。“老板和侍者已经摸熟了我的习惯;他们为我拉出椅子,对着我加进咖啡里的三块糖微笑,在我随后点了一杯啤酒时笑容洋溢,到了晚上10点整我要抽烟时他们乐呵呵地提醒我‘先生,您的烟’。他们觉得二十年后还能在 140
这里看到我。我要让他们多么失望啊!”他向勒妮·德·索西纳描述他每天走的“小路”。他一日日平淡地生活,直到再也压抑不住逃跑和探索新领域的欲望,就换到一家新的咖啡馆,坐到一个新的座位上,从新的卖报小贩那里买报纸,用新的套话招呼小贩。他承认自己害怕习惯,习惯让人成为“蘑菇”。他可以谦逊地、全心全意地投入工作,却无法屈从于一成不变。圣埃克苏佩里似乎天生如此,也没有悔意;如今他渐渐不把这事放在心上了。拉泰科埃尔的一些员工认为多拉留下圣埃克苏佩里纯粹是因为他的名字,他们这么想有很多理由,但并不是事实。

圣埃克苏佩里与这位杰出人物的关系一开始并不愉快。在他第一次飞往阿利坎特的那个早晨,雨下个不停。机场地面上的小水坑被风吹起层层涟漪。“你觉得天气坏吗?”圣埃克苏佩里问多拉。多拉望着窗外,好像他是第一次这么做,喃喃地说:“这没什么影响。”圣埃克苏佩里不禁纳闷,什么天气才叫坏。突然,他觉得吉约梅灌输给他的信心消失殆尽。有一句话萦绕在他心头。吉约梅说过,他很同情这个不了解整条航线的人,尤其是在暴风雪即将来临的时刻。

圣埃克苏佩里冒雨起飞了。五个小时后,经过在巴塞罗那的短暂停留,他降落在欧洲最温暖的城市阿利坎特。他后来写道,只有在这里,“枣子成熟了”。除了比利牛斯山脉毫无威胁的积雪,他没有看到别的雪。第二天返程稍微有些波折。他再次顺利地翻越了群山,但到傍晚时分,他在卡尔卡松和图卢兹之间遇上了大雾。在离蒙托德兰几英里的地方，飞机在一片田地里迫降。搜寻队立即开车出发，几个小时后终于找到了他。多拉的副手雷蒙·瓦尼埃在潮湿的草地上发现了坐在机翼下面的飞行员。“先生，”圣埃克苏佩里说道，“飞机完好无损。很抱歉，第一次邮航飞行没有圆满完成任务；我尽力了。”而这和他在波舒
141 哀失去了桌子后写下那首诗时的心境，有天壤之别。

第八章　迅速完成任务

1927—1929

规定就是规定。

——圣埃克苏佩里,《小王子》

圣埃克苏佩里的遭遇在拉泰科埃尔的早期历史中无足轻重,这段历史充满精湛的技术,也充满灾难,两者常常交织在一起;其他时候,这段早期历史不过是一部飞行员版的默片。战争结束后,法国的航空业不仅在全世界最具生产力,而且拥有一万二千名飞行员和数量相当的飞机。这些情况引起了皮埃尔-乔治·拉泰科埃尔的注意,他是一位雄心勃勃的年轻企业家,在完成工程学校的学业后,回到家族做木材生意,并且一直在寻找机会创立自己的企业。最初,他制造火车,取得了巨大成功。1917 年,他三十四岁,由于视力差,不能去前线,他清楚地认识到,铁路已经是 19 世纪的事物了。当年 10 月份,据估计工厂(当时他还没有自己的工厂)生产第一架全新系列的飞机至少需要三个月,他与政府签订合同,答应在年内制造一千架莎尔玛生侦察机。他首次交付六百架飞机时延迟了,但只延迟了一点点。根据合同条款,他发了大财,他从停战协定中得到的好处和从战争中得到的一样多。他甚至在

142 战争后期开始考虑飞机在战后世界中的潜力；他需要一个新的挑战，他天生雄心勃勃。

1918 年 5 月，拉泰科埃尔与童年的玩伴贝波·德·马西米分享了他的想法，贝波有在战时飞行的经验，而拉泰科埃尔自己从未驾驶过飞机，他很看重贝波的经验。他没有考虑从巴黎到伦敦或从巴黎到阿姆斯特丹这样简单的航线；这些城市之间已有铁路连接。他也没有考虑过民航，因为这对有着开放驾驶舱的宝玑飞机和莎尔玛生侦察机来说并不适合。他把目光转向法国南部和美洲，思考 20 世纪初帝国广泛的商业利益。当时，法国是仅次于英国的世界第二大殖民国；仅法国在非洲的殖民地就接近四百万平方英里[*]，是法国本土面积的十五倍还多。法国与摩洛哥的贸易是法国殖民王冠上的璀璨宝石，在战前的四年里增长至三倍。战争——下一场会更加激烈——使人们认识到这些殖民地在战略和经济上的重要性。拉泰科埃尔想象着一张交通网络，将拉巴特和卡萨布兰卡经西班牙海岸与法国相连，这条线后来向南延伸，穿过里奥德奥罗港，沿毛里塔尼亚海岸延伸到塞内加尔的圣路易以及达喀尔——法属西非帝国的行政中心。达喀尔是一座繁忙的、气候恶劣的城市，有四万人口；虽然当地法国人不多，但它是法国的第三大港口。航线的出现使达喀尔一跃成为世界上地理位置最好的城市之一；达喀尔与新世界相隔的一千六百二十海里[**]一夜之间缩短了。拉泰科埃尔设想这张网络时，想到的是改装能飞越四百英里的战斗机；当新技术终于赶上他的设想时，他认为达喀尔的维德角半岛位于非洲最西端，可以作为飞往美洲的起跳点。飞机可以继续途经布宜诺斯艾利斯、里约热内卢和蒙得维的亚，最终飞往北美。

当年 5 月，拉泰科埃尔向马西米提出了大胆的计划，从此启动了风

---

* 1 平方英里约等于 2.59 平方千米。——译注

** 1 海里约等于 1.85 千米。——译注

车，他正是因此被后人铭记。根据这位意大利人的说法，当时的情况似乎是："我重新核算了所有数字。它们证实了专家的意见：办不成。我们只有一个选择：放手去做。"在停战协定签署之前，拉泰科埃尔向英国政府大胆提议创建商业航空公司；他认为最大限度上可以把从图卢兹到卡萨布兰卡的时间缩短到两天（当时，信件从巴黎通过火车和轮船运送到卡萨布兰卡需要七到十一天，这取决于季节），把从图卢兹到达喀尔的时间从十二到十四天缩短到五天。马西米对外交很感兴趣，而 143
且相比把希望都放在拉泰科埃尔身上，他愿意进行更多外交实践，在政府明确表明立场之前，他已经被派往西班牙，就授权飞越西班牙领空和建造、装备海岸线上的飞机跑道进行谈判。

1918 年，拉泰科埃尔在比利牛斯山脉上空的一架莎尔玛生飞机上庆祝了圣诞节。他和他的飞行员首次从图卢兹飞到巴塞罗那，距离二百英里。两个月后，马西米从图卢兹飞往位于巴塞罗那以南二百五十英里的阿利坎特，他让人在那里准备好一条六百米长的降落跑道。不幸的是，他的要求被误解为准备好一条六百平方米的跑道；在飞机坠地前后，马西米开始流鼻血时，他惊叫道："这是手帕，不是飞机降落跑道！"他和他的飞行员立即着手清理出一条合适的跑道。拉泰科埃尔本人也在飞行途中，庆幸的是，拉泰科埃尔延迟了着陆。他的飞行员在比利牛斯山脉的湍流中弄丢了眼镜，飞过了巴塞罗那。飞机本应在巴萨罗那降落加油，然而飞行员没有看到那座城市。飞机耗尽燃油后降落在从巴塞罗那到阿利坎特大约三分之一路程的一片沙地上。飞行员和拉泰科埃尔在这里设法给飞机加了油，继续赶路。在乘客的帮助下，飞行员辨认出阿利坎特机场的跑道，但看不清风向标，此时风向标显示飞机顺着强风降落。飞机在新修的跑道上急速滑行，结果在跑道尽头撞上了石头。从飞机残骸中被救出后，不可救药的拉泰科埃尔总结说："事情没那么糟。我们得修理这几架飞机。一个月后向摩洛哥出发。"

尽管如此,他还是决定当晚乘火车回法国。

过了不到一个月,那时圣埃克苏佩里还在准备海军考试,拉泰科埃尔飞抵拉巴特,他走下莎尔玛生飞机,受到了热烈欢迎。利奥泰元帅——当时还没有被任命为元帅,而是作为摩洛哥无冕国王的将军而为人所知——前来祝贺这位实业家。拉泰科埃尔送给利奥泰一份前一天的巴黎报纸,送给他妻子一束从图卢兹空运过来、装在帽盒里的紫罗兰。拉泰科埃尔从法国来,用了不到二十四个小时,相当于乘船所需时间的四分之一,并且航行条件还要非常好。利奥泰从没有这么快收到报纸;这份送达的报纸为拉泰科埃尔赢得了一位重要盟友。利奥泰有自己的经费,他立即从经费中给这位实业家拨了一笔重要补贴。拉泰科埃尔确保了自己在法国邮政业务中的垄断地位,在夏末又签订了向
144 南方开通邮航的合同。拉泰科埃尔招募了几名飞行员;马西米拜访了8月份抵达图卢兹的老战友多拉。这条航线算是运行起来了,虽然不是很有规律。

1919年9月1日,多拉主持了图卢兹和卡萨布兰卡之间航线的建成仪式。飞行装备仍然不可靠,但拉泰科埃尔的决心非常坚定;虽然有七架飞机,但只有三架能够起飞。当年12月,一名飞行员驾驶飞机在比利牛斯山脉附近坠落,这是公司遭遇的第一起伤亡事故。随后发生了大量事故。各种问题相继出现——士气、外交、物资、安全、资金。然而,这些问题似乎与每天的任务无关,任务就是按时起飞和降落。西班牙就像比利牛斯山脉的风一样不可预测和充满敌意:多拉和另一名飞行员秋天分别在西班牙领土紧急降落后被俘,西班牙人称没有人告知他们法国人已经获准登陆西班牙领土。在西班牙,反法情绪高涨,无论是皇室还是军队都对法国这个邻居没有好感;德国人对法国航空的萌芽慷慨相助,并继续在马德里积极游说。对拉泰科埃尔来说,可能今天飞越西班牙领空是合法的,明天就是非法的。晚至1928年,法国驻西

班牙大使还给奥赛码头写信提到西班牙人对航线的消极抵抗："大量证据证明，现有的指令对法国—摩洛哥航线不利，甚至构成障碍；我们经常发现，新上任的部长作出的承诺会被突然收回。"1937 年，伦敦的《泰晤士报》报道说，因为法国和西班牙仍然不睦，圣埃克苏佩里飞往廷巴克图考察另一条法国—南美航线。

尽管如此，在经历了一系列事故和奇迹之后，拉泰科埃尔的事业稳步发展。1920 年，也就是在多拉飞往卡萨布兰卡一年后，公司由十三名飞行员、三十名机械师和六十架飞机组成，占整个法国商业飞行员的五分之一和商用飞机的三分之一。拉泰科埃尔继续拓展业务：1923 年，卡萨布兰卡—达喀尔航线即将开通，不过困难当然也不少。两年后，这条航线——一条空旷的沙漠航线——正式开通，它靠的是"一系列凭借运气和飞行员的勇气作出的尝试"。但这并没有阻止拉泰科埃尔登上前往里约的船——几乎恰在一个月前，圣埃克苏佩里第一次出现在多拉面前——看看他是否能在南美洲开辟业务。不到两年时间，一封从巴黎寄出的信八天可以送达布宜诺斯艾利斯，所用时间只有拉泰科埃尔 1926 年登船时的四分之一。 145

1920 年拉泰科埃尔运送了二十万封信。十年后，公司的邮政服务扩展到非洲和南美洲，可以运送三千二百万封信。但服务质量和设备质量仍非常不稳定。1927 年，飞行员们抱怨他们一半的时间都花在搭救飞机出故障的同事上，每飞三次就会出一次故障。飞机在低空飞行跌跌撞撞，没有爬升动力，能起飞全凭运气。然而，当年的一千四百六十二袋邮件中，只有一袋没有送达目的地，至少公司的年度报告是这么说的。总而言之，无论怎么看，拉泰科埃尔都取得了巨大的成功。到 1930 年，公司拥有世界上最长的航线，成为欧洲最大的商业航空公司。拉泰科埃尔不屈不挠的个人精神已渗透公司的各个层面；公司夸耀自己的团队精神是其他公司无法匹敌的，认为这是公司最大的财富。

在邮政航线方面，法国充分利用了其广阔的国土、航空领域的战前成就以及战时工业等优势。另外，法国的土地也在一开始就对拉泰科埃尔的愿景表现出了自然的热情。虽然同胞们可能不完全理解他对速度的重视，但他们欣赏他对文字的热爱，文字在法国是神圣的。法国人爱写信，所以长期以来他们抵制电话，认为电话是侵略性的，凌驾于社交法则之上，即使今天，人们打电话也得找借口。（圣埃克苏佩里对电话没有这些保留意见，他经常打电话。据他看，文字的传播速度总是不够快，即使他写了信，也要打电话去解释或更正他的文字。1930 年，他严厉批评勒妮用海运寄信：“如果信走海运，就不值得我们费那么大力气去取邮件了。”）现在巴黎人每天要寄三封信，法国国内的信件都会第二天准时送达。

然而，拉泰科埃尔在 1920 年代发迹的主要原因不是文化或殖民。没有哪个国家在战后比法国更加鼓励航空发展。与法国相比，英国和美国态度冷淡；德国被和平条约束缚住了。法国设立了国家气象局。法国航空宣传委员会——一个公共关系教育委员会——由实业家安德烈·米其林于 1921 年创立；它的使命是向每个法国人灌输“飞行精
146 神”。国家帮助训练飞行员、制造飞机。飞行俱乐部遍布全国各地。国家为有兴趣购买私人飞机的人提供补贴，至少 40%由国家承担；圣埃克苏佩里可能在 1935 年受益于这一政策。法国人受到反德精神鼓舞，公开竞争的热情很高，其中航空业的竞争是最光荣的。奥赛码头试图把整个法兰西殖民帝国紧密联系在一起，它有自己的利益考虑：各殖民地与外交部的交流速度越快，其总督就越不得不服从巴黎的决策。航空实际上有助于终结外交冒险家的时代。到 1930 年代中期，飞行员们开始抱怨“美妙的冒险时代”已经结束时，殖民化已成为国家公务人员的工作领域。法国政府对拉泰科埃尔很慷慨，因为他在部长们面前常表现得跟哥伦布对伊丽莎白女王一样，他们的投资在声望和历史上获得

了丰厚的回报。

到1930年代初,政府的赞助变得不可靠,拉泰科埃尔公司的经济基础也开始不稳固,而此时大多数国家都用飞机在城市之间运送邮件。德国和荷兰在运输机械制造方面一直遥遥领先。早在1927年年中,美国邮政就实现了邮件在四十八小时内从纽约送抵旧金山。这一年,林德伯格的飞行改变了美国对航空的冷漠态度。法国还有四条邮政航线,拉泰科埃尔在被卖给旅居南美的法国人马塞尔·布尤-拉丰后有了新名字,叫作空中邮政(它的官方名称是空中邮政总公司)。拉泰科埃尔的头脑风暴在狂热、拥挤的早期航空史上是引人注目而短小的一章;它不是寿命最长的,但可以说是最有野心的航空公司。公司飞行距离有限,技术潜力不足,从某个角度看,它只是一家引人注目的商业公司。即使被轰动一时的丑闻摧毁了,它仍然留在人们的记忆中,这在很大程度上要归功于一位不合群的飞行员,他书写这家公司英雄时期的文字不可磨灭,尽管他自己并不是,也从未声称自己是这些英雄中的一位。他从未出现在公司的年度报告里,但他为航线所做的,就像《生活》杂志对"水星七杰"的报道一样。* 历史属于雄辩者。 147

*

没有人对飞越云雾缭绕的山峰、与下冲气流搏斗、在暴风雪中飞行的描写,比圣埃克苏佩里的更生动。1926年12月到1927年1月,他定期飞越比利牛斯山脉,这段时间,他越来越适应飞行员职业的严格纪律和飞机的毫无纪律。他在给勒妮的信中谈到守卫法西边境的山神:

---

* 1959年4月9日,美国第一批宇航员人选公布,这最早的七名宇航员被称作"水星七杰"。美国《生活》杂志对他们进行了报道。——译注

> 你向山神申请通过权。在九千英尺的高空,你非常自豪。但是山神们会与你为敌,把你拖下去,高度计的示数骤然下跌“9000……7000……5000……4500……3000”,你也在下降;你被迫绕行,因为山比你还高,众神在笑。你试图从山谷中逃脱,却像煎锅里的蛋想从锅里跳出,因为怀着敌意的山神们在打网球,而你就是那只球。

在另一次飞行后,他说自己用一只手驾驶飞机,另一只手紧紧握住生命;有时,他的飞机会“抓住机会跳一小段查尔斯顿舞”,他就两只手都紧紧握住生命。他在暴风雪中以每小时一百英里的速度飞越了两座他看不到的高山。只有指南针为他指引方向;他摆脱了暴风雪,但完全偏离了航线。这次飞行使他注意到指南针和风向标之间不幸的相似。还有一次,他报告说从图卢兹到阿利坎特飞了九个小时,而平时只需要五六个小时。1927 年初,航线拓展到卡萨布兰卡,偶尔会到丹吉尔,这种远行使他筋疲力尽。他在四天内的飞行里程可能长达二千五百英里。这类飞行之后,他站起来时会摇摇晃晃像是喝醉了,张口说话时会结结巴巴,他会不知道自己身在何处。只有一次,他想到了“英雄”一词,那是在这样一趟艰难的飞行之后,他趁着还没有瘫倒在地,以超人的意志坐下来写了一封信。

到 1 月中旬,他已经飞行了十八个月多一点,他作为经验丰富的老飞行员,要飞萨布兰卡—达喀尔航线了。当时这条航线已经启动超过十八个月了。他有点不安,这完全可以理解,因为他到拉泰科埃尔公司仅一个月,摩尔人就杀掉了他两名同事。他获知这个消息后又过了几周才真的被派去达喀尔,这对他来说可能不是什么好事;他后来说,无所事事让他感到害怕。他打包好行李,闷闷不乐地搬进他住过的最整洁的房间,一直待到 2 月初。自从搬到阿尔萨斯-洛林街上的公寓后,他就开始与女房东的陶瓷塑像“斗智斗勇”。他常常把塑像放在壁橱

里，回来时却发现它们非常神奇地出现在壁炉台上。这两尊塑像，驼背 148
的轻步兵和牧羊女，代表了他非常抗拒的生活；如今他让它们赢得胜利，统治他堆满箱子的凄凉房间。他说这两个庸俗的神发出的命令让人痛苦，所以他尽可能少待在住所里。他觉得自己就像一个十五岁的孩子，即将离家前往寄宿学校，出发前他把所有记忆都整理得井井有条，收藏起来。1 月的一天，可能是在他打包好行李前，圣埃克苏佩里夫人到图卢兹看望他，这是她一直以来的愿望。他闷闷不乐。他说这是因为他无法让母亲高兴起来，母亲当时对他不太满意。在离开之前，他悔恨地写道，等回到法国他一定要偿还所有债务，成为一个适合结婚的人，成为她理想的儿子。

2 月 6 日，圣埃克苏佩里驾驶一架空载飞机，飞往位于卡萨布兰卡和朱比角之间的阿加迪尔。从阿加迪尔，他作为乘客坐飞机前往达喀尔。7 日，吉约梅和一名口译员带着邮件乘宝玑飞机从阿加迪尔出发；勒内·里盖勒和圣埃克苏佩里乘坐另一架飞机出发。戏剧性的一幕是，两架飞机飞过锡斯内罗斯城后失去了联系，但它们先后在埃蒂安港着陆，加了油，很快再次起飞，这是距离第二长的一次飞行。虽然很兴奋，但圣埃克苏佩里还是热得晕晕乎乎睡着了，他醒了一小会儿，看到飞机偏离了航线一英里左右，原来里盖勒为了降温把飞机开到了海面上。对此他不太高兴——他想如果出了什么差错，他们肯定会淹死的——但他还是又睡着了。

> 我被一阵撞击声和突然的寂静惊醒，紧接着听到里盖勒说：“该死！掉了一根连杆！”我从座位上欠身，遗憾地看了一眼白色的海岸线，现在它比以往任何时候都珍贵。里盖勒生气地喊叫，让我坐好别动。我知道里盖勒把飞机开到海上是错误的；我正要说这件事；但我现在对我们所处的困境感到一种完全的、带着恶意的满

> 足。"这件事，"我心里想，"会给他一个教训。"
>
> 但这种满足的优越感显然不会持续太久。里盖勒驾驶飞机沿一条长长的对角线向地面飞去，我们离沙漠不到六十英尺——在这个高度，找一个降落点不成问题。飞机在一座沙丘上撞掉了两只轮子，在另一座沙丘上折断了一侧机翼，接着又突然撞上第三座沙丘。
>
> "你受伤了吗？"里盖勒喊道。
>
> "一点没有。"我说。
>
> "这就是我说的航行！"他兴高采烈地吹嘘道。

飞机以每小时七十英里的速度撞向沙丘；圣埃克苏佩里告诉塞戈涅，这是一次"很酷的坠机"。圣埃克苏佩里给许多人写过信，提到这趟难忘的撒哈拉处女航，塞戈涅是其中之一。圣埃克苏佩里手脚并用，从
149 废墟中爬出来；他确实没有受伤，只是浑身疼。他估计，他们距离任何形式的援助都有好几百英里，他们有两把左轮手枪、三罐食物，至于水，就只有宝玑飞机水箱里的水。（梅尔莫兹在前一年发现了这种饮料的害处，当时他困在朱比角附近，到第三天就只能喝水箱里的水了。他这么做是对的，与被摩尔人俘虏遭受的痛苦相比，这种酸性液体对肠胃造成的伤害不算什么。）里盖勒向圣埃克苏佩里保证，吉约梅会来救他们；不出所料，吉约梅很快就降落在里盖勒要去的平坦沙地上。不过，飞机上位置不够，不能搭乘三个人，于是他们决定让圣埃克苏佩里先留下，等吉约梅和里盖勒将信件安全送达后再回来接他。

在撒哈拉沙漠的第一天，圣埃克苏佩里在浩瀚的沙漠中全副武装，里盖勒和吉约梅告诉他，如果看到任何东西，马上开枪。他们把多余的子弹交给他，防备最坏的情况，但他记得当时的感觉完全不同。他孤孤单单——在首次描述时，他把那个下午称为"孤独的洗礼"——能感觉到沙漠的神秘和寂静的嗡嗡声。沙漠具有老房子一样的魅力。他远离

巴黎,甚至远离图卢兹。“我坐在沙丘上,把枪和五只弹夹放在身边。自从出生以来,我第一次觉得我的生命是自己的,我要对它负责。”他爬上沙丘,像船长从船上眺望大海一样眺望地平线,被四周空旷的沙海迷住了。一只瞪羚出现了,在金黄色的夕阳铺洒开来的时候,吉约梅也出现了。“你不害怕吗?”飞行老兵问,他没有提起把同事丢在撒哈拉沙漠中最安全的地带,也就是在毛里塔尼亚境内。圣埃克苏佩里回忆道:“我说不害怕,我觉得瞪羚并不可怕。”他在给母亲的信中若无其事地写道:“处女航很顺利,只是飞机出了故障,坠毁在沙漠里。”

那天晚上,圣埃克苏佩里不太在意自己的居住条件。只有他对 2 月 8 日晚上的描述得以保存下来,但是版本很多,所以很容易判断描述的准确性。圣埃克苏佩里从一个主题变化出许多描写版本,这表明他可以从一个具象的事物提炼出大量叙事和精神层面的戏剧性内容。里盖勒很幸运,坠机地点离位于毛里塔尼亚海岸上努瓦克肖特的法国要塞不远,而努瓦克肖特现在是毛里塔尼亚的首都。一名法国中士带领十五名塞内加尔士兵在这所岗哨驻扎了几年;在这处“异域法国”,没有 150
谁比三位爱国志士更受欢迎了,对法国中士来说,他们就像天赐的礼物。

他有六个月没见过一个法国人了;早年这里通信不畅,中士每年只能收到两次信件,因此他的回信就没有什么意义了。他生活中的奢侈品就是几支蜡烛,他靠这些蜡烛在简朴的卧室里写着迟迟不能送出的信。在一个描写版本中,圣埃克苏佩里说,中士看到客人时哭了。在所有版本中,他向祖国来的使者倾吐心声,并倾尽自己所有招待他们。他自豪地请飞行员们享用他地窖里最好的食物,随后他们来到要塞的矮护墙前,谈起天上的星星。(圣埃克苏佩里写道:“它们一直都在,发挥了很大作用。”)四个人抽着烟,望着天空,在月光下倾吐心事。吉约梅和里盖勒回忆起他们在法国认识的女人,称赞她们很有魅力;为了不露怯,圣埃克苏佩里给自己“编造了”一位女朋友。中士谈到了他的中尉和上尉,他有几个月没见过他们了;他们是他仅有的访客,一年见两次。圣埃克苏佩里意识到,对于困在沙漠里的人来说,这些就是爱的回忆。

接下来的一周里,圣埃克苏佩里从达喀尔给塞戈涅写了一封热情的信:

> 我们睡在沙上,但快到凌晨3点时,我们的羊毛毯变得又薄又凉。月亮施了邪恶的咒语。凌晨3点,我们冻得要命,不得不起床。我们回到要塞,坐在墙上;中士在睡觉,我们三个人看守沙漠。我可以告诉你那天晚上有多少只豺狼和鬣狗在月下交配;可以告诉你中士睡着后天上划过多少颗流星:三颗。那时我许下心愿:第一颗,愿这一夜延续千年;第二颗落在北面,愿每个人都写信给我;第三颗,愿全世界所有女人都更温柔。这是一个多么宁静,多么美妙的夜晚,我不敢再去惊动星星了。

塞戈涅保留了这封信,觉得信里的文字特别精巧;他当时猜测,这封信是什么作品的手稿。他猜对了:这件事出现在两部作品,《南方邮航》和《风沙星辰》中。虽然塞戈涅无疑读到了对那个夜晚最具个人风格、最富有诗意的描述,但这五个版本的描述都是对第六个更抽象版本,即《小王子》的演练。在《南方邮航》中,圣埃克苏佩里将角色缩减
151 为两个,其中一人穿过星际来拜访另一人;在沙漠中,孤独的两人分享了各自星球的秘密。贝尼斯跟着中士走到矮护墙前,去抽一支烟。“你是星星上的中士吗?”他问。中士没有回答。月光下,两人高声唱起儿歌《下雨了,下雨了,牧羊女》。他们唱完的时候天亮了,中士帮贝尼斯修好飞机,心情沉重地送走了这位“年轻的神”。中士心里想:“这么英俊的使者究竟是从沙漠之外的哪个天堂无声无息降临的呢?”十六年

后，这个谜题将困扰《小王子》的叙述者，他的寓言有很多方面在努瓦克肖特就得到了预示，在那里天文学沿着一条不同的路线发展。在早期版本的手稿中，圣埃克苏佩里甚至为埃蒂安港总督——他与驻守在努瓦克肖特的中士很相像——安排了一位妻子。傍晚时分，在沙漠中，

> 女主人带我们参观她的花园。三箱泥土是从二千五百英里外的蒙吕松运来的。她每天晚上为泥土浇水，水是每个月从波尔多运来的。箱子里生长着三株绿色植物。我们像是抚摸宝石一样轻轻抚摸着它们的叶子。总督说："这里是我的花园。每当起风、沙土飞扬，一切都很干燥的时候，我们就把这些植物搬到地窖里去。"

就像飞机坠毁的那个夜晚让人想到《风沙星辰》的书名一样，这件事也让圣埃克苏佩里终生难忘。他反复写了很多次，不断变换，来达到叙事的目的，就像转动棱镜一样。吉约梅和里盖勒大概也被沙漠天空中的珠宝和机翼上闪动的月光所感动；不只有诗人才能感受到撒哈拉夜晚的诗意。圣埃克苏佩里本可以即兴发挥，但在这些叙述中，他都觉得没有必要夸大其词（除了他在《南方邮航》中派给中士二十名塞内加尔士兵）。他被这个奇妙夜晚中更为人性的元素所吸引：距离和孤独的双重力量，以及两者制造的亲密关系；家和故乡的非凡重要性以及代表这两者的一切；人心里编造的神话，尤其是孤独的人，尤其是生活在沙漠这片上帝的土地上的人。圣埃克苏佩里的职业可以赋予人传奇色彩，但是圣埃克苏佩里在从事这一职业时，却发现人越来越渺小，经常会像驻守努瓦克肖特的中士那样孤立无援，直到有紧急的事或内心看重的事让他回到同类身边。但是他并没有忘记，他距圣日耳曼-德-普雷斯广场有数百英里。"在沙漠里有点孤独。"小王子说。"在人群中
也会孤独。"蛇回答。 152

*

一两天后，圣埃克苏佩里到了达喀尔，这座城市与努瓦克肖特好像属于不同的星球，他立刻讨厌它。达喀尔平坦、灰暗、现代，面积是勒芒的一半，没有什么特别之处。达喀尔全年潮湿，即使在不太热的日子里也湿漉漉的；2月份，圣埃克苏佩里抱怨说，从早上起床起，他就在不停地流汗。他把塞内加尔的大城市比作阿斯涅尔——巴黎郊区一个非常灰暗的地区；他写信给他母亲，自嘲说他远行三千英里，结果却到了里昂的郊区。他在信中写道，达喀尔比资产阶级的法国更有资产阶级味道，比外省更有地方特色，他抱怨这个狭小的熟人社区一无是处，它政治狭隘，高度自负，是殖民统治不可避免的结果。他困在达喀尔，感到窒息，直到当月24日他才终于开始在卡萨布兰卡的海岸上空飞行。

起初，圣埃克苏佩里和同事们一起去镇上的几家夜总会，在其中一家，他第一次见到了吉约梅未来的妻子。（1929年，他参加了这对夫妇的婚礼）。诺埃勒·吉约梅始终记得对圣埃克苏佩里的第一印象，他在达喀尔一家俱乐部的舞池里和一个女孩跳舞，女孩个头还不到他肩膀，当时他身后拖着一条袜带。他不太喜欢达喀尔的夜生活，觉得那种殖民式的堕落让人厌恶；还有人说看见他在达喀尔一家夜总会的角落里读柏拉图的《对话录》。这座城市以各种错误的方式让他想起了地方官员生活于其中的习惯的牢笼；让他想起了“路边的乡村酒馆，有时人们会进去豪饮一杯柠檬水，并在里面重新发现——就像监狱的高墙，像不可能实现的逃离——自动钢琴、日历、台球桌，尤其是那味道、那油腻的餐桌，还有那穿着拖鞋走动的女服务员”。更糟的是，在圣埃克苏佩里看来，这座城市的一切或是未完工，或是已破旧不堪。水槽里没有水，大门关不上，市政钟已经坏了十年。“这里什么都有，但就是都不能用。”他哀叹道。

即使圣埃克苏佩里在1927年月收入大约六千法郎，相当于二百三十五美元，达喀尔对他来说仍然消费很高。仅仅他在欧洲饭店的房间，每月就要五百法郎。他在床头柜上放了一幅母亲的彩色粉画，旁边立着一段树皮剥落的榛树枝，也是母亲送给他的；这使他有点家的感觉。153
他把母亲最近三年的来信收在抽屉里。一个月前，他在卡萨布兰卡露天市场买了一块摩洛哥地毯，想必也是用来装饰他在达喀尔的房间的。他说，他觉得自从买了地毯之后，自己就变了一个人；这对于一名生活在阿拉伯童话中的自由的飞行员来说再合适不过了：“我有一小块土地，我有一座家园，我有一小块卷起来的地毯。”那年冬季的一天，他去猎狮，这在达喀尔是必会的运动；他射伤了猎物，但没有打死，他承认自己觉得猎兔也一样难。他半心半意地考虑着《南方邮航》的起笔，至少在信中抱怨过。但他也知道，他将从达喀尔出发，去寻找他在努瓦克肖特接触的那种魔法。他寄希望于飞机的曲轴坏掉，这样他就可以实现梦想中的冒险了。这一愿望不同于他在努瓦克肖特的矮护墙前许下的那些，它经常实现。

从2月底到初夏，圣埃克苏佩里一直在沿海飞行。他的信——寄给所有的日常通信人，但勒妮·德·索西纳除外，他开始对勒妮不抱希望了——都盖着埃蒂安港、朱比角、锡斯内罗斯和达喀尔的邮戳；他经常亲自带着信沿沙漠海岸线飞行一千七百英里，这趟旅行能让任何人明白无穷的意义。宝玑14以每小时八十英里的速度在起伏的沙漠上空飞行，好像大海上的一艘划艇，看起来一动不动。他很高兴，写信给母亲说他终于找到了自己的使命——在那封信里，他请母亲不要在信封上写“伯爵”字样。在给萨勒的信中，他四五次尝试向萨勒解释自己的新生活的意义；他还在摸索新生活的好处，它的吸引力让他有点惊奇。圣埃克苏佩里尤其惊叹距离，它既给人自由又让人心酸；他觉得过去遥远又无关紧要，就像外地人看待一家地方报纸上的头条新闻一样。“我知道我非常独立，”他总结说，“我很需要独处。如果和二十个人一起生活十五天，我会窒息的。”

生活中涉及女人时，他允许自己不够坚定。在寄给萨勒的信中，他赞扬了独处的好处；在同一只信封中，还有他写给朋友露西-玛丽·德库尔的信，他在信中说了一些保留意见。第二天早上6点，他会在锡斯内罗斯和朱比角之间飞行，像鹧鸪一样遭到攻击。“有时候我觉得自己一定是个白痴，”他坦白道，“如果明智的选择不单单是追求快乐，我都
154 不知道我这么做是在寻找什么……我选择了最艰难，也是最不确定的生活，因为我认为，除此以外人生没有意义，因为人们喜欢——我感到厌恶。但如果我错了呢？如果这一切只是出于自尊呢？如果这只是令我精疲力竭呢？”女性朋友们和母亲代表的世界，在他看来与行动的领域格格不入，但他内心的一部分仍然渴望这个世界。他半开玩笑地写信给妹夫皮埃尔·德·阿盖，让他帮自己找一个漂亮姑娘来与他成家。他梦想着电梯、浴室、古龙香水和文明的显著标志：熨烫平整的床单。他从飞机上下来后一身油污；他让萨勒给他寄一些工业肥皂，他会付钱的，他说没有肥皂的话，每次下了飞机都得花几个小时来清洗。

他的疑虑远超过他知道自己正错过的奢侈享受。1月，他从卡萨布兰卡给勒妮写信，直白地诉说内心的恐惧。起飞前听说途中会遇上大雾，他就不开心。他不想死。（“世界不会失去太多，但我会失去一切。”他写道。）十八个月前，萨布朗在丹吉尔遇难，他更加清楚地意识到自己会死；5月，他在弗里堡的另一位朋友路易·德·博纳维也会去世。想到要前往达喀尔，飞越异教地区，他就有点发抖。他满脑子都是摩尔人。他喜欢冒险，但仅限于在白天；到了晚上，焦虑占了上风。那时，他

的世界,以及把他与世界联系在一起的纽带,似乎非常脆弱。到了晚上,他觉得勇敢荒唐可笑。“真是胡言乱语。”他在给露西-玛丽·德库尔的信中写道。(有一次他在信中可能说了太多自己的生活,超出他本来想说的。他说,他在晚上9点以后才活着。这时他能看穿别人引以为傲之事,这时他心乱如麻。)在他看来,勇敢是可耻的。他认为勇敢不是特别令人钦佩的品质:“我甚至不知道自己是否勇敢。我唯一担心的是转速表、压力表、高度计。这些才是最重要的。”他感到,随着坠机次数增多,随着他越发了解沙漠的危险,勇敢这一品质似乎越发脆弱了。第二年,他给伊冯娜·德·莱斯特朗热写了一封信,说他明白为什么勇敢在柏拉图的美德列表上排在最后了。它由“少许愤怒、一份虚荣、许多固执,还有一些俗气的‘冒险’刺激”组成。当然,勇敢的定义很多。一个人经常驾驶不可靠的飞机飞越敌区运送邮件,大多数时候,他都能
送达,很多时候他侥幸成功;另一个人为获得二万五千美元奖金,精心 155
准备了几个月,用三十三个半小时独自飞越大西洋。这两个人对勇敢的看法肯定不一样。

圣埃克苏佩里既不屈服于自负,也不屈服于忧虑。飞了几个月非洲航线之后,在塞内加尔第一次坠机之后,他开始战胜忧虑。他已经习惯了危险、高温(这阻碍宝玑飞机爬升到六百英尺以上)、耀眼的阳光、同机译员、漫长的白天和临时滞留。曾经的恐惧很快变成了迷恋;没过多久,他就不再是一名新手,拥有了超出年龄的智慧。以前,同事们偶尔担心他会心烦意乱,现在他已经变得心不在焉。

1927年5月,圣埃克苏佩里载着锡斯内罗斯的总机械师勒菲弗,从锡斯内罗斯向南飞往埃蒂安港。他带着邮件抵达锡斯内罗斯,因为邮件没有卸下,所以飞机飞得很慢;与此同时,护航机在上空盘旋。卸邮件用了很长时间,于是飞机的气冷发动机——在这段时间里减慢了速度——不高兴了。圣埃克苏佩里和勒菲弗起飞后几分钟——勒菲弗记

得是刚刚起飞——飞到里奥德奥罗湾上空时，发动机开始发出叮叮当当、乒乒乓乓、噼里啪啦的异响。发动机已经过热，圣埃克苏佩里又在爬升高度，情况更糟了。他别无选择，只能掠着海浪平静地驾驶飞机，此时护航机就在他旁边。勒菲弗比谁都了解发动机的脾气，他认为谨慎的做法是准备好游泳，这是无法避免的：他脱下鞋子，又开始脱衣服。圣埃克苏佩里这时在做什么？他在画速写，然后微笑着转身交给勒菲弗。画面上，两个人好像是深海里的游泳者、小岛上的鲁滨孙、沙漠中的囚犯。

最后，圣埃克苏佩里飞回了陆地，尽管发动机发出了叮叮当当、乒乒乓乓、噼里啪啦的异响，他们还是顺利抵达了埃蒂安港。在埃蒂安港机场，令勒菲弗大为吃惊的是，圣埃克苏佩里在宝玑航空日志中写道："飞机很好。一切顺利。"晚餐时，机械师不禁对他的判断提出了质疑。圣埃克苏佩里略带狡黠地回答："勒菲弗，你要知道，如果飞机把我们平安带到这里，它就不可能是架坏飞机。"

圣埃克苏佩里还有一次向勒菲弗保证说："开飞机和开车不同；你不必看路。飞机是靠自己直线飞行的。"他的说法听起来很奇怪，就像几年后皮佩航空的董事长威廉·T. 皮佩所说的："学会开飞机后，你会
156 发现没有开车那么累。你不必时时刻刻提防着猫、狗、孩子、交通灯、路牌、推着婴儿车的女士和逆行的车辆……没有在朝霞灿烂的清晨飞上高空的人，无法想象飞行员在天空自由飞行的感觉。"正是由于他态度漠然——在1920年代末，持有这种态度非勇即蠢——圣埃克苏佩里不是拉泰科埃尔公司机械师的首选飞行员。（有人甚至说，同事们都很尊重他，除了要和他飞行的时候。）他的表现与其说是优雅，不如说是面对压力的随意。但他的沉着冷静给后世带来很多好处，至少和林德伯格的决心一样多。本月，林德伯格的决心让世界为之震惊。很有可能，圣埃克苏佩里最清晰的思考是1927年在非洲海岸上空飞行时进行

的，当时他正驾驶着他驾驶过的最原始的飞机。几年之后，安妮·莫罗·林德伯格想不明白“他怎么能够一边思考宇宙的奥秘，一边关注耗油量？他怎么能够一边把星星看作‘闪耀着清冷光辉的钻石’，一边靠它们导航”。

圣埃克苏佩里的第一本航空日志已经丢失了，但和拉泰科埃尔的所有飞行员一样，1927 年至 1929 年，他有很多次计划外飞行，写进《风沙星辰》中的只是少数几次。但是 1927 年夏天他休病假，不是因为发生了飞行事故，而是因为患了严重的登革热，这是一种传染病，会导致肌肉和关节剧痛。他在达喀尔的一家医院住了几周，像噩梦一样，后来他喜欢给朋友们讲述这段经历，他反复描述室友的状况，他们的身体成了一群肥胖、顽强的红色虫子的宿主。疾病使圣埃克苏佩里暂时摆脱了达喀尔的酷暑。达喀尔炎热风大，法国女人和孩子一到夏天就被送回巴黎。他回到加布丽埃勒和她丈夫在里维埃拉地区阿盖的家——这所房子后来取代圣莫里斯，成为他的避难所——在那里休养。休假期间，多拉火速召他回图卢兹，并在 10 月初提前几小时通知他离开，这一次他去朱比角机场担任了十三个月的负责人。

*

1928 年底回到法国时，圣埃克苏佩里已经是航线上的传奇人物了，
因为他足智多谋，也因为他漫不经心。他发现了紧急情况的可贵之处，
并加以充分利用。紧急情况把他幼稚的执拗变为临危不乱；把他的好
表现变为一种人人喜爱的巧思，可以消除疲惫、沮丧，转移失事者的注 157
意力。他幼稚的霸道——仍然是他友谊的一个元素——在邮政航线上
更像是领导力和自信。（这种霸道有很多表现形式，很可能引发矛盾：
邮航飞行员认为他们有权在飞越沙漠之前，在朱比角机场试飞所有新

修理好的飞机；但圣埃克苏佩里坚持自己来试飞。）他和梅尔莫兹、吉约梅的关系越来越亲密，现在他在空中邮政大家庭里就像在自己家一样自在。他发现“没有什么人的情谊比同行的情谊更热忱……狂风、暴雨和漫漫长夜的痛苦使我们建立起共同的家园”。

他的冒险故事很快流传开了。1929 年 1 月的一个晚上，在卡萨布兰卡的一家餐馆里，约瑟夫·克塞尔听说了圣埃克苏佩里在沙漠中的救人壮举，还有他在朱比角精心安排以缓和局势的故事。他写道，这些奇事是人们异口同声热情传扬的，他从邮政航线乘客的视角把故事记录下来。（《南方邮航》出版几个月后，克塞尔的《沙尘暴》也出版了。圣埃克苏佩里的第一部小说没有得到《费加罗报》的评论，但报纸 11 月刊登的一段《沙尘暴》节选，讲述了他骑着骆驼拯救宝玑飞机的故事。）布莱兹·桑德拉尔第二年坐船从巴西回到法国，听说圣埃克苏佩里完成了一系列艰巨任务：他是王牌，是战士，是骑士，是冒险家，是侠客；他是公司里最多愁善感、最沉默寡言的人，也是最让人头痛的大孩子。令他印象最深刻的是，1927 年 12 月初，圣埃克苏佩里和莫里斯·迪梅尼在塞内加尔一处齐腰的沼泽中跋涉了三个小时，救出了陷在沼泽里的吉约梅。多数故事都在别人的复述中被夸大了：桑德拉尔听说，圣埃克苏佩里、吉约梅和迪梅尼在等待救援期间，激烈对弈了三天三夜。这个说法把这次不幸事件延长了整整两天。（桑德拉尔承认，圣埃克苏佩里在等待时表现出的漫不经心令他印象最为深刻；他发现这确实是英雄主义的表现。）然而，圣埃克苏佩里的同事都很清楚——尤其是迪迪埃·多拉，多拉对他的转变负有最大责任——他在沙漠里完全变了一个人。克塞尔写道，圣埃克苏佩里和以前的圣埃克斯截然不同。

早在 1929 年，作家圣埃克苏佩里就把《南方邮航》的手稿交给了伽利玛。出版社接受了他的手稿——并于 2 月 20 日与他签订了一份合同——承诺会出版他以后的七部作品。这让圣埃克苏佩里相比同事们另有了一件值得庆祝的事。他在朱比角的时候，同事们就一直全力开辟南美市场的航空邮政服务。1928 年 5 月，梅尔莫兹开通了里约热内卢到布宜诺斯艾利斯的航线，驾驶拉泰科埃尔 28 仅用十三个小时就可到达。这在南美人的眼里是一项惊人壮举，他们做梦也不会想到，两座相距一千二百五十英里的城市竟能在一天之内到达。1929 年的巴士底日，梅尔莫兹与委托人吉约梅共同主持了布宜诺斯艾利斯—圣地亚哥航线的开通仪式。人们开始庆祝空中邮政的辉煌成就：这些进步在报纸上得到了热烈的报道。在很大程度上，能够取得这些进步是由于拉泰科埃尔深知宝玑 14 的局限，在 1927 年和 1928 年研发出了新飞机。 158

到 1929 年初，拉泰科埃尔 25 和 26 基本上取代了宝玑 14，拉泰科埃尔 26 一次能飞四百二十五英里。这两种飞机——拉泰科埃尔 25 专为运送邮件而设计——不仅功能比宝玑更强大，还能载客，并配有无线电电报机。他们不会经常出故障，还可以在夜间飞行；从 1928 年年中开始，航空公司的飞机开始全面提速。但梅尔莫兹抱怨，1929 年，邮件从巴黎送到布宜诺斯艾利斯总共需要十四天，其中八到十天都花在一艘缓慢的法国轮船上；这对竭力把信件从巴黎送到达喀尔，然后再从纳塔尔沿着巴西海岸送到布宜诺斯艾利斯的飞行员来说简直是一种侮辱，飞行员在这两段路程上各用时最多两天。飞机仍需飞越达喀尔和纳塔尔之间一千六百英里的海域。很明显，新技术即将问世；我们需要的是一位经验丰富的飞行员，能够飞塞内加尔—巴西航线，他不仅能驾驶水上飞机，还能靠星星导航。

多拉想到了让圣埃克苏佩里来执行这项任务，这证明至少现在，他开始尊重这位作家的飞行员身份。他是拉泰科埃尔公司少有的学过高等数学的飞行员，而高等数学是导航的基础。1929 年初，他参加了海军军官学校开设的一门天体导航精英课程，该课程面向大有前途的年轻中尉和私营部门的少数飞行员。4 月,圣埃克苏佩里在巴黎短暂停留,到圣西尔军校做了一些准备工作后,他发现自己终于来到布雷斯特。他只是迟到了十年。

利昂内尔-马克斯·沙桑将军当时是一名出色的海军中尉,他负责这门专业课。他很希望和十一名学员(比他小不了多少)的关系以非正式的方式开始;于是他将全班的第一次见面安排在布雷斯特最好的咖啡馆洲际咖啡馆的露台上,时间是下午 6 点。于是十个年轻人和一位辅导教员如期而至。过了一会儿,圣埃克苏佩里来了,他为迟到道歉;
159 他在布雷斯特老城区租了一间房,在城中弯弯曲曲的街道间迷路了。他这次出场令人难忘。如果圣埃克苏佩里在飞行员中很突出,那么现在圣埃克斯在一群背景和教育与他相似的人中间也很突出。沙桑还记得这位身材魁梧的学员给他的印象:“一个大块头,满头黑发乱蓬蓬的,前额突出,表情透着聪明和善良。”上课时,只有圣埃克苏佩里和班上唯一的工程师两个人不穿制服;他比同学们大五六岁(比教员大两岁),而且秃顶了。就算他并非名声在外,布雷斯特的同学们也能看出来,空中邮政公司的这名飞行员可不是只会动动笔杆子。他立即被同学们称为“朱比”。

沙桑的课开了个好头。和蔼的教员敬了一轮苦艾酒和黑醋栗酒,随后学员中的高级军官也敬了一轮,这是合乎礼节的。沙桑的同事敬了下一轮;圣埃克苏佩里打破传统,代表平民学员提议大家喝一轮苦艾酒和黑醋栗酒。喝了十三轮酒,又合唱了几支醉醺醺的曲子之后,这群人熟络起来了。显然圣埃克苏佩里在这个圈子很舒服,他对大家讲起了自己在波舒哀闯的祸。他特别喜欢把自己报考海军军官学校失败归因于法语成绩不及格;任何一位将在 4 月份出版处女作的作家都难免想这么说。他们不仅在酒吧中相聚,还在古城堡的屋顶上上课,大家的感情更深了。在城堡屋顶上,沙桑和学员们手拿六分仪测绘夜空。在布雷斯特,常有乌云覆盖天空,这时天文学家们就在寒风中畅聊几个小时,等待天空放晴。

如果说圣埃克苏佩里在布雷斯特也很出名的话,那不是因为他在沙漠中的传说,也不是因为他在学校时的古怪滑稽,而是因为他“既笨拙又有智慧”,他在理论方面才华横溢,但在实践方面笨拙得出奇。沙桑注意到,这位学员在数学方面很有天赋:他尽管在教育体制中失败了,但没有忘记早年学的数学知识,他对微积分的掌握和年轻的中尉们一样好。他有一种非凡能力,能够找出两个看似不相关的现象之间的微妙联系;多拉观察到,他能够敏锐地把一个复杂的问题分解成简单的组成部分。他天生擅长发明创造。他是一名天才工程师,现在他比发明飞行自行车和灌溉系统的时候更成功了。圣埃克苏佩里在布雷斯特发明的航海仪器只遇到一个难题,他也自信地和沙桑说了,那就是,它 160
们已经存在了。

他在实践方面没有获得高分;多年后,他的失误仍记录在案。他打碎了一台昂贵的象限仪,弄坏了一个磁指南针,把一个水道测量圈放错了位置。很遗憾,他没有通过一场磁偏差突击测验,他一下午惊慌失措、冷汗直冒,却写下了一连串古怪的答案。沙桑多次提醒他,水上飞机的驾驶员是向后拉操纵杆起飞的,而不是像传统飞机那样向前推;圣埃克苏佩里没有理睬,他还是一心将操纵杆向前推,结果飞机降到了水中。飞机、飞行员和教员都掉进了凶险的旋涡。还有一次,他差点淹死。沙桑教学员们驾驶双引擎莱瑟姆水上飞机,这种机型的一个特点是舱门极难关闭。他特别提醒了学员们,只有圣埃克苏佩里一人没有理会,忘了在着陆前关上舱门。他疯狂地挥手呼叫,但机舱还是灌满了水,他也湿透了,最后他和飞机被码头上的起重机从海里吊上来。获救后,圣埃克苏佩里开始为自己的笨拙找借口;沙桑对他很冷淡,对他的学员来说,这比任何其他惩罚都更让人难受。

在从布雷斯特寄出的信中，他的语气听起来不是很开心，可能是因为工作量太大了。他写信给母亲，说布雷斯特“不是很好玩”，他很想去看望母亲，但（不知为什么）暂时去不了。他非常思念圣莫里斯，说他需要休假。5 月，塞戈涅的女儿出生了，他心情忧郁地给这位朋友写信。他说他厌倦了自己的生活，不是沙就是海，两者都没有绿色植物和女人。他想，塞戈涅初为人父肯定既骄傲又难受；他承认在这种情况下，心情如此是很自然的。他有时是一个孤独的人，一位与他同看日落的朋友——两人坐的地方相距三十英尺，全程一句话都没说——很快就看出了这一点。

和在波舒哀时一样，圣埃克苏佩里在布雷斯特也被文学作品深深吸引，而这一次更正当合理。他对《南方邮航》校稿的修改非常关注——沙桑觉得，他的关注有些过度了；他一定是在 5 月初就收到过校稿，当月《新法兰西评论》刊登了《南方邮航》的一篇节选。小说的校稿一到，圣埃克苏佩里就把它给教员看，他非常看重教员的意见。（沙桑对此印象很好。）最终，那年春天，这部小说成为布雷斯特生活非常重要的一部分，全班同学都对这本书的第一页倒背如流。对圣埃克苏佩里
161 痴迷的人并不限于他的同学们。圣埃克苏佩里在巴黎的表亲奥诺雷·德艾蒂安·德尔韦也是海军军官，他记得圣埃克苏佩里收到《南方邮航》的校稿不久激动地朗读，吵得他彻夜难眠。

这位年轻的作家并不总是这么勇敢。也是在 4 月，在伽利玛的建议下，他去拜访了与他年龄相仿的作家安德烈·伯克莱，伯克莱已经出版了许多作品，并且在出版社中占有固定的一席。伯克莱还记得，他一见到这个腼腆又健壮的人，就立刻产生了同情。当时圣埃克苏佩里站在门口，挡住了光线，从口袋里笨拙地掏出一份校稿，上面写着：“我的出版商，也是您的出版商，让我来请您给我的这本书赐序。很抱歉打扰您。”（实际上，伯克莱已经提前得知自己会受到打扰，因为圣埃克苏佩

里前一天给伯克莱家来过电话。此外,伯克莱几年前曾是伽利玛的室友,现在他在很大程度上是伽利玛的非正式使者,最近他抱怨说使者的职责让他几乎没有时间写作。伽利玛反驳说,伯克莱在自己公司里过得很优越,同时把给圣埃克苏佩里作品作序的任务交给他——要求他在次日中午写好——以表安慰。)在圣埃克苏佩里到访第二天,这篇序言就出现在伽利玛的办公桌上。在序言中,伯克莱将这位小说家描述为公司的明星飞行员。“圣埃克苏佩里不是作家”,他是一位英雄,伯克莱的解释令人印象深刻。几个月后,伯克莱和圣埃克苏佩里成为朋友,他后悔没有更加热情洋溢地称赞圣埃克苏佩里的作品。伯克莱发现这位作家令人惊异、容光焕发,走在街上就能吸引人们的注意。他对一切都兴趣浓厚,总是在经过一番考虑之后,迫不及待地发表评论。伯克莱回忆他们一起散步、吃晚餐、逛书店、在咖啡馆消磨午后时光,他说:“圣埃克苏佩里似乎拥有所有学科的学位。”

但从他在布雷斯特的遭遇来看,这话很讽刺。7 月,圣埃克苏佩里
和同学们都通过了期末考试。但在学期结束时,负责该课程的空军上
校访问了学校,提醒沙桑维护课程的声誉。约瑟夫·勒布里曾增强课
程的声誉。勒布里是早期教员,也是一位英雄,他于 1927 年首次不间
断地飞越了南大西洋。上校解释说,为了维护课程的声誉,沙桑必须判
定两名学员成绩不及格。年轻的中尉抗议,他的上级也抗议;最终,沙
桑妥协了,给出了他十一名学员中最后两名的名字。其中倒数第二名
碰巧是一位很有前途的军官,国防部不希望他的前途受到影响。“把第 162
九名的名字告诉我。”上校命令道,教员只好交出了圣埃克苏佩里。圣
埃克苏佩里考了第九,只是因为先前的不幸遭遇耽误了他。(这种干涉
并非闻所未闻。五年前,菲利普·贝当为夏尔·戴高乐来到高等军事
学院,将他的成绩从“可”改为“优”;如果没有那次改动,戴高乐的整个
职业生涯都会葬送。)圣埃克苏佩里没能通过考试;体制似乎永远对他

不利。幸运的是,这是他最后一次学术经历。

*

与此同时,《南方邮航》在7月出版。苏珊·韦尔内耶伊和丈夫——圣埃克苏佩里在朱比角任负责人的时候,她丈夫是阿加迪尔机场的负责人——在巴黎偶遇了从前的邻居,并在公寓附近第十七区他们最喜欢的餐馆里与他共进晚餐。圣埃克苏佩里到晚了,他腋下夹着一本《南方邮航》,显得心不在焉。这部作品当天刚刚出版。他一句话没说,把书放在旁边的桌子上,但韦尔内耶伊夫人注意到他脸上流露出窃喜。圣埃克苏佩里一反常态,不在意自己在吃什么;他任凭韦尔内耶伊一直说话。餐馆另一头的"金发女郎"在盯着他,韦尔内耶伊指给他看,但他对女郎也毫不在意。有时,他会偷偷地、做梦一样地伸手去摸摸书的封面。韦尔内耶伊夫人甚至怀疑这位小说家是否记得那天晚上吃过饭,更不用提记得在哪里、和谁一起吃饭了。她和丈夫送他到卡诺大街的拐角,看着他朝凯旋门走去,他把那本薄薄的书紧紧贴在宽阔的胸膛上。

《南方邮航》的第一位主要评论家是名人埃德蒙·雅卢,他是《新文学》杂志的作家。看了伯克莱的序言,他说英雄的写作功底通常很差,但他很快就注意到圣埃克苏佩里是个例外。他被小说深深吸引——可以理解,他更喜欢小说描写的飞行,而不是热纳维耶芙和贝尼斯的爱情故事,他认为后者流于表面——圣埃克苏佩里听说后非常高兴。世界各地的文学圈都很小,尤其是法国的:让·普雷沃觉得他有资格来评论《南方邮航》,他是第一个帮助圣埃克苏佩里把作品付梓,把他介绍到伽利玛出版社的人。他在《新法兰西评论》9月号上热情评价了这部作
163 品。他高度赞扬了圣埃克苏佩里表现行动的能力;他发现故事的不连

贯处与真实的冒险经历吻合。作为一位宽容的朋友和评论家,他也不得不承认小说中感情部分处理得很笨拙。(这话对圣埃克苏佩里其人、其作品都适用,只有对《小王子》除外。圣埃克苏佩里被这话触动,再加上他天性谨慎,从此便避开感情描写。)普雷沃尤其被伯克莱序言中引用的一句圣埃克苏佩里的话打动:“我热爱这种我从未真正理解的生活,一种完全没有规律的生活。我甚至不知道我是怎么来到这里的;这非常可笑。”

8月,圣埃克苏佩里回到了原来的生活。尽管多拉肯定从沙桑提供的成绩单看出来,圣埃克苏佩里不适合做首位驾驶水上飞机飞越南大西洋的飞行员(第二年,这项荣誉落在梅尔莫兹头上),但多拉似乎完全没有因圣埃克苏佩里在布雷斯特失败而厌弃他。多拉让圣埃克苏佩里飞图卢兹—卡萨布兰卡航线,现在他驾驶的是拉泰科埃尔25和26,拉泰科埃尔飞机将改变非洲海岸的地理。8月,天气炎热难耐,圣埃克苏佩里和几乎同时加入公司的亨利·德洛内,带着两名机械师连夜从阿利坎特飞到巴伦西亚的海滩,去抢救一架坠落的拉泰科埃尔飞机。上午10点,机械师一抵达就立刻开始抢修。德洛内提出在机翼下的沙滩上小憩,但圣埃克苏佩里不同意,坚持要参观这座历史悠久的古城。自希腊以来,几乎每一位征服者都曾在这里留下痕迹。在接下来的几个小时,他拖着闷闷不乐的德洛内穿过闷热的、尘土飞扬的街道,从破败的教堂走到摇摇欲坠的防御工事。德洛内觉得这座废弃的、阳光直晒的城市到处都是乞丐和苍蝇;他毫不掩饰自己的坏情绪,当两人发现这里除了温啤酒以外没什么可喝时,他的心情就更差了。

那天晚上,德洛内在阿利坎特与圣埃克苏佩里及两名要飞往奥兰的飞行员共进晚餐时,才认识了巴伦西亚。圣埃克苏佩里对这座城市的描述非常准确,不过“这座古城是太阳的女儿;突然间,她不再因炎热而昏沉困倦,而是在太阳的照耀下熠熠生辉”这段话除外。那天晚上,德洛内说他体会到了“音乐爱好者聆听大师演奏”的乐趣。圣埃克苏佩里得心应手，他是圣埃克斯·山鲁佐德，是圣莫里斯二十九岁的深夜诗人。与其说他是天生的飞行员，不如说他是天生的文学家。在德洛内看来，他活着完全是“为了说些什么”。对送信工作，他和其他人看法当
164 然不一样：他认为，这既是宗教，也是传奇和文化。空中邮政公司给了他一份工作，也给了他一份责任，让他有自己的事业。与纪律多次磨合之后，他终于服从了高度规范的生活。讽刺的是，散漫不定的圣埃克苏佩里觉得，运送邮件这项规律的工作使他得以为更高尚的事业服务。对他来说，一份诚实的工作远远不够。在这方面，他发现身边的人和自己一样：用诺埃勒·吉约梅的话来说，空中邮政公司的所有飞行员几乎“都不擅长做生意……他们不想提钱。最后，他们丝毫不在乎人们通常最关心的那些事物”。航线的辉煌让圣埃克苏佩里不仅摆脱了令人生厌的日常，也摆脱了琐事的辖制。遗憾的是，不到两年，航线的辉煌就
165 只在他的作品中闪耀了，在其他地方再也难觅踪迹。

第九章　前往飞石国

1929—1931

如果我们不寄希望于命运赋予一个人不可思议的、独一无二的机遇，那么热爱你的工作（不幸的是，这是少数人的特权）就是世界上最真实、最接近幸福的事。这是很多人都不知道的事实。这片无边无际的领域，即日常工作，比南极还鲜为人知……

——普里莫·莱维，《扳手》

1929年9月初，圣埃克苏佩里运送西班牙邮件到图卢兹，在这里，他得知自己要被调往南美并在那里工作将近两年。他没有获得任何其他信息，只有六天时间做准备。这段时间，他到处跑，到阿盖和圣莫里斯与人告别，到里昂给人跑腿，最后来到巴黎。巴黎给他的感觉和三年前他要前往图卢兹时差不多。他真正关心的朋友寥寥无几——包括露西-玛丽·德库尔、亨利·德·塞戈涅、伊冯娜·德·莱斯特朗热——他们都在外地。由于他向来消息不灵，这件事只能怪他自己；他痛苦地抱怨："这次聚会没人来参加，怪我准备得太无声无息了。"他意识到他与朋友们的关系一团乱麻，后来他离法国越来越远，才开始补救。

9月中旬，伊冯娜·德·莱斯特朗热在波尔多的码头为他送行。他很高兴听到伊冯娜说文学界正在谈论《南方邮航》;他可能告诉了伊冯娜,伽利玛来信鼓励他,并且请他尽快再写一本书。伊冯娜或者另一位朋友在他起航前转交给他一封德库尔的信。他的船慢悠悠地航行了十八天,从波尔多到达布宜诺斯艾利斯;圣埃克苏佩里分别在毕尔巴鄂给母亲、在里斯本给勒妮、在达喀尔给德库尔寄了一封信。他在信中说,他在船上和一群姑娘玩乐,而她们的水桶腰母亲们则在一旁严密监视。她们盛装打扮、玩猜谜游戏、观看鲨鱼和其他鱼群。在这种氛围中,圣埃克苏佩里时而觉得自己回到了十五岁,时而觉得自己很苍老。德库尔的来信并没有减轻他的绝望:她说她订婚了。午夜,在达喀尔港,圣埃克苏佩里独自坐在船上的酒吧里,心情复杂地得知了这条喜讯。他知道自己并不是德库尔的新郎候选人,也不嫉妒她结婚;尤其在见过她的未婚夫之后,那是一位在战争中失明但很有魅力的年轻律师,他认可那位年轻人。但他的确抱怨德库尔订婚的时间不合适。他的整个世界都在发生变化,他又要去面对未知;德库尔选择这个时候订婚无疑是撤走了一只锚,而他的锚本来就不多。他又对德库尔重复他的话,说已婚的朋友会离他远去——这可能是因为他不太容易在凌晨3点叫醒他们来讨论文学——并预言德库尔也会如此。几个月后,他又不好意思地为这封无礼的信辩解,但没有道歉。他只是说,他忍不住难过,他也不知道是为什么。他说他只是不知道如何写一封祝贺信。这算是一种扭捏的认错行为。为了表示和解,他问德库尔是否可以让伽利玛把《南方邮航》的作者校稿寄到她那儿。

圣埃克苏佩里可能对巴黎的告别仪式失望,但他没有理由再对迎接仪式失望了。10月12日,梅尔莫兹、吉约梅和雷纳在布宜诺斯艾利斯码头等待他,他们像欢迎回头的浪子一样欢迎他。雷纳跑过来兴高采烈地说,他给圣埃克苏佩里找到了一套豪华公寓。“你会比在朱比角的木屋里住得舒服多了!”他保证道。圣埃克苏佩里坚定而庄重地握住了他的手，几乎要把骨头握碎。最初几周，他住在梅奥大道上的“宏伟”酒店里，离空中邮政公司的办事处不远。月底，他搬到了佛罗里达街，城里最热闹的购物街；不过，好心的雷纳误会了圣埃克苏佩里，他更喜 167
欢朱比角的营地。他的公寓所在的十五层高楼是首都的一道混凝土景观，他住在八楼；他说自己能感受到被葬在金字塔里的轻松愉快。他在布宜诺斯艾利斯的时间比在朱比角稍长一些，但他竭尽全力抵制这座城市。这一次，他真的觉得自己被放逐到沙漠了。

经历了三次大规模的移民潮之后，1929 年的布宜诺斯艾利斯成了一座拥有二百多万人口的繁华大都市。它的人口几乎和巴黎一样多，只不过巴黎有两千年的历史，其中大部分时间是一座步行城市；而布宜诺斯艾利斯只有不到四百年的历史，城市的大部分是最近四十年设计的，是以有轨电车为中心的。六十年前，阿根廷首都的人口是巴黎的十分之一；与巴黎相比——布宜诺斯艾利斯的市民对这一对比非常大方——布宜诺斯艾利斯是在一天之内建成的，并没有受益于奥斯曼男爵的城市规划。对圣埃克苏佩里来说，这座城市就像“巨大的生面团”。它与芝加哥或墨尔本更相似：崭新；为了获取最高利润而匆匆建成；除了历史，什么都不缺；熔各式建筑于一炉，更成功地熔各路人于一炉；它是名副其实的“世界上最大的蘑菇”。每一个受过良好教育的阿根廷人都自认为是精神上和文化上的法国人，但布宜诺斯艾利斯对法国的热爱并不能让这座城市成为巴黎。1890 年建的房子就算老房子了；这座城市里混杂着钢筋混凝土楼房、纽约的摩天大楼、法国的酒店和殖民地的小屋。圣埃克苏佩里和其他早期游客一样，注意到布宜诺斯艾利斯的建筑师们很擅长阻挡远景。

圣埃克苏佩里大部分时间住在市中心，在市中心活动。街道狭窄、坑坑洼洼，车辆熙熙攘攘，很多人开车并不是为了出行方便，而是为了炫耀。佛罗里达街大致相当于伦敦的邦德街，但宽度跟华尔街差不多；

它可能是布宜诺斯艾利斯最引以为傲的地方之一——这里有哈罗兹百货商店和全市最高档的俱乐部——但对热爱广阔天空的人来说，吸引力不太大。圣埃克苏佩里最关注也最感不安的是，阿根廷的首都中完全没有自然的踪迹。布宜诺斯艾利斯几乎没有公园；它建在河口之上，但这里的人们一年都看不到水。难怪圣埃克苏佩里觉得自己是一座混凝土王国里的囚徒。勒·柯布西耶当年来到布宜诺斯艾利斯时，对这
168 里的“混乱”非常失望，他提议在城市外边建一圈外围，种植一条绿化带，在绿化带之外可以继续拓展。*

作为一个旧世界的人，圣埃克苏佩里对布宜诺斯艾利斯的暴发户，跟对这座城市本身一样兴味阑珊。平心而论，他原来生活在一个封闭的社会，即使对最可信任的访客它的大门也开得很缓慢。好在他经常不在家，这算是一点安慰；几乎可以肯定的是，他在阿根廷那十五个月飞行时间比他一生中任何其他时段都要多。到达布宜诺斯艾利斯两天后，阿根廷公司当时的运营经理保罗·瓦谢带他向南飞行四百英里到达巴伊亚布兰卡，这是筹备中的巴塔哥尼亚航线上的第一站。两人继续往前飞越六百多英里的荒凉海岸，来到里瓦达维亚。这是一座边境小镇，在圣埃克苏佩里看来，就像卓别林《淘金热》中的地方。他后来写道，低洼的居住区周围的地表像一口凹陷的旧锅；小镇本身也没有更美的风景。里瓦达维亚建成是因为1907年这里发现了石油；黑乎乎的起重机架在一座完全由瓦楞铁构成的小镇之上。10月17日，两人带着里瓦达维亚的第二份邮件回到布宜诺斯艾利斯；他们仅用十二个小时就把邮件送到了首都，而此前用轮船运输要花四五天。自2月开始，瓦谢一直忙于筹备这条航线，如今已经大体准备好，可以提供常规服务了。

如果圣埃克苏佩里一直不知道他要在南美洲做什么工作，那么10

---

* 布宜诺斯艾利斯直到1934年才开始分区，那时考虑勒·柯布西耶的建议已经太晚了。

月 25 日事情终于有了一点眉目，他将代替瓦谢成为公司的运营经理。（瓦谢不得不放弃他花了数月筹备的航线，但他显然并不怀恨在心，而是前往委内瑞拉开展业务。）在新职位上，圣埃克苏佩里除了要负责开通巴塔哥尼亚航线外，还要管理整个阿根廷分公司，包括聘用人员、管理设备、监督机场运营。他的年薪是二十二万五千法郎，很可观。他暗暗自豪，但用忧郁来掩饰内心的得意，说他向往非洲海岸更加的简单生活。他写信给母亲说，希望母亲能从他的成功之中感受到“报复的满足”，因为母亲曾为他的教育忍受家人的责备。他给另一位家庭成员写信说，母亲显然“取得了不小的成功”。他立即开始寄钱回家，这是旧主题的一个新转折。1929 年 10 月 29 日，空中邮政公司的员工在布宜诺 169
斯艾利斯举行了一场换岗宴会；在那天晚上的一张照片中，圣埃克苏佩里手里拿着一支烟，表情严肃且镇定，他说得没错，他看起来突然老了。也许第二天早上，他又出发去里瓦达维亚了。

1927 年，旅居巴西的法国富豪马塞尔·布尤-拉丰买下拉泰科埃尔公司，自那以后，大家一直努力开辟南美洲的邮政航线。阿根廷和乌拉圭每年与欧洲有大量邮件往来；其中单单较大的阿根廷就收到三百五十万封从欧洲大陆寄来的邮件。1927 年 2 月，拉丰与阿根廷、乌拉圭和智利政府达成了协议，这让美国和德国非常失望。梅尔莫兹、瓦谢和他们的同事在开辟新航线方面取得了进展：1929 年 1 月 1 日，在巴拉圭举行了开通仪式；4 月，开通里约热内卢往返布宜诺斯艾利斯的夜航；7 月，开通到智利、圣地亚哥的服务。凭借从法国引进的物资和主要由南美人组成的团队，拉丰独自建立起一张庞大的航空网络。到完工的时候，已经有将近二十座机场投入使用，其中许多是自原始森林开辟建成的。这一项目耗资巨大，但也是一座潜力无穷的金矿，在 1930 年末秘鲁并入帝国，连通了从欧洲到太平洋的最短路线后，尤其如此。

这家名叫阿根廷航空的南美企业是空中邮政的姐妹公司。其最著名的代表是梅尔莫兹：在两年时间内，他真正打开了南美的天空，他飞到过巴西、巴塔哥尼亚、智利、巴拉圭、玻利维亚和秘鲁。尽管他在安第斯山脉遭遇了惨痛的坠机事故，在巴拉圭查科地区的森林中遇到了同样惊险的经历——他像詹姆斯·费尼莫尔·库柏笔下的拓荒者一样生活了一周——但他圆满完成了所有任务。他是一位广受欢迎的征服者，他的故事口口相传。在一个善于寻找商机的国家，他的肖像很快就印在了烟盒、烟灰缸、火柴盒、香水瓶上。当然，梅尔莫兹的知名度为圣埃克苏佩里和其他同事铺平了道路；在大多数大陆岗哨，他们受到热烈欢迎，只是在那些亲德的地区除外。圣埃克苏佩里到达四个月后，梅尔莫兹回到法国；他就这样把通向他的王国的钥匙交给了朋友们：埃蒂安开启巴西，雷纳开启乌拉圭，吉约梅开启途经安第斯山脉的圣地亚哥—布宜诺斯艾利斯航线，圣埃克苏佩里开启巴塔哥尼亚。

10 月底，当圣埃克苏佩里驾驶拉泰科埃尔 25 回到里瓦达维亚时，他身边还带着一位名叫鲁菲诺·卢罗·坎巴塞雷斯的阿根廷飞行员。
170 坎巴塞雷斯在石油小镇下了飞机，然后开车继续南行去勘察机场，以便邮政航线可以继续通往火地岛。途中，两人经停西圣安东尼奥港，它位于布兰卡港和里瓦达维亚港之间，那时还没有拉泰科埃尔飞机在此着陆过。海岸地区的飞机跑道太短，圣埃克苏佩里不得不在距离市区几英里的一片干涸的潟湖上降落。31 日，他独自回到帕切科，该机场距离布宜诺斯艾利斯三十英里，现在由拉泰科埃尔公司租赁，圣埃克苏佩里就是要到这里任职。第二天，梅尔莫兹驾驶一架新到的拉泰科埃尔 28，正式开通了到里瓦达维亚的航空邮政服务。次年，圣埃克苏佩里将负责开辟至里奥加耶戈斯的航线，里奥加耶戈斯位于麦哲伦海峡以北五十英里。这条坎巴塞雷斯打算开通的航线全长一千五百英里。他用了年中的几个月，也就是阿根廷的夏天，来熟悉自己的新领地。他整改了位于布兰卡、西圣安东尼奥和特雷利乌的简陋的现有机场，并在里瓦达维亚以南建起新机场。他向西飞到圣地亚哥，向北飞到亚松森，考察巴拉圭的新航线。他不用再与荒原和沙暴作战，现在换成了与风和黑夜斗争，因为机场晴天尘土飞扬，而大部分时间都因降雨量过大而到处是泥坑，就像布兰卡到处是蛇和蝎子一样。机场上的照明设备只有防风灯和由汽油信号弹排成的亮度微弱的三角形，而导航则靠无线电操作员一手拿着手绢充当夜间风向标，一手挥舞着电灯。布宜诺斯艾利斯的这些难题不是人为造成的，圣埃克苏佩里乐于应对。这些困难没有一个像巴塔哥尼亚的风那样可怕。

*

1930 年代初，巴塔哥尼亚的汽车限速为每小时二十英里，该地区为数不多的几条路坑坑洼洼，这进一步限制了速度。如果开得快，就可能撞上被安第斯山脉狂风刮起的石头，那可是致命的危险。从西圣安东尼奥刮起来的风在南下时增强，到了里瓦达维亚也没有停下——那里是世界上风力最强的地区之一——速度可达每小时一百二十五英里。大风吹倒了庄稼，吹散了畜群，吹飞了屋顶，吹翻了汽车。圣埃克苏佩里对一项据称是他在里瓦达维亚签署的指令感到好笑，指令禁止飞行员在风速超过每小时九十英里时在里瓦达维亚降落。考虑到拉泰科埃尔 25 和 26 的平均速度几乎是一样的，顺风飞行就像给在街区行驶的
汽车安装了加速发动机，会更加危险。 171

南美的能见度极好：当一名飞行员能看清前方一百二十五英里处，但逆强风而行时，他很容易觉得自己永远也到不了目的地。1930 年代在巴塔哥尼亚，强风经常占上风；一架拉泰科埃尔 25 不得不返航。多拉回忆说，有一次风太大了，圣埃克苏佩里都走不到六百英尺以外的海岸。还有一次，他飞了一小时，仍然可以看到里奥加耶戈斯的机场。蓬

塔阿雷纳斯坐落在麦哲伦海峡沿岸，拥有二万五千人，距离里奥加耶戈斯一百五十英里；这段距离圣埃克苏佩里飞行了五个小时，最终在距离目的地三分之一处将要耗尽燃料。返程只用了不到一个小时。在这种天气，要爬升九百英尺可能要花一个多小时，着陆也是艰险重重。阿根廷政府安排士兵来协助飞行员；飞行员在条件最有利的情况下降落在里瓦达维亚机场时，会有十二到十四名士兵来帮忙。士兵分成两队，形成一条一百五十英尺长、九十英尺宽的通道，飞行员几乎开足马力飞到他们中间。飞行员抬高机尾，加大油门，使飞机的速度与风速相等。几名地勤人员随后把一辆车推到静止的飞机的尾橇下面；飞机因此保持水平，在风中呈流线型。与此同时，士兵们拿着长竹竿跑上前来，勾住机翼下方的金属孔。这样，飞机就能在大风中仍待在地上了。随后，飞行员接到信号，在利立浦特小人一样的地勤人员引导下全速开进机库，只有等部分机身进入机库才能关闭发动机。这是一项危险且耗时的工作；圣埃克苏佩里后来向朋友们炫耀说，这结合了鱼叉钓鱼和绳索垂降技术。还有一次，士兵们刚勾住飞机，山上就刮下一阵狂风，一队士兵被吹离地面大约六英尺，在空中飘飞挣扎，飞机的另一侧机翼着地，砸死了下风口的两个人。

圣埃克苏佩里在大自然中的遭遇，最出名的一次发生在新年前后。当时他经常驾驶拉泰科埃尔 25 飞巴塔哥尼亚航线。在他的记忆中，这次冒险是最惊险的一次。尽管多年来他常在餐桌上讲起这个故事，但
172 直到 1938 年，他才在美国出版商的催促下把它写进了作品。* 他一直向南飞往里瓦达维亚；他在南美工作的时间不短了，应该能够注意到天空变为灰蓝色——在飞过特雷利乌附近的沼泽之后——那意味着他要准备好应对危险了。这场搏斗通常持续一个小时左右；飞行员说，搏斗

* 圣埃克苏佩里和飓风的故事出现在英文版的《风沙星辰》，而非法文版的《人的大地》中，1939 年也曾在法国报纸上发表。

很艰难,但并不是致命的。然而,这一天,特雷利乌以南的天空一片蔚蓝,令人不安。这预示着前方有一位看不见的敌人;他宁愿遇到一场黑压压的、猛烈的风暴,那样的话,他知道该怎么绕行。另外,在他右边与安第斯山脉同高的位置,“悬浮着灰色的流光”。圣埃克苏佩里突然一阵战栗;几分钟后,他周围的天空风暴大作。飞机在半空中骤然停下,随即开始翻滚旋转,一头扎向地面。他脑海中突然浮现出一幅画面:“一个人端着一摞盘子,在打蜡的地板上滑倒,盘子全摔碎了。”他想到一个逃脱的办法:他必须到达平坦的海面,在那里风不像在山谷中一样强劲。

突然,飞机在空中被抛出一千五百英尺,当时它距地面只有二百英尺。圣埃克苏佩里的确是被风送到海面上空了,但他已完全控制不住飞机:“怪物一声咳嗽,我被喷到了海面上空,我从山谷中被吐出来,就像炮弹被榴弹炮射出。”在离海岸还有五英里时,他又动弹不得了;他觉得自己在与整个天空搏斗。他担心机翼强度不够,担心手腕冻僵四十分钟后不听使唤,也担心气泵点不着火;受湍流影响,发动机已经发出了突突的响声。不一会儿,他又发现蓄电池被风吹得从机顶爆出来,机翼开始解体(只有飞机的前部用金属加固,其他部分的材质仍然是织物),机身上的一部分钢缆绷断了,只剩几股。(后来,他说过,当时飞机上载着一名阿根廷记者,记者吓得要跳机。)他拼命要爬升到一个安全高度,但是每次都被一阵新的强风拦住了。他任大风把自己往南吹,一个小时后终于飞过了五英里,到达了岸边。靠着海岸的保护,他能够继续飞往里瓦达维亚。他已经经历了最猛烈的风暴,终于能保持在九百英尺左右的高度抵达里瓦达维亚的机场。一组士兵奉命来迎接他,并把拉泰科埃尔飞机送进机库,这花了近一个小时。圣埃克苏佩里肩膀疼、双手抽筋、筋疲力尽;他觉得自己崩溃了;在开放的驾驶舱里被大风猛吹,他的样子一定惨兮兮吧。经历完这一切,他说没有什么刺激的事好说。他太忙了,顾不上整理情绪。“我爬出驾驶舱,”他在信中说, 173

“没有什么话要说。”

谈起阿根廷南部的异国情调,他就健谈得多。相对布宜诺斯艾利斯来说,巴塔哥尼亚带给人安慰,圣埃克苏佩里立刻倾心于它,觉得它的荒野魅力十足,对它赞不绝口。如果说布宜诺斯艾利斯的文化犹如婴童,那巴塔哥尼亚的文明才诞生几周。在冰川和火山之间荒无人烟的城镇,他能够重新思考把人们团结在一起的东西,思考文明的“脆弱外衣”。这里土地的面积令他生畏——巴塔哥尼亚全部五个地区的总面积是法国的 1.5 倍——未开垦的辽阔土地一定令人大饱眼福,特别是对一名熟悉图卢兹和达喀尔之间每一块岩石、每一座沙丘的飞行员来说。他绝不是欣赏这片灰蒙蒙、景象壮美之地的第一人,这片荒凉的平原遍布岩石、人烟稀少、四散着绵羊,这里阴沉、长年狂风肆虐,却富有令人难以置信的魅力。早在一个世纪前,查尔斯·达尔文就贴切地描述了该地之谜:“当我们走过这些景象,附近没有明亮的物体,一种模糊但强烈的愉悦感油然而生。”热闹的里瓦达维亚并没有使圣埃克苏佩里激动;在他看来,这个有三百五十多口油井的阿根廷石油工业中心不是一座适合居住的城镇。这里没有树木、女人和房屋,是一个“用十年生命来换取黄金的地方……是一个被风吹散、被大地抛弃的定居点”。不过,十二英里外的海滩上满是海豹(他在 1929 年秋天飞往布宜诺斯艾利斯时,带去了一只),再往前的地方到处是企鹅。在更远的南边,大风中蜷缩着几座市镇;他认为,在那里人类神奇的天性非常显而易见。

如果说沉默有很多种,那么巴塔哥尼亚这些市镇——地球上最南端的定居点——其沉默就是世上最深的一种。这个地区的居民多年没有见到家人了;在拉泰科埃尔飞机到来之前,他们只能通过每十天一趟的、不可靠的轮船还有莫尔斯电码与首都保持联系。他们觉得飞行员像上天的使者。圣埃克苏佩里回忆道,飞机在南美洲着陆五分钟后,人们就伸出手热烈欢迎；在巴塔哥尼亚，全市的人都敞开了大门。“想象一下，”他写道，“当你走出第戎火车站时，一个陌生人和你打招呼说：‘我代表第戎市欢迎你。没有友谊，人就活不下去；没有帮助，人就一事无成。你有权利做这两件事。不用感谢我。’”还有一次是在布宜诺斯艾利斯以北五百英里的地方，而不是在巴塔哥尼亚，让圣埃克苏佩里吃惊的是，来欢迎飞行员的竟然是法国人。但是，他们不是第戎的法国人；这对夫妇已经在新地方入乡随俗了。富克斯先生和夫人从一辆老福特车上下来，对这个他们从未见过的人说：“我们来接你吃饭。”当时圣埃克苏佩里正在草地上摆弄他那架不听话的飞机。 174

德塞阿多港是一个坐落在河口的海滨小镇，有二百座低矮的房屋，圣埃克苏佩里在这里受到了英雄般的欢迎，还受到了市长的接待。他被深深吸引了。第二年，他在一篇本应收入，但实际未收入《风沙星辰》的文章中写道：“我从未遇到过比阿根廷南部的人更高贵的民族。”

> 他们来这片荒芜的土地上建造城市，他们建成了。城市在他们手中获得了生命，需要塑造和保护，需要像孩子一样受到珍视。这些人没有梦想着从土地中索取到财富后，再回到他们的天堂。他们是来这里定居的，来这片土地上繁衍后代的。很难再找到一个地方，人们的社会意识、合作意识如此强，生活如此从容宁静。这是办大事者的那种从容宁静。在这里，我又一次产生了与在里瓦达维亚相反的感觉，仿佛是与另一个时代重逢，那时人在大地上安家，选择自己的营地，为新城镇的防御工事安放下第一块基石。

这些城镇如此之新，他们为尚未降生的孩子建造了学校。他们的墓地是空的，他们刚刚处理了第一件通奸案。在德塞阿多港，圣埃克苏佩里参观了小镇为麻风病人设计的隔离区；因为本地没有麻风病人，他们大老远到布宜诺斯艾利斯去找来一位。这位麻风病人给圣埃克苏佩里留下了深刻的印象。圣埃克苏佩里隔着带刺的铁丝网看麻风病人拄着拐杖、脚步沉重地走出房间，在院子中散步。病人没有注意到来访者，匆匆看了一眼大海，又消失在他那座喜庆的红瓦房子里了。圣埃克苏佩里觉得在长期与世隔绝后，病人把注意力转向了自然，转向了大海的声音，而不是城市的声音。他失去了手指，失去了很多东西，但他又什么都没有失去："野心、嫉妒、荣誉——社会赋予一个人的所有情感——这些都不能对他产生影响了。他获得了一种无关人类的平和。"

夜航——他今年夜航的次数会比以往更多——使圣埃克苏佩里在创作下一部小说时，描绘能力提高了，这部小说是 1930 年在南美创作
175 的。余生，他都会在晚餐时讲述巴塔哥尼亚的怪异之处：蓬塔阿雷纳斯小镇"建于在永远的熔岩和南部的冰雪之间偶然发现的一点泥土上"；印第安人只穿羊驼皮，根据风向正穿或是反穿皮毛；火地岛的绵羊睡着了，它们的身影融于雪地中，但从空中看，它们呼出的热气就像几百座小烟囱。然而，在艰苦开辟巴塔哥尼亚航线的过程中，他最珍视的是在原始地区的奇遇；铁皮棚里为向飞行员致敬而举办的舞会，可能是他一生中唯一在其中大放光彩的活动；这是人类在寒冷气候中发出的光芒。在给母亲的信中，他热情地描绘了麦哲伦海峡沿岸的城镇，它们甚至比邮政航线上最南端的里奥加耶戈斯还要远。这里突然绿意盎然。圣埃克苏佩里被"这些习惯了寒冷，习惯了蜷缩在火堆旁，却如此热心的人"深深吸引了。在他看来，这种在世界的一个古老角落里定居下来的新尝试，是在宣扬那些在布宜诺斯艾利斯或圣日耳曼很快就会被抛诸脑后的闪光而又脆弱的事物。虽然世俗的法律在这里仍然通行，但圣埃克苏佩里能感受到大自然的魅力。正是世界的这个角落令他在 1933 年《新法兰西评论》的一篇文章中首次使用了"人的大地"这一表达。在巴塔哥尼亚的语境中，他的用法是具有讽刺意味的。这里比任何其

他地方都更不像“人的大地”;人类在这里比在任何其他地方都更微不足道。然而,圣埃克苏佩里对定居在这里的平凡之人心怀敬畏。他们是木匠、园丁、铁匠,有创造和管理能力;圣埃克苏佩里在后来的所有作品中对他们平和的英雄气概大加赞赏。在他看来,这些拓荒者才是真正的贵族;他们虽渺小,却是这片贫瘠土地的主人。这片土地上散落着一座座火山,偶尔在一座火山口——“就像从一只有裂缝的罐子里”——会冒出一棵绿树。小王子的形象在他的脑海里栩栩如生。

*

布宜诺斯艾利斯的节奏完全不同;这里到处都是耀眼夺目的灯泡——在欧洲人看来尤其如此——它们在夜晚尽情释放电的魅力,炫耀着能与巴黎媲美的娱乐活动。圣埃克苏佩里在家的时候也是如此。他尽可能多地去看望新婚的吉约梅——吉约梅也住在布宜诺斯艾利斯——但由于两个人的出行安排不同,他的拜访次数比他希望的要少一些。与吉约梅聚会时,他明显非常高兴。显然,他晚上不想回去;吉约梅夫人说他在电梯里或在回家的出租车上睡着了,这些故事就是证明。在他后来写到梅尔莫兹的一篇文章中,圣埃克苏佩里向他职业之
家的“流动火炉”致敬,他在卡萨布兰卡、布宜诺斯艾利斯和达喀尔都会 176
停下来暖一暖手,接着写他很久之前在另一个地方就开始写,很可能还会在下一个地方继续写的句子。在布宜诺斯艾利斯舒适的餐厅里,他们一边吃着巨大的牛排,大口地喝着门多萨红酒,一边讲述暴风雪和龙卷风的故事,以及梅尔莫兹、纪尧姆、雷纳、埃蒂安、安托万、德洛内等人的惊险着陆,直到清晨。

既然不能在布宜诺斯艾利斯悠闲地散步,那么去该市的胜地埃尔蒂格雷游泳或划船也非常惬意;巴拉那河和乌拉圭河在城市北部交汇,

形成了郁郁葱葱的三角洲，一位法国人曾称赞“这片尼罗河三角洲的风光好似布洛涅森林里的人工湖”。也许圣埃克苏佩里是在 1929 年最后几个月或 1930 年之初到这里来的。一年当中唯一令人不快的是布宜诺斯艾利斯的夏天；2 月到 3 月，潮湿的天气让人难以忍受，台球球杆像是刚从浴室里拿出来一样。他定期去空中邮政的办事处报到，那里距他位于布宜诺斯艾利斯国际银行街的公寓不远；街角的小酒馆是航空公司所有员工都喜爱的聚会场所。法国殖民者经常光顾一家名叫“巴克老爹”的小饭店，那里总为空中邮政公司的飞行员们留着一张桌子；喝酒的话，飞行员们喜欢里士满酒吧，离圣埃克苏佩里家前门不远；塔巴瑞斯是夜总会的最佳选择，在那里性别的条条框框要少一些，而且歌舞表演非常棒。如果说圣埃克苏佩里没有学会享受这种夜生活，那么至少从达喀尔开始，他已经学会欣赏它的某些魅力。他感兴趣的是金发女郎和讲法语。

然而，大多数时候，他都飞行得筋疲力尽。他认真对待督察员这份工作，花了大量时间来为从巴塔哥尼亚到巴拉圭的邮政航线勘测、配置设备和督察。他说他一天就能从巴塔哥尼亚飞行一千五百英里到布宜诺斯艾利斯。他可以连续飞行十八到二十小时，只在加油时才降落；他说他现在可以半睡半醒地驾驶飞机；在回到布宜诺斯艾利斯的时候，或者在天气晴朗，飞机能在半空中或多或少自动飞行的时候，他都有时间写作。他因在飞机上写作而出名。他的驾驶舱里散落着文稿；他也会在天亮前几小时，在一些不显眼的小旅馆的大厅里写《夜航》。尽管圣埃克苏佩里已经处于公司的管理层，但他仍然为写作下一步小说分秒
177 必争、艰苦奋斗，他偶尔还会驾驶飞机运送邮件。虽然这时事故比在朱比角时少了，但人生仍然是一场持久的冒险。邮政飞机会遇到各种各样的危险，飞行员也表现出各式勇气。圣埃克苏佩里曾不得不在密林环绕的狭窄海滩上降落。圣埃克苏佩里曾在电缆下平稳飞行，那是为

了避免在跑道上长距离滑行，但在一些飞行员看来，后者的风险更小。他曾熟练地为一名被蝎子蜇伤的机械师治疗，他用小刀在伤口周围划开一道切口，从肩膀上吸出毒液。他曾驾驶一架载满邮件的飞机重重降落在田野上，为了及时送达邮件，他请村里的铁匠来帮忙。当时固定机舱的两根铆钉已经松动，四根纵梁中一根已经断裂。铁匠没费多大力气就把机舱重新固定好了，但断裂的纵梁有点棘手。他用一段铁丝绑住纵梁的两端，再紧紧地打一个结，把两段连接起来。在飞行中，维修过的部分渐渐散架，因此刚刚加入南美航线的无线电操作员不得不追着飞机，飞越阿根廷大片的蒲公英田。圣埃克苏佩里到达布宜诺斯艾利斯时，从地面就能清楚看到机身的裂缝；飞机着陆时，总机械师拉乌尔·鲁贝跑到跑道上去迎接飞机。鲁贝还没来得及说一句话，圣埃克苏佩里就让他站上脚踏板来欣赏铁匠的手艺。“你一定是疯了，”鲁贝告诉他，“机身快断成两半了！”“我们会打开降落伞的！”圣埃克苏佩里轻快地回答，连看都没看无线电操作员那张惨白的脸。

1930 年 5 月，他准备驾驶一架新到的拉泰科埃尔 28 从布宜诺斯艾利斯飞到亚松森，当时这个型号还没有完全投产。一家法国国家剧团的演员们来到这里，和大多数来访的名流一样，他们也来到帕切科参观。圣埃克苏佩里邀请九位演员一起去亚松森，他们欣然接受。大概因为飞机已经满员，他没有带上无线电操作员。北去的航程很顺利；但第二天，在亚松森说圣埃克苏佩里已经返程很久后，这架拉泰科埃尔还没有回到布宜诺斯艾利斯。帕切科机场的负责人开始焦急地踱步。第二天，仍然没有圣埃克苏佩里的消息，他派人去搜寻他们。没有发现飞机或飞行员的踪迹。傍晚，拉乌尔·鲁贝抬头看到这架拉泰科埃尔 28 正准备着陆。他跑去迎接飞行员；圣埃克苏佩里从驾驶舱里出来，胡子拉碴的，鞋子趿拉着，膝盖以下全是泥，但整个人容光焕发。原来因为猛烈的暴风雨，飞机只能在乡下降落，他和剧团的演员们长途跋涉，满 178

身泥污，在乡下的一家旅馆过了一夜。在旅馆的礼品店里，他们每人买了一套换洗衣服。演员们一个挨一个狼狈地走下飞机，他们穿着不合身的睡衣和看不出颜色的浴袍，看起来更像一个巡回马戏团。女士们披头散发；飞机的窗户上晾着胸罩和内裤。帕切科机场的负责人已经担心两天了，而这些乘客心情比他好得多。他告知圣埃克苏佩里，如果他是来布宜诺斯艾利斯“干蠢事”的，那他可以马上回法国。

1月，圣埃克苏佩里向勒妮抱怨说，阿根廷已经到了最炎热的时候，他负责的二千四百英里航线“每一秒都在吞噬着我剩余的宝贵青春和自由”。这很讽刺，因为这二千四百英里为他提供了一些他最钟爱的主题。他也被每个月的开销搞得筋疲力尽。布宜诺斯艾利斯被称为“世界上最容易迅速处理掉金钱的地方之一”，圣埃克苏佩里也入乡随俗。在这座城市，贸易还不成熟，也没有听说过有修理物品的人；一个人手表坏了，只能高价买一块新的进口表，而不是白费力气去找人修理旧表。圣埃克苏佩里每月给母亲寄三千法郎，自己留下一万五千法郎。就像他赚到的大部分钱一样，这笔钱很快就用光了；一部分花在短暂的购物狂欢中，一部分花在一时兴起的大方捐助中。多拉曾评论说，圣埃克苏佩里对金钱的蔑视与他对金钱的渴求是相当的；他对金钱的出现和消失似乎同样困惑。（在一个崇尚时尚的城市里，他依然穿着古怪。）他向勒妮抱怨说，购物耗尽了他的钱。房间堆满了东西，虽然他毫不需要这些东西，但还是忍不住买个不停。更糟的是，欲望让世界变得精彩。既然他已经买了柔软的皮箱、精致的呢帽和精密的钟表，他还有什么不满足的呢？

当然，这种生活方式并没有妨碍他思乡。圣埃克苏佩里后来写道，他脑海中总是浮现出他在阿根廷第一次夜航的情景，但在阿根廷，至少在休息时，他总是只看到法国的一隅。虽然疲惫不堪，他却睡得很少。
179 他现在着手写书，在晚上，写晚上，这本书最早是在圣莫里斯的前厅开始写的。在阿根廷星空飞行的危险让他渴望回到母亲的房间,那是他的避难所,他也怀念躺在床上,躺在平滑床单上的那种幸福。(这一简单情景会出现在《夜航》中,出现在他的几乎每部作品中。)他写信感谢母亲给他留下丰富的童年回忆,现在他意识到这是他最珍贵的财富。他读了罗莎蒙德·莱曼的《尘埃》,对它大加赞赏。这是一本忧郁的小说,讲述了青春期的固执,这让他想起了自己所说的"部落"的重要性。

在南美洲,他一次次地找到了自己小时候就着迷的东西。康科迪亚正是这样一个地方,一对开一辆老福特车的、热情好客的夫妇请他到家里吃晚饭。他在 1932 年描绘的一个夜晚后来成为《风沙星辰》的一部分,那老房子使人想起圣莫里斯。这座宅子建于 1886 年,曾经富丽堂皇,如今已摇摇欲坠。这座年久失修的大宅地面塌陷,门楣腐朽,但对圣埃克苏佩里来说,它比布宜诺斯艾利斯所有的钢梁都有魅力。在他看来,它并不是残破不堪的,而是"时间的朋友"。他从宅子的腐朽中获得了一种作为贵族的满足——尤其是在富克斯一家拒绝为庄园破旧不堪的现状道歉时——他立刻开始幻想宅子的地下室、被埋藏的箱子和宝藏。富克斯家的女孩们,据她们的父亲说,是完全不守规矩的。这是他熟悉且喜欢的类型。家里两个正值青春期的女孩用怀疑的眼光打量他;她们驯服了鬣蜥、猫鼬、狐狸、猴子和蜜蜂;她们告诉圣埃克苏佩里说他椅子下面有蛇窝,想让他在餐桌前如坐针毡。庄园中乱草丛生的野花园对他来说是神秘力量的完美象征,而女孩们则是童话中仙子的化身,他一直都相信仙子真的存在。就连德塞阿多港的麻风病人也把圣埃克苏佩里带回了童年,勾起了他在寄宿学校医务室里养病的回忆。他还记得,校园里的嘈杂声传到他耳朵里,但他生活在体温计和药物的世界里,声音对他毫无意义,听起来就像梦境中的低语。他若有所思,这种生活在时间之外的感觉,一定就是麻风病人的感觉。

尽管承认自己在巴黎不自在,巴黎朋友寄来的信还是会让圣埃克苏佩里滔滔不绝地赞美利普餐厅，还有圣日耳曼大街上的栗树。“我无法在法国生活。”他在7月写信给母亲说。颠沛流离是一件复杂的事：180 “你有一个模糊的念头，就是回家时发现一切如旧。你知道这是不可能的，但你很讨厌生活如此匆忙。”他略微失落地觉得——就像布雷滕·布雷滕巴赫在我们的时代会认为的那样——它是“与一个无法抵达的他处的约定”。旅居国外毫无乐趣可言，姐姐西蒙娜谈起要去印支半岛*当档案保管员时，圣埃克苏佩里想以此说服母亲。他坚决反对姐姐去那里：印支半岛物价高昂、气候炎热，还鸦片泛滥，西蒙娜很可能会交友不慎。（很明显，圣埃克苏佩里认为女人通常不适合这种冒险，更不用说他的姐妹了。）

他强烈反对，不得不以自己的经历做反面教材。他警告说，颠沛流离不可能是暂时的。一个人会被它俘虏，永远囚禁，变成另一个人：“在法国度假时，情况也并没有好转。一旦假期结束，你总会再次离开。这是最糟糕的事。”这封信的潜台词是，圣埃克苏佩里对他说的话很认真，他旅行的次数比家里其他人加起来的还多。他似乎不能把自己的想法强加给亲人，这只会拉远他与法国的距离：西蒙娜不听他劝告，离开法国去了印支半岛。她在那里幸福地生活了二十多年。他现在坚持要家人尽快收讫他寄去的钱，就像过去他向家里要钱时让家人尽快寄出一样。但他很少如愿。更糟的是，母亲往往不按照他的指示使用这笔钱，即用于圣莫里斯的生活开支。这使他勃然大怒。

大概在空中邮政公司驻布宜诺斯艾利斯办事处的首席财务官保罗·多尼及他爱人的陪伴下，圣埃克苏佩里才在阿根廷重温了在圣日耳曼大街时的快乐时光。与保罗·多尼在一起，圣埃克苏佩里重拾了早年的文学习惯，他从帕切科机场的办公桌前打断多尼、从床上叫醒多

---

* 即中南半岛，位于中国和南亚次大陆之间。——译注

尼,让多尼欣赏自己刚刚创作的文章。(圣埃克苏佩里一直有“世界上最糟糕室友”的名声,在康科迪亚,他曾在凌晨2点以命令的口气把多尼从睡梦中叫醒:“听听这个,告诉我写得好不好。”)但最成功的打扰是在多尼位于布宜诺斯艾利斯的公寓里,常常在看完电影后的深夜。他得益于这对夫妇的法语图书馆,自创了一种文字游戏来消遣。他会拿起一本类比词典,问这对夫妇,两个看起来不相关或明显相关的词之间有什么关系。他会问“une caisse”和“un roulement”之间有什么关系?
他们回答“财务”(通常,第一个词指收银机,第二个词指钱的使用),他 181
就得意扬扬;因为正确答案是“打击乐器”(在少数情况下,“une caisse”表示鼓,“un roulement”表示击鼓)。他请他们给出主题,他再根据主题即兴创作十四行诗。有时候,他从书架上随机拿下一本诗集,选定一首二流的十四行诗,不出十五分钟就改写出一首新诗,不仅保留原来的主题,还用了同样的尾韵。“我要重写法国文学。”他宣布,并着手改写诗节。显然,他对这些练习很感兴趣,这是他一天中最高兴的时候。多尼注意到,他的快乐并不喧闹,而是一种在一切条件都有利的情况下,从内心之井汩汩流淌而出的快乐。但是如果你相信圣埃克苏佩里信中所写,就会知道其实在布宜诺斯艾利斯,一切条件都有利的情况非常少,多尼的沙龙是一个难得的庇护所。

虽然圣埃克苏佩里总是抱怨——布宜诺斯艾利斯让人讨厌,自己老了,他后悔在朱比角过那种缺乏管理的生活,他希望结婚——但他无疑擅长从事自己的工作。后来一名阿根廷飞行员与约瑟夫·克塞尔在深夜的里奥加耶戈斯冒着暴风雨坐了很久,他对约瑟夫·克塞尔解释他为什么不缺钱还要顶着劲风飞行十一个月:“出于热爱,我做了这份工作,但圣埃克苏佩里将职业性根植在我心里。”作为管理者,圣埃克苏佩里严格遵守纪律:那名飞行员还告诉克塞尔,上司曾驾驶飞机替一位他必须惩罚的同事送信;他把工作时间记在那位同事的航空日志上,这

样同事就不会被扣薪水。年中,吉约梅向梅尔莫兹传达他们的朋友得到的赞美:

> 阿根廷人都为他疯狂……风再大,邮件依然准时送达——虽然表面上漫不经心——圣埃克苏佩里坚定地管理着空中邮政的阿根廷办事处。他整日飞行,运送邮件;他有时突然降落在离布宜诺斯艾利斯六百英里的机场上,那座机场的长官自认为距离远,不受管束,此刻正在打牌,而不是在机场工作。圣埃克苏佩里纠正这种情况后再次起飞;当夜幕降临,他回到帕切科,开车全速回家,整晚写作。我们都不知道他什么时候才睡觉,太神奇了!

大概同一时间,从另一个地方也传来了赞扬圣埃克苏佩里的声音。由于在朱比角工作出色,他于3月被提名参评法国荣誉军团勋章。一年后,法国政府授予了他这份荣誉,以表彰他在沙漠中“表现出非凡的冷静和罕见的自我牺牲精神”。他的推荐人是叙杜尔修士,他已经欠叙杜尔修士很多了。
182 尔修士很多了。

*

1930年是空中邮政公司在南美辉煌的一年。巴塔哥尼亚航线很快就要在圣埃克苏佩里的监管下开通了;邮件定期从布宜诺斯艾利斯向东送到巴西的里约热内卢,向北送到亚松森;飞机日夜不停地在纳塔尔南部的海岸上空飞来飞去。在南美大陆靠着太平洋的一侧,玻利维亚和智利已经连接起来;瓦谢在委内瑞拉建立了办事处。大批拉泰科埃尔28到货了,这是一种豪华且强劲的飞机,装有六百马力的发动机,最大航程七百英里,巡航速度为每小时一百五十英里。飞行员一旦坐在拉泰科埃尔 28 的封闭机舱里飞行过——在此速度下是很有必要的——就会对以前的拉泰科埃尔 25 和 26 嗤之以鼻，这两种型号此时正被慢慢淘汰。（这对圣埃克苏佩里来说可能是个好消息。拉泰科埃尔 25 是按照其试飞员埃利泽·内格兰矮小的身材设计的。而长着一双长腿的圣埃克苏佩里显然要作出许多杂技动作，才能进入机舱。）甚至在图卢兹—达喀尔航线问题频出的时候，这里也很少发生严重的飞行事故。梅尔莫兹——1 月 20 日，他被圣埃克苏佩里派去了法国——吉约梅、雷纳声名鹊起，所有同事都以此为傲。在大街上、在剧院和餐馆里，人们拥挤推搡，想要看清楚这些他们私下讨论的法国飞行员。

1930 年 3 月下旬，布宜诺斯艾利斯—里奥加耶戈斯航线终于在往返两个方向上都正式营业了。首航有两架飞机，其中拉泰科埃尔 25 由卢罗·坎巴塞雷斯驾驶，他考察过这条航线的最南端；拉泰科埃尔 28 由内格兰驾驶，他当时是南美各航线的总巡查员。马塞尔·布尤-拉丰乘坐了内格兰的飞机，同行的还有：公司现任技术总监比森特·阿尔曼多斯·阿尔莫纳西德上尉、多拉在南美的最高代表朱利安·普朗维尔、梅尔莫兹的一流机械师亚历山大·科勒诺、圣埃克苏佩里，还有一名阿根廷记者。圣埃克苏佩里驾驶拉泰科埃尔 28 返航，飞机在降落过程中出了问题，一个轮子卡进了里瓦达维亚的一道沟里——这架飞机是全新的，一周前刚从巴黎运送过来——结果头部栽在地上，受损严重。公司老板公开地严厉批评他粗心大意，他忘不了这件事；之后他再也没有得到布尤-拉丰的青睐。保罗·多尼记得，这件事发生后，圣埃克苏佩里非常羞愧，一连十天没有在布宜诺斯艾利斯露面。他尽可能多地飞 183
行，运送信件，并睡在帕切科的食堂里。

一个多月后，梅尔莫兹驾驶一架配有特别装备的拉泰科埃尔 28，从塞内加尔的圣路易飞抵纳塔尔港，这是第一架来自欧洲的飞机。他载了二百八十磅邮件，只用十九个小时多一点就抵达了目的地；法国人认为这一壮举证实了他们的航空优势。（但事实上，两大洲之间的正常商业联系在数年后才建立起来；并且梅尔莫兹在1930年返航途中遇到了困难：他尝试了五十三次才成功起飞，然后眼睁睁地看着这架水上飞机在距离非洲海岸约四百五十英里的地方沉没。）两天前发生的一起事故让梅尔莫兹返回美洲引发的狂热得到缓和。28日晚，一架开往纳塔尔省去迎接梅尔莫兹的飞机遇到大雾天气，在蒙得维的亚海岸附近坠毁，内格兰、普朗维尔和其他三人在冰冷的海水中溺亡。只有阿根廷记者一人游到了岸边。他是飞机上唯一不会游泳的人，所以得到了充气救生圈。人们从乌拉圭海岸把邮件打捞上来，如实地做了标记："失事飞机邮件，自海中打捞，无须付邮费。"（圣埃克苏佩里在阿根廷的一个小镇上听到这个坏消息，他曾在那里修理飞机，但没有参加葬礼。）抵达阿根廷的第二天，梅尔莫兹就飞到布宜诺斯艾利斯待了五天，其中一部分原因是想摆脱内格兰事件带给他的心理阴影。如果他还没有在纳塔尔见过圣埃克苏佩里的话，他现在肯定已经见过了。

1930年9月，法国的航空优势再次得到证实。迪厄多内·科斯特和莫里斯·贝隆特驾驶宝玑19* 成功飞越北大西洋。从巴黎到纽约的这次首航只用了三十七个小时，它引发了百老汇的彩带游行，占据了一周的新闻头条；飞行员们受到了胡佛总统接见，大西洋彼岸的广播中首次响起了《马赛曲》。据圣埃克苏佩里描述，作为英雄，科斯特和贝隆特在巴塔哥尼亚受到热烈欢迎，这种热情蔓延到了美国各地，两名飞行员到那里进行了一次友好访问。他们的成功在一些意想不到的地方产生了积极作用。法国大使馆的工作人员为飞行员抵达美国引发的亲法情绪所感染，他们给奥赛码头发电报，请求批准他们公开向法美爱情节捐款。10月，查尔斯·林德伯格被任命为荣誉军团司令。

---

* 今天，第五大道610号洛克菲勒中心的"法国之家"，摆放着一架由蒂芙尼精心打造的银质飞机复制品。这是法国政府赠送的礼物。

对圣埃克苏佩里来说，没有什么比一起事故更能代表这个英雄主义的黄金时代了。隆冬时节，也就是梅尔莫兹飞越南大西洋一个月后， 184
吉约梅驾驶一架波泰 25 从圣地亚哥飞往布宜诺斯艾利斯。他已经飞了一年东西向航线；这将是他第九十二次飞越安第斯山脉，这是一项不小的壮举，因为安第斯山脉的高峰——从高空看像是落基山脉的余脉——超过一万八千英尺，而波泰飞机的飞行高度上限明显低于它。一名飞行员凭着机智和对上升气流的巧妙控制，穿过了山口。那天是 6 月 13 日，周五。当时天气不太好——安第斯山脉在四十八小时内降了十五英尺的雪——但吉约梅没有退缩，他之前已经延误了一天，现在出发了，他相信他可以向南绕行，避开暴风雪。在一万七千英尺的高空，他卷入大风之中。刹那间，他跌落了一万英尺，他没有抓住操纵设备，而是紧紧抓住座位。他在空中颠簸翻滚，突然看到下方有个黑点，认出那是一片湖。向迪亚曼特湖方向着陆似乎是他唯一的出路；湖被群山环绕，湖岸平坦而坚实。吉约梅下降至一百五十英尺左右的高度，绕着湖飞了一圈又一圈，直到燃料耗尽，当时是上午 11 点半，也就是从圣地亚哥出发后三个半小时。飞机一着陆就被掀翻了，螺旋桨和副翼都撞坏了；吉约梅想要站起来，却一次又一次被吹倒在地。天寒地冻，他浑身发冷，只好用机身的碎片在机翼下的雪地里挖了一个坑，风在他头顶呼啸，他缩紧身子，坐了四十八个小时。“头几天的情形就留给阅者诸君想象吧。”后来少言寡语的吉约梅给公司写报告，他在开篇这样说。事实上，他把自己的历险留给圣埃克苏佩里讲述，作家以此写成了《风沙星辰》中最为人知晓的一段。

第二天夜晚，吉约梅睁开眼睛，看到天空中有一颗星星。风平息了；第三天，他爬出了雪坑。他已经把邮袋从飞机上卸下，放在降落伞上，用大石头压住。他用燧石在机身的两侧潦草地写下：“留给爱妻最后的话，还有我的吻。我遇到了风暴，被迫在这里降落。没有人从空中看到我,我打算往东走。再见了。”他把食物放进手提箱:半瓶朗姆酒、一罐馅饼、一罐咸牛肉、两罐沙丁鱼、两盒炼乳,还有几盒饼干。他所在的地方海拔一万零五百英尺,离阿根廷四十英里,中间隔着冰雪覆盖的连绵群山。他知道从空中看不到他,因为他已经飞行过好多次了,没人
185 知道他走的是哪条路线,也就没人知道在安第斯山脉的哪个位置可以找到他。周日上午 10 点钟,他步行出发了。在接下来的五天四夜里,他一直在走;他的手脚冻僵了,冻肿了,流血了,他已精疲力竭,但他知道在这样低的温度下睡着就醒不过来了。他看见了美洲狮的踪迹,还有几只羊驼;他绊倒了,滑跤了,爬起来又继续往前走。他后来告诉圣埃克苏佩里,最困难的是不去想雪。最简单的是沉默,一声不响地认输。最后救了他的不是力量和智慧,而是爱和骄傲:“妻子一定相信我还活着,我还在走。我的朋友们一定相信我在走。他们都对我有信心。所以如果我不走下去,我就是个混蛋。”圣埃克苏佩里引用了他的理由。他头朝下栽倒在一道积雪覆盖的斜坡上,但想到官僚机构的混账作为,他又站了起来。他眼前出现了一行小字:如果找不到尸体,保险公司没有义务在四年内向他的妻子支付保险金。如果他不走下去,他就是一个混蛋;如果他不走下去,他的妻子将身无分文。吉约梅在山顶上看到一块石板,他可以死在上面,他确信人们会找到他的尸体。他费力地爬上岩石。到了岩石上,他又想,为什么不继续走呢?“拯救一个人的是迈出一步。再迈出一步。每一步都一样,关键是你得迈出去。”圣埃克苏佩里记得吉约梅是这样解释他超人的忍耐力的。

让-勒内·勒菲弗当时是门多萨机场的负责人,门多萨是安第斯山脉东麓一座气候温和的阿根廷小镇;从 13 日早晨起,他一直在等吉约梅来着陆。下午,他向身在布宜诺斯艾利斯的圣埃克苏佩里,还有圣地亚哥的长官皮埃尔·德莱通报了吉约梅失踪的情况。两人都飞到门多萨,在接下来的五天里,他们在安第斯山脉上空寻找波泰飞机,就像在

白色的大草堆中寻找一根小银针。后来,吉约梅告诉圣埃克苏佩里,自己看到了他;他知道那是圣埃克苏佩里,因为没有一个理智的飞行员会冒险飞这么低。周五,20 日,正当勒菲弗鼓起勇气要告诉吉约梅夫人她丈夫的飞机失事了,警方从七十五英里以南的圣卡洛斯打来电话,说找到吉约梅了。文献的细节再一次将重点放在门多萨机场的负责人身上,他在公司工作期间似乎总能出现在重大事件发生的当场。他从机场跑到广场酒店,将这个消息分享给正在吃午饭的圣埃克苏佩里。勒菲弗记得,圣埃克苏佩里高兴地从桌旁站起来,满酒店地用法语高喊:“吉约梅得救了!”而圣埃克苏佩里只是写道,餐厅里的每个人都互相拥抱。(勒菲弗回忆道,无论如何,消息在几分钟内就传遍了整座城市,就
像花粉在风中飘散。)圣埃克苏佩里立刻驾驶波泰 29,带着勒菲弗与另 186
一位门多萨机械师向南飞向圣卡洛斯。他还没来得及看地图就起飞了,所以他不得不沿着特定的路线向南飞行,飞行高度约为五十英尺。他们飞了整整一个小时后,看到一队车马,那一定是来援救吉约梅的。这些加乌乔人向飞机发出信号,疯狂地挥舞斗篷。圣埃克苏佩里激动得难以自持。勒菲弗说,圣埃克苏佩里几乎没有绕过一排白杨树就降落在一片草地上,在距离一条从空中看不见的沟几英寸的地方停了下来。机械师由衷感叹道:“这无疑是圣埃克苏佩里最精彩的着陆之一。”

三个人都扑向吉约梅,吉约梅与朋友们拥抱。阿根廷人也像法国人一样泪流满面。圣埃克苏佩里看到吉约梅时一定很激动,也很担心:和以前相比,吉约梅瘦了,冻伤了,也晒黑了。作家写道,他的脸“又脏又肿,像熟透了、反复掉在地上的水果”。吉约梅声音平静地掩饰夺眶而出的眼泪:“这是幸福的泪水。我没有那么脆弱。”吉约梅在报告中只是说,与朋友们的首次团聚“非常令人感动”。勒菲弗和圣埃克苏佩里还记得一些其他细节,其中有一句话他们记得特别清楚,不过两人都觉得那是说给自己听的。吉约梅问他的飞机是否已经找到。听说没有找

到时，他意识到，尽管这一周很痛苦，但他的步行决定是正确的。或许是为了回应，他补充道："我发誓，我的经历任何动物都受不了。"对圣埃克苏佩里来说，这是最高贵的一句话，它完美地定义了人在宇宙中的位置。对《风沙星辰》中所写的其他事情，勒菲弗没有任何异议，他只是说现实中的营救和相聚更加感人。

吉约梅在山上的第七天遇到了一位农妇，她的丈夫是一名头发花白的走私贩子。她看到一个男人跌跌撞撞地走出安第斯山脉时，简直不敢相信自己的眼睛。"我是迷路的飞行员。"吉约梅用尽全力喊道。在这种情况下，很难向对方介绍自己；这是飞机紧急迫降时飞行员闯出来的临时路线。这与柏瑞尔·马卡姆和查尔斯·林德伯格的遭遇相似。马卡姆当时刚完成人类第一次从东向西单人直飞大西洋，随后在纽芬兰海岸坠机，她额头滴着血，向两位渔民介绍自己："我是马卡姆夫人，从英国开飞机过来。"查尔斯·林德伯格在1927年去巴黎的路上，
187 看到他下方的拖网渔船，向渔民问道："去爱尔兰怎么走?"那家人把吉约梅带回家，让他睡在仅有的一张床上，第二天就用骡子把他送到圣卡洛斯当局。在门多萨，吉约梅在机场受到热烈欢迎，他最终借来了西装，给妻子打了一个电话，而容光焕发的圣埃克苏佩里一直站在他身边。在接下来的一天半中，圣埃克苏佩里安排他睡在门多萨一张温暖的床上，请他喝花草茶；周日，就是22日下午，把他送回布宜诺斯艾利斯。人们在机场迎接吉约梅，他的历险登上了南美所有报纸的头版，他的事迹被编写成一首智利民歌。在布宜诺斯艾利斯，圣埃克苏佩里坐在吉约梅的沙发上，唱着低俗的小曲，他偶尔停下来告诉吉约梅，从飞机上向下望的时候，他感到找到吉约梅的机会是多么渺茫，从朋友那里打听到一点消息是多么困难。显然，他把正在康复的人搞得有点累了。这场狂欢持续了一整夜，圣埃克苏佩里毫无倦意地唱着小曲，不停地问问题，吉约梅的狗兴奋地给他伴奏，后来吉约梅好容易攒起一点力气，

说:“太晚了,睡觉吧。”

吉约梅后来又驾驶单引擎飞机往返飞越安第斯山脉一百多次,在他返回布宜诺斯艾利斯的第二天,公司要求他提交关于坠机的正式报告。他马上就交上去了。圣埃克苏佩里忠于事实,但从事实中提炼出类似寓言的成分;他花了七年时间才把这个当时广为流传的故事写成文字。他把自己对人的看法移植到这次历险中去,在吉约梅的坚毅中找到了对责任的担当,正是这种担当使人伟大;这是他在坠机那年所创作小说的主题,也是他后来所有作品的主题。如果说吉约梅撼动了大山,那也是他的道德品质,而不是冒险家对死亡的蔑视拯救了他。他能走出安第斯山脉是由于他把自己的身体变成了一件工具,由于他对同伴,以及他们的共同事业坚定不移。(他没有提到吉约梅夫人。)吉约梅遵守这些朴素的约定,证明他是一个勇敢的人。圣埃克苏佩里在第一部小说里描写了屠龙勇士,但这一次他没有再写。圣埃克苏佩里把凯旋的吉约梅比作品质崇高的园丁——他对自己耕作的土地怀有深情,这一形象使人想起获得新生的巴克,还有巴塔哥尼亚的定居者。还有一个人,与他所处的环境相比,显得非常渺小。

对吉约梅的历险的描述,在圣埃克苏佩里 1932 年所写传记的序言
中初见雏形,这一传记的完整版于 1937 年首次见报。两年后,它又被 188
写进《风沙星辰》中,就这样,圣埃克苏佩里不经意间将自己写入了他的历史书中。他并不是有意剽窃吉约梅的名句,但随着时间推移,这些名句逐渐脱离了吉约梅,被认为是圣埃克苏佩里所写。那些在吃饭时听过吉约梅故事的人——许多人是在 1931 年至 1939 年听说的,尽管不是出自吉约梅之口——还记得故事的讲述者,后来很多人证实是圣埃克苏佩里说出了关于人和动物的那句话。最初,吉约梅故事的讲述者成了圣埃克苏佩里;后来,吉约梅故事的主人公成了圣埃克苏佩里。如今,好莱坞可能会争抢将这段历险戏剧化的权利,即使在 1939 年,圣埃

克苏佩里也不是唯一这样做的人。那一年，对两人都很熟悉的年轻律师兼记者让-热拉尔·弗勒里出版了关于空中邮政公司的书，书中收录了这起事件的一个版本。他的叙述在实际细节上比圣埃克苏佩里的要丰富，他也重复了那句著名的话，但后来圣埃克苏佩里写了吉约梅的内心对话，增添了修辞色彩。还有一些人想与吉约梅的英雄主义产生联系。第二年春天在法国，圣埃克苏佩里把这个故事告诉了纪德，还说他希望把这个故事写进下一部作品。纪德问他能不能帮圣埃克苏佩里润色文字。“要是他搞砸了这个故事，我永远也不会原谅他。”这位老文学家在日记中写道。没有什么好担心的。圣埃克苏佩里知道如何讲故事；正是在他笔下，吉约梅的壮举得以成为传奇。它成为一种寓言，他一遍又一遍地讲述，每次内容都高度一致。

*

另一方面，在龚苏萝·德·圣埃克苏佩里的每一次讲述中，她与丈夫相遇的方式都不一样。我们似乎可以很有把握地说，这位时年二十八岁的寡妇——她自称当时十九岁——是在 1930 年初秋第一次看到圣埃克苏佩里的。* 介绍人很可能是当时的法国笔会主席本杰明·克雷米厄，他是圣埃克苏佩里在《新法兰西评论》杂志和莫尼耶圈子里的熟人。本杰明·克雷米厄是一位不知疲倦的外交家、作家和文化使者，他最为人纪念的成就是将路易吉·皮兰德娄、阿尔贝托·莫拉维亚和伊塔洛·斯韦沃的作品翻译成法语并引起法国人注意。1930
189 年 8 月，他到布宜诺斯艾利斯做了一系列讲座。对这位精力充沛的国

* 龚苏萝结婚证上的出生年份是 1902 年，她去世时官方报告上的出生年份是 1907 年，两者相差五年。这两个年份都没有证据支持。我权且认为前者是真实的，因为如果采用后者，就更容易搞错一些事实。圣埃克苏佩里——就他对这些事情的兴趣而言——也相信妻子生于 1902 年。

际主义者来说，把圣埃克苏佩里介绍给萨尔瓦多本地人、著名记者的遗孀、长期居住在法国的戈麦斯·卡里略夫人，再合适不过了。克雷米厄当时四十三岁；他可能只是在去布宜诺斯艾利斯的途中见过卡里略夫人，但他早就听闻过她了。在介绍两人认识之前，他很可能提到过圣埃克苏佩里，他欣赏圣埃克苏佩里的作品，也迷恋作家的生活方式。即使他自己也爱慕这名有着象牙色的皮肤、灵动的眼睛和乌黑头发的年轻女子，也不能认为他是随性介绍他们相识的。

讲座是在一场招待会上做的。那是8月的最后一周或9月1日，街上到处是示威人群，人们反对执政的激进派，也可能是9月6日之后，在短暂的武力较量后，保守派政府上台，这是阿根廷现代军队领导的第一次政变。这对戈麦斯·卡里略夫人、对圣埃克苏佩里来说都不是好事，卡里略夫人的丈夫与被推翻的政权关系密切，而圣埃克苏佩里需要运送大量邮件。初次见面后不久，龚苏萝的小手就与圣埃克苏佩里熊掌一样的大手牵在一起了，她体重只有圣埃克苏佩里的一半，头刚好到他肩膀；圣埃克苏佩里向这位寡妇表达爱意，驾驶拉泰科埃尔28带她兜风，这是她第一次坐飞机。在此后四十八年里，龚苏萝对这件事的说法一变再变，因此他们恋爱初期的情节已经不可考了。

龚苏萝·戈麦斯·卡里略是一位活泼的、身材娇小的美人，1930年之前就与作家结过婚。恩里克·戈麦斯·卡里略是危地马拉城人，他在1892年来到巴黎，担任马德里一家报纸的通讯记者。他在巴黎是一个潇洒而鲁莽的人，与乔伊斯、王尔德、魏尔伦、左拉称兄道弟；经常因为别人的一丁点挑衅就决斗，他到各地旅行，所到之处都留下了梅毒患者的名声；他不停地旅行，也发表了大量作品。莫里斯·梅特林克说他是一个真正具有文艺复兴气质的人，他一个人过着三四种人生，每一种都比大多数人要过得精彩。他在1927年去世，很可能是自杀。戈麦斯·卡里略的第二任妻子是知名的音乐厅歌手，名叫拉克尔·梅勒。

1926 年，两人离婚六年后，他与龚苏萝结婚。当时他五十三岁；她大概二十岁出头。这是他的第三段婚姻，也是龚苏萝的第二段婚姻。显然，他立刻就爱上了这位美洲中部的美人，她要么是从内心欣赏他的浮夸，要么是很快被他的浮夸同化了。我们不知道龚苏萝·松辛是如何或者
190 何时抵达巴黎的，但可以肯定的是她出生在萨尔瓦多。她经常说她父亲拥有一座大咖啡种植园，但通常不提家里的其他事；谈到童年，她只说自己是在一场地震中早产的，她家的房子倒塌了，她母亲也因此丧生。（一位理智的朋友问她，如何能肯定是地震使她早产，而不是她的出生引发了地震。这位朋友其实能够更明智一些：1902 年到 1907 年萨尔瓦多根本没有发生过地震。）她遇到圣埃克苏佩里的时候，已经在巴黎安顿下来了。她的住处是马德莱娜教堂后面卡斯特拉内街上一套底层公寓，还有位于尼斯市西米耶社区的一座别墅，这两处房产都是戈麦斯·卡里略留给她的。她的朋友都是艺术家和作家，有些也是前夫遗留给她的；她爱好绘画和雕塑，她过着波希米亚式的生活。迪迪埃·多拉认为，龚苏萝·圣埃克苏佩里和她那多火山的祖国有很多相似之处：她热情奔放、鲁莽、活泼、易变、活力四射。当然，她更像拉美人，而不是欧洲人，这一点在南美洲最具欧洲特色的城市布宜诺斯艾利斯可以看得很清楚；在这里，从样貌可能看不出来，但从口音肯定听得出来，她来自异域。她的声音很沙哑，用词丰富但不太准确，“r”卷舌音很重。很少有人不用“任性”这个词来形容她，这就像用“心不在焉”形容圣埃克苏佩里一样贴切。

在龚苏萝的所有版本中，她与圣埃克苏佩里的约会有一个共同点：9 月的第一周，乘坐拉泰科埃尔 28 兜风。我们就假设这对夫妇的命运确实是在月初的一个夜晚于海拔二千英尺的拉普拉塔河上空紧紧联系在一起的吧。据龚苏萝说，事情是这样的：在和他见面后不久，可能就在克雷米厄介绍他们认识的那个晚上，龚苏萝发现自己和圣埃克苏佩

里一样飞上了高空。圣埃克苏佩里为了哄她坐飞机，邀请了八到十位她的朋友；他可能许诺带他们从空中观看革命的景象。朋友们都坐在客舱里；龚苏萝发现自己和飞行员一起坐在驾驶舱里。突然，在发动机的轰鸣声中，圣埃克苏佩里说想要一个吻。她也真诚地回应：1. 她是一位寡妇；2. 在她的祖国，人们只亲吻自己所爱的人；3. 世界上有些地方生长着一种花，当有人无礼地接近时，它会闭合；4. 她从不屈从胁迫亲吻任何人。圣埃克苏佩里说："我知道你为什么不想吻我。我太丑了。"这个回答听起来很真实，也是龚苏萝口中唯一的版本。对此，这位年轻的寡妇没有回答。几秒钟后，沮丧的飞行员威胁说："好吧，既然你不想吻我，我就开进拉普拉塔河，我们一起淹死！"说这些话时，他眼里 191
含着泪。龚苏萝又惊恐又感动，她在圣埃克苏佩里的脸颊上温柔地吻了一下。她低声说："你不丑。"几分钟后，飞机安全返回帕切科机场，但还是没来得及让龚苏萝的音乐家朋友们参加布宜诺斯艾利斯的音乐会。这个小插曲可能是加进故事里的，灵感来自 6 月滞留在巴拉圭的法国演员。

年底之前，龚苏萝回到了法国，她已经俘获了圣埃克苏佩里的心，以至于圣埃克苏佩里给她看了《夜航》的初稿，还向她求婚。她的讲述尽管无案可稽，但很吸引人：一天深夜，在饭店，她觉得圣埃克苏佩里对她敞开了心扉，当时圣埃克苏佩里递给她一封八十页的长信。这实际上是《夜航》的初稿，签名是"你的丈夫，如果你同意的话"。这样的文件即便存在，也从未公之于众。圣埃克苏佩里自己没有留下任何求爱的记录：我们甚至不知道他是在 1930 年还是在 1931 年，是在阿根廷还是在法国求婚的。他没有写信告知家人他在那年秋天的打算，他有点不愿那么做，因为他以前发出过一次错误的警报。但他的沉默也透露了一些信息。12 月中旬，他受到了多拉的正式训斥。公司知道这是私事，不愿意过问，但想告诉圣埃克苏佩里先生，他的一位亲戚到图卢兹找过他。自10月初以来,圣埃克苏佩里一直没有给母亲写信。公司希望他今后能不再这么粗心大意。

尽管圣埃克苏佩里对求爱保持沉默,我们还是对求爱的背景有一定了解。这名飞行员说八年来,自己一直想找一位妻子。他明显感觉自己年龄大了。从7月到9月,勒妮·德·索西纳一直在巴西,她举办了几场受到热烈好评的音乐会;虽然她告知过圣埃克苏佩里自己要去巴西,但抵达后并没有联系他。圣埃克苏佩里偶然发现她在里约热内卢,然而很难让她定下一个见面时间。这些怠慢使他痛苦。(讽刺的是,勒妮与路易丝·德·维尔莫兰同行,而圣埃克苏佩里对路易丝的好感丝毫没有减少。)如果可以还原求爱的过程,我们便知道:圣埃克苏佩里调情虽然成功了,却并不高明。他一般会有点害羞地悄悄走近引
192 起他注意的女人;他以这样的方式接近龚苏萝就说得通了。他并不是个私生活混乱的人,而且在1930年,他显然对一个女人能够给予的温存和庇护,而不是她的社会地位,更感兴趣。他不认为自己会回法国,或者想回法国居住,可能因此觉得他可以对龚苏萝的社会规则更宽松些、进展更快些。他已经有五年没有一个固定地址了。他很害怕结婚后要承受中产阶级生活引发的麻木效应,但虽然不愿意,他显然还是在某种程度上容忍了它。龚苏萝可以让任何男人双脚离地,失去平衡,不停地冒险;对传统婚姻——至少是与传统人士结合的婚姻——带来的麻木效应,这是一剂解药。也许比起在1923年,现在他更看重这一点;他一定知道,在他的出身环境中,龚苏萝是一个奇怪的选择,这也许可以解释为什么他在10月和11月保持沉默。

无论从哪方面看,龚苏萝都不像会安定下来的人。她是一个比空气还飘忽、一个像风一样自由、一个说走就走的女人。可以说,她更擅长做这些事,而不是提前制订计划。她的座右铭绝对和探险者的妻子伊莎贝尔·伯顿的不一样,伊莎贝尔已经学会了"付钱、打包和跟随";

其中至少有两条要求龚苏萝做不到。她曾想满足要求——结婚之初，她去位于法国南部的夏尔·萨勒家见丈夫时，就尝试过——结果她的行李先到了，她和她所穿的貂皮大衣还在半路上。在巴黎，她迈着华尔兹舞步走下出租车，走过城里几家高档餐厅的服务员身边，人们看到她挥动着一双玉臂而不是钱包。她语气肯定地说“圣埃克苏佩里伯爵很快就到”，但事实上并非如此。

尽管龚苏萝不符合圣埃克苏佩里对女人外形的要求，但她确实满足了他的另一项要求。用他作品的美国译者的话说，就是“柔弱、年轻、温柔，和她在一起感到绝对安全”。对于一个违反一切时间和空间、一个“对时间的通常排序及其用途都嗤之以鼻”的男人而言，龚苏萝是完美的伴侣。她甚至比路易丝·德·维尔莫兰都合适得多，因为她来自另一个星球。他最近写信给路易丝，说他希望有一个女人可以领他进入个人的“永恒小世界”，在那里，他会感到自在。对她来说，圣埃克苏佩里是树、骆驼、龙，还有笨拙的熊；而对圣埃克苏佩里来说，她刚开始时是他的“热带小鸟”。他经常在信中称她“我的小女孩”或“小女孩诗人”。几年前，他曾向勒妮·德·索西纳说，他认为语法上的错误是可以原谅的，而节奏上的错误则不然：龚苏萝只掌握最基本的语法，但她节奏感很好。她的强项是添枝加叶地讲故事。有人称这种人是渲染 193
狂。圣埃克苏佩里担心在康科迪亚富克斯家的女孩们有一天会被追求者扫地出门，这位追求者声称喜欢她们的野花园，实际上却想把它改造成凡尔赛的精致庭院。对这样一位圣埃克苏佩里来说，龚苏萝正是魅力的化身。简而言之，他遇到了一个女人，能从画的一顶帽子里看到一条蟒蛇正在吞吃一头大象。

1931 年 1 月，如果圣埃克苏佩里的长期计划就像龚苏萝在她各种版本的讲述中所说的那样已经很清楚的话，圣埃克苏佩里是有机会向母亲透露这些计划的。年初，她到布宜诺斯艾利斯长住近一个月。现在的圣埃克苏佩里伯爵夫人和未来的圣埃克苏佩里伯爵夫人没有在南美洲见面，因为龚苏萝已经回法国了，而她的追求者不久也会跟着回到法国。假设龚苏萝在可能的最后一刻离开布宜诺斯艾利斯——有人说两艘船在港内擦肩而过，但实际上没有这么夸张——那他们最多有四个月的时间相恋。

圣埃克苏佩里夫人在一年中最热的几周来到布宜诺斯艾利斯。儿子之前似乎想阻止母亲来，可能是因为他的情感生活，也可能是因为像他说的一样，他要经常飞行，还有很多工作要做，不能确定有空接待母亲。月初，她和儿子一起去亚松森，几乎可以肯定这是她第一次和儿子一起飞行。圣埃克苏佩里把母亲介绍给多尼夫妇，1931 年 1 月 31 日，圣埃克苏佩里母子与多尼夫妇坐船去法国的前一晚，大家一起吃了一顿饭；圣埃克苏佩里获准可以休假一段时间。圣埃克苏佩里坚持晚上去布宜诺斯艾利斯游乐场玩，每次都要拉着保罗·多尼一起去。（或者说是几乎每一次：诺埃勒·吉约梅还记得，在布宜诺斯艾利斯的时候，她没能说服圣埃克苏佩里还有她丈夫同她一起乘坐公园的环线列车，他们都觉得太刺激了。）多尼夫人和圣埃克苏佩里夫人在下面看着多尼和圣埃克苏佩里在游乐场旋转、倾斜、翻滚；这是圣埃克苏佩里一生中最快乐的时光。三周前，他把邮件从布宜诺斯艾利斯送到亚松森，他知道这将是他最后一趟南美飞行，于是邀请多尼和他一起去。在亚松森东南面二百英里的波萨达斯，一名乘客下了飞机。此后，飞机便一路超低空飞行到巴拉圭的首都，有时几乎是挨着田里的篱笆飞，把牲畜吓得四处逃窜，有时径直地沿着小路飞，甚至随着小路从树林中穿过。飞机飞过巴拉那河上空，一位渔夫怕被起落架撞到，吓得躲进船舱。这位巴
194 拉圭人只能冲着天空挥舞拳头。驾驶舱内的圣埃克苏佩里很得意。

2 月 1 日早晨，圣埃克苏佩里和母亲登上了“阿尔西纳号”轮船，同行的还有一头美洲狮，圣埃克苏佩里非要把它带回法国作为宠物送给

加布丽埃勒。(但它未能抵达阿盖;它袭击了一名船上的工作人员,就在汪洋之中被转卖给了另一名乘客。*)1929 年 9 月,圣埃克苏佩里启程前往布宜诺斯艾利斯时,对自己会走上什么岗位一无所知;如今,他要离开南美前往巴黎,心境依旧。此后,他再也没有看见过南美的海岸。整整十年后,伊芙·居里作为战地记者从北美到中国行遍反轴心国家时,曾从南美的上空飞过。她写道,南美海岸上散落着废弃的法国机库,景象苍凉。它们丝毫没有彰显梅尔莫兹和吉约梅的伟绩,它们已经腐烂发霉了。195

* 圣埃克苏佩里经常载着南美动物飞行,但他不是唯一喜欢这么做的人。大约也是在这个时候,布莱兹·桑德拉尔带着二百五十只热带鸟和六十七只狨猴从巴西乘船到法国,这些动物大都没见过欧洲大陆。

第十章　光明降临

1931—1933

恍惚之间，我意识到，我孤军奋战的艰难时日已经过去了。

——托马斯·爱德华·劳伦斯，《智慧七柱》

从1926年夏天开始，圣埃克苏佩里在法国就没有长期无拘无束地生活过。他从未像现在这样自由，这样无债一身轻。他是出过书的作家，包里随身带着新的手稿——还有一份在阿根廷写的电影剧本；他有一份薪酬丰厚的工作；他恋爱了，已在这年春天正式订婚。4月初，他获授荣誉军团勋章。他三十岁。他似乎兴致勃勃地四处游览了一番。有太多事值得庆祝。毫不奇怪，这一时期他的私人信件一封也没有留下来。

2月中旬，圣埃克苏佩里夫人一回到法国就去了阿盖，她的儿子圣埃克苏佩里立即去找龚苏萝。龚苏萝说，她这几周很担心，怕她新的追求者没有跟过来。显然，她宁肯看着圣埃克苏佩里死去，也不愿意他失约抛弃自己。两人相见后，3月的大部分时间都在法国南部龚苏萝位于尼斯的家中度过。圣埃克苏佩里精力充沛地着手删减和修改长达四百页的《夜航》手稿，最后手稿被删去了一半多。龚苏萝很可能是在这时把她的未婚夫介绍给了梅特林克一家，他们就住在附近一座富丽堂皇的房子里；圣埃克苏佩里则把未婚妻龚苏萝介绍给了在阿盖的表姐伊冯娜·德·莱斯特朗热，月底，她已经在那里见过莱斯特朗热一家。当 196
时安德烈·纪德和伊冯娜·德·莱斯特朗热一起在博梅特酒店度假，圣埃克苏佩里向他讲述了吉约梅的故事，还给他看了《夜航》的手稿。纪德对手稿印象深刻，并提出要为其作序。他的提议让作者和出版商大感意外，也分外高兴。的确，纪德很欣赏康拉德，并翻译了他的作品，但他更为人所知的一面是崇尚个人自由，而非赞同责任。这位法国文学界的老政治家在 3 月 31 日的日记中写道："非常高兴再次在阿盖见到圣埃克苏佩里……他从阿根廷带回了一部新书和一位未婚妻。书读了，人见到了。衷心地祝贺他，尤其为他这本书；我希望他的未婚妻也同样令人满意。"

最后，促成这桩婚事的不是别人，正是圣埃克苏佩里夫人。这对小夫妻还没有宣誓，就大大方方在四十英里外安了家，这让她感到不安。龚苏萝说，她未来的婆婆常去位于西米耶的别墅，每次都会问："你们什么时候才能结婚？"婚礼于 4 月 12 日在阿盖的小教堂举行；叙杜尔修士主持了婚礼，他可能还没来得及祝贺圣埃克苏佩里获得法国荣誉军团勋章，而叙杜尔修士是从中帮了大忙的。这位两度丧偶的新娘穿着黑色蕾丝长裙，美丽极了；皮埃尔和加布丽埃勒·德·阿盖的三个孩子做花童，两个女儿穿着长长的蝉翼纱裙，儿子弗朗索瓦穿着雪白的宽松水手服，他们和龚苏萝的哈巴狗由迪一起伴着新娘走来。在于庄园花园里拍摄的照片上，紫色和白色的花盛开，散发着芳香，新娘和新郎看起来庄严而不失快乐。下午，一小群亲朋好友在阿盖最好的餐厅——罗驰路奇酒店，享用了精美的婚宴。4 月 22 日，这对新婚夫妇前往尼斯的市政厅，领取了结婚证，算是正式结婚了。过去是先领结婚证再举行婚礼的宗教仪式的，在法国结婚证才具有法律约束力。注册时，圣埃克苏佩里在住址一栏填了位于阿盖的庄园，龚苏萝则填了尼斯市大卫街上的一处公寓。职业一栏，圣埃克苏佩里填了“飞行员”。当天下午 4 点，这对夫妇被宣布成为合法夫妻。至此，他们还没有度蜜月，于是在地处阿盖和西米耶之间的里维埃拉度了蜜月。

可以想见，圣埃克苏佩里忙于准备婚礼，沉浸在家庭生活的幸福之中，埋头修改《夜航》的手稿。不然，这几个月他很可能会非常难过。实际上，自从他回到法国后，空中邮政就常常登上新闻，大多是负面消息。由于 1930 年 10 月的巴西革命、1929 年的华尔街金融危机，马塞尔·布
197 尤-拉丰的三家银行申请破产。老板的财务状况也受到严格审查。他可能是世界上最长航线的所有者，这在全球彰显了法国的辉煌，他也从政府那儿获得了慷慨的补贴。现在有些人认为，这些资金好像被挪用了。第一个事实可能比第二个更具有冒犯性，政府补贴在法国是很常见的，但巨大的成功往往招致怨恨。3 月初，国民议会下议院投票反对给予航空公司新的补贴；3 月末，也就是在梅尔莫兹成功挑战飞越南大西洋后不到一年，布尤-拉丰开始计划进军北美航空业时，空中邮政公司被迫破产。

圣埃克苏佩里举办婚礼后不久，梅尔莫兹在广播中痛诉公司遭受不公，因“政治和经济阴谋而破产”。5 月 5 日，《法国航空杂志》严厉批评航空和邮政部门不负责任。他们允许“银行业竞争者、嫉妒的外国企业、艳羡的法国人和阴谋家们”侵蚀法国最优秀的企业之一。在这一尤为混乱的事件中，指责不会停止，但他们一边公开指责，一边又暗中协商，最终各方都不满意。1931 年春天，争战才刚刚开始，但圣埃克苏佩里 5 月要返回的航空公司与 1930 年蓬勃发展的公司已经不同。公司已经发不出 2 月份的工资；在南美洲，即使没有薪水，邮件运送也没有中断，三个月后，法国大使馆终于开出了支票。公司开始裁员，到 6 月已经暂停了飞往五个国家的航线。到年底将关闭更多的航线，而曾在北大西洋为法国扬名的飞机，拉泰科埃尔 38 将撤进机库，在那里朽烂。空中邮政公

司——由国家任命的董事会临时管理——已经成为一个令人无奈、尴尬、愤怒的话题,不再是民族的骄傲。一位飞行员厌恶地得出结论,“美妙的冒险”时代已经没落,“航空管理”时代即将来临。或许是因为圣埃克苏佩里的心思不在这里,或许是因为他善于怀旧,当然也是因为他对政治阴谋没有一点点耐心,所以于他而言,仍然能够推迟新时代的来临。

到夏天时,他已经向伽利玛出版社提交了手稿,和龚苏萝在 6 月中旬去过了巴黎,于是他又回到非洲航线工作了。显然,空中邮政公司的预算缩减了,他无法回到南美洲航线(也使得他在 1 月份必须离开),不 198
过他并不在意。现在,他驾驶一架拉泰科埃尔 26 运送邮件,从卡萨布兰卡南部飞往埃蒂安港,然后在周日傍晚离开摩洛哥,他沿海岸飞行,日程非常紧张,在接下来的两年,他大部分时间都是这样工作的。在阿加迪尔,他要换一架飞机运送邮件;他到达时,中继飞机已经启动并运转了。圣埃克苏佩里有十分钟时间在地面休息,他一面与机械师聊天,一面吞下一大块巧克力,还有一盘煎蛋、一根香蕉和一杯葡萄酒。机场负责人亚历山大·贝勒提供天气信息,确保邮件已经转移到中继飞机上,并督促飞行员立即起飞。当落日余晖洒在沙漠上时,圣埃克苏佩里继续向朱比角进发,他要向南飞行三个半小时。那里也有一盘煎蛋等待他;在地面的十分钟里,他和西班牙工作人员聊着往事,那西班牙人就住在他原来住过的地方。让-热拉尔·弗勒里 9 月见过圣埃克苏佩里,当时他让圣埃克苏佩里载着他去埃蒂安港(弗勒里正为一家颇受欢迎的报纸撰写一篇关于错综复杂的空中邮政公司丑闻的报道),他永远忘不了朱比角的人接待圣埃克苏佩里的情景。弗勒里不听圣埃克苏佩里劝告,跑到岗哨去了。他听到圣埃克苏佩里向卡萨布兰卡机场的负责人抗议说,像弗勒里这样身材的乘客要耗掉他三十加仑*燃料。而弗

---

* 1 美制加仑约等于 3.8 升。——译注

勒里其实就坐在拉泰科埃尔飞机无线电操控台后面一个敞开的隔间里，坐在被一堆邮件包围着的一把藤椅上。飞机刚到朱比角，一群戴着蓝色面纱的摩尔人就向圣埃克苏佩里扑过来，亲吻他的手。他们围着圣埃克苏佩里，都争着和他说话，想得到他的建议。飞行员只好让他们一个一个说。圣埃克苏佩里有些尴尬，他好像成了沙漠里的酋长，他一边喝着水，吃着鸡蛋，一边用他知道的极为有限的阿拉伯语处理摩尔人的一个个紧迫问题。现在，通过和他关系密切的记者的笔，他和当地人交往的情况传回了法国，这大大强化了他在巴黎人眼中的"沙漠中的驯服者"形象。

光辉岁月尚未完全结束：里奥德奥罗仍然是异教徒的领地，在朱比角，口译员已经换了一个人，他对南方的热圭巴部族很友好。飞机连夜继续飞向埃蒂安港，飞到锡斯内罗斯城上空，扔下邮件——真的是"扔"下去的，随后机场负责人从地面向飞机挥手示意，让其继续前行。黎明时分，圣埃克苏佩里抵达埃蒂安港。此时他已经飞行了近十二个小时。这样的执勤飞行条件很艰苦，若是放到今天，任何飞行员工会的人都会对它深恶痛绝。他在埃蒂安港一直待到周末——当时布宜诺斯艾利斯
199 的邮件是从达喀尔寄来的——之后再返航，在周日早上降落在卡萨布兰卡，他正赶上享用热腾腾的羊角面包和牛奶。因此，新婚丈夫一周的大部分时间都在撒哈拉岗哨度过，这所岗哨很简陋，这里只有一座要塞、一座机场、一个兵营和一片渔场；新婚妻子龚苏萝则在法国，偶尔与婆婆相处，后来她大部分时间都待在卡萨布兰卡。

埃蒂安港虽然面积更大一些，但好玩之处并没有圣埃克苏佩里1927年驻扎的朱比角多。钓鱼还好一点，在鲨鱼出没的水域游泳是根本不可能的。沙暴与飞沙司空见惯，飞行员们只好天天闭门不出。他通常白天睡觉，晚上写作。夜里，他总是雷打不动地按时间表写作，有人说他完全被照亮沙漠天空的满月迷住了。这段时间，他通常一睡就

是二十四个小时。醒来时,他精力充沛,立刻想法子娱乐。他随身带着莫里斯·拉威尔的唱片《波莱罗舞曲》,不厌其烦地播放给埃蒂安港的居民听。他为他们背诵波德莱尔的诗歌(当时他最喜欢《情人之死》这首诗);他编造了一个虚构童年的故事;他催眠地勤人员;他还临时拼凑了一艘简易的战舰。

在这期间,大部分时间里,他与一位名叫雅克·内里的科西嘉无线电操作员一起工作,内里是一位和他旗鼓相当的聪明搭档。内里 1929 年入职,是一名技术高超的无线电领航员;不过,他喜欢用绘画的方式和圣埃克苏佩里交流。他觉得这不仅更容易理解,而且从美学角度来说更有趣。有一次,他从无线电得知,海拔更高处湍流较弱。他决定用速写把这条信息传达给飞行员,画面上圣埃克苏佩里肩扛飞机,正在费力地爬上陡峭的楼梯,内里跟在后面,在无线电天线的末端。楼梯的高度标注为一千米;一个小脸胖嘟嘟的天使在上方指挥,轻轻地吹气。很少有人比圣埃克苏佩里更懂得欣赏内里在无线电之外的才华,他也许已经找回状态,但他十分清楚在沙漠上空飞行是多么单调,因此会欣赏他人在各种情形下的机智。无须他人鼓励,他就会以同样的方式来回应内里的创作,这样你来我往,通信变成了一种艺术竞争。圣埃克苏佩里在《风沙星辰》中一些最为有趣的片段向内里致敬,但内里的回应更高一筹:他保存了 1931 年下半年飞行员和领航员之间传递的大量纸条。这些存留下来的珍贵材料加起来简直就是另外一版《夜航》。保存下来的内里与圣埃克苏佩里的通信在法国评论期刊《伊卡尔》上发表,但其中表意图画并不多。后来圣埃克苏佩里称,他发现在黑夜中这些 200
图画比在夜空中执行任务时飞机驾驶舱里上演的悲喜短剧更加令人宽慰。这些笔记常常透露出一种怪异的现代感,两个男人孤单地困在狭小的空间里,无法沟通:"我告诉过你,你要写下来而不是打手势。"圣埃克苏佩里这样指示内里,内里回答说:"我说我看见了信号弹。"很多时候,他们充当了夜航还不够科学的明证。"在我看来,真像陆地,"圣埃克苏佩里写道,画了一个大大的问号,"我很想知道我们在哪里(以这个速度,我们要耗尽燃料了),但我不能浪费时间从西边绕飞。"有时,一切顺利。"看起来不是很糟糕,"圣埃克苏佩里说,"给我一支烟。"虽然与宝玑 14 相比,拉泰科埃尔 26 构造更为复杂,但仪器导航飞行还是不够成熟。"指南针完全不准确,这挺丢脸的,在方向只变化五度时它却转了一百八十度。"飞行员抱怨道。可能在这趟旅程中,他还对内里说:"在我看来,我们离大海不能超过三十英里。破晓时分,我们要向西走,再看吧。但目前我们暂时保持距离,因为靠着这个愚蠢的指南针飞行,我会在大雾中遇到麻烦。如果我们向西,它会转得像陀螺一样。"

在《风沙星辰》中,在一个大雾茫茫的夜晚,圣埃克苏佩里正是与内里一起,在前往锡斯内罗斯的途中偏离了航线。没有一座机场能告诉两人他们的方位,这让他们感觉自己"滑出了世界的边界"。他们把一颗又一颗星星当作航向标,每次都希望看到的是机场的灯标,但每次希望都落空了。当天空透来第一缕光亮时,内里兴奋地唱起歌来,用拳头敲打机身。迷失在星际空间,又饿又渴,圣埃克苏佩里梦想他们能回到地球,一起吃早餐庆祝;活着的所有快乐就在那第一口香浓的、烫嘴的咖啡里。但两人仍然没有找到方向,毫无希望。当内里要求锡斯内罗斯机场闪三下灯标时,前方的光"一下也不闪,那是一颗不为所动的星星"。("调情老手不想冲我们眨眼!那是一颗星星。"内里在实际飞行中写道。)最后,内里递给飞行员一张纸。"一切都好。好消息。"他收到了卡萨布兰卡机场发来的消息,希望能够得救。事实上,这条消息在一千二百五十英里的夜空中延迟抵达了,其实它是前一天晚上发出的,当时一位政府官员发出消息称,圣埃克苏佩里回来后将受到纪律处分,因为他飞得离卡萨布兰卡机库太近了。他确实飞得很近,但他从来不乐意受到指责,尤其这时他是在执行公司的飞行任务,他在夜空中、在浓雾中迷失了方向,希望得到一些更有价值的信息。这就好像他跳下船去救一个船友,他问船上的人要一只救生圈,那人却说他的袜子不是一双。 201

后来发生的一件事充分证明他的怀旧情绪愈发强烈。圣埃克苏佩里哀叹宝玑14的时代已经逝去,那时,每一次飞行都是冒险,飞行员一定会与地面建立密切的联系。和内里完成这些飞行后不久,他叹息说:

> 我发现在这一点上,我并不孤单。随着性能稳定的汽车和电报出现,空中邮政已经失去了魅力。我们不再经历那些令人愉快的悸动:我能飞好吗?我的飞机会出故障吗?我在哪里?这些都是昔日我们每次飞行时问自己的问题。现在我们的发动机万无一失;我们也不需要知道飞行路线,因为测向仪会为我们指明方向。坦率地说,在这样的条件下,飞行变成了一件很机械的事。生活没有惊喜。我们也喜欢这样,但别的……

即使与内里一起飞行,他也担心沙漠——他的沙漠、他的异教徒、他的热圭巴部族,内里曾听他这么说过——逐渐失去了它的奇险。他无数次要求无线电操作员内里讲讲过去的事,内里便兴致勃勃地讲给他听。好在他还能从工作中找到乐趣,比如戏耍无线电领航员。在此期间与他一起飞行的无线电操作员*讲了一段悲惨的经历,一天晚上,在阿加迪尔和锡斯内罗斯之间,他的下垂天线原本是要插入一个孔里的,结果孔被堵住了。锡斯内罗斯机场和阿加迪尔机场都在通过无线电询问飞机的位置,但是三百五十英尺长的天线没安好,他无法作出回应。如果多拉看到他在现场的反应会说什么呢?他试着不去想这个问题。他用

---

* 这位无线电领航员可能是内里,但他在法航讲述这件事时匿名了(这不是内里的做派)。参见《法航退休人员风采》杂志(1973年4月)。

螺丝刀和钳子在飞机上钻了一个孔，就把天线重的一端先插进孔里，然后把长长的线也塞进去，再用袜子将天线与机身的金属隔开，实现绝缘。他打开电源，一时间火花四射。圣埃克苏佩里敲了敲隔板，传回一张纸条："你要放火吗？你到底在干什么？"操作员也发火了，潦草地回复道："没有那么糟糕。我们有降落伞，不是吗？"圣埃克苏佩里笑着转过身去，因为如果有余地可以不听从的话，显然也就没有理由担心了。操作员把他的围巾也塞进去，加到临时绝缘装置上，又试了一遍无线
202 电；成功了，有信号了，虽然天线还是在空中飘舞，不时敲击机身的一侧，摩擦出一片紫色火花。此时，口译员醒过来，看见周围一片火花，不免有些担心。操作员无暇顾及他，开始用一套系统重新联系地面，这个系统或许有些简陋，也不断地冒出火花，但它毕竟起作用了。

操作员正高兴地通话，飞机左舷侧突然闪出明亮的火焰，整个天线露出来了。他毫不迟疑地发出了求救信号。阿加迪尔机场的信号从夜空中传来，要求他重新发送受静电干扰而乱码的消息。圣埃克苏佩里从座位上探出半个身子，转过来，疯狂地比画着："降落伞，快扣好，我们要跳伞了！"情急之下，操作员摸索着自己的装备，带子卡住了，找不到卡扣。这时，无线电里传来一条担忧的常规问询："收到，发生了什么事？"操作员俯身去检查左舷侧冒火的情况，发现圣埃克苏佩里点燃了一枚信号弹，想紧急迫降。飞行员之前强忍的笑声爆发出来，肩膀一阵抖动；困窘的操作员转过身来，发现口译员也笑弯了腰。圣埃克苏佩里对自己非常满意，在沿着海岸飞行的一路上，他把地面休息时间都花在了反复讲述这个故事上。

内里知道，有关两件事的信息要赶紧传达给他的飞行员。一是吉约梅的下落。安第斯事件后，圣埃克苏佩里感觉自己的控制欲比以往任何时候都强（他比诺埃勒·吉约梅更在意飞行安全，一天晚上，他好几次把吉约梅一个人丢在卡萨布兰卡的电影院里，跑去给机场打电话，

而吉约梅夫人也很清楚天气状况，却平静地在家里看电视）。二是龚苏萝的来信。非洲航线上的每个人都清楚该如何传送龚苏萝的信。显然，圣埃克苏佩里花了很多时间在驾驶舱里计算他具体在哪一站能截获下一封给他的信。从最初到最后，圣埃克苏佩里和龚苏萝的家庭生活一直不同寻常。尽管龚苏萝在同不安分的戈麦斯·卡里略的一年婚姻中，也没有形成稳定生活的习惯，但她对丈夫长期离家在外并不是特别高兴。在卡萨布兰卡，她告诉内里，她希望圣埃克苏佩里不是飞行员，而是一位神父。她说"神父"这个词的时候，带着轻微的西班牙口音。1931 年底，她终于搬到卡萨布兰卡居住——1932 年下半年，她再次与丈夫团聚——夫妻俩搬进了他们的第一所婚房。"来和我一起住吧，"圣埃克苏佩里在一封信中写道，还保证她在摩洛哥会非常幸福，"让我的房子充满你那奇妙的混乱。在所有桌子上写写画画吧。它们都归你了。来扰乱我的心绪吧。" 203

这一点他倒是可以放心，因为在生活习惯方面，龚苏萝和他可谓棋逢对手。在飞往埃蒂安港的那次难忘经历之后，弗勒里受邀去卡萨布兰卡看望圣埃克苏佩里，他一有机会就马上去了。一天下午，他和飞行员一起享用午间开胃酒，啜饮良久，回到圣埃克苏佩里的公寓时已经过了午餐时间。龚苏萝亲切地欢迎他们，但显得有些沮丧：他们来得晚，蛋奶酥已经不再新鲜可口，真是可惜。他们只好吃沙丁鱼罐头当午餐。弗勒里并没在意这件事，直到类似情形再次上演，就连细节也一模一样。莱昂·安托万清楚地记得圣埃克苏佩里在图卢兹亮相的情景，他和妻子受邀去圣埃克苏佩里在卡萨布兰卡的家里喝餐前酒。他们一到，主人就打开了一瓶。可酒瓶是空的，他们又接连开了好几瓶，也都是空的。他叫来管家，问仙山露葡萄酒到哪里去了；管家耸耸肩，表示也不知道。圣埃克苏佩里让年轻的管家出去买一瓶，这一次管家又耸耸肩；虽然那天早上他刚拿到五十法郎，但已经用光了。追问之下，他列了一份购物清单，不过显然是现编的。管家演完戏以后，圣埃克苏佩里伸手到口袋里去掏钱，想让他再去买一瓶酒来。可是他把口袋翻了个底朝天，也没掏出一分钱来。最后，是莱昂·安托万给主人夫妇买了一瓶仙山露。

龚苏萝搬到卡萨布兰卡可不是悄无声息。亨利·孔特，卡萨布兰卡一位世故的普外科医生，很快就和圣埃克苏佩里一家熟络起来。一位生活在那里的法国人告诉他，最近在“精益”酒店吃午饭时看到了一位孤身的年轻女子。他抑制不住好奇心，俯过身去，问她来自哪里。女子非常认真地回答道：“我从天上来，星星是我的姐妹。”听到这个故事的第二天，孔特的一个朋友让他去探望一下圣埃克苏佩里。他非常惊讶地发现，他听说的天上来者正是飞行员的妻子。孔特和妻子不禁被这对夫妇迷住了，很快孔特的朋友们也都接纳了这对夫妇。他们在一家名为“泽泽”的海边小酒馆度过了许多夜晚，这家小酒馆是卡萨布兰卡出租车司机们最喜欢的地方。孔特夫妇会到机场接圣埃克苏佩里，开车送他到二十四小时营业的餐厅，餐厅里有两架机械钢琴和形形色色的客人，很是热闹。在那里，人们听他讲飞行的故事，一讲就是几个小时。飞行员虽然已经熬了一整夜，但通常是最后一个向疲倦屈服的人。1932 年末，圣埃克苏佩里夫妇离开卡萨布兰卡，当地法国人圈子视
204 此为一场灾难：力大无比的诗人和他柔弱的妻子是魔力的源泉。稍晚结识圣埃克苏佩里夫妇的一位朋友谈到他们回巴黎时说：“我从未忘记圣埃克苏佩里看他妻子的样子。她如此柔弱单薄，但她迷住了他……她总是令他意想不到，令他着迷；总之，他喜欢她。这只小鸟从不停歇。她随从自己的心意落在她的大毛绒熊身上，这只会飞的大毛绒熊就是圣埃克斯。他们真像是从迪士尼动画电影里走出来的。”

*

这里的生活是如此丰富多彩，而圣埃克苏佩里却三次被迫离开：第一次是在 1931 年，因为好运气；第二次是因为接到命令，如果能选择，他宁愿不去管这些命令；第三次，也是最后一次，是在 1932 年末，因为厄运。《夜航》是 1930 年写于南美洲的一部小说，手稿写在各种各样的碎纸片上，走到哪里写到哪里，1931 年春天在里维埃拉删减至一百八十页，10 月在巴黎出版。评论热情洋溢。自高乃依和《克莱夫王妃》的时代过后，责任和荣誉渐渐失落，如今圣埃克苏佩里令法国振奋；这是一个英雄主义故事、一部短篇现代史诗、一部能够与隐藏在小说《包法利夫人》中的失败主义对话的作品。《晨报》的评论家认为"《夜航》让所有世俗的骑士小说都显得幼稚"；《新文学》杂志称"它不是一部小说，而是一部伟大的作品"。一位书迷写道，其中的主人公飞行员是"世纪英雄"。《夜航》比《南方邮航》更简单、更克制，传递了更为含蓄的情感，这或许是对《南方邮航》收到的批评声的一种回应。圣埃克苏佩里不能完全放弃抒情。讽刺的是，现在抒情使他赢得了梅特林克骑士勋章，而戈麦斯·卡里略也曾获此殊荣。龚苏萝发现自己又一次嫁给了一位"散文诗人"。《夜航》新奇而精练，排篇布局极为出色，它对与自然环境斗争的描写可与《老人与海》媲美。三架邮政飞机在夜色中飞往布宜诺斯艾利斯，第一架从巴塔哥尼亚向北，第二架从智利向东，第三架从巴拉圭向南。在布宜诺斯艾利斯，欧洲邮航的飞行员在等待他们，然后在午夜继续向东飞行。然而，最后只有两架飞机抵达；欧洲邮航的飞机如期起飞，但巴塔哥尼亚来的邮政飞机连同邮件一同消失在飓风中。

没有人比这家公司的运营经理，钢铁般坚强的里维埃更关注邮政飞机的命运了。这个人物用着圣埃克苏佩里的贵族头衔，但是又有迪迪埃·多拉的特点。小说的主角正是他，而不是同巴塔哥尼亚邮政飞机一起消失的不幸飞行员法比安。里维埃的穿着打扮和为人处世很像多拉，但他的思维方式更接近圣埃克苏佩里。在他看来，他的使命是像 205

炼钢一样锤炼手下的人,塑造他们,使他们超越自己,从而为这家大型企业,也就是为邮航公司去获取成功。他很严肃,很少说话,把手下的人管得规规矩矩,能够派出去完成不可能完成的任务。正是因为里维埃,"航空邮政服务在陆地和海洋上空两万英里长的航线上至关重要。'他们很高兴,'他说,'因为他们喜欢这份工作,喜欢我严格要求他们。'"。他就是这样严格,手下的人被他苛待,就不会再被自然环境苛待,他要他们不仅为自己的过失负责,还要为天气造成的问题负责。里维埃的口号是"这就是命令",它贯穿圣埃克苏佩里的这部作品。据他的副手说,他的秘密是:"如果人受到了足够重的惩罚,天气就会转好。"他自己也想:"我公正不公正？我不知道。我只知道,我管得越严,事故就越少。"1931 年,在法国,里维埃被人们当作摩西,当作希腊戏剧中的英雄。第二年,亨利・米勒向阿奈・南热情地赞扬了这部小说,称里维埃是"一个杰克・伦敦式的超人,但思考更成熟"。(米勒觉得,在法国文学中这样的人物怕是不多见:法国文学中有很多英雄,但是除 17 世纪的作品之外,他们多半虚张声势,并不遵守严格的纪律,他们很少在自然中找到敌手。)在好莱坞,里维埃被视为约翰・巴里莫尔最适合扮演的英雄角色,这一事实可以反映出他的实力。几年后,当法西斯主义的声势越来越大时,这个满脑子都是职责的南美办事处负责人似乎成了更为危险的事务的代言人。然而,在 1931 年,圣埃克苏佩里几乎出不了什么错。

虽然里维埃看起来完全是一个尼采式的人物,虽然他手下的人把他看作"里维埃大帝,征服者里维埃",但这头"老狮子"把最高的敬意留给了另一种勇敢。他惊叹于木匠无声的满足,惊叹于铁匠在砧铁前工作时的勤勉,惊叹于园丁耕种出让森林倾慕的花园的力量。米勒指出,如果说他内心的对话是在杰克・伦敦传递给他的精神基础上更上一层楼,那也并不陌生:里维埃问自己的问题正是圣埃克苏佩里在朱比角追问德洛内的那些。里维埃问：在遥远国家的一个村子里，人们建了一座造价高昂的桥，那么值得为了出行便利而砸伤工人吗？他想："过这座桥的农民大概宁可绕路，也不愿意看到被砸坏的脸。"我们认为比人的生命更宝贵，并为之奋斗的更高价值究竟是什么呢？圣埃克苏佩 206
里问德洛内："当我们冒险，有时竟如此随意地冒险去运送邮件时，是出于什么样的情感？"即使无法说清楚，里维埃也知道有一种更高的利益，其中包含着可以使人类达至永恒的东西。圣埃克苏佩里在朱比角得出结论："邮件是神圣的，虽然它的内容并不重要。"

他对人和超人的描绘显然受到运营总监的影响。这位运营总监余生一直在试图与小说中对应的角色脱离关系，却是徒劳。但在认识多拉之前，圣埃克苏佩里就已经创造了这个角色。里维埃是圣埃克苏佩里第一部小说中的主人公，就是态度冷淡、沉默寡言的贝尼斯有血有肉的化身。第一部小说出版时，他还没有遇见多拉。圣埃克苏佩里童年丧父，因而对这个角色怀着某种偏爱，正如他作为沉迷飞行的反传统贵族，对邮航飞行员那坚忍、坚毅和严谨的职业精神怀有偏爱一样。军人姿态对他来说没什么意义，但忠于职责却意义重大。可以说，他非常欣赏这些品质，因为它们不是他与生俱来的；空中邮政公司在很大程度上改变了许多飞行员的人生，对圣埃克苏佩里来说尤甚。圣埃克苏佩里一直非常尊敬多拉，一直称呼他为多拉先生。多年以后，他才和多拉成为朋友，在多拉面前，他总是像个寻求大人疼爱的小男孩。他把这部小说献给了他，这最终可能成为两个人的遗憾。多拉是一个活生生的证据，证明了圣埃克苏佩里长期以来认定的东西确实存在——他是以柏拉图式的模板来展现它的，也证明了圣埃克苏佩里一直对这一理想怀着坚定的信念。圣埃克苏佩里的遗作，也是他最雄心勃勃的作品，是对父与子、统治者与民众动态关系的深沉思考，可以说早在《夜航》中他就已经开始这一探究了。1941 年，在法国领导人最不知所措的时候，里维埃的创造者以一种黑格尔式的笔调讨论了这个问题，他写道：

> 我们的救赎在于什么？领导者。但是我们必须对“领导者”的含义有统一的认识。领导者毫无疑问是管理者。经理也管理——他仲裁、监督——但不是领导者。领导者是需要我们的人，热切地需要我们。他们不能没有我们的参与，他们不仅要求我们努力完成手头的任务，而且要求我们不断创新，从而将我们转变为创造者。因为他们需要我们的创造……领导者是需要我们，并给予我们足够尊重的人。因为几乎任何身居王位的人都可以下达命令，把自己的意志强加给我们。但是，一名下士的这些姿态与权威有
> 207 什么关系呢？权威需要创造力。

现在他的思想已经有所变化，不再像创作《夜航》时那般非黑即白，但多拉的形象显然仍然闪烁着光芒。与圣埃克苏佩里生命中的大多数人不同，空中邮政公司的上司从未令他失望，而执着于理想的圣埃克苏佩里亦从未让他的上司失望。

圣埃克苏佩里将他的很多特质融入了《夜航》，而不仅仅是将自己的意识吹进了主人公里维埃的鼻孔。这部小说颇有几分自传的味道，毕竟它是以圣埃克苏佩里第一手的奋斗经历写成的。他又照搬了自己信件中的内容，像在 1930 年写给母亲的信中描写的那样，刻画了一幅在安第斯山脉上空飞行的情景。他儿时的港湾，他的小床成了欧洲邮航飞行员的港湾，飞行员的妻子抚平床单，“好像神的手使大海平静下来”。里维埃记得他和一位失去孩子的母亲之间痛苦的对话，这一情节通过加布丽埃勒在 1925 年的经历和路易丝·德·维尔莫兰的姐妹在 1924 年的经历，早已写进小说《南方邮航》。在小说《夜航》的开头，里维埃无情地解雇了一位名叫罗布莱的机械师，他从 1910 年就开始在航

空业工作,但已经过了有用有为的年岁;现实中,圣埃克苏佩里也不得不辞退了一位同名的老员工,他是梅尔莫兹带到南美洲的,曾经是西圣安东尼奥机场的首席机械师。这个岗位的工作任何人做都觉得繁重,更不必说是花甲之人。故事似乎还覆盖着一层薄薄的神话的尘埃,它很冷静,没有《南方邮航》中的夸张抒情,但仍然闪耀着冰冷的珠宝和埋藏的珍宝的光辉。

小说中几乎每个元素都证明圣埃克苏佩里对抽象的热爱。书中人物与其说是人物,不如说是行走的道德实体。他为资深的领导者多拉创造了一个陪衬——罗比诺,这是一位小气的督察。(罗比诺是按照一位真实的督察塑造的,据传他借走了圣埃克苏佩里在朱比角收集的一些石头,没有归还,因此圣埃克苏佩里在他身上发泄怨恨。在书中,罗比诺被写成湿疹患者,愚蠢可悲;他只想把公司从致命的危险中拯救出来,但最终只是找到了一枚生锈的螺丝钉。他被飞行员们孤立。一次是因为他下达了命令,但那是他的工作呀;还有一次是因为他的命令没有为他赢得里维埃受到的那种尊重。不管怎么样,圣埃克苏佩里还是赋予了他一点超验的色彩;他给了小说中的罗比诺一套石头,作为"打开神秘之门的护身符"。罗比诺渴望与他人分享石头。"在他漫长的一生中,只有石头对他还不错。"圣埃克苏佩里写道。后来他也承认自己这样直接地表达不满很好笑。)往欧洲运送邮件的法比安和另一名飞行员被描绘成年轻的天使长,他们都没有面孔,其中一个连名字也没有。 208
他们的妻子是小说中仅有的两个女人,代表着另一个世界,一个适用不同规则的世界,圣埃克苏佩里将它设置得与里维埃的世界截然不同。圣埃克苏佩里再次探讨了他所看到的英雄竞技场和家庭领域之间的差异。小说中有一个场景,飞行员的妻子深夜为丈夫的夜航做准备,这可能是圣埃克苏佩里为一对男女写下的最温柔的一幕。但这位贤良的妻子并不具有多少实质意义,充其量是一个小女孩。丈夫穿上厚重的盔甲，她则因职责的召唤隐退到一边。当法比安的妻子出现在机场，为丈夫迟迟不归要一个解释时，里维埃甚至不敢面对她；她所代表的与其说是失踪飞行员的妻子，莫如说是“另一种生命理论”。

人们可以深入《夜航》中寻找自传的痕迹，不过对自传的符号却不必如此，因为它们都在小说的表层，表现为角色。这部作品细致地描写了天空，除此以外，完全没有空间感。作品丝毫无关南美洲，如果气象条件可以复制，这个故事同样可以发生在火星的天空中。圣埃克苏佩里清空了舞台，我们因而得以更好地进入这些人的心灵和头脑。他的第一部小说是一部伤感的自传体作品。在《夜航》这部作品中，他开始追寻道德基础，而道德基础将成为他以后所有作品的锚，这些作品更准确地说应归为散文而不是小说——《小王子》可能例外——最终又将从散文演变为寓言故事。他的书迷们喜欢说，圣埃克苏佩里抛弃了小说的形式，是因为他因《夜航》遭到了广泛的误解；事实上，即使在《夜航》中，他显然也走向了道德家的领地，成为追寻更高境界的飞行员。

在《夜航》中，圣埃克苏佩里以他最纯熟的技法将活跃和沉思融合在一起，《夜航》成为他的代表作之一。这无疑是他在不知不觉之中，通过一系列叙事手法达成的。它们不是纯文学，他不可能写出《吉姆老爷》那样的作品。这个故事以电报、闪回、情感特写，以及一种类似文学蒙太奇的形式讲述，这一切会让评论家产生一种从摄像镜头观看世界的印象。更准确地说，这是飞行员的视角。法比安和叙述者创作了夜空之诗；里维埃以多拉式的电报速记思考和交流，但总的来说那是航空业发展初期的情况，圣埃克苏佩里和内里在飞行中的交流就说明了这一点。这部小说的对话极为精简，以至于更像一部剧本，但最终这种风格用在小说中甚至比用在银幕上效果更好，一部分原因在于人类和宇
209 宙的根本斗争的主题和语言都极为微妙。圣埃克苏佩里澄澈的散文看似简单，实则不然，最早发现这一特点的是斯图尔特·吉尔伯特。他翻

译过《尤利西斯》，凯瑞丝·克罗斯比把他引荐给圣埃克苏佩里，希望他能将《夜航》翻译成英文。吉尔伯特对一位早期的圣埃克苏佩里传记作者说，事实证明澄澈的文字初看简单，实则难以处理。“在翻译完之前，我拿着一些段落去问乔伊斯：‘如果是你，你怎么翻译？’乔伊斯眯着眼看了一会儿，说：‘好吧，我们再看看……’然后，他会把那几页修改一番，还给我。”然而，经过乔伊斯润色的吉尔伯特译文仍然未能赢得英语评论家的赞扬，考虑到吉尔伯特才华卓越，这也算是间接地称赞了圣埃克苏佩里。

作家把自己的书看作对黑暗的探索；我们知道他开始写这本书时，想到的是自己童年时期在圣莫里斯的夜晚。后来，他称自己所受的文学影响来自儒勒·凡尔纳鲜为人知的作品《黑印度》，他说他十岁时读过这一作品：“人们通常认为这本书冗长乏味，但在我看来，它是一部宏伟而神秘的作品。”书中的奇异意象多年来一直留在他脑海中。1941年，他回忆说：“故事发生在地面以下几千英尺深的通道里，阳光从未照射到的那里。”据一位评论家统计，“夜晚”在小说中共出现了六十三次，它诚如纪德在短序中所说，称得上对“夜晚的黑暗背叛”之沉思。只有一种意象更普遍：《夜航》多处提及远洋。书中满是海洋、海浪、锚、潜艇、潮汐、船、潜水员和港口等众多有关航海的隐喻。圣埃克苏佩里飞越南美海岸已经是一年前的事了，但我们不由得想到1929年的短暂夏天，他在布雷斯特和水手们在一起，跟着他们学到了很多东西。《夜航》的评论者禁不住将圣埃克苏佩里与康拉德相比，将《夜航》和《台风》相比，这是完全恰当的。

在大洋两岸，圣埃克苏佩里被誉为古典主义者，这一定让一本航空书——即使书的名字绝对老派——的作者笑了。1932年这部小说在美国出版时，被誉为“经久不衰的现代经典”、“现代勇气”的精彩写照、描写飞行最成功的出版物，时至今日它仍然担得起这些殊荣。在《纽约时报书评周刊》褒贬参半的公告中，路易斯·克罗嫩伯格承认："不管怎么说，飞机总算第一次和艺术沾了边。"有些朋友是这部作品忠实的拥趸：
210 本杰明·克雷米厄先后两次，先是9月在《年鉴》上，又于10月在《新法兰西评论》上发表书评。在第二篇文章中，他发现遇到一个棘手的问题，即一名飞行员写书做什么。从宣传的角度来看，这在1931年是有利于圣埃克苏佩里的——还有纪德的序言、好评以及伽利玛出版社的认可，在法国要赢得大奖，伽利玛出版社的认可即便不是必备条件，也是非常重要的条件——11月，有传言称该书是法国最负盛名的费米娜文学奖的有力竞争者，这不足为奇。另一本入围作品是雅克·沙尔多纳的《克莱尔》；据说两人都在竞争龚古尔文学奖。在两位候选人中，圣埃克苏佩里名气小一些，也是唯一在评审团斟酌选票时还在卡萨布兰卡和埃蒂安港之间运送邮件的候选人。

12月4日，他收到了至少三封电报。第一封电报，费米娜奖评审团以十二票对三票的投票结果，将这个奖项授予了他。第二封电报，空中邮政公司允许他回巴黎接受这一荣誉，但按原计划他要把南美的邮件运往图卢兹。最后也是最重要的一封电报，梅尔莫兹对他表达了由衷的祝贺。经过二十个小时的飞行，圣埃克苏佩里于月中抵达图卢兹，他浑身沾满机油，胡子三天没刮，人们都快认不出他来了。这位1931年费米娜文学奖的得主穿着破烂的帆布鞋、脏乎乎的裤子、蓝色的棉大衣，大衣敞着怀，用一根绳子系在腰上。两个小时后，他准备了一套皱巴巴的西装，坐上开往巴黎的火车。到了巴黎，他入住了鲁特西亚酒店，这是一家位于左岸的宏伟老建筑，龚苏萝和他母亲也来这里和他碰面。一位侍者负责整理他的衣橱，还有一位理发师来到他的房间，好让这名飞行员看起来不那么像现代版的鲁滨孙·克鲁索。所有这些努力并没有让他在费米娜奖招待会上更自在一些，无疑他不再感到自豪，而是变得笨拙，红着脸不发一言，就像每一次遇到这种场合时一样。"如果这时走来一位朋友，”一位在此后十年多次看到他经历这种折磨的女人说，“他会像抓住救生圈一样抓住朋友的手，默默地握紧。”

除此之外，圣埃克苏佩里似乎能够很好地掌控双重身份。他仿佛一个得到双份祝福的人：在文学和航空领域他都是稀客，都备受珍视。一份报纸讶异于费米娜文学奖得主竟然不是专业作家，另一份报纸则发现，他喜欢和飞行员同事们讨论瓦莱里、斯宾诺莎和德国浪漫主义。不幸的是，圣埃克苏佩里很快就会发现，这比在星空飞行更难找到平衡，这更需要解释的才华，而不是斯多葛式的寡言。他当时还在休假，就和龚苏萝 211
在圣莫里斯度过了圣诞节，这是他们最后一次一起过圣诞节。

*

在费米娜奖评审团投票前，圣埃克苏佩里读了几篇《夜航》的书评，不太开心。他从埃蒂安港给克雷米厄写了一封颇为苦闷的信。克雷米厄很可能是在征得作者许可后，在 12 月 15 日的《年鉴》上刊出了这封信的部分内容。没有作家会对批评免疫，但圣埃克苏佩里尤其在意，在赞美的洪流中，他偏偏只关注那些反对的声音。他是一个不知满足的人：他对伊冯娜·德·莱斯特朗热说，他很失望赢得的是费米娜奖，而不是龚古尔奖，不过她对此并未表示同情。* 11 月的这封信在他被提名获得费米娜奖后才刊出，因此影响无疑是很大的。自此，他开始了一段不停辩解的生活，那段时间，《夜航》的作者做了很多解释，而飞行则减少了。

对圣埃克苏佩里的批评有三个方面，但充满矛盾。他因作品中的

* 他更看重龚古尔奖是对的。龚古尔奖竞争极为激烈，以至于出版社会在最后出局的那部作品的腰封印上“龚古尔文学奖”，旁边再印上一行小字“十票中得了四票”。今天，作家们常常先去争取不那么重要的奖项，从而为后面获得龚古尔奖做铺垫。

某种神秘主义而受到指责，这一点他无法否认，也从未在作品中否认。不过，他的确驳斥了他是泰戈尔追随者的说法，那位获得诺贝尔文学奖的印度诗人当年风靡一时。更令他愤愤不平的是，评论认为他的意象虽然奇特，却有些矫揉造作。他不禁问道，还有什么比在极端危险的情势下，来不及理性思考，突然想到的意象更自然的呢？为了说明他的观点，他提到与内里一起执行任务的那个夜晚——他先是写进了信里——当时两人已经“迷失在星际空间”。他们把一颗又一颗星星当作航向标，因为总得有目标。经过多次尝试后，他心里说：“我可能永远也找不到我居住的那颗星球了！”正像他反复说的那样，他自然而然就想到了“一个可居住的星球”这个意象，这是他的头脑，也是他的身体的发明。他认为，在同等严苛的环境中，即便是最原始的人类也能进入超越语言的纯净幻想世界；这样的结果代表了要理解自己所处情境的近乎潜意识的尝试。还有一次，他看不到地平线或是人工地平线，在星星之
212 间颠簸着向前飞行，一个意象浮现在他的脑海中：他抓着从星星上垂下的绳索，在荡秋千。这个意象听起来可能很奇特，但绝不是文学捏造，因为他像任何人一样鄙弃捏造的文学意象。他对评论家们说“农民夜里的梦也充满诗意”，可惜评论家们肯定同他一样对此所知不多。他回应了安妮·莫罗·林德伯格的问题：他的确是在驾驶飞机时想出来这些意象的；不知为何，他能够借助那些“闪耀着清冷光辉的钻石”来导航。他详细解释了为什么他与大多数飞行员迥乎不同，那些飞行员的想法——特别是在凌晨2点，浓雾弥漫，无边无际，燃料即将耗尽，还迷失了方向的时候——局限于技术问题，他们不会坠入梦境。

同时，他也针对另一项指责为自己辩护，有人指责他不该写自己的职业。与其他国家相比，法国职业分工更严格：法国出租车司机就算写作，也很少出版回忆录；有抱负的文人不管何时能出头，都不会开出租车来维持生计。“那么，只有阉人才能谈爱情吗？或者说文学评论家就

不能谈书吗?”圣埃克苏佩里不失理性地发问。一位乡村铁匠写关于砧铁的书很糟糕,他若是写他对其一无所知的庄园生活,怕是也好不到哪里去。在这里,圣埃克苏佩里有点回避问题。他很清楚,他正在用他的飞行员生活挑战文学世界的界限。他同样清楚,没有一位乡村铁匠会冲到圣日耳曼领取1932年的费米娜奖。他受益于文学和航空两个领域中成员规则的漏洞,现在逐渐认识到涉足两个领域最终只会在哪一个里面也站不住脚。在接下来的几年里,他有点像疲于一边安抚教会,一边安抚国家的伏尔泰。

假期过后,由于空中邮政公司仍然在拆解,圣埃克苏佩里没有回到非洲航线。相反,在2月中旬,他和梅尔莫兹前往马赛报到,开始在马赛—阿尔及尔航线工作。在这里,他会读到对围绕着布尤-拉丰的政治、工业阴谋的无数报道,现在这场阴谋比任何时候都更丑陋了。依照安排,他要作为副驾驶往返飞行两次,之后他将参加训练,以获得水上飞机运输执照。之后,他将被派去执行每趟用时五小时的飞越地中海任务,在圣埃克苏佩里眼中,倘若天气好,那不过是一场“午后漫步”,但每年都有一两名飞行员在这项任务中丧生。马赛不像里奥德奥罗,甚至不像阿根廷那样吸引人,但它的确也有自己的优点,就是离阿盖和尼斯不远,那时龚苏萝就住在那边。加布丽埃勒·德·阿盖的小女儿清 213
楚地记得,那天早上,舅舅突然驾驶飞机俯冲下来,停在海湾上。在四岁孩子的眼中,飞机就像一只“胖乎乎的绿蚊子”。孩子们抛下正在修建的沙滩城堡,海滩上的一群人也被吸引过来。她没有一下子认出来那个戴着头盔和护目镜大步走上岸的人是舅舅,等她认出来时,舅舅告诉她要带她母亲去飞一圈,她不太高兴。圣埃克苏佩里和加布丽埃勒笑着走了,加布丽埃勒在泳衣外罩了一件夹克,以免受凉。女儿看到飞机起飞时,紧紧地抓住她父亲的腿。

这或许是圣埃克苏佩里那年春天比较快乐的时刻了,当时有人开始指责他创作不该与自己的职业有关。圣埃克苏佩里突然在文学界出名了，这让很多同事难以接受，他们觉得名气是以牺牲他们为代价赢得的。像谚语所说的，“梅尔莫兹开垦，吉约梅耕作”，现在看起来是圣埃克苏佩里一个人收割了。飞行员们也对神化运营总监感到不满，因为运营总监很少出生入死。圣日耳曼的人们认为，作家应该远离体力活；而空中邮政公司的飞行员们则禁不住觉得，费米娜奖的得主都自命不凡。圣埃克苏佩里总是有点格格不入，有点心不在焉，有点让人捉摸不透，还有一点过于精细，他开始为此付出代价了，虽然他已经在空中邮政公司工作多年。他不大可能因为《夜航》获得成功而大摇大摆起来，倒是更有可能因为违反职业的基本规则而遭到责备。迪迪埃·多拉让手下们意识到，他们不过是体力劳动者、公众的服务人员。他对圣埃克苏佩里说：“你的名字只可能上一次报纸，就是在你太不小心把自己害死的那天。”圣埃克苏佩里没有理会他。他最终可能是使他们事业不朽的功臣，但现在他为了企业的辉煌付出了高昂的代价。1930 年代初，他在一些同行中——飞行员比机械师要多——很受欢迎，就像约翰·格伦在早期的宇航员中受欢迎一样。两人都以自己的方式赢得了公众的喜爱，却违反了兄弟间的沉默规则。

圣埃克苏佩里的那些同事，没一个人承认那年春天冷落了他，但圣埃克苏佩里写了好几封信，痛苦地说同事们待他冷若冰霜。他转而寻求吉约梅的同情：

> 因为写了这本倒霉的书，我注定要与贫穷为伴，与同事为敌了。梅尔莫兹会告诉你，那些我曾经非常喜爱，但现在已经与我不相来往的人，都说了我什么。他们会告诉你，我是多么自命不凡。
> 214 从图卢兹到达喀尔，人人都对此深信不疑。我最担心的是债务。我有时付不起煤气费，身上的衣服是三年前买的……一次次幻想

> 破灭,这样的不公正待遇甚至令我不敢写信给你。或许,你也会觉得我变了。我无法忍受需要向我视为兄弟的人解释……如果我最好的朋友们也背弃我,如果在犯下写作《夜航》的大罪后,我还在继续飞行已经成了丑闻,那么我的整个人生也就毁了。

一两年后,他称自己不再有勇气踏上布尔歇。他心碎了,给吉约梅写信道:“你不知道,你无法想象,在过去的两年里我受了多少苦……生活的确是无情的……”他选择的时机让事情变得更糟:他在最糟糕的时间点写了一本似乎为迪迪埃·多拉唱赞歌的书。

到了夏天,空中邮政公司的丑闻进一步升级,公司被迫发行了一本二十五页的小册子为自己辩护,即《空中邮政公司实情》。6月,情况更糟了,多拉被指控破坏邮件。27日,多拉接受阿贝尔·韦迪朗(一年前贝波·德·马西米辞职后,他接任了总经理)询问,被问到为什么截留、私拆,并最终烧毁了那些运往布宜诺斯艾利斯的邮件。记录显示,大多数时候他只会激动地吵着“污蔑!”“诽谤!”。他说那些责难他的人都是原先就嫌恶他的(其中一位是埃德蒙·塞尔,他声称1928年他困在沙漠里时写给妻子的信被拆开过),难道他会在勤勤恳恳地服务了十二年后,堕落到去做那样的事情吗?韦迪朗反驳说,那你为什么不回应这些指控呢?双方商定,多拉将于29日周三中午在图卢兹辞职。那天早上,他从容地来到办公室,又在平日的午饭时间离开。两小时后他回来时发现,办公室的锁已经换了。显然,他在门前呆呆站了一分钟。然后,不露一点感情,一言不发地走开了。他的崇拜者并不像他一样克制。其中梅尔莫兹当即大声争辩,要求给多拉恢复原职。7月15日,公司的临时管理层询问圣埃克苏佩里、梅尔莫兹和吉约梅,他们希望看到哪些改进。梅尔莫兹回答说,如果多拉留任原职,自然就会有改进。圣埃克苏佩里说,他当时也替多拉和吉约梅说了话。(多拉被塞尔取代了。1933年初,原运营总监多拉打赢了官司,讨回了公司欠他的薪水,到了夏天,他被重新雇用,只是职位降低了。)梅尔莫兹说起多拉时态度模糊:“他有明显的缺点,但他的道德不容置疑,他的正直无可指摘。”他
215 在给一位朋友的信中这样写道。不过,他坚信公司应当属于创建它的人,在他心中,运营总监多拉正是最重要的创建人之一。圣埃克苏佩里不想卷入多拉事件的旋涡,但他发现自己已经自然而然地卷入其中了。他写了一本现在看来特别政治化的书,在书中他不惧争议,公然支持前上司。

当月,不知出于什么原因,他被调离马赛,后来他将此归咎于他的文学罪过。他并没有受到同事们欢迎。“我那些最微不足道的行为成了他们制造戏剧性事件的借口。”他谈起在那座港口城市短暂工作时说道。当时的情况极有可能是,他被调回后非常愤怒,请假要离开公司。当时出于私人原因,他可以申请休假:这一年,他母亲终于把圣莫里斯庄园卖给了里昂市——它成了孩子们的避暑胜地——因此需要把房子腾出来。7月,圣埃克苏佩里回来帮忙打包行李。经历了失落和混乱,他一点也高兴不起来。早些时候他就说过,圣莫里斯是他心中唯一的家园,没有了它,他和姐妹们就成了“无家可归的小鸡”。

不管他出于什么原因离开马赛,显然那年夏天圣埃克苏佩里和空中邮政公司之间发生了一些不愉快。根据月底他收到的一封来自图卢兹的信,他要求从7月1日起休两周假,之后又申请了延期,不过他从来没有费心等待公司批准。他也没在机场露面。图卢兹方面要求他告知返回的日期,并明白地提醒说,他正在享受无薪休假。可能仅仅是为了拿到薪水,接到那封信后没多久,他匆匆赶回了蒙托德兰。到了8月,他回到摩洛哥,与龚苏萝一起住进位于卡萨布兰卡诺利街上的一套公寓里。龚苏萝常常哮喘发作;圣埃克苏佩里之所以需要这份为期两个月的派驻工作,和她的身体状况不无关系。现在,他又回到了得知获

得费米娜奖消息的地方，但彼时的喜悦已所剩无几。他士气低落，尤其是感到自己飞行完全是为了赚钱，而薪水又抵不上他和龚苏萝的花销。

圣埃克苏佩里在埃蒂安港写了很多沮丧的信。他甚至对母亲也冷淡了，或许是因为母亲并不完全赞同儿子的生活方式，无论是社会方面，还是精神方面的生活方式，而且对他的婚姻也有些不满。他极力向母亲保证，她的恐惧是毫无根据的，她不会再失去一个儿子。现在他比以往任何时候都更需要母亲的温情："母亲，我越了解这个世界，了解多难的国家、艰难的生活、苦难的人们，越觉得它是唯一的美德。"他在8月给母亲的信中这样写道。他失去了平衡，曾经充满魅力的异域风俗 216
无法再给他力量，大概是因为他非常清楚自己职位低微。秋天，龚苏萝在尼斯遭遇严重车祸，他的财务状况因此进一步恶化。事故的责任在龚苏萝，单是夫妇两人的布加迪汽车的维修费用就高达三千六百法郎，随后的诉讼费用更高，他们不得不出租乃至最终卖掉了位于西米耶的别墅。这是圣埃克苏佩里这年冬天失去的第二处庇护所。

*

1932年10月，圣埃克苏佩里夫妇回到巴黎的卡斯特拉内街，不料他们的厄运也跟随而来。圣埃克苏佩里再次从公司休假，不过这一回完全是出于他自己的意愿。年初，他答应加斯东·伽利玛要为新杂志《玛丽安娜》创作一系列航空方面的文章，这本杂志的创刊算是对当时极为成功的右翼作品《老实人》的一个回应。这些文章在空中邮政公司的丑闻变得低俗不堪的时候接连刊出了——最早的几篇后来成了《风沙星辰》。虽然在每家报纸上空中邮政公司的名字都如陷污泥之中，但圣埃克苏佩里在周刊的前几期上发表了四篇文章，为布尤-拉丰的伟大事业唱赞歌。

到这时,没有任何人对马塞尔·布尤-拉丰的账目感兴趣,倒是特工吕西安·科兰的供词引起了大家的关注。“卢科”装作一位公正客观的报纸记者,向布尤-拉丰的儿子安德烈提供了一些文件,据称它们能够证明一位很有势力的法国实业家和法国民航局长——同皮埃尔·拉泰科埃尔和贝波·德·马西米串通——曾密谋获得空中邮政公司的控制权。他们这样做的唯一目的是将公司交由德国汉莎航空公司管理。* 布尤-拉丰家的一个人非常愤怒,将这些文件交给了国防部长,部长没收了这些文件。其中一封信显然是法国前总理安德烈·塔迪厄写给拉丰的。到目前为止,空中邮政公司的丑闻已经发展到不仅涉及特工和国际阴谋,还牵涉一些高官的地步。事实上,卢科是警察的线人,他大
217 张旗鼓地做证说,他是按安德烈·布尤-拉丰的指示伪造了这些文件,部分文件甚至是安德烈口述的。经过审讯,安德烈·拉丰被逮捕并判了四个月监禁,他本来也不招人喜欢。到此为止,所有相关的人都清楚,不仅空中邮政已经不复存在,布尤-拉丰也彻底垮台了。

1932 年 10 月 26 日,杂志《玛丽安娜》创刊号上满眼都是关于丑闻的文章,里面充斥着卢科的话。杂志第二版则完全给了圣埃克苏佩里,“飞行员作家”在四篇文章的头一篇里是这样起笔的:

> 虽然空中邮政公司陷入了丑闻,但我们不能忘记,飞行员仍然全身心地投入艰难的职业使命中去,而这无关政治和财务问题。从法国到南美,从马赛到阿尔及尔,飞行员们在航线上辛勤工作。每天都有司法听证会,但每天都有飞行员被传唤到另一间法庭,飞行员的工作既非常重要又充满戏剧性,极为特殊。人们将邮件和

---

* 卢科的想法并非毫无根据。1931 年英国空军部的一份报告披露,当年法国和德国就在南美地区展开合作磋商过。这些商谈是政府级别的,避开了布尤-拉丰。因为拉丰最初是出于爱国情怀投资航空业的,若是他听到这一提议一定会动怒。1934 年,法国航空和德国汉莎航空达成了合作协议。

乘客的生命交付于他，几个小时后，相较于普通法庭审判，他可能不得不以更大的勇气来捍卫邮件和乘客，因为他需要独自面对风暴、山脉和海洋的审判，这是航空公司飞行员面临的最平常的三大危险。我今天不是试图描述我们的工作，只是想说明我们存在的独特性，以及为什么一旦这个由精密航线组成的网络消失，我们会感到自己也随之失去一种特别的思维、感觉和判断。这个网络代表了一个小小的独立文明，它的语言是无法在一夜之间学会的。当我想起同事时，我意识到，如果他们消失，我们将随之失去一个优秀种族，他们秉承空中的传统和习俗，受特殊道德约束，永远无可替代。

接着，圣埃克苏佩里讲述了他与内里的可怕飞行、梅尔莫兹飞越南大西洋的艰难、他在原始沙漠中的神奇遭遇。毫无疑问，他更关注修辞，而不是政治立场，但他的名字又一次在错误的时间出现在了错误的地方。整体上看，这个问题似乎是神圣与亵渎的奇特结合；一面是迅猛传播而又偏狭的指责，一面是圣埃克苏佩里记忆中最为重要的人物，要调和两者绝非易事。后果随之而至。

10 月 31 日，圣埃克苏佩里给破产公司代理董事会的主席拉乌尔·多特里写了一封长信，言辞间充满了愤慨。多特里是一位杰出的管理者，在铁路领域声名卓著。梅尔莫兹告诉圣埃克苏佩里他的作品激起了什么样的情绪；他只是巧合的牺牲品，人们却将各种政治动机强加于他。六个月前，他答应伽利玛出版社，为《玛丽安娜》杂志写三篇文章 218
（共刊发四篇）；他不是言而无信之人，依照承诺交了文章。当时，他没有理由认为，《玛丽安娜》杂志发行时，空中邮政公司会引起公众的高度关注。他也无法预见他的文章刊出后，该报编辑埃马纽埃尔·贝尔发表了一篇爆炸性文章，呼吁打倒卷入卢科事件的民航局长——多特里的盟友埃马纽埃尔·肖米耶。他不能也不打算讨论布尤-拉丰在财务上的做法，对此他也一无所知，但他确实想捍卫这个崇高的企业。“在我看来，”圣埃克苏佩里写道，他试图胜过责难方的偏狭，“这是唯一重要的事情。”文章绝不代表他自己的政治观点：他可以同时欣赏多拉、布尤-拉丰和肖米耶，虽然这在当时显得有些奇怪，因为这三人正在全力互相攻击，但事实上他真的如此，他欣赏第一位是出于工作和声誉，欣赏第二位是出于公司和财富，欣赏第三位是出于国家利益。

圣埃克苏佩里接着说，这不是他第一次因为党派偏见而受到指责。他称，由于文学上的罪过，他被“以残忍和痛苦的方式”调离了马赛—阿尔及尔航线。《夜航》很难算作一本政治小册子，因为在事件发生前一年书就写出来了，但现在人们认为《夜航》写的就是这件事。难道没有人注意到这本让他失去工作的小书实际上为公司打了广告吗？他绝对无意争论，也从没有沾过多拉的光。（在这封信中，他没有说他相信多拉是无辜的。不过他在其他地方说过，他没有意识到这是一个政治观点。）毫无疑问，他从梅尔莫兹那里听说，他因不再飞行而遭到指责。“但在我看来，”他抗议道，“若非韦迪朗先生把我调回巴黎，我现在还在那条我热爱的、最艰苦的航线上飞行。他调回我的唯一目的不过是在与多拉的对战中多一枚筹码，就好像我是人质一样，就好像是公司而不是多拉无法考虑到我不求回报地[为公司]所做的一切，而让我安安静静地工作，让我远离批评一样。”他现在不想重返岗位，不“平息那些偏狭的怨恨”他是不会回去的。出于礼貌，连同这封信一起寄去的还有他为《玛丽安娜》写的第二篇文章，它将于 11 月 2 日刊出。

第二篇文章刊出一周后——在这篇文章里，圣埃克苏佩里写了他初到图卢兹的情景、他第一次见到沙漠，还有努瓦克肖特迷人的夜
219 晚——多特里回了信。虽然代理董事会对圣埃克苏佩里对公司的赞美之词并不特别满意，但得知他能够超越政治论争层面来看待问题还是

很高兴。多特里巧妙地指出,如果圣埃克苏佩里的名字牵连进丑闻,那将带来“无尽的遗憾”。至于他被派到马赛—阿尔及尔航线,空中邮政公司只是遵照了多拉的指示。马赛—阿尔及尔航线事故频出;虽然空中邮政公司很欣赏圣埃克苏佩里渴望冒险的精神,但是没有人愿意冒险派去一名对于水上飞机业务不熟的飞行员。得知自己被调离马赛不是因为政治理念问题,而是因为飞行技术不行,圣埃克苏佩里并没有更好受一些。多特里优雅圆滑地转而谈到圣埃克苏佩里的作品:鉴于他在小说中那么重视纪律,想必会赞同这样的决定吧?

到头来《夜航》成了一场损失惨重的胜利。当圣埃克苏佩里再次给多特里写信时——1933 年 2 月 20 日,他在信中热烈地为多拉辩护——他手头有充裕的时间,他已经失业四个月了。雪上加霜的是,《夜航》的灵感来自儒勒·凡尔纳的一部作品,来自圣埃克苏佩里对他的庇护所——童年小床的记忆,故而仍旧难逃人们的政治解读。1933 年 1 月,希特勒上台;许多人突然觉得《夜航》读起来像为法西斯主义唱赞歌。1932 年 9 月,克利夫顿·法迪曼在《国家报》上评论这部小说,就这一点发出了警示,称《夜航》是一本“危险的书”。在法迪曼看来,书中对里维埃的尊崇非常危险,像是对墨索里尼的宣扬;这部小说尤为危险,因为它写得很优美,美化了意志的胜利。(更糟糕的是,这部小说在德国也非常成功,而且此后圣埃克苏佩里的作品也被德国人视为法国文学精品。)有关这本书的一切似乎都受到诅咒了。就连纪德也抱怨说,他的序言遭到误引和曲解,不过纪德每过一段时间就会这样抱怨一回,似乎还有些乐在其中。1933 年秋天,克拉伦斯·布朗的电影《夜航》在美国影院上映。约翰·巴里莫尔演里维埃,莱昂内尔·巴里莫尔最终扮演了罗比诺;演员阵容包括海伦·海斯、克拉克·盖博、罗伯特·蒙哥马利和玛娜·洛伊。《名利场》的评论员称“这是我这辈子见过的最糟糕的表演”,也不无道理。对于克拉伦斯·布朗来说,《夜航》的拍摄过程要比它得到的评论更令人不快：约翰·巴里莫尔常常在片场醉醺醺的。

不论好坏，空中邮政公司最终登上银幕之时实际上已经不复存在了。1933 年 8 月 30 日，空中邮政公司与法国其他四家航空公司合并为
220 一家临时公司，其中四分之一归国有。这家临时公司后来成了法航。空中邮政公司从此融入新公司之中，这一操作意味着，布尤-拉丰要么罪责深重，要么清白无辜。现代历史很容易掠过皮埃尔-乔治·拉泰科埃尔的愿景，达至法航的成熟发达，历史不曾停下来纪念他那份资本家的雄心。两人都沉浸在中间时代的荣光之中，而这个时代在历史记录中被极力抹去了，已经不再有人提及。（布尤-拉丰很少出现在《拉鲁斯百科全书》里。）迪迪埃·多拉会复职，这位曾经的风云人物 1944 年死于里约热内卢一间破旧的酒店房间内，死因可能是心脏衰竭。1933 年 7 月 31 日，多特里在巴黎为空中邮政公司办了告别午宴，圣埃克苏佩里没有受到邀请。

分歧在法国根深蒂固，这是一个以“人民极度热衷政治论辩”而闻名的国家。（戴高乐则将法国人民的这一特质表述得近乎浪漫，他说“热爱分歧是高卢的传统”。）这一特质在两次世界大战之间得到充分表现，在二十二年里，法国共经历了四十三届政府。时至今天，空中邮政公司丑闻背后仍然有很多秘密，但很少有人会不认同让-热拉尔·弗勒里的说法，即它恰切地体现了“法国右翼力量和左翼力量的分歧，以及党派和集团的分歧”。从很早开始，每一步都是政治性的，从布尤-拉丰所谓的管理不善被左翼视为有力武器，用来对付皮埃尔·赖伐尔政府，到国有化的本能引导并最终解决了这一事件，都表明在那几年里，政府关系是公认的航空公司的最大资产。（应该说，早在 1930 年 12 月就有人秘密地提出了国有化的设想，但是如果布尤-拉丰可以选择的话，他定会全力抵制。）

梅尔莫兹说：“我们的国家不崇尚热情、展露信念和合作精神。”布

尤-拉丰掌管着世界上最有雄心的航空公司,他争取到了进入三大洲的机会,并于1930年获得了在亚速尔群岛的独家登陆权。亚速尔群岛在北大西洋地区位置极其重要,因此也是进入第四个大洲的钥匙。它炫目的繁荣并没有让相关各方满意。在法国,企业家精神似乎很陌生,未经翻译直接引入的这个词含义发生了改变:在法语中,“企业家”(entrepreneur)一词是指承包商。无论出于何种政治或经济原因,尤为重要的是,1932年法国牺牲掉了布尤-拉丰——不论他是否存在经济违法行为——而不是将宝贵的国家利益置于他一人手中。空中邮政公司虽然不总是盈利,但前途光明,如今却在这个过程中被摧毁了,布尤-拉丰也被一同牺牲掉了。空中邮政公司破产的最大受益方是美国人、英国人和德国人——其中最大的利益是北大西洋地区,梅尔莫兹原本是有希望在 221
1930年代中期开通这条航线的。*

这起丑闻在很大程度上将灰心失望的梅尔莫兹推入了右翼政党火十字团的怀抱。对于航空公司的烂摊子,他非常愤怒。1936年,他发表的一些政治演说,明显带有早先愤怒的色彩:

船长的权力仅次于上帝。我们渴望有一位船长,可得到他时,我们却把时间花费在批评和评判上。在我们中间,在航空公司里,一位领导者,我们的船长,不会受到批评,不会受到评判。在任何机组中,副驾驶可能是人民阵线成员,机械师可能是共产党员,而领航员则可能是社会主义者。没有人在乎别人的政治信仰。我们知道前面有七千五百英里的航程,也就是要飞行六十小时……当然,当我回到地面上的生活时,我也习惯了常见的背信弃义和懦弱无能。这是我生活中最糟糕的部分,但是只要人有目标,有理想,

---

* 1933年10月7日,布尤-拉丰为法国争取到的亚速尔群岛独家登陆权,由于无履约行为,被葡萄牙收回了。

就可以探索前行,不惧沿途的障碍。

圣埃克苏佩里也赞同领导者的奥秘,但他为了寻找一个替代品,走上了自己选定的方向;空中邮政公司解散对他影响甚大,他从此断绝了与政治的联系。后来他非常清楚,他在发表于《玛丽安娜》上的第一篇文章中所宣扬的"优秀种族",实际上未能在塑造了他们的这家企业中生存下来。一朝被蛇咬,十年怕井绳,他不想再次卷入 1932 年的那种钩心斗角和暗中伤人;面对法国沦陷,他试图扮演一个中立角色。无疑,若非他现在遭受了恶果的折磨,他就不会在 1940 年急于将保持中立当作头等大事。1932 年,在他人生中最黑暗的秋天,他写信给多特里说:"在
222 这样的时刻,要忠于自我,不与任何党派牵连是非常困难的。"

第十一章　超越职责的热爱

1933—1935

一个人生命的真意不在于他做了什么，而在于他造就的传奇。

——奥斯卡·王尔德

如果圣埃克苏佩里的人生有第二幕的话，它是在1933年初拉开的。在接下来的三年里，这位飞行员虽然有很多离开巴黎新家的理由，但是一直都没有什么离开的机会。这是他从事商业飞行的最后几年。他活成了很多人渴望成为的模样：一位巴黎文人、利普餐厅和双叟咖啡馆的常客、文学国度的正式成员。在动乱的1930年代，法国政府更迭频繁，但文学国度坚固而强盛。这几年里，他记录以前的事，这段时间的生活反而没有记录下来。这几年过得很懈怠，圣埃克苏佩里也一定这样觉得，他做事是出于自保和需要，而不是出于热爱。一个在1930年代与他共事的人说："圣埃克斯没有一点个人抱负。"他就像克尔凯郭尔笔下最不幸福的人的化身，把未来抛在身后，把过去置于眼前。

1933年初，迪迪埃·多拉安排圣埃克苏佩里回到图卢兹，成为拉泰科埃尔公司的试飞员，那时公司的业务只剩下飞机制造了。在这项工作中，圣埃克苏佩里取得了成功，也遭遇过失败。一位同事说，试飞需要高度关注细节,并不是他的强项。但是,这项工作报酬丰厚,在经济萧条时期尤其如此。圣埃克苏佩里四个月的薪水总额达到了三万三千法郎,相当于今天的一万六千美元。那年 7 月,他试飞了四十架海军定
223 制的鱼雷水上飞机。这批拉泰科埃尔 290 如果能够在蒙托德兰通过试飞,将被送到南边的圣洛朗-德拉萨朗克。到了那里,还会给它们安装浮筒,然后在附近湖面再次试飞。路易·马蒂在 1933 年是蒙托德兰的首席机械师,他回忆道:圣埃克苏佩里一开始在飞机降落时遇到一些困难,但是他很快适应了,并积累了二百多小时水上飞机飞行时间。四十架飞机测试后顺利交付给海军。圣埃克苏佩里和马蒂在这期间经常一起吃午餐,现在他们喝了个痛快。

执行其他任务时,圣埃克苏佩里就没有这么成功了。一天,他驾驶拉泰科埃尔 350 起飞,在跑道上发动机就发出了异响,爬升时又冒出了火花和浓烟。等飞机降落时,一大块金属从机身脱落,旋转着掉在地上。原来是舱门,他在起飞前忘记关上了。还有一次,他驾驶另外一架拉泰科埃尔 350 飞往巴黎,一群空军部官员要在那里检测这架飞机。但是在巴黎城外飞机就由于机械故障紧急降落了。(很不幸,拉泰科埃尔 350 一直停留在样机阶段。)还有一次令人印象深刻的试飞,当时圣埃克苏佩里驾驶着拉泰科埃尔 28,这批飞机是委内瑞拉定制的。他要驾驶每架飞机到达海拔一万英尺的高空,全速飞行三英里,记录下发生的所有故障。一次试飞回来后,他报告飞机严重倾斜,差点就失控了。但他完全说不清飞机是怎么倾斜的。一检查飞行便签本,上面却画着一位美女,而它本该用来记录他观察到的情况。让·戈诺尔在 5 月的头几周里和圣埃克苏佩里一同在公司工作,圣埃克苏佩里在他心里留下了“不问世事之人”的印象。戈诺尔记得,在驾驶舱里,圣埃克苏佩里总是笔不离身,他吞吞吐吐地说这是工作需要。

戈诺尔和圣埃克苏佩里同住在佩皮尼昂的法兰西酒店,这里离位

于圣劳伦的试飞中心七英里远。他们晚上在棋桌上一决胜负。两人吃
过晚饭就开始玩，到了午夜，圣埃克苏佩里会离开一会儿去给龚苏萝打
电话。半个小时后，他回到棋桌上。小小的胜利并没有让他喜欢上试
飞员的生活。他对一位巴黎的朋友描述道：耳边机器嗡嗡响，手上沾满
黑乎乎的机油，佩皮尼昂长夜漫漫。他伏在咖啡桌上，怀着厌世的情绪
写道："我谁都不认识，也不想认识谁。传进耳朵的笑声和谈话声折磨
着我。这些人像蒸锅一样，似乎在慢慢蒸煮，直到死去，他们的人生有 224
什么意义呢？"这些话他在给勒妮·德·索西纳的信中说过，那是 1926
年，他在图卢兹的咖啡馆写的信，索西纳当时还以为圣埃克苏佩里是那
里的常客。不过在佩皮尼昂，圣埃克苏佩里不用和比利牛斯人或者摩
尔人争斗；他一定担心乏味会传染。圣埃克苏佩里的两位朋友（很可能
是塞戈涅和他妻子），一对幸福的夫妻，来看望他，但他并没有因此心情
好一点，而是觉得他们喜乐的家庭生活令自己窒息。圣埃克苏佩里承
认，这种家庭生活里有一种平静，一种安全感，那是他讨厌的。他身处
的环境只是让他感受到他所惧怕的一成不变；圣劳伦散发着腐烂海藻
的气味，这正是他内心境况的写照。他写道，他最痴迷近在眼前却不可
得的东西，这是他冒险的秘诀。

在圣诞节之前几天，圣埃克苏佩里的试飞员生涯在一架拉泰科埃尔 293 上彻底结束。拉泰科埃尔 293 的浮筒设计得稍稍靠下，以辅助飞机起飞，这要求飞行员在着陆时必须将机头抬高。这个操作对海军飞行员来说近乎本能，但是对圣埃克苏佩里这样习惯开尾轮着地的飞机、着陆时要抬高机尾的飞行员来说，并非如此。12 月 21 日，圣埃克苏佩里驾驶的拉泰科埃尔 293 载着一位海军中尉、一位为了此次飞行从巴黎专门派去的工程师，以及一位机械师。他像操作陆上飞机一样在圣拉斐尔湾降落，浮筒的尖端猛扎进海里。由于力量过大，其中一个浮筒碎裂，飞机侧翻了。坐在圣埃克苏佩里旁边的海军中尉看到了发生

的事，打开了自己那一侧的舱门，被座位弹射器抛掷出去，掉到了海里。机械师穿过机关枪口，十分幸运地逃生了。巡逻船迅速赶到现场，在船上水手的帮助下强力打开了一扇门，把不会游泳的工程师救出来了。在苔绿色的水里，圣埃克苏佩里什么也看不见，他以为自己摸到了飞机的天花板，但其实那是飞机的地板，他迷失了方向，向机尾移动，吞了好多口海水。他安静地等待死亡。但是他在机尾抓到一只气囊，暂时能呼吸了。他很惊讶，死亡如此温和，而求生如此激烈。他后来感叹道："实际上，死亡并不像人们说的那么讨厌。"他观察思考了很多，但没有注意到水有多冷。他在水中只待了几分钟，但那绝对是他人生中最漫长的一段时间。最后，他被同事救起来，他们把呛得晕乎乎的圣埃克苏
225 佩里拉到了巡逻船上。他咳了半天海水才缓过来。

很少有人为八百马力的发动机发出感慨，但是圣埃克苏佩里在《风沙星辰》中写道：

> 水上飞机飞行员起飞前关注的是空气和水，而不是机器。发动机运转流畅，飞机轻抚着海平面。镰刀状的螺旋桨飞速旋转，在那之下，一簇簇银色的浪花盛开，淹没了浮筒式起落架。浪花拍打着船体两侧，像在敲锣，飞行员可以从自己颤抖的身体感觉到它。他感觉到船积聚能量，在加速。他感觉到了变化，这个十五吨重的庞然大物快要飞起来了。他双手紧握操纵杆，手掌感受着这股力量。这股力量已经成熟，飞行员不过像采撷一朵花儿一样轻盈地提拉一下，船就脱离了水面，腾空而起。

他只是在《空军飞行员》中顺便影射了在圣拉斐尔的这次死里逃生，他想象着一名侦察机飞行员看到自己的飞机突然起火时会是什么感受。圣埃克苏佩里的朋友们都听说了这个故事，都在感叹这次死里逃生时

他是多么平静,因为他后来承认在水下的时候,他梳理了头发。他对伽利玛说,比起绞尽脑汁地求生,回到平凡琐碎的生活里,向死亡屈服真是容易多了。

休完假回到巴黎,他继续奋斗。2 月份,他为多拉游说多特里。由于没有工作,他给法国航空的新任运营总监福阿先生写了一封紧急长信。在航空公司眼里,他还要为出名付出代价,他对此很生气,激烈地为自己辩护。他说,《夜航》本该是对航空公司有利的,不论里维埃身上是否有多拉的影子;它的创作远早于空中邮政公司的丑闻;他跟多特里已经解释得够多了;新公司没有他的职位;最后他只能为了生存,在拉泰科埃尔公司做了一份拿薪水的工作。他不得不说得夸张一些,这使得他的痛苦变得可悲了:我为公司做了这么多,你们怎么可以拒绝我回来上班?我付出了一切,在偏远的异教地区,没有无线电设备,也没有护航机,为了寻找雷纳和塞尔,我降落了十次以上。他不顾脸面地乞求,说"公司对我而言应该像家一样"。那封信,像前前后后的这种对话一样,石沉大海。福阿坚持上级的路线,称公司没有条件雇用候补人员,雇用圣埃克苏佩里不符合规定。 226

虽然钱财少了,但名气更大了。《夜航》出版一年之后,成功进入法国大多数公立高中和大学的阅读书单;法国飞行学员数量迅速翻倍。截至 1933 年初,《夜航》卖了将近十五万册。1934 年 3 月,克拉伦斯·布朗根据这本书拍的电影在巴黎上映,放映了十周。圣埃克苏佩里经常在大街上被人认出来,这些人既不是作家,也不是出版商。法国文化以生活中美好事物之名保存下来了:1862 年,福楼拜的《萨朗波》引起了轰动,人们用书名命名了一种小蛋糕;夏多布里昂和布里亚-萨瓦兰在烹饪方式中留下名字。1933 年,娇兰新出了一款味道特别大胆的辣味香水,瓶身饰有醒目的螺旋桨图案。它是为圣埃克苏佩里以及他的同事们设计的,命名为"夜航"。

圣埃克苏佩里对这款香水的看法并没有什么记录,但是他常常怀念夜航。在同年莫里斯·布尔代出版的一部航空史的序言中,圣埃克苏佩里记得清晨的天空多么净化心灵,尤其是在飞行员们驾驶邮政飞机向北由达喀尔到卡萨布兰卡的途中:“当你慢慢迈下星星的阶梯,向黎明走去的时候,你感到心灵被净化了……发动机节流怠速,飞行员朝着机场缓缓飘降。看着人们居住的城市,充满苦难、经济忧虑、卑鄙、嫉妒、怨恨的城市,他感到内心纯净,任何事情都无法伤害他。”他的四页纸像布尔代的书一样,是为另一个时代和地方写的颂歌,其中提到法国在军用航空领域已经落后,而德国汉莎航空却在大步向前。圣埃克苏佩里心里还有另一种逝去的荣光。航空越来越成为一门科学,飞行员也成为技术人员。对他来说,飞机仍旧不是一个“参数的集合,而是一个令人心跳加速的活物”,这或许是他不能成为优秀试飞员的原因。在飞行的日子里,他被法国人所说的猜测,也就是我们所说的本能所困,被思考,而不是计算所困。那些日子现在已经结束了。他在1920年代劝告过勒妮·德·索西纳,说:“在写作之前,我们得想办法活下去。”似乎在空中邮政公司停飞的时候他也死去了。法航的诞生使他成了一名作家。1934年,他申请了一本护照,职业一栏写着“飞行员”。六年后,
227 圣埃克苏佩里得到了一本新护照,职业是“作家”。

*

圣埃克苏佩里给福阿写信之后四天,巴黎爆发了一场血腥的暴乱。一年半以前,人们就开始抗议赋税太高、生活成本不断上涨。1934年2月6日,数十万巴黎人走上街头,聚集在协和广场,拿起地上的砖来表达他们对政府腐败、对国家支持诈骗活动的强烈不满;空中邮政公司的纷乱绝对不是一件孤立的事。警方朝着人群开火,那天成了“流血的星

期二”。官方公布的死亡人数为二十人,但在协和广场上机关枪发射了二千多枚子弹,许多人受伤。第二年,人们分析斯塔维斯基事件与相关的政治形势,最终莱昂·布卢姆的人民阵线诞生了。

圣埃克苏佩里在左岸开了店,在7月和龚苏萝搬到了沙纳莱莱街一套不起眼的公寓里。他并没有避过这场政治风潮,也没有像很多知识分子一样,被风潮扫除。他读马克思,还见到了维克多·谢尔盖和雄辩的独立代表加斯东·贝热里。像别人一样,在漫长的夜晚,他在咖啡桌上谈论法国向左翼的转变与邻国们令人担忧的右翼倾向。暴乱后第二天,在韦伯咖啡馆的阳台上,他与一个新认识的人讨论2月6日的事件,一直谈到天亮。安德烈·纪德曾支持共产主义,并在新闻里赞扬共产主义。安德烈·马尔罗在12月凭借《人类的命运》获得了龚古尔文学奖,整个巴黎为之庆祝。他在1934年至1935年间去过几次莫斯科,做了九十八场精彩的演讲。巴黎富裕的知识分子最容易受到共产主义影响,圣埃克苏佩里一直与他们保持着联系。他尽管对理论着迷,但是对加入任何政党都兴趣不大。他的名字和出身可能会使他更倾向于右翼,但是他不是墨守成规的人,不会赞同他们的信条。他的表弟安德烈·德·丰斯科隆贝表示,如果说圣埃克苏佩里更痴迷马克思主义,那是因为在他看来,马克思主义更有智慧。然而,拥有“德·圣埃克苏佩里”这样姓氏的人,要做一位马克思主义绅士并不容易。梅尔莫兹与新法西斯主义者德·拉罗克上校的正式关系始于1935年,这很大程度上缘于他对法国航空业现状的觉察,虽然圣埃克苏佩里也有同样的感觉,但是他并没有追随德·拉罗克的脚步。他在2月给福阿的信中写道:“我对争辩毫无兴趣。”接下来的几年里,所有法国人都在整天争辩,但圣埃克苏佩里坚守自己的独立思考。 228

从1935年开始,圣埃克苏佩里走到哪里胸前口袋里都装着一个薄薄的皮面笔记本。在这个笔记本里,他对政党路线的不耐烦表现得十分明显,他去世后,这本笔记以“笔记本”为书名出版了。1935 年,他承认“很难区分左翼的目标与右翼的目标”。他感觉双方一直在完全不了解对方立场、完全忽略事实的情况下争辩:没有一个法西斯主义者知道德国正经历着什么;没有一个人民阵线的支持者了解西班牙的苦难。在《笔记本》一书中,他对政治的不信任显而易见;他从根本上反对贴标签的做法,那会限制人的自由。“分别正统和异端,比把一个人卖为奴隶还要不公平一百倍。我可以选择“大米”,也可以选择“西梅”作为标签;情况的恶劣性更加清楚了。”当然,一个人的生活和他的话之间总是存在差异。圣埃克苏佩里的《笔记本》读起来像一本政治经济学作品,但他在生活里超脱了纷争。纪德一生涉猎政治,在 1930 年代初共产主义盛行的时代,他是坚定的信仰者。然而,他也写道,在法兰西第三共和国覆灭后一个月,他读了德语的歌德作品。战争期间,他写道:“夜里,在隆隆炮声中读完了《红与黑》。”

圣埃克苏佩里身边的朋友最能证明他持中立立场。他在拉泰科埃尔公司外认识的最亲密的朋友,这个时候开始在他人生中扮演重要的角色。他和莱昂·沃斯在 1931 年相识。沃斯是小说家和散文家,以艺术批评闻名,他和圣埃克苏佩里几乎没有任何共同点。沃斯比圣埃克苏佩里大二十二岁,是一个无政府主义者和犹太人。他的所有作品,包括十二本书和大量的杂志文章,都近乎超现实主义。圣埃克苏佩里壮实魁梧,而沃斯棱角分明、体态轻盈。一战中,他在战壕里待了几个月,成为一位和平主义者;1924 年,他到了法属印支半岛,因而又成为反殖民主义者。他是一位左翼人士和布尔什维克支持者,因为毫不犹豫地批判斯大林,而作为“狂热的思想家”出名。在思想交流中,他怀着极大的乐趣,很少认为什么事是理所当然的。因此当新闻记者勒内·德朗热介绍两人认识时,他们一见如故。据说两人每隔几天就要见面。圣埃克苏佩里的《笔记本》里有不少沃斯的影子;后来,他在三本书中提到了沃斯，并把另外两本献给沃斯。《小王子》的序言是有史以来最动人的献词之一，也为沃斯在法国的一问一答游戏中赢得了一席之地。圣埃克苏佩里在这篇序言里把他称为“我在世界上最好的朋友”。圣埃克 229
苏佩里没能看到停战协定签署，沃斯对埃蒂安港的前负责人让·卢卡说：“没有托尼奥的和平，不是真正完整的和平。”

住在左岸的几年很悠闲，圣埃克苏佩里与沃斯的友谊越来越深厚；比这份友谊更了不起的是，圣埃克苏佩里可以同时与一位坚定的无政府主义者，也与德·拉罗克上校交往。让-热拉尔·弗勒里——像大多数人一样，立场介于两者之间——记得圣埃克苏佩里对政治话语采取开放、折中的态度。他给盛期的圣埃克苏佩里画过一幅肖像，那是在1935年，政治辩论正异常激烈。在沙纳莱莱街公寓的小客厅里，这位前飞行员晚上会接待很多客人，房间里都坐不下。现在，椅子或地上坐的是一名右翼的法兰西行动党拥护者、一名火十字团成员，以及一两个其他人。他们代表着当时政治领域所有的不同观点。讨论自然转向了政治方面。圣埃克苏佩里会认真听完每位客人的话，再向他们提问，引导他们就各自的理念得出一个有逻辑、有说服力的结论。最后他会概括每个人的观点，使出花招让大家相信彼此的理念是一致的。客人们都非常惊骇。

圣埃克苏佩里的兴趣是普遍性的，他反感教条，在政治上十分天真。1935年5月，他作为《巴黎晚报》的记者去苏联采访，启程前，他请莱昂-保罗·法尔格给他补补苏联历史课。白俄罗斯流亡者亚历山大·马金斯基很震惊，圣埃克苏佩里甚至不知道最近广为流传的事。比起大多数法国知识分子，他能看到苏联的很多不同之处。1930年代，这些知识分子到东方朝圣，几乎所有人都写自己的旅行。马尔罗探讨了教条，并且常规性地参观了工厂。如果圣埃克苏佩里进入一家苏联工厂，他不会写这次参观。他会写老法国家庭教师，会写满满一火车往东去的波兰工人,会写边防军人还有车站搬运工的故事。他的注意力总是从历史长河转到个人身上。虽然他沉迷马克思的理论尤其是马克思的经济学,但是他从苏联回来以后对那里的政治并无好感。还有其他保持中立的人,路易·费迪南·塞利纳就是这样一位,但是塞利纳在宣称中立之前贬低过共产主义。在一个几乎对所有事情都会进行政治解读的国家,圣埃克苏佩里不拥护也不谴责任何一方,任何人都可以解读他。

230 空气中弥漫着革命的气息,时事消耗着人们的精力。圣埃克苏佩里在混乱中寻找自己能做的事,他一直梦想着逃离此地。他结识了越来越多的文人朋友,但他怨恨这份成功,因为它妨碍了他追求自己更热爱的事业,使他远离飞行。有一位阿根廷同事,自从他走后,坚持单方面给他写了很多信。现在,他给这位同事写信诉说自己的绝望;他说,在南美洲感受过真正的和平与宁静,现在他一想起来就很痛苦,他已经对重获那种和平与宁静不抱希望了。他写道:“读你的信,我可以清楚地看到南美广阔的空间,我的心很痛。”他的生活越来越局限在巴黎的两个街区中。他把自己比喻成一个患有相思病的追求者,为了治愈自己,不得不毁掉心爱女子的肖像。4 月,他想买一架二手的法曼 402,但是由于某种原因,最后没有买成。原因可能是由于 2 月的暴乱,那年春天,航空部新官上任;可能是让作为标志性人物的圣埃克苏佩里,在危险时期在街上活动是很危险的,最后法航给他提供了一份工作。

让·希特里是新公司的公关总监,他负责在 3 月份联系这位前飞行员。他或是他的上司已经认识到,航空业在发展,而圣埃克苏佩里在公众心中与这项事业紧密相连,所以把圣埃克苏佩里冷落在公司外面是多么尴尬。希特里和圣埃克苏佩里在利普餐厅见面,希特里直截了当地问:“你最近没在忙什么事吧?”圣埃克苏佩里说:“没有。”希特里又试探地问:“你不想加入法航的宣传部门吗?”他显然没有意识到,自己这么做,无异于给西拉诺·德·贝热拉克提供一份办公室的工作。圣埃克苏佩里听后十分生气,说:“你一定是在开玩笑吧,你见过我开飞机,但你见过我开桌子吗? 很明显,你并不理解我,虽然我现在相当落魄,我的处境一团糟,但是我还是认为你一定是在开玩笑吧。”

希特里尽力挽回局面,向圣埃克苏佩里保证,他不用坐在办公桌旁。公司需要一位摄影技术顾问(一部关于马赛—阿尔及尔航线的纪录片已经在讨论中了),一位能够准确回答媒体提问的撰稿人,一位能够出色地介绍法航辉煌历史的发言人。听到这个解释,圣埃克苏佩里的心情似乎平静了一点,他考虑了一会儿。希特里又提醒他,薪水很丰厚。他问薪水是多少,希特里给了他一个保守的数字。“虽然不多,但是够我买烟了。”圣埃克苏佩里嘟哝道。他后来在 4 月份收到了一封信,明确地告诉他,没办法给他提供飞行员的职位,他可以作为公关人员在法国或是去国外工作。他每月薪水三千法郎,每飞行一次最少可 231
以拿到一千法郎的津贴(作为拉泰科埃尔公司的试飞员,他每月的基本薪资是五千法郎)。因为圣埃克苏佩里名气大,所以曾经排斥他的企业请他去做公关,这真是讽刺。

果然不出圣埃克苏佩里所料,这份工作虽然工资不高,但是非常清闲。他没有抱怨,也不为这份小恩小惠而不安。6 月之前他都无事可做。到了 6 月,他和希特里、导演费利克斯·福雷斯捷、法航在马赛地区的负责人,以及两名记者飞到阿尔及尔去制作纪录片。希特里在第一次见面时就和他提起过这部纪录片,最后上映时是《阿尔及尔的周末》。圣埃克苏佩里对这项工作很投入,也起到了很大的作用,所以希特里又安排他与福雷斯捷合作第二部纪录片。《南大西洋》是一部纪念空中邮政早期岁月的电影,在 1936 年 7 月人类第一百次横跨南大西洋时上映。据希特里说,这部三十分钟的纪录片主要是由圣埃克苏佩里导演的,它后来在电影院上映了将近十二年。这部纪录片没有给圣埃克苏佩里这位前飞行员带来任何收益,他也不想在片子上署名。他常与自己参与制作的纪录片保持着距离,那过于追求多元艺术了。

他也与随后几年他在《法航评论》上发表的文章保持着距离,那些文章中只有几篇署名了。它们也是描写空中邮政早期历史的。1935年春发表于这份杂志上的一篇文章——与这些年圣埃克苏佩里发表的大多数文章一样,也收进了《风沙星辰》——写的是在他1931年访问法国期间与他见面的三位摩尔人酋长。他们并没有感叹诺曼底和埃菲尔铁塔多么宏伟辉煌,反而对树和牛惊叹。他们被一道瀑布——圣埃克苏佩里说,还有女神游乐厅——彻底迷住了。文章最后几行没有收进《风沙星辰》,他写了摩尔人为重返家园付出的代价、每一位旅行者为开阔眼界付出的代价:“对他们来说,撒哈拉似乎更加空旷了,战争游戏更加虚幻了。他们第一次意识到,撒哈拉原来是一片沙漠。”

7月中旬,他去印支半岛进行为期一个月的调研,似乎热情不高。他飞经大马士革,在19日抵达西贡。到机场接他的是皮埃尔·戈迪埃,戈迪埃是一名水上飞机驾驶员和无线电导航专家,是圣埃克苏佩里在布雷斯特的同学。或许在最初几个小时,他也看到了自己的姐姐西
232 蒙娜。实际上,圣埃克苏佩里并没有在西贡停留多长时间。到达的那天下午,他和戈迪埃在三位同事的陪同下乘坐一架利奥雷-奥利维耶190去了吴哥窟的柬埔寨寺庙。起飞二十分钟后,发动机突然熄火了;圣埃克苏佩里熟练地把飞机降落在湄公河上,越南机械师在水上修理飞机。他们第二次起飞,五分钟之后,一台发动机停止运转,他们又迫降在瓦伊科河和苏拉普河泥泞的交汇处。这片荒野离西贡六十英里,杂树丛生,河水浑浊。他们困在红树林中,不得不在这里过夜。他们知道早晨会有一艘载有缆绳的汽艇来救他们,并送来早餐。戈迪埃只担心圣埃克苏佩里的健康,因为他是五个人里面唯一不适应当地气候的人,也是最有可能感染疟疾的人。

圣埃克苏佩里丝毫没考虑这些问题，他满脑子都是里约热内卢的夜晚，《风沙星辰》的书名正是由此而来。他其实很兴奋，因为在他的不幸遭遇中，还没有深陷蛇和蜘蛛出没的热带沼泽的经历。日落时，他和戈迪埃舒服地坐在机翼上，脚在安静的发动机上晃荡着；同事们在机舱里睡觉。伴随着鱼偶尔的扑通声和蚊子萦绕的嗡嗡声，圣埃克苏佩里给他的朋友讲起了故事。他讲到了男人的世界，这片三角洲似乎并不在其中，他唱起古老的法国民歌，按照亚洲的历史稍微改编了一下。为了这个夜晚，后来在旅途中付出的代价都是值得的。这次发动机故障的主要原因是油箱缺油。后来圣埃克苏佩里病倒了，坐着别人开的飞机回到巴黎。他在 8 月 12 日抵达马赛。他继续在法航领了至少三年薪水，但除了 1935 年在地中海进行了为期两周的巡回演讲，写了几篇文章，他没有做过别的事。他虽然紧随潮流，但是用回顾历史的方式来宣传法航的新事业。在专业领域，他成了“一件艺术纪念品”，这是让·普雷沃在他去世后的评价。

这不是一份收入可观的工作。圣埃克苏佩里说，他 1934 年的收入仅有四万八千法郎，是他在阿根廷时收入的五分之一。其中超过一半是伽利玛给他的预付稿酬，其余的才是他在法航的薪水。他花的比挣的多。让·梅尔莫兹估计，到 1935 年底，圣埃克苏佩里大约借走他三十五万法郎，一分钱也没有还过。作为欠钱的人，圣埃克苏佩里是最有魅力也是要求最多的。显然，他实践了蒙田的格言：真正的朋友请你帮 233
忙是你的荣幸，因为每一位朋友都会尽可能找机会让对方高兴。虽然身无分文，但是圣埃克苏佩里觉得自己很了不起。弗勒里说，作家会请朋友吃大餐、喝上等红酒，再拿走朋友口袋里一半的钱。（有一天，他问弗勒里带了多少钱，弗勒里承认自己带了六十法郎，他说：“很好，我给你留一半，你给我三十法郎。”）圣埃克苏佩里这几年开的布加迪是加斯东·伽利玛借给他的——伽利玛是一位汽车爱好者——圣埃克苏佩里不能用这辆车的时候,会征用朋友的车,连个招呼都不打。身边有一位律师总是好的,弗勒里就为这位拉泰科埃尔公司的前飞行员服务过两次。圣埃克苏佩里有几次因为粗心和经济拮据惹上麻烦,弗勒里就帮他解决。最严重的一次,弗勒里把圣埃克苏佩里从监狱里领出来,那次圣埃克苏佩里在里面待了四十八个小时,领带和鞋带都被没收了。他的罪行是:忘了处理一系列超速罚单。两名警察在家门口逮捕了他。*

龚苏萝·德·圣埃克苏佩里花钱大手大脚,她丈夫则是对钱毫无概念,两者导致的结果是一样的。妻子喜欢的东西都很贵,对数字又不敏感。治疗哮喘也需要医疗费和路费;巴黎冬天很冷,她感觉自己快要窒息了。这些年,圣埃克苏佩里一直在法国南部给她找房子。住在沙纳莱莱街的时候,这对夫妻很随意地把钱存放在门口的一只花瓶里,据说有一天一位朋友在他们的"家庭银行"里摁灭了一支烟,他们的积蓄就这样灰飞烟灭。1934 年,法郎贬值严重,一杯咖啡和两个羊角面包可能要二十苏,法郎对美元的汇率是 20∶1,而圣埃克苏佩里夫妇没办法从通胀中受益,也没有什么意外之财。他最不在意的就是钱;他照顾妻子,住在一座充满了各种吸引人注意力的事物的城市里,手上有大把的时间,这些年他就是这么过的。他也没有因为缺钱太难为自己。《玛丽安娜》杂志 1935 年的一篇文章中写道:别人每天汲汲营营,而他则赞美美好的友谊,它是金钱买不到的。"一趟夜航,看着千千万万颗星星,
234 感受着宁静,在那几个小时里,天空完全属于你,"他在年中这样写道,那时他和妻子已经弹尽粮绝,"那是金钱换不来的。"

对于圣埃克苏佩里的困境,朋友们以不同形式伸出了援手。他可以在波拿巴街的雅拉饭店喝一杯,借走五百法郎,他还记得自己从南美给老板寄过几次明信片。伽利玛从某种程度上说挺热心的,克雷米厄

---

* 同监的人是个小偷。他见圣埃克苏佩里也进来了,吃惊地说:"什么!他们也抓得过法国荣誉军团勋章的人!"

圣埃克苏佩里家的孩子们，摄于1906年。左起为：玛丽–马德莱娜、加布丽埃勒、弗朗索瓦、安托万、西蒙娜。

圣莫里斯–德雷芒庄园，从“黑森森的冷杉和椴树”旁望去。

安托万，“一等一的恶魔”。

（左图）让·德·圣埃克苏佩里，作家的父亲。

（下图）玛丽·德·圣埃克苏佩里，作家的母亲。

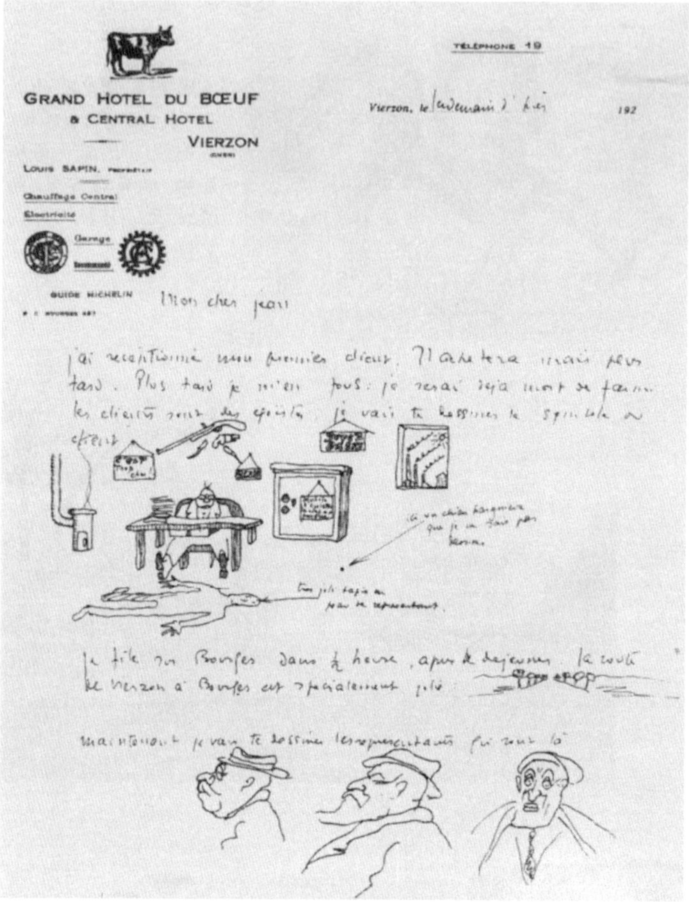
TÉLÉPHONE 19

GRAND HOTEL DU BŒUF
& CENTRAL HOTEL
VIERZON

LOUIS SAPIN

Chauffage Central
Électricité

Garage

GUIDE MICHELIN

Vierzon, le lendemain d'hier 192

Mon cher Jean

J'ai représentationné mon premier client. Il achètera mais plus tard. Plus tard je m'en fous : je serai déjà mort de faim. Les clients sont des égoïstes. Je vais te dessiner le symbole du client.

Je file sur Bourges dans ½ heure, après le déjeuner. La route de Vierzon à Bourges est spécialement jolie.

Maintenant je vais te dessiner les représentants qui sont là.

（上图）致让·埃斯科的一页信，这封信总长两页，写于1925年，但圣埃克苏佩里落款的日期是“昨天之后的那天”。他描绘了一位铁石心肠的客户——保险柜上写着“不要白费劲；钥匙丢了”，办公室的地上还铺着一张人皮地毯。这位客户与十七年后《小王子》初稿里的商人（右图）惊人地相似。

圣埃克苏佩里担任朱比角机场负责人，与同事们在一起。

朱比角，摄于1928年。

三代飞机:(上图)宝玑14,一战中的双翼飞机,圣埃克苏佩里的飞行生涯是从它开始的;(中图)高德隆–西蒙,圣埃克苏佩里发现它并没有那么灵活;(下图)洛克希德P–38,1943年最快的飞机,圣埃克苏佩里失踪时驾驶的正是它。

马塞尔·布尤–拉丰(中)与圣埃克苏佩里(其左侧不远)在布宜诺斯艾利斯—圣地亚哥航线的开通仪式上,这是圣埃克苏佩里参与开拓的唯一航线。两人仍然保持着距离:拍完此照次日,飞行员将一架崭新的拉泰科埃尔28开进了沟里,而飞机上还坐着老板,布尤–拉丰当众批评了他。

圣埃克苏佩里一手搂着亨利·吉约梅肩膀,在阿根廷门多萨,当时吉约梅刚刚完成飞越安第斯山脉的超人壮举。圣埃克苏佩里在《风沙星辰》中使他获得了不朽:“我望着你的脸:它又脏又肿,像熟透了、反复掉在地上的水果。你的样子真吓人……”让–勒内·勒菲弗站在吉约梅右侧,戴着软呢帽。

龚苏萝·德·圣埃克苏佩里。

圣埃克苏佩里与龚苏萝新婚,摄于阿盖庄园。

圣埃克苏佩里与机械师安德烈·普雷沃，身后是一架完好的西蒙飞机。普雷沃对飞行员忠心耿耿，换来的却是医药费账单。

同一架西蒙，以一百七十英里的时速在利比亚沙漠坠机。“我们的处境不太理想。”圣埃克苏佩里后来在官方报告中承认。他在写给妹妹的信中，附上了一张飞机残骸照片，上面写着“纪念一个绝望的夜晚”。

（上图）两位圣埃克苏佩里夫人在读电报。1936年1月5日，祝贺的电报如潮涌来，她们的儿子、爱人在失联四天后还活着并且平安。他花了四天，徒步走出了利比亚沙漠。

（下图）第二架坠毁的西蒙，会面结束几小时后在危地马拉。飞行员的情况只比飞机稍好一点。从照片前景可以看到撞毁的驾驶舱，圣埃克苏佩里就是从那里被人解救出来的。

（左图）圣埃克苏佩里与得克萨斯州布朗斯维尔的空军官员会面，几小时后他驾驶他的第二架西蒙飞机坠机，他也差点丧命。

圣埃克苏佩里在为他举办的午餐会上，1939年8月12日在佛蒙特州明德学院的犬队酒馆。多萝西·汤普森转头面向相机，皮埃尔·德·拉吕坐在她和其他贵客之间。当天下午，拉吕的谈话与圣埃克苏佩里的纸牌戏法都非常有趣。

纳塔莉·帕利。

路易丝·德·维尔莫兰。

西尔维娅·莱因哈特。

圣埃克苏佩里于西尔维娅·莱因哈特在公园街的公寓里写作《小王子》，1942年。西尔维娅在纽约的糖果店买了一个金发娃娃，摆在沙发扶手上。

“捕蝴蝶的人”与他自己的温室花朵，这个地方后来成了小王子的星球。

早期的小王子插画之一，上面出现了飞行员，但出版的书里并没有。

未收入书中的一幅小王子插画，看得出来，它曾被作家揉成纸团。

“他是我在世界上最好的朋友。”圣埃克苏佩里这样评价莱昂·沃斯，他将《小王子》献给了沃斯，还为沃斯写了《给一个人质的信》。

圣埃克苏佩里在送给多萝西·巴克利的那本《小王子》上题的字。他感谢巴克利帮他研究一个对他非常重要的问题：天空中有多少颗星星？“你一定是疯了，才会选择这个星球。只有在晚上，居民都睡着的时候，它才是令人愉快的。”小王子在附书名页上哀伤地说。在画的下面，作家将自己与主人公区分开来，他争辩说，地球上也有慷慨的人，比如多萝西·巴克利。

艺术家让·帕热斯画的圣埃克苏佩里表演“橙子钢琴”。1943年到1944年在阿尔及尔的十个月里，圣埃克苏佩里经常表演这个节目，用煮熟的鸡蛋或者柠檬也可以。很多人都觉得非常像德彪西的曲子。

约翰·菲利普斯与圣埃克苏佩里在玩“六字母单词游戏”，撒丁岛，1944年。菲利普斯并不想胜过名作家，他发现一旦自己要获胜，观众们就会离开房间。

第二十三摄影侦察中队的法国与美国官兵，他们刚刚喝了装在二百三十升辅助油箱里的葡萄酒，1944年5月28日。圣埃克苏佩里红光满面，一只胳膊搂着他的指挥官勒内·加瓦耶。

勒内·加瓦耶帮飞行员穿上高空飞行装备。一年前，飞行员给妻子写信说，只有忍着剧痛，他才能背起五磅重的包裹，才能下床，才能弯腰。一位美国侦察专家回忆说："穿装备的时候，他会忍不住发脾气。"

评价他说："如果你要加斯东·伽利玛给你加薪，他会抱怨说负担不起，说生意不景气。但是如果你说在赌桌上输掉了一万法郎，他马上就会给你一万法郎。"沙纳莱莱街的房东就没有这么慷慨了。《玛丽安娜》上那篇文章发表之后不久——他们没交费，被停了天然气和电，而龚苏萝又戏剧性地提出要去找一份擦地板的工作——圣埃克苏佩里夫妇把龚苏萝的哈巴狗留给了以前的门房，他们自己则在几家旅馆之间辗转。

*

圣埃克苏佩里在1930年代的唯一固定地址在雷恩街与圣日耳曼大街的交叉口，这里十分热闹。他在这里营业，下午在双叟咖啡馆，晚上在利普餐厅。他在这里安排会议、工作、吃饭、交际；这两家咖啡馆成了他的办公室、画室，他的社交俱乐部，他的庇护所，是他三十多岁时的大阳台。圣埃克苏佩里的一位朋友后来说，他们十年的友情是在一连串公共场所中感受的；其中大部分成了《风沙星辰》的内容，这本书就是在双叟咖啡馆写的。这些年，圣埃克苏佩里很多时候都静静坐着，在大部分1934年和随后五年里所画的肖像画中，他都是在这里喝酒、讲故事、生气、讲解、校对文章，还有给两家店关门。他这么做有很多理由，其中最重要的一条就是这位三十多岁的作家没有其他地方可去，只能在这里工作。让-保罗·萨特解释说，为了理解自己对事物的矛盾心理，他更喜欢"坐在一把不属于任何人（或者，你可以说是属于所有人）的椅子上，面对一张不属于任何人的桌子：这就是我到咖啡馆工作的原因，我能进入一种孤独和抽象"。圣埃克苏佩里也是这类人，他家里没有几件家具。不止他一个人把利普餐厅当作自己的总部。莱昂-保罗·法尔格是圣日耳曼最能言善辩的游吟诗人，或许也是学识最渊博的浪子，他在写到餐厅时说：一个人不每周至少在这家咖啡馆待一晚上，就

235 不可能在巴黎的报纸上写出三十行字，也不能画画，甚至不能产生坚定的政治立场。利普餐厅当然是这样一个地方，或许是唯一的地方，只要花一杯生啤的钱就能获得对法国当天政治和知识界中大事最真实、最完整的总结。他自己是这里的深夜常客，他和这家餐厅有一层特殊关系：他父亲是一家玻璃器皿厂的老板——他至今还靠父亲的财富生活——设计了餐厅的瓷砖。

可以说，法尔格与圣埃克苏佩里有那么一点相似。大家都知道，法尔格常会迟到数小时（到达之后又妙语连珠），咖啡馆要打烊了，出租车在大街上空跑，而他还在谈笑风生；圣埃克苏佩里很快也以这些习惯闻名。不用鼓励，圣埃克苏佩里马上就学着法尔格过起了巴黎夜猫子的生活。法尔格经常在利普餐厅关门后到另一家餐厅去，有时候还带着圣埃克苏佩里这位作家兼飞行员。一次，他给圣埃克苏佩里颁发了一张证书，说："我，签名者莱昂-保罗·法尔格，法兰西科学院官员[非事实]，证明我让万物的指挥官圣埃克苏佩里度过了荒唐的时光，因为我一见到他就不肯放他走。"通常，两人只在受到咖啡馆服务员或者旅馆行李搬运工打扰时才会分开。他们结伴在巴黎做美食之旅。布莱兹·桑德拉尔想起他第一次在利普餐厅瞥见圣埃克苏佩里的那一刻："午夜过后，仰慕者围绕着法尔格，听他讲故事，圣埃克苏佩里也在其中，他比其他人笑得更大声。"

圣埃克苏佩里绝不是巫师的唯一学徒。状态好的时候，他不仅能用魔咒举起整张桌子，还能举起整个餐厅。写了《南方邮航》的序言之后，他和伯克莱的友谊更进了一步。伯克莱谈到，在一个漫长的夏夜，他们和法尔格、另一位朋友，还有一位模特同游，模特似乎是陪伴圣埃克苏佩里或是那位朋友的。五个人挤上了一辆出租车，从双叟咖啡馆的露台出发去寻找一家大家都喜欢的餐厅。他们挨个巡视附近的街区，从城市的东边开到西边又开回来，显然很享受彼此陪伴着——尤其是坐在彼此的大腿上——在城市里游荡。他们急切地要坐下来吃饭，等漂亮的伴游终于饥饿难耐时，他们在纳伊饭店停下来。开饭前，法尔格讲了一个故事，他还答应在吃甜点时给大家朗读手中的打字稿。圣埃克苏佩里被他的话触动了，在心里编织着一个美丽的童话。法尔格抑扬顿挫的声音充满了整个房间，客人们一桌接一桌地安静下来。伯克莱回忆说，他讲完了，观众们都瘫坐着，好像一部震撼人心的电影演 236
完，人们呆呆地看着片尾的演职员表。法尔格把打字稿放回大衣口袋，说了一句："一颗流星刚刚落进了我的杯子。"

圣埃克苏佩里在1930年代的许多咖啡馆里、许多餐桌上，一遍又一遍地讲述自己的故事。他的选择不多，除了1933年在圣拉斐尔湾、1936年在利比亚沙漠死里逃生的经历之外，没有什么新故事可讲。其实，他是在试讲《风沙星辰》的草稿，但当时没有人知道，没有人在意，也没有人为自己在他讲演的时候在场而觉得荣幸。他不浮夸，不做作。他既不令人厌倦，也不滔滔不绝，他不像法尔格那样有丰富的辞藻供调遣使用。相反，他用词简单，声音平淡而微微颤抖，这种声音使他精准的形象生动起来。亨利·让松是一位很有才华的讽刺作家，圣埃克苏佩里十分欣赏他，他像所有人一样为圣埃克苏佩里那并不是很特别的效果征服："如果他的故事是冷的，那你就感觉冷，如果是热的，那你就会擦掉额头上的汗水。你要渴死了，一定会有人踮着脚尖去开窗户。"只要有合适的人陪伴，他就可以通宵滔滔不绝地讲，他从巴黎的一家俱乐部来到另一家，直到吃早饭才讲完，或者在沙纳莱莱街的公寓中通宵朗读胡乱放在帽盒里的那些稿子。很有影响力的、激进的左翼编辑让·加尔捷-布瓦西埃详细记录了这些年的事情。他可能是在1936年空军部的一次官方宴会上第一次见到圣埃克苏佩里的。让松也在那里，还有一些飞行高手，包括莫里斯·贝隆特。两个不飞行的人觉得自己有责任跟表情严肃、穿着讲究的酒店领班逗乐，给大家凑趣。他们觉得其他人都在奉承部长，这让宴会变得很糟糕。最后他们得到了一直安静坐在角落里的圣埃克苏佩里的帮助。他吃着花式小蛋糕，兴致勃勃地讲述自己在沙漠中度过的日子，讲述吉约梅战胜安第斯山脉的故事。这场聚会到清晨4点才结束。

让松把圣埃克苏佩里介绍给加尔捷-布瓦西埃，还把他介绍给路易·茹韦和加斯东·贝热里，不过尽管他认识了新朋友，他的圈子仍然很小。他喜欢熟悉的面孔。有一天，他和让·普雷沃坐在离沙纳莱莱街几分钟路程的圣多米尼克街吃午餐。他们在煮鱼和炸鱼之间犹豫不决，这时伯克莱和让·季洛杜走进来了；四个人决定以后要常常一起吃午饭，每年三到四次，一直持续到战争爆发。有一次，他们在一家俄罗斯餐馆相聚，让·普雷沃说："唯一的问题是，我们抢着说话。"幸好他们
237 对大多数事情看法一致，尤其是都认为这个世界越来越不友好了。圣埃克苏佩里喃喃地说："最重要的是活着。我们不能忘记这一点。但现在人们时时刻刻都在自我防御，就好像受到了威胁一样。"他对老朋友依然忠诚，他不让埃斯科去睡觉。圣埃克苏佩里把他拖到了蒙马特区的一家通宵酒馆，在那里埃斯科努力保持清醒，而圣埃克苏佩里写了一页又一页代数方程。埃斯科更喜欢圣埃克苏佩里画的其他顾客的漫画，但是这样做有时候也会引来麻烦。一天晚上，圣埃克苏佩里引起了邻桌一个男人的注意，因为他盯着那人的妻子看了很久。圣埃克苏佩里友好地站起来解释；而他站起来时的身量就足以平息妒火中烧的邻桌男人的怒气。

偶尔内里、吉约梅和同伴也会说服圣埃克苏佩里到右岸去喝咖啡，他们常去香榭丽舍大街的咖啡馆，因为那里靠近法航位于乔治五世大街和马尔伯夫街交叉口的办公室。有一天，他由女飞行员玛丽斯·巴斯蒂耶陪伴，去了位于克里希广场附近的一家工作室，见了一群舞蹈演员和体操运动员。纳迪亚·布朗热的工作室就在附近，他有时也去那

里参观。他介绍同伴们，至少是与他最要好的几位彼此认识；根据不同关系，有的（妻子和家人）叫他托尼奥，有的（大多数与他相识的女性）叫他安托万，也有的（空中邮政的工作人员，还有所有他出名后认识的人，不过他并不喜欢与他们相熟）叫他圣埃克斯。他骄傲地把吉约梅介绍给沃斯，只简短地说了一句“这是吉约梅”。他们最远去过凡尔赛宫，安德烈·尚松是作家和激进的社会主义政治家，他担任馆长后常于周日在那里招待他们。他和龚苏萝来到凯瑞丝·克罗斯比位于尚蒂伊森林边的家，在那里龚苏萝一直滔滔不绝地讲话。然而当她丈夫讲话时，她的注意力就转移了。她本人很健谈，嫉妒丈夫能吸引别人的注意力。但是，她常常有自己的计划和听众。圣埃克苏佩里招呼一群人去远足，他说是去朋友在郊外的房子；原来，他所说的房子是伊冯娜·德·莱斯特朗热在奇特雷的庄园。加斯东·伽利玛和圣埃克苏佩里去奇特雷游玩，有一天，两人开车出门，作家意识到他们就在庄园附近。两人都衣着随便；圣埃克苏佩里驾轻就熟地来到大门口，在等待进入的时候从用人那里借了一条领带。

然而，大多数时候，人们可以在左岸、蒙帕纳斯或者圣日耳曼瞥见圣埃克苏佩里的身影，他在那些地方最有名。虽然他生活在这个世界之中，但是只在边缘徘徊。他好像没有参加 1935 年 6 月的国际作家文 238
化保护会议，这是一次反法西斯主义集会，是 1930 年代最重要的文学事件之一，但他两周前确实参加了费尔南德斯主持的马尔罗研讨会。之后，他去了双叟咖啡馆，又到他最喜欢的餐厅之一圣伯努瓦参加了晚宴，在座的有马尔罗、盖埃诺、费尔南德斯、纪德等，大家围绕着一张户外长餐桌就餐。在左岸，世界真的很小：从沙纳莱莱街到伽利玛的办公室，到利普餐厅，到圣伯努瓦餐厅，到纪德在瓦诺街的公寓，到莱斯特朗热家，到莱昂·沃斯家，都只需要走十分钟的路。这对圣埃克苏佩里来说是一件好事，因为他厌恶所有形式的运动。有一天，他打电话给住在阿萨斯街的沃斯说："我很想见到你，但是我行动不便。"他手头有钱的时候，简直是出租车司机的福星，即使路程很短，他也会叫出租车，还会关掉里程表聊天。乔治·佩利西耶是圣埃克苏佩里在1931年结识的一位医生朋友。有一晚，他与圣埃克苏佩里坐在出租车里，一直待在酒店外面——几小时之前，他们就让司机选择目的地了——整个后半夜，他都在听圣埃克苏佩里一个人滔滔不绝地讲他怎么寻找上帝。司机在前座上睡着了。如果圣埃克苏佩里开车，那就是一场噩梦，他会载着客人在巴黎城里风驰电掣。1932年，他与他的美国出版商柯蒂斯·希契科克第一次见面时正是如此，而他因此受到希契科克欣赏。贝尔纳·拉莫特在一次短途旅行之后，终于到达穹顶餐厅，他气喘吁吁地说："那一天我明白了什么是飞行。"

每个人都乐于评论圣埃克苏佩里的趣味，哪怕只是因为他喜欢的东西为长篇大论提供了素材。伯克莱说：他最喜欢唱歌、乔装改扮，还有表演纸牌戏法。伯克莱在别处还写道：他喜欢诚实、女人、奶酪和恶作剧。这一评价在法语中完美地押着头韵。人们很容易认出朱比角机场的负责人："他喜欢乔装改扮、文字游戏、散步、简单低俗的法语老歌、简洁、文学真理。他喜欢巴赫、尼采、艾利·福尔、普契尼、安德烈·纪德、爵士乐、电影、幽默、孤独，还喜欢与朋友相聚，聚会上要有一位彬彬有礼的醉汉，而且这醉汉实际没有看上去醉得那么厉害。"可能因为块头大，他酒量很好，而且他三十多岁，无所事事，便常常想喝酒。他也是个老烟枪。他喜欢一家餐馆的美味奶酪，喜欢右岸一家小酒吧里热情老板切下的大片火腿，喜欢安德鲁埃餐厅这座奶酪的殿堂。他会爬上楼梯去享用精心烹制的烤猪脚。在最怡人的夜晚，他在瓦诺街和沙纳
239 莱莱拐角的酒馆消磨时光，上甜点的时候，人们会大喊"托尼奥，唱吧！"，他便乐意演唱一曲。他感兴趣的话题不胜枚举：他与法尔格谈论巴尔扎克、中世纪、杰拉德·德·奈瓦尔、马拉美、罗斯福、拳击、漫画

书、马克思主义、神话、势利、毕加索、精神分析、美第奇家族；与佩利西耶谈论遗传学、天文学、社会学、神秘主义、巴赫、梵高；与伯克莱谈论斯宾诺莎、希腊美人、诗歌、自由恋爱、代数、文字游戏、社会结构；他在笔记本上写基督教、资本主义、银行、税收、化学、爱因斯坦、普朗克、牛顿、自由、正义、语言等问题。当有人告诉他一些新东西时，他会聚精会神地听，稍稍张开嘴，耸起长长的眉毛，在笔记本上记下几行字，第二天再打电话核对一遍。他经常一边说话一边速写，或是——更恣意的话——拍着大腿疯狂打手势。他的话以一连串“你注意到了吗？”“这提醒了我”开场，这样他有很大的发挥空间。

他的沉思，用莱昂·沃斯的话说，是“比空气还轻”，但他玩起喜欢的游戏时非常严肃。他的纸牌戏法令人难忘。表演难度很高，圣埃克苏佩里让人选定一张牌，他自己不碰牌，却能挑出那人选定的牌。表演的时候，他选一名志愿者，比如一位女士，女士越漂亮他就发挥得越好。圣埃克苏佩里会请她反复洗牌然后从中选定一张；她再把牌反扣在桌子上，圣埃克苏佩里就像有什么神秘力量似的，能在不看到牌面的情况下，挑出一张反扣的牌，而这张牌正是女士刚才选定的。虽然见识过表演的人都啧啧称奇——综合理工学院的一个人把圣埃克苏佩里叫到旁边，小声说：“你是巫师，对吗？”圣埃克苏佩里对他的这种反应非常满意——但圣埃克苏佩里的戏法，任何一个理解力强、手指灵活、愿意多加练习的纸牌魔术师都能掌握。因此，他喜欢用新牌，并且不愿在疑心很重的人面前表演，因为那会分散他的注意力。

玩纸牌是一个很方便的逃避人们关注的方式，比圣埃克苏佩里采取的傲慢态度效果更好。有一天，一个女人问他累计飞行了多长时间，他尴尬地回答说：“不知道。你计算过自己在电梯里度过的时间吗？”玩纸牌能让他散发魅力，转移人们的注意力；也能助他激发一些天真的好奇心，而这正是世人所缺的。最重要的是，他不需要一片印支半岛的沼

240 泽或者一座撒哈拉沙漠的沙丘就能完成；只要心情合适，在哪里都行。他就是这样做的，让·普雷沃感叹道："他玩纸牌的时间比写作还要多。"他喜欢发明纸牌游戏和其他一些难题，伯克莱记得有一个火柴游戏、一个字谜，还有一个用桌面上的开胃酒酒渍玩的游戏。他设计心理测试，把世界上的人分成两类，一类需要搞清楚一切，另一类相信奇迹存在。他喜欢拿老问题来折磨熟人：为什么勺子上的映象是水平方向颠倒，而不是竖直方向颠倒？你意识到你正在创造自己的过去了吗？——他问一位空中邮政的同事。他对眼药水滴管的原理十分痴迷。他仍然喜欢小工具，在美国的时候他就很痴迷。他热衷各种发明，但大多数都是纸上谈兵。* 他设想了早期的按次收费电视，向佩利西耶描述了光电管的原理，提出了遗传密码的概念。1934 年底，他申请了人生中第一项专利，一台无线电盲降设备。他一生共申请了十项专利。

圣埃克苏佩里所吃所喝所热爱的东西很多。他真正能对之敞开心扉的朋友很少。这些年待在他身边的人主要有吉约梅、沃斯和老友塞戈涅。伯克莱、普雷沃、安德烈·尚松、让松、让·卢卡、法尔格和拉蒙·费尔南德斯是他的密友。他慢慢打开心扉；圣埃克苏佩里和安德烈·莫鲁瓦相识十年后，才在战争期间在美国成为朋友。他的个人生活始终是一本合上的书，至少对男性朋友来说是这样的，尽管圣埃克苏佩里自己也承认这是个问题。他不关心别人，对于闲话容忍度很低，别人还心平气和的时候他已经发火了。几年前，圣埃克苏佩里夫人问龚苏萝关于纪德和伊冯娜·德·莱斯特朗热的事，龚苏萝在回答时略去了一些负面的评价。他知道后，写信给母亲说："我很难原谅她说闲话，与您分享私生活的细节，而这些不关别人的事。我要批评您问起这些事，我希望您忘掉它们。"正如让松所说，他在朋友中间可能是慢热的，

---

* 有一项发明差点写进了作品。在《小王子》的早期手稿中，一位商人推销一台未来机器，据说它能够为用户提供多种功能的服务，还方便运到任何地方。它不仅能点烟，还会吸烟。

要过几个小时才能加入谈话,甚至会一个人在旁边神游一段时间。圣埃克苏佩里不愿容忍傻瓜,只要他们一出现,他就会沉默。让松写道,在这种场合,“他会出于礼貌,留下自己的躯壳,等讨厌的人走了,他再回过神来”。像他那个时代健谈的科克托和马尔罗一样,他思维敏捷、天马行空。当他感觉自己在公众场合吸引了注意力时,会把头埋在报纸里,或是看向远方,就像一个问题学生想要隐身一样。1930 年代,人们经常请他签名,每当这个时候,他都会红着脸礼貌地同他们交谈,同时紧张地摩挲着耳朵。亨利·让松知道有一招百分之百能惹毛圣埃克苏佩里。如果他在圣日耳曼见到作家在散步,就大老远高声喊“圣埃克苏佩里!圣埃克苏佩里!”,他的朋友一定会惊慌地朝他跑过来,求他别喊了。 241

他不擅长应对自己的名气,就像不擅长政治一样。那几年真快乐呀。晚上,圣埃克苏佩里会坐在小桌子前,手边一杯酒,手里一支烟,静静地在纸上写东西。他是一只笼中鸟,行为也像一只笼中鸟:他会唱歌。到 1938 年,他已经基本写完了《风沙星辰》——全部章节都发表在杂志上,大部分是迫于生计而写的——这本书中没有巴黎,没有他平淡生活的影子。有一次,布莱兹·桑德拉尔从咖啡馆对面悄悄观察他,他正忙着核对单页校稿。就像人们给三十多岁的圣埃克苏佩里绘制的许多肖像一样,桑德拉尔的这幅也是一张静物写生:他挥动着左手,不像在背诵,而像在驱散飞机讨厌的影子,这些影子正像苍蝇一样围绕着校稿。

*

1935 年春,《巴黎晚报》的两位编辑埃尔韦·米勒和皮埃尔·拉扎雷夫提议,圣埃克苏佩里作为这份创刊四年的报纸的特约记者前往苏联。两位编辑考虑让圣埃克苏佩里来执行这项任务，可能是因为莫斯科计划举行一场令人印象深刻的飞行表演来庆祝五一劳动节。为《玛丽安娜》写了一系列文章后，三年来他只为《新法兰西评论》写过一篇文章——1933 年 4 月发表的对蓬塔阿雷纳斯的四页描写，它们写在皇家饭店和利普餐厅的信笺上——还为《玛丽安娜》写过三篇关于航空的短文。《巴黎晚报》的任务对圣埃克苏佩里来说意味着向前迈出一大步，他为此得到了一笔可观的收入。《巴黎晚报》极为成功地结合了轰
242 动性报道、严肃新闻和照片，是法国最受欢迎的报纸，它的发行量是《玛丽安娜》的十倍多。《巴黎晚报》是让·普鲁沃的财富（让·普雷沃曾把圣埃克苏佩里引荐给他），即使圣埃克苏佩里可能不是这项任务的当然之选，他也很乐意在自家报纸上看到一位知名作家的报道。

按照圣埃克苏佩里一贯的作风，他没有迫不及待地去抓住这个机会。但是，他也没有其他工作可选，只好恶补了一通俄国历史——毫无疑问，他也请教了表弟安德烈·德·丰斯科隆贝，表弟是半个俄国人——乘火车去了莫斯科。他在 4 月 29 日抵达。他总是抗议说，他做新闻工作有失身份——在他看来，写报道和写剧本是吸文学生命的血——然而，他在这次短途旅行中发的新闻稿都是很成功的作品。圣埃克苏佩里竭力藐视交稿期限，在最后一刻还要修改文章。（他甚至干过拿酒灌醉印刷工，给自己争取时间修改文章的事情。）他的苏联报道通过电话传到巴黎，这些是最新的报道；其中少了诗意，多了对人的关注，少了华丽，多了生机。他到达莫斯科三天后用电话传回第一篇报道，描述了他差点错过的五一节；在第二篇报道中，他说自己“彻底屈服于头条的压力”。他发现苏联的官僚机构和其他地方的一样，都与人们格格不入，他说他没有得到参加红场庆典的观众许可证。

他第一个起床，却发现萨沃伊酒店的门已经锁得严严实实。有那么一会儿，他似乎被屏蔽在四百万莫斯科人即将做的事情之外了。一

千架飞机飞临莫斯科上空,这足以催促他挣脱束缚;他爬出酒店的窗户,来到街上。飞机列队从头顶呼啸而过,人群像一块巨大的浮冰一样通过冰冷的街道,向红场挺进。人们在行进中受警察和看门人指挥;圣埃克苏佩里看到,人群接到命令,停止前进,可能是要等另一条街上来的另一块浮冰先通过,到红场去。等待漫长而冰冷。法国人注意到一个神奇的现象:"结成坚实整体的人群融化了,分散成了一个个单独的人。"在向红场行进的路上,成千上万的男女围成不规则的圆圈,唱起歌跳起舞。在那一刻,莫斯科在圣埃克苏佩里眼中——他选择忘记身边的雪——"就像 7 月 14 日夜晚巴黎的街区一样"。过了一段时间,人们收起乐器,举起横幅,排好队,继续肃穆地行进,向斯大林致敬。即使在陌生的灰色面孔汇成的海洋中,圣埃克苏佩里也只关注单独的人;他早在报道中亮出了自己的政治立场。 243

又过了十一天,圣埃克苏佩里才发来下一篇报道,据说是因为莫斯科没有好烟,圣埃克苏佩里写不出东西来。或许他可以找一个更好的借口;几年后,他向美国出版商耐心解释说,《空军飞行员》有一章延迟交稿了,因为他的守护天使出现了,让他先去做另一个项目。这位天使一直待在他身边说话,他也不好请天使离开!显然,得到尼古丁制品之后——或许是法国大使给的,或许是约瑟夫·克塞尔当记者的兄弟乔治给的,圣埃克苏佩里抵达莫斯科当天,乔治就在车站与他见面了,还带他游览了莫斯科——他于 13 日打电话给巴黎,发去了最著名的那篇报道。报道表面上在讲述他的苏联之行,他写道,列车"笔直地穿过这片被焦虑和敌意撕裂的欧洲大陆",无视当前发生的事件。三等车厢里挤满了波兰工人,他们在新的排外潮流中被驱逐出了萧条的法国。这是公共交通第二次令圣埃克苏佩里顿悟,他在这些工人身上看到了蒙昧和失败,看到了"黏土块",当年他在图卢兹的电车上所见也是如此。然而在 1935 年,他不仅像天空的英雄,还像一位贵族那样思考。他坐在一对夫妻对面，惊奇地发现一个可爱的金发孩子正睡在父母中间。“从这些迟钝的渣滓中，产生了这个快乐优雅的奇迹。”1935年，他在法国一篇醒目的头版文章中这样说。（他忘记了，这些“黏土块”是矿工、园丁、铁匠，他曾在别的地方歌颂他们。）

5月13日上午，埃尔韦·米勒在《巴黎晚报》的办公室焦急地等待圣埃克苏佩里发来第二篇报道。他在等第二天头版的文章，因为印刷时间很快就要到了。最后，快到中午的时候，他的通讯员来电话了，为了节省时间，米勒让圣埃克苏佩里直接和社里最能干的秘书拉罗莎女士通电话，她一边听圣埃克苏佩里说，一边把内容打字打出来。米勒坐在她旁边的小隔间里，从她身后读她打出来的内容。直到拉罗莎打到第三页，写到那位金发孩子的故事时，一切都很顺利。“这是幼年的莫扎特。这是前景光明的一生。传说故事中的小王子们就是这样的。”她把这些话打字打出来，米勒可能会用这一行当文章的标题。圣埃克苏佩里继续说道：“这位小莫扎特在臭烘烘的沟渠中夜潜时肯定喜欢听劣质音乐。这位小莫扎特是被诅咒的。”但是拉罗莎一动不动，米勒问：“怎么了？”她抽泣着说：“我打不下去了，我做不到。写得太美了。”她
244 泪流满面。

19日，圣埃克苏佩里成为第一位乘坐“马克西姆·高尔基号”飞机的外国人，它是世界上最大的飞机，是苏联的骄傲。第二天，这架四十二吨重的飞机在空中撞上一架护航机，坠毁了，造成四十三人死亡，圣埃克苏佩里因此也成为最后一位乘坐它的外国人。这架宣传飞机上配有电影院、印刷机、电台和会议室，圣埃克苏佩里对这架飞机的描述变成了它的悼词。他给《巴黎晚报》写了一篇文章，介绍这架七千马力的大飞机，他描述了通信系统（“马克西姆·高尔基号”装有扬声器，能盖过发动机的声音，让地面上的人听到）、车载气动管道系统、发电机、接线员以及秘书。毫无疑问，圣埃克苏佩里内心的宝玑14飞行员惊呆

了，小工具爱好者则印象深刻。他平静地说："我的印象是，这是一场复杂的、高度组织化的团体活动，我在飞行中从未体验过。"23 日，他为《莫斯科日报》写了一篇悼念报道，赞扬生产"马克西姆·高尔基号"的团结友爱精神。它听起来像是对共产主义的赞歌，但其实称赞的是他一贯推崇的"专业的团结友爱精神"。"这种尽职尽责给我的震撼一点不亚于八台发动机的轰鸣，它是一股前进的力量。"圣埃克苏佩里写道，不应为"马克西姆·高尔基号"过于哀痛，他当然比大多数人更能接受意外的发生；对事故的纪念会激发人们取得更多新的胜利。

他的最后一篇苏联报道于 22 日见报，就是《与"格扎维埃小姐"共度奇怪的夜晚，以及十位醉醺醺的老太太感叹青春逝去》。他总是才思敏捷，但是在这篇最长的苏联报道中，他搞笑透顶；他的任务即将结束，这一次他完全把自己当成一名驻外记者。他得知，有三百来位六七十岁的法国女人，她们曾是俄帝国贵族家女儿们的家庭教师，现在仍然在革命后的苏联四处漂泊，"她们是隐身的，就像美德、责任和良好教养一样"。她们没有工作，为世人遗忘，只能勉强糊口。一开始，他没抱什么希望——他是用法语问路的，得到的却是俄语、英语和丹麦语的回答——不过最后他还是找到了一位"格扎维埃小姐"。他迈上她的门阶，就像来到努瓦克肖特那位中士家的门口。三十年来，他是第一位跨进到格扎维埃小姐家的法国人，格扎维埃小姐一看到圣埃克苏佩里就流下泪来。格扎维埃小姐自豪地拿出一瓶马德拉红酒和一盘蛋糕，她没有关门。这位七十二岁的老妇人想让邻居羡慕她，因为有一位绅士来看她了。圣埃克苏佩里问她现在形势如何——"对一只老鼠来说，改
革意味着什么呢？当身旁的一切轰然倒塌的时候，这只老鼠怎么生 245
存？"他不知道问题的答案，只是沉浸在格扎维埃小姐的往事中。

那天晚上，格扎维埃小姐安排圣埃克苏佩里与自己的十位朋友见面。他预备了波特酒、红酒和利口酒，她们则泪水涟涟地讲起多年前在

法国的生活。圣埃克苏佩里非常开心,他说自己像“一位魅力王子,享受着荣光,喝着伏特加,身边围绕着一群小老太太,她们一个劲儿地亲我的脸”。大家正在畅饮欢歌,突然闯进了竞争者,这是一位严肃的俄罗斯绅士。他被大家逼着说出了自己是怎么在女家庭教师之中出名的:1906 年他在摩纳哥玩了轮盘赌。凌晨 1 点,格扎维埃小姐还有她的一位同伴热情地把记者送上了一辆出租车。他最早认识的那位朋友跌跌撞撞地倚在他的胳膊上,轻声请他明年一定再来。“你会先来看我吗?先看我,行吗?”她身子有些摇晃,在圣埃克苏佩里耳边乞求道。他本是被派去探索新世界的,却发掘了一片湮没世界的废墟。

像圣埃克苏佩里在《巴黎晚报》上发表的大多数文章一样,这篇写与格扎维埃小姐共度夜晚的文章也反响热烈。回到巴黎之后,他更难摆脱那些令他分心之事了:他成了一位很抢手的记者,薪水租得起一套舒舒服服的房子。那时他也是一位非常成功的编剧;在苏联之旅前后,他把剧本卖给了雷蒙·贝尔纳,法国小说家特里斯坦·贝尔纳的儿子。埃斯科说他一气呵成,没用几天;终稿打字完成时,圣埃克苏佩里身在莫斯科。《安妮-玛丽》是圣埃克苏佩里到目前为止最为轻浮的文学作品。主人公是一位漂亮的二十岁工程师,她被一群形影不离的飞行员收养,他们也教她飞行。这群飞行员出于父爱,也出于私心,竭力阻止她恋爱,而银幕上她的恋人是一位乐天的发明家。

剧本的语气轻浮,但它的主题非常熟悉。演奏巴赫作品的发明家在自家阳台上建了一座玫瑰花园,夜里冷了,他就轻柔地把玫瑰搬进房间;在剧本(不是电影)中,他父亲是一位富有的玫瑰培育者。这群飞行员——不需要姓名,他们的称呼是“农民”、“侦探”、“思想家”、“爱人”和“拳击手”——完全为男人之间的友情而活。他们找到了充分的理由,要把安妮-玛丽留在身边:“他们的生活十分艰苦。夜晚、风暴过后,他们有权重新看到平静的花园,重拾童年的游戏……他们没有玫瑰花

从,没有星星,没有音乐来抚慰疲惫的身体和恐惧的心灵。”他们需要受 246
他们保护的女孩;她可以成为一名飞行员,但是仍旧被锁在他们爱的高塔里,永远做他们纯洁忠诚的小女孩——这一点尤其重要。他们明白女孩是多愁善感的,所以他们想夺得她的心,便安排“思想家”匿名给她写情书。在安妮-玛丽夜航时飞机失去平衡,发明家机智地拯救了她,“思想家”献出了生命,悲剧之后,安妮-玛丽对“思想家”的深情得以显露,最终爱获得了胜利。

电影不如剧本精彩,虽然安娜贝拉——她很快会成为蒂龙·鲍尔的夫人,也成为圣埃克苏佩里在美国的好朋友——将女主角演得沉静自若,虽然发明家拯救安妮-玛丽的行动惊心动魄——他带着五位朋友去了发电厂,用昂古莱姆整座城市的灯光向失联的飞机发送莫尔斯密电码。电影在1936年上映,并没有打破什么票房纪录。格雷厄姆·格林当年评价了电影,他并不是唯一觉得它没有主题并且十分愚蠢的人。还有人说,这部电影和《宝林历险记》十分相似。不管怎么说,男人、冒险的世界与玫瑰、音乐的世界是存在冲突的,强行赋予它们一个美好的结局是行不通的。

很可能,《安妮-玛丽》并不是1930年夏天圣埃克苏佩里在南美洲写的剧本。几乎可以肯定,那个项目最后成了恐怖剧《伊戈尔》,圣埃克苏佩里给它写了好几个版本。《伊戈尔》从来没被拍成电影,它记录了一个政治煽动者登上法国轮船从里约热内卢的码头到欧洲的航行。这个故事充满了讽刺意味。在一个版本中,这个有名的罪犯使唤着船上的几名乘客,整船的人都很傻,因为他们本该看了通缉令就认出罪犯来。在另一个版本中,他在过境的时候被逮捕了。在最后一幕,我们会发现,我们一直追错了人。有人看见伊戈尔已经回去工作了,正兴致勃勃地遥控煽动革命。后来,圣埃克苏佩里把伊戈尔这个角色拆散了,将很多元素用到了给雷蒙·贝尔纳写的第二个剧本中。索尼娅这个名字来自一位西班牙舞者,她的慷慨拥抱将疾病传遍了整艘船。本质上,她的故事是伊戈尔的故事转化成了激动人心的英雄的故事。一群飞行员从整个大陆上收集血清运到波尔多港,他们在关键时刻到达,拯救了船上被隔离的五千名染病乘客。(药品的快速运送是电影《夜航》的情节支撑点;但现实中并没有银幕上那么急迫。)1935 年,圣埃克苏佩里也
247 考虑把《南方邮航》改编成电影,次年他便投入这项工作。他视这些项目为付房租的手段,而不是未来的事业;他在留心等待其他机会。雷诺公司已经把圣埃克苏佩里的名字列在了顾客名单上,在 4 月 29 日之后,雷诺公司会交付一批飞机。

如果每个人都梦想飞行,那么每位飞行员的梦想都是拥有一架自己的飞机。当年春天,多拉忙着和贝波·德·马西米组建一条雄心勃勃但又短命的国内航线。7 月,蓝航建立,六条航线组成网络,它以夜航保证在次日将邮件送达网络上的任何地方,邮资是三法郎。这个想法在政界并不受欢迎——蓝航的利益和法航的利益并不总是一致的——但圣埃克苏佩里毫不犹豫地表示了支持;多拉赞扬圣埃克苏佩里在报纸上写了很多未署名的文章来为蓝航辩护。多拉将雷诺算作了新公司的投资人,这家新公司得到了政府的支持,但是没有得到政府的任何资助。公司用的是雷诺制造的高德隆-西蒙,这是一种一百八十马力的新型飞机,速度很快,具有 1940 年代汽车的优美曲线。高德隆-西蒙是首个采用变距螺旋桨的法国机型——现在这是几乎所有螺旋桨飞机的标准特征——因而重量轻、效率高。这一机型也配有其他现代化的便利设施(比如机轮刹车系统),可以在能见度极低的情况下飞行。很快,它就创下了 1935 年的大多数飞行纪录。

不知道出于什么原因,圣埃克苏佩里没有进入蓝航公司。可能是因为他对在法国上空做日常的夜航不感兴趣,也可能是因为没有人聘请他。他确实经常在布尔歇机场出现,与多拉在一起,随意地发表意

见，几乎可以肯定的是，多拉帮助他弄到了一架飞机。很可能，多拉帮助圣埃克苏佩里以蓝航公司的折扣价买到了一架西蒙。更可能的是，在多拉的建议下，高德隆的董事亨利·佩尔卡夫出于宣传目的将飞机送给了圣埃克苏佩里。还有一种不太可能的情况，圣埃克苏佩里以自己为《巴黎晚报》撰文和发表《安妮-玛丽》的收入购买了西蒙，他靠着政府补贴，以九万六千法郎买下了价格为十二万八千法郎的飞机。几乎可以肯定，他初夏就拥有了这架飞机，当时他刚从莫斯科回来，并参加完为期两周的空军预备役军官训练。他以“安托万”（Antoine）的前两个字母和“圣埃克苏佩里”（Saint-Exupéry）的后两个字母，将飞机命名为西蒙F-ANRY。他立即带着一份孩子气的骄傲，向朋友们介绍自己的新宝贝。这是他到那时为止驾驶过的最灵活的飞机，他有点骄傲。 248
在一场惊心动魄的演示之后，他抱歉地对朋友莱昂·沃斯说：“我想让你眩晕。”

直到圣埃克苏佩里在拉泰科埃尔公司的老同事让-马里·孔蒂给他想出一个办法，他才把飞机开出了法国。这位同事七年前在卡萨布兰卡获得了《南方邮航》的观众耐力奖。孔蒂是一位精瘦但充满活力的工程师，他智力超群，对神秘事物有着强烈爱好。孔蒂和圣埃克苏佩里背景相似。他父亲是一位外交高官，他比圣埃克苏佩里小四岁，也毕业于波舒哀中学。他后来到巴黎综合理工读书，1927年加入拉泰科埃尔。他年轻时就认识路易丝·德·维尔莫兰，他认出《南方邮航》中的热纳维耶芙就是路易丝。正是他向圣埃克苏佩里透露了在莫斯科的法国女家庭教师的情况，在1934年的巴士底日庆祝活动上，他曾看到她们偷偷把开胃小菜装进袋子里。孔蒂知道圣埃克苏佩里迫不及待地想把飞机开出法国，有一天，他无意中说服了一位从埃及来的朋友帮忙。这位朋友在里昂车站登上火车时邀请他“来埃及看我”。孔蒂回答：“如果你能保证我们可以在那里做演讲，我就会和圣埃克苏佩里开着他的西蒙飞机过去。”回到开罗几天后，这位朋友发来电报说，她已经安排了五场演讲。孔蒂随后向法航提议，解释说巡回演讲能充分发挥圣埃克苏佩里的作用，这份钱值得花。11 月，他们聘请了蓝航的机械师安德烈·普雷沃——他会同圣埃克苏佩里展开一段精彩的职业生涯——三人乘着西蒙开始了长达七千英里的地中海东部之旅。

三人从巴黎向南飞到卡萨布兰卡，然后向东，途经阿尔及尔和突尼斯，到达的黎波里、班加西和开罗。圣埃克苏佩里是驾驶员，孔蒂是领航员。这并不困难。孔蒂描述飞机上的对话是这样的。圣埃克苏佩里说：“你看到地面了吗？”孔蒂说：“是的，我看到地面了。”安排开支更不容易。三人把赚来的每一分钱都花在了路上，降落时总是口袋里空空如也；虽然他们赢得了赞扬，但益处有名无实。在开罗，孔蒂和圣埃克苏佩里去看了一座最近挖掘好的坟墓。圣埃克苏佩里饱受支气管炎折磨，在突尼斯时他就犯病了。孔蒂不得不用当时的水蛭疗法来医治他。一天晚上，孔蒂把水蛭放到圣埃克苏佩里宽阔的后背上，病人很配合，一直趴在枕头上说话。圣埃克苏佩里嘴被枕头捂着，闷声闷气，但孔蒂正是这样听到了圣埃克苏佩里惊险的故事，还有巴塔哥尼亚的飓风。
249 三人继续上路，先到大马士革，再到贝鲁特，他们 14 日在这里发表了演讲。叙利亚和黎巴嫩的高级专员在他们的演讲上做了报告。孔蒂——本打算谈一谈法航的网络、历史和前景——收到的反响很一般，外交官认为他的演讲冗长又含糊。“至于圣埃克苏佩里先生，他的演讲没有一点虚饰的成分，语言平实，用词恰当，很明显他下了功夫准备，他成功讲出了一名航空公司飞行员的心理。”听众们都为他出色的演讲鼓掌，尽管演讲过程中他咳嗽了几声，声音有些沙哑；被迫当众演讲时，圣埃克苏佩里通常会浑身僵硬。然而，外交官依然觉得这些愉快的时光不值花的钱，因为听完演讲的人对法航也没有什么特别的认识。他的这种反应很有代表性。实际上，除了圣埃克苏佩里的演讲和梅尔莫兹那些年创造的纪录,法国已经对航空丧失大部分热情。

在土耳其边境,他们遭遇了一点麻烦。圣埃克苏佩里先是被一位农夫当成了布尔什维克,后来又被一位法国领事当成了土耳其人。不过随后三人继续前行,先是到了伊斯坦布尔,22日又到了雅典。一天下午,圣埃克苏佩里和孔蒂同一个希腊熟人在海港边的一家餐厅吃午饭。(普雷沃一般没有两位演讲者那么受欢迎,他没来吃午饭。)结账时出了点问题;希腊人坚持说他一定能解决,因为他坚信账单出错了。果然,开胃菜当中有三十六只牡蛎,有些还被塞到了甜点里,然而他们并没有点牡蛎。他们叫来餐厅经理,经理承认了错误。“是的,先生们,确实出错了。”他承认道,“但是请你们原谅我们,现在做生意太难了。”圣埃克苏佩里喜欢他充满人情味的解释。孔蒂付了钱,牡蛎的钱免了。

孔蒂独自先回巴黎,因为他有工作要做。朋友记得,当时圣埃克苏佩里立刻就叫龚苏萝过来,因为他没办法一个人走下去。孔蒂离开后,龚苏萝来了。25日,她和丈夫还有普雷沃一起,乘坐西蒙回到了巴黎。这次回家之旅他们并不开心,一部分原因在于已经没有地方可以称为家了。

*

1935年冬天,有一段时间龚苏萝住在蒙塔朗贝尔街的皇家桥酒店里。丈夫并没有立即搬去那里;他继续住在沙纳莱莱街,在那里,他不 250
得不时刻躲避房东。渐渐地,这对夫妇开始分道扬镳。沙纳莱莱街那套位于二楼的公寓很小——沃斯说那套公寓小到能被花园里的树枝遮蔽——龚苏萝偏偏又爱把朋友们带到家里来,到处都是雕塑材料,到处都乱糟糟的。中产阶级安逸舒适的生活,还有他的妻子不可避免地使圣埃克苏佩里感到压抑,妻子就像海明威在《乞力马扎罗的雪》里描写的那种妻子一样,是“他才华的好心照料者和摧毁者”。几年之后,圣埃克苏佩里写了一篇祈祷文给他妻子,这篇祈祷文她每晚必念。有一部分是这样写的:“亲爱的主,请保守我的丈夫。他非常爱我,没有他,我就是一个孤儿。但是,亲爱的主,请务必让他先于我离世,因为他虽然看起来很坚强,但要是听不见我在房间里走动,就会无比痛苦。亲爱的主,千万别让他受这份苦。请务必让我在这房子里发出声响,就算我必须时不时打碎点什么也行。”

祷告得到了应允,但圣埃克苏佩里经历了并不想要的艰辛考验。事实证明,与其说妻子反复无常,倒不如说她完全不可靠:她会在最不合适的时候忽然故意消失,令人惊愕不已。马德莱娜·瓜索是一位画家,1934 年 2 月动乱当天深夜,她在韦伯咖啡馆遇到龚苏萝,两人交换了地址,其间不断有伤者被推进来。此后几年里,两人经常见面。她是龚苏萝的非正式监护人。圣埃克苏佩里知道,如果妻子是和马德莱娜·瓜索一起出去的,她一定会回来,否则就别指望她回来了。龚苏萝让丈夫看起来成了守时的人;有一回,她本应和丈夫参加一场官方宴会,却没有出现,只发来一封电报。电报是从瑞士发来的:“你能听见你迷途小羊的铃铛声吗?她现在在阿尔卑斯山。请快点来救她。”丈夫承认这份爱令他困扰,面对龚苏萝他总是不知如何是好。然而,在 1940 年代他写给情人的一封信里,他自称一位好牧人。龚苏萝给了他大量练习。龚苏萝对很多人展示出她的特立独行,她时而单纯,时而带有攻击性,讲述的故事令人震惊;她在众人面前披露丈夫生活习惯的细节。她说谎成性,以至于传染了其他人。甚至加斯东·伽利玛也受到了影响,他可以滔滔不绝地谈论龚苏萝的古怪行为。

虽然龚苏萝心里很清楚,圣埃克苏佩里一家都认为圣埃克苏佩里是疯了才会娶她,但是圣埃克苏佩里夫人毫不犹豫地接受她走进这个家。对这件事,圣埃克苏佩里夫人表现出了耐心与大度。但是西蒙娜·

德·圣埃克苏佩里也许就没那么好了,从她 1943 年写的一篇短篇小说中可以略窥一斑。《朝圣》(“Pèlerinages”)里充满被施了魔法的房子和 251
一柜子一柜子雪白的亚麻织物。故事中,年轻男子带着他生于异国的妻子从西贡回到法国。此前,朋友们都劝告他不要和这个女人结婚:“她是一个难缠的小女人,会令你筋疲力尽,她每晚都得跳舞,否则就会觉得生活乏味。”他不理会朋友们的建议,迫不及待地把德尼斯带到法国乡下,到以前的女管家破败不堪的家里去,他们晚上住在那儿。(他家的房子卖掉了,居住者分散到法国各地。)这里的一切都令德尼斯感到无聊;她本来幻想着去城里疯狂购物、过夜生活,所以她心情糟透了,几乎毫不掩饰自己的傲慢,乱发脾气。在她丈夫离开的片刻,两个女人独处,女管家对德尼斯吐露:“他一直轻率又鲁莽,我们得时刻替他操心!幸运的是,现在你来了,你要照看好他,让他别再去冒险了。他需要一位贤惠的女人帮他把衣橱整理得井井有条,因为他生性不够整洁,总是想得太多。你必须帮他打理好家。”德尼斯听后只是大笑,而女管家则继续吹嘘她负责整理他儿时房间里四个衣橱的光荣事迹。在故事的最后,女管家得出结论:这位新娘子是个自私的悍妇,她会使丈夫苦不堪言。

圣埃克苏佩里的婚姻状况尽人皆知。这对夫妇会打断对方的话,刻意讽刺对方,“像两个小孩戏弄对方一样”闹离婚。龚苏萝和圣埃克苏佩里不一样,她不反感自己被人谈论;她为大家提供了足够的谈资。圣埃克苏佩里 1940 年代给她的信读起来像长篇的恳求,求她晚上按时回家,求她不要成为人们的话题。圣埃克苏佩里极少谈及自己的情事,但其他人总是愿意替他谈一谈。1935 年,米歇尔·乔治-米歇尔出版了一本很无礼的小说《龚苏萝之吻》,不加掩饰地描绘了一段失败的婚姻。龚苏萝·德·奥特布里夫控制欲强、性格暴躁、爱勾引男人,她的样貌很容易使人联想起她的同名者;她的丈夫在小说前半段被派到非洲做图卢兹至卡萨布兰卡航线的飞行员，他是一个粗野、愚蠢、幼稚的男人，一个高大笨拙、被妻子戴了绿帽子的傻瓜。面对妻子在他离开期间行为不检点的证据，他说一个爱人不应该因为从事“男人的职业”而受到指责。妻子则说：“从你决定每天冒着生命危险往返运送账单和店主的记录那一刻开始，你就知道，你的妻子整天都是一个人……性嫉妒是最荒谬的自私。你不在的时候，难道还不允许你妻子吃饭睡觉吗？”

252 圣埃克苏佩里极为敏感，又极为重视隐私，他肯定不愿意被拿来这么讨论。* 到1930年代末，圣埃克苏佩里对遭受人身攻击已经习以为常了，但任何不友善的言行依然会令他痛苦。对报纸上一份关于活体解剖的调查，他回应道，如果成百上千条狗死去能救一个孩子的命，狗的牺牲就是值得的。来信如雪崩，他对佩利西耶诉苦：“最初有三封、四封、五封的时候，你会耸耸肩，不以为然。但是，你每天打开邮箱都有充满恶意的信，那些累积的指责会令你非常痛苦。”他在《巴黎晚报》上对波兰工人的描写为他又招来二百封辱骂信，他同样很受伤。不仅龚苏萝的行为让他痛苦，路易丝·德·维尔莫兰私通也令他伤心，虽然——尽管他尽力了——他依然没有任何权利要求她忠诚，虽然这份在意令他变得小气，而他一贯讨厌小气。“把关注点放到战术上，你就感受不到别人的重击了。”他在《空军飞行员》里这样写道。但是1930年代，他承受着每一拳重击，似乎应战有失身份，不值得他取出盔甲。

在世界平静得令人不安时，圣埃克苏佩里需要喧闹的家庭生活。如今世界一片混乱，他身无分文、没有目标、遭受攻击，深受他所谓的纷争影响，他需要的是躲避风暴的庇护所。1929年，他第一次遇见B夫人，她将在圣埃克苏佩里生活中扮演庇护所的角色。那时，圣埃克苏佩

---

* “丈夫会挨家挨户对邻居们嚷嚷，他的妻子是个荡妇吗？他这样能挽回自己的名声吗？不能，因为妻子是他的家人。不能，因为他不能通过责骂她来维护自己的清白。他要回家，到家里发泄他的怒气。”他在《空军飞行员》中写道。

里重拾初心,回到纸页之间。他拿的是《南方邮航》的校稿,选择这一文
本很讽刺,因为他们是在路易丝·德·维尔莫兰家相遇的。新相识朗
读时,圣埃克苏佩里站在那里,像个不好意思的男孩。B夫人两年前结
婚了,而圣埃克苏佩里刚从朱比角回来。几年后,这位新朋友从伊冯
娜·德·莱斯特朗热那里得知圣埃克苏佩里手头紧张后,给他寄去一
张支票,他又一次不好意思了。虽然圣埃克苏佩里保证,真的缺钱时会
说的,但他没有兑现这张支票。1934年,他放下骄傲,因为龚苏萝又遭
遇了一场车祸,圣埃克苏佩里需要立即去第戎找她。B夫人带着车资
和便当到车站与他相见;两人在傍晚时分一同南行。到了第戎,他去找
妻子;他的恩主则坐下一趟车回巴黎。从此刻开始,B夫人对自己的婚 253
姻产生了悔意——她嫁进了一个显赫、富有的天主教贵族之家。

B夫人一生都努力地从圣埃克苏佩里的故事中抹去自己的痕迹,却投下了越来越长的影子,她的努力包括以笔名皮埃尔·谢弗里耶为朋友写了一本传记。在接下来十年里,B夫人在不同程度上成为圣埃克苏佩里生命里一股强大的力量。多年来,B夫人一直被称为他"温柔的女顾问"、"给他至关重要的'空间'和'引导'"的人、圣埃克苏佩里的"守护天使"、"首都文学和社交生活中迷人又智慧的名人",或者简单地被称为"金发女郎"。这些描述都很贴切,B夫人动人心魄,金发长腿,极具贵族气质。她深爱着圣埃克苏佩里。对于贬损她的人来说,她是一个悍妇;对于欣赏她的人来说,她精明又机敏,想做的事都能做到。她是埃德蒙·威尔逊第四任妻子埃琳娜的儿时好友;几年之后,威尔逊的女儿认为,两人之间可能存在"某种女孩间的竞争,比拼谁能得到最著名作家的青睐"。在《接近魔术师》(*Near the Magician*)一书中,罗莎琳德·贝克·威尔逊回忆道,父亲有一个理论,认为"男人的妻子总会有一个男人不喜欢的金发朋友"。对埃琳娜来说,"确实如此"。(威尔逊这么说可能是因为,这个法国女人曾提醒埃琳娜她嫁了一个粗俗的

男人。)B 夫人读过艺术院校;她画画,写小说;说一口纯正的英语;精通文学,社会关系极其广泛,与龚苏萝的野蛮不同,她举止文雅,与龚苏萝惊人的天真不同,她精通世故。B 夫人还有一点与龚苏萝不同,那就是她上得厅堂,这对圣埃克苏佩里来说非常重要,因为他知道,妻子并不总是能与他的机械师和乐地共进晚餐。婚姻让龚苏萝和 B 夫人都成了伯爵夫人;但一位只拥有头衔,另一位则切实地扮演着这个角色。总之,就像热特吕德·斯坦的姐妹打趣说的那样,美国妻子在危机中会挺身而出,而法国妻子会留心不让危机发生。B 夫人就是这样的法国女人。

龚苏萝自然与这样的法国妻子不沾边,她眼睁睁看着危机发生。虽然龚苏萝制造了很多麻烦,但圣埃克苏佩里依然爱她:一个脆弱又任性的女人正是每一位骑士存在的意义。(几年之后,一个曾得到龚苏萝魅力恩泽的男人说,龚苏萝让他觉得自己是她的佐罗。)在法国,有很多种相爱的方式,有时候很有必要明确地说两人“相爱”,圣埃克苏佩
254 里——有很多机会这样做——无法真正想象没有龚苏萝的生活是什么样。他无法和龚苏萝住在一起;但不在一起时又很苦恼,于是给他龚苏萝写信,他的美国经纪人形容它们为“热烈的信”。他多次说龚苏萝非常需要他的保护;龚苏萝也给了他很多机会这么做。他需要发挥责任感,但是不知怎么回事——可能是在寒夜里坐在潮湿的驾驶舱里时——他意识到这么做竟然很痛苦。他被脆弱而性情坏的人,至少是女人吸引,但他常常需要一个女人给他慈母的关怀。B 夫人就是这个女人,照顾他,给他提建议,帮他解决问题,这些 B 夫人都做得非常好。而桀骜不驯的龚苏萝则被圣埃克苏佩里称为他的“女巫”,用夸张的、真假参半的故事令他心绪不宁。

圣埃克苏佩里始终在这两个女人之间摇摆。一位亲戚这么说:“一个女人令他失衡,另一个女人则将他扶稳。”圣埃克苏佩里的这种情况

并不是很特殊——人们可能会说这种事在巴黎并不少见——他们的关系这么引人注目，主要是因为龚苏萝爱出风头，而 B 夫人姿态颇高。圣埃克苏佩里虽从未遇到过 1935 年末的情形，但他还能应付过来；然而，它还是在国内引发了热议，圣埃克苏佩里最不愿看到这种局面。这足以让一个男人——特别是一个一文不名、疲惫不堪、向来不喜欢考虑未来的男人——想逃避现实。 255

第十二章　飞机坠落！飞机坠落！

1935—1937

任何傻瓜都能找到路，但只有诗人才知道该如何迷路。

——斯图尔特·吉尔伯特

安德烈·马尔罗，这个不会驾驶飞机的人曾说："飞行将男人们联合起来，就像生孩子将女人们联合起来一样。"1935年末，圣埃克苏佩里的飞行同伴们聚在一起——其中一些人还没搞清楚究竟发生了什么——给意志消沉的圣埃克苏佩里打气。梅尔莫兹最初和勒内·达韦将军一起处理他这位心烦意乱的朋友的情况，后来一位几年前与圣埃克苏佩里相识的空军高官也参与进来。梅尔莫兹告诫其他人，无论如何也不要借钱给圣埃克苏佩里，他自己就曾借给圣埃克苏佩里不少钱；那么还有什么办法能帮助一个穷困潦倒的人呢？他们想到了长途飞行这个主意。当时，法国航空部宣布，在12月31日之前完成两项破纪录飞行之一就可以得到奖金：巴黎到西贡可得十五万法郎（约合1994年的八万美元），巴黎到塔那那利佛（马达加斯加）可得五十万法郎。这种长途飞行的首选机型是西蒙；从巴黎到西贡的路线圣埃克苏佩里也知道。这似乎都是最好的安排，圣埃克苏佩里很容易夺得头奖。

不过,圣埃克苏佩里的西蒙并不是为这种飞行装备的,而且他要到11月末才能回到巴黎。不仅如此,还有人援引了他说过的一段话,几年前他被问及邮政飞行员的生活是否很单调乏味的时候,他回答道,长途飞行是天底下最无聊的事情。长途飞行并非必要,只有在飞行员认为时机合适且方便的时候,才会进行;邮政飞行具有现实的紧迫性,这倒赋予了它特色。尽管如此,圣埃克苏佩里还是欣然接受了梅尔莫兹的建议,并且开始兴奋地讨论起这次巴黎到西贡的飞行。他决定放手一 256
搏。到12月中旬,他的任务变得明晰起来:他要打破安德烈·雅皮12月16日创下的纪录,即以九十八小时五十二分钟从巴黎飞至西贡——因此上了头版头条,雅皮的西蒙马力不如圣埃克苏佩里的大。圣埃克苏佩里的飞机发动机有一百八十马力,他认为自己可以轻而易举地飞出比雅皮快二十小时的成绩。

梅尔莫兹认为,一次长途飞行需要准备一两年;雅皮在从巴黎飞至西贡之前,经过了一系列试飞——到奥斯陆、奥兰和突尼斯的往返飞行;林德伯格在1927年飞越大西洋之前,花好几周列出了一份紧急救援设备清单。而此时距12月31日只有两周了,圣埃克苏佩里的准备工作做得十分随意。这段时间,他一直追着龚苏萝满巴黎跑,因为他的飞行计划令龚苏萝非常不高兴。启程之前三天,圣埃克苏佩里待在皇家桥酒店,这三天“都在开茶话会和喜歌剧”。多拉和蓝航的机械师们正在对圣埃克苏佩里的西蒙飞机进行飞行前的大检修。安德烈·普雷沃自愿提出这次要和圣埃克苏佩里一起飞行,之后几年,普雷沃就像圣埃克苏佩里的桑丘·潘沙一样。圣埃克苏佩里在空中邮政的同事让·卢卡替他校正了指南针的读数,准备好了地图,而此时圣埃克苏佩里正在皇家桥酒店房间的另一边和妻子没完没了地争吵。后来,他抽时间去参加了全体例会,向达韦汇报——会后他经常会拿到一盒好彩香烟,这是达韦唯一敢借给他的东西——总的来说,这次长途飞行是由朋友们提出并筹备的,但其中有些人,比如梅尔莫兹,最后觉得圣埃克苏佩里心思不在此,破不了纪录。圣埃克苏佩里做了两个关键决定：第一,不带无线电,以便能多带些燃料;第二,联系《巴黎晚报》的竞争对手《不妥协者》的主编勒内·德朗热,把活动报道权卖给他,以此为这趟飞行募集资金。

1935 年 12 月 28 日,周六,圣埃克苏佩里决定第二天一早就出发,他没时间再拖延了。这天,卢卡陪着他来到布尔歇机场的气象站,他在这里听到了一个好坏参半的预报。当晚,圣埃克苏佩里和龚苏萝与雷蒙·贝尔纳夫妇一起在蒙马特区的一家小餐馆共进晚餐;餐后,他们到克里希广场的集市闲逛。几分钟后,飞行员突然和大家打声招呼,转身去找一位算命师。过了一会儿,他回来了,明显大受打击;那女人预言他有灾。至于那女人具体说了什么,圣埃克苏佩里不愿透露,他带着大家来到一家还在营业的杂货店。他想买些提神的东西,免得飞行的时候打瞌睡。第二天清晨 4 点,卢卡来叫圣埃克苏佩里起床,他几乎没有
257 休息,因为龚苏萝又不见了,他下半夜找遍了蒙马特区各家俱乐部。尽管达韦和梅尔莫兹建议,他以最好的身体状态迎接接下来三天的飞行,但是到离开那天早上,他已经四十八小时几乎没合眼了。塞戈涅开车载他去布尔歇机场,多拉、卢卡以及沃斯夫妇将在那里为他送行。途中绕了两次路,第一次是去杂货店买暖水瓶,第二次是找了一家当天恰好在营业的小餐馆,往暖水瓶里装满咖啡带上飞机,这咖啡是起身前就应该准备好的。12 月 29 日,周日,上午 7:01,圣埃克苏佩里和普雷沃起飞了。《费加罗报》报道了他们起飞的新闻,头版标题称,圣埃克苏佩里在参加一场"飞行比赛"。

30 日凌晨 2:45,圣埃克苏佩里隔着厚厚的积云寻找开罗的灯光,却以每小时一百七十英里的速度撞上了利比亚沙漠中的沙丘。这之前他一直在盲飞,错以为飞机是顺风的。开始降落的时候,他以为自己已经

飞越了尼罗河;可到最后,他糊涂了,不知道自己离利比亚还是离西奈半岛更近。事实上,飞机是逆风的,他此时还在埃及首都以西一百二十五英里的地方。这种失误只有靠无线电来纠正:他不知道飞机的位置,也不知道气压,因此飞机上的仪器派不上用场。好在飞机触地之处是一片鹅卵石,它们像滚珠一样起到了缓冲作用,使得飞机沿着地面滑行了一段,不过前起落架还是撞断了。最后,飞机滑行到一片平缓的沙地上,猛然停住了,飞机里的东西从窗户飞出去,落在一百五十英尺开外的地方。圣埃克苏佩里和普雷沃估计飞机会爆炸,立马冲出机舱。他们并肩站在黑暗中,不敢相信自己还活着。普雷沃只是抱怨跳出机舱时伤了膝盖,他写道:"我敢保证,那架西蒙随时都会在我眼前翻倒,从机头到机身裂为两半。"这似乎已经不重要了,因为离西贡还有三分之一的路程,但圣埃克苏佩里已经比雅皮快了两个小时。

"我们的处境不太理想。"圣埃克苏佩里后来在官方报告中承认。两人不知自己身在何地,只能在驾驶舱里熬到天亮,毫无疑问他们清点了储备食品,包括一壶加了很多糖的咖啡、一些巧克力和一些饼干。*天亮之后,他们开始向北走,走了大约三十英里,所见只有茫茫沙漠。第二天,他们往西走,因为圣埃克苏佩里确信开罗就在那边。然而,他 258
突然有一种"隐约的预感",便停下来。理性告诉他开罗在西边,双脚却要带他往东边走。后来他意识到,自己有这种感觉肯定是因为想起了走出安第斯山脉的吉约梅,"不知为何,东方才是我求生的方向"。事实上,往西走通向死亡;飞行员的直觉又一次救了他。几年后,有人问普雷沃,为什么他在沙漠中心甘情愿跟着圣埃克苏佩里走。"哦,那是因为,"机械师用手指摸了摸鼻子说,"圣埃克苏佩里总是知道哪条路是对的!"然而,第二天他们白费了功夫,两人度过了一个口干舌燥的新年前

---

* 圣埃克苏佩里在事故之后是这样对记者说的。但是后来在《风沙星辰》中,这些食品变成了白葡萄酒、橘子和葡萄。

夜。圣埃克苏佩里面前总浮现着龚苏萝，她从帽檐下抬眼望着自己，“像是求救的呼喊，像是下沉之船上的闪光”。（一向刚毅的普雷沃也有相同的感受。第二天，他哭了。圣埃克苏佩里试着安慰他，他问圣埃克苏佩里：“你觉得我是在为自己而哭吗？”）跟吉约梅一样，圣埃克苏佩里为自己想到妻子而羞愧。不过，若在这种生死关头想到的是保险赔偿金，那也太实际了吧。刚一获救，他就写信给母亲说，他之所以拼命要活下来，就是因为他知道龚苏萝需要他；他要为这份责任拼尽全力。

到了第三天，两人口渴难耐、心灰意冷，最后甚至神志不清。他们看不到任何救援飞机，开始向东北方向走，一直走到再也走不动了。他们随身带着降落伞，希望能用它收集晨露。也许因为又想起了吉约梅，圣埃克苏佩里在机身的一侧写下告别的话。另一侧留给了普雷沃，普雷沃的留言简洁明了：“我请求妻子原谅我对她造成的一切伤害。”两人在沙子上踏出了几个三十英尺长的字：“我们往东北方向走了。SOS。”

1月1日，巴黎报纸小贩的叫卖声提醒着这座城市的人们，圣埃克苏佩里失踪了，此时，皇家桥酒店已经有一小群人聚集到龚苏萝身边了。这里设立起指挥中心，酒店的电话接线员因此十分恼火。在接下来的几小时里，接线员快忙疯了。酒店大厅里总有八到十位圣埃克苏佩里的亲戚朋友；圣埃克苏佩里夫人第一个赶到儿媳身边来安慰她；马德莱娜·瓜索来了，塞戈涅夫妇请她在这里陪身心俱疲的龚苏萝同住；伊冯娜·德·莱斯特朗热、沃斯、伽利玛、多拉、克塞尔、弗勒里、卢卡、法尔格、让松，还有许多朋友都来守夜祈祷，他们之中很多人是第一次见面。大批新闻记者驻守在酒店里；咖啡店服务员、宾馆的行李搬运工
259 以及路人都来郑重其事地打听圣埃克苏佩里的消息。几乎所有这几年与圣埃克苏佩里在一张桌上喝过咖啡的人都到场了。朋友们给这些人分了工，轮流值守。卢卡担任官方联络人，和法航联系；塞戈涅负责与

奥赛码头周旋,他认为他们在寻找圣埃克苏佩里这件事上既不上心,也不愿与他们配合。塞戈涅还拜访了当时的法国外交部长皮埃尔·赖伐尔——刚好那时他也是总理——请求政府多关注救援圣埃克苏佩里一事。不时有飞机被派到沙漠中一遍遍搜寻,有从伊拉克出发的英国皇家空军飞机、从大马士革出发的法国飞机,还有意大利飞机和埃及飞机。然而,一向占据大众视野、制造轰动的圣埃克苏佩里消失得无影无踪。茫茫沙漠中,几乎无法看到两个行走的身影,而且没有人确切知道应该从哪里开始寻找。大多数人认为,两个法国人已经被风带到北边的巴勒斯坦了。

没有人比多拉受的打击更大。他曾经怀疑圣埃克苏佩里能否完成这次长途飞行,但他还是做了很多准备来确保他能成功。不过,玩等待游戏,他比其他人更有经验,他很好地隐藏了自己的担忧。在皇家桥酒店大厅里,一个年轻女人悄悄走到多拉身边,瞪大眼睛问他,能找到圣埃克苏佩里吗。“啊,圣埃克苏佩里,他现在遇到大麻烦了,不过一般来说,最后他总能摆脱麻烦。”多拉回应道。弗勒里打电话问他同样的问题,他还是很乐观,但是这次回答得更文雅:“别担心,他身经百战。他一定能脱险。我只见过他被小事和蠢事打垮。”此时,龚苏萝意识到,现在她比任何时候都更适合当一名飞行员的妻子,一位知名飞行员的“准”遗孀。她完全有理由表现得情绪化,她不知所措,至少看上去如此。圣埃克苏佩里的一位编辑记得,龚苏萝公开拒绝进食,私下却大口地吃一盘藏在毯子下的德国泡菜。她还夸张地说,既然丈夫离去了,她愿意“守寡”,这令他的一些朋友不快。圣埃克苏佩里离开后第二天,龚苏萝坐在咖啡馆里,面前摊开着地图,紧张地和邻桌讨论她丈夫的长途飞行,而她已经确保这个人碰巧是《费加罗报》的记者。她经常去一座小教堂——圣母得胜圣殿,声称自己通过祷告得知,她丈夫已经找到了。1 月 2 日,周四,有名的通灵师吕斯·维迪夫人做了预测,这增强了龚苏萝的信心。吕斯·维迪夫人手拿圣埃克苏佩里的外套，发誓说飞行员为一支穿越沙漠的商队所救，活得好好的。龚苏萝听到这个消息
260 当场晕过去，后来没拿外套就离开了通灵师家。利普餐厅的老板描绘了那周龚苏萝进店时令人难忘的场景："她由两位朋友搀着，满脸泪痕，她成了悲伤的化身。随后，她静静地坐下来，等着别人来安慰。"在阿盖，加布丽埃勒和她的家人以另一种方式守夜，他们不住地祈祷，虽心知平安归来是奇迹，但仍忍不住奢望。

圣埃克苏佩里的不幸遭遇能令图书大卖，现在报纸已经因此销售火爆。圣埃克苏佩里启程时就登上了头版，当时所有长途飞行和其他航空新闻都是大众报纸头版的热门。巴黎至西贡、巴黎至塔那那利佛长途飞行的新闻时常登上头版；《巴黎晚报》在圣诞周推出一个系列，"查尔斯·林德伯格光辉而戏剧性的一生"。如果说破纪录的飞行能增加报纸销量，那么飞行员失踪的新闻就更不用说了；1 日，有报道称圣埃克苏佩里在班加西东部失踪，此后直到 3 日，因为一点消息都没有，新闻报道量反而剧增。报道说得最多的是，人们正在搜救圣埃克苏佩里。最终，2 日深夜，卢卡在皇家桥酒店接到了航空部打来的电话。同时，龚苏萝也接到了电话，是圣埃克苏佩里先生从开罗打来的。大厅里爆发出一阵欢呼。那晚，龚苏萝可能又一次晕倒了；若果真如此，她肯定是先发出了一声刺耳的尖叫，圣埃克苏佩里后来说，那声尖叫永远在他耳畔回响。圣埃克苏佩里跟龚苏萝说，他需要一件换洗衬衫，所有想刷新长途飞行纪录的飞行员，不管成功不成功，着陆时都需要它。一队人从皇家桥酒店走出来，到利普餐厅庆祝了一番，之后又去了位于圣日耳曼大街上的公寓，在那里他们彻夜歌唱，邻居们直到清晨 5 点才能睡着。纪德一直非常担心他的门生圣埃克苏佩里，稍晚他宣告了好消息，整条瓦诺街上的人都醒了。等到时间合适一些，他给皇家桥酒店打电话，但龚苏萝已经休息了。她狂欢了一夜，此时吃了一片安眠药睡下了，她叫

人不要打扰她，只醒来一次接丈夫的第二个电话。另一位圣埃克苏佩里夫人早已起床多时，她身着朴素的黑色长裙，尽力回避一位记者的提问，她希望这位记者一会儿去采访她的儿媳。一大早，她就前前后后为儿子忙碌。

*

对于一个时常肯定地对母亲说“这世界很小”的人来说，路上三天恐怕是相当长的一段时间。圣埃克苏佩里和普雷沃离开巴黎已经七十个小时，他们本应该已经到达西贡；然而，他们却正在穿越利比亚沙漠连绵起伏的沙丘，艰难地向东北方向走。他们有指南针，但是他们完全不知自己身在何处，所以指南针也没什么用。他们的处境没有改观：在 261
寒夜中露宿，清晨醒来时没有收集到一滴露水。他们的心情也没有改观：不时有搜救飞机从头顶飞过，却发现不了他们。第四天，他们像“在茫茫大海中划独木舟”一样，已经筋疲力尽，整整一天只走了六百码。他们口干舌燥，力气耗尽，连情绪都干涸了。几年后，有人问圣埃克苏佩里，当他在面积是法国三倍的沙漠中迷失时，是否感到恐惧。他回答说：“在骄阳下跋涉三天后，你靠的不再是勇气，而是幻觉……你已经没有什么情绪了。情绪需要水分！”他的喉咙黏住了，舌头像熟石膏一般僵硬；他不敢张嘴，怕舌头缩不回来；他眼冒金星，出现了幻觉。然而，周围却开始发生变化，开始出现低矮的植物了。最后，两个人意外发现了人的脚印。“沙漠中某处有一支商队，运送着沉重的珍宝”，这一念头激励着他们继续往前迈步。突然，两人出现了同样的幻觉：一个骑骆驼的贝都因人从沙丘后面出现，身后跟着一支商队。圣埃克苏佩里使出全身的力量，搜罗了脑海中所有的阿拉伯知识，冲到那些人面前，大喊着说：“飞机坠落！飞机坠落！”这些贝都因人理解了他的大意；眼前的两个男人马上就要栽倒了。贝都因人立刻给他们端来一盆清水，圣埃克苏佩里和普雷沃趴在地上，脸扎进水里，“像牛犊一样”拼命地喝。贝都因人扶两名法国人坐上骆驼，把他们带回文明世界。行进了大约九英里之后，飞行员和机械师再也坐不住了，他们太虚弱了。

在二十英里之外的奈特伦洼地，拉科德夫人正打发孩子们上床睡觉，这时两个贝都因人来到她家门口。他们给她丈夫捎来了急件，拉科德先生是埃及盐汽水有限公司的董事。信上写道：

> 您能帮忙垫付三基尼给向导吗？我没有本地货币。我和我的机械师在沙漠中走了五天[原文如此]，滴水未进，我们刚刚终于走到了一片小绿洲。我们正骑骆驼到您家去，但是已经没有力气再骑下去了。您能好心地快快派一辆车或者一艘船来接我们吗？我们的向导会告诉您位置。安托万·德·圣埃克苏佩里。先感谢您。

拉科德夫人糊涂了，她丈夫正在亚历山大。她知道圣埃克苏佩里
262 是谁，也知道上个月他在开罗。他又来了，这说不通；奈特伦洼地有点消息不灵通，她还没有听说这趟长途飞行。（如果她看看纸的背面，就会发现一条线索：上面整齐地列出了中东地区的起降跑道。）这里离水好几英里，这位知名的作家要船做什么呢？她没多想，立刻派了一辆公司的卡车载着向导出发。晚上6点，两名法国人坐着卡车来了。圣埃克苏佩里和普雷沃开始诉说他们的处境，但是他们的话不好听懂：两个人的神经都极度疲劳，说话颠三倒四，他们互相插话，也说不清时间。就在这时，拉科德先生回来了。他手里拿着报纸，上面登着两名飞行员失踪的消息，而他打开门，惊讶地发现他们竟坐在他家的客厅里抽烟。他进屋时听见圣埃克苏佩里对他妻子说：“你没有什么好期待的时候，就

离死不远了。”拉科德提议两名飞行员一会儿再讲,先喝点茶,吃点东西。“对,茶,还有威士忌,”圣埃克苏佩里说,“我们在沙漠里渴得要死。”

晚上8点,拉科德开车送两人去开罗,他请了一位拿了武器的贝都因人护送。这趟旅程像是对过去几天的重现:离金字塔还有四英里的时候,拉科德的车没油了。因此过了很久,他才在距离开罗十五英里的吉萨的一家酒店找到一部电话。他先打给了法国驻开罗大使,但对方并不相信他。皮埃尔·德·维塔斯已经睡下一会儿了;他到办公室接电话的时候,助理提醒他:“别忘了,先生,现在已经过了午夜,而电话是从酒吧打来的。”不过,维塔斯还是同意代表圣埃克苏佩里给航空部打个电话;剩下几通电话似乎是圣埃克苏佩里到了开罗之后才打的。拉科德把两个人放到大陆酒店的台阶前,消失了几分钟,大概是去停车了。这样一来,两位法国人遇到了这趟漫长旅程中最大的困难之一:搞定酒店的门童。门童看了一眼他们褴褛的衣衫、脏乱的胡楂,说酒店不收容乞丐。此时,一队衣着考究、样貌堂堂的参会者恰好路过。原来,开罗正在举办一场国际外科手术会议,二十多个国家的代表——打着白色领带,胸前挂满奖牌——刚刚在医学院参加完宴会,正要到城市的花街柳巷去。此时,歌剧院广场上酒店前的争吵声引起了他们的注意;有两个人被门童拦住,瘫坐在台阶上,像是两个醉汉。“我迷路了,我想 263
要一间房,我是圣埃克斯。”个头大一点的那位一遍遍地重复说。

几分钟后,圣埃克苏佩里不仅住进了房间、洗了澡、喝了威士忌酒,还有一队全世界最优秀的外科医生给他做全身检查:监测心跳和脉搏,检查眼睛。(记录上没有说普雷沃是否也得到了关注,只是提到他在酒店大厅里喝了一杯香槟。普雷沃一般不愿与记者搭话,可能因为他遵守着几年前多拉给空中邮政公司飞行员的建议,就是关于名字登报的建议。他为此付出了代价:利比亚坠机事件中的重大事故之一就是,他那普通的名字每次出现在报纸上时拼法都不一样,而且没有一次拼对过。）又过了几分钟，拉科德回来了，他可以解释清楚圣埃克苏佩里是怎么走出沙漠，怎么匿名出现在大陆酒店的台阶上的——不过后来没人在意这个解释。加布里埃尔·达尔多是《不妥协者》的记者，他从第一刻起就目睹了酒店里发生之事，立即把圣埃克苏佩里获救的消息告知了报社。可是他震惊地得知，没有人想看他报道这次事件，圣埃克苏佩里本人已经与报社签了独家合同。圣埃克苏佩里当晚不想写稿子，达尔多就听任他去睡觉了。结果，《巴黎晚报》成了第一份报道救援新闻的报纸，1 月 3 日他们以专刊的形式刊登了对飞行员的采访。那天上午将近 11 点的时候，达尔多在酒店露台上找到了圣埃克苏佩里。达尔多按照报社的要求直言提醒飞行员，他对报纸作出过承诺，报社也已经预付了长途飞行报道的大部分稿费。“我的谈话对象脸上露出灿烂的笑容。‘帮我转告他们，这次事故不包含在合同内。’他说。”

身处沙漠八十七个小时之后，圣埃克苏佩里终于返回人类世界。一大早就有大批记者登门造访；他们发现圣埃克苏佩里精神振奋、心情愉悦，只有在谈到他猜想妻子会多么担忧时，才会流露出些许伤感。只有衣着表明圣埃克苏佩里曾陷于危难。经过跋涉，他的衣服已经破烂，所以记者们开始采访时他穿的是浴袍，采访要结束时他换上了服务员送来的衬衫，但没有打领带，也没有系袖扣。除此以外，他状态良好，体重轻了十八磅，比以往更健谈。他收到了许多电报，包括一份家里发来的，上面写道“好高兴”，他无比感动。（他回复：“一切都好爱你们。”）圣埃克苏佩里被便条、信件和名片淹没了。他一边与记者说话，一边刮
264 胡子、理发。他表现得像一个死里得活的人。据说，维塔斯早上来看他时，发现房间地上摆着三个瓶子，香槟、威士忌和维希矿泉水。圣埃克苏佩里解释说，三个瓶子代表了人生的三个时期，显然，维希矿泉水代表理性时期。“几小时的睡眠让他的头脑恢复了清醒。”《费加罗报》的记者报道说。达尔多看着圣埃克苏佩里开怀享用丰盛的早餐，认为此

话完全正确。圣埃克苏佩里边吃早餐,边高兴地说:沙漠里的早餐实在太昂贵了;为了获得一点露水,他不得不牺牲掉价值六千二百法郎的降落伞。他没有表现出一丝尴尬和失意,新闻报道也都在赞扬他英勇无畏。(《马赛晨报》甚至拿他目标单纯的壮举与法国当选官员的精密谋划做对比。)他还和记者谈到,很想再试一次。在给母亲的回信中,他写道:"我读着您的来信哭了,那封信意味深长,我曾在沙漠中呼唤您。人们的缺席和沉默令我气愤,我就呼唤母亲……龚苏萝是我回来的一点原因,但把我拉回来的人是您,母亲。"之前,维塔斯曾经按照法国外交部的要求,从开罗一家殡仪馆订了两口铅衬棺材,现在他取消了订单。

圣埃克苏佩里喝下了许多杯祝贺的酒,他一定记得约瑟夫·勒布里的话,勒布里被救出沙漠后,发誓说在他神志不清之时,曾看见他一生中拒绝过的所有的酒都装在结霜的杯子里,结队从他面前经过。那天临近中午,勒布里又和七八位法国人喝了好几杯,其中有一位是驻开罗的年轻工程师,他当时是空军预备役军官,一直密切关注法国航空新闻。3 日,保罗·巴尔特-德让来到大陆酒店,他带着一本《夜航》,圣埃克苏佩里匆匆签名。他先画了一个懒洋洋地靠着书名的小人,接着在小人下面认真题字,不过他后来把这段题字划掉了。在此处之上,他潦草地写道:"我要写点什么,可写不出来。与其费尽心思写一段做作的话,我宁愿承认我喝多了。但是我发誓,我在沙漠里表现很好。"这显然是一段很诚挚的题词,但是圣埃克苏佩里写完之后又划掉了。巴尔特-德让邀请这位新朋友以及其他几个人到他父母在开罗的家里去,他家的努比亚厨师做了一桌丰盛的午餐,还配了香槟,圣埃克苏佩里吃得开心极了。玩着纸牌戏法吃完饭,圣埃克苏佩里完全恢复了。

1 月 7 日早上 6 点,由三辆车组成的远征队出发前往位于开罗以西四小时车程的奈特伦洼地,去查看那架坠毁的西蒙飞机。圣埃克苏佩里和雷诺保险公司的理算员坐在前面的那辆车里，朋友们和记者们坐在后面的两辆车里；普雷沃已经先于大家到达，从1月3日开始，他就着手处理那架飞机的事了。飞行员和机械师好几天没见面了，两人握
265 手时非常激动。机身的情况让巴尔特-德让印象深刻，机翼、螺旋桨、引擎罩、门和窗都不见了，机身光秃秃趴在沙地上。圣埃克苏佩里叫大家离远一点，他小心地擦掉了自己之前写下的幼稚告别语。随后，他在这里召开了一场小型新闻发布会，解释自己怎样努力寻找开罗，他当时以为自己已经飞越了尼罗河。保险专家认为这些残骸已经没什么用了，但圣埃克苏佩里坚持说应该把这架可怜飞机的零件抢救出来。一些零件被当作纪念品分掉了；接下来的两周，拉科德家成了操作基地，普雷沃在那里拆解了西蒙飞机的剩余部分。后来在拉科德的帮助下，这些残骸运到了亚历山大，之后海运回法国，圣埃克苏佩里后来把这项转运工作称为一个“壮举”。1938年，飞机残骸卖给了一位瓦朗斯商人。

直到1月18日，圣埃克苏佩里才乘坐埃及船“卡萨尔号”离开亚历山大。那时，他已经完成了之前承诺给《不妥协者》写的六篇文章中的大部分，这是他文学生涯中创作力最强的时期之一。在长达一周的时间里，圣埃克苏佩里都是新闻热点；到了1月9日，他的新闻才逐渐减少，取而代之的是林德伯格抵达欧洲、豪普特曼审判、雅皮创造新的飞行纪录，以及霍华德·休斯15日驾驶诺斯罗普的伽马飞机飞越美洲大陆的消息，他这趟飞行用时九小时二十七分钟。记者渴望了解这场事故的一切细节，他们调查了普雷沃的家庭情况（他来自皮卡第大区，父亲也是一名机械师），甚至走访了救下两位法国人的几个贝都因人。圣埃克苏佩里仓促启程，这一点尽人皆知；然而，他依然被尊为真正的英雄、勇气的象征，是拉布吕耶尔所说的那种“真正伟大”的人。当然，也有少数人看法不同：航空杂志《机翼》对这场事故持怀疑态度，暗示没有哪名飞行员可以如此疏忽，又如此走运地活下来。圣埃克苏佩里频

繁登上头条还使出版商伽利玛从中获利，他登出《夜航》和《南方邮航》的广告，附上圣埃克苏佩里的照片。但是，与圣埃克苏佩里自己对沙漠的描述相比，所有报道都逊色了，他的文章是《沙漠监狱》，从 1 月 30 日开始在《不妥协者》上刊载。

圣埃克苏佩里告别普雷沃，1 月 21 日，他独自抵达马赛。妻子、母亲、姐姐，还有一帮记者在码头迎接他。快到中午的时候，“卡萨尔号”缓缓驶入港口，圣埃克苏佩里站在游步甲板上朝人群挥手。龚苏萝哭了，喊道：“你终于回来了！”人们一见到圣埃克苏佩里，都围住他提问；圣埃克苏佩里现在已经比较习惯受人关注了，他对着话筒念了事先准 266
备好的讲稿，龚苏萝陪在他身边。随后，在“卡萨尔号”的吸烟室里，人们为圣埃克苏佩里办了一场欢迎会，庆祝他归来；傍晚，普罗旺斯航空俱乐部设宴款待他。到处摆着《夜航》和《南方邮航》，书上都尽责地签了名。

在巴黎，庆祝活动继续在圣日耳曼大街附近开展。利普餐厅的老板忘不了在他店里举办的欢迎回家活动。圣埃克苏佩里回来的消息很快传遍了整个街区，朋友们纷纷来到利普餐厅，举杯祝他健康。店里挤满了人，这些人离开的时候理应各自付钱。但是到凌晨 3 点聚会结束的时候，狂喜的朋友们没有一个付钱的。圣埃克苏佩里就像一个在沙漠中困了三天的人一样狼吞虎咽，他吃了猪血香肠、鞑靼牛排、蒜蓉蛋黄酱和巧克力。他不觉得这么吃喝有什么问题，他对法尔格说：“我那时口渴极了，我和机械师发誓说我们余生有酒便喝。”可是万事难全。飞行员虽然英雄归来，但还是身无分文；这次飞行本是为赚钱的，但到头来还倒贴了不少。回来几天后，他打电话给让松，问他能不能来双叟咖啡馆见他。他想求让松帮个大忙。让松急忙来到咖啡馆，圣埃克苏佩里解释说，他不敢一个人回沙纳莱莱街。他欠了好几个月房租，如果门房看到有人陪他一起来，也许会有所顾忌，不会骂他。他还不敢回公寓去。让松说他想多了；他已经连上了好几周报纸。“你的门房，她肯定会伸出双臂环抱你，亲吻你，给你端过酒来的！”“可能吧，”圣埃克苏佩里回答道，“但也不好说，不管怎么样，你还是和我一起去吧。”事实证明让松猜对了。这也进一步证实了多拉的断言，圣埃克苏佩里是一个只会被小事打垮的人。后来让松问圣埃克苏佩里，为什么找自己陪他做这件事。圣埃克苏佩里承认，这件事令人难堪，他不想让太多人知道。但还有一个原因，圣埃克苏佩里告诉让松：“如果我找其他朋友，他们会借钱给我，但是你——感谢你的好意——不会。”

*

回到巴黎当晚，圣埃克苏佩里夫妇和贝尔纳夫妇共进了晚餐，去的是长途飞行前一晚他们去的那家餐馆。吃完晚餐，圣埃克苏佩里从外
267 套口袋里掏出一个本子。他翻了一会儿本子，开始朗读有关那场事故以及他奇迹归来的文字。谁都没有想到，这段在沙漠中的艰难经历在圣埃克苏佩里笔下化为了如此华丽的诗篇。三人是最早的听众。龚苏萝立马哭起来。贝尔纳觉得这是他朋友写出的最美的文字。与此同时，达韦将军和让-热拉尔·弗勒里在香榭丽舍大街一家咖啡馆废弃的地下室里，也读到了圣埃克苏佩里写的东西。他们也被深深触动。1月30日到2月4日，《不妥协者》刊出了他的六篇文章，轰动一时：圣埃克苏佩里在法国的声名此时达到了巅峰，后来这些文章浓缩为《人的大地》中篇幅最长的一个部分，他再次声名大震。（《人的大地》英文版是《风沙星辰》，其中这部分几乎没有改写。）圣埃克苏佩里前往西贡的理由再世俗不过；虽说后来没能到达印支半岛，他却成了一位英雄，这个转折相当怪异，当然同样怪异的还有：圣埃克苏佩里因为给空中邮政增光而受到公司排斥。在接下来的一个月里，圣埃克苏佩里收到了大量

信件，因为数量实在太多，他请了马德莱娜·瓜索来当秘书，后来他又让朋友帮忙请了一位专业人士。随后几个月，严谨认真的扎克拉夫小姐替他处理那些源源不断、要求颇高的来信：请问圣埃克苏佩里能来第戎参加《安妮-玛丽》的首映吗？来南锡呢？圣埃克苏佩里能来法国航空联合会观看《夜航》吗？能来里摩日参加庆典吗？能来外省的航空俱乐部做讲座吗？

名人不一定是招人待见的租客，相比收容一位法国英雄和他古怪的妻子，圣埃克苏佩里的房东显然更在意收到租金。2 月 9 日，沙纳莱莱街的房子租约到期。这对夫妇仅有的几件家具——依据法律，它们已经用来抵押欠缴的税款，属于政府了——一直到月末才移到仓库里。圣埃克苏佩里暂时搬到了位于皇家桥酒店旁边的鲁特西亚酒店；龚苏萝 1 月份住在皇家桥酒店之前，还在弗鲁瓦德沃大街一套简朴的公寓里住过，公寓对面是蒙帕纳斯公墓，那里的空气是整个巴黎最洁净的。从这对夫妇流浪般的生活方式看——2 月份有一段时间，圣埃克苏佩里在法国南部写作，一年剩下的时间他都在到处旅行——丈夫的搬家举动是说得通的，但它对于缓解经济压力于事无补。他一直为房租发愁，不过在 1936 年这份殚精竭虑最远也只是把他带到了利比亚。（坠机事件似乎让圣埃克苏佩里明白了一点，即这些忧虑真的不重要。那些年的酒店账单很多都没有付清。）他抱怨自己经济紧张，但心情是愉快的。据说当时法国的全部财富掌握在二百个家族手中。搬到鲁特西亚酒店 268
之后，有一天圣埃克苏佩里看着自己磨损的袖口，对电影《南方邮航》拍摄现场的场记弗朗索瓦·吉鲁说：“聪明人应该想办法去这样的家族待上八天，刚好够他‘更新自己的衣橱’。”几年之后，普雷沃告诉圣埃克苏佩里，他发现了一架售价三十万法郎的二手西蒙飞机。“我要写信告诉他，我宁愿听到他说他找到了三十万法郎，我会承担起寻找那架西蒙飞机的任务。”圣埃克苏佩里这么告诉佩利西耶。

1936年春天，各种罢工运动使巴黎陷入瘫痪。虽然圣埃克苏佩里活着回到了巴黎，但是生活不尽如人意。圣埃克苏佩里发现自己在艺术上陷入了恶性循环。他没法拒绝找上门的新闻采访和电影剧本创作请求，只好勉强应下。"我感觉自己像一名花费时间编篮子的囚犯，而我明明可以在其他方面发挥更大的价值，赚到更多的钱。"那年晚些时候他在给B夫人的信里这么写道。他发现这样的工作不能给他满足感：每写一部电影剧本，就不仅要减少一个写书的机会，还要再增加一个写电影剧本的机会。这不能带来一点安慰。龚苏萝给不了他安慰，她更在意丈夫的声名，而不是事业。3月初，埃米尔·拉科德写信给圣埃克苏佩里说，他看到一架红色小型飞机飞过奈特伦洼地上空，这使他想起了圣埃克苏佩里。他还随信附上了几张拖拉西蒙飞机时拍的照片。3月20日，圣埃克苏佩里回了一封热忱的信，并附寄了一只小指南针，表示他永远感激。他没有忘记他们一家人温情款待自己。"此外，我已经开始怀念奈特伦洼地和那里的宁静了。"他在信里写道，"这里的世界看上去不是沙漠，但其实更像沙漠。"

每次接到一件新工作，圣埃克苏佩里都能马上把钱花掉。"钱在他手里发烫。"龚苏萝这样公开评论丈夫。但圣埃克苏佩里从来不公开评论她的任何习惯。年初，有人想把他的第一部小说搬上银幕；几个月之后，让松把他的另一部作品拍成了电影；7月，西班牙内战爆发，《不妥协者》请他写一个系列。所有项目他都答应下来了，因为他身负债务，不得不这么做：到了夏初，他和龚苏萝正在装修一套豪华的两层公寓，它位于沃邦广场上一座装饰艺术风格的新建筑里——租金是沙纳莱莱街那套公寓的三倍——7月，夫妇俩搬了进去。圣埃克苏佩里要了一楼，龚苏萝要了二楼，这套公寓比以往任何住处都更适合两人日渐失去
269 交集的关系；龚苏萝安抚圣埃克苏佩里说，自己是在给他放"伴侣假"。两个人各有一部电话。这套公寓俯瞰荣军院广场，远处是右岸；那年夏

天，圣埃克苏佩里有时会在露台上露营。他们的管家是一位样貌堂堂的苏联流亡者，名叫鲍里斯，家里由他做主，圣埃克苏佩里因此出了不少力。镜子挂在墙上，地毯铺在地下，墙壁拆除，壁橱悬空，书柜装妥，公寓全部粉刷一遍。这一切是在5月份雇来的一位建筑设计师的监督下完成的。然而，家具方面很节约，说得好听一点是不拘一格；很多都是朋友们捐赠的。起居室里摆着绿色的草坪椅，两个架子支起一块木板权当书桌；书架的外框做好了，但搁板一直没安装，因此书房一片杂乱。沃邦广场的这套公寓代表了圣埃克苏佩里和中产阶级生活的唯一联系，它完工了一半，只维持了两年多。这是他生活中最具讽刺意味的事情之一——作为一座骨子里最富中产阶级情调的法国城市的居民——他从来没有掌握这项艺术。

1936年春天，人民阵线政府在热烈的气氛中上台，此时圣埃克苏佩里将《南方邮航》改编为电影剧本。弗朗索瓦·吉鲁当时和他一起从事这项工作，她每天在他位于鲁特西亚酒店的房间里把各种版本的剧本打印出来。后来，她成了法国有名的记者和作家。傍晚，他们去双叟咖啡馆或者是花神咖啡馆喝一杯，通常再接着去街区的小餐馆吃晚饭。圣埃克苏佩里和吉鲁待在一起时明显很自在，吉鲁的性别和年龄吸引着他（吉鲁那时十八岁）；他给她写优美的散文诗，给她画画，与她分享自己最喜欢的音乐曲目，还经常给她讲自己的奇遇。吉鲁记得他始终一文不名，他身无长物，只有债务。他成了吉鲁的守护神。秋天，皮埃尔·比永导演的《南方邮航》在摩洛哥南部拍摄。关于应该不应该让吉鲁跟着三十个男人去沙漠中拍摄三周，大家意见不一。在她马上就要被一名男场记替代的时候，圣埃克苏佩里挺身而出，成功地挽回了局面。“让她去，”他说，“我做她的监护人。”在摩加多尔酒店，圣埃克苏佩里坚持把吉鲁的房间安排在自己房间旁边，以便保护她。

圣埃克苏佩里出色地扮演了身披闪亮盔甲的骑士，却没有当好饱受指责的丈夫。吉鲁和大家一样，知道在1936年他“被妻子折磨，他爱着妻子，但妻子对他不忠”。以前即便两人同处一屋，他都要给妻子写信，现在他只在必要时才写。在早期的信中——他因她的任性、她忘记
270 两人的约会、她深夜不归而心痛——他的口吻像一位失望的父亲。（“我愿为你骄傲。”“规矩一点，这样我会永远、永远信任你。”）现在，他的信带着一种受到爱人冷落而生出的暴怒和痛苦。（“噢，这些等你的不眠之夜……在心里，我还是那个深爱着你的年轻人——但你还是那个抛弃家庭的龚苏萝。”）他也不是无可指责的，但是他知道尺度，至少自己移情分心时是小心翼翼的。这么多年过去了，他本应该更了解龚苏萝了，但他还是希望妻子能渐渐懂得收敛。他当初娶她是因为她充满活力、不循常规，她会在7月裹着一件及地的貂皮大衣，即使成了伯爵夫人，她仍在进门时大声叫嚷。在她发表了一些极其不谨慎的言论之后，圣埃克苏佩里耐心地恳求道：

> 我恳求有一天你能懂得真正的尊严和真正的高贵，谈论那些事既没有尊严，也不高贵。你现在是一座小小宅邸的女主人了，你必须克制自己，不能再像女孩子一样说话做事。那样他们就会说：“那个小龚苏萝多么高贵、多么得体。她的那份矜持多么令人钦佩。她以前犯过很多错，但是她变化很大！”这些话和他们听到你卖弄我们的私事时说的话一定不一样。我想保护你，但是首先你自己要有所改变，这也算帮我一个忙。请原谅我，又对你说了这些，但是我非常希望你能成为你应有的样子：一位羞涩的、诗意的年轻女子，惹人喜爱又言行谨慎，而不是超现实主义小酒吧的缪斯女神。

圣埃克苏佩里夫妇都不是好相处的人，龚苏萝同样被圣埃克苏佩

里折磨。龚苏萝不仅喜怒无常，还自尊心强、爱嫉妒，她因圣埃克苏佩里的朋友们对她不耐烦而伤心。她对人抱怨——那人是被安排来密切关注她的——她和圣埃克苏佩里深受流言之苦。她在追求自己乐趣的同时，还会因为丈夫不断爆出绯闻而蒙羞。龚苏萝曾毫不犹豫地公开批评B夫人，B夫人处境十分尴尬，以至于她的家人赶紧写信让她尽力把这件事平息下来。龚苏萝或许知道，又或许不知道，丈夫的情感生活比这更杂乱，至少从书面上看是这样的：他没有放弃过对路易丝·德·维尔莫兰的迷恋，他在远方溺爱着她。1930年代中期，他还给前未婚妻写信，表达柔情爱意："今晚入梦时，请温柔地对自己说，有一个人爱着你。"

1936年底，龚苏萝给一位律师打电话，这位律师是她的一位雕塑家朋友推荐的。律师正在去维希的路上，他要到那里疗养；龚苏萝说，她的这件事不能拖，并提出去维希找他。在律师下榻酒店的大厅里，龚苏萝开门见山地说她想离婚。"你有情人吗？"律师问。"没有。"龚苏萝 271
回答。"你有钱吗？"律师又问。"没有。"龚苏萝又回答。"你想再婚吗？"律师再问。龚苏萝还是给了否定的回答。"那你为什么想离婚？"这位讲求实际的律师问道。"我能去打个电话吗？"龚苏萝如此回应，她礼貌地告辞了。不一会儿，有人听到她打电话说："别担心，我不会和你离婚的。"圣埃克苏佩里也考虑过离婚，但是觉得他的情况不适合离婚；他还承认——后来他对另一个女人说——再婚的念头令他烦透了。他无法打消一个想法，就是他最应该对任性的妻子负责，从这一现实情况看，最理想的办法就是，他也像龚苏萝一样忍受这段婚姻。这个办法适合他，于是他常常离家。

5月末6月初，圣埃克苏佩里开着借来的飞机，或者搭乘别人的飞机，去了一趟德国和罗马尼亚。圣埃克苏佩里有望用利比亚事故后得到的保险金买一架新的西蒙飞机，于是在1936年7月，他申请做一趟长途飞行，从巴黎出发，途经苏联，抵达东京。（尽管1935年法苏两国缔结了《法苏互助条约》，但这个申请还是被拒绝了。）8 月 10 日，《不妥协者》头版登出新闻，圣埃克苏佩里已乘公司的飞机前往巴塞罗那。两天后，他在巴塞罗那和莱里达前线写的五篇文章中的第一篇刊出了。这几篇西班牙报道的主题都是圣埃克苏佩里经常写的——从双方来看，这场战争都是毫无意义的；政府军和叛军无视个人尊严的行为令人震惊；他对按照政治立场划分人深恶痛绝——总体上看没什么创见。采访佩潘的文章是个例外，佩潘是一位法国社会主义者和反教会工作者，不知何故，他承担起与革命者谈判、要求释放法国教士的工作。实现目标后，他又反过头来辱骂那些他刚刚还为之冒生命危险的教士；而教士们的回应是，张开双臂拥抱他们的拯救者。在圣埃克苏佩里看来，这一切正体现了局面的荒谬。

圣埃克苏佩里回到巴黎后一定很高兴，因为这里有一架新的红色西蒙飞机在等着他。这架飞机和第一架一模一样，但它动力更强，已经配备了长途飞行所需的设备，还撤下了后座以便存放更多燃料。他一有时间就在布尔歇机场飞行，通常是在傍晚时分，而且经常邀请朋友一同飞行。然而，这并不是他最爱做的事；写作任务依然吸引着他的大部分注意力。《南方邮航》的电影改编飞速进行，这意味着巴黎的分心事至少暂时放下了心头。制片人把一组人安置在一家小旅馆里，其中包括圣埃克苏佩里和皮埃尔·比永，这家小旅馆位于枫丹白露北面一英
272 里左右，俯瞰塞纳河。对圣埃克苏佩里来说，似乎心情平静一点有助于完成这个项目。不幸的是，巴黎的分心事主动上门来找圣埃克苏佩里。比永记得，圣埃克苏佩里的朋友一个接一个驱车来给他送惊喜。只要一来，必定是兴奋的彻夜长谈和不可思议的纸牌戏法。与此同时，还有一件事令圣埃克苏佩里分心，就是他的最后一篇巴塞罗那报道。毫无意外，有一天凌晨 2 点，圣埃克苏佩里敲开了比永的门，要把他刚写的文章读给比永听。文学声名渐长的圣埃克苏佩里竟然比初出茅庐时更

渴望得到认可：让松回忆起第二年发生的一件相似的事，那时圣埃克苏佩里写完了第二篇西班牙报道，一天，他硬把让松从午餐桌前拉走，把《巴黎晚报》上面一篇文章的校稿塞到他手里。信差本来要马上把校稿送回报社去；但是圣埃克苏佩里坚持让松立刻把它看一遍。“你觉得这篇文章好吗？”圣埃克苏佩里追问道，“它值得发表吗？”（让松觉得自己回答不了这类问题，于是选择回避。“是的，莫里哀先生。”他快速看了一遍之后说。“谢谢您，布瓦洛先生。”圣埃克苏佩里回答。）比永和气地开车送圣埃克苏佩里和他 1936 年写的几篇文章去《不妥协者》报社，这几趟行程自然对推动《南方邮航》的拍摄毫无帮助。当圣埃克苏佩里问比永，他们到市区后能否顺路去一趟金字塔街上他的裁缝那里时，比永终于承认自己对这样的外出很担心了。“等着瞧吧，”圣埃克苏佩里承诺道，“我只要两分钟就够了。”比永照他说的，送他去了裁缝那里。圣埃克苏佩里冲进店里，朝裁缝挥舞着他的衣服，大喊道：“嗨！跟上次一样！”几秒钟之后，他就回到了比永的车上。“这毫不费时间！”车开动时他大声叫道。

10 月，《南方邮航》的对话录制和影片剪辑还在巴黎继续进行，每天将近下午 4 点时，圣埃克苏佩里都会拉着比永去布尔歇机场，开着西蒙飞机带他兜上一圈。与此同时，让松把圣埃克苏佩里介绍给他在伦敦的朋友亚历山大·科达，让圣埃克苏佩里加入这位朋友的一个项目，项目计划拍摄一部航空史影片，这将开创一系列航空史影片的先河。圣埃克苏佩里为之振奋。秋天，他和让松去了一趟伦敦，给这个项目提供建议。他们高高兴兴住进了萨沃伊酒店的豪华套房，接下来发生的事却让他们灰心，原来这部影片已经开拍了，而且不符合他们的品位。一个说英语、嘴上贴着小胡子的布莱里奥是两个法国人完全无法接受的；然而是科达付钱让他们住得舒服又奢华，因此他们很快没了主意。这段时间里，让松把圣埃克苏佩里介绍给了演员查尔斯·劳顿和画家费尔南·莱热，这两人当时都在为科达工作；制片人又把圣埃克苏佩里和让松介绍给了赫伯特·乔治·威尔斯，电影的剧本初稿就是他写的。在英国，圣埃克苏佩里偶遇了一位老朋友。一天深夜，两个情绪低落的
273 法国男人坐在一家破败的俱乐部里喝酒，一名女招待一直盯着圣埃克苏佩里看。几分钟后，她走过来。"托尼奥，你还记得我吗？""波莱特！"圣埃克苏佩里想起来了，原来她是圣埃克苏佩里在达喀尔一家夜总会的老熟人。这对老朋友并肩愉快地聊着空中邮政的事，让松觉得他们的聊天比一直吩咐波莱特去招待其他客人的老板有趣多了。见此，圣埃克苏佩里站起身来——"圣埃克苏佩里好温和，圣埃克苏佩里好温柔。"让松调侃道——一把抓住老板的领带，把他拽到自己跟前。"现在请你立刻给这位女士道歉！"圣埃克苏佩里勃然大怒，老板吓了一跳。"这位女士是我朋友的朋友，知道吗？"圣埃克苏佩里掀翻了几张桌子后，老板道歉了。毫无疑问，圣埃克苏佩里本就窝着一肚子火，他发现英国没有带给他任何灵感，科达也不是真的需要他的建议。当制片人慷慨地提出或许他们可以住到一座田庄去，那里比萨沃伊酒店更舒适的时候，圣埃克苏佩里趁机要了一张返程票。他对科达解释说，虽然这听起来很奇怪，但是他待在英国实在没什么灵感；莎士比亚已经把它们用完了。第二天，圣埃克苏佩里就回法国了。*

10月，圣埃克苏佩里驾驶一架从法航借来的拉泰科埃尔28，飞往摩洛哥海边的摩加多尔（今索维拉），监督影片《南方邮航》的拍摄工作。这部影片得到了民用和军用公司的支持，圣埃克苏佩里的参与对影片来说更是无比宝贵。然而，在拍摄现场维持秩序很不容易。那里有真正的塞内加尔警卫（由军队提供）、摩尔人（表面上看是由圣埃克苏佩里招来的）、阿拉伯骆驼夫，还有摩加多尔的囚犯（他们被暂时放出

---

* 科达的航空电影遇到的麻烦远比这两位法国人离去造成的麻烦要大得多。搁浅数年之后，《征服天空》终于在1940年上映，它讲述了安托万·德·圣埃克苏佩里的故事。

来，帮忙拉两架拉泰科埃尔飞机）。让摩尔人明白拍电影到底是怎么回事，也很不容易：第一次拍袭击场面时，摩尔人飞奔过沙丘，真的在吼叫，甚至把摄影机都打翻了。操作人员逃过一劫。圣埃克苏佩里最关心的不是场景是否逼真，而是导演两架拉泰科埃尔；他导演了大部分起飞和降落场景的拍摄。最令人印象深刻的是，他亲自充当特技替身。有一个场景十分惊心动魄，一架拉泰科埃尔要从相距五十英尺的两座沙丘之间一条二百码长的沙路上起飞。电影中的飞行员测量完距离后，斩钉截铁地拒绝了这场拍摄。圣埃克苏佩里主动提出他可以拍。四个人拉住飞机——它没有刹车装置——圣埃克苏佩里开始加油门。四个人放手了，飞机开始滑行，接着机尾下倾，沿着沙路滑行到三分之 274
二的距离。在这紧急关头，飞机触到藏在沙下的石头，被弹射出去，飞机飞起来了。圣埃克苏佩里刚好越过了远处的沙丘。他本不知道那里有一块石头，后来他承认自己当时有点紧张。他不惜一切代价地想证明这项壮举是可以完成的。电影中的飞行员十分震惊，他此前估测起飞成功的可能性只有十分之一。

*

1936 年 12 月 7 日，圣埃克苏佩里夫妇在沃邦广场招待客人。来做客的是瑞士作曲家阿蒂尔·奥内热与 B 夫人。主人不怎么讲话，每过五分钟就离开餐桌去打电话。最终，他对 B 夫人透露：“梅尔莫兹发来了最后一条消息：‘关闭后置发动机。’”圣埃克苏佩里的这位同事早上和四名机组成员驾驶“南十字座号”水上飞机从达喀尔出发，准备横渡大西洋。起飞三个半小时后，他发来这条消息；令人担忧的不是这条消息本身，而是此后梅尔莫兹陷入沉默。十分钟过去了，还是没有新消息，于是从巴黎到布宜诺斯艾利斯的所有无线电台都突然关注此事，全神监听，焦急等待。“平日，因为一个人晚了十分钟而担忧很荒唐，但是在航空邮政服务领域，十分钟意义重大。”圣埃克苏佩里写道。那晚，他整夜没睡。

圣埃克苏佩里和梅尔莫兹曾经因为政治分歧而激烈争吵，但他们最终还是和好如初了，从那以后两人就回避任何意识形态方面的讨论。圣埃克苏佩里因梅尔莫兹失踪深受打击，他经过很长时间才接受了事实，梅尔莫兹真的失踪了。很自然，圣埃克苏佩里成了梅尔莫兹的悼词的主要撰写者：在第一篇悼词里，圣埃克苏佩里列举了一系列侥幸脱险经历。13 日，圣埃克苏佩里在《不妥协者》上问：如果吉约梅用了五天时间走出安第斯山脉，雷纳和塞尔在撒哈拉沙漠里消失了几个月之后又毫发无损地出现，二十架飞机搜索利比亚沙漠却没能发现自己下方的两个法国男人，那梅尔莫兹现在会不会还活着？16 日，圣埃克苏佩里愿意接受失败，这次是在《玛丽安娜》的头版上。但他还没准备好赋予梅尔莫兹那些逝者会自动具备的美德，他说：“我的朋友，你有很多不同寻常的缺点，但即使缺点也那么令人喜爱。我等着告诉你，你都有哪些缺点。我现在还不打算仰慕你。在我们去过的那些小酒馆里，我依然会为你留位置。你还会像往常一样迟到，噢，我的朋友，你真让人难以
275 容忍啊……我害怕我再也不能惹你生气了。”这篇悼词透露着他与好友们，比如塞戈涅之间友情的特点，就是感情中夹杂着亲昵的嗔怪和指责。“永远失去一位朋友时，我们悼念的可能正是他的缺点。”圣埃克苏佩里早前不无启发性地说。人数持续减少的空中邮政公司的成员又减少了，圣埃克苏佩里不久就接受了这一点。梅尔莫兹失踪一年后，圣埃克苏佩里动情地说他慢慢地接受了失踪，他说老朋友们不可替代。“老朋友不是一夜之间能结交的……不能早上种下一颗橡果，晚上就拥有一片树荫。”他开始明白这种失去为什么如此令人不安：“梅尔莫兹不在了。他曾是我们密不可分的一员，因此我们很多人都非常痛心。这种

痛心很陌生,我们头一次体验到:这是对衰老的隐秘遗憾。”

圣埃克苏佩里完全有理由产生一种不真实之感。不仅空中邮政和它往日的荣光已不复存在,1936年的法国找不到方向、不再辉煌,而且空中邮政事业的开拓者也在迅速减少。梅尔莫兹失踪后,空中邮政的早期飞行员就只剩下吉约梅、雷纳、塞尔和圣埃克苏佩里了。圣诞节之前几天,圣埃克苏佩里一定非常激动,因为时任航空部长的皮埃尔·科特同意了圣埃克苏佩里的非洲宣传之旅申请,而且《不妥协者》同意承担此次活动的费用,条件是圣埃克苏佩里要为其撰写关于此次飞行的报道。科特批给了这位作家飞行员四万法郎作为资助,并且同意让政府为他买保险。法航会为他到通布图的飞行提供燃料支持。(他们大概希望圣埃克苏佩里走另外一条法国至达喀尔的路线,不是先沿海岸飞至卡萨布兰卡,而是经由奥兰在内陆飞行,那样可以彻底避免飞越西班牙的领地。)1937年1月29日,圣埃克苏佩里在布尔歇机场做了飞行前体检。几天后,他和普雷沃出发了,途中经过马赛和卡萨布兰卡。这次飞行,两人飞越了一片完完全全的处女地。“白沙茫茫,令人眼睛疲劳,没有任何生命的踪迹。”圣埃克苏佩里这么描述它。在这趟长达五千五百英里的沙漠之旅中,两人没有遭遇任何故障。(这次飞行,两人还是没有配备无线电;也许是吸取了上次的教训,圣埃克苏佩里之前去申请过一次,但是他的请求被难说话的法国政府拒绝了,理由是普雷沃不具备操控无线电的资质。)此外,这趟非洲之旅中,圣埃克苏佩里收养了一头小狮子,想带回法国。但这头幼兽不太习惯坐飞机,所以圣埃克苏佩里不得不朝北边飞,这样一来,一系列的俯冲和爬升使这只幼兽在机舱中左碰右撞,变得安静又虚弱。他觉得这有趣极了,事后回忆尤觉如此。但是普雷沃肯定不这么想,幼兽到处乱挠,他胳膊和手上的抓痕 276
就是证据。除此之外,普雷沃还患上了疟疾。他对圣埃克苏佩里如此死心塌地,圣埃克苏佩里注定得报答他,为他付医药费。

从其他方面来看，这次飞行很顺利，圣埃克苏佩里恢复了自信，他又相信自己正如诺埃勒·吉约梅所说，是“一个属于天空和沙漠的人”。2月中旬，圣埃克苏佩里从阿尔及利亚寄出了几封信，透露着心满意足。他从奥兰给B夫人写信，说他对这趟飞行很满意，他全程都没按已有的路线飞，虽然他本可以那样做。“我很自信，每件事都做得轻轻松松，我相信自己的眼睛和计算能力……我对这趟飞行、对我自己都满意……高山、风暴和沙，它们是我的守护神。”几天之后，他从阿尔及尔给吉约梅写信，夸耀自己用顶级的设备完成了一趟完美的飞行。好天气确实为圣埃克苏佩里的这趟飞行助力了，但最重要的还是，他在飞越成千上万英里的未知地带时表现出令人赞叹的精准无误。在给吉约梅的信中，他是那个乐天的圣埃克苏佩里。“我刚刚重温了我人生中最美好的几个小时。”他在信末这样写道。

“我和沙漠有一笔账要算。”圣埃克苏佩里启程去通布图之前这样说。这笔账算清了；但是对以写作为生这件事，他显然需要好好考虑一下。他向《不妥协者》承诺的文章一篇也没写出来。他也许和报社商议出了一个替换策略：4月的第一周，《不妥协者》的头版刊登了一篇讲述吉约梅在安第斯山脉的遭遇的文章，这篇文章原本准备放在《风沙星辰》中，还未定稿。显然，圣埃克苏佩里更愿意在时间上和近期发生的事保持距离。他把写他在撒哈拉沙漠紧急迫降经历的文章《海市蜃楼》卖给了超现实主义杂志《弥诺陶洛斯》。4月末，他完成了电影剧本《镭》的收尾——这部剧本从未拍成电影、不为人知，他还要求《玛丽安娜》给他安排任务。3月末，他回到巴黎时，发现一份哗众取宠的杂志发表了一篇文章，声称利比亚事故是他策划出来的。他对新闻界的美好幻想完全破灭了。《伏尔泰》杂志1月份就声称，圣埃克苏佩里悄悄到开罗郊区，用沙子掩埋好西蒙飞机的机翼以制造假象，然后跌跌撞撞走进市区，把他编造的故事讲给别人听。拉科德把两人扔在大陆酒店

台阶上一事助长了这项指责——直到1987年，圣埃克苏佩里的支持者
们还是在为他辩护——虽然大家都知道，《伏尔泰》向来爱无中生有。
圣埃克苏佩里对《伏尔泰》发起了诉讼，轻易地胜诉了。法院查明他受 277
到了诽谤，判他获赔一万五千法郎（约合1994年的九千美元）。然而，
他被整个事件深深地伤害了。那年春天，曾经声称高山、风暴和沙是他
的守护神的那个男人发现，他不是在利比亚沙漠中主动为生存而战，而
是在被动地与人作战，这些人有时比从空中看见的还要渺小。 278

第十三章　城中暮色

1937—1939

一个人要不朽，就要付出昂贵的代价：要在世上死过几回。

——尼采，《看哪这人》

1937年，法国是一个昏睡的国度。环顾四周，她似乎是欧洲自由民主最后的厚望之一，但她常常不敢环顾。人们纷纷议论佛朗哥、墨索里尼、希特勒；1936年下半年到1937年，西班牙内战占据了报纸。但是，关于西班牙合法政府受到威胁、意大利入侵埃塞俄比亚、德国一再侵略别国的所有谈论，确切地说终为空谈。做这空谈的民族混乱而分裂，她为自身的问题所累，为自身的阴谋所困，为她不愿重蹈覆辙的战争所伤害。在英吉利海峡对面，鲍德温和张伯伦的两届政府对欧洲事务冷眼旁观，深信丘吉尔的警告是无聊的夸大其词；理所当然，法国并不急于单枪匹马捍卫欧洲的民主。早在1935年，不祥之兆已经出现，有的甚至相当明显。那一年，让·季洛杜写了《虎临城下》，这部剧以机智、温和的方式大声宣告，战争是不可避免的。

1936年，希特勒再次占领莱茵兰非军事区，法国选择了另一条路，这是法国第一次有机会阻止希特勒，可以说此后法国再也没有如此行动的强大军力了。但西班牙内战爆发后，法国又一次退缩了，她担心自己一旦介入就要直接与意大利和德国对抗。法国一直竭力避免冲突， 279
但冲突的影响分毫未减：它极大地动摇了暂时联合的稳定性，而莱昂·布卢姆领导的人民阵线——在 1934 年的浪潮中建立，两年后靠着人民的热情支持在选举中获胜——正是以这一联合为基础的。西班牙政府军同布卢姆商谈，寻求武器支持，没有遭到不假思索的拒绝，这一信息披露后，情况就不妙了，新总理只好违背自己的原则，羞愧地坚持中立。因为对佛朗哥太过畏首畏尾，他失去了左翼的支持——他们经常喊叫"给西班牙飞机！"。而右翼亟须找到解散政府的理由，他们指责布卢姆决不愿和解。其中的极端分子称呼布卢姆为一名好战者。当时，法国饱受内斗之苦，胆小怕事、目光短浅，看不出来布卢姆的本能反应是在黑暗的日子里，不畏艰难投给自由、友爱与平等的支持票，却将这一反应当作一位狡猾政客的颠覆性举动，认为他一心想让法国与德国发生冲突，因为他是犹太人，出于个人原因不想与希特勒和解。

从 1936 年 3 月希特勒占领莱茵兰非军事区，到 1938 年 3 月他吞并奥地利，人们已经能清晰地听到远处沉重的脚步声。在巴黎，对于很多人而言，这不过是咖啡杯里的涟漪罢了。当权者一心追寻自己的政治目标；巴黎的名流们欢快地斟满一杯又一杯陈年美酒，举办一场又一场舞会，他们谈论着新奇的事；街上的人则关注着国内迫在眉睫的问题。法国仍然没有成功地摆脱大萧条，这些年，经济上的坏消息司空见惯。失业率飙升。1936 年，已经疲软的法郎又贬值了（到 1939 年夏天，一法郎甚至值不了三便士）；1937 年 6 月初，股市崩盘。人们认定控制着法兰西银行的那二百个家族是罪魁祸首，天天谴责他们。人们对人民阵线寄予的厚望很快化为泡影，取而代之的是背水一战的绝望。尽管到处是罢工、骚乱和失业，日子还是照旧，但到了 1937 年，真是山雨欲来风满楼了。德国重整军备。西班牙政府竭力阻抗佛朗哥的军队。意大利在阿比西尼亚(埃塞俄比亚的旧称)击败了国际联盟。法国得过且过。当时,人们对经济已经死心,所以当 2 月份人民阵线要暂时搁置野心勃勃、耗资巨大的改革时,无人感到意外。当时,人们早已习惯执政者的不稳定,所以当 6 月中旬执政才一年的布卢姆政府倒台时,人们也并不感到意外。

280 巴黎尽管动荡不安,仍是凡间乐园。然而,可以看出,这座城市正变得越来越像愚人的天堂。1937 年,巴黎发生了一件大事,就是举办了世界博览会(官方名称为"艺术与技术世界博览会")。夏末,这座城市比以往任何时候都显得辉煌灿烂,精心设计的一系列喷泉和灯光一同营造出了许多"彩色电子喷泉"。若说法国做不了别的事,举办一场盛大聚会还是没问题的:1937 年世博会售出了两亿张门票,创下了当时此类大型活动的纪录。8 月下旬,圣埃克苏佩里也买了一张世博会门票;他甚至还挑战了蹦极,从荣军院广场上一座一百英尺高的塔跳下,据他讲,这是他一生中最害怕的时刻。(他患有眩晕症。)因为表现出的勇气,他获得了一份证书,他还保留着。

然而,世博会并非一开始就顺利。按照计划,1937 年世博会于 5 月 1 日开幕,展区设在塞纳河岸上从荣军院直到埃菲尔铁塔的几英里,可惜它因几场相互配合的罢工活动延期了。(年底,左翼政府不得不采取措施平息罢工。亨利·让松喜欢各种怪谈,他不会放过这件颇具讽刺意味的事,饶有兴致地写了新闻报道。)5 月 1 日,荣军院广场仍然是一片泥泞的荒地;只有四个国家的展馆完工了。民主的这个广告非常蹩脚,其中三个国家正是皮埃尔·拉扎雷夫所说的"三个独裁政权":德国、意大利和苏联。5 月 24 日,尽管还远未准备好,世博会还是正式开幕了。场馆里随处可见建筑物的框架;大量展览用灯直到 8 月才全部亮起来。阿尔伯特·斯佩尔雄心勃勃的德国展馆是首批完工的建筑之一,它雄伟地矗立在塞纳河右岸的耶拿桥脚下。展馆之上是一座一百七十英尺高的塔，上面站着一只巨大的金鹰，爪子里抓着万字符。巴黎闪耀着金黄和翡翠绿，从未如此美丽。但是，从这座城市的任何地方——尤其在沃邦广场一栋六层公寓的露台上——都可以看到未来。

勒内·德朗热注意到，在沃邦广场，圣埃克苏佩里对与法国政治家们交谈开始稍微表现出一点耐心了。在达韦将军的印象中，圣埃克苏佩里为自己没有认真看待政治局势有些难堪；显然，两人共同的朋友梅尔莫兹曾和很多人交谈，从当时的共产主义者雅克·多里奥到巴黎公爵，最后才决定加入火十字团。更可能的是，圣埃克苏佩里出于对朋友的尊重装作难堪，因为没有记载表明他曾后悔积极参与政治，而相反的证据却很多。不管怎样，这年春天，他开始上政治意识的速成课，就算 281
课程没能使他形成任何特定的意识形态，也至少证实了他的信念，即战争不能解决任何人的问题。

这年春天，《巴黎晚报》向圣埃克苏佩里开出八万法郎的天价（约合1994年的三万二千美元），请他重回西班牙为《巴黎晚报》发十篇新闻。他同意了，于4月11日乘坐报社的飞机抵达西班牙边境。第二天，他在瓦伦西亚度过，整理文章思路并申请了介绍信，以便前往马德里采访共和政府军的前线。在给朋友的信中，他写道：“我对参观城市不感兴趣，即使是一座炮火中的城市。我对在旅馆里用餐、住宿也不感兴趣。我绝无兴趣采访将军。”去往前线和返回的途中、在大轰炸期间，他确曾住在马德里的佛罗里达酒店，不过他似乎没有和海明威、约翰·多斯·帕索斯或聚在那里的其他外国记者有过交集。他确实在马德里见到了时任讽刺周刊《鸭鸣报》记者的让松。让松全力帮助圣埃克苏佩里出了城：他认识伊比利亚无政府主义者联盟的领导人，正是在这位领导人的安排下，让松和圣埃克苏佩里这两名记者被送到了前线。布维那文图拉·杜鲁提为两位法国人配了劳斯莱斯汽车和司机，很和气地为他们送行，并祝他们在西班牙过得愉快。司机和人们想象中的无政府主义司机一样：他在通往城市西南边界的崎岖道路上飞奔，一边唱着情歌，一边兴高采烈地玩着司机们发明的游戏。遇上其他车时，两辆车就一起加速；当车速接近九十英里时，他们松开挡泥板，让泥水飞溅到对方车身上，那是他们彼此问候的方式。让松不赞成这种问候方式，劝司机要爱护崭新的劳斯莱斯车。圣埃克苏佩里可没帮什么忙：他居心叵测地告诉司机，每卸掉一块挡泥板，他的朋友奖励司机五百比塞塔。听到这里，司机哼起了《国际歌》，加大了油门。

在前线，作家同样表现得无所畏惧，他玩起了无政府主义者发明的俄罗斯轮盘赌，用一根点燃的炸药棒来表演。他的勇敢还表现在有时会掉以轻心，对此他也毫不掩饰地写进了报道。一个多星期后的一天晚上，在瓜达拉哈拉战线的前线战壕里，他突然点了一支烟。两只有力的手掐灭了烟，阻止了他的愚蠢行为，他们听到敌方的子弹呼啸而来。“前方有敌人时，不能点烟。”圣埃克苏佩里总结道。还有一次，凌晨3点，他溜进禁区，发现无政府主义者正将一批物资装进货运列车。不知怎么回事，他自以为在黑暗中对方看不到他；结果他错了，一支枪抵住
282 了他的胸口。他高举双手，等待无政府主义者开枪（他写道：“那是一个仓促决断的时刻。”），但他们没有开枪。他们用枪顶着他，带他去了一个昏暗的地下警卫室。他们对他进行了搜查，用加泰罗尼亚语讨论该如何处置他。他不懂这种语言。他的相机似乎成了罪证，被搜走了。他试图向逮捕者表明自己是一名记者，但他们问他要证件时，他只好照实说留在旅馆了。

事实上，圣埃克苏佩里一直不愿使用“勇气”这个词，但与此同时又执着于一个老问题，也就是他多年前在朱比角向亨利·德洛内提出的问题。一天晚上，在卡拉班切尔前线，他看着大家为发起进攻做准备，随后进攻又被叫停。原本要指挥这次进攻的中士被一群士兵和法国人叫醒。他们都坐在他的床上，告诉他一个消息，当天早上他不用冲出去

送死。在圣埃克苏佩里看来,这位中士带着死亡判决睡去,醒来时却获得了赦免。“人是如何接受生命馈赠的呢?我可以回答。一个人静静地坐着,从口袋里掏出一支烟,缓缓地点头,然后抬起头看着天花板说:‘这是我的命运。’”他写道。在他心中,他只想问这位军官一个问题:“中士,是什么让你愿意为之付出生命?”当然,他有一些关于这一疑问的经历促使他提出问题。在多拉的领导下,他打过这样的仗,了解它的魅力;一战中体会到的战友情、纪律以及航线的崇高召唤影响至今。他热爱假想的战争之深,就像他现在厌恶真正的战争之切,但他很快发现,所有人都渴望一种共情,渴望一项事业。所有意识形态都只是达到目的的手段,是为了满足深层的渴望。他说,人们借助自己最喜欢的形象满足这份渴望,从而实现自我:它让人破茧而出,它唤醒人内心沉睡的王子,这是自然秩序的一部分,就像鳗鱼成群捅向大海,野生瞪羚从牢笼重返大漠。他和任何其他人一样,很容易受到这种“共患难的兄弟情谊”感染;多年来,他一直歌颂这种情谊带来的自由力量。“飞行员为递送同一份邮件勠力同心;登山者为登上同一座山峰并肩而行。人们不会因为单单走向彼此而团结起来,只会因为为同一个信仰忘我奋斗而团结起来。”他指出,任何人的基本需求,比如饮水,都不应当受到谴责。

圣埃克苏佩里两次掉以轻心,险些酿祸,但他从中发现了另一种共情。敌人的炮火熄灭了他的香烟后,他目睹了一个令人惊叹的场景,他
在给莱昂·沃斯讲述时稍加了改动。记者点亮的火柴招来呼啸的子弹 283
后,一名政府军士兵说:“对面的小伙子们好像都醒了。”“你认为他们今晚会说话吗?我们想和他们聊天。”石墙后面,一名政府军哨兵向敌人喊话:“安东尼奥!你睡着了吗?安东尼奥!是我!利奥!”对方并没有开枪,沉默了很长时间之后说:“安静!睡觉去!该睡觉了!”听到敌人母亲般的劝告后,政府军士兵高兴地冲夜空开了几枪。听起来他接

受了法国记者的劝导，他大声喊道："安东尼奥，你为什么而战？""为西班牙！你呢？""为兄弟们的面包。"政府军士兵回应道。随后两人互道了晚安。圣埃克苏佩里在《风沙星辰》中写道："他们言语不同，但他们的真实情况是相似的。"对党派之争的这份厌烦，使他多年前在沙纳莱莱街的那个夜晚充当了调停者。往火车上装货的无政府主义者将他带到警卫室，一队百无聊赖的卫兵监视着他。卫兵们极为冷漠，他看不出自己命运如何，十分焦虑。又是一支香烟扭转了局面。一名卫兵在抽烟；圣埃克苏佩里笑了笑，示意他也想抽支烟。卫兵有些讶异，仔细地打量他一番，也冲他笑了笑。圣埃克苏佩里写道，这个简单的交流，"好似破晓"。卫兵递给他一支烟，"坚冰融化，其他卫兵也变成了人；我看着他们的笑脸，如同进入了一个新的自由国度……我们超越语言、种姓和党派的界限，面带微笑相遇"。

写下这些特别的瞬间时，他比以往任何时候都显得与时代格格不入，周围的人都忙于划清界限、宣示差异时，他却在寻求共同的纽带。一方面，本能的谦卑使他免于沦为政治动物。他曾如此生动地描写他需要的柔情，因而也清楚人是多么脆弱："人总是表现得很有气派，但在内心深处，人是犹豫、怀疑和痛苦的。"另一方面，他很单纯，把从航空公司得到的经验教训用到政治上。贵族身份使他能够超越冲突，也在一定程度上救了他；他说，我热爱人类，而不是普罗大众。他从不相信体制——他自负地相信，生命的意义在于矛盾，而不在于一致，在于怀疑，而不在于确定，在于需要，而不在于拥有——在他看来，政治党派不过是人们为了逃避孤独而发明出来的结构。他强烈厌恶战争，在马德里时不明白人类为什么会热衷战争。对于佛朗哥，他没有丝毫敬意——据让松说，他听到佛朗哥的名字就会火冒三丈——从西班牙回来后，他成了不可知论者，之后从未改变。达韦将军认为，他对保皇派的勇气怀
284 有敬意，也比较认同他们为之奋斗的事业。尽管当时有很大困难——

德国支持佛朗哥的民族主义军队，派飞机轰炸了巴斯克小镇格尔尼卡，第二天，圣埃克苏佩里离开了西班牙——他还是坚持一个立场：支持个体反抗威胁其自主性的一切事物。他在笔记本上写道："佛朗哥的士兵是崇高的，他的对手亦如此。我谴责任何为了迎合一贯的认知，而将敌军贬损为一帮强盗或愚蠢的乌合之众的想法。"这是那些年里他对自己政治立场最为直白的陈述了。

*

4 月底，圣埃克苏佩里回到巴黎，不同于从前，他能够熟练地区分无政府主义者和共产主义者了，但他没有给《巴黎晚报》投来一份稿件。眼看 5 月即将过去，亨利·米勒和让·普鲁沃仍未见到稿件，他们开始担心：战争会在《巴黎晚报》发表特派记者报道之前结束吗？弗勒里当时也受雇于《巴黎晚报》，被派去探望圣埃克苏佩里。他每天都打电话催促，而懒惰的圣埃克苏佩里每天都有好借口拖延交稿。最后，弗勒里获准采取更严厉的措施：他邀请圣埃克苏佩里吃饭，费用由报社出。"太棒了，"圣埃克苏佩里回答道，"我们吃点鹅肝酱！"几天后，弗勒里亲自把圣埃克苏佩里写的头几页稿子带回了报社。不过，米勒非常了解这位撰稿人，并没有马上刊发，而是谨慎行事，以免文章没有下文。果不其然，圣埃克苏佩里又停笔了；直到 6 月底，米勒才拿到三篇文章。从 6 月 27 日开始，文章陆续刊出。第四篇文章原定 7 月初交稿，但圣埃克苏佩里又拖稿了；米勒焦急得直咬指甲，两天过去了，圣埃克苏佩里终于打来电话，说文章写好了。米勒马上安排第二天发表，并派人骑自行车去取。下午快 5 点时，米勒刚刚读完文章，作家大步走进报社。他要撤回文章，解释说他忘了写要增加的内容。米勒把稿件还给他，眼睁睁地看着他撕碎了那几页纸，把纸片塞进口袋走了。

1937年,米勒只拿到了约定十篇报道中的三篇,它们都已经预付了稿酬。其余的西班牙报道,圣埃克苏佩里一直保密到第二年,一部分原因是他拖延太久,没有机会按自己的意愿打造报道。后来,这些稿子略微修改后,大部分收入了《风沙星辰》。(《慕尼黑协定》签订后,1938年10月2日、3日、4日,《巴黎晚报》刊发了他的另外三篇文章,想必没有
285 再次付给他稿费。)圣埃克苏佩里许多完美主义的故事都是从这个时期开始传出的:在他的朋友当中,让松并不是唯一被圣埃克苏佩里拦住,要求马上给出客观评价的人(尽管圣埃克苏佩里似乎根据自己的直觉来修改,即便有些朋友大胆提出建议,他也不会遵照采取);米勒也不是唯一亲眼看见他撕毁自己稿件的编辑。伽利玛也曾眼看圣埃克苏佩里的一篇文章马上要在《玛丽安娜》见刊,他突然删去十余行,用笔在校稿上圈圈画画,又追到印厂修改整篇稿子。他执着地希望自己的想法能够被读者完全理解,用他的话来说就是"接受"。他一再拖延,到最后一分钟才匆忙拼凑出一份草稿,再一遍又一遍修改,他自己也很痛苦。简单来说,他是以飞行员反复无常的风格来写新闻。

1937年7月,圣埃克苏佩里发现,在有些时候、有些地方最好遵守规则。月中,他驾驶西蒙飞机与B夫人去旅行了几天。两人先去了阿姆斯特丹,然后去了柏林,在那里,圣埃克苏佩里惊讶地发现法国空军专员在机场等他。德国的大部分领空已经宣布禁飞,他要么不知道,要么选择忽视了这件事。他没有上报飞行计划;西蒙飞机被发现后,有人打电话通知了法国大使馆。他的过失还不止这些。圣埃克苏佩里和同伴从柏林飞往法兰克福,打算去拜访在郊区吕德斯海姆的朋友。在德国中部,在卡塞尔上空约六千英尺,飞机里突然充满了异味。似乎是油漆着火了;无奈之下,圣埃克苏佩里在城市上空盘旋,他知道,在那里他可以安全地紧急着陆。他把B夫人留在了控制台,自己检查座位后面,没有发现任何异常。虽然一直有异味,但他没有在西蒙飞机上找到任

何故障迹象,于是在空中盘旋了五六圈之后,继续向法兰克福飞去。朋友告诉他,附近的威斯巴登机场比法兰克福机场漂亮;这正是他们现在驾驶着西蒙飞机要去的地方。圣埃克苏佩里估计他们会看到漂亮的跑道,但实际的景象却非常不真实,机场是很漂亮,但是并未标记,一片荒芜。那天很热,一只风向标在微风中飘动。

圣埃克苏佩里降落后发现,在威斯巴登机场自己一点也不孤单。一群赤膊、穿着黑色短裤的希特勒青年团士兵不知从哪里冒了出来。他们兴奋地说着什么,将西蒙飞机围了起来,飞行员和乘客被困住了。很快,一名军官赶到现场,要审问这名外国飞行员,但他听得似懂非懂。圣埃克苏佩里试着用他会的所有语言来回答,但他不会说德语。经过艰难的交流,他终于明白自己降落在了一座严格管制的军用机场。他 286
打起手势——这似乎比说阿拉伯语或普罗旺斯方言更有效——表示他会马上起飞,到法兰克福降落。军官回答说,无论如何都不行,他又重复了一遍关于卡塞尔、间谍和柏林的话。原来,卡塞尔有一家重要的化工厂,圣埃克苏佩里在城市上空闻到异味的原因正在于它,而德国人认为法国人行为可疑的原因也在于它。圣埃克苏佩里只好改变策略,和对方商谈,希望能获准先从机舱里出来。毕竟天气酷热,但这显然不是他汗流浃背的唯一原因。虽然B夫人未曾提及自己当时和飞行员在一起,但她所写的圣埃克苏佩里传记中对这个下午的记述是我们了解当时情况的仅有资料:

经过了无数辩解后,双方商定,先将飞机“推到机场边”,两名嫌疑人可以坐在机翼下等待判决。当时正值中午。那个可爱的夏日是这样度过的:圣埃克苏佩里伸展四肢躺在草地上,有时大笑,有时烦恼,他不停地抽烟,喝光了机场飞行员送来的啤酒,而这些人都是未来的纳粹德国空军飞行员。快到晚上6点时,一位老军

> 官开车过来,朝飞机走去。他用磕磕巴巴的法语解释说,圣埃克苏佩里因在卡塞尔上空盘旋拍照,随后又来威斯巴登的军用机场侦察,而被指控从事间谍活动。

得益于B夫人的人脉,两人最终获准继续飞往法兰克福。尽管有法国驻柏林大使担保他们无罪,德国人还是派了一名军官陪同飞行,他坐在西蒙飞机唯一的乘客座位上。B夫人则挤坐在飞行员和德国军官中间。起飞时,圣埃克苏佩里看到希特勒青年团的士兵们集合起来,目送他们离开。他忍不住又绕机场飞了一圈,做了一个俯冲,从士兵们头顶掠过。在飞机起落架正下方,五十名士兵行了纳粹礼。飞机上,德国军官坐在座位上,有些不悦。

几小时后,圣埃克苏佩里坐在俯瞰莱茵河的一张桌子前,一边喝啤酒、抽烟,一边和一位年轻的德国女士谈论民族社会主义。现在做这样的理论探讨为时未晚;一个法国人仍然可以坐在德国餐馆里,谈论德国的民族精神,就如同法国人坐在法国咖啡馆里讨论1930年代法国民族精神存在的问题一样。很多法国人开始说出内心的疑惑,想知道德国人的经验是什么:法国现在步履蹒跚,而德国正突飞猛进,要取代法国
287 成为欧洲领袖。晚至1938年3月,珍妮特·弗兰纳在《纽约客》的报道中说,只要还没有爆发战争,法国人就愿意当作什么也没发生。他们固执地专注于国内问题——特别是法郎的状况——仿佛如果没有法国人关注嘈杂的欧洲局势,欧洲其他国家的问题就会烟消云散。夏秋时节好像经历了一场精神分裂症;德国艺术周在爱丽舍宫隆重地拉开序幕,纳粹官方的宣传周正式开始。许多德国家庭越过边境来参加艺术周,同时,在斯特拉斯堡东边,莱茵河上克尔桥的法国这头竖起了一座奇怪的炮塔。珍妮特·弗兰纳写道:"如果这座炮塔里有东西的话,那东西会突然伸出来,瞄准桥那头的德国岗哨。"

在马奇诺防线的庇护下,法国似乎可以高枕无忧,她为战争所做的准备当然是最薄弱的。在航空领域尤其如此。如果街头的民众认为希特勒在做一件正确的事情,那么任何与航空业沾边的法国人都有正当理由同意这样的看法。1935年,法国拥有欧洲最大的空军部队。两年来,尽管财政预算大幅增加,法国的飞机产量却有所下降,月产三十七架飞机。与此同时,德国每月生产八百至一千架一线战斗机。许多法国航空专家去了英国;航空业因国有化而陷入瘫痪——一度有超过十五万工人罢工,整个航空制造业陷入停顿——法国在调整生产计划的同时,尝试从美国购买飞机。国家不稳定使得航空业受到影响:在过去八年中,法国先后换过九位航空部长和八位空军参谋长。到1937年,法国没有几项航空方面的纪录了,在航空工程上也没什么创新。法国在世界航空领域的影响更多是一种象征,已经停滞不前了:世界上最大的水上飞机——一架拉泰科埃尔521被命名为"巴黎韦索中尉号",这是法国的骄傲。

最初设计时,这一型号的拉泰科埃尔是豪华飞机,主舱四壁都刷了红漆,非常精美,十六间豪华客舱(每间客舱都以一个星座命名)内都有床和浴室;其中的银器来自皮福尔卡。1936年在佛罗里达海岸沉没后,这一型号的水上飞机现在不那么奢华了,但1937年底,在吉约梅手里,它仍然创造了五项世界纪录。然而,不变的事实是,1935年生产的"巴黎韦索中尉号"制造用时三年,费用超过一百五十万美元。由于一系列社会和政治因素——其中一些因素在早期帮助法国获得了成功——法国在二战前夕仍然未能制造出廉价、量产的飞机或汽车。(1937年秋, 288
第三十一届汽车沙龙在巴黎举办,展出了许多小汽车,但由于出现得太晚,产量太小,这些汽车并未产生重要影响。)作为一战中飞机材料的主要生产商,1939年底,法国发现自己的生产速度和能力都已经落后了,这件事至关重要。至于"巴黎韦索中尉号",它的表现比类似的"诺曼底号”略胜一筹。这架水上飞机在法国沦陷前曾短暂用于海上监视，1944年德军撤退时把它毁掉了。

1937年即将过去，圣埃克苏佩里除了有一些独特的观点外，别无长处，他在思索什么呢？他在西班牙目睹了流血，他遭遇了希特勒青年团。他看到了法国失去航空领先地位，他听到了梅尔莫兹、吉约梅、多拉以及许多不同政治派别的朋友和航空部官员讲述这场战争悲剧。他以更高的境界看待这些问题，还有当时的其他问题。在笔记本里，他探讨经济理论及其社会影响，探讨任何以强迫服从为基础的爱国主义的荒谬，也探讨政治不公。他以思索，而不是争辩的方式记下这些想法；这些纸页上满是矛盾，从来不为示人，只是写给自己看。然而从总体上看，这些记录很有价值，它们告诉我们圣埃克苏佩里在不参加晚宴座谈，不抨击当时的法国政府，不参与航空部戏剧性事件的时刻，身在哪里，在做什么。一天晚上，圣埃克苏佩里与沃斯讨论一位部长的新政策，他打断朋友说：“小心，我想我们把这些政策拟人化了……”从弗洛伊德到马克思到爱因斯坦，他对那个时代的智识议题很着迷，但是他1930年代末的笔记很少涉及时事，以至于到了今天，我们几乎不可能知晓他对时事的态度。在这些漫无边际的讨论中，他始终关注几个问题：如何调和个人对利益的追求与社会公益；如何在常常由暴君统治的世界里获得最大的自由；如何将空中邮政的幸福经验应用于社会机构；如何在机器时代培养人，激励人。塞戈涅记得，圣埃克苏佩里从莫斯科回来，对哲学家和技术人员工作速度的差异特别着迷。世界上没有什么能让哲学家更快地思考——这造福最广——都只能让技术人员更快地生产。圣埃克苏佩里认为，其结果是，我们生活在一个技术时代，但我们还没有为这个时代做好精神准备。

他在同一时期有许多发明。1937年，他申请了两项无线电导航系
289 统专利和一项油耗测量设备专利。他的阅读越来越偏向技术著作。据

B 夫人说，他床头柜上的一摞书里有数学家詹姆斯·金斯、英国天文学家亚瑟·艾丁顿、德国物理学家马克斯·普朗克以及法国物理学家路易·德布罗意的著作，这些人大多是量子理论的先驱。尤其让他着迷的是对原子性质的研究和“熵”的概念，它们都展现了形而上学的一面。他喜欢与法国物理学家和发明家费尔南·奥尔韦克热烈讨论。同时，他还开始创作一部他称之为“诗”的作品，这完全不同于他以前的任何作品，而是有着与纪德的《地粮》或尼采的《查拉图斯特拉如是说》相近的华丽的格言体风格与《圣经》般的呈现形式。这时，他还从法航领薪水。虽然 1937 年他没怎么演讲，年底时雷诺公司仍然给他提供了航空项目的最新情况和数据，以便他做宣传工作。6 月，他升任预备役上尉。他不怎么在意这项荣誉，因为它不过是例行公事罢了；圣埃克苏佩里在接下来一年里的表现也说明，他丝毫没有料到自己会穿上空军制服，不过 1939 年夏天，他半开玩笑地说过，一旦战争爆发，他就准备好戴上上尉的军帽。与所有法国人一样，他也有自己的事情要做：年底，他加紧准备做第三次长途飞行。

B 夫人很早就断言了现在大家普遍接受的事实：圣埃克苏佩里准备进行一场当时看来毫无必要的长途飞行，回想起来，这一行为十分愚蠢，因为他与龚苏萝的生活已经难以维持了。从 1938 年末这对夫妇分居的事实来看，这一断言毫无疑问是对的。早在 1936 年夏天，圣埃克苏佩里就计划做一趟美国之旅。最初是孔蒂提议的；1935 年，孔蒂对他说，如果我是你，我会做一件法国人还没做过的事——飞越北美洲和南美洲——特别是你对南部航线已经很熟悉了。圣埃克苏佩里发现，从蒙特利尔到蓬塔阿雷纳斯似乎可以画一条纵向直线，因而非常心动。1936 年 6 月，他没有咨询朋友，就把自己的履历寄给了纽约的一位记者，请记者帮忙安排巡回演讲。他提出，4 月到 5 月期间在美国待一个月，用法语演讲“航空与文明”。他还提议，由孔蒂谈一谈欧洲航线和跨大西洋航线的运营。

290 法国联盟在美国的网络投入了这项冒险活动，第二年，该项计划演变为跨越南北美两大洲的飞行，不过没有安排演讲。圣埃克苏佩里从1937年3月开始准备文件，当时他一定已经得知，这次飞行得到了航空部的支持，或许也得到了法航的支持。（他们让一位知名飞行员驾驶自己熟悉的飞机去外国宣传国家的辉煌工业；而在国内，航空业已经腐朽，出现了资金管理松懈，或是自欺欺人的状况。不过，此时法国人比以往任何时候都更坚定地相信光鲜的外表，而不是更实际的内在。）到1937年秋天，南北美洲之行已经成为现实；航空部通过信件和电报为圣埃克苏佩里办好了飞行所需要的各项许可证，他们称这次飞行为宣传之旅，而在同一时间，女飞行员玛丽斯·巴斯蒂耶从蒙特利尔出发向南飞行。圣埃克苏佩里当年冬天的私人信件包括给雷诺公司及其保险公司的一系列长信，商谈拉科德的花费；这位奈特伦洼地的工程师直到11月，就是利比亚坠机事件发生二十二个月之后，才获得补偿。

*

1938年1月的第一周，圣埃克苏佩里、安德烈·普雷沃和装箱的西蒙F-ANXR乘坐“法兰西岛号”前往纽约。日程安排和具体行程都发生了变化。为飞行员取得着陆权的法国领事馆工作人员一直认为他定于1937年10月14日从蒙特利尔起飞；11月，普雷沃还在给圣埃克苏佩里写信，告知他对飞机螺旋桨和新的无线电设备的检修工作。12月，航空部认为飞机已经临近出发了；飞行员和机械师直到元旦之后才取得美国签证，那时西蒙飞机的试飞也终于完成了（当时玛丽斯·巴斯蒂耶已经在乌拉圭，正在对南美洲进行友好访问）。加斯东·拉瓦锡在布尔歇机场试飞西蒙飞机，他只记得圣埃克苏佩里情绪不好。他对飞行结果不满，对飞机稳定的性能提出了更高的要求，他也并不感激拉瓦锡就飞机缺陷发出警告。不过，也许他把警告记在心里了，因此在启程前往南美洲之前的几周里，一再提出古怪的要求。在“法兰西岛号”上，他告诉一位熟人，他要出发了，尽管他可能会遭遇一场严重的事故，但他能活下来。在纽约，他告诉一位朋友，他正在做“必须做的事”，又对另一位朋友说，他知道这次飞行是徒劳的自负行为，但认为这可能是他最后一个长途飞行机会。他向其他人吐露“这次旅行很危险”，接着又敲一敲木头，说“我运气好，不会有事的”。记录里并没有说，他说这 291
些话时普雷沃是否在场。无论如何，他很快就会知道老板洞悉一切的能力。

1月11日，圣埃克苏佩里在纽约入住了巴比松广场酒店二十五楼的房间。他见了一些朋友，也见了尤金·雷纳尔与柯蒂斯·希契科克。希契科克是世纪公司的副总裁，《夜航》就是由这家公司拍成了电影。他1932年就和圣埃克苏佩里在巴黎共进过晚餐，从而相识了。（当时还是龚苏萝给他们当翻译，法尔格担任项目总监，他们一直聊到凌晨。）希契科克和雷纳尔于1932年在巴黎分别与圣埃克苏佩里相识，两人都很欣赏圣埃克苏佩里的工作，现在他们一起经营雷纳尔与希契科克公司。一段时间以来，他们渴望签下圣埃克苏佩里这位作家。（1933年底，希契科克曾派一位经纪人和圣埃克苏佩里商谈他的作品在美国的版权。经纪人12月回信说：“几天前，飞机在尼斯附近失事，圣埃克苏佩里被困水下两分钟。待他回到巴黎，我就和他联系。”）大约就在那时候，圣埃克苏佩里答应让这个顽皮而风度翩翩、安静而风趣幽默的人做他在北美的文学经纪人。马克西米利安·贝克尔出生于开罗，毕业于索邦大学，现年三十六岁，有奥地利和法国血统，他以钢琴演奏家的身份来到纽约。到纽约后不久，他在滑冰时摔断了两只手；之后他再也没碰过钢琴（或溜冰鞋），而是开了一家版权代理公司。在他的早期客户中，有西默农和其他几位法国作家；让·普雷沃把他引荐给了圣埃克苏佩里。

在贝克尔的帮助下，作家现在与全新的编辑合作，出版了一套全新的作品，非常受欢迎。（巴黎的出版商和报业人已经有点厌烦圣埃克苏佩里总是借钱。伽利玛记得，有一次，圣埃克苏佩里去《巴黎晚报》社找让·普鲁沃，把他求施舍的行为推向了极致。普鲁沃下达了严格的命令，不许放他进来，但圣埃克苏佩里还是施展魅力进了老板的办公室。老板只是告诉他，不能再借款了。“你觉得我是谁？上帝吗？”普鲁沃咆哮道。圣埃克苏佩里吃了一惊，回答说：“是的。”最终，他还是拿到支票离开了。）在纽约，他交给尤金·雷纳尔几篇截然不同的新闻稿，说是一本新书的前三四章。雷纳尔法语不大好，但还是能看出来这些文章——极有可能是1932年给《玛丽安娜》杂志的系列文章和投给《巴黎晚报》的几篇文章——非常粗糙，并且毫不连贯。不过，这些文章写得很漂亮，并且圣埃克苏佩里声称南美洲的飞行需要一些特殊装备，于是在贝克尔的帮助下，在与伽利玛的长期合同之外，又签订了一份条件非
292 常优厚的新书合同。这一切发生得很快；圣埃克苏佩里到达一周后就签了合同，这是他要来的最大一笔预付款。

圣埃克苏佩里发现美国的航空业高度系统化，各方面都比纽约的狂热节奏更令他印象深刻。他尤为感兴趣的是不间断的无线电，飞行员借助它在空中高速路上导航，而这一先进技术尚未传到法国。他声称，他只花了两个小时就熟悉了这个系统，它极为简洁。“有了美国的导航系统，任何游客，就算不熟悉无线电，都可以在夜间十分安全地飞行。”他赞叹道，或许还为他原来那架西蒙飞机感到一点惋惜。于他而言，美国的无线电用起来很方便。在新西蒙飞机试飞时，他提出带上里夏尔·德·鲁西·德·萨勒一起去华盛顿，他当时是《巴黎晚报》驻纽约的记者，刚好要去华盛顿办事。起初，他问鲁西·德·萨勒以前是否

坐飞机去过华盛顿,鲁西·德·萨勒回答说,去过很多次。起飞之后,圣埃克苏佩里转过头问他的乘客:“现在,怎么走?”他不能相信这位记者坐飞机去过华盛顿很多次,居然不认识路,而他自己也没带地图。(华盛顿塔上的空中交通管制员也难以相信,飞行员降落时竟然没有联系他;对这一疏忽,鲁西·德·萨勒只好通过大使馆设法补救。)西蒙飞机在纽瓦克机场卸载组装,而圣埃克苏佩里则与泛美航空公司的工作人员商讨他的航线。那时,泛美航空有一条每周飞三次的航线,从得克萨斯州的布朗斯维尔飞往危地马拉城,然后飞往巴拿马;公司的代表建议圣埃克苏佩里使用这条向南的走廊,之后他可以沿着南美洲西海岸继续前往蓬塔阿雷纳斯。圣埃克苏佩里对这个合理的建议有些迟疑,他的初衷是从佛罗里达飞到古巴,再到巴拿马,然后飞到厄瓜多尔,但驾驶单引擎飞机在加勒比海上空持续飞行似乎并不可取。“我宁愿在水面上飞行,也不愿在一堆我不熟悉的石头之间迷失。”他评论道。然而,他来美国是做友好访问的,而不是创造飞行纪录的——他的保险只涵盖前者——于是他决定谨慎行事,采用泛美航空飞往南美的航线,虽然这条航线略长一些。

西蒙飞机在纽瓦克至少试飞了四次,没有任何故障,但圣埃克苏佩里和普雷沃两次尝试进行九千英里飞行时,都遭遇大雨而失败了。2月15日周二早上,尽管天气还没有完全放晴,但圣埃克苏佩里不愿再等,
他第三次出发了。由于大雾和逆风,他被迫在亚特兰大和休斯敦降落。 293
(后来他吹嘘说,无线电导航系统确实出色,从纽约到亚特兰大,他没看过一次地图。在最后一刻,他肯定没有看过一眼地图:柯蒂斯·希契科克证明,在出发前夕他什么也没想,只顾着把玩刚刚得到的精致手表。)休斯敦以南的天气没有问题,圣埃克苏佩里只是按计划在墨西哥城和韦拉克鲁斯短暂停留。B夫人事先得到了沿海所有机场的电话号码,按照他的要求,在沿海城镇给他打电话。听到她的声音,圣埃克苏佩里

欣喜若狂;通话时,她可以听到机场的噪声。西蒙飞机继续前往危地马拉城,在那里,飞行员想必在最后一刻突然决定停留。他的初衷是从韦拉克鲁斯飞过危地马拉,直接飞往尼加拉瓜——这条路线之前已告知法国驻中美洲公使,不过说得有些晚。圣埃克苏佩里于 16 日下午 12 点半左右降落在危地马拉城的拉奥罗拉机场,他在地面短暂休息时,再次修改了行程。他提议持续飞行到巴拿马运河区,但与泛美航空在拉奥罗拉的工作人员商量后,他改变了主意。工作人员提醒他,如果他装载足够飞到巴拿马的燃料,可能很难起飞;拉奥罗拉机场的海拔适合更轻的飞机。他相应地修改了飞行计划(使馆工作人员已经很明智地为他取得了他有可能会降落的各个国家的签证),并将这个消息用电报发给《巴黎晚报》驻纽约的记者,因为他们在追踪报道这次行程:“**海拔太高,无法携带足够燃料,机场跑道也不平整。将在马那瓜稍事停留。**”

几分钟后,两人钻进西蒙飞机。圣埃克苏佩里开始操作飞机助跑,下午 1 点半左右在一英里长的跑道上滑行。那是一个炎热无风的下午。机场北端低矮的栅栏外有一个废弃的砾石坑,远处矗立着一座渡槽。飞机离它们越来越近,但还没有达到起飞速度。快到机场尽头时,圣埃克苏佩里试图拉升飞机——他也别无他法——但飞机又降了下来。他向左转,以避开迎面而来的栅栏,试图将飞机弹到空中,可飞机还是从大约七英尺的高度再次颤动着落回地面,它撞上了栅栏柱,撞掉了部分左翼和左副翼。机头冲向砾石坑,机身沿着地面颠簸滑行了大约四十英尺,扭转了大约一百八十度,随后普雷沃跌落下来,最后发动机熄火,飞机终于停下来。

这一次,圣埃克苏佩里没有从飞机残骸中跳出来。人们发现他仍
294 然坐在毁坏了的驾驶舱里。美国驻危地马拉公使馆负责人在事故发生后十五分钟赶到现场。据他说,仪表盘、防火墙和发动机都七零八落,

驾驶舱前部完全敞开。在坠机现场的照片上，这些都看不太清楚，西蒙飞机像一块废铁，无论从哪个角度都看不出它是一架飞机。圣埃克苏佩里的状况也好不到哪里去。正如他后来所说的那样："他们把我从飞机里拉出来时，我是最大的一块残骸。"后来回想起来，他觉得自己能活下来，多亏西蒙飞机不牢固，他想若是在一架更牢固的飞机上，自己会被烤死。

很快来了一辆救护车，将两人送往一家军队医院。按理说，西蒙飞机会爆炸起火，剧烈燃烧，尤其在失事地到处是燃油的情况下。圣埃克苏佩里和普雷沃被抬出来，他们还清醒着，不过看起来不是特别幸运。第一拨新闻报道认为，两人都活不下来。他们浑身是血；圣埃克苏佩里头部受了重伤，普雷沃右腿粉碎性骨折。由于种种原因，这是他们最后一次共同飞行。法国驻中美洲公使拉翁代斯先生在飞机失事几小时后向奥赛码头发来消息，说两人都想告诉家人他们还活着。普雷沃提供了父亲的姓名和地址；圣埃克苏佩里要求联系 B 夫人。之后不久，他便失去了知觉。

圣埃克苏佩里原计划的九千英里友好访问之旅也登上了除《巴黎晚报》之外其他报纸的头条。他飞行三千四百英里后坠机，在许多国家都成为新闻，不过法国记者大多回避事故的原因：尽管泛美航空曾发出警告，西蒙飞机的油箱还是太满了。普雷沃以为危地马拉加仑和美制加仑相等，而事实上，危地马拉采用的英制加仑约为五升，美制加仑约为四升。无论如何，作为西蒙的飞行员，圣埃克苏佩里有责任检查油箱。法国记者为了替他开脱责任，将关注点放在危地马拉机场的缺陷上，结果引发中美洲城市对法国航空，特别是法国飞机产生不满，这违反了航空部赞助友好访问使团的初衷。在某些方面，历史会重演，成为闹剧。圣埃克苏佩里具有很强的幽默感，但很难容忍愚蠢的行为，这也许是他从未在作品中提及这次空难的原因，其实比起其他事件，这次空难最能够体现他的特质。他一定忍不住觉得有些难堪吧。

295 偶尔,他会提起漫长的恢复期,他在危地马拉城医院住了一个多月。据他自己说,他昏迷了许多天,但没有官方报告可以证实这一点,而且他每天都与 B 夫人联系这一事实似乎足以证明实际情况恰恰相反。他被送到医院时的确处于昏迷状态,表现出严重脑震荡的症状;醒来后他迷迷糊糊,毫无疑问,语言障碍、高烧和一系列其他伤病也加重了迷糊。医院负责人上校埃切维里亚·阿维拉医生列出了如下损伤,包括右手腕、肘部和左前臂的严重擦伤,以及左眼的损伤(圣埃克苏佩里特别担心自己的视力),额头的左侧、下唇、左肩和胸部的损伤。他的心跳特别快。另外,还有几处骨折医生没注意到——圣埃克苏佩里一直觉得有至少八处骨折,现在更加确定至少有十六处——包括左肩的骨折,它愈合得很不好,从那以后他的左臂再也无法举过头顶。

后来,在给《哈珀的集市》杂志写的一篇文章中,他讲述了自己如何在危地马拉医院"浓重的糖浆气味"里飘回现实世界。一天晚上,他醒过来,浑身冰冷,央求护士拿来一床"治愈伤痛"的毯子。护士回嘴说,哪有这样的东西。他极力想象自己在整理军营里的床铺,看到有上面的和底下的毯子,但没有中间的那层,他想护士说得没错。尽管如此,坠机后的一天,他发现自己回到了里昂,来到了通往富维耶圣母大教堂的缆索铁道顶部的那个小车站。出口处还张贴着他小时候熟悉的广告,其中有一张海报上面写着"吉拉多特的亚麻床单——有效抚慰你的伤痛"。圣埃克苏佩里写道,这一意象"留在我记忆深处已经近三十年了"。事实上,床单不是,也永远不会叠得整整齐齐。作为温柔行为的象征,在他的每一部作品中,床单总是铺得很平整,或者总是给人安慰,从短篇故事《舞女玛农》以来一直如此。

圣埃克苏佩里的一位朋友——美国教授皮埃尔·德·拉吕——2 月 17 日在《纽约时报》上读到了这起坠机事故。当时,他正在进行巡回演讲,决定取消一周的工作安排,从克利夫兰出发,不辞辛苦赶赴危地马拉城。他知道圣埃克苏佩里没有生命危险,但一定很孤独,疼痛难忍。(火车从路易斯维尔南部出发,他在车上一直在读蒙田的好友拉博埃西的书,这简直太完美了。)22 日,一位危地马拉上校陪同他到医院,将他 296
带到一楼的一间病房。病房窗外是郁郁葱葱的庭院,那里不断传来喧闹声。圣埃克苏佩里的房间尽管连一扇门也没有,却很安静。拉吕不仅是一位坚定而博学的朋友,西班牙语也讲得比圣埃克苏佩里强两倍,还会拉丁语、法语,再加上他有无限魅力,圣埃克苏佩里见到他来一定欣喜若狂。拉吕看到病人平躺在床上,双手缠着绷带,病情有所好转,但身体还是很虚弱。最令人印象深刻的是他脸上的伤口,从眉毛一直到眼睑,受伤的左眼红肿发炎、血迹斑斑。圣埃克苏佩里抱怨身体里面痛,他要动一动上半身都非常困难;他感觉烧心,除了牛奶和肉,对其他东西一概没有胃口。此外,由于打了破伤风针,他身上满是针眼,像个马蜂窝。

不过,他的住处倒是不错,很像医院员工的宿舍,想到危地马拉政府已经抢着为圣埃克苏佩里支付了医疗费用,这也合乎情理。护工由着他,帮他把床推到电话旁,这样他就可以给巴黎的朋友打电话了。从墨西哥派来了一名法国医生,他参观完危地马拉城的诊所后,认定圣埃克苏佩里最好离开这里。病人很痛苦,常常呻吟;拉吕偷偷给了他一些阿司匹林,这是医生禁止的,但也是拉吕能够送给朋友的唯一礼物,要知道圣埃克苏佩里常常给拉吕念尚未完成的散文,带给拉吕午夜的乐趣。

来了不到四十八个小时,拉吕就离开了,留下圣埃克苏佩里自己照顾自己。当然,他天生是最麻烦的病人:危地马拉给他留下了一些长期伤痛,其中一些因他的想象而显得更加严重。佩利西耶自己也是一位医生,他回忆说,1939 年,他带朋友去巴黎看一位名医,那时圣埃克苏佩里只要直起腰就背疼。医生做了诊断,给圣埃克苏佩里开了处方,帮助他缓解病情。乘车离开时,圣埃克苏佩里逐条批驳医生的诊断,撕毁了处方,还把碎纸片撒到风中。他在危地马拉面临的迫切问题是保住严重感染的左臂,军医本打算为他做截肢。也许他要保住左臂的要求得到了妻子龚苏萝的支持,她于3月5日乘坐“怀俄明州号”抵达危地马拉。她后来声称自己挽救了圣埃克苏佩里的手臂,但这样说的女人不止她一位。陪丈夫待了几天后,她前往萨尔瓦多探望家人,圣埃克苏佩里在18日出院后跟随她逗留了十天,那大概是圣埃克苏佩里第一次见
297 自己的姻亲。据龚苏萝回忆,她父亲热情欢迎她丈夫:“来这里住吧。我们会给你好多种植园,即便你开着大马力的汽车跑上一天也跑不完。”圣埃克苏佩里恭敬地回答说:“亲爱的岳父,亲爱的岳母,我现在学种咖啡豆怕是为时已晚。我的职业在云端。”

之后,他乘坐泛美航空DC－3飞回纽约,飞机上有卧室,他发现还挺宽敞舒适的。他对美国人夜航水平之高感到惊讶:从达拉斯飞往纽约时,天气非常糟糕,DC－3的飞行员依靠仪表飞完了整个航程。圣埃克苏佩里震惊地发现,其他乘客对这种做法习以为常。他于3月28日抵达纽约,投入了吉约梅的怀抱,当时吉约梅正在美国处理法航的业务。在纽约,B夫人也见了他,并安排他借住在B夫人的一位密友,二战时期战略情报局局长威廉·J. 多诺万上校在比克曼广场的公寓。多诺万女儿的房间景色最好,面朝东河,圣埃克苏佩里就在她的亮黄色房间里住下了,继续疗养。朋友陪了他大约一个月,盯着他治疗,每天带他去看骨科医生。这一次,X光片显示危地马拉医院忽视了多处骨折,飞行员发现甚至他的酒量也没以前大了。

然而,他很快就下床四处走动了。他用鞋底摩擦多诺万的地毯生出静电来,摸索着漆黑公寓的门钥匙,熟悉那些在他看来种类繁多的美国小物件,这些物件在比克曼广场的公寓里得到了充分展示。他请房主开办的多诺万律师事务所安排出售他的专利,这是一种低能见度着

陆设备,他一直想卖出这项专利。他第一次大胆尝试在美国购物,欣喜地发现,语言障碍让他有机会和一群漂亮的女售货员打情骂俏。从利比亚回来后,他的体重就减轻了。现在,他与刘易斯·加朗蒂埃共进午餐,鲁西·德·萨勒兄弟、雷纳尔与希契科克早在坠机事故发生前就介绍他们认识了。加朗蒂埃在美联储工作,曾经帮海明威找到了他在巴黎的第一套公寓(由于不重视加上缺乏远见,加朗蒂埃在圈子里干得不如让·普雷沃)。他是在巴黎接受教育的,还把舍伍德·安德森的作品译成了法文。他还涉足文学批评和小说。现在,他负责翻译圣埃克苏佩里的作品,并帮助他寻找合适的叙事手法,以整合杂乱的作品。在比 298
克曼广场,飞行员圣埃克苏佩里开始整理他三十多岁时写的新闻稿,以便结集成一本书。

*

5月初,圣埃克苏佩里乘坐“诺曼底号”返回法国,看起来仍然很憔悴。西蒙飞机的残余部分已经安排好怎么处理了,或出售或运回。7月,圣埃克苏佩里遇到了一件有趣的事,他向巴黎海关检查员解释,他要带回法国的指南针为什么不需要缴关税。这位检查员简直是他的克星。圣埃克苏佩里咬牙切齿地向他解释,这个装置明显是西蒙飞机的一个原装零件,“因为如果没有这个零件,飞机就不可能出厂,没办法导航”。一些寓有情感的零件——比如拉吕去年在布尔歇机场特别喜欢的一块红色金属——都从事故现场抢救出来,用报纸包好运回纽约。这些物品中可能有,也可能没有飞行员的地图和文件,它们通过大使馆送回了法国,过一段时间返还给他了。这些物品寄到时,他打电话找佩利西耶来和他一起拆包裹。他们扯开包装纸;从他放地图的人造革公文包里,掉出来很多危地马拉的泥土和已经干了的血块。两人都陷入了沉默。总的来说,西蒙飞机的回归很安静,不是登上新闻头条的那种回归,圣埃克苏佩里也安静地度过了两个月,直到在精神和身体都康复了。

这一年夏天,他焦躁不安地四处走动。7 月,尤金·雷纳尔带着新婚妻子来到巴黎;三人在里茨餐厅享用了一顿悠长而愉快的午餐,可爱的伊丽莎白·雷纳尔做了出色的翻译,她讲法语和讲英语一样自如。圣埃克苏佩里身体状态很好,这对于签下他,又眼见他住进了危地马拉城医院的出版商而言,这无疑令人宽慰。他和雷纳尔夫妇在餐桌上聊了很久。这对度蜜月的人正准备做环法旅行;他们的这位新作家执意要为他们安排一趟完美的美食之旅,首先从里昂城外一家四星级饭店开始。第二天上午 11 点,雷纳尔夫妇就在品尝法式鹅肝了。提了圣埃克苏佩里的名字后,他们受到热情招待,一直吃到了下午。

几乎可以肯定,英王乔治六世和王后伊丽莎白在月中访问巴黎时,圣埃克苏佩里正在阿盖。这次访问是停战以来最盛大的公开活动。法国政府原本想通过这场活动作出维护欧洲和平的姿态,因此不惜花费
299 超过二千四百万法郎,结果活动却变成了为期四天的派对,其间只有巴黎那些穿制服的人像是在做实际工作。在阿盖,圣埃克苏佩里和妹妹加布丽埃勒的孩子们熟悉了,他搞到一辆很大很酷的新车,载着孩子们到处玩。外甥女米雷耶觉得,这辆车最让人印象深刻的是仪表盘上有一个电动剃须刀。舅舅解释说,对于迟到的男人来说,这是非常实用的。他还兴高采烈地展示了一边刮胡子一边开车的本领。他为米雷耶画了一幅她未来丈夫的速写,以鼓励她学画画。这幅英俊的年轻男子的肖像下面写着"米雷耶的丈夫,尊敬的舅舅安托万·德·圣埃克苏佩里绘"。他建议米雷耶将这幅画挂在床头,每晚睡觉前仔细看看,这样当她遇见未来的丈夫时便能够一眼认出来。

圣埃克苏佩里又去了日内瓦,重游他童年常去的地方,弗里堡和圣

莫里斯-德雷芒庄园。8 月,他与伊冯娜·德·莱斯特朗热在奇特雷度过了一段时间。在那里,他的言谈仍然让安德烈·纪德倾倒,他的纸牌戏法表演如此纯熟,以至于导师深信他能够透视。他在法国东南部的一座小镇短暂停留,拜访圣莫里斯从前的管家玛格丽特·沙佩,她将成为《风沙星辰》中有名的“织物女王”。那年夏天,他很可能还和 B 夫人去了索莱姆的本笃会修道院,圣埃克苏佩里记得这家修道院,小时候他尤其陶醉于晚祷时优美的圣歌。

无论走到哪里,他都带着那捆新闻稿。9 月他去维希疗养时,稿子变厚了。这次疗养,他遇到了斯特拉斯堡的航空教员,他为阿埃比一家讲述了他第一次单独飞行的经历。他仍然忍受着伤病,不得不考虑做手术治疗一些后遗症,但他还是在断断续续地工作,主要是写书。刘易斯·加朗蒂埃在舍伍德·安德森位于弗吉尼亚州特劳特代尔的庄园度夏,他正在热火朝天地翻译圣埃克苏佩里的《风沙星辰》,其间不断收到作家雨点般的来信,每封信都严重影响他的工作进度,因为来信叫他删去大部分冒险内容,并提出了许多细微的、文体上的修订。(他向《巴黎晚报》的编辑拉扎雷夫抱怨。拉扎雷夫只能安慰他说,圣埃克苏佩里有完美主义倾向,其他人也饱受折磨。)加朗蒂埃提出了一些编辑意见,主要包括:章节之间过渡更自然一些(写到西班牙的章节问题尤其严重),扩写介绍飞机的一章,统一对航空业及其在现代世界中地位的评价,在手稿中增加新材料。加朗蒂埃从一开始就对《风沙星辰》有非常 300
明确的打算,他建议在书中多写一些行动,少写一些理论。与圣埃克苏佩里的两位出版商雷纳尔与希契科克相比,这位译者与作家沟通得更顺畅,于是两人便尊重他的编辑意见;伽利玛是何时了解这个项目的,我们不得而知,但可以肯定的是,在法国没有人能像加朗蒂埃这样与圣埃克苏佩里打交道。

《风沙星辰》问世要感谢很多人。(在让·普雷沃拿到的那本《风沙星辰》中，圣埃克苏佩里对普雷沃强迫他写作表示感谢，并补充说，他希望普雷沃喜欢这本书，因为正是普雷沃建议他写的。）在法国，很少有人像埃尔韦·米勒那样急人之难。10月份，圣埃克苏佩里发现自己又缺钱了，就去找他帮忙。（圣埃克苏佩里似乎总是经济困难，但随着《风沙星辰》出版，这个问题终于解决了。贝克尔当月还将这本书卖给了一家英国出版商。）当初圣埃克苏佩里为危地马拉之行预支的稿费中，有一部分给了政府以补缴欠税，而且当局还没有就此善罢甘休。圣埃克苏佩里似乎觉得不需要申报这次飞行获得的各种补贴，因为自己从未见过这些钱；但法国税务人员不这么认为。在纽约逗留一个月后，他账户上的钱更少了，尽管多诺万热情招待他，不知怎么回事，他还是花了超过三万法郎。他还抱怨说，由于这次事故，他支付了大笔医疗费。尽管圣埃克苏佩里已经因欠《巴黎晚报》钱而名声在外，但他向米勒求助时，这位编辑并没有避而不见。米勒表示，他可能已经有作品可以卖给《巴黎晚报》了，这指的是他那些法航文章、他向专业航空出版物投稿的各类文章，还有他的一些草稿和弃之不用的开篇文字等。他让圣埃克苏佩里带上所有作品，第二天晚上在蒙帕纳斯车站附近的一家高档餐厅与他见面。圣埃克苏佩里带着两个塞得鼓鼓的公文包来到雅罗餐厅。享用完大餐之后，编辑和作家一起拼凑出了一系列三篇文章，主要写作家的冒险和思考。

夏天的大部分时间里，圣埃克苏佩里没有再和他的美国出版商们联系过，这让他们非常绝望。初秋，希契科克每天都给贝克尔打电话，询问圣埃克苏佩里的消息，但音信全无。不过到了10月，圣埃克苏佩里已经准备好投稿他在雅罗餐厅拼凑起来的一万字。10月7日，他给贝克尔写信说“我认为，最后一章体现了这本书的广度”，并发电报说稿子将由“诺曼底号”送到纽约。“我本周分三期在《巴黎晚报》上刊出文
301 章，试了试水，结果非常受欢迎。”它们其实是一些迟发的谈对西班牙印

象的文章;1938 年 10 月,这些文章似乎特别适时,它们主要关注人类和战争问题,而不是西班牙问题。在文章刊出之前三天,法国和英国在慕尼黑达成协定,瓜分捷克斯洛伐克,法国很少有人对此抱有幻想。协定签署后,法国总理爱德华·达拉第回到巴黎时在机场受到群众欢迎;他最初以为他们是来谴责他的。达拉第非常清楚,他为短暂延迟不可避免之事付出了巨大代价。他发现群众竟是来支持他的,低声说:“白痴,他们不知道自己在为什么事情鼓掌!”尽管自 3 月份以来,马奇诺防线沿线已经驻扎了军队,但法国不会为捷克斯洛伐克开战。57%的人赞成《慕尼黑协定》,巴黎最大的两家晚报《不妥协者》和《巴黎晚报》持同样立场。

圣埃克苏佩里和人们一样对事态发展感到不安——“我们认为和平受到威胁时,就觉得战争可憎。我们认为已经避免了战争时,又品尝到了和平的耻辱”。圣埃克苏佩里写信给贝克尔,建议他的经纪人把这些具有时事意义的文章卖给美国杂志来变现。他提议修改一下文章的开头,再写几句法国人如何焦虑地关注着中欧形势。在雅罗餐厅,圣埃克苏佩里和米勒又凑出了六篇写沙漠冒险的文章,大部分是从 1932 年《玛丽安娜》的系列文章和法航文章改写出来的。这些文章 11 月在《巴黎晚报》刊出,获得非凡赞誉,后来几乎逐字逐句地收进了《风沙星辰》。

翻译圣埃克苏佩里的作品报酬可观,虽然它让加朗蒂埃陷入绝望。加朗蒂埃做事很快,他一边翻译一边帮助作家修订书稿。他非常忙,因为圣埃克苏佩里对大大小小的很多事情非常执着,另外圣埃克苏佩里文笔灵活多变,虽然这些年他的作品已经清爽多了,但他翻译《风沙星辰》并不比当年斯图尔特·吉尔伯特翻译《夜航》时容易多少。法译英是一个简化行为:法语表达任何事情需要的单词都更多,法译英时,译者会发现大量的微妙差别消失了,因为英语更明确,它是一门工作语言,而非交际艺术。鲁西·德·萨勒谈到另一门学问时说得最恰切:

“美国和法国的菜谱明显不同，前者描述非常准确，后者则非常模糊。法国菜谱很少会告诉你制作黄油薄饼需要多少盎司*黄油，或者沙拉酱
302 里要放多少勺油……美国的菜谱更像医生的处方。”圣埃克苏佩里感情充沛、意象丰富的散文也是如此：法语中一段丰沛的描写——从夏多布里昂到普鲁斯特都是这种风格——译成英语就变得华而不实。加朗蒂埃翻译的圣埃克苏佩里作品就免去了这样的尴尬，他作为译者所付出的辛劳是显而易见的。他曾对圣埃克苏佩里说：“翻译你有点像翻译兰波。”私下，两人之间爆发了小小的拉锯战，编辑与作家之间常常如此，加上两人相距遥远，加上圣埃克苏佩里不断修订——圣埃克苏佩里想删去近四分之一的篇幅，而加朗蒂埃坚持要在美国版本中保留它们——再加上作品规模巨大，他们之间的拉锯战就格外激烈了。之前，加朗蒂埃就告诉过圣埃克苏佩里，他对自己文章的判断力很差。第二次合作之后，他说圣埃克苏佩里实际上无法独自完成一本书。

最终，圣埃克苏佩里遵从加朗蒂埃的要求，同意增加一章。临近年末时，在希契科克的建议下，他又写了自己常常讲起的巴塔哥尼亚飓风的故事，而希契科克很可能之前就听他讲过这些故事。增加的这章是“天气”（Elements），成了英文版《风沙星辰》和法文原版《人的大地》之间最大的区别：英文版有这一章，而法文版则没有。虽然书里这样说，但这一章绝不是单单写一场小飓风：这本书的其余部分早已就绪，圣埃克苏佩里还在反复撰写、重写这十四页。后来他解释说，写这一章的困难在于用最简单的语言描述当时的搏斗，他需要简化语言，以突出这场战斗的艰巨。他要求加朗蒂埃从头到尾审读英文译本时，他仍在写这一章的结尾。那时大概是 11 月，他让加朗蒂埃看看译本是否流畅，是否不太像收集到一起的系列文章，看看最让他骄傲的最后一节是否“登

* 1盎司约等于30毫升。——译注

峰造极”。他特别希望整部作品不是一本历险记,而是对战争的道德警示,为了达到这样的效果,他将“天气”这一章前移,以使读者感受到两位榜样吉约梅和梅尔莫兹带来的鼓舞。这不是加朗蒂埃的想法。赋予作品哲学意义显然会让它显得落伍,但作者想这么做。圣埃克苏佩里写道,此外,作品还给读者施加了一点压力,纪德赞同他的这一做法。(据说,在创作《风沙星辰》之前,又或是创作期间,纪德曾将康拉德 1906 年的作品《大海如镜》塞到圣埃克苏佩里手中。这部小说证明,把零散的文章结集起来编成一本书是完全合理的。)

圣埃克苏佩里对英译本非常着迷,他说年底要来纽约与加朗蒂埃
一起写最后几章。他想,坐船去美国时,恰好可以在海上休息几天,抵 303
达后继续深入美国的腹地,他希望在那里开始写一部新小说。(贝克尔鼓励他朝这个方向努力,说他有希望在《风沙星辰》取得成功后,以三万五千美元的价格出售连载版权,而《风沙星辰》取得成功是毫无悬念的。)可惜这两件事 1938 年都没做成,当时圣埃克苏佩里似乎在四处物色一处暂住的地方。最后,他找到了鲁特西亚酒店,在 9 月下旬回到这里。他们不住在沃邦广场了;龚苏萝在离沙纳莱莱街那套公寓一百码左右的地方,巴尔贝-德-茹伊街上一套小公寓里安顿下来。从此以后,除在美国短暂停留外,圣埃克苏佩里夫妇一直住在不同的地方。

尽管如此,圣埃克苏佩里也常常不得不去小镇或乡村,寻找他漂泊的妻子。快到年底时,他搬进了自己的公寓,这是他和 B 夫人共同创建的一间小工作室,位于十六区米开朗琪罗街 52 号。1938 年圣诞节之后,他前往阿尔及尔看望佩利西耶,1939 年 1 月,他在阿盖审读新书的校稿,米开朗琪罗街只不过是他的一个收信地址。1939 年 2 月初,他终于在美国停留了两周,当时雷纳尔与希契科克焦急万分,因为他们已经宣布《风沙星辰》将在早春出版。他们的作家到了,手里拿着修改的文稿,但出版商并没有发怒,原因有两个:书稿写得很好,比任何人大胆

预期的都要好;另外,书已经卖给了月度图书俱乐部,这意味着必须推迟到夏天出版,也意味着稿酬很丰厚,圣埃克苏佩里得到了近五千美元。作家花时间督促加朗蒂埃工作,帮助协调法文版和英文版,尽管他是完美主义者,却不反对出版两个版本以适应不同的读者。尽管他与加朗蒂埃有过很多讨论,但因为语言问题,他还是无法仔细审读英文版;这或许是一件好事。

英译本《风沙星辰》和法文原版《人的大地》最明显的差异在书名上。雷纳尔与希契科克很快确定了英文版的书名。圣埃克苏佩里、里盖勒、布尔加等人曾在巴尔瓦斯角遇上宝玑 14 发生故障,他们在户外待了一夜,书名中的风、沙、星辰就来源于圣埃克苏佩里对于那个迷人夜晚的描述。美国人很想出版一部实在的作品,而不是一部哲学专著;面对要买书的公众,单是"人的大地"这个严肃的名字就让编辑们非常担心了。也许,正是出于对故事性的强调,英译本删除了法文版中作为序言的四段文字,它们读起来像是个人宣言。他们借用 1937 年圣埃克
304 苏佩里写给梅尔莫兹的悼词,把圣埃克苏佩里定位为反知识分子和头等的人文主义者,认为他与帕斯卡尔,而不是康拉德更相似:"比起所有的书,大地更能让我们了解自己。因为它与人作对。人类通过克服困难来认识自己。但要做到这一点,人需要工具,一把锯子,或一把锄头。农夫在劳动中慢慢探知一些大自然的秘密,他所发掘的真理是普世的。同样,飞机作为航空公司的工具,也使人类探究所有古老问题。"法国对于道德主义更具包容性,而且当时法国人也有充分的理由沉浸其中;1939 年时欧洲比美国更渴望获得信息。英文版《风沙星辰》中有一些神秘主义——在加朗蒂埃的建议下,圣埃克苏佩里增加了为飞机这种机器,即"工具",所做的辩解,这部分在法文版中非常粗略——但它首先是一本关于飞行的书。圣埃克苏佩里认为这本书要传达的东西更深刻,这一点从他花费很长时间想法文书名就能看出来。有一件事尤其

能说明他重视书名，他对表弟安德烈·德·丰斯科隆贝说，要是表弟能想出一个完美的书名，就给表弟一百法郎。丰斯科隆贝拟了三十个可能的书名，一天晚上，在米开朗琪罗街上，“人的大地”似乎在竞争中胜出了。在1938年12月中旬印刷的法文版校稿上，标题“大风星空”被划掉了，圣埃克苏佩里写下了“人的大地”。校稿上散布着修改痕迹，到了这个时候，作家还在整页地添加内容，这些加进来的内容还要进一步修改。1939年，他从纽约发来电报，要求新增一章写飓风，但那时书已经在印刷了，他从伽利玛那里得到了一个他还不习惯听到的答案。

圣埃克苏佩里就是这样一个人。1931年摘得费米娜文学奖的桂冠之后，他花了八年的时间来写另一本书。然而，一个又一个最后期限过去了，出版商几乎要从他手上抢走稿子。最后，他忽地拿出《风沙星辰》；这不是一本写了八年的书，而是把八年里写的东西缝缝补补，仓促缀合而成。尽管它展示了圣埃克苏佩里思考的广度，但并不是他多年思考的结晶。这与马克·吐温写他在密西西比河上做领航员的方法完全不同。圣埃克苏佩里感情充沛，雄心不足，无论对写作还是对飞行，他都没有什么规划。他从来没有真正地追求冒险；1931年后，他飞行不是为了冒险，而是因为不安宁。战前，在法国航空界，人们往往笑着说他是一位伟大的飞行员，而他似乎并没有因为这项荣誉而得到相应的关注。他赢得赞誉常常是因为技巧出色，很少是因为专业技能或胆量卓越。“技巧”可以是褒义词也可以是贬义词，意味着一种特别的熟练。 305
他最出名的一项英勇行为是在利比亚沙漠中步履蹒跚地走了四天。不过，他是为了赢取十五万法郎才去的，只是没想到这么倒霉。《风沙星辰》为他赢得了“空中康拉德”的美誉，但圣埃克苏佩里并未精心构思多年，也未灵感突现。这本书是权宜的产物，要感谢他曾受伤疗养。

《风沙星辰》像是出版商和译者构思和塑造出来的一部圣埃克苏佩里文集（可能还受到了纪德的影响，这取决于他是何时向作家提及《大海如镜》的），无所不包：撒哈拉沙漠的飞行和坠机；南美的飞行和险些坠机；利比亚冒险；吉约梅在安第斯山脉；与富克斯一家，与努瓦克肖特的中士，与内里，还有在沙漠腹地与空中邮政机组人员度过的美好夜晚；塞内加尔黑奴巴克的故事；给《巴黎晚报》写的报道，甚至还有给梅尔莫兹写的悼词。这些故事带着少许神秘感，洋溢着对友情的赞美，它们合在一起构成了描写飞行的壮丽诗篇。这本书也证明，作家本人和他的作品可以迥然不同，这些非常个人化的描写与其背景完全无关。《风沙星辰》是一部让人倍感亲切的作品——女性读完往往对作家倾心不已——但圣埃克苏佩里的很多作品现在都不会归为回忆录或个人散文。完全看不出，这本充满英雄主义和纯真情感的人文作品，是由一个心力交瘁的人在经济极为拮据的处境下创作的。那时，他已有八年没
306 飞过邮政航线了，并且再也没有在和平时期驾驶过飞机。

第十四章　何处寻踪？

1939—1940

天空如此阴沉，只有暴风雨将它廓清：

将你的暴风雨倾倒出来吧：法国怎么样了？

——莎士比亚，《约翰王》

1939年3月3日，伽利玛出版了《人的大地》。2月底，圣埃克苏佩里刚从纽约回来，住在米开朗琪罗街的公寓，他第一次接受了关于这部作品的采访。他喝着威士忌，抽着香烟，边谈论一些话题，边信手涂鸦；他的访客来自《新文学》杂志社，满怀敬意地说，自己仿佛坐在巴黎政治学院的讲堂里。还有很多人也渴望与作者进行这样的谈话。当月，圣埃克苏佩里前往德国，那边计划出版德译本。他一贯不相信各种宣传，自然怀疑反纳粹的宣传。3月的第二周，他和B夫人驾驶一辆克莱斯勒汽车去柏林；他想亲自看看法国的邻国发生了什么事。他离开法国后，《人的大地》最早的一批书评发表了。

显然，在德国有些情况令人担忧。在巴伐利亚的一座小镇，圣埃克苏佩里半夜被撞击声惊醒，原来是有军队途经该地；在纽伦堡的一家啤酒店，他坐在桌前，看到一队希特勒青年团的士兵在街上走过，受到夹道欢迎。在柏林,圣埃克苏佩里见了奥托·阿贝茨,他当时的工作是殷勤地向有身份的法国人宣传纳粹教义,他带着作家游览了首都柏林。圣埃克苏佩里提出想去看看艺术展,阿贝茨陪着他去了。“真是奇怪,”他说,“极权主义国家总是喜欢安排导游陪同!”阿贝茨提议到波美拉尼
307 亚游览,那里有德国的三大元首学校之一。B 夫人留在柏林,但另一位来访的法国作家亨利·波尔多也加入了圣埃克苏佩里的波美拉尼亚之行。这令人不安;后来,他告诉鲁西·德·萨勒,他原本期望在元首学校看到一所精英幼儿园,结果却参观了一所军官学校。在一座馆藏丰富的图书馆里,圣埃克苏佩里问学校的负责人,受训的军官是否获许阅读一些书,比如说马克思和孔德的著作。负责人说,只要这些书中没有发现任何反对民族社会主义的观点,都可以看,不过要是存在这样的问题,书就会被下架。德国人微笑着说,不必担心,还从未发生过这样的事。听到这个回答,圣埃克苏佩里很气愤。那一周,他还遇到一件令他气愤的事,他问一群德国物理学家一个显而易见的问题——他们是否获许阅读爱因斯坦的书?——他得到了显而易见的答案。回到车里,他对阿贝茨直言:“你们培养的这种人,我不感兴趣。”希特勒不应该禁止自由的思想交流。阿贝茨赶了很远的路来到柏林,多番和他讨论,试图说服他,但一切都是徒劳。不过,他们的谈话很有巴黎政治学院走廊上学术争论的味道。

3 月 15 日,希特勒公然违反前一年秋天在慕尼黑所做的保证,挺进捷克斯洛伐克。因为担心边界随时可能关闭,圣埃克苏佩里和波尔多提早准备好行李,准备离开。18 日早晨,圣埃克苏佩里开车返回法国,他每开一段时间就会停下来打电话给住在他公寓里的佩利西耶,让佩利西耶等他吃午饭,后来这顿饭一直推迟到了下午 4 点。一回到法国,他就告诉朋友,纳粹的飞机太多了,都没有足够的飞机库来停放,这只说明一个问题——战争即将爆发。鲁西·德·萨勒后来说,圣埃克苏

佩里的话是“对纳粹主义的哲理分析”;他回到了法国,深信法国不可能与德国领导人达成任何形式的谅解,因为德国领导人的议程已远远超出了政治范畴。他没有看到他想看的一切,也没有看到任何高官,但他确信,与纳粹政权不可能维持长久和平。(显然,他不是唯一这样想的人:4 月 1 日,法国调动部分军队;同日,法国媒体受到审查。)圣埃克苏佩里对法西斯主义没有好感,而法西斯也不喜欢他。《人的大地》的第一篇评论见于《法兰西行动报》,据说在当时所有法国报刊中,这家前保皇派报纸与德国最为友好。这消息一传出,报纸形象严重受损。罗贝尔·布拉西拉什认为,圣埃克苏佩里的个人崇拜观念带有无政府主义色彩,并且感觉这本书写得过多,这两种说法都不无道理,但不足以打 308
乱一位叙事大师的计划,甚至不足以使他失去许多右翼崇拜者。

《人的大地》似乎有魔力,会让评论者变为诗人,或者言辞夸张。萨特的好朋友保罗·尼藏在《今晚报》中写道:“这本书结构严谨,语言组织平衡,又不乏文学的庄严,令人十分钦佩。在他笔下,宇宙是一个人们身处其中,必须不断克服危险、痛苦、恐惧和死亡的空间,他的叙述没有夸张的戏剧效果,真诚自然,毫无矫揉造作之感。在我看来,没有一个词比‘朴实’更能概括这部作品的特点。我们知道,朴实既是英雄世界的美德,也是文学效用的秘密。”安德烈·泰里夫在《时报》中称:“圣埃克苏佩里既是飞行员又是道德家,拥有卓越的才华。他的作品中满是最异乎寻常的意象和文风细腻的段落。我不知道,自夏多布里昂以来,还有谁的散文如此具有诗歌之美。”埃德蒙·雅卢将圣埃克苏佩里的写作恰当地归为两种传统,一种让人想起普鲁塔克和爱默生,另一种让人想起哥伦布和麦哲伦。

在美国,《风沙星辰》登上《纽约时报书评周刊》的头条,受到盛赞:“一本美丽的书,一本勇敢的书,一本能够帮助你在这个世界对抗困惑的书,让我们仍为人文骄傲,为我们所处的现代社会兴奋。”雷纳尔与希契科克出版社大力推出这本书之后，它出现在《星期六评论》6月号的封面和《纽约先驱论坛报》书评版上，并迅速成为畅销书。《大西洋月刊》的一位评论员盛赞："读这本书会让我们忘记自己生活在地上。"他和一些美国评论员一样，对圣埃克苏佩里所知甚少，但很快了解了他的情况，认为这本书表现了"孤独与人性温暖，振奋与精神紧张、头脑清醒之间的强烈对比"。（圣埃克苏佩里的许多朋友如果读了《纽约先驱论坛报》的评论，想必会大笑起来。本·雷·雷德曼提及圣埃克苏佩里抱怨大多数人一生中都半梦半醒，他写道："安托万·德·圣埃克苏佩里是清醒的，并会唤醒其他人。"）10月，也就是宣战后一个月，《风沙星辰》在伦敦也有了读者。《旁观者》的一位评论员很惊讶，圣埃克苏佩里"对于人类的卑微和愚蠢怀有上帝般的宽容"。《泰晤士报文学副刊》的一位文学评论员写道，"凡他所触及之物皆被照亮"，认为这是一部"憧憬和梦想"之作，在任何国家都可称为启迪心灵的"圣歌"、"诗"、"冒险散文"或"狂想曲"。一时间，仰慕者的信潮水般涌来，他们来自各个领域，既有建筑大师勒·柯布西耶，又有比利时国王利奥波德。

奥托·阿贝茨对这本书贡献非常大。这位德国的宣传官员曾安排
309 圣埃克苏佩里和波尔多一起前往波美拉尼亚，当时，六十九岁的波尔多不禁折服于这位年轻作家个性的力量。很可能他回来后读了《人的大地》，感触很深，就如同他第一次听到高乃依的《熙德》，或第一次读到笛卡尔的作品。他彻底被圣埃克苏佩里新奇的想象征服；波尔多是法国民族英雄飞行员乔治·居内梅传记的作者，也是一战的老兵，他简直就是圣埃克苏佩里天然的仰慕者。他也有贵族头衔，是法国精英中的精英，他的名字常常出现在报刊上，后面总是跟着"法兰西学术院"。在未通知作者的情况下，波尔多将《人的大地》作为小说大奖的候选作品送到了法兰西学术院，这是每年最重要的文学大奖。他删节了这部作

品；当然这种做法在法国和世界上其他地方都备受争议，但《人的大地》严格来说并不是一部小说。圣埃克苏佩里非常幸运，1939 年出版的小说中几乎没有特别突出的作品（龚古尔文学奖颁给了伽利玛出版社的另一位作家菲利普·埃里亚），而波尔多又很会说服人。他要求评委说出一位能与圣埃克苏佩里风格媲美的小说作家。除波尔多外，还有三十九位评委，其中几人质疑这部作品没有情节。波尔多反驳说，人类的境况有情节吗？还有人指出，书中的人物出场时间很短。波尔多承认，这些人物刚一上场就很快退场了，但他们的出场和退场是多么精彩啊！波尔多以为这场辩论已经尘埃落定，不料在学术院评委投票之前又一次引发辩论，不过波尔多还是占了上风。5 月 25 日周四，《人的大地》被授予 1939 年法兰西学术院小说大奖。

圣埃克苏佩里对这个消息无比惊讶。当然，感到惊讶的并非他一人。通常，法国文学奖的候选人都是已经享有很高知名度的作家，但圣埃克苏佩里的书，连第一位被派去采访这位大奖新得主的记者也从没读过。记者于当晚 6 点抵达米开朗琪罗街，鲍里斯（他之前住在沃邦广场）把他迎了进来。可以理解，在他的印象中，《人的大地》是一部小说。他发现这套公寓有些简陋，不像有人居住的样子，还发现他采访的对象很是棘手。“他胆怯得有些吓人。”吕克·埃斯唐回忆道。第二天，《费加罗报》文学版的记者分享了同样的经历：“采访安托万·德·圣埃克苏佩里先生绝非易事。这个大块头很谦虚，对于谈论自己非常反感，又很胆怯，谈话往往因此无法进行下去。但人们能知道，也能感觉到他习惯长时间冥想，并且他熟悉天上的事，却又坚实地站在地上，那些问题也就毫无意义了。”不过，这位记者还是从受访者那里获得了一
些信息，在他的引导下，作家泰然地给出了一些答案。记者告诉圣埃克 310
苏佩里，他的书让读者相信人性。“我对人非常有信心，”作家答道，“因为我只见过和蔼可亲的人。每个人都有可亲之处，与令人不快的一

面并存。许多人的错误在于固执地强调后者。”看到圣埃克苏佩里对他人这样宽容，记者总结说，他对于人性的看法不是来自文学作品，而是来自空中邮政公司的同事。

对于圣埃克苏佩里，每个人描绘的形象都相差无几：一个笨拙的、有些秃顶的大个子；圆圆的面庞，目光恍惚，上翘的鼻子在说到兴奋的话题时会微微颤动，眼皮厚重，眼里闪着光。正如《两大陆评论》所言，圣埃克苏佩里符合人们对“决定很多人命运”之人的印象，而他的身高和贵族姓氏无疑强化了这种印象。但没有人提到他脸上清晰可见的疤痕，一处拉扯着左眉，使他脸上总是挂着一副猜疑的表情，另一处则牵动着微笑；他给人以健康有活力的印象。他在聚光灯下表现得很好，从不会让自己的欣喜变为骄傲。获奖消息公布后，大家在龚苏萝位于巴尔贝-德-茹伊街的公寓里举办了庆祝活动，有十几位朋友出席，包括马德莱娜·瓜索、沃斯、费尔南德斯、让·卢卡和莱昂-保罗·法尔格。圣埃克苏佩里开心极了，唱了很久的歌，说了很久的话。那个5月，巴黎没有人比他更耀眼，他写出了如此出色的作品，尤其是在法国缺少荣耀或骑士精神的时候。据《新文学》杂志报道，圣埃克苏佩里是为数不多的名字，能让公爵夫人和咖啡馆侍者都带着仰慕之情说出口。春天时，西贡发来一封电报，这是关于《人的大地》的唯一不和谐音符。西蒙娜·德·圣埃克苏佩里指出，弟弟书中有一处语法错误，对此他未予理会。

到了6月，这本书在法国的书评已大大减少，只有零星几篇了。但美国人的狂欢才刚刚开始。这本书登上了畅销书排行榜，并连续在榜九个月；到8月，已经售出了超过十五万册，圣埃克苏佩里的版税账户一下就增长了。那年夏天，在纽约，他非常兴奋地发现全城的书店里都有他的照片，美国人的称赞甚至比法兰西学术院授予他的荣誉还让他高兴。这本书魅力不减，以哀伤的文字讲述了最悲情的壮举，吸引了很多读者。11 月,西蒙娜·德·波伏娃拿到了《人的大地》,又给了萨特;两人认为圣埃克苏佩里贸然讨论哲学问题时,未免有些胡言乱语,不过他们被吸引了。波伏娃在给萨特的信中说,《人的大地》是很久以来第 311 一本令她心怀梦想的书。萨特赞同地说,这本书让他对一个完全陌生的世界产生了乡愁,怀念一种自己从未经历过的生活。他谈到《人的大地》对自己"产生了影响",它本就很容易影响人,令人陶醉于作者的意象和理想主义,并被他超越自我的榜样所激励。每个人都从书中的高尚情怀里看到了自己想要的东西。《人的大地》宣称工作能够给人自由,1939 年,它在德国同在法国一样备受推崇。圣埃克苏佩里同时赢得了抗德游击队员和维希政府拥护者、存在主义者和天主教徒、马克思主义者和人文主义者的喜爱,就像佩吉同时受到抵抗组织和维希政府喜爱。获得法兰西学术院小说大奖的《风沙星辰》被美国书商协会评为 1939 年最佳非虚构类作品,这是完全恰当的。

*

那年春夏,舞台和银幕上的热门节目是让·季洛杜的《水中仙》和迪士尼的《白雪公主》,法国还在享受着最后的轻松愉悦。珍妮特·弗兰纳评论说:"借助战争的威胁,法国反而放松下来,度过了一段真正快乐和文明的好时光。"于圣埃克苏佩里而言,这几个月,他和最好的朋友们在一起,也过得轻松愉快。3 月 1 日,他参加了教女安妮·德·塞戈涅的洗礼。他自己没有孩子,但他对此的遗憾与他对自己没有一座摆满精致家具的大房子的遗憾差不多。塞戈涅的第一个孩子出生之后十年,他的感受没有什么变化。圣埃克苏佩里曾写信给塞戈涅说:"你会既骄傲又难受。这是很自然的。我认为没有什么比一个小生命诞生更富创造性了。"他在法国南部度过了复活节假期,先去了沃斯的乡间别墅，在距圣莫里斯不远的圣阿穆尔。

一天快到晌午时，他与苏珊·沃斯、莱昂·沃斯夫妇，以及他们十五岁的儿子克劳德，坐着沃斯家的布加迪汽车出发了。不是圣埃克苏佩里开车，大家都非常轻松，他们要往北去弗勒维尔村的一家小餐馆。这家旅馆俯瞰索恩河，景色很美。两位作家坐在海洋咖啡馆的露台上，沐浴着温暖的春日阳光，点了绿茴香酒，悠闲地看着德国驳船船员和他的妻子，还有一名法国机械师在河面上作业。圣埃克苏佩里热情地招呼那三个人，邀请他们一起喝一杯；大家谈到战争时，德国夫妇向他保证，德国人民是不愿意打仗的。法国机械师认出了圣埃克苏佩里，并请
312 他给一张索恩河明信片签名，圣埃克苏佩里欣然同意。午餐很简单，有红肠、乡村面包、炸鱼和奶油焗鸡。对圣埃克苏佩里来说，澄澈的怀旧之光将这简单的一餐和几个小时的畅谈，幻化成了他曾在努瓦克肖特星空下感受到的那种神圣时刻。如同洁净、密实的织物在他看来永远象征着文明一样，后来他觉得这天下午的索恩河畔就是和平的样子。在 1942 年于纽约写作的《给一个人质的信》中，他将这顿午餐描述为一个真正的奇迹，悄无声息的奇迹。只是他并没有写有人找他要签名，也没有写午餐吃的炸鱼，只写了红肠。对于餐桌上谈话的内容，我们所知甚少，但这个下午显然充满了魔力。一年多后，沃斯在日记中提到由友谊建造的“记忆圣殿”：“在弗勒维尔，索恩河、淡绿的树、鸡、炸鱼永远都散发着友谊的味道。”他不知道，多年后，圣埃克苏佩里也写了对这个下午的回忆。

沃斯从弗勒维尔开车到里昂，把妻子和儿子安置在火车站。圣埃克苏佩里坚持让沃斯陪他一起去萨勒家，那在不到一百五十英里之外的塔拉斯孔；还有一个因素吸引他们过去，他的好朋友塞戈涅正在附近的阿尔勒度假。沃斯不愿意，他说到那里时肯定已经是深夜了，还带着他这个陌生人，恐怕不太合适，圣埃克苏佩里还是想办法让他两位最老

的朋友与他两位最好的朋友之一相聚了。他们坐下来吃晚饭时，已经很晚了，圣埃克苏佩里突然伸出长长的胳膊，宣布："今晚，我和最好的三位朋友在一起。我这辈子从来没有这么开心过。"那天晚上大家都没怎么睡觉。圣埃克苏佩里从塔拉斯孔继续前行，他和塞戈涅，还有一位建筑师朋友在当地转了转。在卡玛格三角洲，塞戈涅和皮埃尔·达洛停下来瞻仰圣吉尔斯教堂。一群孩子刚刚参加完洗礼仪式，尖叫着拥到广场上；圣埃克苏佩里也和他们一起不见了踪影。后来，他面带荣光出现在村里的甜品店，身边围着二十个崇拜者，他们正忙着舔粘在手指上的糖。在艾格莫尔特，他再次证明了，正如达洛所说的，"他更喜欢和人，而不是和古老的石头打交道"。达洛和塞戈涅登上了康士坦茨塔楼，而即将获得法兰西学术院大奖的圣埃克苏佩里则在小城防御工事的阴影中，一心一意地玩滚铁球游戏。

5月底，在比斯卡罗斯郊外，圣埃克苏佩里和B夫人回到了空中邮政大家庭剩下的成员之间，吉约梅在那里的"巴黎韦索中尉号"上工作。当时正赶上吉约梅过三十七岁生日，也赶上圣埃克苏佩里获得荣誉军团勋章；1月份，他就被任命为军官了，提议人正是吉约梅。卢卡和内里 313
也是"巴黎韦索中尉号"的成员，他们也来庆祝，当然还有吉约梅的猎犬。大家一起唱歌，一起吃蛋糕，蛋糕上插着三十七支蜡烛，还有其他一些老套的热闹做法，但没有人发言，因为两位嘉宾都太感动了，不想讲话。圣埃克苏佩里不仅仅要为获得勋章感谢吉约梅。《人的大地》中最常被引用的句子是吉约梅的话，"我发誓，我的经历任何动物都受不了"，这句话的影响持续至今：热拉尔·达博维尔是当代法国最富有冒险精神的人，1991年他在被问及为什么独自划船横渡太平洋时，他实际上是把圣埃克苏佩里的话又讲了一遍。在安第斯山脉坠机后，圣埃克苏佩里读了吉约梅的正式报告，他写信给吉约梅说，吉约梅应该在法兰西学术院占有一席之地；现在看来，吉约梅似乎为他的朋友取得了一个席位。12月评委公布奖项时，甚至提到了吉约梅，他们说《人的大地》最打动他们的是作者“对同伴的深厚感情……他对吉约梅所受痛苦的出色描述……”，圣埃克苏佩里为吉约梅题赠《夜航》时，许诺下一本书要以“吉约梅”为名。虽然最终书名不是“吉约梅”，但《人的大地》题献给了吉约梅，圣埃克苏佩里还在凌晨2点亲手把一本特装版送给了他。在这次访问比斯卡罗斯期间，吉约梅邀请圣埃克苏佩里与他一起乘坐定于7月初前往纽约的“巴黎韦索中尉号”，这一想法实际上是不太符合法航条例的。在笔记本中，圣埃克苏佩里将自由定义为“挑战可能性的能力”；现在，他再次展示自己发达的肌肉，但这绝不是这一年的最后一次。

经过几次谈话，法航大西洋区负责人路易·库埃首先被圣埃克苏佩里说服了。试飞不允许载客，与公司没有正式雇佣关系的人自然不应例外。经过一整天讨论后，圣埃克苏佩里成功说服库埃聘用他为“候补飞行员”。这位宽厚的负责人说：“他不是拥有所有必要的执照吗？”就这样，圣埃克苏佩里被正式聘用为四十二吨水上飞机的副驾驶员。事实上，7月7日从比斯卡罗斯横渡到长岛海峡时，他大多数时间是坐在吉约梅身后的。他们中途在纽约停留了四天，其间他第一次瞥见了书店里自己的肖像画，还见到了笑逐颜开的出版商和经纪人。随后，他们带他去看了哈莱姆爵士乐俱乐部的深夜巡演。巴士底日黎明时分，这架水上飞机——机上所有人都知道它已经很落伍了，当时泛美的快
314 艇经常飞越大洋——从长岛起飞。非常意外，它竟成了从美国直飞法国的第一架商业客机。在这二十八个半小时里，圣埃克苏佩里展现了自己的价值，他给机组人员讲故事，给吉约梅读安妮·莫罗·林德伯格的作品《听啊！风》的法语校稿。他已答应给这部作品作序。午餐时，这位为大家逗乐的“吉祥物乘客”一定特别受欢迎，因为机组人员发现由于疏忽，饭菜都被干冰冻住了，需要几个小时才能解冻。

着陆后，他立即离开比斯卡罗斯去伊冯娜·德·莱斯特朗热家，吉约梅一家也会去那里与他会合。（吉约梅在比斯卡罗斯待的时间比预想的要长，当晚他和妻子终于开车赶到奇特雷时，发现圣埃克苏佩里蹲在路边，非常沮丧。他在公路和表姐家的电话之间来回跑了两个小时，最终确信吉约梅英勇地飞越北大西洋后，在法国西部遭遇了困难。）两人脸上洋溢着胜利的喜悦，这次圣埃克苏佩里立即在报纸上描述了当时的感受；7 月 22 日，《巴黎晚报》登出了对这次跨大西洋飞行的报道。在文章中，圣埃克苏佩里表达了一贯的失望，说商业航空有点膨胀，有点“资产阶级化”了，但他又说，这次飞行之后他感觉自己年轻了十岁，就像重温了童年时光。这年夏天，他在另外两篇文章中也发出了类似的调子，其中第一篇刊登在孔蒂编辑的一份试航杂志特刊的卷首。他在文章中称，直觉高于数学计算，智慧高于科学，这完全符合他对数学的认识，也符合对驾驶飞机的认识；但人们可能会注意到，在一个由工程师管理的国家，他的观点是有一些离经叛道的。6 月中旬，他拿到了林德伯格作品的法译本，并在 7 月修改了给它撰写的序言。林德伯格作品的译者亨利·德尔戈夫碰巧是勒芒本地人，他在米开朗琪罗街上受到了热烈欢迎，圣埃克苏佩里就是在那里答应写序言的。对于这一天，德尔戈夫也许有些懊悔。圣埃克苏佩里在“巴黎韦索中尉号”起飞前不久开始读稿子，他发电报说，这部作品令他印象非常深刻，因此他想写一篇较长的序言，不过德尔戈夫要等到 7 月中旬才能拿到。7 月中旬很快到了，又很快过去了。7 月的第三周，一天傍晚，德尔戈夫和让·卢卡把圣埃克苏佩里锁在房间里，两人去蒙帕纳斯看电影了。午夜过后，他们回到米开朗琪罗街探看“囚犯”，却发现圣埃克苏佩里憔悴不堪，头发蓬乱，直冒冷汗，但也发现了几页写好的稿子。他们把作家抬到沙发上睡觉。

德尔戈夫的战斗还没有结束。接下来的几周，圣埃克苏佩里从戛

315 纳、从“诺曼底号”发来消息，他乘坐“巴黎韦索中尉号”返回后不到两周，又于26日乘坐“诺曼底号”再次启航前往纽约。他发来电报说：“告诉德尔戈夫用‘联系’代替第三页第十行的‘关系’。”《巴黎晚报》的撰稿人罗贝尔·德·圣让在船上碰到了圣埃克苏佩里，听他讲了安妮·莫罗·林德伯格的事，这是圣埃克苏佩里第二次在茫茫大西洋上称赞她的作品。林德伯格在法国的出版商发来的一封无线电报，打断了两人的交谈。电报回答了圣埃克苏佩里此前的一个问题，即那九页稿子还可以允许他修改多久。在他修改文稿时，圣让清点了“诺曼底号”上好玩的东西，从黏土鸽子系列、狗的救生衣到船上的监狱。他列出了远洋班轮上的新奇事，包括圣埃克苏佩里的纸牌戏法。“船上最让你印象深刻的是什么？”他问变戏法的人。圣埃克苏佩里自己回答道：“卡芒贝尔奶酪总是熟得刚刚好。”他花了大量时间与船长讨论跨大西洋航行，讨论它的未来在航海还是在航空。吉约梅又来与圣埃克苏佩里相会，他本周要再次飞越北大西洋，还说会从“诺曼底号”上方飞过。圣埃克苏佩里在海上的第三晚，吉约梅果然来了，他驾驶着拉泰科埃尔522，飞得尽可能低，并绕着灯火通明的远洋班轮盘旋了两圈。“诺曼底号”上所有乘客都跑到甲板上，欣赏这一壮观的景象。内里匆忙递给船长一张纸条；据圣让说（他原本不应该知道这一私密信息），纸条上写着：“开香槟庆祝水上飞机第一次飞越‘诺曼底号’上方。致圣埃克斯。吉约梅。”拉泰科埃尔522第二天抵达纽约，四十八小时后，“诺曼底号”才到达。

圣埃克苏佩里夫妇度过了一个悲惨的冬天，充满了伤害、危机和“奉献的戏码”，前两个问题源自龚苏萝，第三个问题，据作家自己说，源自他自身。到了夏天，他们休战了。现在，他与B夫人在一起的时间远比和妻子在一起的时间多，而妻子则一有机会就诋毁她的情敌。尽管如此，圣埃克苏佩里还是会定期看望龚苏萝，给她写信，而他不在的时候，则会委托耐心的苏珊·沃斯，或者委托母亲在距离允许的情况下来照看龚苏萝，这些都是为了让龚苏萝能够安分守己。这年夏天，夫妇两人在一起的时间并不比圣埃克苏佩里到处寻找妻子的时间长多少。例如，6 月 16 日，两人与沃斯夫妇共进晚餐，但到了 21 日，龚苏萝又不见了。他们一起在巴黎东南面二十英里的瓦雷讷-雅尔西发现了一所迷人的三层乡间住宅，配有一座大花园、一片池塘、一间温室、一个网球场、一间鸟舍，还有一个兔窝；龚苏萝认为丈夫应该在乡下住一段时间，调养身体。两周里，圣埃克苏佩里几次飞往美国，非常忙，但他抽空签了合同，以每年一万五千法郎的租金租下了这套房子。依照合同，租客 316
可以买下这所名为“绿叶”的房子，这可能是房东建议的。这年夏天，龚苏萝就住在这所房子里，圣埃克苏佩里希望龚苏萝再多住些日子，但他自己来得也不多。

圣埃克苏佩里在纽约刚待了三天，周六早上就接到了安妮·莫罗·林德伯格的电话。她刚刚读了作家的序言，受宠若惊，非常激动（激动到想要读一读《风沙星辰》）；她注意到作家对英语“一个字也不会说”，便用法语问他是否愿意来共进晚餐。林德伯格一家刚搬到长岛北岸的长滩不久。他们约好了当天下午由查尔斯来接客人。事情的发展是这样的，安妮到城里来找他，颇有点紧张，在得知圣埃克苏佩里先生在丽思卡尔顿酒店的酒吧里等她之后，就更紧张了。她正想着“也是一名醉醺醺的飞行员吧”，就见到了一位大块头的法国人，比她足足高出一英尺，各方面都很强悍，但不知何故又给人一贯的熟悉和迷人感觉，这感觉甚至前所未有地强烈。还未步入酒店，谈话已经非常热烈，安妮的车停了下来；圣埃克苏佩里赶紧从口袋里掏出一份序言。林德伯格夫人发现自己处境艰难，不得不“费力地用法语和圣埃克苏佩里讲话，同时还要和出租车司机交谈，然后再用法语给圣埃克苏佩里解释车出了什么问题，再用英语和司机说，一时忙得不可开交”。

两人到达宾夕法尼亚车站后，就坐在高高的凳子上，像孩子一样在吧台喝橘子汽水——安妮想起，曾经有人说她是林德伯格的“童妻”——他们谈到了写作的节奏，圣埃克苏佩里认为没有什么比这更重要。在曼哈顿和长滩之间，他们畅谈美国、航空、艺术、沙漠、流亡、诗歌和哲学家怀特海；一起通读序言；对于周围的事物浑然不觉；甚至心有灵犀，不等对方说完，就明白了意思。在后来的日记中，安妮描述了那次会面，简直是完美的第一次约会：她突然发现有说不完的话；她一股脑说了出来；因为同伴能够完全理解她的话，感动之下，她说得更多了；她担心圣埃克苏佩里会不会觉得无聊。而圣埃克苏佩里有些调情。当安妮引用 D. H. 劳伦斯的话说婚姻中男人和女人像是两极，他们中间托住了一个世界，他笑了：“哦，夫妻之间并没有那么远！”他给出了自己对婚姻的定义：夫妻应该像蜜蜂一样，采集蜂蜜，带回爱巢。

在林德伯格家的厨房里，他们没有见到查尔斯的影子。表演了几
317 样纸牌戏法之后，安妮独自和圣埃克苏佩里吃了晚餐。在安妮看来，纸牌戏法是这位羞怯的客人放松自己的一种方式。安托万·德·圣埃克苏佩里和查尔斯·林德伯格都是他们那个时代的传奇人物，直到晚上将近 10 点他们才见了面。安妮松了一口气，她在一旁听两人谈话，时而充当翻译。谈话很快上升到一个“新高度”，可以说内容宏大，不是关于私人的事情。两位先驱各自谈了一些飞行往事。法国人坦诚地说：“但我从不知道，我惋惜的不是我自己的青春。”他引导林德伯格讨论起他最感兴趣的话题，人和机器，以及科技时代人的精神需求——他表明了自己厌恶法西斯主义，当然是以非常温和的方式。林德伯格与德国的友谊足以让他的名字在新闻短片中引来一片嘘声，他对此并不生气，尽管他也承认在和圣埃克苏佩里谈话之后遇到了麻烦。

周日早上，圣埃克苏佩里下楼吃早餐时，幽默地说，他在楼上找卫生间时迷路了（其实卫生间紧挨着他的房间）。在餐桌上，他看到了两

岁的兰德·林德伯格；安妮觉得，客人似乎被这个一头金发的漂亮小男孩迷住了。他在沙滩上和兰德，还有兰德的哥哥乔恩玩得很开心。乔恩和母亲一样对这位法国人很热情；第二年，他问母亲，圣埃克苏佩里是不是法国的圣徒。游泳完，林德伯格一家驱车几英里把他送到亨廷顿，身患癌症的拉乌尔·德·鲁西·德·萨勒住在那里的一所消夏寓所里。在车上的二十分钟里，圣埃克苏佩里讲了他差点溺水的故事。林德伯格一家傍晚来接他，看到他正在鲁西·德·萨勒家的门廊玩纸牌。回去的路上，他讲沙漠，讲危险和孤独的重要性。他们聊个不停，这位不知疲倦的法国人解释说：“有的人聊得来，有的人聊不来，没有中间地带。”他们吃晚餐，在海滩上散步，睡觉前喝牛奶和姜汁汽水，时时刻刻都在聊天。第二天早上，林德伯格一家开车把圣埃克苏佩里送回纽约。这时他们还在聊天，圣埃克苏佩里讲了雅各和以扫的故事，谈到了信仰的话题，并啰啰唆唆讲了一个关于巴塔哥尼亚牧羊的寓言，在他看来，这证明大自然总是会让人类为自己的进步付出代价。平时一丝不苟的林德伯格听到妻子兴奋地翻译圣埃克苏佩里的话，也被吸引了，他没留意油表，在去往第五十九街大桥的坡道上才发现汽油耗尽了。“这是两天内圣埃克苏佩里第二次弯腰查看林德伯格的发动机。”安妮写道。

她有很多理由来怀念这位周末的客人，圣埃克苏佩里让她感到自己“头脑更加活跃了”，不过之后两人再也没见过面。她将发生之事描述为“夏日闪电”，这或许是最恰当的。这也应该是龚苏萝和圣埃克苏 318
佩里的感受。这位娇小的、讲法语的外交官之女濡染了丈夫对航空的热爱；而彬彬有礼、头脑灵活的法国人写尽了关于飞行的最抒情的故事。安妮·林德伯格常常想念圣埃克苏佩里，担心他的安危，他甚至“成了我观看战争的透镜”。她的小说《垂直上升》“就像一封写给圣埃克苏佩里的信”，她相信圣埃克苏佩里一定能读懂这部小说。和圣埃克苏佩里见面五年后，她觉得有必要提醒自己，现在自己的婚姻已经是最理想的了。她写道，如果查尔斯对我来说是地球，那么圣埃克苏佩里就是太阳、月亮或星星。听闻圣埃克苏佩里去世的消息时，她悲痛之深切连她自己都感到惊讶，她就像姐姐去世时一样悲伤，好几个月都走不出来。她责问自己："你要用一生去回忆在火车上与陌生人之间的一小时谈话吗？他甚至不会说你的语言，而他的语言你也只会结结巴巴地说几句。但显然，他是我见过的所有人当中最会讲'我的语言'的人。"丈夫得知她对圣埃克苏佩里的怀恋，有些吃惊，坦白说自己有些嫉妒。他也忘不了这位法国人，只是理由平淡得多。圣埃克苏佩里来拜访后两个月，林德伯格去店里买了一双新网球鞋；他原来的鞋借给圣埃克苏佩里了。林德伯格说："我想他可能把鞋落在海滩上了；因为鞋子湿透了，他不可能装进手提箱。"接下来几年里，林德伯格会以不一样的眼光看待发生的事情。

从林德伯格家回来后的那个周末，圣埃克苏佩里受院长安德烈·莫里兹邀请，在佛蒙特州的明德学院暑期学校度过。他没有开正式的讲座，但在一系列随意的谈话中，他展现出无穷魅力。崇拜者们（有三分之二的暑期学生是女性）乐意听他讲他带着一只幼狮飞越非洲，或者看他熟练地表演纸牌戏法。故事和戏法吸引了很多人。有一次，他请观众从纸牌中挑一张，再还给他，他拿着转了一下，居然变成了另外一张牌。这是他最令人难忘的一次绝技展示。他的手法非常娴熟，以至于很多法国教师——其中很多人是他的老朋友——都深信他用的是一副魔术专用纸牌。12 日在犬队酒馆为他举办的午餐会同样欢乐。多萝西·汤普森在附近，听说这位法国作家来了，也顺道来拜访。皮埃尔·德·拉吕很健谈，他坐在圣埃克苏佩里和汤普森之间，看起来像在翻译。在那天下午拍的照片上，圣埃克苏佩里显得轻松而怡然自得，时而也热情洋溢。晚上，他和伊冯娜·米歇尔开车出去，伊冯娜是巴黎人，夏天在

这里工作,也是一位年轻的领事官员。路上,他讲了原子领域的进展, 319
生动地解说了核裂变。神奇的是,他正讲得起劲,北极光划过了天空。

1939 年 8 月 20 日,他回到纽约,与鲁西·德·萨勒聊了一个晚上。现在两人似乎都认为战争不可避免。圣埃克苏佩里坦言,他担心航空技术引发冲突,这场战争已经没有所谓的前线了。三天后,德国外交部长冯·里宾特洛甫在莫斯科签署了《苏德互不侵犯条约》,法国对此的反应是经典的“我们被戴了绿帽子”。那天,圣埃克苏佩里躲在丽思卡尔顿酒店往法国打电话。24 日——或者像他后来所说的,“当头条新闻太令人震惊时”——他和伊冯娜·米歇尔,还有几位朋友一同乘坐“法兰西岛号”回国了。旅途中大部分时间他都在船长室度过,在那里他熟悉了航行的所有细节,鉴于船上供给充足而乘客很少,这段经历尤其愉快。8 月 30 日前,旅客们一直靠鱼子酱活着,那天,“法兰西岛号”停靠在了勒阿弗尔。那时,希特勒已经入侵波兰,四天后法国向德国宣战,圣埃克苏佩里回到巴黎时,发现战争动员信已经在等着他了。9 月 9 日,他身着军装去图卢兹的弗朗卡扎机场报到。

*

这一年,圣埃克苏佩里上尉三十九岁,并没有给军医留下什么印象。他最大的用处似乎是当导航教员,所以战争刚开始的那段日子——有一段时间,大多数法国人都假装战争还没开始——他一直在后方工作;这可能是他一生中唯一不乐意待在图卢兹的时候。他开始每天驾驶西蒙飞机飞行四次。他还在黑板上演算,展示数学才华,至少刚开始的时候是这样,这无关任何课程,只是自娱自乐。当然,这还不够。他一生中打破规则的最大战役在他第一次在空中取得胜利时打响了。他呼吁朋友们在战争中发挥更积极的作用,但在选择参与者时他很明智；有些人想让他尽可能远离任何战斗。没有人比 B 夫人和他关系更近或更可能实现他的愿望了，因此 10 月底他热切地给 B 夫人写了信。他感到窒息，厌恶远离危险的想法，他竭力恳求 B 夫人把他调到实战部队。B 夫人一定要救他，意思就是把他调到前线去。

应该说，圣埃克苏佩里的挫败感是大多数被动员参战人员所共有
320 的，他们因一场还没有真正开始的战争而感到无聊和愤怒。终于，《慕尼黑协定》之后悬而未决的漫长时期过去了。冬去春来，温斯顿·丘吉尔称之为“平静的冷漠”的情绪被沮丧取代。这场“怪战”变成法国战役，而法国军队毫无准备，士气低落。11 月初，圣埃克苏佩里参观了军营，短暂地重温了平淡有序的飞行中队的乐趣，但他比以往更加绝望了。“我向你提出这个请求并不难为情。这不是关于工作或补助金的请求，而是上前线的请求，加入战斗飞行中队对我至关重要。即使这很难，很复杂，我也毫无顾忌，因为这是我第一次求你。”他恳求 B 夫人道。他已经接受了医学检查，但被判定不适合飞行。他身上有多处明显的伤，包括左肩活动受限、身体僵硬、陈旧性骨折，他还有头痛史。

他并不气馁，打电话给老朋友达韦将军，达韦当时是波城轰炸机学校的指挥官。达韦坚信，一个人如果心系一项工作，他就应该获准从事这项工作，即使他的这颗心已经三十九岁了；他亲自护送圣埃克苏佩里通过迷宫般的层层官僚机构，最终到了航空部的居伊·拉尚布尔面前。圣埃克苏佩里不再具备操作战斗机的反应能力；他也不愿意驾驶轰炸机。11 月 26 日，他高兴地作出让步，同意去 2/33 侦察队，他们驻扎在巴黎以东一百二十英里奥康特的香槟区。有一件事似乎可以证明他的说服能力（或他的社会关系）：吉约梅也要求去战斗机中队，但因为年龄太大遭到拒绝，转而去当了运输机飞行员。圣埃克苏佩里比好朋友大两岁。他为调动成功庆祝了两次。一次是在巴黎的双叟咖啡馆，这肯定与在利比亚坠机后的庆祝活动截然不同。还有一次在图卢兹，离

开前他召集战友们一起喝一杯。这次小聚被一句话破坏了气氛,这句话反映了一种广泛的看法,必须有人把它说出来。一位年轻的中尉说:“为了驾驶军用飞机,航空公司的飞行员要学习很多东西。”圣埃克苏佩里上尉听闻此言,生气地回道:“除了谦虚。”

在奥康特,没有人特别乐意看到圣埃克苏佩里。他是传奇人物,但年轻的、充满热情的军事飞行员比传奇人物更受欢迎。侦察队的飞行员,同时兼任机械师的勒内·加瓦耶中尉问道:“他不会参加飞行吧?”让·伊斯拉埃尔中尉很纳闷:“他是要拍电影还是干什么?”观察员让·
迪泰特中尉也问道:“他不是四十岁了吗?”他们都没想到,自己会成为 321
圣埃克苏佩里下一本书里的角色。12 月 3 日下午,他穿着一身不太整洁的制服走出指挥车,踏上泥泞的地面时,就成了热议的对象。踏进营房的那一刻,他似乎有一点胆怯,少了几分自命不凡,但面对大家好奇的目光,他并没有畏缩。弗朗索瓦·洛走上前去:“中队指挥官,洛中尉。”新来的人回应道:“圣埃克苏佩里,飞行员。”他的军阶更高。其余的人也都介绍过了,圣埃克苏佩里说:“这里很不错,如果你们接受我,我很乐意留下来。”作为一个赋予荒凉沙漠浪漫色彩的人,他当然有权这么评价粗犷、冰冷的兵营。据让·伊斯拉埃尔回忆,不出两天,他的魔力就显现出来了。“他驯服了我们。”性格外向的加瓦耶负责帮助圣埃克苏佩里熟悉新职业;他对这位新人有所耳闻,因此相处时有些害怕。然而,在法国空军看来,圣埃克苏佩里一直是一名优秀的飞行员,在加瓦耶的帮助下,他迅速适应了他要驾驶的第一架现代飞机——波泰 63。(不幸的是,波泰的这个七百马力的新机型从一开始就落伍了,每小时比梅塞施密特战斗机慢一百英里。)当飞行中队对圣埃克苏佩里的态度从小心谨慎转变为尊重时,加瓦耶的殷勤变成了偏爱;后来有人说他像是这位老飞行员的侍从。

圣埃克苏佩里在很多方面仍然注重形式。第一次高空飞行时,他穿了六十五磅重的装备，飞到三万英尺，那里的温度降到了-48℃。后来他的战友说，你那时一定有点冷吧。这个新来的人说，只是稍微有点不适；正说着，一条消息打断了他，原来他忘记给加压服通电了。他在杂乱的角落里做着白日梦，没有人打扰；他的房间堆满了各种美国制造的小玩意，其中他最得意的是一把电动剃须刀。尽管不符合任何规定，但圣埃克苏佩里还是获准把那年秋天买的二手德索托汽车带到奥康特。买德索托汽车是他一生中难得的一次妥协；他本想要一辆布加迪，他觉得德索托散发着中产阶级的俗气。在奥康特，这辆汽车很快成了整个中队的车。他载着朋友们，以每小时四十到九十英里的速度行驶，快慢取决于谈话的热烈程度。对乘客来说，这无疑令人毛骨悚然。侦察机飞行员驾着车在结冰的公路呼啸而行，错过了去奥康特的路口，但在他减速前没有人敢提起这个疏忽。伊斯拉埃尔记得一天晚上，和邻近中队聚餐完回奥康特，那是他所执行的战斗任务中最可怕的一次：由于灯火管制，汽车没有开大灯，圣埃克苏佩里却在冰上高速滑行，一心
322 想证明自己并没有喝多。

在奥康特，他住在军队的农家临时营房里，那户农家有三个孩子，他住在最大的房间。最初，他在这里并不受欢迎。当上尉出现在她家，弯着腰通过卧室门时（他不记得自己当时弯腰了），舍舍尔太太告诉他去附近的庄园住会更舒服些。圣埃克苏佩里环顾房间，发现从这里能看到街道全景，就宣布说："我喜欢这里。我要留在这里。"对舍舍尔一家来说，他确实是个奇怪的人。而他们不知道，后来这所房子在《空军飞行员》中成了永恒。他经常下午待在家里，有一天，碰上舍舍尔太太在厨房里做黄油。他坐到舍舍尔太太身边。舍舍尔太太反对道："您知道吗，上尉，做黄油需要很长时间，对您这样的人来说，这可不是件有趣的事。"不过，她的房客不是那么好打发的。每天晚上，他在房间里疯狂地写作。在舍舍尔太太看来，这些不过是长长的黄纸，实际上它们包

括：对《风沙星辰》剧本的想法、对尚未完成的剧本《伊戈尔》的想法、用长文形式表达的对战争的观点、正在写的书、他越来越喜欢的“诗”，还有很多信。舍舍尔太太忍不住要看这些稿子，也忍不住给房客的怪癖泼凉水，晚上要是他熬得太晚，就断掉他的电。圣埃克苏佩里为舍舍尔家的床写下了颂词；对于要叫醒他，让他早上 7 点到机场报到、吃早餐的人来说，这并不奇怪。“冰冷的床很棒。你不动时就像置身一条温暖的河，但你一动就会掉进极地冰冷的水流；床非常神秘，它既是墨西哥湾暖流，又是冰三（是这样写的吗?）。”他在给莱昂·沃斯的信里这样说，当时他搬到了条件好一点的住处，但他并不喜欢。“在气候温和的地方，我会感到无趣，萎靡不振。”他总结道，他似乎对自己有所了解。

与 1939 年相比，1940 年奥康特的气候没那么温和。当时圣埃克苏佩里给贝克尔写信说，这里与丽思卡尔顿酒店大不相同。那年冬天，法国的气候都变了，遇到了五十年来最冷的冬天；曾经《白雪公主》让观众一饱眼福，如今《诺斯特拉达姆》销售一空。12 月，2/33 侦察队只执行了一次飞行任务，结果还很糟糕。大雪不停地下，而他们要侦察的区域很广，德国战斗机打击得很精确，再加上侦察队没有任何无线电导航设备，飞行任务因此难以执行。放眼望去，四处白茫茫；那些没有遮盖起来的波泰飞机看起来像是变异了的极地豪猪。除了等待，似乎别无他法，对于发现自己的装备既有问题又特别紧缺的空军飞行员来说，这相当折磨人。当上升到设计飞行高度时，波泰飞机上的枪和控制器就会冻住；正式宣战九个月后，很少能在天上看到一架法国飞机，所以防空 323
炮台不管看到什么都当成德国飞机开火，这么做多半不会错。“这可以理解，但一点也不好笑。”圣埃克苏佩里评论道，他的飞机就不慎被战友的炮火擦伤了。德国人口仅为法国的一半，但在空中，德国飞机的数量是法国的十到二十倍。A. J. 利布林接替珍妮特·弗兰纳做了《纽约客》杂志的记者，一名驻扎在奥康特附近的法国飞行员告诉他：“一些德国飞行员技术好，但大多数都不怎么样。不过，几乎所有的德国飞机性能都很好。你追踪的飞机里很可能坐着一名技术好的飞行员，所以你任何时候都不能掉以轻心。”圣埃克苏佩里刚来时，听说了侦察飞行的乐趣：“你需要在没有枪也没有控制器的情况下，在德国上空飞行。不过，不要把它想得太难，它真的并不重要。因为，不等你明白德国战斗机在哪里，你已经被击落了。”

那年圣诞节和元旦，圣埃克苏佩里都是与舍舍尔一家度过的。圣诞节前，他接受了高空飞行训练，但直到3月下旬，新的布洛赫174替代了波泰飞机后，他才开始执行战斗任务。他有大量的时间来写作，来证明自己高超的国际象棋实力，来思考和绘画；1939年，他开始一遍又一遍地涂鸦一个小人儿，他常常长着翅膀或是站在云端，在其中一幅画里，他受到一个象征着梅塞施密特的小恶魔威胁。一位队员问他，为什么经常画一个追逐蝴蝶的身影；圣埃克苏佩里回答说，他非常喜欢这个追求“现实理想”的身影。冬天慢慢过去，他的士气越来越低落，他开始讲和写“我所居住的奇怪星球”。他发誓说：“下次有机会，我要换个星球。”

他认为法国在战争中的努力收效甚微，非常沮丧，于是致力于解决困扰2/33侦察队的一些紧迫问题。他与费尔南·奥尔韦克见过几次面；两人设计并使用了——显然未获统帅部批准——一个巧妙的方案，就是添加丙酮醛来解决枪在飞机上会冻住的问题。后来，他又与这位科学家会面，讨论他关于“伪装照明”的设想。回忆起在阿根廷那年，飞行员在夜间突然看到亮光时，反而比在黑暗中视力更差，于是他建议给飞机装上灯，以此让敌方看不到我方的飞机。这年冬天，他还发明了一种测距仪。这两种装置的实验研究随着法国沦陷而停止了。奥尔韦克总结了这位才华横溢的发明家的天赋：他没有接受过科研训练，但他通过树木看到了森林。他获准随时可以休假去巴黎旅行。实际上，他也

经常由战友陪伴到巴黎去。和以往一样，在奥康特时，他也给大家带来 324
了欢乐。几乎刚一到达，圣埃克苏佩里的事迹就开始出现在中队的航空日志里了。12 月 10 日，法国空军司令维耶曼将军前来视察；他离开时完全被圣埃克苏佩里精湛的纸牌戏法折服了。除了上演计划的娱乐节目，作者还吸引了不少游客来到奥康特，有拉蒙·费尔南德斯、约瑟夫·克塞尔和皮埃尔·马克·奥兰等，沃斯和奥尔韦克也在其中，有几次 B 夫人也来了。

圣埃克苏佩里曾经在朱比角机场工作，再加上他现在在政治方面已比较老练，因此在奥康特和那些军官们一起工作他得心应手。一位战友回忆道："在充满青春朝气的氛围中，生龙活虎的人都愿意献出自己的生命，安托万·德·圣埃克苏佩里自然不会甘于人后，又变成了意气风发的少年。"他常用一些数学难题和字谜游戏给大家带来快乐，这成了那个春天少有的慰藉，帮助飞行中队保持了良好的精神状态。2/33 侦察队终于开始定期飞行了，队员开始迅速减少。他请贝克尔寄给他纽约最好的便携式留声机，还有 14、15、16 世纪的法国音乐唱片以及巴赫和亨德尔的唱片。贝克尔通过外交邮件寄给了他。一天，这台珍贵的留声机停了；圣埃克苏佩里害怕触电，请战友来帮他看看怎么修理。在某种程度上，他似乎试图提升营地的音乐欣赏水平，使之更加符合自己的品位。他曾声称甘愿在军营里做"一名默默无闻的士兵"，与战友们共历严寒、风雨、风湿、恐惧和空虚的长夜，但现在他坦言自己一直喜欢爱听巴赫的人，而不是爱跳探戈的人。和所有中队一样，2/33 经常唱歌：沃斯来中队时注意到，这种快乐可能是抵抗战争恐怖的唯一办法。圣埃克苏佩里初到时，2/33 中队的保留剧目都非常粗俗；他带来了一些略微轻佻，但更有几分雅趣的音乐。

这个冬天，圣埃克苏佩里上尉在地上的许多所作所为证明了他的勇气。1939 年，亨利·让松因发表一篇不敬的文章，煽动士兵不服从军命而被捕并受到指控。他的朋友圣埃克苏佩里出乎意料地出现在法庭上，为他辩护。圣埃克苏佩里看起来像“从由弗里茨·朗导演、[赫伯特·乔治·]威尔斯创作剧本的电影里走出来的深水潜水员”。他向军事法官介绍了自己，并按要求拼写了名字。在让松眼中，两人似乎不仅来自不同的星球，而且来自不同的星系。圣埃克苏佩里做了辩
325 护，言语中没有一丝傲慢或不耐烦，不过他明白这些话是说给聋子听，完全没有用。冬末，他发出了可能是他军旅生涯中唯一的命令；这一场景更值得由路易·马勒，而不是弗里茨·朗来导演。一次执行完任务回来，他和一位朋友在拉昂外的一家餐馆里坐下来吃饭。一群军官在另一张桌子吃饭；还有一张桌子旁坐着一个服丧的女人和她的两个女儿，似乎在等车来接她们。士兵们喝了很多酒，开始声嘶力竭地唱歌。喧闹声渐渐变得特别粗俗，圣埃克苏佩里转向他们，示意那边有两个年轻女孩。士兵们不以为意，继续唱歌，歌曲更低俗了，极尽淫秽。圣埃克苏佩里三步走过去，心平气和地对领头的人说：“我命令你安静。”开始有几个人反对，慢慢地，桌子上的人安静下来了。上尉回到座位，只听到刀叉碗盏的声音。女人有些尴尬，感谢他道：“啊，先生，感谢上天还有像您这样的好人！”

他自称“一名默默无闻的士兵”，但他的举止、他出现在战斗前线的事实出卖了他。他托了关系才在冬天来到奥康特，现在还要托关系继续留下来。季洛杜是夏天时被任命为情报部部长的，那时法国还未参战，他从圣埃克苏佩里那里约到了一篇稿子，10 月中旬，圣埃克苏佩里通过电波读了这篇《泛德主义及其宣传》。（圣埃克苏佩里的母亲对它评价很严苛：“虽然写得有点匆忙，但措辞精当。”她为儿子自豪，并认为他的演说是对付斯图加特电台有害广播的有效武器。）季洛杜认为圣埃克苏佩里做宣传工作更能发挥才干，并在 12 月正式请求将他调到宣传部门。他拒绝了。他说，他没有什么金玉良言可以给法国人，他觉得法

国人当下需要的不是爱国主义和法兰西荣耀之类的陈词滥调，而是某种金玉良言。

然而，他渐渐成为更具价值的新闻发言人。1月，《费加罗报》建议所有奔赴前线的年轻人都带上一本《人的大地》。2月，美国书商协会将圣埃克苏佩里评为国家图书奖得主。5月，法家情报部强烈要求调遣他来参与工作；所有人都认为，圣埃克苏佩里是在美国说话最有分量的法国人。情报部希望能派他去美国执行任务，彼时林德伯格正竭力使美国远离冲突，情报部恳求圣埃克苏佩里的指挥官亨利·阿利亚说服他应允。“我们紧急请求您与圣埃克苏佩里商谈，在何种条件下他能协 326
调好军官的职责与文人的职责。”情报部秘书长写道，他本人也希望能说服这位名人。阿利亚少校声称从未收到这封信。

1940年1月，国家科学研究中心也试图招募他，这家中心是法国政府管理下的著名研究机构。他还是坚决不妥协。这需要采取一些措施：他又一次不得不向航空部说明情况。阿利亚陪他去见居伊·拉尚布尔，这位参谋长向阿利亚透露，这项任务是圣埃克苏佩里的朋友们安排的，一心要确保他活下来。出于同样的目的，那年冬天，迪迪埃·多拉请他的前飞行员到巴黎见面，共进午餐。圣埃克苏佩里完全明白多拉的目的，他说服了马克斯·热莱上尉陪他一起去。他解释说，他从来没拒绝过多拉，现在也做不到，他恳求热莱，只要谈到调遣就把话题岔开。热莱成功了，不过吃完午餐时，多拉还是不得不正面谈到这个问题。热莱上尉想说服这位一战英雄：圣埃克苏佩里还没有执行过战斗任务；怎么能在这个时候要求他离开中队呢？沃斯被朋友的固执激怒了，提醒他说，今年冬天他活着比死去更有价值，并恳求他重新考虑。圣埃克苏佩里回答说：“那对战友们太无礼了。”5月，多萝西·汤普森也这样劝他；她那时正好在巴黎，她请B夫人安排她与圣埃克苏佩里再见一面。汤普森对他说，他竟然去执行伤亡率如此之高的侦察任务，简直不可思议。“你完全错了……如果我不与生活抗争,我就写不出来东西……人必须以自己的身体来写作。”飞行员明明白白地告诉汤普森,接着又发表了一通难以理解的长篇大论,讲如何以身创作。(在世界的另一边,安妮·林德伯格读完汤普森对自己与圣埃克苏佩里谈话的叙述,哽咽了。在接下来的几天里,她试图将圣埃克苏佩里的人生哲学运用到自己的生活中,很遗憾——鉴于她丈夫公开反对美国参战——她似乎站在了圣埃克苏佩里英雄主义的对立面。)荒谬的是,圣埃克苏佩里不得不搞点特殊,才能让自己免受优待。

他为什么明知徒劳,还要在飞行任务上投入这么大?他已经成熟了,不会幼稚地相信自己刀枪不入;他已经伤痕累累,放弃了平安顺遂
327 度过一生的想法;他已经很熟悉他所谓的“无我”,可以向指挥官吹嘘说,他报告汽车被盗时,其实只是忘了车停在哪里。此外,他承认,他知道自己在其他岗位上可能对国家帮助更大。他没有逻辑论据来为自己辩护,来反驳那些希望他调动的人。同时,他又摆脱不了直觉,觉得自己应该在前线战斗,尽管他知道胜算小得可怜。他最早承认,法国的战争努力不过是在玩“警察抓小偷”的游戏,不过是“装装样子”;2/33 中队的侦察任务没有丝毫理性基础,来之不易的情报对总参谋部毫无用处,不过一般也传不到那里去。(有一次,情报传上去了——执行低空飞行任务的侦察员报告说,在阿登高地发现了德军坦克,但法国参谋部认为敌人不可能渗透到那里——可惜没人相信。他们说那是侦察员的幻觉。)留在侦察队,结局几乎注定是死亡,但圣埃克苏佩里对替代方案不感兴趣。他写道:“我们面临的前景是回归本来的污秽——贪婪亲戚家里的油腻食物、家人争吵时的坏脾气、为求财而生出的坏心、落空的希望、见到收租者落荒而逃、房东的傲慢、医院里死亡的恶臭。在这里,无论如何,死亡是干净的。”他写道,他已经看到了这些弊病。

他不应该上前线,因此他执行任务的理由必然比战友们更复杂,正

如让·迪泰特所说:“我们知道德国人比我们强大,但我们不能袖手旁观,我们有自己的职责,我们履行了。我们不关心是否达到了某个目的。”此外,位高则任重,圣埃克苏佩里的贵族身份使他的问题更加复杂。他母亲也有这样的责任感。1939 年 9 月,母亲作为护士被动员参战,她写信说,很高兴自己能发挥作用;她无法忍受自己无所作为。儿子则承认自己“渴望掌控一切”,越来越自认为承担着牧人的责任。他秉持一条对他来说至关重要的真理:“当你处于危险之中时,你对每个人都负有责任。”而且,他总是不相信知识分了,现在更是对他们编造出来以减轻这个悲惨国家的痛苦的一套说辞毫无兴趣。他一再坚持,真正的热情只能用行动来衡量。他无法接受萨特所说的“言语即行动”,仍然相信——正如他几年前告诉勒妮·德·索西纳的那样——他要去生活才能写作,这自然意味着要冒死亡的风险。

1 月,媒体指责他用失败的飞行经历来编造故事,令他非常痛苦。一位嫉妒的作家带头指控他,这触到了他的痛处。圣埃克苏佩里知道他在很大程度上是在为自己而战:他第一个承认,他需要并且喜爱迫使他超越自己的力量,在深陷重围之时,他能够得到内心的宁静。他很清 328
楚牺牲的净化力量。12 月,他写信给 B 夫人,说他很喜欢在利比亚的那次坠机,喜欢那种迫使他必须走下去的力量。他告诉林德伯格夫妇,在二十多岁时,他有时觉得沙漠很枯燥,了无趣味,直到他遭遇枪炮袭击,沙漠才变得充满魅力。哲学家莫里斯·梅洛-庞蒂读《空军飞行员》时清楚地看到了这一点:他认为圣埃克苏佩里是“通过自身所涉危险的程度”来发现自我的人。他并不热衷流血牺牲,也不喜欢高海拔,但他还是需要参加这场战争;尽管它是徒劳和荒谬的,尽管它提醒着他自己已不再年轻,但这是他所知道的最接近空中邮政公司以行动为生命之精神的方式,而他已经在这条前线之外流亡十年了。他非常清楚,若调往别处,他可以为祖国作出更大贡献,但他仍选择留在 2/33 中队,他的理由最崇高也最自私。

*

2月27日，圣埃克苏佩里前往马赛接受两周培训，学习驾驶布洛赫174，这是法国空军的新骄傲，可以在三万英尺的高空与梅塞施密特飞机一较高下。3月底，第一批布洛赫飞机抵达奥康特；作为三个直接向统帅部报告的侦察飞行中队之一，2/33最先得到了飞机。关于谁将荣幸地成为驾驶新飞机执行第一次任务的飞行员，发生了一场角逐，洛、热莱和圣埃克苏佩里都具备资格。每个人都有充分的理由执行飞往法国东部和比利时的任务；圣埃克苏佩里的理由是，三个人中他是唯一有试飞经验的。洛胜出了，但他的氧气面罩出了问题，被迫中止任务。洛返回时，圣埃克苏佩里带着他的机枪手和观察员起飞了，颇有点幸灾乐祸。“我知道，以我的资历，第一个出征的当然是我。”说完，他便出发去执行自己在中队的第一次飞行任务。上升到二万七千英尺时，控制器冻住了，他返回了营地。

三天后，即4月1日，执行完两次飞行任务之后，圣埃克苏佩里按计划作为热莱的观察员再次参加飞行。他像小孩子一般非要坐在前面，还抗议说，天气如此恶劣，如果不坐在控制台前，他会生病的。圣埃克苏佩里如此坚持，指挥官热莱只好让他驾驶飞机，自己当观察员，他们在三万英尺高空飞越了德国西部。返回奥康特时，热莱忍不住在对讲机里提醒他，自己教过他怎么准备起落架。圣埃克苏佩里威胁说，如果热莱再分散他的注意力，就罚热莱的款，随后他完成了一次完美的着
329 陆。他仍然像几年前吃光埃斯科盘里的鱼子酱时一样贪心又固执。一天，阿利亚暴跳如雷，说：“如果你非要按照自己的想法办，你就把所有飞行任务都揽下吧。”回想1940年的战斗，阿利亚得出了一个规律，很

好地概括了这位杰出同事的飞行生涯:“正常飞行时,圣埃克苏佩里本身就是危险因素;遇到险情时,他又会变得技艺超群。”4 月 16 日,洛在比利时上空被击落,粉碎了 2/33 中队对布洛赫飞机的信心。洛严重烧伤,他的机枪手和观察员都丧命了。每个人都想知道为什么会发生这样的事,大家都认为一千一百四十马力的布洛赫无懈可击,但只有一个人自称是《巴黎晚报》的记者,来到洛的床边了解真相。20 日,在讷沙托区的医院病房里,洛透过绷带的缝隙,惊讶地看到了圣埃克苏佩里。他待了几个小时,给洛留下了一张一千法郎的支票。洛从未去兑现这张支票。圣埃克苏佩里回到法国,他带回了一条坏消息,梅塞施密特的一个新机型已经上天了。

4 月 11 日,2/33 中队转移到了奥康特西北面八十英里处的阿蒂苏朗。这时,圣埃克苏佩里开始经常发高烧。高烧来得猝不及防,有时还在跑道上就突然发起烧来。他咨询了几位医生,他们似乎认为他的胆囊出了问题,但他并不认同。他靠磺胺类药物勉强支撑;怕万一被俘,他口袋里随时带着药。发烧的事他谁也没告诉。“如果中队有人察觉我发烧的话,他们一定会把我送回办公桌前,不让我带着机组人员执行飞行任务。我不抱怨,也没有被强制调离岗位,因此只好发着高烧执行高空任务。”他后来解释说。他似乎没有想到,他的机枪手和观察员的安危与他的健康息息相关。麻烦终于来了,在没有提前通知的情况下,中队进行了一次体检。为此他不得不编造了自己疟疾发作的荒谬故事,其实他从没得过疟疾。一名军医似乎发现了问题,他知道圣埃克苏佩里不适合再飞行了,但他只是选择视而不见,因为他没想到会有人发着 40℃高烧去执行战斗任务。5 月 10 日,法国战役正式打响,圣埃克苏佩里到巴黎治病——据战友们说——他有几处陈旧性骨折,而人体组织在 3 万英尺高空会膨胀,骨折的部位会很痛。

那天凌晨 4 点,在巴黎,他被报纸编辑勒内·德朗热的电话惊醒。 330

德国人入侵了荷兰、比利时和卢森堡。这场“怪战”结束了；圣埃克苏佩里返回拉昂时——闪电战开始时，圣埃克苏佩里和2/33中队的大多数飞行员都在休假——当地已经遭到轰炸了。好在之前飞机已经伪装好了，在这次袭击中全部未受损坏。5月15日，荷兰投降，那时敌人离他们营地已经不到十六英里。2/33中队再次向西转移，这是他们在法国仓促转移的第一步。圣埃克苏佩里于16日回到巴黎，一定程度上是为了发泄愤怒。为什么没有人告诉法国人民形势极其严峻，前线不保？法国领导人知道德国军队到哪里了吗？他是知道的；他在拉昂城外亲眼看到了德军，距巴黎不过一个多小时的车程。他发现首都出奇地平静，事实上也确实如此。难以想象德国人会长驱直入，挺进巴黎，他们开着坦克碾轧阿登高地，而在德国人入侵之后好几周，卢森堡还在上演《庞奇和朱迪》木偶戏，巴黎的德鲁奥拍卖行还在营业。

据说16日下午6点，圣埃克苏佩里曾与总理保罗·雷诺见面，但这是不可能的，因为雷诺下午5点半时还在接待丘吉尔参加外交部的紧急会议。（丘吉尔得知色当前线已经溃败，德国的八九个师将法国部队劈分为两半，此刻正加速向亚眠和阿拉斯挺进。接着，丘吉尔得知法国人没有战略储备，非常震惊，他后来回想起来，这仍然是最令他震惊的事情之一。同样让他目瞪口呆的还有，法国人在奥赛码头的花园里燃起火堆，外交部官员正忙着将外交档案投进火里。）法国在几周内损失了四分之三的战斗机，圣埃克苏佩里因而要求前往美国请求飞机援助，也请求罗斯福介入这场战争，否则法国必败无疑。他的提议遭到了拒绝；大约两周后，法国把这项任务派给了勒内·德·尚布伦，一位年轻的律师。他和圣埃克苏佩里一样，既是上尉也是伯爵。派尚布伦做特使是自然的选择，这不是什么排名先后的问题，而是因为他能讲一口流利的英语，又是拉斐德侯爵的嫡系后代、法国总理皮埃尔·赖伐尔的女婿。

虽然警察配了步枪，但巴黎似乎对紧张的局势漠不关心，这让圣埃克苏佩里感到厌恶,21 日他回到中队,这一天,他们再次向西转移到奥利。22 日,中队的两架波泰飞机在法国东部上空执行任务,未能返回。其中,让·伊斯拉埃尔的飞机被击落;随后,他在集中营里度过了五年。1943 年,他在集中营里读到了圣埃克苏佩里讲述的第二天所发生的事 331
情。23 日,圣埃克苏佩里号从奥利出发,让·迪泰特作为他的观察员一同飞行。他们执行了两次飞行任务,其中一次后来写入了《空军飞行员》,那是一部长而惊险的沉思录,一部描写空战的杰作。任务是统帅部派下的,要他们去查探阿拉斯能否坚持抵抗;这是六周多来圣埃克苏佩里第一次接到飞行任务,也是自战役正式打响以来他第一次执行任务。那天早上,他向北飞到莫城,和护航战斗机会合;起初 2/33 中队的指挥官拒绝配合此次飞行任务,但那些飞行员得知这位侦察机飞行员是法兰西学术院大奖得主时,都争先恐后地要为他护航。

莫城当天阴天,下午 2 点圣埃克苏佩里起飞,由九架德瓦蒂纳 520 护航;在一千英尺的高度,在阿拉斯和杜埃之间,迪泰特和敌机对阵。圣埃克苏佩里将机枪用得出神入化;迪泰特简要地描述了下方世界末日般的景象。数以百计的坦克聚集在城市西南面不到两英里处,等待进攻。阿拉斯像火山一样冒着烟;浓重的黑烟和明亮的炮火在天空中交相辉映。突然,迪泰特发现布洛赫飞机即将飞到德国坦克编队上空;他大喊着让飞行员调转回来,但已经太晚了。德国人开火了,飞机猛烈地抖动着。观察员等了几秒钟,问:“哪里被打中了?”圣埃克苏佩里报告说一个油箱被打穿了;迪泰特指示他返回基地。几分钟后,他们飞过诺曼底阳光明媚的天空,松了一口气。下午 3 点半,飞机没有遇到其他状况,平安降落在奥利。两人笑了,跳下飞机,观察员的动作显得更加敏捷。圣埃克苏佩里递给迪泰特一支香烟,但他找不到火柴,就像在《空军飞行员》整本书中他一直找不到火柴一样。后来他们得知,有两架护航机被击落;一名飞行员被俘,另一名飞行员跳伞,跌到烟囱上,受伤了。圣埃克苏佩里上尉以他一贯的机智表达了对 2/33 的感激之情。他在来宾登记簿上写道，若没有他们的帮助，“我现在一定正和特洛伊的海伦、维辛格托里克斯还有一些同伴在天堂玩纸牌呢——我还是喜欢生活在地上，尽管它并不完美”。

那天晚上，他和 B 夫人还有一位医生朋友来到马约门广场的乔治餐厅。医生听他讲了一小时四十分钟，这个故事他第一次讲，后来成了《空军飞行员》里的主要内容。（他没有对阿利亚讲过这个故事，实际上，他向阿利亚提交了一份正式报告。）他看起来沮丧又疲惫，喃喃地
332 说，从空中看难民像是“看不到头的糖浆”向南流去。他早已习惯了频繁变换住处，但执行战争任务与同朋友惬意地共进晚餐之间对比过于强烈，他一时难以适应，他感到死里逃生之后，在巴黎雅致的餐馆里高谈阔论有点怪异。他后来告诉记者，他可能刚刚还在咖啡馆吃着早餐，与女服务员调情，两小时后他回来吃午饭，而其间他已经去侦察过莱茵河了。“我感觉自己像一条鱼，让人带着在沙滩上行走。”他说自己可以一边心里想着德国人的炮火，一边大嚼精心烹制的土豆牛排，简直有些精神分裂。因为在德国人的炮火中冲锋陷阵，6 月初他被授予棕榈枝战争十字勋章。

5 月 31 日至 6 月 9 日期间，圣埃克苏佩里又执行了三次高空飞行任务，当时敦刻尔克已经失陷，德国坦克蜂拥至法国东部各地，德国军官向民众友好地挥手致意。10 日周一和 11 日周二，所有能离开的人，包括政府官员，都逃离了巴黎，他们暂时撤退到图尔。沃斯也参与了这场大逃亡，他说：“我们不过是链条上的一环，跟着人群以每小时三英里的速度沿公路缓慢地走。”他怪圣埃克苏佩里拖慢了他南行的速度，因为他背着一本签了名的《人的大地》，那是他最宝贵的东西。龚苏萝具体是什么时候离开巴黎的不太清楚，只知道 5 月初她还没走。圣埃克苏佩里显然在去巴黎时确保她及时撤离了，她最初去了里昂。

2/33 中队——现在规模只有原来的三分之二——周一也开始撤退,这次撤退中不乏令人难忘的时刻。在奥利西南面八十五英里的拉沙佩勒旺多姆瓦斯,圣埃克苏佩里和观察员居伊·布热罗尔中尉——他也是方济各会神父——按军队安排住在当地一座庄园里;对此,庄园主人很不高兴。由于害怕德国人报复,他们对客人提出了严格的要求,客人要遵守宵禁,并尽可能保持安静;这倒很容易做到,因为他俩的房间挨着,晚上可以在一起聊天。睡觉前,圣埃克苏佩里想打开房门离开,却发现门把手掉了。布热罗尔的情况也是如此。原来,这两名军官被紧张不安的房东给监禁起来了。窗外有一根铃绳;当时大概是凌晨2点,身手不太敏捷的飞行员探身抓住铃绳,用尽全力拉响铃铛。女主人提着一盏光线微弱的煤气灯刚一出现在院子里,他就站上窗台,发表了一番激昂的讲话,煽动大家反抗。当庄园的女主人知道了他大声吵嚷背后的生理动机时,立刻把他从房间里放出来,还一个劲儿地道歉。她 333
大叫道:“圣埃克苏佩里先生,请允许我吻您!”“没门!”圣埃克苏佩里豪气地回答道,并从她身边走过,去了卫生间。

6月14日周五,当德国人进入被遗弃的巴黎时,2/33 中队仍在拉沙佩勒旺多姆瓦斯;印着万字符的德国飞机从凯旋门、奥赛码头和埃菲尔铁塔飞过。中队正往波尔多转移——他们“被敌人从一个战场驱赶到另一个战场,就像被无情的法警追赶的可怜混混一样”,圣埃克苏佩里如是说——当时雷诺递交了辞呈,因为他不愿与英国人决裂,单独去和德国签署停战协定,法国军事荣耀的化身,八十四岁的贝当元帅上台,致力于寻求即刻的和平。17 日,丘吉尔承认“来自法国的消息非常糟糕”。在纽约,拉乌尔·德·鲁西·德·萨勒说得更直接:“有着千年辉煌历史的法国三十八天就陷落了。这是不可避免的事实,但它是如此惊人,大家都呆愣了。”在伦敦,有一位法国人知道该怎么办。第二天,戴高乐通过英国广播公司发出了号召,演讲持续了四分钟。当时,这段演讲没能够将他树立为国家的救世主，反而让他在法国成了不受欢迎的人。另一位法国人继续南下。“我们要去阿尔及利亚。不要等我的信，那里无法通信，但请记住我是爱您的。”圣埃克苏佩里匆忙给母亲写信。

波尔多-梅里尼亚克的停机坪上矗立着一排漂亮的飞机，里面挤满了人。圣埃克苏佩里把一些备件和大约四十名乘客都塞进了一架四引擎的法曼220，机上还有一名女人、一笼子鸟和一条狗，因此他后来把这架飞机称为“诺亚方舟”。他原本不想开走飞机——他应该救走一架布洛赫的——这架笨重的机器和他以前驾驶过的飞机没法比。但是，2/33中队将转移到北非继续开展行动，而法曼飞机可以往那里运送地勤人员和零件，所以圣埃克苏佩里毅然选择了更合适的客机。然而，法曼的这个机型并不完善。飞越地中海时，它的螺栓松动了，圣埃克苏佩里兴高采烈地把这件事告诉了机上疲惫的红十字会护士。他好几次叫醒苏珊·马苏，告诉她可怕的消息，却惊讶地发现她临危不乱；其实她不是冷静，而是太累了。圣埃克苏佩里驾驶法曼在大雾中飞行，四处都是划破浓雾穿行的飞机，他和乘客们好像趁着一群野鸟迁徙的机会逃走，后来他作品中的一个男主角也是这样。21日下午，他降落在奥兰，希望能找到中队的其他人；然而，信号不畅，他不知道其他人正在阿尔及尔等他。第二天早上，他在迈松布朗什机场上空飞行，又缠着苏
334 珊·马苏说话。大部分法国空军已经撤退到阿尔及尔，他没找到可以降落的地方。在机场上盘旋几圈之后，圣埃克苏佩里设法把法曼飞机停到了地上，这番操作如同特技表演。20日已经签署了停战协定，他运送的飞行员和零件现在都没用了。正如他所说，他失业了。那天，希特勒参观了巴黎。巴黎阴郁而沉默，但依然美丽。

在阿尔及尔，法国军官们入住阿莱蒂酒店，这里将是未来四年法国政治谋划的中心。圣埃克苏佩里给佩利西耶打了电话。佩利西耶趁着

漆黑的夜色偷偷来到他的房间，却发现他非常疲惫，眼里满是惊恐，他渐渐意识到，以后无法继续战斗了。在阿莱蒂酒店，每天晚上一群飞行员聚在一起，谈论他们所渴望的奋力一战；他们有飞机，实际上大约有八百架，2/33 中队的飞机比战争刚开始时还要多，但他们急需燃油、零件和地勤人员。圣埃克苏佩里很少参与讨论，即便去了也一言不发。《人的大地》的作者脸上挂着悲伤的微笑，他向苏珊·马苏解释了自己的谨慎："没有必要毁灭他们的信念。" 335

第十五章　第五大道的抵抗

1940—1942

若将三个法国人放到利比亚沙漠，不出一个月，他们必定会互相攻击，抓得遍体鳞伤。

——蒙田，《蒙田随笔集》

7月31日，预备役军官圣埃克苏佩里在抵达阿尔及尔五周后，接到了复员令。带着各种遗憾，他离开了中队。离开前，他热情洋溢地给加瓦耶题赠了一本《人的大地》。在献词页上，他勾勒出了一幅自画像，看上去有些茫然。“这就是我，要复员了，前途未卜。”画像下方潦草地写着这几个字。8月4日，阿利亚和其他几位队友送他上了“拉莫里西埃号”，他要坐这艘船去马赛。在船上的酒吧里，有几次，圣埃克苏佩里触景生情，坦陈自己在当时的年龄去当军事飞行员起步太晚，之前他一直忧虑不安，初到奥康特时，困难重重，力不从心，因此他非常感激2/33中队热情地欢迎他，中队精神让他想到空中邮政公司。2/33中队则感觉，圣埃克苏佩里离去后，整个团体“失去了灵魂”。

第二天，圣埃克苏佩里到达马赛，身上只剩下三法郎五十生丁，毫无疑问，这在很大程度上是因为原本是“大财主”的他，在离开阿尔及尔之前请大家吃了一顿丰盛的宴席，花光了所有积蓄。幸好B夫人在马赛等他，陪他到了阿盖，在那里，圣埃克苏佩里埋头写作，而B夫人则和她的儿子及家人在附近的别墅安顿下来。对于他的失落，B夫人一清二楚，感同身受。一年后，B夫人以笔名埃莱娜·弗罗芒在伽利玛出版社出了一部小说，它讲述了一段不可能有结果的恋情，一位军医和一名 336
喜欢他多年的已婚护士之间的情感纠葛，这本小说在一定程度上和《南方邮航》以及圣埃克苏佩里名气更大的其他作品有所呼应，足见作者和圣埃克苏佩里惺惺相惜。《无路可退》一书的主人公1940年在前线写道："我的同伴都是顶天立地的男子汉，我很乐意把他们的生活、他们经历的风雨和泥泞、他们阴郁的日子讲给大家听。"这些都像在复述圣埃克苏佩里的话，用词相似，内容也和圣埃克苏佩里1939年写的那封信相似。贝尔纳·方丹上尉追求绝对，人之间的纷争让他不胜其扰，他愿意追求更崇高的事业，而不贪图家庭生活的安逸。尽管困难重重，但他坚守自己的职业，决不屈服。

圣埃克苏佩里的外甥女米雷耶·德·阿盖还记得1940年夏天，大人们或全神贯注或窃窃私语，家里一片肃穆。这种庄严，圣埃克苏佩里1914年在圣莫里斯、在家里走廊上感受过。舅舅几乎一直在工作，外甥、外甥女们已经习惯了从他房间经过时轻手轻脚。他把这份职业比作修道院的工作，这个比喻恰如其分，手头的书就是一个例证。这是圣埃克苏佩里在阿盖停留时间最长的一次，也是最后一次。在十一岁的米雷耶看来，这段时间，舅舅每天最有趣的事情就是深夜朗读。她和妹妹会溜下床，穿过走廊来到客厅，母亲则把手指放在嘴唇上，示意她们悄悄地坐在地毯上。当圣埃克苏佩里朗诵他的长"诗"时，大人们都着了魔似的一动不动地坐着听。圣埃克苏佩里的长"诗"是一本寓言，故事发生在沙漠里，他准备把自己的经历写进书中，对于四十岁的圣埃克苏佩里来说，这是一份雄心壮志，他把这部作品看成"遗世之作"。圣埃克苏佩里一边抽烟,一边激情朗诵。孩子们沉醉在那些意境之中,缭绕的烟雾使他们迷迷糊糊,他们直到深夜才蹒跚地爬上床睡觉,一句话也不说。舅舅则回到自己的房间继续工作。到了夏末,他已经写了厚厚一沓手稿,当然舅舅将这些手稿视若珍宝,眼神不能移开片刻。

然而,他不是唯一在战争期间待在里维埃拉写作的人。没有什么别的地方可供选择:1940 年秋,很少有地方能够让法国人挺起腰杆。8 月份有几周,B 夫人的哥哥试图说服圣埃克苏佩里加入在伦敦的戴高乐将军,但他迟迟没有答应,因为在停战协定刚刚签订不久,他就听到了戴高乐在英国广播公司电台上激烈地攻击贝当,他已经听够了关于这位叛军将军的故事和他的志向,而这些志向在 1940 年看来几乎遥不可及。他对维希政府也没有任何好感,尤其是随着时间推移,维希政府颁布了反犹太人措施。他从来不赞成在条件最有利时选择妥协,不愿
337 像许多人那样参与同占领国之间的双重游戏;任何“挽救家具”的提议对于一无所有的人来说都是无用的。伽利玛出版社烧掉了一些文件,撤退到里维埃拉,留下一群忧心忡忡的作家开始拉扯加斯东·伽利玛的钱包;颇具影响力的《新法兰西评论》仿佛会因他们的目标而逃过纳粹的魔爪。圣埃克苏佩里不确信自己的作品能在祖国出版,他甚至不确信自己能够免于同他不愿与之为伍的势力打交道。雪上加霜的是,他的健康每况愈下,影响着他的精神状态。法国南部到处都是难民,造成了食物短缺、汽油短缺。圣埃克苏佩里没有积蓄,还要养活妻子。他们的房子“绿叶”位于占领区,龚苏萝不顾丈夫的意愿,定居在奥佩德的沃克吕兹镇,一座废弃的老城镇,这里是艺术家的聚居地,后来她将这段经历写进了作品。对于这一时期的圣埃克苏佩里,她的描述完全正确:“他像一头熊困在笼子里,原地转圈。”

圣埃克苏佩里感觉自己同妻子龚苏萝处于“半分离”状态,他慢慢意识到不能依靠妻子,对妻子坦诚相待也并不总是上策。他曾经在前

线告诉贝克尔怎样处理他的遗产,他把三分之一的财产留给了母亲,并恳求贝克尔不要对龚苏萝提及这个安排。尽管如此,他还是觉得对妻子负有责任,因为他在家庭事务方面不是特别在行,而妻子又特别缺乏责任心,所以他常常对妻子感到内疚(毫无疑问,妻子也对他感到内疚)。圣埃克苏佩里夫人安慰儿子,尽管情况不如意,但是他已经为龚苏萝做了能做的一切。圣埃克苏佩里很少在人前提到妻子,只对沃斯夫妇例外。在他与妻子关系破裂之前,沃斯夫妇经常当中间人给他们传话。那年夏天,苏珊·沃斯终于向B夫人吐露了她对圣埃克苏佩里与B夫人两人感情生活的困惑。处在情感纠葛中的B夫人给出了非常明白的解释:圣埃克苏佩里于龚苏萝是父亲,于她则是儿子。圣埃克苏佩里找她是为了寻求庇护,就像在《无路可退》中方丹向比阿特丽斯寻求庇护一样。她则像比阿特丽斯那样,"想要保护他,关心他,支持他",为他更衣,给他安慰,用鼓励的话语送他重回战场。她爱他,甘愿给他提供这一切,但他不是她唯一的孩子,她自己的儿子还很小,因此她不能抛弃一切追随他。在后来的战乱岁月,他们分离的时间只会增加。当时,政治区划让人困惑,五分之三的法国领土被德国人占领,法国首都居民信件上地址一栏写的是"德国巴黎"。

那年初秋,圣埃克苏佩里从沃斯家飞到伽利玛家,又飞到萨勒家, 338
四处奔走寻求建议。答案最终是美国,这是必然的。第二年,法国已经失陷,一位居民写道:"你问一千名法国人一个问题:'你想去哪个国家看看?'其中,九百九十九个人都会回答'美国',最后一个会说'纽约'。"雷纳尔与希契科克出版社解决了圣埃克苏佩里的财务困难,法国失陷后,美国显然是最佳去处。他把这个想法告诉了沃斯——他称沃斯为他的良心——沃斯表示赞同,他又将这个想法告诉了萨勒,萨勒将他安置在塔拉斯孔,等待在临时首都维希办手续,一直到10月中旬,他才在维希拿到所有出国证件。

在维希,圣埃克苏佩里遇到了许多老朋友。其中一位是法航大西洋区的工程师兼主管罗伯特·博纳姆,他向博纳姆讲了自己的计划,连续几周,他反复这样说:“朋友,这里已经没什么可做的了。我要离开了。”说这话时,圣埃克苏佩里的表情仿佛在暗示博纳姆他也应该离开。“那就到时候见,在地球的另一边见。”博纳姆回答道。圣埃克苏佩里无奈地叹着气,向塞戈涅解释了他的想法。他也通知了约瑟夫·克塞尔,他要去纽约待一个月。罗歇·博凯尔是圣埃克苏佩里在前航空公司的老同事,最终也去了美国。他们在花园酒店共进晚餐,酒店位于维希,贝当指挥部的所在地。这是一处度假胜地,各部都有自己的酒店。餐厅中央已经摆好了皮埃尔·赖伐尔专用的餐桌。据博凯尔说,副总理(当时法国有两个政府,贝当政府和赖伐尔政府,没有总理,也没有立法机关)入场时,圣埃克苏佩里大声说:“出卖法国的人来了。”圣埃克苏佩里得知自己煽动性的言论已经被一位即将出任维希政府驻柏林大使的同胞听到后,戏谑道:“哦,好吧,我们说得有些过分了,黎明时会被拉去枪决的,让我们先去散散步吧。”也许他的实际表现并没有这么戏剧化,但他要离开的决心是很坚定的。

在维希,有许多热心肠的人。对圣埃克苏佩里来说,伽利玛出版社的作家皮埃尔·德里厄·拉罗谢勒是其中很重要的一位。1940 年,他虽然名义上没有加入法西斯,却是地地道道的法西斯倡导者。他在维希为《新法兰西评论》工作,他的老朋友奥托·阿贝茨时任德国驻法国大使,命他出版一份令占领国骄傲的文学杂志。现在回头想想,如果不是德里厄,圣埃克苏佩里毫无疑问会选择另外一家旅行社,但德里厄(他们通过伽利玛夫妇相识)设法迅速帮他办妥了手续。21 日,美国签
339 证发放,通行证也在巴黎发放,他正想去巴黎领取所有的证件。德里厄同意第二天驾车送他去首都,这样圣埃克苏佩里就不必花很长时间去等拥挤的难民车。到达边界后,德里厄轻而易举地越过了驻守在法国

边境上的德国哨兵,圣埃克苏佩里这才意识到送他的这个人神通广大。途中具体聊了什么,两人都没有留下任何记录,但是可以推测他们一定谈到了《新法兰西评论》这个话题。在本周早些时候,伽利玛曾拜访纪德,建议出版社可以继续运营,由德里厄、保罗·艾吕雅、让·吉奥诺、马尔罗、圣埃克苏佩里和纪德组成编委会,纪德并不支持这个想法。(不过,他提供了一篇他的文章。)直到12月,德里厄才承诺在《新法兰西评论》第一期刊出圣埃克苏佩里的文章。圣埃克苏佩里的政治立场仍然模糊,因此纳粹支持者无话可说,而维希政府官员还在考虑让他担任政府部门职位。

在巴黎,圣埃克苏佩里在德里厄的安排下,按要求接受了一名德国军官的面试。晚上离开时已经9:45,还有十五分钟就要宵禁了,地铁已经停运。他生怕自己被逮捕,笔记本被没收,便化身一头"敏捷的熊",从香榭丽舍大街圆点广场出发,跨过塞纳河跑到第七区。经过长距离奔跑之后,他已是衣冠不整,不禁感慨道:"我没法在占领区生活。"四十八小时后,他回到了非占领区,开始准备和大家道别。在去维希前后的几周里,他几乎和认识的所有人都见了面,原因很简单:留在法国的朋友,不管是有钱人,还是没钱人,都挤在南部,见面比较方便。他和以前做卡车销售员时的老东家,绍尔公司的老板共进晚餐。圣埃克苏佩里见到了吉约梅。他看上去比圣埃克苏佩里还要沮丧,因为他没有上战场,不太明白为什么不能抗争下去。他还和安德烈·伯克莱在戛纳用了午餐,安德烈·伯克莱并不完全赞成他匆匆离去。伯克莱说:"我认为必须坚守家园,即使她已经遭到践踏,已经遭到亵渎。"圣埃克苏佩里反驳道:"我想是时候退一步重新审视一下了,我要去纽约看看。"

在里昂,他和让·普雷沃以及一群朋友吃饭,其中包括弗朗索瓦·吉鲁。他像往常一样在晚餐结束时表演了纸牌戏法,并主动提出要告诉吉鲁一个秘密。"等到法国解放的时候,你再告诉我吧。"吉鲁说道,他们都眼含热泪。去维希之前，他和沃斯一起去圣阿穆尔待了三天，这次拜访让他的朋友重新思考友谊创造的奇迹。在逗留期间，圣埃克苏佩里阐述了他的信念，他认为人类面临的难题不过是“获得救赎的机会”；那时犹太人法令刚刚生效不到两周，这句话或许对生活在法国维
340 希的沃斯来说是鼓舞人心的。当然，圣埃克苏佩里有他自己处理难题的方式，他在空中邮政公司的前同事让·卢卡面前掏出一盒黑猫香烟，这在那年夏天是几乎不可能得到的。卢卡很惊讶。“我想要什么东西，”圣埃克苏佩里解释道，“总能搞到手。”他在戛纳到处寻找皮埃尔·比永，因为他听说比永在城里。他打发走比永的未婚妻后，在午餐时告诉这位《南方邮航》的导演自己有机会去美国，并把《伊戈尔》的唯一副本托付给了他。“如果我能回来，”他向比永保证，“我们再一起讨论。”在戛纳，他还遇到了导演雷蒙·贝尔纳，贝尔纳已经把父母接到了非占领区。圣埃克苏佩里也把自己即将离开的事告诉了贝尔纳。他要去卡布里看母亲，突然觉得应该把贝尔纳介绍给她，但没能办成。他给母亲留下一台便携式收音机，母亲含泪收下了。

没有人会忘记与圣埃克苏佩里的这些会面，它们也将是最后的会面，在这样的时刻，人们总是记忆深刻。10 月底，圣埃克苏佩里在待在法国的最后几天接受了里昂一家报纸的采访。他在酒店大厅里排练了《空军飞行员》的情节。记者陪他到了火车站，在这位法兰西学术院大奖得主即将登上火车时，记者提出了最后一个问题：他喜欢读什么书？如果在其他场合，他会回答，在前线时常陪伴左右的是里尔克、帕斯卡尔和波德莱尔等人的书，可现在火车即将开动，他迅速地概括道：“我喜欢读那些让我感到文明会存在下去的书。”

圣埃克苏佩里途经北非，11 月 5 日继续向西航行。当然，他去了当时驻扎在突尼斯附近的 2/33 中队，中队有些散漫。在阿尔及尔，圣埃克苏佩里兴奋地发现，他前一段时间结识的空军军官兼作家勒内·尚

布也在阿莱蒂酒店。凌晨1点,他打电话到上校的房间,说他拿着一瓶冷香槟在等他,他们两人畅饮了一番,直到凌晨4点才分开。(那周他们又聚了一次,但是一个来自停战委员会的意大利人向酒店投诉他们太吵,很快聚会就停了。)他们一致认为,在法国做不了什么,圣埃克苏佩里向尚布简要地讲了他要去纽约的计划,将它描述为一项公关活动,要游说美国介入战争。尚布来北非执行一项新闻任务,但他其实有更重要的事情要做:他被派来了解舆论热度,但他自己很想知道,停战协定允许保留的十一万五千名驻殖民地法军是否忠诚。尚布愉快地带朋友游览了摩洛哥,他们发现当地人对法国的命运普遍漠不关心。更令 341
人担忧的是军方的态度,他们对美国踏足北非反应冷淡。两位军官在马拉喀什,尚布所住的马穆尼亚酒店的阳台上道别。他们久久不愿松开握在一起的手。尚布问:“那么,圣埃克苏佩里,我们什么时候才能再见?”“就在这里,该死的,就在非洲!当美国人登陆时,我保证我会同他们一起的。”圣埃克苏佩里上尉回答道。

12月,圣埃克苏佩里抵达里斯本,这里到处是形形色色的难民,但除此之外,里斯本没有受到战争任何影响。幸运的是,圣埃克苏佩里成功地在里斯本市外不远的度假小镇埃斯托里尔找到了一个酒店房间,开始了漫长的等待。等船对于大多数人来说都非常折磨人,因为需要办繁杂的手续。显然,他对自己的决定仍然心存疑虑,在祖国需要的时候离开,完全违背他的志向。一个在1930年代就认识他的人,如今再见到他时不禁感叹:“我很少看到一个人如此优柔寡断,郁郁寡欢。”在埃斯托里尔赌场,他看到许多和他一样打算从里斯本去美国的人,此情此景让他很难过。“我既不愤慨,也不鄙视他们,只是心里隐隐作痛,就如同在动物园里看到即将灭绝的物种一般……他们在赌博,而押注时这些赌注也许一文不值。他们使用的货币当时可能已经退出流通。他们财富中所包含的工厂可能已经被没收了……一切都给人一种不真实的感觉，仿佛一场木偶戏。”27日，噩耗传来，他受到沉重打击。挚友吉约梅送几位法国高级专员去叙利亚时，飞机在地中海上空被击落，他不幸身亡。他最后的声音如同切分音，时强时弱：“遭到攻击。飞机起火。救命。救命。”这句话在里斯本和其他地方一样响亮。圣埃克苏佩里刚刚失去了一个世界，现在发现另一个世界也坍塌了。他悲痛万分，给B夫人写了一封信：

> 吉约梅不在了，我似乎一夜之间再也没有朋友了。我并不为他难过，我从来不会怜悯死者。但我需要花很长时间，很长时间，才能接受他离开的事实，我已经被这些惨事压得喘不过气来。这将月复一月，我会常常需要他。渐长的年龄真的这么快就要带走我们吗？我是卡萨布兰卡/达喀尔老团队里唯一活着的人了……其他人都死了，这个世界上再也没有人可以和我一起追忆往事了。我就像牙齿掉光的老人，只能独自缅怀这一切。

身在这片大陆的边缘，他有点踉跄。他不停地给法国发电报、打电话，这很奢侈，他负担不起。他没想过要移民。“我在国内学到的很多东西
342 在国外毫无用武之地。”他后来写道。他对B夫人说，如果B夫人认为他应该回法国，他会回来的。

在得到吉约梅去世消息当天，圣埃克苏佩里按计划在里斯本的法语学校做讲座。他庄严地赞美这个淳朴的人，在他看来，吉约梅一直是勇气的化身，他念念不忘在安第斯山脉的遭遇，进而谈到了《人的大地》。讲座上，他失声痛哭，当然他没有忘记提到，他是这家航空公司幸存下来的唯一老将。后来，他打起精神参加了接待会，这场接待会是专门为他和电影制片人让·雷诺阿举办的，雷诺阿也做了讲座。他品尝了陈年波特酒，还表演了让大家着迷的纸牌戏法。12月4日，圣埃克苏

佩里按计划在一所备受推崇的工程学校，就空中邮航公司做讲座。他一开场便说，他宁愿冒着飓风飞行，也不愿做讲座，季洛杜可能会十分欣赏这番调侃。他继续说，他想换一个主题，谈谈他最近很感兴趣的一个话题。“我想和你们谈谈恐惧。”圣埃克苏佩里说，全场观众一阵躁动和耳语。他用平静的语气分析了经历险境时的各种感受：在受到攻击的侦察机里，在圣拉斐尔湾的水中，在利比亚炙热的阳光下。在第一项考验中，他给生命下了新的定义：“活着就是感知自己没有死，一秒接一秒，炸弹在身边爆炸，使人极度痛苦。”

12 月 21 日，圣埃克苏佩里拿着他在里斯本逗留期间一刻都不离手的灰纸包裹，登上了美国出口公司的小船“希伯尼号”。邻座的人竟是让·雷诺阿，虽然他们并不怎么熟识。动身之前，圣埃克苏佩里给贝克尔发了电报，说他要到纽约的事只告诉希契科克一个人就行。他想尽可能地避开采访。

*

圣埃克苏佩里登上“希伯尼号”时是难民，上岸时就成了名人。记者是躲不掉的，有些记者原本是冲着让·雷诺阿而来，最后却选择了他，一个更有卖点的高大的法国人。其中有一位年轻的新闻记者特别崇拜圣埃克苏佩里，还会说一点法语；他就善意地委任年轻人当临时记者招待会的翻译。圣埃克苏佩里身穿粗花呢大衣，发际线很高，露出了前额，脸上布满皱纹和伤疤，显得特别伟岸。他毫不隐讳地提到，法国的失败是一群领导人导致的，他们没有什么现代战争概念，并且逃避作出政治声明，但对于法国总理贝当，他拒绝发表意见。他表示，自己坚 343
信法国会再次崛起，但被问到曼哈顿的天际线会如何时，他的回答有点冷漠：“我不是占卜师。”谈起“希伯尼号”这趟险象环生的航程，他则显得很从容,这次航程比预期长两天,船上到处是水:海水漫过了洗脸盆,侵入船舱。这艘小船和“诺曼底号”有天壤之别,一上船,圣埃克苏佩里就说他想起了哥伦布。看到泽西城时,船长松了一口气:现在是新年前夜,由于航程延误,“希伯尼号”上的酒吧已经被喝空了。圣埃克苏佩里也如释重负,尽管他没有提及由于晕船,一周以来他只能喝茶和牛肉清汤。说到茶,他是强迫雷诺阿的妻子替他点的。“你只要说‘茶’就行了。”迪多·雷诺阿告诉他。“我不想去。我宁愿不去。”圣埃克苏佩里生气地说。他告诉记者,他会在英语世界待三四周,他当时对此深信不疑。采访快结束时,年轻的记者冲动地请圣埃克苏佩里在采访记录上签名,经验丰富的记者也纷纷效仿,后来他们承认以前从未这样做过。

在经历过欧洲灰蒙蒙的天空和宵禁之后,他看纽约时只觉得眼花缭乱,一片欢腾。圣埃克苏佩里曾在一些不同寻常的地方度过新年前夜,他习惯了灯火管制,觉得时代广场像利比亚沙漠一样奇异。这座城市的勃勃生机让他产生了落寞之感,就像服丧的人在热闹的聚会上感到悲伤一样。他很快住进了丽思卡尔顿酒店,开始了第一拨拜访。在雷诺阿的陪伴下,他来到了贝尔纳·拉莫特门前。拉莫特是他在巴黎美术学院读书时的同学,当时在东五十二街的一间画室创作,如今那里是拉格勒努耶楼上的餐厅。此后几年里,拉莫特将在这里,在他的屋顶露台上招待艺术界大大小小的名人。那是波希米亚式的慷慨,需要金钱,但更需要个人魅力。圣埃克苏佩里常来这里,他写给拉莫特避难所的颂歌,总是让人联想到晕乎乎的脑袋和旋转的人行道。拉莫特张开双臂热情地迎接两个“大块头”,他从楼下餐馆买来沙丁鱼和马伦戈炖牛肉作为周日的午餐,佐餐的是一瓶瓶皮尔酒。第一周周末,圣埃克苏佩里还去拜访了拉乌尔·德·鲁西·德·萨勒,他发现圣埃克苏佩里不太开心。这位《巴黎晚报》的前记者说,他的朋友看起来“比以往任何时候都更像一只鸟，一只总是把头埋在翅膀下的鸟。可以说，他已经饱经战争的风霜”。圣埃克苏佩里不是简单地不开心和迷茫；他意识到，英国人与法国人命运同样悲惨，但英国依然在抗争，而他的祖国却 344
选择了投降，这让他痛苦不堪。

他渴望有一点思考、喘息、休息的时间，但美国给不了他。抵达两周后，他获得了 1938 年的美国国家图书奖——虽然晚了一年，但事出有因——颁奖仪式在阿斯特酒店举行，有一千五百人出席。仪式结束后那几天，媒体蜂拥而至，也许是因为雷纳尔与希契科克出版社为他做好了准备工作，也许是因为他现在除了自己的身份外，还肩负着某种宣传任务，圣埃克苏佩里沉着应对，远比两年前被法兰西学术院推到聚光灯下时轻松自如。他之所以成为很好的报道素材，不仅是因为他勇敢：一位身高六英尺两英寸的法国大汉，在任何人群中都会引人注目。各种各样的传说都附在他身上，这些事情发生之后尤其如此：他的出版商爆料，要想让这位周游世界的作家好好写作，唯一的办法是把他锁在屋子里；他的经纪人详细描述了他的着装怪癖；在与斯蒂芬·文森特·贝尼特访谈时，为了免得他们两人被烤死，他不得不叫丽兹酒店的服务员来关掉房间里的电壁炉，因为他完全不会使用这台精巧的设备。他很有魅力，总能将冒险经历讲得很精彩，把自己塑造成一半英雄一半小丑。“他很清楚，对话不是书或者讲座，对话应该妙趣横生，”对他赞赏有加的奥蒂斯·弗格森说，弗格森发现这位法国人很善于把握时机，“你永远不必猜测他讲话的重点，因为重点如此突出。”他对政治以外的任何话题都很坦率，主动透露他正打算放下手边的其他稿子，专心写一本关于他的战争经历的书。

对此，尤金·雷纳尔和柯蒂斯·希契科克——还有他们的妻子——都鼓励他，他们尽其所能想使这位外国作家感到宾至如归。他们不认为圣埃克苏佩里只是暂时停留，而是把他当成常客，伊丽莎白·

雷纳尔和佩吉·希契科克四处张罗,为他寻找称心如意的公寓。她们在中央公园南240号第二十三层找到了一套景观绝佳的公寓;来访的客人们常说这里像驾驶舱。她们还买好了厨具、酒、食物和衣架。等到壁炉里生好火,朋友们同来参加下午的鸡尾酒会时,大家才告诉圣埃克苏佩里这是他的新家。他既感动又高兴,差点哭出来。他需要人照顾,而雷纳尔、希契科克和贝克尔都乐意帮忙。

当然,他眼下亟待解决的问题是钱。《风沙星辰》已经为他赚了一万七千五百美元版税,大约相当于现在的二十万美元,但是战争爆发
345 后,圣埃克苏佩里的银行账户被冻结了。雷纳尔与希契科克帮助他起草了一份解冻申请。他提交了一份不同寻常的预算方案,他向当局解释说,除了获批的额度,他每月需要再支取一千五百美元。他不仅需要租公寓,雇秘书和翻译,还需要立即治病看牙,以解决危地马拉坠机事故留下来的长期病痛。(他只谈到了下颌,称下颌有三处骨折,至今没有治好;他没有说他有时会不明原因地发烧,其实,发烧对他影响更大。)他离开法国时,时局动荡,他连换洗衣物也没带,因此他还希望能够支取一些钱作为旅行和娱乐费用。雷纳尔夫妇为圣埃克苏佩里的陈述提供担保,并且对他敞开家里的大门,于是圣埃克苏佩里成了东六十六街公寓不必预约的常客。伊丽莎白确保他能够玩得开心,他的话能够得到准确翻译;伊丽莎白、加朗蒂埃和贝克尔负责他大部分的语言交流问题。(希契科克夫妇的女儿说,父亲的法语更流利,母亲的法语更合乎语法。)没有什么能比这些帮助更有价值。

圣埃克苏佩里来到纽约,本来打算待四周,结果一待就是两年多,但到1943年,他学习英语的意愿、他的英语水平还是跟1941年时一样,没有进步。他能看懂标识,还会数数,能明白文章的大意,但他听不懂人们讲话。他是一名优秀的哑剧表演者,他在里奥德奥罗的经历可以证明。他居然能够凭借那可怜的法语、西班牙语和德语照常生活,着

实令人钦佩。他能够用他的故事吸引整桌子讲英语的人,但他对英语的抗拒如此强烈,能不用英语时一句都不愿意尝试,这也极大地突显了他作为流亡者的身份。他并不是第一个不能适应新国家的语言的人,司各特·菲茨杰拉德对法语也无动于衷,不同的是,圣埃克苏佩里处于战争时期,他曾为自己的流亡辩护,说是为了向美国人民和美国政府呈现法国的情况。

他对自己的语言缺陷不以为然,认为完全是由于自己不愿学,而不是由于能力问题。后来,1942 年,他为形势所迫不得不学习英语课程时,充分证明了他敏锐的听辨能力和非凡的模仿天赋。"我想要一杯咖啡时,就走到最漂亮的女服务员旁边,通过一系列的手势让她明白,我需要杯子、碟子、勺子以及咖啡、奶油和糖。看完我的动作,她便会心一笑。既然如此,为什么要学会英语,而不看她笑呢?"他对朋友们说。有时,他用法语的"一杯咖啡"代替英文。当人们问他为什么不努力学习英语时——尤其是他的出版商,迫切地希望他能掌握英语——他郑重其事地咆哮道:"我法语还没学好呢!"这种反应表明他对"单一语言" 346
的顽固坚持:用任何语言,他都害怕传递错误信息。在吹毛求疵的战争年代尤其如此,对他来说,没有什么比晓畅更重要。接受采访时,他坚持请翻译,以免造成可能的误解或尴尬。与此同时,就像所有因为害怕尴尬而不敢说其他国家的语言的人一样,遇到只会说一点蹩脚法语的人时,他十分包容,甚至会鼓励他们。他宁愿他们滥用莫里哀的语言,也不愿自己挣扎着去说可能扭曲自己意思的语言。

他在语言上的执念带来过喜剧,也带来过悲剧。圣埃克苏佩里挤进纽约的出租车,用法语飞快地说出目的地,似乎这是世上最自然的事情。他对清洁女工的称呼戏剧化极了,挑战了法语的极限,称为"arrache-poussière"(大意是"清除-上面-灰尘")。他成了使唤朋友的专家,经常让朋友陪他办事。法航大西洋区的工程师罗伯特·博纳姆陪他去药店取药。贝克尔带他去买衣服。有好几次，在他买口述录音机讨价还价时，拉莫特帮他做翻译，眼睁睁看着他递出了将近七百美元——这笔钱完全可以买一辆车，雷纳尔与希契科克不得不回银行去，替他恳求银行提供一台更精密的录音设备。毫无疑问，即便他能，他也不会一个人去办这些事。他需要一名听众，这样的安排对他很合适。那年冬天，B 夫人在纽约待了将近两个月，也为这位朋友的日常交流出了不少力。伊冯娜·米歇尔陪他去看电影，但整个观影过程中，他一直在问“发生了什么事？发生了什么事？”伊丽莎白·雷纳尔为他找到了会说法语的医生。人们花了很长时间寻找能用法语打字、能破译圣埃克苏佩里的笔迹、能容忍他古怪工作时间的双语秘书，最终找到了里昂人玛丽·鲍楚·麦克布赖德，她为作家工作了两年。不得不独自办事时，他则会求助另一位了不起的朋友——电话。在萨克斯百货，他打电话给一位朋友，请他向身边的售货员解释，他想要橱窗里的红底领带。在诊所，他和医生来来回回地递电话。有一次，他单独和医生在诊疗
347 室，房间里没有电话。圣埃克苏佩里用德语问：“医生，我怎么了？”两人磕磕绊绊地说着各自都只懂一点皮毛的语言，费力地解决了一个复杂的问题。在这种情况下，语言似乎才是最复杂的问题。

虽然圣埃克苏佩里不愿承认，语言障碍给他带来的影响远比他想象中的大。总的来说，语言障碍增强了他的孤立感，他是以失败者的身份来到纽约的，几个月过去了，他越来越觉得自己在这里是二等公民，没什么权利和存在感。他对美国没有什么好感，在他看来，美国既然能够设计出顶尖的洗衣机，就有可能也有能力拯救法国。他不会讲美国的语言，自然不可能深入了解美国，他读不懂美国的报纸，就体会不到美国文化背后的深层含义。美国文化似乎就是棒球、可口可乐和口香糖。美国对法国冷眼旁观的态度令他耿耿于怀，他感到自己也遭到了排挤。戴高乐的特使拉乌尔·阿格利翁晚圣埃克苏佩里一天抵达曼哈

顿,他提醒圣埃克苏佩里纽约只是美国的一部分。“是的,”圣埃克苏佩里表示同意,“但是美国的心在这里,铁石心肠。”他是个孤独的人,这一点“玛丽·波平斯”系列童话的作者帕林特·特拉弗斯很快就发现了。他们在同一家出版社出书,因此相识。他似乎比从前更像来自别的星球。一方面他操着别的语言、身在他乡,另一方面他关注的事超越了实际或眼前,他因此开始显得像一位宗教人物。加朗蒂埃回想起来,觉得他是“一位布道的修士”。其他人则——根据他的举止和身份,而不是生活方式——把他当成修士。在美国,他最好的一些朋友是孩子,和他们相处,语言不是那么重要。他曾经花很多时间用幽默的方式教一位少女举止行为,少女也像大家一样在他身上看到了“光环”。娜塔莎·斯图尔特·于尔曼后来回忆说,这不是圣人的光环,“它更像是月亮周围的光环”。

他到达后不久就与美国陆军部取得了联系,尽管并非完全出于他之前所暗示的原因。3 月,他会见了军事情报部门的一位代表,向代表介绍了自己的两项发明,可能就是他在奥康特时一直在完善的导航设备。他表现得很强硬,拉尔夫·巴斯比上校向上级报告说:

> 关键是这个人,一个近乎偏执的天才,称他有两项关于飞机的发明,这两项发明可能是有价值的。他担心这些构思已经被美国军方秘密地申请了专利,所以他不愿申请专利,也不愿进一步开发。虽然他不支持维希政府,但他的妻子和孩子们[原文如此]都在法国,自然不能断绝关系。他想把发明给美国军队,当然是想赚钱,但除非他能得到充分保护,否则他不敢告诉任何人。他只会说 348
> 法语,但有个会说英语的经纪人[可能指加朗蒂埃]。

后来又有一位官员跟进此事,但圣埃克苏佩里的提议终无结果。

5月,他仍坚称大约一个月后返回法国。在拉扎雷夫家的晚宴上,他见到了美国国务院的一位官员,向这位官员详述了如何占领北非。他说:"如果在法国陷落时,有人向驻扎在北非的军队提供一千架飞机,提供替换零件、润滑油、汽油和所有必要的辅助物资,北非今天就在打仗了。如果有人现在到那里去,带去大量的飞机和装甲部队,就能扭转局势……拿下北非意味着拿下未被占领的法国。"有人建议美国陆军部与这个法国人取得联系,因为他似乎特别熟悉北非地理,而当时在美国很难找到准确的北非地图。6月,美国陆军部与他取得了联系,报告中略带不屑地说:"郑重声明,我部认为圣埃克苏佩里先生对法属非洲某些方面的了解称得上'还不错',但绝对称不上'卓越'。"他们认为,他无法为陆军部提供任何专业知识。他遭到拒绝的一部分原因似乎是,他不是军队里的人。同样明显的是,美国陆军部里似乎没有人愿意重视一位不会说英语的外国预备役军官主动提供的建议。

最抗拒讲法语的人,是生活在纽约法国人聚居区的法国人。法国沦陷后,大约有两万名法国人进入了美国社会,人数是聚居区法国人的十倍。新来者中许多人是外交官、艺术家、科学家、实业家和金融家,他们大多暂时居住在纽约和洛杉矶周围。他们很快分成了不太严格的派别。报道圣埃克苏佩里抵达纽约的那一期《纽约时报》也引用了贝当的话,呼吁法国人民在新年里抛弃仇恨、偏见和不信任。1941年,大多数法国人都属于维希派,维希派支持贝当,支持赖伐尔,或者是彻头彻尾的通敌主义者;他们的反对者分为戴高乐的支持者和反对者。派系之间如此分裂,以至于拉乌尔·阿格利翁到达纽约时,不得不出示三处"自由法国"发放的凭证。结果曼哈顿之行成了一个谜,每一位代表都
349 声称自己是戴高乐唯一的真正朋友,从圣西尔军校时期起的亲密朋友,并开始诋毁对手。分歧不局限于纽约第五大道。莱昂·沃斯在圣阿穆尔低调地度过了战争时期,他儿子在里昂读十一年级,他对班里的

学生做了如下的政治侧写:“有二十名亲英派,不管他们是亲贝当派还是亲戴高乐派;十四名狂热的维希派,其中两名纳粹分子;三名法兰西行动党;三名通敌主义者;六名漠不关心的学生。”在纽约法语高中,一半学生拒绝和另一半学生说话。遭受羞辱的团体热衷指责,流亡的团体充斥着谣言和背叛。在华盛顿看来,流亡美国的法国难民——他们是群体性坏行为的一个好例子——本身就解释了法国为什么会失败。

安托万·德·圣埃克苏佩里钻进了这个马蜂窝,但他决心远离政治。他的威望无与伦比,每个政治派别都决心让他加入自己的阵营。1月底,他第一次感受到了语言的威力,有消息传来——表面上来自维希,但更可能来自不怀好意的人——他被维希任命为委员,任职于一个由知名人士组成的委员会。圣埃克苏佩里不得不召开新闻发布会否认这一消息。他写了一份声明,随后由鲁西·德·萨勒翻译,加朗蒂埃修改,雷纳尔与希契科克审核,贝克尔的秘书打字,最后在丽思卡尔顿酒店的套房中交给了媒体。《纽约时报》1 月 31 日的头条新闻称“圣埃克苏佩里不喜欢维希政府的任命。作家飞行员称,如果维希政府邀请他,他会拒绝”,并援引他的话,说明他没有任何政治意图。他坚决否认了所有相反的说法,十八个月后,面对同样的指控,他还是这样应对。在安德烈·布雷东收到的一系列充满敌意的信件中,有一封敌意尤深。圣埃克苏佩里在信中解释道,对于维希政府的任命,他已尽了最大努力:他发现,从一个他从未被正式任命的职位上辞职很尴尬。他确实认为贝当不是两害中,而是三害中的轻者——贝当随时可能被狂热的亲纳粹法国官员取代——他也确实认为停战是必要的。(事实上,维希政府有能力任命一些人,这些人不仅不愿与维希政府打交道,而且还像电影制片人勒内·克莱尔那样,不久之前曾被政府宣布为不受欢迎的人。)圣埃克苏佩里不得不放弃一贯的平和做派,激烈地争辩说他已经充分证明了自己的原则。他告诉布雷东:“你看,我的朋友死了一半,而你的朋友都还活着。”

他不与任何阵营结盟,因而受到所有人诽谤。他与戴高乐的代表多次激烈对话。这些代表奉命不惜一切代价拉拢这位有影响力的作家
350 加入他们。然而,在圣埃克苏佩里和美国政府眼中,戴高乐是一位潜在的独裁者。作家根本不信任他,不明白这位刚愎自用的将军哪里来的权利,能说自己代表法国。他仍然坚持认为,贝当将军使法国免于彻底毁灭。当阿格利翁指出遭希特勒入侵的其他国家都没有与德国签订停战协定时,他不听,他对将军的雄心壮志十分不满。(“你怎么能指望他不这样做呢?雄心是领导力的源泉。”阿格利翁徒劳地反驳。)同他的几位戴高乐主义者朋友一样,阿格利翁因为与圣埃克苏佩里交往而受到谴责。伊冯娜·米歇尔曾在美国战时新闻处的法国办事处工作,她被要求与圣埃克苏佩里撇清关系。在双方煽动下,谣言四起。戴高乐主义者底牌更多,因此他们做了一件特别恶毒的事情:有人看到作家在华盛顿与维希政府官员共进午餐(虽然他从未离开过纽约);众所周知,他为维希政府购买飞机(尽管他的大多数朋友更支持戴高乐)。12 月,当他受邀到法语高中发表演讲时,该校接到了一连串恐吓电话,抗议称学校使学生受到“一名纳粹分子”的影响。直到今天,还有人认为圣埃克苏佩里是反犹分子,但他不是,原因和他在 1941 年被抹黑的原因一样:他拒绝按照标签来看人。被美国政府视为干涉者的戴高乐,因无法笼络这位杰出作家而付出了惨痛代价。阿格利翁认为,在那些拒绝加入的人中,圣埃克苏佩里对戴高乐的伤害最大。而戴高乐并不是宽宏大量之人,他必定会让圣埃克苏佩里为自己的不合作多次付出代价。尽管在美国人眼中,圣埃克苏佩里仍是最有名的法国人,是兄弟情谊的高尚倡导者,他却遭到冷落,吃了闭门羹,受到非议。

他不现实地认为自己可以避开党派之争，并坚信这是唯一合理的选择。他拒绝公开批判贝当政府——私下，他称它为“维希的大水母”——直到1942年年中，他还认为贝当是大多数法国人的希望。在他看来，统一在当时是大势所趋，却不是戴高乐的首要任务。“他们不向纳粹宣战，”圣埃克苏佩里在谈及将军的追随者时说，“而是向丽兹酒店里拒绝加入他们的法国厨师或电梯服务员宣战，认为这些人是叛徒。”还有一个人——由于自己的原因，那一年她与世隔绝了——也和他一样天真。安妮·莫罗·林德伯格通过出版社追踪着圣埃克苏佩里，但不敢去拜访他：1941年冬出版《未来的浪潮》之后，她觉得自己现在是“作家中的黑死病”。她对法国社会不够了解，没有意识到圣埃克 351
苏佩里已经感染了。她祈祷这位法国人能够“在一个人人都非黑即白、不得不偏袒某一方的时代，保持自由、纯洁，保守初衷”。对此，她丈夫简短地评论道，圣埃克苏佩里代表了圣人的观点，但圣人有一个众所周知的习惯，就是逃避尘世的责任。

圣埃克苏佩里更希望看到美国参战，而不是支持贝当或戴高乐，雷诺阿也深信这一点。雷诺阿比较低调，看法也比较个人化。“我讨厌在美国的法国人。”1942年，他写信给朋友说，信中列出了少数几个例外的人。“我很高兴完全摒弃了原来国家的政治。我喜欢罗斯福先生，不喜欢维希政府，因为维希政府允许处决的人太多了，我也不喜欢戴高乐，我觉得他是个投机分子。”此时，圣埃克苏佩里发现美国的气氛是完全敌对的。在逗留美国的最后阶段，他给一位朋友写信道：“与拍摄美因茨或埃森时相比，尽管遭受了两年的侮辱和诽谤，但我没有偏离良心选择的道路，并在这条路上愈加勇敢。”他对雷诺阿说，他快不能呼吸了，他急需一位天使长引导他越过那些幸灾乐祸的人，为他指路。他曾经是一名世界公民，现在却成了地道的法国人，就是所谓的骨子里的法国人；然而，他的爱国主义与戴高乐的不同，讽刺的是，圣埃克苏佩里是出了名地信赖强势领导人,并对重新制定规则相当宽容。他也许会感到安慰,因为在被占领的法国,一半法国人正向另一半人通风报信,这种做法使德国人和美国人对高卢人的性格困惑不解。就算待在国内,他也不会更快乐;他认为,只有在伦敦,他才会快乐。诽谤终于到了荒唐的地步:《小王子》出版后,圣埃克苏佩里受到的指控又增加了一项,有人说他是君主主义者。在法国社会,可以说只有他有理由抱怨同胞不宽容。他的作品在接下来几年里会引发激烈的政治辩论。精疲力竭的作家将澄清他的中立立场,但这只是徒劳,他不会得到人们饶恕。

*

雷纳尔与希契科克在很大程度上无视了 1941 年的戏剧性事件的细节——他们处于有利地位,觉得在纽约的所有法国人好像都精神崩
352 溃了——两人很清楚,他们的这位畅销书作家当前并没有什么写作计划。圣埃克苏佩里获许在中央公园南 240 号住了几周,然后他被提醒应该开始写作了。“当机智不起作用时,就需要施加一些压力,”加朗蒂埃回忆道,他告诉圣埃克苏佩里,“你有责任为法国辩护,向那些认为法国人没有奋起抵抗就被打败的人作出解释。”圣埃克苏佩里对必须帮自己的国家辩护感到愤怒,也一如既往地对有偿写作感到愤怒。他不得不考虑这一想法的好处:大约有二十部关于法国陷落的作品已经出版,其中多部的作者自 1939 年以来就住在美国了(有一本例外,勒内·德·尚布伦的作品《我看到法国陷落》于 1940 年出版);驻华盛顿大使馆的维希政权支持者和在纽约的戴高乐主义者长时间互相指责,以至于法国在这场混乱中迷失了方向。圣埃克苏佩里抗议说自己无话可说,但还是写了几章,而书却毫无进展。

他的心思不在写作计划上。直到 1941 年 5 月,他仍然希望回到北

非，如果不为法国而战，他就把精力投入他从 1938 年就开始打磨的书稿，就是《沙漠的智慧》中。（加朗蒂埃和伊丽莎白 · 雷纳尔还不知道圣埃克苏佩里的这一想法，他们当时的任务是敦促他写出一本关于战争的书来。）他的电话响个不停，有的是邀请他，有的是告诉他镇上最近发生的一些事。B 夫人 3 月底回法国去了，留下他照料自己。他还在发高烧，有时候饭吃到一半就烧起来，有时候烧得站立不住，有时候半夜烧醒，牙齿打战，冷得发抖。（在这方面，语言障碍也增加了他的痛苦：圣埃克苏佩里发现，他说自己发烧 41℃时，竟没人同情他。）服用了磺胺类药物后，下午只是低烧和轻微恶心，仍能正常工作。牙痛仍然困扰着他；他发现自 1923 年那场事故后，左眼很容易感染。他戴着墨镜，向不同的朋友诉苦。即使服用了镇静剂，他仍然无法入睡，但是这种特别的痛苦只是由晚上工作时喝的几壶红茶造成的，与其他事情无关。

与雷诺阿相识后，他们有了一系列计划，这进一步分散了他的注意力。3 月，雷诺阿在好莱坞读了《风沙星辰》，那是 1 月份"希伯尼号"靠岸时圣埃克苏佩里送给他的。读完后，他深受震动，在随后的两个月里，他想办法让达里尔 · 扎努克也读了这本书，他在福克斯与扎努克签过合同。他觉得扎努克可以把它拍成一部伟大的电影，"它无疑将是我一生中最精彩的电影"。圣埃克苏佩里非常欣赏雷诺阿的作品，并为这 353
个想法激动不已。他谦虚地认为，雷诺阿能从《风沙星辰》中提取出"真正不朽的东西"。电影制片人竭尽全力在好莱坞寻找看法相同的人；这本书的概要流传的时候，他积极地筹划着下一步行动，他给圣埃克苏佩里上了一堂关于工作室巴洛克风格作品的速成课，他一直很留心让圣埃克苏佩里更多地感受到他的热情，而不是导演们的拒绝。与此同时，圣埃克苏佩里参加了雷诺阿最关心的战斗，从北非救出雷诺阿二十一岁的儿子。那年春天，他圣埃克苏佩里为了阿兰 · 雷诺阿给拉巴特的一位外交官朋友写信说:“我不会为了一件普通的事来麻烦你。我讨厌别人的推荐,也一直拒绝把手稿交给伽利玛出版社。这让我有了一份可用的信誉,留给我真正喜欢的人。我现在希望能兑换这份信誉。”

4月初,他飞往加利福尼亚待了一小段时间。当时,大家一致认为,电影《风沙星辰》的统领剧情将是利比亚历险,随着穿越沙漠的艰苦跋涉的推进,其他情节会融入进来。他又添加了恋爱情节,将主人公重新命名为贝尼斯,还给了他安排一位知己,是一个淘气的十二岁妹妹。雷诺阿找了一位有影响力的经纪人,并为两人安排了一次见面,他希望经纪人能接手这个项目。经纪人在一间新乔治时代风格的豪华办公室里接待了他,办公室里摆放着精美的图书;让圣埃克苏佩里生气的是,那些精美的书全是空的,只是壳子,所以他在见面时没表现出什么兴趣。后来,提起这位好莱坞最有权势的人之一,他只是气急败坏地说:“他是头猪!他是头猪!”在接下来的几周里,他从纽约不停地向雷诺阿提出他对这个项目的想法,这些想法都记录在十二英寸醋酸纤维磁盘上。在这些深夜独白里,他有时会打断自己的话,和迪多·雷诺阿说话,他假定雷诺阿在听。在一段典型的旁白中,他说:“迪多,我知道你在听,我知道你认为我是一个傻瓜。”然后接着为自己辩解。录到最后,他经常表演一场纸牌戏法。他承认自己被电影的结局难住了,但还是勾勒出一些搞笑的、生动的画面,其中一些比另一些更有说服力。

他经常遇到技术难题。有时,录音机发出口哨一样的声音;有时,他抱怨录音机的功效比人脑的还要持久。“它有问题,磁盘转得太快,让我无法思考。”他停顿了很长一段时间后向雷诺阿抱怨道,他承认自己没有提前做好准备。无话可说时,他便谈起沉默的本质。有一次,他
354 不得不承认,他没有什么要说了,但又不能停止说话,因为不能给雷诺阿一张空白的磁盘。他很惋惜,他无法使彼岸的雷诺阿感受他的沉默。

他希望雷诺阿明白,这不是他的过错,只是自然的一个奥秘。

> 所以它[机器]强迫我说话,而我无话可说……所以你会发现我有点像个白痴。我不得不搜肠刮肚,却不知道这些想法是什么,或关于什么,或为什么,所以我搜肠刮肚,最后什么也想不出来。什么也想不出来。就像钓鱼一样——你去找一条鱼,你有线有网有浮子——我知道你什么也钓不到。寻找灵感也是这样,结果是一样的。

有一样东西确实激发了思想,那就是困难。“你有没有注意到,在战争期间,”圣埃克苏佩里继续说道,背景中传来冰块碰撞杯子的声音,“法国的总参谋部不知道自己有什么困难,因此什么想法也没有?他们什么都不知道,所以什么问题也没有。”

他的录音磁盘送到了好莱坞,这既值得庆祝,也令人担忧。这位独白者希望能立即得到回应。他连夜把磁盘邮寄到加利福尼亚,并在邮件上写下一行字:“如果可以,我想明晚给您打个电话。”如果他没及时得到回复,就会马上打电话。雷诺阿正在拍摄电影,没办法跟住在纽约的这位朋友保持联系,所以磁盘对他来说成了一种折磨。8月中旬,圣埃克苏佩里乘火车去了加利福尼亚,雷诺阿才算得以解脱。在雷诺阿家,圣埃克苏佩里是长期受欢迎的客人,他们知道他想家,常常情绪低落。纽约炎热的天气并没有给圣埃克苏佩里带来灵感,这本书的写作进展甚微。他可能以为自己能拯救《风沙星辰》这部电影,而它现在已经半途而废了。* 1940年的事件,以及一同搭乘“希伯尼号”渡海的经

* 最终,沮丧的雷诺阿承认,电影公司只喜欢“熟悉的配方”。现在回想起来,他的态度缓和了一些,承认这部作品的异国情调是不利的:1941年还没有人进行外景拍摄,而且很难找到一间像利比亚沙漠的工作室。圣埃克苏佩里似乎对雷诺阿的失望不满,责怪朋友太迁就好莱坞的低标准了,并忍不住告诉他,他有米开朗琪罗的天赋,却把时间都花在刺绣枕头上了。

历，本身就足以把两个同代的法国人吸引到一起，不过现在和蔼可亲的雷诺阿和圣埃克苏佩里已经有许多共同之处了。雷诺阿年长六岁，在昂贝略学会飞行，在一战中执行过侦察任务（让·迦本在《大幻觉》中
355 穿的飞行员外套就是他的）。他也富有幽默感，热爱生活。他喜欢辩论，对法国人的缺点有足够清醒的认识，以至于他 1939 年的讽刺杰作《游戏规则》遭到了唾弃。与圣埃克苏佩里相比，雷诺阿更为温和，他很快就适应了美国，没多久就在好莱坞大道上的一座木瓦房子里安顿下来。他把圣埃克苏佩里安顿在楼上的一个套间里，在那里，他和同样居住在加利福尼亚的拉扎雷夫一家尽一切努力来确保圣埃克苏佩里能完成作品。有人找来一台电动打字机，不过新奇的机器似乎对这本书没有太大帮助。许多秘书自愿提供服务，帮圣埃克苏佩里处理一天工作完留下的口述录音，这往往是在早餐时间。

圣埃克苏佩里和雷诺阿相处时间并不多。圣埃克苏佩里在晚上工作，雷诺阿在白天工作，两人很少见面。然而，圣埃克苏佩里的存在感很强；他占了房子里的很多地方。他养成了把凝固的橄榄油涂在烤面包片上的习惯，医生说这对肝脏有好处，于是他马上清空了雷诺阿的冰箱，腾出地方来放他那些装满油的碟子。他晚上工作时总是走来走去，声音很大。他把资料钉在房间的墙上，在上面写写画画；他把点燃的香烟扔进废纸篓，而雷诺阿害怕起火，差点吓坏了。然而，可能是因为圣埃克苏佩里受不了批评，几乎没有人抱怨过。他心灰意冷，病得很厉害，发烧的症状已经藏不住了。到了下午三四点钟，他会烧得说胡话。他脸色苍白，满头大汗，似乎随时都可能栽倒。埃莱娜·拉扎雷夫照顾他，尽力把他扶到沙发上，帮他联系洛杉矶首屈一指的法国医生让-路易·拉佩尔。八天内，他三次出现这样的症状，每一次都高烧 40℃。一天下午，他昏倒了；几天后，他按一位专家的建议做了手术。专家诊断问题在泌尿系统，可能是因为埃尔默·贝尔特医生没有提到胆囊，所以

这次圣埃克苏佩里耐心地听完了诊断，但对于诊断结果，他也给出了自己的解释。他称这个病是1923年飞机失事时得的，当时木质座椅的一块碎片划破了会阴，在膀胱颈部外侧留下了一道疤痕。贝尔特说，这个部位经常会积尿，容易感染。

圣埃克苏佩里向加朗蒂埃详细地描述了手术过程，还配了几张简 356
单的插图，但总的来说，这并不是一个让人愉快的话题。他觉得应该向加朗蒂埃解释一下自己的反常行为，因为他担心这位翻译可能会听到一些风言风语，比如说，他像个"神经衰弱的小女孩"。* 对此，他很乐意告诉大家，他得了重病，已经病了三年。（他写这封信可能还有一个原因：他觉得贝尔特的诊断很准确。）除此之外，他非常希望这次手术能够对外保密。加州的大多数熟人都听说他得了疟疾。在纽约，人们只是简单地说他治疗了陈旧性骨折。圣埃克苏佩里最终还是和他的医生闹翻了，因为拉佩尔把他的病情透露给了纽约的一位外科医生，外科医生也一直关注作家，并打电话给拉佩尔询问手术细节。"纽约的每个人都会知道我为什么在这里，而这不关他们的事。"作家骂完决定不再理会这位医生。

手术后的恢复也不顺利。据圣埃克苏佩里说，做手术的地方"不是无菌的"，后来伤口感染持续了很长时间。术后有出血，多次痉挛发作。结果，圣埃克苏佩里眼里直冒火，整个过程让他情绪很差。他在医院住了几周。他说，这是危地马拉坠机事件后治疗的重演，只是不那么痛苦而已。又过了几周，他才站起来走动，但他并不是很希望有人陪他，雷诺阿、拉扎雷夫一家和勒内·克莱尔等人都来看他。出演过《安妮-玛

* 圣埃克苏佩里对待自己的健康问题有两种方式。四十多岁的时候，他会不厌其烦地把病痛的细节说给几位女性朋友和一些密友听。更多时候，他试图战胜疾病。在《沙漠的智慧》中，酋长的牙齿烂了，肾也出了问题，他说："我的内心已经寻得了安慰，不要被身体上的不祥之兆打倒，也不要被病痛折磨得疲惫不堪。在我的国里，历史学家们编写历史时会一笔带过我的病痛。我的牙齿松动了，要拔掉了，但这没有什么关系。我不会希冀他人给予一丝同情。"

丽》的安娜贝拉嫁给了蒂龙·鲍尔,得知他住院后,也去看望了他。安娜贝拉看到他的房间光线昏暗,没有鲜花,他躺在一张小床上,床在他的重压下似乎要散架了。他告诉安娜贝拉:“你来了真好。死是一件很让人伤心的事。”两人尴尬地聊天,这时安娜贝拉在他的床头柜上看到
357 了一本书,是《安徒生童话》。安娜贝拉翻到《小美人鱼》那篇读起来。她用心地读完了整个故事,发现圣埃克苏佩里恢复了精神,露出了微笑,两人又就圣埃克苏佩里最喜欢的角色聊了一个小时。他的任性也帮助他恢复了活力。他打电话给迪多·雷诺阿,请她告诉医院的工作人员不要给他的餐盘里放胡萝卜。“他可以不吃啊。”护工告诉雷诺阿夫人,她又转告了圣埃克苏佩里。“我当然不吃。但看到它们我就受不了!”他勃然大怒。第二天,一份新鲜的胡萝卜又出现在他面前,他暴跳如雷。他在租来的一套两居室公寓里继续养病,白天趴在沙发上,除了安娜贝拉给他送饭,听他讲自己的故事外,很少有人来探望他。

10 月,雷诺阿终于说服他搬回好莱坞大道。渐渐,他又开始写作了。他觉得很惭愧,因为雷纳尔与希契科克希望在当年秋天出版的那本书几乎没什么进展。他为拖拉向加朗蒂埃道歉,说自己比翻译还要绝望。他有时也会出去,和加州理工学院的多位科学家,包括西奥多·冯·卡曼见面。他参加了在贝尔特医生夫妇家举办的晚宴。有人问他美国能为战争做些什么。他心中早有答案:“就目前的情况来看,你们国家把 90%的工业生产能力用于制造美国人想要的消费品,换句话说,就是汽车和口香糖,只用 10%的生产能力阻止希特勒。只有比例对调一下,10%用于制造汽车和口香糖,90%用于阻止希特勒,才会有希望。”他把自己对美国的所有感受都融入了这些话里。

11 月他坐火车回纽约的时候,已经写出了一部分《空军飞行员》。他的病已经有整整一个月没有复发,感觉好多了,但还说不上完全康复,还要在纽约住院治疗。他与贝尔特医生夫妇乘坐同一列火车东行,

并一起在芝加哥停留了三个小时。离开车站时，他拒绝托运一只看上去很重的箱子。贝尔特医生向他解释说，带着箱子上路不方便，解释了很长时间，但他还是不同意。他说，箱子里有他“思想的孩子”，其实就是《空军飞行员》或《沙漠的智慧》的手稿，或许两者都有。带着几分疑虑，他把箱子交了出去。可是手里没了箱子，他很快就觉得苦恼了。他经常看表，因此贝尔特医生决定提前返回车站。在车站门口，圣埃克苏佩里冲在人群前面。贝尔特夫妇到托运处时，箱子正被交还给圣埃克苏佩里。他怀里抱着箱子，眼睛望着天空，用西班牙语大声说：“感谢上 358
帝！我的孩子得救了！”他想，这种语言正适合这戏剧性的一幕。

在纽约，因为对加朗蒂埃和伊丽莎白·雷纳尔感到愧疚，他回过头一心一意地整理《空军飞行员》。他让加朗蒂埃埋头于铺天盖地的修订工作中。玛丽·鲍楚·麦克布赖德是最懂得他的完美主义用心的人，他后来给了玛丽一本《空军飞行员》，以感谢玛丽把这部书稿打字了十遍。尽管多次拖延——他为拖延找了一大堆借口，现在又推说守护天使干涉过多——但这是他写得最快的一本书。《空军飞行员》从头到尾花了八个月，而圣埃克苏佩里大部分时间都或是没有投入其中或是在拖延。一方面，吉约梅的死和他自己的病痛令他很震动，他突然意识到自己生命有限，想抓紧写完；他在给B夫人的信中说，他认为也许要再花十年才能写完《沙漠的智慧》，而他剩下的时间是不够的。另一方面，他抱怨雷纳尔与希契科克出版社总是给他设定最后期限，当然他也尽了最大努力。加朗蒂埃耐心地向他解释说，不能因为他觉得十年后会想得更清楚，就等十年再来写这本书。圣埃克苏佩里忍不住说，思想就像水果和孩子，必须等它成熟。后来，他说自己太赶了，来不及完善《空军飞行员》，这一说法当然毫无根据。

时机比他最初意识到的更重要。《空军飞行员》原定于1941年11月出版，但1942年2月才问世，那是日本偷袭珍珠港两个月后，这本书读起来给人的感受很不一样了。然而，在人生的这一阶段，圣埃克苏佩里并不关心时事。他比以往任何时候都更坚持要把想法表达得清清楚楚，他说宁愿饿死也不愿在一本他不喜欢的书上署名。他写道："我宁愿书只卖掉一百册，却心内坦然，也不愿书卖掉六百万册，却感到害臊。"那是11月、12月，他正和加朗蒂埃闹矛盾，他说笛卡尔改变了世界，而《巴黎晚报》虽拥有百万读者，也不太可能做到这一点。他在信中花很长时间责骂他的翻译加朗蒂埃。这些信通常是在太阳升起时写的，那时他可能已经完成了一天的写作。于他而言，加朗蒂埃必须理解他的观点，这非常重要。他并不是奔着雷纳尔与希契科克出版社定下的出版日期——2月22日，而是奔着未来十年来写作的。因此，他最感兴趣的是从他要描述的事件中得出某种持久的真理。珍珠港事件爆发
359 后不久，他给一群学生做了一场演讲——那次他还遇到了多萝西·汤普森——他并没有过多地关注眼前的冲突，而是在意听众如何能够拥有充实的人生。他只知道一种方法：为更崇高的事业而牺牲。类似地，《空军飞行员》在作家看来是一部关于责任，关于仁爱的作品。不过，在出版前，雷纳尔与希契科克出版社曾经将它宣传为一本为法国辩解的书，讲述了一名侦察机飞行员一天的生活。他想出版一本富含哲理的书，而出版商却只看中故事性，他被激怒了。1月的一个早晨，太阳还没升起他就写信给加朗蒂埃，他说自己五岁的时候就能写出这种东西了。"如果只是要重复小时候保姆告诉我的事，没有一点进步，那么克服一大堆疾病、事故、考试、失败的恋爱、税务审计和各种各样其他的麻烦又有什么用呢？我认为没有必要在1942年宣扬保姆在1900年就完全了解的东西。可以等到2000年再说。因为到那时这些可能都被忘记了，人们可能会以为是原创的。"

他的健康状况最终并没有耽误这本书的出版，不过确实留下了印记。圣埃克苏佩里此时书写危险是再合适不过的：他感觉，1941年在

美国时他的身体比 1940 年穿越敌人炮火时更弱。(他不再担心自己的健康状况时又患上了臆想症,这对于一个一再骗过体检人员的人来说并不是一种常见的疾病。他很小就害怕患上梅毒,这种焦虑在四十多岁时越发强烈。)在一项新发明的示意图上,他列出了过世亲朋好友的名字,第一位是他的弟弟。他说,他突然意识到自己生命有限,于是便对一些事释然了,包括他对纽约舆论的愤怒;这一意识也使他和《空军飞行员》朝着精神方向,他所向往的方向演进了。加朗蒂埃本来想阻止他,尤其是在珍珠港事件之后,加朗蒂埃觉得美国人想要的是对民主的展现,而不是对仁爱的歌颂,但圣埃克苏佩里很有主见。他类似神秘主义的沉思(他无法进行系统的哲学分析)设定了这本书的色彩。此外还有他与自己肉体的分离,他似乎希望把肉体留在加州。他好像在阿拉斯上空得出了一个结论:他的身体是“一种劳役”,这么多年来,他花了太多时间穿衣、洗澡、打扮、吃饭。然而直到 1941 年,他才想与它分离:“我不在乎你会怎样……无论如何,我已经把你带到人生的此处了;现在我发现你无足轻重。”不是每个人都意识到这是信念的呐喊。安妮·林德伯格和查尔斯·林德伯格阅读并讨论了《空军飞行员》的节选,这是三部曲中的第二部,发表在《大西洋月刊》2 月刊上。查尔斯说:“我认为 360
他谈论自己身体的方式很可怕……如果我是他的身体,我就会得水痘来报复他!”

*

几乎所有对圣埃克苏佩里来说比较重要的人都在这本书出版前听到过它的部分内容。对于一个沮丧忧郁、时常需要安慰且作息不规律的人来说,电话是一件危险的武器。圣埃克苏佩里打起电话毫不手软,每月电话费高达七十五美元,相当于他付给秘书的薪水的一半。在餐厅的餐桌上，或在通宵营业的熟食店里，他草草下笔，写到天亮，他还给玛丽·麦克布赖德念那些字迹潦草的稿子，玛丽通常中午过后才来工作。这段时间，朋友们的睡眠随时都处于危险之中。与大多数作家相同的是，圣埃克苏佩里写到满意之处就忍不住要和他人分享。与大多数作家不同的是，从在空中邮航做飞行员时他就坚信，没有什么比半夜接到朋友的求助电话更令人兴奋。当时正在一章一章翻译的加朗蒂埃首当其冲感受了他的慷慨。当电话在凌晨两三点响起时，他立刻就知道是谁打来的；他已经习惯了半睡半醒地说出赞美的话。“我觉得他从没有想过，我们两个人中只有他醒着。”他后来说。伊冯娜·米歇尔、拉莫特、拉吕、拉扎雷夫、贝克尔发现尽管圣埃克苏佩里占用了他们的休息时间，他们也无法生他的气，不过不是谁都能够准确地分辨出他们于某一天午夜听到的文本，与前一天午夜听到的文本有何不同。只有拉莫特会咕哝几声。“听着，贝尔纳，我刚写了四页，你想听吗？”一天晚上，圣埃克苏佩里唤醒了画家拉莫特。拉莫特问他能否等到第二天再读。“为什么要等到明天？”圣埃克苏佩里依然坚持道。“因为现在是凌晨2点，就算你不睡觉，理论上人们在这个时间也应该睡着了。”拉莫特说。不过二十分钟过去了，他还没挂电话。圣埃克苏佩里在西海岸的朋友们就比较幸运了，不太容易受到打扰。年底，他打电话给安娜贝拉和蒂龙为他们读《小王子》的章节，他们认为他简直任性得无可救药。

有一个人逃过了一劫，就是龚苏萝。1942年初，当加朗蒂埃从她丈夫手中拿过这本书的最后几页时，龚苏萝来到了纽约。圣埃克苏佩里为是否要把妻子带到美国而苦恼了一段时间；朋友们似乎都认为，龚苏萝在纽约给他惹的麻烦要比在法国少一些，因为在纽约他可以看着龚苏萝，而在法国——结果可想而知——他是做不到的。（他从B夫人那里得到了龚苏萝的消息，B夫人鼓励他派人去找龚苏萝，并让他母亲从

中调解。）也许到最后，来美国的决定是龚苏萝作出的：她不会为任何 361
人违背自己的意愿。（她会说，是她让丈夫觉得羞愧，丈夫才带她过来的，还威胁说，如果丈夫不带她回去，她就会闹出丑闻来，而这可不是随便说说的。）回到纽约，《巴黎晚报》的前编辑拉扎雷夫帮助收集了多份证词，以便支持龚苏萝申请签证。在纽约，圣埃克苏佩里有不少女伴，所以绝对不可能散播妻子到来的消息。一天晚上，圣埃克苏佩里打电话给让-热拉尔·弗勒里——弗勒里那时才到纽约——说第二天早上要征用他和他的车。他没有提到目的地；弗勒里到霍博肯码头时，才知道为什么要到那里去。他尽职尽责地把龚苏萝的行李装进他的庞蒂亚克车里，开车把龚苏萝送到中央公园南，而龚苏萝一路上都在讲奥佩德的故事。那天下午，圣埃克苏佩里疯狂地给雷纳尔夫妇打电话。龚苏萝已经来了，他必须给龚苏萝正式接风；他们能一起吃晚饭吗？那天晚上，雷纳尔夫妇和圣埃克苏佩里夫妇一起坐在中央公园南 240 号的餐厅的圆形长沙发上用餐。在桌子的一边，圣埃克苏佩里低声告诉伊丽莎白，妻子只在这里住几晚，他深深松了一口气。然而在桌子对面，龚苏萝兴高采烈地告诉尤金·雷纳尔，她很高兴能持六个月的签证来纽约。在丈夫不知情的情况下，她就搬进了位于这栋大楼第二十二层的一套公寓。圣埃克苏佩里尽量保持镇静，他要面临最大的考验了。

据弗勒里说，是龚苏萝在一次深夜的头脑风暴会上提出了《空军飞行员》的法语书名“Pilote de guerre”。［纽约已经成为一个法语出版中心——安德烈·莫鲁瓦或圣埃克苏佩里的一本书能卖出一万五千册——在英语版《空军飞行员》（*Flight to Arras*）出版时，纽约的法兰西之家出版社同时出版了法语版《空军飞行员》（*Pilote de guerre*）。］经过反复考虑，雷纳尔与希契科克出版社还是决定使用“Flight to Arras”这个书名。圣埃克苏佩里不善于取书名，他对这些书名有什么看法也没有任何记录。尽管他抱怨过，但他对这部作品还算满意。他的侦察飞行记录夹带着回忆和沉思，这是他一直在游说的个人信条。书的内容和书名并不完全契合。他在书中反复提到人类比个体更重要；书中所谈及的仁爱之责任要比所描述的事件更具有时代色彩，不过这本书1941年出版时还是被拿来与《圣经》作对比。他为这些评价感到苦恼，但这本书在另一个层面上愈加成功了，它描写了一个真实的人，而不是一个乏味的英雄。德国防空炮激发出了利比亚沙漠没能展现的圣埃克苏佩里，《空军飞行员》是一部非常个人的作品。这一年，雷诺阿与圣埃
362 克苏佩里失去了联系，他在给贝克尔的信中写道，他很想念他们共同的朋友，当他想和圣埃克苏佩里共处一刻钟时，就会翻一翻《空军飞行员》。在第一行，我们就看到了侦察机飞行员圣埃克苏佩里，一个原本应该全神贯注的人，在做白日梦。他表演纸牌戏法，倾诉深夜的焦虑，胡乱摸找火柴，弄丢手套，发牢骚，做白日梦，等等。他骄傲，急躁，痛苦。他对着氧气面罩哼小曲（迪泰特警告他："这样哼小曲，上尉，你会晕过去的。"），他承认自己有过好日子，也有过坏日子，他小时候失去了一个弟弟（他记错了当时的年龄）。他固执，刻薄，对自己的棋艺很自信，抵抗不了酒精的作用。他吐露了有人拿着书找他签名时他的感受。事情发生十八个月后，他用现在时态讲述了一切，他对人物与任务的叙述具有即时性。他的书充溢着谦卑、温柔、博爱，尽管他可能有意要说，但最终并没有提及，这一切在他的生活中都不存在。整部布满了香烟的痕迹和咖啡的污渍，有些地方潦草得根本看不清，边沿上画着一个个小人儿。第一行字迹潦草，写的是："生活越来越艰难了。"

人们原以为《空军飞行员》是一部写法国沦陷的作品，它出版后却发现它写的是战争。它在这两方面都赢得了赞誉。人们普遍认为，它让其他写法国战败的书都相形见绌；爱德华·威克斯在《大西洋月刊》上发表文章称："这本书与丘吉尔的演说是民主国家对希特勒的《我的奋斗》的最好回应。"《空军飞行员》于2月20日出版，在任何评论发表

出来之前,第一刷就销售一空。拉莫特为这本书画了系列插图,放大的插图挂在全纽约的书店橱窗里。布卢明代尔百货公司的橱窗里高高地摆放着一摞摞《空军飞行员》。这本畅销书登上了《纽约时报书评周刊》和《纽约先驱论坛报》的头版,成为1942年十大畅销书之一。尽管纸张供应紧张,纽约的雷纳尔与希契科克出版社仍尽了一切努力让它不断货。虽然并不是所有的评论家都喜欢圣埃克苏佩里漫无边际的神秘主义,但所有人都认为他“像一位自言自语的天使”。他比大多数散文家显得更加自由,不是因为他是文体家,而是因为他是军人。一个冒着生命危险为国家执行近乎自杀性的侦察任务的人,竟然如此执迷于探讨整个战争经历的意义,这为他的行为赋予了双重的崇高意义。

尽管圣埃克苏佩里曾为这部书的写作而悲叹,但事实证明,《空军飞行员》是他充分利用在美国那段时间的成果,或多或少达到了他声称离开法国要达到的目的。1942年,法国的声望很低,许多人认为《空军飞行员》是唯一对法国极为有利的宣传。这本书让许多美国人第一次 363
看到了法国人抵抗德国人的努力,极大地影响了舆论。(圣埃克苏佩里在社交场合结识了最高法院法官费利克斯·法兰克福特,他设法通过法兰克福特把这本书送进了白宫。他在书中题写:“致富兰克林·罗斯福总统,您的国家肩负着拯救世界的重任。”)在一些人眼中,他亲自上战场,又创作了这本书,两次保卫祖国,两次成为英雄。语言不通让他不用参加朗诵会,也不用巡回售书,但他成了最受欢迎的演讲者和嘉宾,成了每位女主人王冠上的宝石。他勉强接受了这些邀请。安妮·摩根是法国救济会的理事,她邀请圣埃克苏佩里到自己家的客厅给五十位女名流做演讲,给书签名。他讲得很紧张。演讲结束后,人们向他拥来,他认出了一张熟悉的面孔:平·劳伦斯,劳迪·劳伦斯的妻子,她是美国米高梅电影公司在欧洲的业务代表。“我想跟你谈谈。”圣埃克苏佩里拉着她的手走进隔壁房间,在特大扶手椅后面谈话,谁也看不见他们。在纽约一所大学的礼堂里,美国法语教师协会正在开会,人头攒动,他被引荐给会众。之后,他对主席耳语了几句,主席拿来一把椅子放在舞台一侧。他对着礼堂远处的墙壁含含糊糊地发表了自己的看法。就在他要去法语学院演讲前的一个小时,院长皮埃尔·贝达尔决定去看看他。他发现圣埃克苏佩里穿着浴袍,已经忘记了他答应好的演讲。他让圣埃克苏佩里尽快穿好衣服,吃完饭,往会场赶去。他们终于准时到达学院,那里有四百五十人正等着听他演讲。

圣埃克苏佩里并不认为自己写了一本有争议的书,但他已经做好了心理准备,即使只是出于习惯,也要面对“诽谤和怨恨”。这无疑是明智的。3 月,法国驻纽约总领事恭敬地向维希政府驻华盛顿大使,一位狂热的贝当主义者,汇报《空军飞行员》取得的成功,称这是第一部超越政治来讲述这场战争的作品。很快,政界人士就站出来回应这一观点。这本书的最后几行如谜一样神秘难解,引起了极大的恐慌。在维希主义者看来,它是战斗的号令,而戴高乐主义者则视它为失败主义言论。这一次,双方有了共同点:他们联合起来谴责这本书。圣埃克苏佩里绞尽脑汁,试图弄懂这些反对意见,往往他辩驳了一项反对意见,又会引发其他批评。(讽刺的是,他本来只是想谴责美国人,因为他们没有帮助法国。)他花了很长时间寻找他拥护维希政府的证据,只找到了一行
364 写政府的文字,他认为这是非常温和的谴责。尽管如此,他还是吓了一跳,问遍了他所认识的每一位戴高乐主义者。他们告诉他,他在捍卫停战协定时为维希政府做了辩护。“但我没有写停战协定。”圣埃克苏佩里反驳道。“是的,但是你让美国人觉得法国军队好像被打败了。”对方回答。他们抱怨,为什么他只写了一项飞行任务?在中央公园和第五大道流传着这样的说法:圣埃克苏佩里让战争的努力显得微不足道。

年底,法语版《空军飞行员》出版后,争议更大了。圣埃克苏佩里来到美国后,巧妙地避开了“露面,还是不露面”的问题,这是生活在敌占

时期的作家们（法国在1942年底完全被德军占领）不得不面对的。在这个时候出版作品，就要和一群叛国者做生意。这样做的理由很多，当然绝不包括作家们要生存。让·盖埃诺引用了另一段话："文人并不是人类中最高贵的。因为他们无法默默无闻地生活，会为了出名而出卖自己的灵魂。几个月的沉寂和消失就会把他逼得走投无路。他再也受不了了。"圣埃克苏佩里比大多数作家都幸运，因为他在法国之外出版的作品和在法国同样受欢迎，有时甚至更加成功。但是对于他来说，《空军飞行员》在自己祖国出版是非常重要的；他并不是专门为美国人写这本书的。他设法把一份手稿副本送给了塞戈涅，塞戈涅则奉命不惜一切代价在法国出版它。在法国，任何作品要出版都得先经过审查批准，伽利玛出版社于秋季提交了文本。圣埃克苏佩里的作品写的是与德国的战争，但更是一部战争的挽歌；他的作品已经被德国人奉为法国文学的典范。格哈德·黑勒，一位热爱文学的德国年轻人，是出版物审查部门的负责人，在所有法国出版商中，他和加斯东·伽利玛关系最近。他批准这本书于1942年12月出版，不过其中有一行文字要删改，且印数不能超过两千册。*

伽利玛出版的《空军飞行员》一周便售罄，引发了一股赞赏风潮，但随后又被召回，不过并非因为德国人。原来，有几个法国人注意到，圣埃克苏佩里在为飞行中队的官兵大唱赞歌的同时，似乎还赞颂了一个叫"让·伊斯拉埃尔"的人的英雄事迹。这让他们难以接受。平心而论，圣埃克苏佩里极力显明伊斯拉埃尔的身份，在两页之中十四次提到他的犹太人鼻子。圣埃克苏佩里一定知道自己在做什么：因为后来他又有意使用了"伊斯拉埃尔"这个意味深长的名字，当一位细心的作家连续十四次使用一个词时，一定是为了达到某种效果。皮埃尔-安托 365

* 那行文字在法语版中删掉了，也从来没有恢复过。在那一行里，圣埃克苏佩里称，他们都是傻瓜，勤务兵把手套放错了地方，就像发动战争的希特勒一样。

万·库斯托领导了一场针对这本书的恶意讨伐,称它为“又一项疯狂的犹太人好战行为”。“圣埃克苏佩里先生挑选伙伴的方式很糟糕。”他轻蔑地说,提醒读者《空军飞行员》的作者也是莱昂·沃斯的好友。相比夸耀一个犹太人的英勇,一位法国作家肯定有更值得做的事情吧?他谴责这本书叛国,其他纳粹同情者也认同这一评价。一个法国人问评论家们,他们是不是忘记怎么读书了?1月中旬,维希政府的犹太事务专员质问审查者是怎么想的,竟会批准出版如此侮辱占领国的作品。戴高乐主义者充耳不闻这些对亲犹主义的指控,他们对这本书有他们自己的指控。

如同许多禁书一样,《空军飞行员》很快便像《飘》那样流行起来,至少名声大震,而书很难买到。(圣埃克苏佩里并不孤单,法国通敌主义者也反对德国人批准出版加缪的《局外人》,就连《拉鲁斯词典》也被禁了。)《空军飞行员》的两个秘密版本分别于1943年12月和1944年出版,但伽利玛未获许重印圣埃克苏佩里的早期作品,他的书在法国已经绝版。他曾经是右翼的法兰西学术院的宠儿,现在作品却全部下架。1943年,有人在卡萨布兰卡的书店要买一本他的书,遭到老板怒目相向。黑勒因疏于管理而受到严厉斥责,并被软禁了几天。伽利玛在战争期间急于把注意力从公司转移开,他对这场纷争很不满意,但最终事实证明为《空军飞行员》惹上麻烦是值得的。后来他以出版这本书为例,证明自己在敌占时期是忠诚的。(卖国的罪责完全归给了皮埃尔·德里厄·拉罗谢勒和《新法兰西评论》。)

让·伊斯拉埃尔在《空军飞行员》写就之前便进了战俘营,他在里面通过通敌派报纸读到了朋友引起的这场骚动。大约一个月后,一本《空军飞行员》被偷偷带进了战俘营,大家秘密传阅。伊斯拉埃尔自豪地阅读着。事实上,是名字透露了他的族裔——他的鼻子一点也不显
366 眼——但他很乐意尽其所能地为国家服务。1942年,别的法国作家都

不会为了一位名叫伊斯拉埃尔的中尉而冒生命危险。很少有法国作家不承认这样做是充满挑衅的。只有圣埃克苏佩里——他的说服力让人无法忽视他,但他的观点又太过柔和,不符合任何政治派别的利益——才会因为歌颂让·伊斯拉埃尔而被禁,同时因为涉嫌拥护维希政府者而遭到谴责。367

第十六章　远离尘世

1942—1943

“女人是男人生活的动力之源。因为她们，我们穿上干净的衬衫，清洗袜子。因为她们，我们不断超越。因为一个女人，哥伦布发现了美洲大陆。”

“伊丽莎白女王。”玛丽[·契弗]喃喃地说。

“我想的是，”约翰说，“哥伦布夫人。”

——斯科特·唐纳森，《约翰·契弗传》

圣埃克苏佩里，这个孤独、笨拙的法国人，拥有灿烂的过去，头顶名人的光环，在美国吸引了众多追随者。曾通过平·劳伦斯和劳迪·劳伦斯夫妇引荐与他匆匆一见的费伊·雷，一下子就被迷住了：“哦！他看起来真英俊！又高又大，还有一双星星般闪烁的黑眼睛。”在纽约《邮报》的文章中，埃尔莎·马克斯韦尔将她心目中最伟大的在世法国作家描述为“一个活力四射的男人，充满了魅力和力量，对女性非常有吸引力”。凯蒂·卡莱尔·哈特在贝尔纳·拉莫特家里与圣埃克苏佩里相识，认为他性感至极；像许多见过他的人一样，凯蒂不知道他已婚。（那些知道他已婚的人，比如安妮·林德伯格，大都相信他和妻子分居了。）1941年在法语高中听过他演讲的一名听众五十年后回忆道：“我不知道九岁的孩子能否明白什么是性感，但他看起来的确很性感。”

他并没有刻意吸引别人的注意力，因为他不需要。蜂拥而至的追随者们——他亲切地叫他们“小家伙”“小可爱”——簇拥在这位可以战胜一切却无法打理好日常生活的传奇人物身边。尽管圣埃克苏佩里特别腼腆，他还是可以清楚地意识到自己对女性的独特吸引力。他厌 368
恶任何粗鲁的行为，也不夸耀自己的征服史，他倒是喜欢自称“金发美男”，虽然现在有些谢顶了。他很少提及龚苏萝，更不要说生命中的其他女性了。贝克尔很清楚他的委托人圣埃克苏佩里感情生活丰富，因为他经常牵线搭桥（为了诱惑圣埃克苏佩里来美国，1940年他承诺会带着六个金发碧眼的女郎在码头迎接他，并保证她们一个比一个漂亮）；加朗蒂埃也知道这些女人，因为他和圣埃克苏佩里经常联系。在这方面，他给圣埃克苏佩里的建议比大多数朋友都要多。加朗蒂埃说：“像所有精力充沛的男人一样，对于女性，他更喜欢独宠一人，而不是与多人交往；对于男性，他则更喜欢三五结伴，而不是与一人独处。”加朗蒂埃注意到圣埃克苏佩里的品位下降了，变差了：“他发现有时他交往的女人并不是适合他的类型，比如那种‘漂亮的悍妇’，她们打着精明的算盘，专注地倾听他的想法，试图安排他的生活，而他很难摆脱她们，他根本不知道如何狠下心来。”

1941年11月下旬，圣埃克苏佩里和他的翻译同一个这样的女人在唐人街共进晚餐。加朗蒂埃从小就认识这个女人，对圣埃克苏佩里和她交往感到失望。她三十八岁，美艳动人；不单吸引男人，很多女性也为之倾倒，不过加朗蒂埃觉得圣埃克苏佩里对这段历史一无所知。晚餐时，她提起刚刚读过的《夜航》。她的话语流露出，她是反犹主义者和法西斯主义者。她对小说的解读激怒了加朗蒂埃，他认为她完全误解了“领袖”一词。他这样一反驳，聊天的话题转移到了“民主”上，两个男人激烈地争论起来。圣埃克苏佩里认为，民主制不过是建立了一个腐败的资产阶级政府，即第三共和国。他对权威人物怀有某种怀旧之情，法国一旦陷入困境，人们常常会怀念他们。（贝当在 1940 年说过："他们只有遇到危机才会打电话给我。"）到了车上，他们还在争论，加朗蒂埃大发雷霆，他气冲冲地说："就在这里停车吧，你整晚都在为最恶心的观点辩护。你显然是法西斯主义者。"他下车时，圣埃克苏佩里把手搭在他的肩膀上。"你知道我深深地爱着你，"他平静地说，"请不要叫我法西斯主义者，我不是。"虽然女伴一再坚持陪他，但在后面几小时里，圣埃克苏佩里并没有时间顾及她。加朗蒂埃醒来之后，在门口发现了一封长达十七页的解释信。在信中，圣埃克苏佩里果断抛弃了支撑法国民主的观念，尽管美国所实行的民主也是建立在这些观念之上的。比起从扎努克的三部电影中选择一部来说，修道院中可能更自由。他
369 也像托克维尔一样，认为平等将人性拉低到最低标准。在非等级制社会中，团体友爱难以存在。它在法国军队中比在美国更普遍，而他向来受不了集体营房。

不可避免，圣埃克苏佩里在另一种女人，更像他妻子的女人身上，倾注了更多关注。1942 年，他喜欢上一位极具魅力的巴西王妃，据一位朋友说，这个女人符合圣埃克苏佩里的三个标准：高挑、金发、拥有贵族头衔。人们经常见到他与娜达·德·布拉甘斯在纽约玩乐，她看起来很和善；圣埃克苏佩里把她介绍给朋友们时，很多人都以为是 B 夫人回到纽约了。（实际上 B 夫人并没有回来，这段时间她和圣埃克苏佩里感情不和，这是距离造成的。因为担心被窃听，她为了让通话更合宜，打电话时会说几句致敬戴高乐的话。圣埃克苏佩里怒不可遏，认为她已经转而支持他最蔑视的阵营。* 后来，在阿尔及尔，他才原谅了 B 夫人。有一次，他们吵得很厉害，圣埃克苏佩里生气地挂掉了电话。接线

---

* 在此期间，美国政府也曾对 B 夫人的政治倾向表示关注。她熟识所有阵营的高级别外交官，在战火纷飞的欧洲可以自如地旅行。因此，虽然证据不足，还是有人猜测她在从事秘密工作，有很多化名。

员听到B夫人在电话另一头哭泣。接线员听出是圣埃克苏佩里的声音,安慰她说:“您不要生气,您知道的,他五分钟后会再打给您的。”)作家坦承他被娜达吸引,是因为她气质忧郁,并不是所有男人都能够欣赏这种特别的吸引力。“她的脸如溺水之人,微笑起来如此美丽。”他曾对一位朋友如是说,而这位朋友正是B夫人。圣埃克苏佩里的率真让女人们绝望,他还曾让B夫人去探望娜达,因为当时两人都在伦敦。B夫人抱怨娜达精神不正常。“不要这样说我的女人们!”圣埃克苏佩里责备道,“她们都是疯子。”(战后,娜达从伦敦一家酒店的窗户跳楼自杀了。)

他和女人们的风流韵事不一定有先后顺序。身体抱恙,再加上气候恶劣,女人是纽约能给这个孤单的男人为数不多的慰藉之一。这也是在女人环绕的童年环境中长大之后,圣埃克苏佩里一生中女人最多的时日。他越痛苦,越需要心灵的避难所。他从一个女人身边走到另一个女人身边,然而这些关系并不全关乎性,其中一些重温了他与姐妹们的亲密关系。赫达·斯特恩是一位罗马尼亚难民,二十五岁,曾在维 370
也纳和巴黎学习,1941年10月经熟人介绍与圣埃克苏佩里相识。她是犹太人,家人都还在欧洲。她独自在纽约,心里很内疚。两人立即成了朋友。法国人圣埃克苏佩里对她倾诉衷肠。这位年轻女子瘦瘦小小,但很美丽动人,像童话里光芒四射的公主。赫达·斯特恩说,在她孤孤单单、没有朋友的绝望日子里,圣埃克苏佩里拯救了她;而她显然也给圣埃克苏佩里带来了希望。她明白如何维持一段有违传统的恋爱关系,并将其形容为“完全私人的,与众不同的灵魂伴侣关系”。能够向一位痛苦的作家敞开大门,她感到很荣幸。作家每周会有一两次,深夜爬上五楼来与她交谈。她脆弱、眼光敏锐,于圣埃克苏佩里而言,她可能是莱昂·沃斯的替代品。她帮助圣埃克苏佩里完成了一篇写沃斯的文章,她还说她非常喜欢《沙漠的智慧》,给了圣埃克苏佩里莫大的鼓舞。圣埃克苏佩里在给她的信中写道，她提供了超乎她自己想象的“精神帮助”。

他和女性的肉体关系大都结局不美，至少其中一些是这样的。他们之间自然会有性爱——据佩利西耶说，圣埃克苏佩里觉得那是“偶尔的必需品”。作为一个极度感性的人，在纽约的社交生活中，他有时想寻找一种被宠爱的大男孩的感觉，有时又不顾一切想让人觉得他是个成熟的男人。对于他这些隐秘的渴望，龚苏萝帮不上什么忙。她至多不过是公开赞美丈夫的长腿，或者在纽约四处奔走，说丈夫刚刚强暴了她，但丈夫由于长期高空飞行，已经不能够再满足她了——这些言论也使她给人留下了“红颜祸水”的印象。她用这种方式，还有其他各种各样的方式向其他男人表明，她是可接近的。其他女人则不同，她们为圣埃克苏佩里竭尽所能；一个女人甚至给他服用安眠药，看看他能否放松，能否恢复能力。女演员纳塔莉·帕利是罗曼诺夫家族的一位公主，科克托也曾经倾心于她。有几个月，圣埃克苏佩里从她那里找到了所需的慰藉：“我迫切需要怜爱和安慰……我有权暂时回避生活的要求。我有权把一颗忧伤的心交给你点亮。”纳塔莉抚慰了他的神经，他感叹道：“你闪烁着牛奶和蜂蜜的光彩，解开你的裙子像天光破晓般神奇。”在一封充满情欲的信中，他承认短暂地不忠过；在另一封信中，他承认知道他们最终会伤害对方。“但这就是存在的本质。想体验春天，就要冒度过冬天的风险；想当下在一起，就要冒将来分离的风险。”不过，他
371 向纳塔莉保证，尽管他有很多段感情，他可能只用过三次“爱”这个字。在她之后，他想自己再也不会用这个字了。

甚至在向纳塔莉说起他对离婚和再婚的感想时——他似乎是被纳塔莉难以捉摸的性格打动，才有感而发——他仍然在培养新的感情。1942 年 3 月，在一位朋友家举办的周日鸡尾酒会上，他正与加朗蒂埃交谈，加朗蒂埃的一个熟人，二十八岁的西尔维娅·莱因哈特朝两人走了

过来。她刚刚读了《风沙星辰》,希望加朗蒂埃能介绍她与作者认识。“告诉他,我爱他。”她对加朗蒂埃说。然而,加朗蒂埃这位出色的译者居然理解错了。西尔维娅坚持要他翻译,可他第二次还是没找到机会说清楚。西尔维娅干脆直接问圣埃克苏佩里:“你要我的电话号码吗?”说话时目光毫不回避,正对着他的胸膛。“是,是。”这个自称一句英语也不懂的人回答道。就这样,他们开始每天见面,还发明了属于两人的私密语言,大致上就是由几句两人都懂的话和好多手势混杂起来的交流语言。西尔维娅一定在这方面展现出了卓越的才能,因为圣埃克苏佩里给了她少有的最高赞美。圣埃克苏佩里后来给她写信说:“你很有讲故事的天赋。”在莉莲·罗斯的《照片》中可以找到他们志趣相投的证据,书外的西尔维娅,也就是书里的戈特弗里德·莱因哈特夫人,和她的黑色贵宾犬轻快地起舞,非常古怪。1950 年,在约翰·休斯敦的生日聚会上,罗斯看到了她:“一个窈窕、很有魅力、面带讽刺的女人,棕色的大眼睛中透着怀疑,举止有些欧洲大陆的味道,[她]像个顽皮的孩子在客人中穿梭。”丈夫让西尔维娅去和别的太太们交流,她回应道:“我不会和她们交流。我性情和她们不一样。”说着就走开了。男人们到隔壁房间玩纸牌时,她绝望地扬起双手:“戈特弗里德,人们真是谁也不听谁的!世界的状况就是这样。”

没有人像圣埃克苏佩里和西尔维娅那样交往,整整一年,他们都不和其他人约会。两人的会面常常从一顿很晚的晚餐开始,要么在西尔维娅位于公园大道的寓所,要么在鲁比福餐厅。电话没什么用,所以圣埃克苏佩里很少打电话。西尔维娅从不敢出门,生怕错过了他。而他会突然来敲门,通常那时候西尔维娅已经放弃希望好几个钟头了,觉得他不会出现了。当圣埃克苏佩里需要表达一个特别精确的想法时,两人的秘密语言就不可靠了,西尔维娅会请他写下来,再拿给她的法语女教师看。这位布朗宁学校的老师噘着嘴翻译好这些书信,再把西尔维娅的英语回信翻译成法语。显然,她很反感这个美国女人与圣埃克苏佩里有牵连,因为圣埃克苏佩里在她心中是神圣的。如果圣埃克苏佩里知道西尔维娅用了这样的办法,他是绝不会同意的。对他来说,重要
372 的是西尔维娅抓住了要点:张开双臂欢迎他(如果他来迟了,就眼含泪水迎接他);让他笑;就算他们性生活不如意,也从来不追问,而作家也从不解释;喂他吃饭,帮他洗澡,庇护他;赞美他的作品,甚至夸赞他那令人难以忍受的歌喉。事实上,语言障碍屏蔽了圣埃克苏佩里想要避免的大部分事情。对于法国人对她的情人圣埃克苏佩里的诋毁,西尔维娅完全不了解。她也不懂圣埃克苏佩里为何对法国的失败感到耻辱,也不懂 1942 年底他为什么多次试图回到前线。她只知道,用他自己的话说,他已经心灰意懒,厌倦了这个世界,受尽了折磨,还沉迷于酒精。她还知道,他是一位最有趣也最令人沮丧的伴侣。圣埃克苏佩里反复告诉她“我很好”。她认为,这句话是为他的无能作解释。到了深夜,他会靠在她卧室的躺椅上,给她读未完成的作品,眼泪从面庞滑落。西尔维娅躺在地板上,半梦半醒,一个字也没听明白。

后来,圣埃克苏佩里有时会突然消失,也不解释。另外两项义务召唤着他:一项是妻子,他喜欢深夜去看看妻子是否一切安好;另一项是工作。不过,他很少对西尔维娅讲这两方面的事。(两人约会了一段时间后,他承认自己结婚了。从圣埃克苏佩里口中,西尔维娅得到的印象是,他的妻子精神虚弱,总是装出一副病恹恹的样子,而且一意孤行地搬进了位于中央公园南的公寓,完全不在乎圣埃克苏佩里是否同意。)圣埃克苏佩里常常深夜离开,西尔维娅感到深深地绝望。她以为自己的情敌是那些女人,却不知道她的情人是回去面对地狱;圣埃克苏佩里回到位于中央公园南的公寓时已是深夜,但龚苏萝总是回来得比丈夫还要晚。他与妻子通信时完全是另一个样子,发出一连串尖酸的质问:“你在哪里?”“你出去玩之前难道都不回来看看吗?”“我们不是约好了

午夜见面吗?”“我白白等了你一个晚上”“你为什么如此残忍?”一天晚上,他带着一腔怒火守了个通宵,每隔十分钟就在一页纸的上方记下一笔,在那些十分钟里,他不停地踱步。他想象了最糟糕的情况,对于龚苏萝如此利用他所谓的柔情,更是怒不可遏。他痛苦地提醒妻子,自己每次回来时都看不到她。凌晨3点,他终于认输了。有一封信写了好几稿,但从未寄出,圣埃克苏佩里把它撕成碎片,投进了废纸篓(是秘书翻出来重新拼好的)。那是他在一次午夜碰面遭到爽约后写的:“你这样伤害我真是低劣。你不应该这样对我。当然,我对生活充满了敌意。可你从来没有给过我我所需要的……我付出了一切,而你除了狠毒的话,什么也没有给我。”在这几个月近乎同居的生活行将结束时,他没有了苦毒,不再指责,而是彻底变得歇斯底里:“等我死了,你就会 373
明白你失去了什么。”龚苏萝逢人便说,甚至对那些不怎么认识的人说,丈夫会想尽一切办法摆脱她,甚至不惜远走,不惜让自己在战争中丧生。

那些见过圣埃克苏佩里夫妇在一起的人也卷入了这场纷争。管家曾让一位客人看一柜子坏掉的家具,据她说,它们都是龚苏萝怒火的牺牲品。皮埃尔·拉扎雷夫的助手比塔·多博在加州见过圣埃克苏佩里,他亲眼看到这对夫妇朝对方扔东西。另一位朋友乐观地说,这对夫妇已经签署了互不侵犯条约。贝克尔几乎每天都去探望作家,他记得圣埃克苏佩里夫妇曾激烈地争吵,不过他也注意到作家在与妻子分开时也很痛苦。确实是这样,每当这对夫妇分开一段时间,不管时间长短,他写信的语气马上就变了,这符合拉罗什富科的箴言,即缺席会使强烈的情感愈加强烈,平淡的情感愈加平淡。罗伯特·滕格当时打算第二年以法语出版圣埃克苏佩里的作品,他记得作家对妻子说:“你不在,我就无法思考;你一说话,我就无法写作。”圣埃克苏佩里还戴着结婚戒指,收到的邀请函上也都写着先生和夫人,但作家很少和龚苏萝一起在纽约出现。龚苏萝在别处找到了安慰,但那并不是医治嫉妒的解药。圣埃克苏佩里夫妇一起出去娱乐时,龚苏萝总是迟到,常常吃完饭就不见了。一天晚上,她出来吃饭,穿着深蓝色滑雪服和豹皮靴,披着一条鲜艳的羊毛围巾。丈夫问她能否换一身衣服。龚苏萝拒绝了。他耐着性子问道:“你认为这样穿合适吗?”“哦,是的。”她向他保证,说着他们和一位客人往市区一家小酒馆走去。

龚苏萝甚至让美国人也感到困惑。她的嫉妒没有界限,无处不在;一年秋天,就因为圣埃克苏佩里随口说了一句,上英语课对他的写作很有帮助,龚苏萝就把古板的英语家庭教师堵在家里,盘问家庭教师与她丈夫成功相处(其实都是些微不足道的小事)的秘诀。(家庭教师没有勇气说出真相,那就是她每次都要先好好冷静一番,才敢走进这对夫妇狂暴的家。)加朗蒂埃不喜欢龚苏萝,称她为“超现实主义的肉身”,这可能是对她最准确的描述;他无法原谅她对世界缺乏好奇心,与人缺乏沟通。大家的共识是,她达不到丈夫的思想深度,很可怜;有些人与她相处得好一些,这取决于龚苏萝的表现是否有趣,有时候她也会非常有趣。她曾告诉纽约的出版商海伦·沃尔夫她小时候的事:光着身子涂满蜂蜜,跑进中美洲的热带森林吸引蝴蝶,很快成群的蝴蝶就给她穿上
374 了一件五彩斑斓的外套。她还应沃尔夫夫妇邀请参加了一场鸡尾酒会,他们坐在一张大写字台下,偶尔伸出一只略显苍白的手臂,举着一只空的马提尼玻璃酒杯。她被问到那年冬天向神父忏悔时是怎么说的,她马上笑着回答:“噢,我很诚实。我说:‘我的神父,我是夏娃的女儿。你觉得我会怎么样呢?’”一方面,她“不可救药地幼稚”;另一方面,就像她丈夫抱怨的一样,她在1950年代厌弃了这个世界,“我要的只是有人陪我玩,让我不那么在意所有不苟言笑、尖酸刻薄、强大有力的人”。

1942年5月,圣埃克苏佩里在美国的所有磨难像密谋好了一般,突

然联合起来打击他。他接到加拿大出版商的邀请,急匆匆飞往蒙特利尔,出版社再版了《风沙星辰》,一直催他抽时间来看看。圣埃克苏佩里原以为这趟飞行要花四十八小时,希望龚苏萝陪他一起去,但 4 月 29 日他独自入住了温莎酒店。第二天,他开了记者招待会。被问及政治观点时,他回答得很真诚,但态度不够明朗,这让很多记者感到失望。媒体就所有常见的问题追问不休,随后又深入问了其中一些问题。《法语美国报》的一位记者向这位名人保证,在发表前,他可以审读采访稿,这无疑是一个错误。一次采访演变成了系列采访,因为圣埃克苏佩里一再要求皮埃尔·巴耶容回来取采访稿,而他其实还没有改好。同时,他阐述了对何以成就伟大作家的见解:语法。写作与飞行一样精确,圣埃克苏佩里说,并且解释了语言为什么“像一台精密的机器,非常科学,如果多一个词——就像鞋里的一粒沙子、一丝一毫的笨拙,或者一个错误操作——会造成灾难”。他有大把时间来阐述这些主题,与巴耶容分享他为《恶之花》写的序言,这本书已经委托出版,但后来未能问世。他到了蒙特利尔才发现签证出了问题,他被禁止再次入境美国,而之前有人向他保证过签证办妥了。有人劝他妥协,选择六个月的短期居留。

雷纳尔夫妇最先得知圣埃克苏佩里被困的消息。他们非常清楚圣埃克苏佩里处理日常事务的能力,无奈地说:“噢,我的上帝,他怎么又这样。”圣埃克苏佩里判断——他有证据,不过这份证据就算存在过,现在也找不到了——是戴高乐主义者设计害了他。有人向他保证,他的文件将由一位加拿大驻华盛顿大使馆官员办妥。这位官员甚至还坚持请他去蒙特利尔看看,而此前圣埃克苏佩里多次推迟了行程。或许是他自己这么想,或许是受到圣埃克苏佩里的影响,蒙特利尔的出版商认为,是华盛顿的戴高乐主义者告发了圣埃克苏佩里,想把他困在加拿 375
大。存在这样的可能性,但可能性不大,因为他的签证问题是与美国的问题,而在1942年年中,戴高乐的话在华盛顿没什么分量。最有可能的似乎是,他在没有必需文件的情况下获许入境了加拿大——他没等美国出境许可证正式注册好就匆匆离开美国,而大使馆官员保证,一切手续都可以在蒙特利尔办——但官僚机构作风拖拉,需要磨蹭一阵子才能把文件办妥。对圣埃克苏佩里来说这个解释太乏味了。他一次次写信,一次次打电话,气愤地说他的加拿大之行简直是水刑,令人窒息。他有大量的时间来发泄怒气,他把矛头指向了他的美国出版商,以一种近乎命令的口吻,要求出版商把他从加拿大救出来。在他抵达蒙特利尔第二天,希契科克写信给美国国务院为他作保:作为月收入超过一千美元的畅销书作家,他"绝无可能成为政府的负担"。

随着四十八小时绵延成了五周,圣埃克苏佩里越来越暴躁。他再次打响一场战斗,想让别人理解他——这次他不得不跨越一条过去友好,而今突然变得险峻高耸的边界。他知道这样做不好,但现实处境太糟糕,他控制不了自己。在一封长达十页的信中,他向希契科克解释说,他一直试图给伊丽莎白·雷纳尔打电话;可她始终把他当作一个五岁的孩子。他得让出版商知道他既不是忘恩负义之辈,也不是愚妄之人,这对他来说很重要。他一遍又一遍回想这次行程的经过:"我之所以坚持厘清细节,是因为我无法忍受你们认为,我使你们陷入深切担忧、给你们带来麻烦,是因为我疏忽草率。"连一向好脾气的伊丽莎白都失去了耐心,可想他有多么固执。作家把责任全推卸给别人,这让伊丽莎白非常愤怒。不管大使馆向他作出过什么承诺,他没拿到文件就离开,这是非常不负责任的。至于美国国务院,她提醒圣埃克苏佩里说,"除了操心你的事,还要处理很多更重要的事务。它正在发动一场战争。你最好上床睡觉去吧"。到5月底,除了美国签证之外,他只想要伊丽莎白的同情,但伊丽莎白对他只有责备。

很早以前,他就受邀去做讲座,这次他还是一贯地满怀热情。在5

月 2 日的讲座上，他谈到自己的战争经历，谈到法国团结一心的重要性，赢得了蒙特利尔观众的喜爱，不过这不是因为他口才好，而是因为他腼腆而真诚。站在讲台上，他感到很不自在，第一句话说了三遍才说对；现在他讲话比以往任何时候都小心。到了 5 月 4 日，情况已经很清楚，他暂时哪里也去不了。当天，他在魁北克市加拿大研究院礼堂做讲座，礼堂里挤满了人。在接下来的几周里，他和他的加拿大出版商多次 376
碰面，他认为是出版商让他陷入了这样的困境，但大部分时间他都待在温莎酒店的房间里，想着他的签证问题。他还多次拜访菲利普·罗伊，还有罗伊的朋友和家人。罗伊是一名陆军军官，他父亲曾是加拿大驻法国大使。罗伊和亲友们都觉得圣埃克苏佩里如此迷人，毫无疑问，他们都不想帮助他回美国去。一天晚上，圣埃克苏佩里在蒙特利尔一家时尚的餐厅里同罗伊以及他的未婚妻凯瑟琳·埃西尔吃饭，圣埃克苏佩里从四套餐具下拉出桌布，而桌上的银器和玻璃器皿纹丝不动。马丁咖啡馆的侍者都为之惊叹。在蒙特利尔，认识圣埃克苏佩里的孩子们也是如此，他为孩子们表演了保留剧目。他把一副纸牌撒在凯瑟琳·埃西尔的客厅里，然后自己回避，请她的家人每人选一张牌，并把这张牌换掉。回来后，他指出每个人选了哪张牌，全说对了。

他用温莎酒店的信纸温柔地给纳塔莉和西尔维娅写信，并答应他的新欢西尔维娅，他一旦回到“应许之地”，就马上去看她。她想，他已经走了两天，还不回来，于是派了一位私家侦探去追踪他。在东海岸搜寻这名大块头飞行员的女人并非只有她一个。6 月初一个闷热的下午，凯瑟琳·埃西尔的女仆跑来报告说，来了一位客人。埃西尔正在搬家，快要搬完了；她来到楼下，看见龚苏萝穿着及地貂皮大衣站在空荡荡的客厅里。有人见过她丈夫吗？她说和丈夫约好来这里参加一场鸡尾酒会，不过很可能是她弄错了。她和她的大衣乘一辆出租车离开了，留下一片错愕。更糟糕的是，在蒙特利尔停留期间，圣埃克苏佩里多次痉挛发作,疼痛难忍,他认为这是胆囊炎造成的,他以前曾因此在纽约住院。[*] 无奈之下,他去了蒙特利尔的医院,医生看了一眼就诊断出结果,他的想法得到了证实,即科学往往对医学和航空业有害。这个曾经走出利比亚沙漠的男人,肚子上敷着冰袋,完全靠吃颠茄制剂在床上度过了不眠不休的两周。两次背井离乡之后,他给希契科克写信说:“这让人感到有点愚蠢。”在给纳塔莉的信中,他写道:“奇怪的星球,奇怪的问
377 题,奇怪的语言。也许有一颗星球,那里的人们生活很简单。”这时候,龚苏萝收到了爱人发给她的电报。

*

经过这些艰辛,《小王子》问世了。这是一本疗愈之书。圣埃克苏佩里于 1942 年 6 月返回纽约,当时手头没有任何写作计划。伊丽莎白 · 雷纳尔再次出手相助。自 1930 年代开始,圣埃克苏佩里一直在画一个小人儿——在信件里、在作品的题献页上、在数学方程式中、在餐厅桌布上——《空军飞行员》手稿的空白处也有这个小人儿翩跹的身影。伊丽莎白非常明白作家的绝望,于是问他,要是写一个关于那个“小人儿”的儿童故事,是否不会那么心烦意乱。有可能是在一次晚餐时,她隐约提出了这个想法,圣埃克苏佩里什么也没说,只是意味深长地看着她;也有可能是她把这个想法告诉了丈夫,她丈夫在午餐时又说给圣埃克苏佩里听。(当时雷纳尔与希契科克出版社凭借 P. L. 特拉弗斯的“玛丽 · 波平斯”系列童话获得了非凡的成功。)很多人记得在 1941 年或 1942 年自己给过圣埃克苏佩里画具套装。事实也许的确如此,但他开始写

* 这些症状表明,他 1941 年在加利福尼亚接受的手术并没有解决问题。(贝尔特医生作出诊断后大约四个月,圣埃克苏佩里写信给医生说,他的病情有所好转,但还不能说这次手术非常成功。)也可能,在蒙特利尔折磨他的胆囊炎和 1942 年的病症没有关联。

这本书完全是心血来潮。有一天，他在第八大道的杂货店里买了一套儿童水彩，就这样开始了。

那年夏天和秋天，圣埃克苏佩里以他一贯的心不在焉创作《小王子》，还画了插画。漫漫长夜里，他靠咖啡、可口可乐和香烟的刺激，爆发出强大的创作能量，手稿上也因此留下了明显的斑斑痕迹。他用了很多种钢笔和铅笔，稿子反复修改，皱皱巴巴，空白的地方也都有写写画画的痕迹。葱皮纸的背面也画上了画。加朗蒂埃说，在圣埃克苏佩里送去印刷的每一页稿子背后，都有一百页撕碎的稿子，他对这本薄薄的小书尤其严苛。圣埃克苏佩里告诉一位记者，写作最难的是开头，但《小王子》似乎没遇到这一难题，故事的情节一开始就很成熟。这本书难度在插图。小王子的猴面包树特别难画，最后他把画转了一百二十度再画，结果才算满意。对此他很骄傲，在文本中也有点夸耀。小王子的服装经过多次修改，才成了书中那个样子。秋天，他面带会心的微笑向一位访客解释道，有些细节则很容易确定下来："国王总是穿着貂皮。"用一条正在消化大象的蟒蛇画作为故事的开端，这主意并不是一开始就想到的。他原来画的是一艘船，说一位朋友把它看成了土豆，以此来证明自己不会画画。

西尔维娅·莱因哈特抱怨圣埃克苏佩里拖拖拉拉，让她痛苦，这带
来了书中小狐狸——朱比角真有这么一只非洲小狐狸——那段最令人
印象深刻的独白。圣埃克苏佩里虽然也戴着手表，但抗议道，早点晚点 378
又会有什么不同呢？西尔维娅解释说："我知道你要来的时候，我快乐
得心都开始跳舞。"他安顿下来，在她的客厅里写作；她无微不至地照顾
他，伴着烛光，送上杜松子酒加可乐、煎蛋和英国松饼。公寓里的一个
洋娃娃扮演了小王子，于是小王子有了一头金色鬈发。（在以前的画稿
中，小王子和作者一样，头发稀疏。）贵宾犬摩卡成了书中小羊的原型；
还有一只拳师犬，是西尔维娅觉得圣埃克苏佩里需要一只宠物，在8月

份给他买的，他给狗起名叫“汉尼拔”——它成了书中的老虎。西尔维娅听到圣埃克苏佩里写稿子时时而低声轻笑，时而哈哈大笑，她觉得圣埃克苏佩里对待这本书并不认真，但这显然是他在美国少有的安慰之一，他的秘书也赞同这个看法。西尔维娅始终鼓励他完成这个写作计划；后来他写信给西尔维娅，说她比那些语言能力强的人更了解他。《小王子》中的狐狸说：“话语是误解的根源。”书中被引用最多的一句话——“真正重要的东西，眼睛是看不到的”——由小狐狸说出来非常合适。这句话给圣埃克苏佩里带来了很多麻烦，五年里他不停地修改这句话，写出了很多不同的版本。

《小王子》中一个女性角色也没有，但它是一本温柔的书。并非只有西尔维娅·莱因哈特和伊丽莎白·雷纳尔两个女人在其中留下了印记。曼哈顿的 7 月，圣埃克苏佩里感到炎热难耐，他去位于长岛的雷纳尔家和鲁西·德·萨勒家度过了几个周末之后，便叫龚苏萝去找一处避暑的房子。他们选定了阿什罗肯的一所大房子，它俯瞰长岛海湾，楼顶是复折式，共有二十二个房间。他不无抱怨地说：“我想要一间小屋，而这简直是凡尔赛宫。”就在这所房子里，他写出了《小王子》剩下的部分。不管怎么说，自从离开阿盖以来，贝文路上的住所是他最好的办公场所了。这里像极了阿盖，如同长岛北岸像极了里维埃拉。圣埃克苏佩里夫妇家不安静，原本就乱哄哄的，再加上经常有名人来访。秋天，安德烈·莫鲁瓦来贝文路的住所过了一个周末，没有觉得闲适宁静。圣埃克苏佩里还是遵守着他日常的作息，并不觉得随时把客人们叫来，炫耀一番自己的得意画作有什么问题。凌晨 2 点，他毫不犹豫地叫醒龚苏萝，也顺带吵醒了房子里所有的人，他说他饿了，特别想吃一盘炒鸡蛋。两个小时后，大家又被他吵醒了，他站在楼下，要妻子下楼来陪他下象棋。等到圣埃克苏佩里终于消停下来，他妻子又讲起了引人入
379 胜的奥佩德的故事；莫鲁瓦后来觉得，自己仿佛落进了两个巫师的魔

爪。瑞士作家德尼·德·鲁热蒙定期开车两小时去他们在长岛的家。邀请他来的人常常是龚苏萝，而不是圣埃克苏佩里。他趴在地上，翘着两只脚，看圣埃克苏佩里握着细细的画笔给《小王子》画插图，只见圣埃克苏佩里精神高度集中，舌头仿佛粘在了上牙膛上。深夜读完《沙漠的智慧》之后，困倦的德·鲁热蒙跌跌撞撞地走进客房，却发现主人跟来了，热切地想要和他再聊一聊，再抽一会儿烟。这些周末时光告诉他，有些人的脑子是从不休息的。后来，到了12月，他和圣埃克苏佩里都搬到纽约的比克曼广场，两人成了邻居。德·鲁热蒙声称，自那以后，他从来没有睡过一整夜的觉。他对他们说："与其说你们是一对夫妻，不如说你们是同谋，整天搅扰朋友们的睡眠。"

雷纳尔与希契科克想尽办法希望圣埃克苏佩里学一些英语，但到目前为止他一直抗拒。在阿什罗肯，圣埃克苏佩里跟着一位名叫阿代勒·布罗的年轻教师学习了一系列课程。这位好意的教师来自诺斯波特，最初是找龚苏萝谈英语课的事，龚苏萝把她推给了丈夫。他没有勇气把她赶走，后来发现学英语是一项非常艰巨的挑战。9月开始上第一堂课时，他告诉教师："小姐，我真的非常忙，几乎没有时间学英语。我不在乎能否流畅地表达。事实上，我不想学太多英语，不想让别的语言影响我的母语……另外，别指望我会学习！"他刚上了几节课，一天，平常很谨慎的布罗在讲英语中复杂的否定结构时说："并不是所有的孩子都爱父母。"她第一次看到作家的脸闪现光芒。"啊，小姐，你意识到你刚刚发表了不道德言论吗？"他看着难堪的老师，笑得喘不过气来。不经意间，她与《小王子》的叛逆产生了联系；从那一天起，布罗在圣埃克苏佩里家变得受欢迎了。她发现这份荣幸也伴随着一些义务：圣埃克苏佩里一直在找人照顾妻子，有两次，他说服布罗在他不在家的时候与龚苏萝共进晚餐。两次他都说了同样的话："她不喜欢独自在家。"没有人对待圣埃克苏佩里能像阿代勒·布罗那样小心翼翼，她在车里放了一只手电筒,总是赶紧记下她离开贝文路住所时,伟大的作家所说的一切。

出生于俄勒冈州的布罗更注重实质而不是方式,她并不因为在圣埃克苏佩里家用晚餐而兴奋。虽然她并不介怀,但她受到了非常傲慢
380 的对待。龚苏萝讲了很多她为了吸引丈夫而付出的艰辛,还有圣埃克苏佩里欣赏女性的哪些特征,等等。她了解到,龚苏萝想以自己在奥佩德的经历为基础写了一本书,但这项计划显然没有获得《空军飞行员》的作者,也就是她丈夫的支持,他不许妻子用夫姓出版作品。(在丈夫去世两年后,龚苏萝·德·圣埃克苏佩里的《岩石王国》由兰登书屋出版。书评说的既是这部作品,也是布罗在那个夏天遇到的龚苏萝。《纽约时报》评论员阿尔贝·盖拉尔指出:"它令人恼火,是因为它不断地接近于好。"另一位评论员写道:"有时候,她似乎有点故弄玄虚,过度追求诗意和浪漫,但她绝不沉闷。"她让盖拉尔想起罗斯唐,当然比不上他的鼎盛时期,也想起创作低迷时期的伯恩哈特。)龚苏萝向布罗倾诉她对婚姻的看法,但布罗当时还没有读过《小王子》,所以没有意识到面前的龚苏萝就是书中的玫瑰。虽然龚苏萝并不像她所说的那样,画了书中的插图,但《小王子》充满想象的气息和她不无关系。她没有给丈夫一个怡人的氛围,但她让作品丰富起来,在她的手中,一切都不再乏味,不再平庸。在纽约时,哮喘困扰着她;她对周围的空气非常敏感,就像小王子那朵玻璃罩里的花儿一样。像玫瑰一样,她也用咳嗽掩饰真真假假。熟悉《小王子》故事的人,很少有谁会夸耀自己是玫瑰的灵感之源,因为玫瑰并不是很讨人喜欢,就像很少有人会说自己是夏尔·包法利的原型一样。龚苏萝却会毫不犹豫地承认。

那年秋天,她试图吸引并牢牢抓住丈夫的关心和关注,但没有成功,她对布罗坦言,自己感到很孤独,感到被抛弃了。(在布罗看来,圣埃克苏佩里自己也没好到哪里去;她后来说:"尽管他有很多朋友,却从

来没有真正安定下来。他看起来是那么孤独，而婚姻让他陷入了更深的孤独之中。”）不过，圣埃克苏佩里最关心的是法国。一年渐渐过去，他对华盛顿加强了攻势。4 月初，让・莫内特来到美国，他安排圣埃克苏佩里见了美国总参谋部的人。他是作为法国政府的代表来的，但在大溃败之后，他已经被丘吉尔任命为英国供应委员会成员。8 日，可能是因为要讨论早些时候他向政府提到的发明，他受邀参加了在弹药大楼举行的一场会议。一周后，指挥马奇诺防线主力的法国将军亨利・吉罗奇迹般地从德国监狱逃了出来。圣埃克苏佩里欣喜万分，设计了一个复杂的计划，希望让吉罗和美国人联合起来，美国人自己也很高兴能够找到一个戴高乐的替代者。圣埃克苏佩里向加朗蒂埃概述了他的计划：美国把他运送到北非，他从那里前往法国。在那里，他会设法找 381
到一架飞机，把吉罗送上一艘美国船，由美国船把这位将军送到华盛顿。吉罗和参谋长联席会议可以谋划好从北非进入的细节，吉罗是唯一可能将北非的军队集结起来的法国军官。加朗蒂埃非常喜欢这项大胆的计划，于 7 月将它转给了华盛顿的两位朋友，一位来自战略情报局，另一位来自参谋长联席会议。结果他们严厉拒绝了加朗蒂埃，并斥之为“荒唐的白日梦”。加朗蒂埃记得他们的话：“我的朋友，圣埃克苏佩里有可能是个天才，但他毫无疑问是个十足的傻瓜。”此外，如果他或他的朋友再对任何人提起关于那个草率计划的一个字，就有可能面临在联邦监狱服刑十二年的惩罚。

正是因为这个计划，圣埃克苏佩里和加朗蒂埃比大多数人更早地知道了“火炬行动”。他的翻译在华盛顿引起了骚动，圣埃克苏佩里的反应却是：“原来是这样！他们比我想象的要聪明。”（在登陆之前，他们偷偷将吉罗运出法国，在直布罗陀与艾森豪威尔将军会面。吉罗在“火炬行动”中的代号是“领袖”。）圣埃克苏佩里悄悄地告诉几位朋友，他经常去华盛顿，为他们提供北非地理、机场和设施方面的信息，但是没有证据表明,至少他没有正式的身份表明有这么一回事。即使他没有与美国政府联系,政府也和他保持着联系:美国国务院定期监视他的喜好,监听他的电话,并索要关于他餐桌上那些谈话的报告。这大概与他和威廉·多诺万是朋友有关,无论如何圣埃克苏佩里定期与多诺万保持联系。整个秋天以及初冬时节,他往来于纽约西尔维娅的公寓和长岛的住所之间,常常突然离开,也常常不打招呼突然回来,等待他的总是热情的迎接,或者挥泪告别。

他通过信件回应了这些危机,信上画了很多小王子。随着1942年渐渐逝去,他给西尔维娅的信成了冗长的解释,而给龚苏萝的信则变成了相互指责。在这两条战线上,他都恳求对方理解他。他给西尔维娅写道:

> 对你,我比你想象得更加忠诚。这一点并不是显而易见的,因为我很难表达爱;这是我的谜题,非常伤神。爱让我难以开口,让我沉默。它没有给我自由,而是把我锁了起来。然而,没有爱我无法生活……爱让我困惑不已。我令人失望,我充满矛盾。但你曾经给我的柔情和友谊永远不会消亡。小西尔维娅[原文如此],我是一个可怜的水手。我不能给你一帆风顺的航程,也不知道我要
> 382 去哪里。你的责备无一例外不无道理。然而,我对你极尽温柔。当我用手抚你的额头,我想把所有的星星都给你……

在给龚苏萝的信中,他写道:“我是如此孤独,如此失落,如此痛苦……”在他眼中,妻子是“一种奇怪的沙漠”。在不试图解释自己古怪的行为时,他又赞颂起西尔维娅真诚自然的魅力。他用小王子式的贴切比喻,将她比作一片不起眼的原野,草是绿的,水是清澈的,异国情调的花儿不争奇斗艳,不需要像在展览上那般吸引大家赞叹的目光。

他是一个复杂的人,却喜欢简单的爱;他似乎已经意识到,自己想要一朵雏菊,却娶了一朵兰花。甚至连他写给朋友的信也投射出《小王子》的主题。显然,为了感谢拉莫特为《空军飞行员》画的插画,他草草写下了两页卓有文采的颂词,向这位艺术家致敬。拉莫特的屋顶露台上种着一棵枝叶稀疏的柳树,他恰能借此阐述他喜爱的主题之一。拉莫特喜爱这棵纤弱的树,它既不郁郁葱葱,也不高大繁茂,在曼哈顿这样的城市里活不了多久。"我们从来不知道价值一千美元的格力犬的主人是否喜欢狗,但我们可以肯定买杂种狗的人是喜欢狗的。"圣埃克苏佩里写道,他注意到拉莫特常常把停在小柳树上的鸟儿赶走,怕它们弄折了树枝。

*

小王子的冒险似乎充满异国情调:他是一个宇宙顽童,因为和一朵麻烦不断的玫瑰产生误会,离开了他的星球;他访问了六个邻近的星球,研究了成年人的逻辑。每个星球上的人都比上个星球上的更滑稽;后来他来到撒哈拉沙漠,在那里他遇见了书中的叙述者;他从狐狸那里学到了一些重要的功课,最后消失得无影无踪。然而,对于圣埃克苏佩里而言,这本书并不代表离去,因为在第一部小说中他也写了飞行和失败的爱情,而且从那时起,他一直在写秘密花园、玫瑰和童话王子们的故事。《沙漠的智慧》意在哲学思索,有《旧约》和法国哲学家帕斯卡尔的影子,分享了对儿童书籍的所有思考。《南方邮航》中贝尼斯驾驶的一架飞机与小王子的小行星编号一样,都是 B-612。小王子骂人类最重的一句话,与作者二十多岁时指责自满者的用词一样:这种人"是蘑菇"。在莫斯科,作家曾经请一位外交官朋友在桌子的一角给他画一只 383
羊,当时的情境也和小王子提出这个请求时一样合理。他对阿代勒·

布罗坦言,吞下大象的蟒蛇很像他小时候画的一幅速写。他自己曾无数次掉落在地上;他一开始写作时就描写星际空间。作为一个视野开阔的人,在好几年里,他谈论行星,变动不居的行星,谈论太阳系之大,他能有幸与沃斯落在同一颗行星上。他梦想着能够逃离得更久。

圣埃克苏佩里飞行旅途中的风景也出现在主人公的旅途中:巴塔哥尼亚的火山、达喀尔的猴面包树。他居住过的地方,只有纽约没有在书里出现。圣埃克苏佩里似乎有些狭隘,在初期草稿中,纽约的名字被隐去了。(它被"一个太平洋上的小岛"取代。)他有着法国人对土地的独特眷恋,但从来不曾拥有属于自己的土地;在日益复杂的世界中,园艺于他仍然象征着完好。(小王子最初打理着一座大菜园。)田园隐喻在他的作品中俯拾即是,正如他在努瓦克肖特形成的双重迷恋的形象所展现的那样。他迷恋土地,迷恋人类负有的培育责任,它们化为这样一个形象:一个人在荒凉之地培育一株脆弱而孤独的植物。除了向拉莫特致谢外,他还把这一形象融入了三本书、三篇文章、无数封信和一部电影剧本。《小王子》中的其他角色也和他同行了多年:亲戚,行政人员和拒绝采用他那些有效的、非正统方法的官僚们,他们让一切都很难实现,贵族很难成为飞行员,飞行员很难成为作家,一名心有旁骛的飞行员很难继续飞行,一名杰出的飞行员很难没有政治立场。战争和大量的个人问题都放在了一本书里。

在一开始创作的草稿中,小王子就像一个丘比特娃娃,一个小海雀。早期的小王子还没有剪掉眉毛,看起来像法国演员巴劳尔。1940年,这些早期形象有时会插上翅膀——就像圣埃克苏佩里一样——法国沦陷后又失去了翅膀。后来被问到这位儿童主人公是如何进入他的生活时,圣埃克苏佩里说,他原本以为是一张白纸,低头看时却发现了一个小小的身影。他又解释说:"我问他是谁,他答道'小王子'。"埃克苏佩里和书中的主人公有多像？一天，阿格利翁对他说，“你是外星人”，那时他还没有读过《小王子》。“对，对，真的，我有时会去星空漫步。”圣埃克苏佩里承认。他画了几张飞行员叙述者的草图，但没有把它们收进任何一本书里。（他既是叙述者——“独自生活，没有一个可 384
以说话的人”——也是小王子，在荒凉的山顶哭喊着“做我的朋友吧，我很孤独”，却只听到自己的回声。）赫达·斯特恩记得，圣埃克苏佩里的手势颇有小王子的风范。还有人说他讲话的风格也是。和书中的主人公一样，他也很好奇，但更善于回答问题。在早期的手稿中，他写道，他的观点是基于对很多学科的研究得出的，还不忘取笑自己的名气；虽然他实际上对领带这样所谓重要的事物并不感兴趣，但他从来不敢向记者承认这一点。小王子的语气就像一位男士对登机时吓得发抖的女士说：“夫人，还从未发生过飞机起飞后无法安全降落的事情呢。”圣埃克苏佩里的魅力中有笨拙也有恐吓的成分。他变得不快乐时，也用小王子这个人物来表现绝望。他为西尔维娅画了一系列小王子的速写，还配上文字说明，有夹在缝隙中的，有在荒原上的，还有停留在陡峭悬崖边的。一天，圣埃克苏佩里徒劳地等了赫达·斯特恩一个下午，很失望，他画了一个小王子，配上文字寄给斯特恩：“如果我知道如何写信，我会给你写一封长长的信。可惜四五年前，我变成了一个白痴，再也不会与人顺畅沟通。我嫌恶自己。”1943 年，他在阿尔及尔为 B 夫人画了一幅小王子——在监狱中，与一只被他驯服的蜘蛛为伴。他骄傲地、孩子气地捧出一本书，就好像奉上自己的照片，这是一部国外傻子的自传。

圣埃克苏佩里的纯洁可以在两种人身上找到：儿童和僧侣。在写《小王子》的惨淡日子和写完感到后悔的更惨淡日子里，他不缺信仰，但在宗教方面投入很少。他经常说，要是他信宗教该多好，那样就可以隐退到修道院去。他常回想起索莱姆的修道院，陶醉于那里的格里高利圣歌。若是论习惯，他似乎不适合这样的生活，但在人生的最后几年，他似乎有了一个固执的信念，找到一个地方，全心投入。在公开场合，他总是在各层面都坚持一种庄严的理想主义。1939 年，约瑟夫·克塞尔嘲讽地问他，为什么给《巴黎晚报》等二流出版物撰稿。圣埃克苏佩里对此一点也不生气，说如果其他有才华的作家也给它投稿的话，《巴黎晚报》将不再是二流出版物。（早些时候，也有人问过西奥多·德莱塞类似的问题，他耸耸肩答道："人总是要生存的。"这个答案，圣埃克苏佩里也可以拿来用。在其他场合他说过，自己也提不起兴趣去读《巴黎晚报》。）经受了 1940 年代初的一系列考验之后，尽管很绝望，圣埃克苏
385 佩里还是不屈不挠，信仰坚定，心理学家称之为"彼得·潘综合征"，普通人可能称之为"不切实际"。他向一位女性朋友保证，虽然龚苏萝让他备受折磨，但她不是故意的，也没有恶意。他从未放弃希望，认定有一天可以改变她，可以拯救她的自我。他曾经对一位情人这样形容妻子，妻子就像是他必须背负的十字架。他与龚苏萝的最后一次通信仍旧是充满爱意的情书。

凡见过圣埃克苏佩里的成年人都不会忘记他，但只有朋友和同事的孩子们对他的记忆最为鲜活，因为和孩子们在一起不谈语言、政治和情感，他可以完全放松下来。他们记得他本领很强：他在中央公园南的浴缸里试验一种浓绿色汤汁；让公寓外的天空飞满纸飞机战队；在格拉默西公园投掷水弹；用甘油自制泡泡水，把报纸卷成筒吹出南瓜大的泡泡；解开"汉尼拔"的狗绳，让它在比克曼广场公寓柔软的地毯上玩没拧好盖子的牙膏；给十几岁的女孩们上礼仪课；用枫树种子和发夹制作直升机。遇到孩子们请求他画小王子那样的小人儿，他很少会犹豫，甚至还答应勒内·加瓦耶的女儿写一部《小公主》。孩子们会明白，他在《沙漠的智慧》中所说的紧急与重要的区别。在写《小王子》时，他打电话给《纽约时报》当时的助理编辑埃莱娜·拉扎雷夫，询问天空中有多

少颗星星。(在书中,小王子到来时,商人正在全神贯注地数星星。)埃莱娜把问题转给了助手多萝西·巴克利,多萝西代表圣埃克苏佩里给海登天文馆打了电话,但没有问到结果。虽然没有完成任务,但她付出的努力得到了很好的回报。她的那本《小王子》比别人的多一幅小王子的画,在附书名页上,这个小人儿说:“你一定是疯了,才会选择这个星球。只有在晚上,居民都睡着的时候,它才是令人愉快的。”圣埃克苏佩里在那幅画下面,草草写道:“小王子错了。地球上也有正直、善良和慷慨的人,可以弥补另外一些人的贪婪和自私。比如,多萝西·巴克利。”把这本书送给巴克利之后那几天,作家一直缠着拉扎雷夫,问她的助手觉得怎么样,喜欢他的画吗。

他的同伴常比他大一些。当安娜贝拉·鲍尔来纽约表演时,圣埃克苏佩里把她哄出皮埃尔酒店的房间,去中央公园喂松鼠。她急着想改善自己的口音,表达歉意后匆忙赶去上英语课了。他气愤地说,她居然抛下那些松鼠走了。“我们在一起玩时只有十二岁。”安娜贝拉说,回想起许多圣埃克苏佩里护送她的场景。在西尔维娅家,他设计了一个
游戏,叫作“橙子钢琴”。拿一颗橙子在黑键上滚动,拿另一颗橙子在白 386
键上滚动,他能够弹出德彪西的曲子,很多都觉得非常像。他发现口述录音机非常好用,他录了很多动物的声音,还录了莫扎特的交响乐与几位朋友朗诵的法语经典,然后通过扫描使它们配合和谐。一位客人看到圣埃克苏佩里用口述录音机自娱自乐,他“录下自己的最大声音:先对着话筒唱水手歌的一部分,接着在同一位置再唱另一部分,然后兴冲冲地听奇怪的效果”。他把录音正放又倒放,客人们别无选择,只好一起听;他一遍遍播放独唱,在最尴尬的时候逼客人表演。他还采访客人们。他得意地指挥朋友们表演一群法国外省人在第五大道的公交车顶上第一次看到纽约的情景,令人捧腹大笑。

这些消遣并不总像看上去那么幼稚。许多朋友和熟人去拜访圣埃

克苏佩里时,他正在中央公园南的浴缸玩水,除了那些他指定的“造波者”外,他们当中很少有人知道实际上他们造访的是他的实验室。一天早上,雷纳尔夫妇原本约好要和圣埃克苏佩里一起与贝尔实验室的负责人共进午餐,却看见圣埃克苏佩里弓着腰站在浴缸前。原来他完全没有察觉到有人在不停地敲门,大楼主管只好开了门;他正在浴缸里演练各种悄无声息入侵法国的方法。他实验了波浪运动,确信大西洋海面和海底的波速之差可以为微型潜艇提供动力。博纳姆是一名工程师,经常就这类事情为圣埃克苏佩里提供建议,他用木材和塑料给圣埃克苏佩里做了一个模型,好让他在诺斯波特的入海口继续做浴缸实验。作家赤着脚,裤腿卷到膝盖以上,一只手在水里用力地划着。他丢弃在中央公园南的纸直升机——他从帝国大厦楼顶倒下了一篮子这样的飞机——也是为了同一目的而设计的:他认为敌人可能想不到有一种无引擎的直升机。(博纳姆对这项发明持怀疑态度,他认为如果没有一个长到无法想象的转子,它不可能运转起来,但圣埃克苏佩里忽视了他的建议。)圣埃克苏佩里把一些想法告诉了当时的空军顾问冯·卡曼。加朗蒂埃最喜欢的是一支大型水下驳船舰队,可由潜艇将从船上卸下来的飞机拖运过大西洋。同样耐人寻味的是水下船只,发明者认为可以乘它返回法国,据说它的构造是一种鱼形棺材,配有舵和可动的鳞片。当然,他不是唯一在这个领域做实验的人;那几年,美国战争部收到了
387 一些充满奇思妙想的邮件。然而,圣埃克苏佩里劲头十足的发明活动和高层次的国际接触似乎引起了政府机构的注意。1942 年 5 月的一份奇怪情报称,他与弗勒里正在巴西组建一家飞机制造企业,而美国可不希望一位“就算不亲维希,至少也亲贝当的”外国居民做这种事情。

不切实际的纯真和根深蒂固的责任感带给圣埃克苏佩里的麻烦比带给小王子的更多。小王子的旅行愉快得多,他还幸运地遇见了一只

聪明的狐狸,人们对小王子的期望也更少。在美国的后半段时间里,作家面临着一对相互矛盾的需求:一面是寻求安慰的小男孩,另一面是逃避责任,或者别人感觉他在逃避责任的成年人。他梦想着解放法国,却被很多不那么重要的义务缠身。由于没有到雷纳尔家共进晚餐,他写信给伊丽莎白解释。他精疲力竭,心情很差,还非常焦虑。“所以我有点健忘,忘记了晚餐和约定的会面。我的确非常心不在焉,但不要认为我是故意疏忽。”他恳求道。他仍然幼稚地醉心于诚实,但结果有时好有时糟。1942 年,龚苏萝遭遇抢劫,小偷猛击她头部,抢了她的包逃走了,圣埃克苏佩里选择向西尔维娅倾诉他的悲痛。但西尔维娅显然没有兴趣听他长篇大论地讲这个话题。他在龚苏萝的床边守了四十八个小时,吃不下饭也睡不着觉,他突然意识到,如果龚苏萝出事,他就活不下去了。虽然她有缺点,但她是自己的妻子,圣埃克苏佩里觉得自己要为她负责,“像船长要为船负责一样”。他意识到自己放弃了丈夫的职责,承认在感情方面缺乏天分,这是很痛苦的。但他又骄傲地自认为是一位忠实的朋友,一位好牧人。对于远离被围困的祖国,他也同样悔恨。因为自己没有做到这一点,他的心被悔恨啃噬。然而,在隔壁房间写作时,听到龚苏萝艰难的呼吸声,他忍不住告诉西尔维娅,他是多么孤独,多么疲惫,多么想看到她。

他理想主义,大惊小怪,他过于个人主义,想过简单的生活。莫鲁瓦评价他说:“他要么主导谈话,要么梦想着另一个星球。”雷诺阿说得更直截了当:“我认为,可以公平地说,在与我们相处的所有时间里,一直到他离开的那天,圣埃克苏佩里的心毫无疑问不在美国。”他无法让
华盛顿或流亡美国的法国人听清他的声音,而他高贵的品位和对清晰 388
明朗的执着,注定使他边缘化。1942 年,他的很多同胞都在政治上站了队,尽管他们常常不得不与自己的良知斗争,尽管他们经常与同党派人士意见大相径庭。圣埃克苏佩里不必费力寻找灵感,就写出了一部讽

刺成人世界的作品。

*

《小王子》的主体部分在10月中旬完成。雷纳尔与希契科克在此前几个月里很少听到这个写作项目的消息,现在对书稿非常满意。希契科克写文章称,该书将成为圣埃克苏佩里作品中最畅销的一部,“我对这本小书非常满意,对它的成功寄予厚望”。11月,正值圣埃克苏佩里资金短缺,而这本书也准备排版了,双方签订了合同。雷纳尔与希契科克出版社立即开始给作者开预付稿酬,不过直到1943年1月的最后一周出版事宜才敲定。那时,《小王子》显然不可能像出版商所希望的那样在2月出版了,而且合同也变成了两本书的协议。圣埃克苏佩里拿到了三千美元的预付款,他要出版《小王子》以及一本关于法国和法国人在现代世界中地位的小书,而这本小书显然很难按照这样的要求去写,也是他无论如何都不会写的。(他3月签订了加拿大合同的补充条款,将该计划改成了一部小说,秋季交稿。)初冬,他继续调整《小王子》的插图,并为不知把它们放在什么位置更合适而苦恼。

1942年11月8日,在军事史上最复杂的一场行动中,美军登陆北非。消息当晚传到纽约。在被“火炬行动”证实的诸多圣埃克苏佩里的预言中,有一个是他对一位法国餐馆老板讲的。一对美国夫妇在纽约的餐馆里用餐,餐桌礼仪令人反感,这位餐馆老板感到绝望。“他们是野蛮人。”法国老板嗤之以鼻。“是的,不过野蛮人会帮助我们赢得战争。”圣埃克苏佩里赞同道。人们对重大消息的反应各不相同。法国军队接到贝当的命令,向他们从前和将来的盟友开火了。戴高乐并没有得到这场行动的消息,一部分原因是他在北非的维希军队中不受欢迎,另一部分原因是他对罗斯福表现恶劣,还有一部分原因是罗斯福一开始就不喜欢他。对此，他勃然大怒。这位六英尺两英寸高、穿着睡衣的大块头从床上惊醒，得知美国人的行动后，唾沫飞溅地说："嗯，我希望维希把他们扔回大海。来法国可以，但不能非法闯入。"当然，圣埃克苏 389
佩里是欢欣鼓舞的。

作为对美国登陆的回应，德国人占领了法国全境。维希政府垮台，这再次戏剧性地改变了政治局势，特别是美国和北非的政治局势。那些拒绝重新考虑是否还要忠于贝当的法国驻美使领馆官员及其家属，由美国联邦调查局护送到宾夕法尼亚州赫尔希的一家豪华酒店，在那里他们被隔离起来；最后他们或者改变主意，或者像二十名顽固分子一样，用来交换被德国人关押的美国外交人员。戴高乐的代表与其他几个团体（其中一个团体试图招募圣埃克苏佩里，请他代表他们向多诺万美言几句）游说美国承认戴高乐政府为法国合法政权。这让美国政府再次怀疑谁代表法国，法国在哪里。伦敦的一位机会主义叛将，会比一个刚刚造成一千五百名美国人伤亡的非法傀儡政府危害更大吗？阿格利翁记得，战时法国代表了一种和美国国务院的经验大为不同的情形，于是美国只能套用在拉丁美洲制定的政策。在拉美，非法政府常常因为人们没有更好的政府可选而得到承认，而且人们可以寄希望于军队来反抗其领导人。

圣埃克苏佩里没有忘记《空军飞行员》带来的痛苦经历（这本书现在才在法国出版），但他明显觉得这一次他准备好了，他小心翼翼地参与了政治论争。11 月 29 日，《纽约时报》刊登了他的《致所有法国人的一封公开信》，作家还用法语在广播中读了这封信。他再次恳求同胞们放下分歧，不要在乎一个政府是否代表法国，而要在乎它是否效力于法国；美国在北非的行动理应终结所有关于维希政府罪过的争论，不论是实际的罪过，还是指控的罪过。他说，把它们留给历史学家和战争法庭去裁定吧。至于应该由谁来指挥，他说："我们真正的长官是法国，而法国现在只能保持沉默。”另外，当下法国的临时组织管理可以交给英国和美国。维希政权出局后，我们再也没有任何借口去分门别派。法国人应该只问一个问题，如何才能解放我们的祖国。圣埃克苏佩里建议，所有那些迄今保持沉默的人，他指的是非戴高乐主义者，应该写信给美国国务卿科德尔·赫尔，说明他们渴望以美国政府认为合适的任何方式贡献自己的力量，并规定为了法国的统一，该组织将始终不涉政。他写道：“美国国务院将感到惊讶，有如此多的法国人申明他们支持祖国
390 统一的立场。因为尽管我们名声在外，但大多数人心里只热爱我们的文明和我们的国家。”

他的真诚招致了嘲笑，大部分旅居美国的法国同胞都嘲笑他。相当一部分人认为他的《一封公开信》是对戴高乐的直接攻击。一位前法国空军军官在给《纽约时报杂志》的一封信中写道，圣埃克苏佩里暗示戴高乐是一个党派的领袖，从而在事实上进一步加剧了法国人的分裂。因为建议法国的任何政治组织都可以交由盟国控制，他遭到了无休止的抨击——时至今日仍然如此。戴高乐在他重返法国前，苦心孤诣地组建了影子政府，并任命了全部官员，包括省长和专区区长。圣埃克苏佩里的建议对戴高乐而言无疑是非常可憎的。亨利·伯恩斯坦是一位直言不讳的剧作家，因为发文恶毒批判维希政府，他在未出庭的情况下被判剥夺法国国籍。他指责圣埃克苏佩里对贝当态度温和。他在给《纽约时报杂志》的一封长信中这样写道：“然而，不论他信中的倡议多么令人感动，不论他是多么有才华的作家、多么英勇的飞行员、多么善良的人，我们都不可能温和地说‘让过去的都过去吧’。”虽然有人赞扬圣埃克苏佩里情操高尚，但总的来说《一封公开信》引起了骚乱。伯恩斯坦怒气冲冲地说，为什么美国人和英国人有权表达不同的意见，而法国人一争论就要被贴上标签，被叫作“一群窝囊废”——这是圣埃克苏佩里的原话。美国读者被作家的口才深深感动，但照他们对这些“小筐

螃蟹”的观察,不觉得他的号召会有多大作用。在他们看来,《一封公开信》完全就是文学作品。

又一次证明,圣埃克苏佩里非常不善于把握时机。在北非,美国人支持了错误的人——军队效忠贝当,无意接受吉罗来担任法国最高指挥官,这证明美国套用其拉丁美洲政策来应对当下问题,只能走到这一步——不得不通过一些变通的幕后谈判邀请海军上将达朗参与到盟军的行动中来。正如美国媒体迅速指出的,这是一个令人厌恶的权宜之计,因为众所周知,达朗反感英国人,并且许多人认为他是纳粹分子。11月中旬,达朗被任命为北非高级专员,与吉罗共同指挥法国在北非的军队。美国登陆北非引起了各种反叛,但与达朗提出解决方案时那爱丽丝漫游般的逻辑相比就算不上什么了:海军上将的权力源于他以贝当的神圣名义下达命令。他争辩说,现在贝当实际上已经被德国人控制,无法对自己的决定负责,可他还是在下达命令,甚至现在已经发出了反轴心国的命令,还是有人服从。在维希政府中,贝当的一位工作人员说:“我们无法再信任那些叛徒,我们生活在一个悲伤的时代。” 391

美国媒体强烈反对罗斯福总统将达朗安排到北非军队里,尽管他有一些功劳,却让总统陷入了非常窘迫的境地。(平安夜达朗遭到暗杀,罗斯福和许多人得以从痛苦中解脱出来。)达朗出乎意料的上场——仅仅是因为事情的发展峰回路转,美军登陆时他就在北非——也让圣埃克苏佩里蹚进了浑水。《纽约时报杂志》刊出文章之后,圣埃克苏佩里遭到了最令他头疼的一次攻击。著名天主教哲学家雅克·马利坦在反维希政府周刊《为了胜利》的头版发表了长文《有时你必须判断》。马利坦比大多数批评者更加冷静,但他提出了无懈可击的观点,即作家不能发表这样一封公开信,并称要避免冲突,事实上,如果他没有向英语妥协——他说过并不信任英语——他就不能发表这封信。他以最庄重的态度指责这位同胞观点含糊不清,不切实际。在马利坦的文章刊出前，他们就拿给圣埃克苏佩里看了，并说他也可以给这家报纸投稿。根本上，他把麻烦归咎于《纽约时报杂志》没有准确翻译他的文章，并请求《为了胜利》杂志刊载他文章的法文原版，他的请求得到了满足。（这不能怪加朗蒂埃，他 10 月去了伦敦，但在巨大压力之下，作家只好从《纽约时报杂志》找问题，显然这家杂志付钱找了四位翻译把文章译为英语，其中至少有一人完满地完成了任务。）12 月 19 日，他直接写信给马利坦；马利坦的批评深深伤害了他，特别是这批评来自一个自己非常敬重，且一般不会屈尊参与争论的人。* 在达朗问题出现之前，他曾用法语为非戴高乐主义者写文章；他希望马利坦也能读一读那篇文章。他有些钻牛角尖，并恳求道："说出你要说的，但不要误解我的意图。"在与拉乌尔·德·鲁西·德·萨勒就《一封公开信》争论时，他表现得不那么克制，因为鲁西·德·萨勒自去年秋天以来就从戴高乐那里领薪水，尽管这么做时他的心情也很复杂。12 月，这两人差点因为《一封公开信》大打出手。他们的分歧没能弥合；在这场激烈争论发生后两天，鲁西·德·萨勒死于癌症。

圣埃克苏佩里与人的争论不限于政治方面。他与安德烈·布雷东结下的恩怨继续发酵，虽然龚苏萝从中调和，但整个冬天他们还是争吵不休。6 月，超现实主义杂志《VVV》刊登了批评他的文章，该杂志 1941 年再次获得维希政府提名。当年晚些时候，这场争论演化成了人身攻
392 击。显然，布雷东拜访过圣埃克苏佩里夫妇，并且不喜欢主人给客人们读书的习惯。（龚苏萝告诉丈夫，布雷东觉得很无聊，圣埃克苏佩里马上停了下来。）布雷东的批评显然让圣埃克苏佩里深受其扰。圣埃克苏佩里称，他从来没有和任何一位朋友闹过不快，还多次邀请布雷东到诺斯波特一起度过下午的时光，寻求和解。他承认，我们的确可能对上万

* 马利坦为戴高乐主义者提供建议，但从不认为自己是其中的一分子。

件事情意见不一,但无疑会对另外上万件事看法一致。两人没有理由互相回避;圣埃克苏佩里对那些与自己意见相左的人只有敬意,不会在分歧上浪费时间。当然,布雷东可以对四处流传的关于他的谎言充耳不闻。今天,他冒着生命危险在这里与布雷东争论;他们改变不了彼此,那何不一起吃顿饭呢?他圣徒般的做法对异端者产生的影响是可以预见的,对方的回应是往他脸上扔了更多泥巴。

在家庭方面,1942 年底他感到从未如此疲惫。11 月的最后一周,龚苏萝搬出了中央公园南的公寓。圣埃克苏佩里不喜欢火炉的燥热,为了在冬季保持屋内温暖舒适,他们就每天烧着好几个壁炉,为此这对夫妇离开了贝文路的住所,于 12 月搬进了位于比克曼广场 35 号的一幢房子。龚苏萝找到的这处复式公寓,比中央公园南的两套公寓和长岛的住所花费要少很多。当时,纽约市的房租特别合适。可能她说动了丈夫,这幢房子与东河之间有一座私人花园,在喧闹的曼哈顿,这是最宁静的住所了。在她看来,这样他们夫妇就可以继续住在一起,就像他们在长岛一样。房子里的奶油色地毯、巨大的镜子墙、舒适的楼上图书馆给德尼·德·鲁热蒙留下了深刻印象。他说,在纽约怕是找不出更迷人的住所了。阿代勒·布罗觉得客厅很宽敞,棕色天鹅绒内饰和深色的木质护壁板彰显出卓越的品位。

这些吸引人之处在圣埃克苏佩里看来并没有什么特别,他仍然偏爱禁欲主义风格,还放开绳索,让“汉尼拔”在家里无拘无束地玩耍。但此举给他带来了不便,龚苏萝借机给他买了一张价值六百美元的西班牙古董书桌。(“我认为这是毫无用处的,简直是浪费钱。我们只是在这里暂住,而且你知道,我不在乎在什么样的桌子上写作,只要稳当就行。”他当着布罗的面批评了龚苏萝。当时他们刚搬进来一周,他正在和布罗一起看《小王子》的校稿。)在从诺斯波特返回又离开中央公园南期间,他给西尔维娅写信说了搬家的混乱,这让西尔维娅对两人的幽

393 会产生了误解：

> 我明白你为什么对我不满。我完全理解，我太理解了。我对自己也非常不满。那些错过的火车、弄糟了的约会、丢失的地址、账单、没回的电话、责备、艰难的和解、受伤的朋友、交谈时的头痛、写信时的头脑空白、一个晚上参加的三场晚餐聚会，都让我感到非常绝望。

西尔维娅不得不原谅他；他和搬家工人、龚苏萝以及她的朋友们、玛丽·麦克布赖德、一台打字机、一名生气了非要大吵大闹的厨师、一部响个不停的电话，还有不断来访的客人，一起关在两个房间里四十八个小时了。这就像在大中央航站楼工作一样。他感觉头都要爆炸了；这个时候他最不想听到的就是西尔维娅的责备。几周后，他将得到《空军飞行员》在法国被禁的消息。

31日，圣埃克苏佩里夫妇在比克曼广场为博纳姆夫妇和另外四五对夫妇奉上了一场深夜晚宴。博纳姆夫妇从郊区过来，到得比主人还要早，因为圣埃克苏佩里夫妇去圣帕特里克大教堂参加弥撒了。圣埃克苏佩里回来时鼻子有点红，还没等大家相互介绍完，他就爆发了："看在上帝的分上！如果你没在教堂里感染肺炎，你就不能说你参加过午夜弥撒！"（他也曾对美国先进的技术这样发怒，而他极为欣赏的小玩意就是用这些技术制造出来的。他与弗勒里通过宾夕法尼亚站的推拉门时，对弗勒里说："几年后，美国人就不知道如何打开一扇门了。"）冷盘之后，大家围着一张大桌子坐下来享用跨年夜晚餐。龚苏萝和圣埃克苏佩里坐在大桌子的两头。一名长笛演奏者——他是龚苏萝的朋友，但圣埃克苏佩里说以前从未见过他——坐在圣埃克苏佩里身后，不时吹奏笛子，给大家助兴。圣埃克苏佩里也很愿意给大家助兴；他讲起有一次飞机在非洲异教地区出故障的故事。他讲到他正在维修飞机，这时摩尔人出现在地平线上，手里拿着来复枪，客人们都听得入了迷。在这关键时刻，几只托盘从桌子的另一头朝他的头飞过来，那是龚苏萝熟练地抛过来的。她丈夫应对这次围攻比 1942 年时的大多数人都灵活（龚苏萝吹嘘说之前用鸡蛋冻轰炸过他，但那次他是否接住了鸡蛋冻，没有相关的文字记录）：博纳姆夫人说，她坐在圣埃克苏佩里左边，圣埃克苏佩里条件反射似的抓住半空中的每一枚导弹，伸出右臂，又伸出左臂，每次眼睛都不眨一下，讲故事的节拍也没有乱。故 394
事中摩尔人的袭击和晚餐上托盘的袭击同时停了下来，没有造成人员伤亡。

*

自从抵达纽约后，圣埃克苏佩里就说他唯一的愿望是再次飞行。尽管早在珍珠港事件爆发后，他就起草了一份提议，想组织一支法国志愿飞行队在美国人领导下作战，但两年来，一直没有战线能让他再次出征。1942 年，他不停地说要重新穿上军装，只是有时别人并不想听这些：伊丽莎白·雷纳尔把他介绍给海伦·加黑根·道格拉斯，希望这位女议员能够帮助他解决伊丽莎白所说的对飞行痴迷的问题。但不知出于什么原因，圣埃克苏佩里没有提及重新入伍的话题。他在《一封公开信》中宣称，只要有机会，他将尽快去前线，美国在北非登陆就是一个机会。据莫鲁瓦说，他和圣埃克苏佩里立即申请去前线服役。1942 年底，这两名军官被告知，吉罗的密使安托万·贝图阿尔将军将前往美国，并接受建议开始考虑两人的请求。贝图阿尔到来时正值新年。他议程上的第一项任务是向美国人申领法国军队在北非的武器。第二项任务，贝图阿尔可能并没有指望自己能完成，那就是打消美国人对两支法国军队的坏印象，一支是吉罗的队伍，另一支是戴高乐的队伍。* 圣埃克苏佩里则竭尽所能，确保他至少能成为将军的第三个优先事项。

《一封公开信》的大部分读者都看到了圣埃克苏佩里重返前线的宣言。安妮·林德伯格则看到了更强烈的东西，"牺牲的信念，死亡的信念"。她认为朋友急于偿还他所说的法国圣徒的债务，法国有四千万人生活在德国的铁蹄之下。事实上，他在 1942 年完成的一篇文章中也说了很多，这篇文章原本打算作为序言放在一本关于沃斯从巴黎撤离的书里，最初标题为"给莱昂·沃斯的信"。文章开篇就赞颂了这位伟大的朋友——"我写一页，然后想象沃斯会怎样批评它，就会发现这些文字不完美，否则我自己是觉察不到的"——不过明确提及沃斯的部分和向沃斯致敬的部分后来都删掉了。布伦塔诺计划在 1943 年春出版沃斯的《三十三天》——当时书名为"给朋友的信"——圣埃克苏佩里为
395 这本书作了序，但最后并没有出版（九年后，《三十三天》在巴黎出版）；最终，1943 年 6 月，他们只刊出了圣埃克苏佩里的《给一个人质的信》。文本仍然是关于沃斯的，尽管他的名字没有出现，圣埃克苏佩里在文中以第二人称"你"来称呼他。圣埃克苏佩里做了些艺术加工：他补充了一个情节，这位朋友身处险境，不仅因为他是法国人和犹太人，还因为他病了，实际上沃斯没有生病。

《给一个人质的信》令人难以忘怀，文中贯穿着安妮·林德伯格在《一封公开信》中注意到的"牺牲的信念"。可以说这篇文章是圣埃克苏佩里思想的结晶。短短十五页浓缩了他所有的想法，这些想法又大量地出现在《沙漠的智慧》中，以寓言的形式得以生发；他急切地重述了他在《小王子》这本献给沃斯的书中隐约流露的想法。在驶向美国的拥挤的船上，他回望朱比角，意识到那片荒凉才是他至爱的家园；这是他

* 贝图阿尔将军完全胜任。他曾经因为没有反抗盟军的入侵在摩洛哥被判入狱。

在出版的作品中唯一一次为失去吉约梅感伤;他向弗勒维尔的午餐致敬;他倾诉满腔苦楚。他对过去突然产生了无限眷恋——是过去,但不是童年时光——眷恋“丰丰富富的美好经历”,这是他来之不易的成熟。他常常写下友谊的颂歌,但他失去了和友人的联系,失去了友谊——它们构成了他心中的“法国”——没有什么地方比书页之上更让他孤独,只有《小王子》例外。这些友谊是他唯一的财富:特别是在早期那些反复修改的手稿中,他恳求朋友们在战争中活下来,挺过风暴。如果他们死去,他也活不下去。他们可以慢慢老去。最重要的是,沃斯的样子总是浮现在他的脑海中,挥之不去,他爱沃斯,沃斯也爱他,这份爱超越理性。沃斯教过他,就像他想教布雷东一样:“如果我和你不同,我绝不会损害你,我会让你变得更强。”正是为了沃斯,为了这份友谊,为了索恩河畔的午餐,他想再次投入战斗。这是他唯一能做的:他可能是一名战士,但困在法国的四千万人质也不亚于圣徒。

他舒适地居住在比克曼广场,却很羡慕那些投身前线的人。晚上出去遛“汉尼拔”时,他常去东五十街赫达·斯特恩的公寓倾诉心中的苦闷。他一再抱怨,他没有真理可以给予大家,没有欲望和雄心,他唯一的愿望是拯救祖国,他觉得自己来到世上肯定是有原因的,但又不知道自己能做什么。他前一年的作品让他深信一件事:“文字,”他告诉伊冯娜·米歇尔,“是口中发出的噪声。评判一个人要看他是谁,他做过什么。”他早就说过,他宁愿耗费体力出汗,也不愿意浪费口舌;现在书面文字在他看来是完全不够的。(心情好的时候,他打趣说,语言就像 396
海龟的性爱:不是特别有计划。)1943 年,他开始说起只用自己的鲜血签字。龚苏萝听到了他对于绝望的最强烈表达:1943 年初,贝图阿尔将军确保他重新入伍后,他告诉妻子,没有了他,对妻子来说可能是好事,若是他死了,可能更好。世间有各种折磨,圣埃克苏佩里有自己的偏爱。他意识到自己没有一件可以打包带去北非的衣服,钱也快用完了，他大发脾气，这时龚苏萝却抱回一大堆新裙子。他问龚苏萝花了多少钱；龚苏萝狠狠地斥责了他。然而，在他启程之前，或者是横渡大洋之时，他给龚苏萝写信说："我去参战了。我不能忍受远离那些饥饿的人，我知道只有一种办法能与自己的良知和解，那就是尽可能受苦。找到可能最痛苦的事……我离开并不是为了寻死，而是为了受苦，从而与那些于我而言最可贵的人团结在一起。"

他 2 月份得知自己将被派往前线，预计 3 月 1 日左右走。2 月 15 日，他正在为出发做准备，法国战舰"黎塞留号"停靠在纽约港维修，引发了美国戴高乐主义者的公关活动噩梦。受到各种宣传的鼓动，在纽约港时，三百五十名船员逃跑，加入了"自由法国"。（当时，第五大道上设立了两个相互竞争的法国征兵处，彼此只隔几扇门；不少迷糊的水手原本想加入戴高乐的队伍，却加入了吉罗的军队。）圣埃克苏佩里被战舰上的生活吸引，与龚苏萝、莫鲁瓦和其他几位朋友参观了"黎塞留号"。2 月的最后一个周六，他在市中心的一家珠宝店碰到了一位"黎塞留号"的水手，问了很多问题。二十岁的水手乔治·佩兰不知道圣埃克苏佩里是谁，但还是回答了他的盘问。老兵圣埃克苏佩里以极大的热情提到，他也要重新入伍了。"在哪个部队？"佩兰一脸纯真地问道。"空军部队。"圣埃克苏佩里回答。当被问到军衔时，他仍然非常镇静。他绝不会被水手的问题难倒，甚至还可能为没有暴露身份而松了一口气。他花了大约两个小时与佩兰探讨战争，给水手留下了不可磨灭的印象，水手觉得他特别谦逊。

"圣埃克苏佩里能够改变人——至少和他在一起的时候是这样，"加朗蒂埃后来写道，"他的在场让胆小的人充满勇气，让无耻的人羞愧难当，让骗子闭上嘴巴……他只要看一眼，就能让人停下讲了一半的愚蠢色情段子。"同很多理想主义者一样，他能够将其他人提升到自己的
397 精神层次上来。这也是他最钦佩沃斯的品质。他写道，沃斯可以通过

简单的握手，让照看他的布加迪汽车的机械师“高尚”起来。他声称，沃斯教会他，伟大和文明是具有感染力的，他也秉持这样的信念生活。在《给一个人质的信》的最初草稿中，他写道，微笑与帝国之间的契约具有同等的约束力。他认识帮他把信件送到曼哈顿各地的深夜送信人，他陪送信人回到布鲁克林的家，共进单身汉的晚餐。一个周六的下午，他去位于格拉默西公园的希契科克家时，按错了门铃，结果他花了一个小时和希契科克家的爱尔兰邻居热聊，最后他没见出版商就离开了。戴高乐总是谈到法国和法国的伟大；圣埃克苏佩里尽管也有着崇高的视角，尽管也发表了有分量的声明，却把自己安置在望远镜的另一端。对他来说，个体就是帝国。

整个 2 月份，他做了各种必要的安排，有些事则委托别人去安排。他给埃莱娜 · 拉扎雷夫一份购物清单，让她和多萝西 · 汤普森帮他买东西。埃莱娜负责买苏打泡腾片、阿司匹林、剃须膏、袜子和香烟；多萝西负责买文具，包括圣埃克苏佩里最爱用的帕克钢笔的专用墨水。他不仅没有体面的衣服，也没有军装。2 月 26 日，他开了一张一百美元的支票给布鲁克斯制服公司，那是在纽约能找到的售卖最接近标准法国空军制服的公司。然而，3 月初他的旅行证件没有批下来，这让他有足够的时间将事情安排妥当。29 日，他与雷纳尔与希契科克出版社签署了两项协议。他授权贝克尔全权处理有关《风沙星辰》、《空军飞行员》和《小王子》的法律事宜。这几周里，看到他的人都说他情绪高涨。圣埃克苏佩里几乎整夜都在向德 · 鲁热蒙说明只有两种经济制度——斯大林主义和封建主义——是可行的（德 · 鲁热蒙不认为他能够重复自己的论点）。德 · 鲁热蒙把他的这种状态称为“大脑兴奋”。他喜气洋洋地接待了平 · 劳伦斯和其他几位客人，算是告别晚宴。深夜，他把客人召集到楼上的书房里，从头到尾读了《小王子》，中间停电的时候，他借着烛光读，外面飘着雪。中途，龚苏萝赶回来吃了晚饭。

整个3月,龚苏萝表现得很糟糕,她哭喊,尖叫,想阻止丈夫离开纽约;她告诉客人们,圣埃克苏佩里去前线是为了躲她。他多次离开妻子,完全能够预料到这场哭闹会如何收场:小王子的玫瑰起初拒绝和他
398 说再见,后来痛苦地尝试着优雅地道别,她终于克服骄傲说出"不要留恋。你已经决定离开。现在走吧!",就像在利比亚事故发生之前那样,龚苏萝继续大喊大叫,只不过这次离家近一点。"她是我见过的情况最糟的自我诱发歇斯底里症患者。谁听说过妻子在丈夫即将参战时这样胡闹!尖叫声让人难以忍受。简直不知羞耻!"3月初,护士打开门见到阿代勒·布罗时这么说。护士正在给她注射镇静剂。圣埃克苏佩里压力也很大,布罗发现他紧张不安,身心交瘁。

他似乎已经说过好几次再见了。那是他以为自己在美国的最后一晚,或者是据说他的最后一晚,又或者是有些人记忆中他的最后一晚,他做了下面的一些或者所有事情:拜访希契科克一家,在格拉默西公园和他家的孩子们一起对行人发动水弹袭击;作为主宾出席了著名工程师和发明家让·默西埃和妻子西蒙娜举行的小型告别晚宴,西蒙娜问圣埃克苏佩里想吃点什么,并递给他一盘蒜泥酱田鸡腿;把《给一个人质的信》的手稿、打字稿和校稿,以及他录的磁盘《孤独的祈祷》(后来在此基础上写成了《沙漠的智慧》*)留给赫达·斯特恩;在很多本《小王子》上签了名。第二天早上7点,他叫醒了西尔维娅·莱因哈特。西尔维娅穿着一件旧法兰绒睡衣打开门,发现眼前的朋友穿着军装,看起来有些滑稽,而他自己显然是非常自豪的。他的衣袖搭在手上,夹克紧紧裹在身上,胸前口袋上用金线绣出的徽章看起来"像蠕动的阿米巴虫子"。他告诉西尔维娅,自己是来说再见的。"我希望给你留下一些美好的东西,能让你记住我,但我所有的就是这些。"他说着,拿出他的蔡

* 在这张十二英寸磁盘剩余的空间里,他录了音乐,唱了《顺风》。这是一首法语老歌,他在加拿大重新发现了它,觉得它细腻优美,他也是以这样的风格来演唱的。

司依康相机，并把一个鼓鼓的棕色纸袋放在入口的桌子上，里面是《小王子》最初的手稿。

1943 年 4 月 13 日刚过中午，圣埃克苏佩里登上了“斯特灵堡号”。一年多前，“诺曼底号”在纽约港大火中烧毁了，一直躺在海底的泥沙上。不到一个小时，在一位年轻的海军军官的陪同下，圣埃克苏佩里来到“斯特灵堡号”上的病房区。一小粒炉渣掉进了他的眼睛，后来被取出来了。船停靠在纽约时，圣埃克苏佩里给船上一位讲法语的军官读了《小王子》，他是一位荣格派精神分析专家，名叫亨利·埃尔金。《小 399
王子》于 4 月 6 日正式出版；它的第一篇重要书评也于那一周发表了。评论家们既感动，又困惑。一个可爱的童话故事并不是美国读者期待《空军飞行员》的作者写出的作品，因为他是如此有男子气概。（在广告中，出版商含糊其词：“评论家和批评家将非常乐意给大家解释它是什么类型的故事。我们能说的是，这是圣埃克苏佩里的新书。”）很少有评论家认为《小王子》是一本儿童读物，但也并不是每个人都把它推荐给成人；推荐给成人后，人们把圣埃克苏佩里与风格迥异的作家相提并论，比如孟德斯鸠和安徒生。

《小王子》的一些读者很有见地，其中包括安妮·林德伯格和 P. L. 特拉弗斯。两位女士马上发现这本书是关于失落童年的苦涩故事。安妮·林德伯格认为它比《空军飞行员》更悲伤，并机敏地看出圣埃克苏佩里创作这本书时经历着“疾病、痛苦和孤独”。她说，圣埃克苏佩里会“牺牲自己——战争和死亡。他认为那就是答案，可事实上并不是”。特拉弗斯从一句话中看到了这本书的要旨：“我孤独地生活着，没有一个真正谈得来的人。”在她看来，这本书是痛苦的升华。她在《纽约先驱论坛报》头版给予了《小王子》热情洋溢的评价，还有些神秘地提醒读者：“所有的童话故事都是现实的预兆。”《小王子》在《纽约时报》畅销榜上榜一周，在《纽约先驱论坛报》畅销榜上榜两周，对作家而言，这没有什么了不起的。到那年秋天，它只卖出了三万册英文版和七千册法文版。《小王子》差点走了好运：前一年 11 月，奥森·威尔斯在一档电台宣传节目中改编播出了《夜航》与《风沙星辰》的一些内容，5 月他又发现了《小王子》。凌晨 4 点，他把商业伙伴叫到家里来读这本书——又有人因为《小王子》彻夜未眠了——因为来得匆忙，那人还穿着睡袍。最终他为威尔斯争取到了两个月的电影改编权，才得以休息；威尔斯想用真人表演和动画相结合的方式把它搬上银幕。但威尔斯没有得到沃尔特·迪士尼的支持，这个项目也就泡汤了。*

夜幕降临之时，作为船队三十艘船中的一员，“斯特灵堡号”出发了。在接下来的三周，圣埃克苏佩里有时下棋，有时修改《沙漠的智慧》的稿子，他的手稿已经拍成了缩微胶卷，现在同文件一起放在西尔维娅
400 送给他的一只漂亮的马克·克罗斯猪皮包里，带在身边。（西尔维娅还给了他一条黄金身份手链，刻有他的名字和血型。尽管她声称绝不知情，但至少她下意识地感觉他真的要离开了。）后来，他记得这次跨洋航行让他产生了“十字军东征的喜悦”。途中，他告诉亨利·埃尔金战争一结束，他就去索莱姆的修道院。似乎为了强调这一点，他每次谈话结
401 束时都会唱礼拜圣歌。

---

* 威尔斯在董事会概要介绍《小王子》的拍摄计划时，迪士尼并没有足够重视。威尔斯就像书中的人物一样，当即走出了会议室，没有再继续推进这个项目。

第十七章　了无踪

1943—1944

如果我能做到，一定不会让我的死亡发出我生命中未曾发表的宣言。

——蒙田，《蒙田散文集》

在生命的最后一年里，圣埃克苏佩里未能踏上法国大陆。在他看来，北非和科西嘉岛离得很近；他向阿尔及尔方面汇报工作情况，阿尔及尔是 1943 年底唯一没有被占领的法国大城市。它成了神奇的乐土。当时派驻在北非的一位年轻美国外交官发现，他在这里不时会联想到好莱坞的情景剧《爱丽丝漫游仙境》和《潘赞斯的海盗》，更是常常想起意大利的波奇亚家族。阿尔及尔的政治气氛最浓，也最让人感到棘手，这座城市充斥着冒险家、外交人员、不同国籍的特工、残余社交名流以及暗娼、黑市商人、当地有钱人。这里一切难掩他人耳目，谣言难免四处传播。死对头们肩并肩坐在阿莱蒂酒店的露台上，或坐在由摩尔人的古老宫殿改造成的联盟俱乐部里；情报员向错误的人示好。阴谋诡计和将计就计都在一夜之间孵化出来。由于情势所迫，法国的政治热情似乎在一小块不规则草坪上形成的温室环境中益发猛烈地呈现出来。A. J. 利布林试图给他的《纽约客》读者们讲解北非的情况，他说，如果美国要把波多黎各岛变成一个州，就要允许这个发现自己被外国势力占据的岛屿，在一些有影响力的制糖企业的管理之下，继续当美国
402 的属地。圣埃克苏佩里对阿尔及尔也有一些令人难忘的记述，但这是后话了。

在这座城市里，没有人在乎你是谁，但圣埃克苏佩里还是迫不及待地让大家感觉到了他的存在。在大多数情况下，他很会把握时机。到佩利西耶家后，他一放下包，就立刻上了一架西蒙飞机，飞到阿尔及尔城外。5 月 1 日，他被分配到原来的侦察队。几天后，2/33 中队经过阿尔及尔；他们正在前往突尼斯的途中，将在那里与美国第二十三摄影侦察中队会合，当时该中队听命于总统之子、时任地中海盟军摄影侦察部负责人的埃利奥特 · 罗斯福。2/33 中队现任队长加瓦耶顺道拜访了佩利西耶，惊喜地发现圣埃克苏佩里也在医生的客厅里。他们激动地拥抱在一起。同一天，圣埃克苏佩里在奥康特的指挥官热莱被任命为吉罗将军的内阁部长，圣埃克苏佩里很乐意去内阁效力。他等了好几周才问朋友，现在是不是他升任少校的好时机。热莱表示了首肯，圣埃克苏佩里对上尉说："好，请务必关照！"（热莱照办了，不过很是费了一番功夫。）

5 月 5 日前后，圣埃克苏佩里拜访了勒内 · 尚布，他现在是一位将军，更令人意外的是，他还是吉罗的信息部长。尚布发现这个新来的家伙更瘦了，其他一点也没变；他没有评价作家的着装，因为在北非穿成这样的人不止一个。"我来赴约了，"圣埃克苏佩里宣布道，他没有忘记在摩洛哥马穆尼亚酒店的承诺，"但晚了六个月，抱歉。"他说他来晚了是因为戴高乐主义者竭力扣留他。尚布还安排朋友立即在阿尔及利亚的艾格瓦特重新加入 2/33 中队，当然这不仅仅是为了弥补了他遭遇的一切不便。这一回归神奇地验证了安妮 · 林德伯格得知圣埃克苏佩里离开的消息时想象的画面，她还预言归队将是他最幸福的事："他会回

到他们身边。他微微弯着腰,羞怯地走进队伍。他们大喊‘圣埃克斯!’,那将是他得到的回报。”第二天,他驾驶一架布洛赫 174 参加训练;晚上,他请战友们吃大餐,还表演了他所有的纸牌戏法。邻近的中队羡慕不已。两年半来,他第一次回到法语世界,回到空中,回到朋友之中。

还有两次,他也遇到了千载难逢的好时机。圣埃克苏佩里回到2/33中队时,恰逢中队迎来第一架洛克希德 P－38 闪电战斗机,这是一种杰出的双尾撑飞机,改装后用于侦察任务,在 1943 年是最快的飞机之一。P－38 的飞行速度可以达到布洛赫 174 的两倍,它代表了全新一 403
代的飞机。用负责培训他们的美国军官的话说,P－38 让圣埃克苏佩里1940 年驾驶的波泰飞机看起来像威尔伯·莱特的飞机,非常落伍。P－38 不爱闹脾气,一名飞行员称,他甚至可以在降落时填写工作文书,但它非常复杂。圣埃克苏佩里是在几乎没有控制装置的飞机里学会驾驶的,因而对布洛赫 174 拥有一百零三个控制器赞叹不已。P－38 有一百四十八个控制器。飞行员在驾驶、导航、拍照、观察敌情的同时,要操作两台引擎、八个燃料箱、无数电路、四台相机以及氧气供应装置。圣埃克苏佩里没有获准驾驶 P－38,说起来也算他幸运,因为 6 月吉罗还是吉星高照的;圣埃克苏佩里刚回到飞行中队不久就去阿尔及尔了。当时一位有抱负的作家,朱尔斯·罗伊刚分配到邻近的中队,对于他的离开记忆犹新。圣埃克苏佩里坐进一架布洛赫,2/33 中队的战友像荣誉卫队一样,站在艾格瓦特机场长满棕榈树的跑道边为他送行。圣埃克苏佩里要经由布萨达往西飞行;那天,罗伊要去那座阿尔及利亚小镇吃午饭,几分钟后,他驾驶一架西蒙飞机跟在圣埃克苏佩里后面。罗伊在布萨达机场降落时,发现跑道尽头躺着一架布洛赫,起落架断了。飞行员已经驾驶另一架飞机继续飞往阿尔及尔了。

在首都,圣埃克苏佩里前往夏宫拜访了尚布,吉罗和他的工作人员都在那里办公。2/33 中队将开始 P－38 训练,他要求尚布将他列入受训名单。“你多大年纪了，圣埃克斯？我不记得了。”信息部长问道。“四十二岁。”飞行员答道，如果他不知道 P－38 飞行员的年龄限制比这小十岁，他一开始就不会来麻烦尚布了。尚布告诉朋友，他的追求很高尚，但无法通融；美国人在这方面很固执。圣埃克苏佩里坚持要求吉罗介入。尚布善意地为他安排了一次会见：早餐时，法军司令在助理的陪同下按惯例接待了尚布，尚布替圣埃克苏佩里争取到了 8 点半的会见。然而，上尉没有得到吉罗将军的赏识，将军的威名源自他作为军人的英勇和政治敏锐性，尤其是前者，但其实这两者他都缺乏。当时，吉罗正在考虑邀请戴高乐到阿尔及尔共同理政。圣埃克苏佩里认为这个想法荒谬可笑——难道吉罗如此天真，不知道戴高乐的手下在纽约怎么谈论他吗？——并马上把自己的看法告诉了吉罗。他发誓，如果戴高乐来到北非，吉罗就完蛋了。吉罗也给圣埃克苏佩里提了些建议。他决
404 定，圣埃克苏佩里更适合在他的内阁工作而不是待在驾驶舱里，他还留下命令，让他去写长篇大论：做宣传工作。圣埃克苏佩里不客气地拒绝了这个提议。这次会见结果很糟。吉罗当即突地站起来，让圣埃克苏佩里出去。他说：“看来你把我当成一个彻头彻尾的白痴了。”实际上，的确如此。

两人都没有给对方留下好印象，但尚布扭转了局面，安排吉罗在第二次早餐会见时向圣埃克苏佩里说明，他将尽力满足圣埃克苏佩里的要求。（尚布说服吉罗直接打电话给艾森豪威尔请求帮助。）在这种情况下，圣埃克苏佩里自然无法拒绝去北非执行短暂的宣传任务，主要目的是鼓舞训练营中法国官兵的士气，为民族解放之战做好准备。他坐进一架西蒙飞机的驾驶舱，对尚布抱怨道：“都是因为你，我现在才像一个走街串巷的推销员，要四处做宣传！”一开始他答应去做宣传时就不是真心实意的，因此打不起精神来做这件事。这也证实了无论在北非还是在纽约，戴高乐主义者的宣传实际上在两支法国军队中都起了作

用。此外，这番初次接触也消除了此前他对吉罗的钦佩之情，而在1943年，吉罗是唯一对他抱有同情的法国领导人。他在执行吉罗的宣传任务时，称吉罗是“弹力壁”（“橡胶墙”）；他后来厌弃吉罗时说他是“稻草人，不怕聒噪的乌鸦，但弱不禁风”。那个月还没过完，戴高乐已经到达阿尔及尔，几天后，在盟军的敦促下，由两位将军共同领导的法兰西民族解放委员会，即临时政府成立。戴高乐抵达后不到一周，就设法调整了委员会的组织架构，将他的代表人数增加为吉罗的代表人数的两倍。在联合总统戴高乐的阴谋之下，吉罗就这样轻而易举地被彻底击败了，实际上是他给自己投了反对票。

那年夏天，这场冲突给阿尔及尔带来的强大冲击，不亚于另一场更大的冲突。美国人坚决要求，在任何情况下，都必须由吉罗执掌法国军队。戴高乐同样坚决地表示，所有法国军队都必须宣誓效忠于他。一方面，美国拒绝承认法兰西民族解放委员会对法国本土的统治权；另一方面，大多数法国人也不看重这个政权。这两个事实也对当时的形势毫无助益。美国外交官肯尼思·彭达敏锐地发现了吉尔伯特和沙利文在北非的踪迹，他还无意中听到了贝图阿尔将军和圣埃克苏佩里在联盟俱乐部愤愤不平的谈话；两人为军队的分裂状态伤心失望。圣埃克
苏佩里在给柯蒂斯·希契科克的信中说，他还是很厌恶戴高乐，因为他 405
的政策不能拯救法国；朱尔斯·罗伊最近转而支持戴高乐，圣埃克苏佩里给他写了一封严肃的信，用一句话概括了自己的观点：“宗派主义总是让人们误入歧途。”不过，这封信后来没有寄出。和美国外交人员交流时，他更加直言不讳地把戴高乐主义比作民族社会主义。

政治战线的冲突不仅毫无助益，还让他无法全身心投入更重要的战斗。6月4日，他以P－38侦察机飞行员的身份正式回归2/33中队。四天后，在突尼斯郊外的拉马萨机场，他坐进了一架闪电战斗机。加瓦耶一直密切关注着他。在高空的非增压舱内，他的年龄和身体状况都

是不利条件，况且他一点也不熟悉 P－38。三万英尺高空的寒冷令人生畏，沉重的侦察机飞行员装备也是如此。圣埃克苏佩里不仅超龄十岁，而且块头也太大了；P－38 飞行员的临界身高是六英尺四英寸，他又高大又僵硬，实际上是硬挤进驾驶舱的。他之前抗拒学英语，现在也给工作带来了不便。机场起落指挥塔里的工作人员都是美国人，而且乌季达机场上空飞机很多，颇为拥挤。第一次飞行训练后，他并不认为这架飞机特别出色；很快，他发现自己驾驶时之所以感到不适，是因为没戴氧气面罩就拉升到了两万英尺高度，而实际上依据指示，他应该上升到两千米（六千五百英尺）高度，只是他看错了高度表。在另一次飞行训练中，他对于从一万米高空能拍摄到如此清晰的突尼斯赞叹不已。这次他戴了氧气面罩，在十万英尺的高空飞行。

加瓦耶关注着圣埃克苏佩里的方方面面，以至于被称为圣埃克苏佩里的侍从（或他的保姆），其中一个方面就是：美国人在盯着圣埃克苏佩里。并不是所有美国人都高度评价他们的法国盟友，一些军官甚至公然表现出敌意。一位美国少校很得意地召集 2/33 中队的飞行员，告诉他们法国人在战争中输了，现在美国人来拯救他们，他们最好表现得像见到了优等民族一般。幸运的是，指定的翻译不会讲法语；加瓦耶优雅地感谢了来访者发表的训谕。最初物资供应不足，两国关系也因此受到损害：一方面，在法国人看来，美国人淘汰不要的飞机才丢给他们；另一方面，在美国人看来，法国人没有妥善维护好给他们的飞机。* 美国人很容易觉得，法国飞行员通常更老练，也远比其他盟国的军人更
406 熟悉自己的领土，却表现得很无能；而法国人因为感到耻辱和沮丧，也很容易觉得，美国人没有公平对待他们。重新武装法国既是一种政治姿态，也是一种军事需要，这一事实引得双方相互埋怨。有时这种敌意

* 前一项指责还有一点点可能性，而后一种说法就毫无道理了。通常都是最好的飞机用来作战，最旧的飞机用于飞行训练。

是下意识的。当加瓦耶被问到他们的中队要用什么无线电呼叫信号时,他表示只要没有字母“r”就行,这样他的部下就能向指挥塔发出清晰的信号。对方给了他六个选择,每一个都有字母“r”。[他勉强接受了“Dress down”(击败)作为呼叫信号,对于讲法语的人来说,在六个选项中这个算最好发音的了。]更多时候,争论的焦点集中在纪律方面,美国人认为法国人没有能力管好纪律。作为地中海盟军摄影侦察部作战员,莱昂·格雷可以直接向罗斯福报告,他说,法国人什么任务都能完成,但就是无法准时起飞。还有一些人则认为,法国人对 P-38 适应得很慢,而美国飞行员在派往海外之前,至少有平均五十小时的 P-38 驾驶经验。他们不明白为什么法国人不能够专注于这项任务,却忽视了这样一个事实,即法国人是以外语接受训练的,而且 P-38 与法国飞行员习惯驾驶的飞机在很多重要方面存在差异。一名军官在试图训练法国人驾驶 B-26 新型飞机时非常沮丧,有人无意中听到他说:“这些人死得越快,我们到达法国就越早。”

起初,圣埃克苏佩里能轻松地应付混乱的形势。大多数美国人并不觉得他个子特别高——莱昂·格雷认为,“他看起来和一捆干草没什么分别”——而且他们尊敬他主要是因为他是航空业的先驱,而不是因为他得过法兰西学术院的大奖。他重振了 2/33 中队的士气,和美国的地勤人员打成了一片,并且在基地外代表 2/33 中队和自己做了一些宣传工作。6 月中旬,他回到阿尔及尔,请求罗斯福总统在北非的得力助手罗伯特·墨菲帮他安排与埃利奥特·罗斯福会面。罗斯福到达北非后不久,他就前去拜访过;现在他希望能游说美国给 2/33 中队所有飞行员都配备 P-38,并马上给他们安排满任务。显然,他觉得自己在 16 日与墨菲会面时没有说清楚想法,第二天又写了一封长信进一步解释。自 1933 年给法航写信以来,这是他第一次不惜出卖自己来达到目的:这次他的策略与十七年前给拉泰科埃尔航空公司总经理贝波·马西米

写信时完全不同，当时他因为太过激动对自己出版的第一部小说只字
未提。在给墨菲的信中，他列出了自己出版的书和获得的荣誉（他很难
记住国家图书奖的具体名称），并且宣称只有再次执行常规飞行任务，
407 他才能再写出《空军飞行员》那样的作品。同时，他认为最好能澄清
“一个荒谬的误解”，即高海拔会影响大龄飞行员的驾驶水平。圣埃克
苏佩里解释说，没有什么比这种想法更离谱，但其实他非常清楚，大龄
飞行员的身体缺乏柔韧性，更容易受飞机改变速度时人体反应力的影
响。于墨菲而言，他听起来一定像个孩子，固执地以为饭后游泳不会引
起抽筋。在这封信里，虽然他没有提到名字，但实际上表达了对戴高乐
的深切不满。

在圣埃克苏佩里当面向墨菲说明情况之前几周，他给妻子描绘了一幅截然不同的画面，他对妻子说，自己无异于行尸走肉。他的肝脏三天两头找麻烦，肝不疼的时候又犯恶心。他的耳朵在危地马拉的那次坠机事故中受了伤，他一直耳鸣。只有忍着剧痛，他才能背起五磅重的包裹，才能下床，才能弯腰。他已经服用了剂量足以杀死一匹马的磺胺类药物；他声称，若不是这些药物，他早就死了。1942 年，龚苏萝机敏地发现除了法国，没有哪个国家允许像她丈夫这样年龄和身体状况的飞行员继续飞行。在他见墨菲之后九天，他的提议通过了。四天后，在他四十三岁生日当天，阿尔及尔的法国空军体检医生准许圣埃克苏佩里少校执行高空任务。

面对这个令人难以置信的胜利，他时而欢欣鼓舞，时而抱怨。他很快把这个消息告诉了希契科克，而此时希契科克仍然不相信现在还能看到他的作家执行飞行任务。他说，事实证明希契科克错了，他抵制了想把他变成宣传员的所有努力，他正在驾驶世界上最快的飞机。虽然晚了点，或者说希契科克觉得晚了点，他终于还是爱上了美国。他尊重美国在这场战争中的付出。（希契科克是个善良的人，他回信说，不会

试图劝阻圣埃克苏佩里飞行,因为他知道劝阻是徒劳的。希契科克也是精明的出版商,他自作主张将作家说美国的好话分享给了《纽约时报》。他在一篇新闻稿中向世界宣布,圣埃克苏佩里再次去了他遇见小王子的地方。)尽管仍然是飞行中队的中流砥柱,圣埃克苏佩里在给尚布和佩利西耶的信中却写了他的绝望和对营地生活的厌恶。他讨厌排队打饭,讨厌在十分钟内狼吞虎咽地吃完,起立。对他来说,没有什么比与另外两个人同住更折磨人了。(室友们也要伴着他的笔划过纸面的沙沙声入睡。)他对佩利西耶坦白,最简单的体力活对他而言也像攀登喜马拉雅山一样,是巨大的挑战。他甚至对人人梦寐以求的 P－38 大加抨击:美国的技术奇迹不过是“一种能飞的鱼雷,与真正的飞行一点都不沾边,它有那么多屏幕和按钮,简直让飞行员变成了总会计师”。 408

加瓦耶和 2/33 中队的成员能明显地感受到圣埃克苏佩里对 P－38 的抗拒,但很难觉察到他的绝望,那些绝望情绪大都留在信里。附近训练营的一名跳伞员评论说,P－38 闪电战斗机速度极快,圣埃克苏佩里似乎对它既爱又怕,他简直难以相信现在从阿尔及尔飞到突尼斯只需要八十五分钟。2/33 中队来了一名新兵,帮圣埃克苏佩里翻译了大量的美国读者来信,他觉得圣埃克苏佩里似乎对飞机精密的仪表板“过敏”。一方面,圣埃克苏佩里无意浪费时间学习熟练驾驶;另一方面,在飞行时他竭尽所能以超越职责的高要求来完成任务,而这在军队是违反命令的。7 月 21 日,有了十多个小时的训练经验,他在里维埃拉上空第一次执行任务,这也是自 1940 年夏天以来他第一次看到祖国。他飞行了近六个小时,据一份报告称,这次飞行非常成功。几天后,在阿尔及尔的一家地下室小餐厅里,他与佩利西耶、法国演员让·迦本和其他几个人一起吃饭,他谈到再次见到法国时无比感动。起初,下面贫瘠的土地让他心灰意冷;因为从三万英尺高空看下去,他没有发现生命的迹象。法国死了,他想,心情愈加忧郁。接着,飞机周围出现了灰色的烟团。“他们向我开火了！法国还活着！我太高兴了。”他报告说。迦本反驳道：“亲爱的朋友，我个人更喜欢忧郁。”

美国人对圣埃克苏佩里怪癖的关注点与法国人不同，7 月，他们开始罗列他的种种怪癖。美国人密切关注他们的 P－38：这有点像一国与另一国的国宝之争。据罗斯福的副官弗兰克·邓恩上校说，在早期执行一次训练任务时，圣埃克苏佩里在三万英尺高空打开了 P－38 的机窗，氧气面罩飞了出去；他急速下降，又损坏了机翼。依照职责要求，与美国人关系还算不错的加瓦耶尴尬地向邓恩报告了这次事故。8 月 1 日，他再次去找指挥官说明情况。“这是非常、非常困难的。”他说。圣埃克苏佩里驾驶 P－38 执行第二次训练任务，四十分钟后因为引擎故障被迫返回。他没有用液压制动器，飞机以每小时一百英里的速度着陆后，冲出跑道，冲进了橄榄树林。飞行员后来描述说，飞机底盘损坏，之后左侧机翼和引擎撞上了地面；随后机身倾斜，右侧机翼和引擎
409 也受到了撞击。结果是这架闪电战斗机再也飞不了了。六千英尺长的跑道对于降落绰绰有余，所有飞行员也都听过制动系统讲解；就算法国飞行员以前没接触过液压装置，也有美国人“在不停地拼命叫喊，让他用液压制动”。在这个细节上，邓恩和格雷的记忆有些不同。据格雷回忆，在查阅记录时，他发现圣埃克苏佩里之前就出过刹车事故。他记得曾告诉加瓦耶，他要取消圣埃克苏佩里的飞行资格，等他培训合格后再上岗。邓恩很确定，是他自己提出了这一纪律处分（邓恩是格雷的上级，但两人都有权自己作决定，而在作出这个决定前后，他们确实磋商过）。邓恩坚称，因为 8 月的事故，也因为那之前圣埃克苏佩里在执行军事设施勘测任务时，拍摄了一座法国庄园（很有可能是阿盖）的照片，他已经让圣埃克苏佩里停飞了。他记得当时加瓦耶还在观望，而他立刻让圣埃克苏佩里停飞了。有一点是肯定的：事实并非如此，因为飞行员在接下来的几个月里常常气愤地抱怨，他因为年龄太大被取消了飞

行资格。

发生这样的事故大家并不觉得奇怪，然而圣埃克苏佩里受到的惩戒之严却令人吃惊。在法国人看来，这似乎是美国人的沙文主义在作祟。而在美国人看来，这一事件再次证明，法国人不可救药地不负责任。* 圣埃克苏佩里是一个纯粹简单的人，自然会驳斥在他看来不公平的处罚。他激动地大声说："是的，这架闪电战斗机不能再飞了，但是一名飞行员不也因此被禁飞了吗！"在有些人听来，他在战争中毁坏了一架八万美元的飞机，却说出这样的话来，简直是傲慢无礼。他无法理解美国人为何这样严苛，也不能接受这样的最终决定。（他可能不知道，他的一些朋友多少有些同意美国人的做法。就连加瓦耶也觉得，从医学和技术角度看，邓恩和格雷是正确的。）事故发生几天后，他邀请了法国中队的所有人和一些美国军官，共近一百人，参加一场盛大的宴会；格雷和邓恩分别坐在他的左右两边。当时，很少有法国人办宴会，两人都很清楚圣埃克苏佩里为什么请客。格雷回忆道："他周一被停飞，周四举办一场盛大的晚宴，为什么？这肯定是有原因的。" 410

烛光宴会在一座俯瞰突尼斯海湾的奢华别墅中举行。圣埃克苏佩里的客人们坐在地板上，由一小群当地姑娘服侍。晚宴有八九道菜，还有喝不完的葡萄酒，大家唱起了《马赛曲》。宴会开始时，圣埃克苏佩里发誓说，他可以趁大家不注意，一晚上倒空所有的瓶子，后来他还真做到了。他似乎对宴会上的两位贵宾说了同样的话，当时两位贵宾都是二十八岁，正是圣埃克苏佩里在朱比角工作时的年纪。傍晚时分，这名老兵向邓恩俯过身去，用拳头慢慢敲打着他的胸口宣称："我愿意为法国而死。"（实际上，他内心的情感要比这句话复杂得多，只是英文不好，

---

* 邓恩称如果一名美国飞行员像圣埃克苏佩里一样有这么多不良记录，至少会受到取消军衔的处罚。皇家空军飞行员理查德·朗博尔德曾为圣埃克苏佩里写过一部传记，其中写道，如果出了这样的事故，皇家空军飞行员会被罚款，而法国飞行员会被罚酒三杯。

无法表达。)邓恩摇了摇头。“给我三分钟可以吗？我想和你聊聊。”圣埃克苏佩里坚持说。邓恩回答:“我的回答是不,不,不。”他对格雷说了同样的台词。早些时候,加瓦耶要求格雷重新考虑停飞命令,格雷感到压力很大。格雷比邓恩温和,也不是特别介意圣埃克苏佩里从空中拍摄庄园照片,他是后来才慢慢觉得圣埃克苏佩里应该被停飞的。尽管如此,他和邓恩一样,觉得命令就是命令。当飞行员不停地对他说“先生,我愿意为法国而死”这句话时,他已经准备好如何回答了。他喝了很多瓶好酒,已经有了醉意,他对圣埃克苏佩里说:“我才不管你为法国死还是不死呢！但是不能死在我们的飞机里。”

*

在邓恩看来,在整个北非,勒内·加瓦耶麾下的圣埃克苏佩里是最难管束的。接下来几天发生的事情似乎证明他想得没错。圣埃克苏佩里疯狂地到处找人帮他恢复飞行资格,这有点像雅各与天使搏斗,他上演了一出交织了爱国主义和鲁莽傲慢的戏剧。他无法控制自己：他已经习惯了倚仗自己的影响力破坏军规,就像破坏几乎所有规则一样。宴会次日黎明,他就离开阿尔及尔去找美国战略情报局局长多诺万。这周,他回到尚布家门口,当时吉罗还有几个月才下台,他恳求尚布找吉罗把他的事上报给艾森豪威尔。幸运的是,遭他嘲讽的吉罗刚刚读了《空军飞行员》,而且很喜欢这部作品(尚布说,但愿如此,因为他知道戴高乐看了这本书后非常不悦)。当圣埃克苏佩里在阿尔及尔焦急地踱步之时,吉罗正缠着美国人解决这个问题;据尚布说,法军司令最
411 终赢得了盟军指挥官艾森豪威尔的某种让步。在轮番恳求的攻势之下,艾森豪威尔暴跳如雷:“这个法国人把我们逼疯了！延长他的服役时间！运气好的话,他在空中会比在地面上让人清净！”然而,最后圣埃

克苏佩里没有获准回到飞行中队。8月8日,他在突尼斯的拉马萨短暂停留;中队的航空日志中记录,他即将前往美国执行任务。同一天,戴高乐胜利地进入卡萨布兰卡,一时之间感到自己“成了法国政权的中心和象征”。

圣埃克苏佩里最终并没有去美国,而是流落到了佩利西耶家,接下来的八个月他在那里度过了一生中最凄凉的时光。医生把他的客人安置在二楼一个只有简陋家具的狭小房间里,这个房间原来是衣帽间。一夜之间,天空消失了,取而代之的是一片纸海,上面漂浮着圣埃克苏佩里揉皱了的碎纸片,像皱巴巴的卡其布。佩利西耶家热闹而又忙碌。他的诊所也设在公寓里,白天客厅就成了候诊室;在阿尔及尔,寄宿处稀缺,所以他还经常收留别的房客。管家尽心尽力地照顾这位尊贵的客人(尽量让他舒心),尽管如此,他住得一点也不舒服。不断有客人从美国、英国和法国来丹费尔-罗什洛街17号找圣埃克苏佩里,大多数探望过他的人都惊讶地发现,他似乎永远都处在随时准备离开的状态。一开始,他确实有这样的打算,因为在朱比角更安心。他只是暂住,而且很快就发现,他的住处既无法写作,也无法如他所愿地待客。然而,佩利西耶听说他打算离开时勃然大怒。圣埃克苏佩里改变了主意,他可不想背上忘恩负义的骂名。朋友们都劝他不要沉浸于过去的痛苦,可他充耳不闻。于是,这位世界上最糟糕的客人——佩利西耶注意到,他常常弄丢钥匙,抽烟时会不小心烧毁手头的东西——出于礼貌拒绝从这间简陋的、没有暖气的衣帽间搬出去。

没过多久,他就开始把自己的房间称为牢房。他也很快意识到,他厌恶的墙不是佩利西耶家灰色的墙,而是另一个人毫不让步的坚固心墙。尽管他声称要超然于纷争之外,但在阿尔及尔的头几个月里,有不同看法时他总是直言不讳。如果说在纽约他因沉默而遭到排斥,那么现在他发现,在北非说的每一个反对戴高乐的字都会反过来给他带来无尽的困扰。尚未在佩利西耶家完全安定下来时，他给在里斯本的B夫人写信说，他有证据证明戴高乐主义者在拦截他的邮件：“我感觉好
412 像在监狱里一样。寄给我的信件都被扔进了某个黑暗的壁橱，我从来都收不到，只有上帝知道它们在哪里。*”对于一个离群索居的人，没有比收不到信件更严重的惩罚了，要知道他曾经为了寄送邮件出生入死。戴高乐的支持率终于开始上升了，在肯尼思·彭达看来，戴高乐地位的上升离不开他那些“宣传斗士”的努力，他们以笔为武器，时刻准备抨击敢于阻挠戴高乐将军的人。到了11月，吉罗甚至被踢出了法兰西民族解放委员会。在圣埃克苏佩里的叙述中，这位未来法国领导人的行为完全符合美国人对他的印象，他们认为戴高乐“报复心强、不宽恕、背信弃义、不忠诚、满心仇恨”。（法国前总理保罗·雷诺也作出过类似评价，只是说得更委婉些：“戴高乐很顽固，他很有性格。”）据可靠信息，有人曾建议圣埃克苏佩里小心行事，但他不擅长于此。也曾有不怀好意的人公开称赞他：“你好，我亲爱的贝当委员会成员。”（圣埃克苏佩里唯一能做的是以绅士的姿态回应：“你当然很清楚，你现在表现得像个混蛋。”）那年冬天，圣埃克苏佩里曾经请求见见戴高乐，但被拒绝了。1944年初，他与“自由法国”的战舰“居里号”的指挥官及其部下成了朋友；船员们向上级请示让圣埃克苏佩里参加他们的下一次巡航。海军部直截了当地拒绝了：“圣埃克苏佩里不是戴高乐主义者！”1939年11月底，塞戈涅的朋友皮埃尔·达洛回到阿尔及尔，当时他正积极参加抵抗运动。他见到圣埃克苏佩里时发现，作家已经失去往日的风光，过得非常屈辱。

然而，要羞辱圣埃克苏佩里，还有更为有效的办法。10月下旬，戴高乐在阿尔及尔发表了一篇演讲，点名赞扬了那些宁可选择流亡也不

---

*　他可能说得没错。

妥协通敌的法国作家。圣埃克苏佩里的名字显然不在这个名单上，而一些不那么重要的作家却上了榜。莫鲁瓦也不在名单上，他是犹太人，同圣埃克苏佩里一样的是：他曾逃往纽约，是法国在北非的陆军上尉，但不是戴高乐主义者。（如果圣埃克苏佩里懂得行事，应该像约瑟夫·克塞尔那样：1943 年初，克塞尔在伦敦与戴高乐将军会面，立刻被折服，并愉快地执笔为其事业助力。）那年冬天，阿尔及尔的文学评论杂志《方舟》提出将在第一期刊载圣埃克苏佩里的《给一个人质的信》，其他作家都表示，拒绝将他们的作品和圣埃克苏佩里的同期刊出。* 作品在 413
北非被禁无疑是对他最沉重的打击。他愤愤不平地看着成箱的法语书从纽约运来，但没有他自己的书。《空军飞行员》第二次受到法国同胞谴责。（极具讽刺意味的是，这本书在“自由法国”实际上比在占领区更难买到，因为在占领区流传着一个地下版本。）在这种情况下，圣埃克苏佩里会出借《空军飞行员》、《小王子》和《给一个人质的信》就不足为怪了，他总是随身带着几本书，每次只借给别人两三天。他会出于不同的原因把书借给不同的朋友。他把《小王子》借给热莱，条件是还书时要交一份读书报告。他让达洛坐在佩利西耶家的客厅里读《要塞》，他站在老朋友身后，不时查看进度。“告诉我你的想法，”他恳求达洛，“不过不要说任何可能妨碍我工作的话。”他对佩利西耶更强势。医生读了很久也没有说什么他催促道：“承认吧，毫无疑问，这是我最好的作品。”

在这个绝望的秋冬，要说他写了点什么，就是投身一部手稿，这部作品赞美不完满、困难重重又牺牲颇大的生活，它读起来像一首赞美诗，赞美那些买不了、留不住、得不到的一切。安德烈·伯克莱后来说，《要塞》——英文版是《沙漠的智慧》——最好把标题改为“‘痛苦灵魂

* 1944 年 2 月 1 日，《方舟》刊载了《给一个人质的信》，同期刊载的还有纪德、马利坦、克塞尔和罗贝尔·阿龙等人的作品。

回忆录'或者'幻灭英雄沉思录'"。在佩利西耶家,圣埃克苏佩里过得非常痛苦,极不舒服,没有办法持续工作。他努力续写了一部分,但没有修改完善它。尽管如此,他还是把这部手稿称作"我的生活之书"。8月7日,最喜欢这本书的读者之一B夫人抵达阿尔及尔:她乘坐美国飞机从直布罗陀过来,旅程并不轻松,令她不时地皱眉。安德烈·纪德并不是很喜欢她,却特地来参加招待会,他纯粹是幸灾乐祸,想看看这对夫妇在一起的样子。在战争中,B夫人还能在欧洲各国自如地旅行,美国国务院着实惊讶,并怀疑她通敌;他们密切关注她和她的感情生活。最后,他们得出结论,她前往北非主要是为了见圣埃克苏佩里,他们得到误报说他们要结婚了。最后,她也暂时在佩利西耶家安顿下来。抵达两天后,她与戴高乐的幕僚长加斯东·帕莱夫斯基一起吃饭。加斯东对她说:"你必须让圣埃克苏佩里明白,他不加入戴高乐阵营是十足的错误。"她刚到时圣埃克苏佩里并不在阿尔及尔,后来她把这个信息转达给了圣埃克苏佩里。她发现圣埃克苏佩里头发更少了,身材发福了,鬓角也添了白发,但不知为什么,比以前多了几分威严。圣埃克
414 苏佩里耸了耸肩。

一见面,圣埃克苏佩里就送给B夫人一份五百页的《要塞》,迫不及待地要她马上读。自然,B夫人在佩利西耶的客厅里看书时,他紧张地围着B夫人走动。她在读书,屋外刮起了西罗科风;很快,房间里变得闷热难耐。大约读了一百页,她提议去海滩走走。圣埃克苏佩里满脸不悦。"如果你现在放下我的书,一定是觉得它很无趣!"她反驳说:"不,我觉得它非常精彩。"他板着脸说:"不可能,就是因为你厌倦了,不想读了!"B夫人平静地解释道:"我并不是厌倦这本书,而是因为旅途劳顿,加上酷暑,我已经精疲力竭了。我放松一下,才能更仔细地阅读啊。"圣埃克苏佩里一如既往的霸道逗乐了她,她同意再读两页。圣埃克苏佩里走开了,一会儿拿着两片药回来,塞入她口中。他这才愿意

让步,现在可以去海滩了。当晚,她因为吞服了大剂量的苯丙胺睡不着觉,终于能坐下来审读这部手稿。四十八小时睡不着,实际上她除了反复读手稿之外,也没有什么好干的了。读完之后她写了书面评论,作家非常开心。和作家的许多朋友不同,B 夫人很欣赏《要塞》,和他详细讨论了作品,也讨论了有谁能将这部华丽而颇具风格的作品翻译成英文,他们想到了几位译者。B 夫人说出了她的独特体会:“写《要塞》时,你有点像基督。”作家眼睛盯着地面,默认了这个看法。在她看来,圣埃克苏佩里能够活下来全靠这部手稿。她一直住在阿尔及尔,直到 11 月初回到伦敦。圣埃克苏佩里继续写信给她,说已经忘记了他们之间所有的小矛盾,在自己的生命中,她至关重要,她的建议是无价之宝,自己爱她,但自此以后两人再未相见。

1943 年 9 月,作者去拜访亨利·孔特,逗留了一个月。这位和蔼可亲的外科医生是圣埃克苏佩里在卡萨布兰卡时的靠山,他住在安法的一座漂亮别墅里,俯瞰摩洛哥首都。不过促成这次旅行的并不是孔特的热情好客:B 夫人建议圣埃克苏佩里离开阿尔及尔一段时间,这样龚苏萝的朋友就不会给 B 夫人传话说,龚苏萝的丈夫正和情人住在佩利西耶家。在安法,圣埃克苏佩里继续创作《要塞》,他把刚写好的几页稿子塞到主人的门缝下,在第二天早餐时问主人意见如何。(孔特不是特别愿意讲自己的看法,而且晚上他很早就睡了,没怎么看。)与此同时,他还试图跳伞进入法国参加抵抗运动,但没有成功。他和孔特前往马拉喀什朝圣,去看给他灵感来创作《要塞》的风景,但圣埃克苏佩里并没有真正高兴起来,他开始担心伴随解放战争而来的必然是流血牺牲。 415
他警告朋友们说:“明年将有很多人在枪林弹雨中丧命。”* 派驻在卡萨布兰卡的美国军医塞奇威克·米德在孔特家与圣埃克苏佩里吃过两次

---

* 他心情非常阴郁,想象了关于自己的一段对话:“一个好人,真的很好,但还是要击毙他。”“为什么?”“就是因为他,美国现在还不承认戴高乐。”

晚餐。他发现,圣埃克苏佩里尽管很健谈,席间还技艺高超地用鸡蛋演奏了德彪西的曲子,但难以掩藏内心的悲痛。别人一提到戴高乐,他就大为光火,当米德说起一本贬损法军司令形象的书时,他更是勃然大怒。圣埃克苏佩里也借给米德一本《小王子》,希望能听听他的评价。米德指出:“他似乎总是全神贯注,好像在努力回想自己究竟在哪里。”在阿尔及尔见过圣埃克苏佩里的朋友们也有同样的感觉。他越来越喜欢逃避到浴缸里去,或者沉浸于数学问题和文字游戏中。他现在更喜欢消遣,而不是创作;在阿尔及尔,他没写几页纸,浴缸实验也没有带来任何新的发明。结果是,他约了很多人,却常常忘记约定。一天早上,一位熟人要去白宫机场,顺路来看望他。他看到圣埃克苏佩里正在剃须,就主动提出去机场帮他查看邮箱。一个半小时后,熟人回来了,圣埃克苏佩里惊愕地打开门说:“你忘了什么东西吗?你才刚走三分钟。”他完全忘记了时间,还在剃须。

由于他自己也需要消遣,在令人厌倦、人心惶惶的阿尔及尔,他逐渐成了受追捧的客人。他一如既往地展现出极具原创性的幽默。一位熟人画了一幅令人难忘的圣埃克苏佩里的画像:在一家餐厅里,他戴着一顶军帽跳桑巴舞,开心地用帽子去弹一个巨大的肥皂泡。可是很少有人信以为真,甚至那些不太熟的人也说,圣埃克苏佩里有时似乎马上要掉下眼泪。然而,在大多数情况下,他仍然是一个令人着迷的讲故事好手,一位出色的魔术师,人们都争相邀请他。在一个尴尬的场合,他在南美飞行时的同事让·马凯涅替他解了围。那次,有两位女主人都极力邀请他在同一天赴宴,哪一位他都无法拒绝。到了那天晚上,他安排马凯涅坐在窗前,帮他做决定。马凯涅觉得坐第一辆车来的女主人更漂亮,于是让圣埃克苏佩里和她同去了,自己出门来客气地告诉后面
416 的那位女主人,很遗憾她们的客人突然被叫走了。

圣埃克苏佩里给西尔维娅·莱因哈特写信说,他在北非各地表演

“橙子钢琴”,记忆中弹遍了所有琴键。他的日程安排得满满当当,除了与纪德和作家埃马纽埃尔·博韦约好定期下棋外,从他的记事簿上可以看到,他每天至少有一场午餐或晚餐约会——尽管他从来不是社交达人,现在也不是。正是通过这样的约会,他结识了邀请他登上“居里号”的“自由法国”船长皮埃尔·索纳维尔。在一场招待会上,索纳维尔带着威士忌躲进衣帽间,一位百无聊赖的绅士小心翼翼地上来搭话。尽管索纳维尔戴着戴高乐主义者的洛林十字架,但圣埃克苏佩里感觉这个人身上有一种说不出的亲切感,于是他朝人群的方向示意了一下,问道:“你觉得这有趣吗?外面有一辆吉普车,归我使用;需要我送你一程吗?”接着,他做了自我介绍。

圣埃克苏佩里很晚才回来。马克斯-波尔·富歇是一位编辑,在佩利西耶家暂住过,就在他隔壁的房间。富歇注意到,他进来时总是免不了撞倒什么东西,通常那时候富歇早就睡了。“圣埃克苏佩里需要一个能推动他的螺旋桨。”富歇总结道,任何在阿尔及尔度过这几个月悲惨时光的人,都会得出这样恰当的结论。他无法超越处境,也无法摆脱琐事。这个冬天,他的存在毫无崇高性可言,安泰乌斯厌恶这样的改变,年底他在一封苦涩的信中表达了政治见解:“凑近看,一切都是丑陋的……”11月初,分心与笨拙造成了痛苦的结果,圣埃克苏佩里的挣扎仿佛完美地戏剧化了。5日,遇上停电,他从佩利西耶家入口的楼梯上摔了下来。“我没看到六级大理石台阶,在有灯光的快乐日子里,它们是那么优雅。突然,我发现自己悬在半空中,但时间很短。我听到一声巨响。是我。”他这样向孔特描述当时的情况,九天后,他给孔特送去了背部的X光片。他惊慌失措地在楼梯间坐了五分钟。之后,他痛苦地按原定计划去参加晚宴。在场的人听到他刚刚摔到脊椎的消息,爆发出一阵笑声。咨询了医生佩利西耶后,第二天他还是赶去赴约,7日又去参加了苏联人在宫廷花园举行的盛大招待会。他痛苦极了。在一块草坪中央，他发现自己突然不能动了，只好祈祷有人能过来和他说话，否则他肯定会显得像个傻子。最后，他挪着小步，总算是体面地逃离了现场。

这次不幸的遭遇影响了丹费尔-罗什洛街上佩利西耶家的气氛。圣埃克苏佩里坚信自己的脊椎断了。佩利西耶给他做了检查，知道他
417 并没有骨折。他又向拍 X 光片的医生施压，要人家确认他自己的诊断。之后，他向主人宣战：11 月、12 月，纸条和信件像暴风雪一般飘飞出去，他说他多么痛苦，说佩利西耶多么不理解他。他抱怨医生缺乏同情心。他想要的无非是有人能够命令他卧床休息，当然他的需求不只是一个方面的，他还在寻求自 1940 年秋天以来他一直想得到的延期证明。佩利西耶没有，也不会给他开这份证明。圣埃克苏佩里由此得出结论：医生决然无情。过了五周后——因为那次意外，他当时还行动不便——他才愿意道歉：

> 我很清楚，你不是楼梯的发明者，不是停电的发明者，也没有让我不留神。我也很清楚，你的科学知识即使可以在很多情况下拯救我，也不能复原我的头发、我的牙齿，或我的青春。我不再责备你不是上帝。你是我的朋友，这已经足够了。你“当然”是对的，虽然这非常恼人。

他给 B 夫人写了一堆冗长而含糊的信，他说自己没有康复，还一度坦言秋天摔下楼梯的惊吓让他头脑更清醒了。

然而，这并没有让他振奋起来。他一直酗酒，现在喝得更凶了，他想变得迟钝，感觉不到疼痛。胆囊炎仍然没有消停。圣诞节又让他想起了童年，不过这次带给他不同的思考：他谈到童年不是避难所，而是休憩之所。虽然并未说过，但他可能意识到他现在比父亲去世时大三岁。他给龚苏萝和 B 夫人写信，倾诉心中的绝望，希望她们两人，一个

能同情他，另一个能理解他。阿尔及尔有很多消遣，却没有伟大的爱情。西尔维娅已经不再给他写信了，而寄信到法国又很困难。新年刚过，一张草草写就的便条就由降落伞送到了他家人那里，可是他没有收到回信。（儿子给圣埃克苏佩里夫人写道，他只希望可以再次坐在母亲身边，在火炉前促膝长谈。他会尽量少和母亲顶嘴，因为母亲对生活的看法最终都是正确的。）龚苏萝不常有消息来，一旦来了消息，就让他非常不安。夏天时，他发去电报说，他认为龚苏萝与德尼·德·鲁热蒙合住公寓的想法是不明智的；秋天，出版社的贝克尔写信通知圣埃克苏佩里，约定的定期支付款项一直由他妻子代收，还给了他一大沓账单。（圣埃克苏佩里的版税账户并不是空头账户，贝克尔可以把钱汇到北非，而且他在阿尔及尔时，10 月份还通过这个账户领到了军队的工资。）他写信给龚苏萝，谈到他的痛苦，谈到他的存在毫无意义，还谈到 418
他不变的爱。他迫切需要龚苏萝，请求龚苏萝能温柔地伴他到老。“照顾好自己，自己小心，保护好自己，晚上别出门，不要感冒，永远不要忘记我，为我祈祷。”他以这段话写完了一封沉痛心酸的信。他不会照顾自己，对严寒毫无准备，痛苦不堪。“冰冷的床很棒”的日子一去不复返了：他抱怨说，他穿着内衣睡觉，还套了两件睡衣和一件浴袍。不仅没有人照顾他，而且那个离开美国时希望尽可能为自己所爱之人受苦的圣埃克苏佩里，也无法假装有任何人听他调遣。他终于屈服于绝望。

年底，法国几次试图救他。12 月，法国空军司令勒内·布斯卡将军提议将圣埃克苏佩里派到法国驻美军事特派团的空军部。（但飞行员有自己的想法：在这项提议悬而未决之时，他写信给龚苏萝说，他希望返回美国，就邓恩和格雷 8 月对他的处罚决定提出上诉。）戴高乐认为这项提议“不合时宜”。大约在同一时间，一直以来与戴高乐关系密切的弗朗索瓦·达斯捷·德·拉·维热里将军提到他想派圣埃克苏佩里去英国工作；圣埃克苏佩里在幕后竭力促成这件事。布斯卡询问此事时,戴高乐的内阁部长告诉他,最终达斯捷没有把圣埃克苏佩里的事汇报给戴高乐将军,在他看来无论如何也没有理由改变上尉的后备军官身份。他说:"现在没有必要派这位军官去英国。"(很快,在北非的咖啡馆里,大家对戴高乐拒绝他的事议论纷纷。"就让他留在阿尔及尔吧,他只擅长纸牌戏法。"后来,这句话传到了圣埃克苏佩里耳朵里。)1月10日,他从一位朋友那里得到了这个消息,连他的朋友都不好意思告诉他。他火冒三丈。现在,他骂戴高乐骂得比以往任何时候都凶,一些朋友因此疏远他——其中就有纪德和克塞尔,他们厌倦了他的长篇大论。他无处可去,就迁怒于阿尔及尔:这座城市是"垃圾堆""窝囊废""人类渣滓""坟墓""人类沙漠""发霉的乡下警察局"。

让·热内开出的圣洁处方是,化痛苦为力量;而圣埃克苏佩里无事可做,没有一项可以投身的事业,他的痛苦也无用武之地。他想哭,真的哭了,他冷得发抖,一支接一支地抽烟,他诅咒佩利西耶家的小房间。
419 周一,佩利西耶不合时宜地向他借《小王子》,他本打算把手上仅剩的这本《小王子》交给亚历山大·科达的一名业务代表,送到伦敦的制片人那里去。圣埃克苏佩里爆发了,他每隔十几分钟就大吼大叫一次。他再也画不出一幅像样的小王子。他想一把火烧掉《要塞》的手稿。他以一种毫无条理的风格写作。有人赞扬他单枪匹马挫败了戴高乐在美国的计划,虽然有些受宠若惊,他也欣然接受;至少那样他可以为自己是一种反基督者而骄傲——在安妮·林德伯格眼中,她丈夫在1941年也是一种反基督者。新年时,他胃疼,便想象自己得了胃癌。直到2月下旬化验结果无可辩驳地表明他没有患上胃癌,他才算松了一口气。佩利西耶也设法说服他,他觉得肠胃不适不是因为得了胃癌,而是因为服用了太多磺胺类药物,吃了太多辛辣食物。臆想症也有一个功用:圣埃克苏佩里假想出来的疾病让他有切实的理由做一位旁观者,无须顾及所有原则。他想进修道院,他想把时钟回拨几个世纪,他还想成为一名园丁。他权衡了入狱相较于死亡有何优点。(优点很少。)他不停地回想在利比亚的最后一个晚上和最后一个早晨、在圣拉斐尔湾的最后几秒,对那些时刻怀着渴望。1944 年 1 月底,他参加了一场小型晚宴,迎接新到的驻法兰西民族解放委员会的英国代表(这个职位在当时和驻巴黎大使差不多)迪夫・库珀和他的妻子戴安娜女士。库珀家的夜晚以一杯科尼亚克白兰地愉快地结束了。圣埃克苏佩里拿着一副纸牌,完全迷住了外交官的妻子。他正洗着牌,突然停了下来。“今天早上,我去问卜。”他对聚在身边的客人们说,“显然,她没看清我制服上的徽章,把我当成了水手,因为她预言我将葬身在大海的波涛中。”整个屋子顿时鸦雀无声。

*

1944 年 2 月底,《生活》杂志年轻的摄影师兼记者约翰・菲利普斯抵达阿尔及尔。菲利普斯是一个不寻常的美国人,他出生在阿尔及利亚,讲一口流利的法语;他仰慕圣埃克苏佩里已久,直接打来电话。“上校。”他在电话中说。“少校。”圣埃克苏佩里纠正了他。除此以外,年长的作家非常热情,他在佩利西耶的厨房里为客人准备了饮料。他往平底锅里倒入麝香葡萄酒和蒸馏酒,混在一起,用火柴点燃,制成美酒。在北非能买到的很多酒是难以下咽的;菲利普斯觉得东道主很有一套。圣埃克苏佩里不失时机地告诉战地记者,他是逝去时代唯一的幸存者:
“我真的是最后一位幸存者,我向你保证,这种感觉很奇怪。”说着,他若 420
有所思地望向窗外。在客厅里,他讲述了美国人对他的严重不公。来访者问他是否在写作,他回答说,他无权写作,因为他现在没有参战。接着,他随口给菲利普斯提了一个建议:“我想写作,如果你能让我重新回到飞行中队,我就把所写的稿子都给你,让你出版。”美国记者完全有理由同情面前这位谢顶的传奇作家,答应全力帮他。几周后,他回到那不勒斯,见到了约翰·里根·麦克拉里上校。当时上校负责英国的摄影新闻和意大利的所有空军新闻。麦克拉里向地中海空军司令艾拉·埃克将军汇报了情况,寻求解决圣埃克苏佩里的问题。埃克是当时世界上最大的空军司令部的负责人,刚刚失去了一位杰出的美国飞行员。他没有马上作出决定,所以菲利普斯无功而返,回到了阿尔及尔。

他发现圣埃克苏佩里处于盛怒之中。菲利普斯不在的时候,圣埃克苏佩里原来在布雷斯特的教员利昂内尔-马克斯·沙桑上校接手指挥撒丁岛上维拉奇德罗的一个轰炸机中队。那年冬天,他虽然是航空部人事主任,却无力帮助他的学生(他倒是常常和圣埃克苏佩里下国际象棋)。在沙桑的努力下,圣埃克苏佩里被分配到了1/22中队,担任中型轰炸机B-26的副驾驶。在见到菲利普斯后的几周里,作家不再抱怨"愚蠢的美国人",而是开始抱怨他的新任务。他解释说,他晕机,不可能做副驾驶。(毫无疑问,更重要的原因是,他想回到原来的中队,尽管1/22中队非常欢迎他,他还是认为与轰炸工作相比,侦察工作更加崇高。)因为确信自己可以说服埃克,又或许是因为受到了诱惑——2/33中队从1月下旬起就驻扎在那不勒斯郊外的波米利亚诺——4月下旬,圣埃克苏佩里和菲利普斯飞回意大利。他把一大摞文稿和心爱的帕克钢笔塞进马克·克罗斯猪皮包,带去意大利。他还把墨水池托付给菲利普斯,免得丢失。(为了确保自己和手稿不会一同弄丢,在接下来的几个月里,他一般不和包搭乘同一架飞机。)就菲利普斯所知,飞行员圣埃克苏佩里现在已经正式成为1/22中队的一员,因为他从4月1日起开始再次领取军队工资,这次意大利之行是擅离职守。

到了那不勒斯,菲利普斯带圣埃克苏佩里回公寓,他们在那里偶遇了《生活》的副总编。菲利普斯介绍两人认识。"那位圣埃克苏佩里?"编辑问。他从菲利普斯口中得知,这位法国作家要给杂志投稿,非常惊

讶。他解释道:“两年来,我们一直想让他给杂志写一篇文章,可他一直 421
没写。”显然,这家杂志社没有给出合适的稿酬。几天后,在那不勒斯一家军人俱乐部的酒吧里,作家见到了麦克拉里上校。菲利普斯充当翻译,说起话来就像他是圣埃克苏佩里一样。不过,这位新朋友却丝毫不给他留情面,在整个交谈期间不停地告诫他要认真翻译。最后菲利普斯抗议说:“看,圣埃克斯,我出色地完成了任务,说得多么流利!”他当然翻译得很棒,麦克拉里上校觉得这个法国人在“极力推销”,而圣埃克苏佩里则低估了自己在场的力量。这次会面,他给美国上校留下了深刻的印象。见面之前,上校虽然做了功课,了解了他的情况,但并没有因此受到影响。有菲利普斯帮他转达,圣埃克苏佩里表达了他一贯的所有论点,说起不能报效祖国,他感到深深地羞愧,还谈到他的书在月度图书俱乐部获得的荣誉。菲利普斯知道,两人的看法正渐趋一致;麦克拉里已经认为,任何想参战的人都应该获准去战斗。麦克拉里回忆道:“我被深深地吸引了,他很值得尊重,坦白地说,我也嫉妒这位年轻人,他做飞行员不是出于内疚,也不是为了冒险,而是出于一种使命感。”然而,他也要付出一点代价:他要为麦克拉里正在编的书写一篇关于盟军空军的文章。法国人同意了,他还是逃脱不了要做宣传,麦克拉里打电话给埃克汇报了这次会面。“这对空军来说可是一桩绝好的交易。”他向将军建议道。将军没有立即同意,但基本上已经着手重整装备和训练法国飞行员。他在 3 月的一份令人赞赏的备忘录中指出,他们“可能比任何人都更渴望割破德国人的喉咙”。

4 月 23 日,圣埃克苏佩里到波米利亚诺看望了 2/33 中队,当时中队正在利用其航空优势尝试拍摄维苏威火山爆发。那儿还有一位瑞士地质学家。在餐桌上,他和圣埃克苏佩里讨论了广泛的话题。法国人长篇大论地谈了分子物理学,对它的哲学意义尤为感兴趣;他还谈到一则惊人的消息,有人正在制造原子弹,并预言将在战争结束前完成部署。据和他同住的菲利普斯说,他在意大利其余的时间用于“看维苏威火山爆发,阅读卡夫卡,在国际象棋中获胜,在文字游戏中惨败”。和作家下国际象棋,对手必须特别有风度:没有人会忘记获胜时他那施虐狂
422 式的得意。菲利普斯常常落败,圣埃克苏佩里会欢呼:“我要将你的军,我要将你的军。”

月底,圣埃克苏佩里回到阿尔及尔,前往另一个阵地游说。抵抗运动英雄亨利·弗勒奈任职于法兰西民族解放委员会,他安排了一次午餐,打算把作家介绍给费尔南·格勒尼耶。格勒尼耶曾是一名共产党议员,刚刚成为临时政府航空委员会主席。(戴高乐现在是最高军事指挥官与法国民政当局领导人,他终于成功剥夺了吉罗的所有权力;在这个过程中,内阁也再次改组。)4月的最后几个下午,格勒尼耶、圣埃克苏佩里和弗勒奈的两位抵抗组织的朋友在阿尔及尔郊外弗勒奈的公寓里聚首。他们当即开始讨论地下运动组织,该组织实施抓捕、逼供等活动,还向成员灌输兄弟会思想,这样的战争经历是过去三年圣埃克苏佩里完全不曾有的。听了这些故事,他着迷地瞪大了眼睛,甚至还流露出一丝艳羡。不久,气氛变得非常伤感;据弗勒奈说,圣埃克苏佩里是第一个落泪的人。五人围坐在桌旁,手紧紧地握在一起,随后又都悄悄地离开桌子,平复好情绪。其中一人回忆道:“‘啊,法国。’我们叹息道。她在那里,在我们中间,遭受外敌侵略,伤痕累累,国土染上了鲜血,人民深陷于苦难。”

下午以不止一种方式施展魔力。不久之后,弗勒奈写信给格勒尼耶,提醒他午餐的事,又详细地说明了圣埃克苏佩里的困境。飞行员自然不满意他目前的任务,表示如果能够回到原来的中队他将“欣喜若狂”;他曾作为2/33中队的一员,在1940年的战斗中创下了辉煌的功绩。埃克将军将于本周会见布斯卡,并已公开表示,只要法国空军不反对,他会重新考虑圣埃克苏佩里的派驻。(麦克拉里早些时候已经听到

了这个消息。“你赢了，我会办好这件事情。”埃克打电话告诉他。）对于他5月2日的那封信，弗勒奈觉得有必要在结尾加两份小小的免责声明。他明白，圣埃克苏佩里过去的一些行为招致了许多批评，但还是表示他本人可以为作家目前的飞行热忱作保——这意味着要冒风险去大费一番周折。此外，他补充说，这绝不是为朋友寻求优待。他只是希望一个有决心、有资格战斗的人能如愿获准参加战斗。圣埃克苏佩里的职业生涯又向前迈进了一步，但不是通过徇私照顾，而是因为情况特殊。5月12日，格勒尼耶批准了这一请求。

四天后，圣埃克苏佩里和菲利普斯乘坐一架B－26到达撒丁岛西北海岸的阿尔盖罗，开香槟庆祝。在飞行员离开中队后的几个月里，法 423
美合作的大部分难题都解决了，至少在军事层面上是这样。（法兰西民族解放委员会直到10月才得到承认，成为合法的法国政府，而华盛顿和前线的美国人则继续想办法解决盟友的政治纷争。）邓恩和格雷继续忙他们的工作了；卡尔·波利夫卡上校接替了埃利奥特·罗斯福，给2/33中队装备了崭新的P－38闪电战斗机。一夜之间，中队的士气提升了，用波利夫卡的话说，“圣埃克苏佩里的到来把2/33中队送上了云端”。中队接管了撒丁岛海岸上的一幢别墅，那里距离机场八英里。圣埃克苏佩里被安排住进了最好的房间。他的到来带来了明显的变化。据2/33中队的航空日志记录，第二天，这位任性的成员“让所有军官都染上了文字游戏的危险病毒，这种可怕的疾病很快席卷了整座别墅”。没过多久，他开始对大家讲唯心论。5月24日，他驾驶一架P－38进行了长达一小时的训练飞行。这是他近九个月以来第一次驾驶P－38。一位这段时间没见过他的飞行员注意到，他比1943年时动作慢多了，看起来很吃力。不管怎样，这位圣诞节时从阿尔及尔写信给妻子说自己已经一百岁的人，现在又说自己年轻了二十岁，头发又一根根地长出来了，散乱的白胡子一夜之间也脱落了。他也不再提癌症了，埃克帮的这个大忙奇迹般地治愈了他的所有疾病。

菲利普斯已经非常了解这位阿尔及尔表演者，他能在凌晨 3 点的街头用热烈的谈话吸引住朋友们；菲利普斯在 2/33 中队待了两周，观察和拍摄侦察机飞行员圣埃克苏佩里执行任务。虽然很少有战友愿意承认，但那的确是一个令人痛心的景象。他穿戴飞行装备时脸色凝重，大声地呻吟；他需要别人帮忙系鞋带，他自己弯不下腰。因为块头大，他需要别人把他塞进驾驶舱，下飞机时再从驾驶舱里把他拽出来。坐在 P－38 驾驶舱里，他要消耗大量氧气；一些战友估计，他消耗的氧气是常人的两倍，体形大是一部分原因，他习惯在起飞前就打开氧气也是一部分原因。这位老兵以自己的方式承认，这项工作很艰难。“单是飞行、导航、无线电通信和侦察拍摄这些事情就够我忙的了，”他告诉2/33中队新任的作战员让·勒勒，“我不会浪费时间去防备德国佬。”坐在非增压舱里在高空飞行长达六小时，即便是二十三岁的年轻人，第二天也会一瘸一拐。圣埃克苏佩里只会感觉更糟，但他不敢向战友诉说这种痛苦。不管怎样，他还是受到大家喜爱。他是 2/33 中队的骄傲。虽然
424 总有新的飞行员加入中队，但它在《空军飞行员》中获得了永生。

在阿尔盖罗，没有平民生活——正如一位飞行员所说，这些人生活在“无比偏僻荒凉之地”——但圣埃克苏佩里穿着他松垮的美国制军装，戴着褪色的法国空军帽，为能回到中队感到心满意足。他搜出那些令人着迷的西班牙内战故事；他讲述利比亚冒险，故事的每一分钟都是再创作的（他从来没有谈到危地马拉的坠机事故，因为从中提取不出多少诗意来）；他用高超的魔术手法征服了美国飞行员。他坐在桌子首位，在一片混乱中讲着自己最喜欢的话题，讲得引人入胜。这一时期有两个问题困扰着他，一是妓院，他强烈主张应该关闭妓院，二是刑罚制度，他建议对其进行重大改革。他开心地分享了猎狮的方法：“带上一面筛子去沙漠，然后筛沙子，一会儿你就会筛出狮子来。”他津津乐道地

分享了中队最喜欢的消遣之一——炸鱼。据说谁都不愿意让他放炸药,只让他用网捞炸上来的鱼。像 1920 年代在空中邮航一样,他又成了中队里的英国女王。

2/33 中队在阿尔盖罗的飞行任务是绘制法国南部地图,给盟军最终登陆使用。任务非常危险,却不用消耗很大体力。撒丁岛生活节奏不快,颇为悠闲。第一次执行任务期间,5 月 24 日至 6 月 6 日,圣埃克苏佩里每天都坐在 P-38 驾驶舱内,要么执行联络任务,要么进行飞行训练。不过,这些飞行一般都不会超过两小时。这让他有充足的时间用他前一年发明的文字游戏,也就是臭名昭著的“六字母单词游戏”,来折磨菲利普斯。每个参与者都写下一个由六个字母组成的单词,第一个猜中对手单词的人获胜。玩法是这样的:按一定规律列出其他由六个字母组成的单词,说出所列单词中有多少字母与被猜单词字母位置相同。圣埃克苏佩里很擅长玩这个游戏,常常困住菲利普斯好几个小时,旁边还有观战的人。有一天,眼看菲利普斯就要获胜,房间里一片安静。他写下的词是“zigzag”。失败已不可避免,圣埃克苏佩里暴跳如雷:“天哪,菲利普斯,‘zigzag’不是法语单词!”又有一次,一位年轻中尉用“St-Cyr”这个词打败他时,他束手无策,只是气急败坏地叫嚷;还有一次,他被一个随机写了六个字母的对手逼得想杀人。

圣埃克苏佩里曾在佩利西耶家给 B 夫人写信:“表演纸牌戏法时,
我看起来很开心,但实际上纸牌戏法仅能娱乐他人,并不能让我高兴起
来。”独自在家时,他心中永远只有孤独和绝望。他对这场“文明民族之
间的战争”极度厌恶。在信里,他一再否认他不在意谣言中伤的说法。 425
过去让他伤感的,如今让他痛苦;过去让他怀念的,如今让他思乡情切,
他渴望在比朱比角或巴塔哥尼亚更遥远的世界里拥有一段时间、一处
居所、一种精神。他在中队里非常孤独、孤单,并不是所有战友都会被
他嬉笑玩乐的表象迷惑住。一名飞行员说:“圣埃克斯已经死了,他知

道，但从未向任何人说起。”尽管如此，他还是善于制造，并慷慨地四处散播欢乐。他给纪德在阿尔及尔的女主人安妮·厄尔贡-德雅尔丹发了一封电报，说：“准备好蛋黄酱和调味汁。我从撒丁岛带了七只龙虾，一小时后到。”（这段时间，厄尔贡-德雅尔丹沦落到要用几克黄油或一瓶食用油来吸引这位名声显赫的房客大驾光临。）他顺道去了趟 1/22 中队，严格来说，他现在仍然是这个中队的成员；他定期飞往突尼斯。5 月 28 日晚上，他为菲利普斯安排了一场盛大的烧烤宴会，显然他兴致很高。一群撒丁岛牧羊人为飞行中队和他们的美国同事烤了十只羊羔；这群法国人每天都吃撒丁岛的龙虾和午餐肉罐头，他们的胃已经开始反抗了，因此这顿大餐简直是天赐美味。在阿尔及尔，菲利普斯安排人给 P－38 那二百三十升的辅助油箱装满葡萄酒，晚上，他爬上别墅的屋顶，拍下了大家畅饮的照片。

第二天晚上是菲利普斯在撒丁岛的最后一晚，圣埃克苏佩里陪他回到房间。他终于要写当初承诺的文章了。菲利普斯看他坐在一把藤椅上，点燃一支香烟，重重地叹了口气，然后把书写本放在膝头写满了几页纸。* 借 1930 年代以来他常用的意象，圣埃克苏佩里在《风沙星辰》所传达观点的基础上又提出了新的担忧。他现在声称自己创作《风沙星辰》“是要热情地告诉人们，他们都是同一个星球上的居民，同一艘船上的乘客”。技术进步已经使地球缩小成一个由人类构成的巨大有机体，然而正如他所认为的，这个生命实体至今仍然缺乏灵魂。这位世界上最伟大的卢德派飞行员既为技术进步而高兴，也感到绝望；他让美国读者感受到了像敌人一般在三万五千英尺的高空飞越祖国的惊心动魄，虽然 1944 年他还没有执行过任何飞行任务。改了两稿之后，他走
426 到别墅的露台上呼吸新鲜空气；菲利普斯想象他凝视着清冷的夜空，心

---

* 受到一些事件影响，《给一位美国人的信》最终未能在《生活》杂志刊出，这家杂志也没有发表过一篇圣埃克苏佩里的文章。1945 年 4 月，演员夏尔·布瓦耶在广播中朗读了这篇短文。

中满是热望,想看清楚法国的轮廓。菲利普斯和加瓦耶住一个房间,黎明时分,队长跟他打招呼,问道:“嗯,他写了文章,还是你们整晚都在下棋?”菲利普斯递给他圣埃克苏佩里写的六页纸,字迹不是很清晰。一直出类拔萃、精力充沛的队长大声说:“该死的圣埃克斯,有五个拼写错误。”

30日,菲利普斯走了,走之前他没忘记目睹圣埃克苏佩里的其他老把戏。虽然盟军在无线电通信中只使用英语,圣埃克苏佩里仍然一如既往地对英语提不起丝毫兴趣。* 在早期的一次飞行中,因为通过对讲机接收到的信息难以辨认,控制塔的工作人员非常困惑,只好让防空炮台处于警戒状态。最后,一句非常清晰的法语“该死!”传来,控制塔的工作人员才宣布正在靠近的是“埃克斯少校”的飞机,不必惊慌,警戒这才解除。不过,他们读圣埃克苏佩里的名字时,发音也很别扭。(圣埃克苏佩里抱怨说,耳机除了给他造成偏头痛之外,没有别的作用。对方说的话他一个字也没听懂。)到了职业生涯的这个阶段,很难说他不会在驾驶舱里走神,也很难说他专业能力有限。加瓦耶的温和说法也许最接近真相。他在一个脆弱的时刻向佩利西耶承认,圣埃克苏佩里在空中并没有分心——事实上,他在空中总是一丝不苟——但在地面接收指令时分心了。直到最后一分钟,他都做好了放下起落架的准备。有一次,救护车赶到现场来接他,他一脸的不情愿。6月24日,他起飞升空做测试飞行,漫不经心地只启动了一台引擎。飞机的右螺旋桨在风中转个不停,欺骗了他,直到着陆时,他才注意到自己是靠单引擎飞行的。

他不光是在空中飞行时出现过小失误。菲利普斯离开十天后,2/33中队的十三名飞行员参观了极度繁忙的控制室。这次参观中最激

---

* 据2/33中队的一名飞行员说,他在通话结束时只说一个“Out”,因为他不会或者说不愿意发“Over”的音。

动人心的部分记录在中队的航空日志中:“圣埃克斯少校踩到了乱成一团的电线,扯下来六部电话机,简直是一场可怕的坠机事故,整个系统都停止运行了。”他终生保持着在空中写作的习惯。2/33 中队的机械师定期从他的驾驶舱里清理出揉皱的纸团。在阿尔及尔,大家都知道他常常边剃胡须边看书,而现在他是边飞行边看书。7 月 6 日,他准备驾 P-38 飞往突尼斯,却沉浸在一本侦探小说中无法自拔。在指挥调
427 度室里等待起飞前的准备工作就绪时,他在读;到了机场,他还在读。最后,一辆吉普车把他拉走;到了机场跑道,他还在读。据中队的航空日志记录:“在机场,每个人都在等着他挤进驾驶舱,他在看书;他坐进 P-38 闪电战斗机驾驶舱,有人回去帮他取忘拿的包时,他仍然在看书;起飞前,他借口只剩下几页了,还是不愿放下书;起飞时,他干脆把书放在腿上。”在这次飞行,也可能是另外一次飞行中,他在突尼斯机场上空盘旋了近一个小时才降落。事后他说,若不是因为看完书,知道了小说中罪犯的身份,他就不可能头脑清醒地降落到跑道上。

在这种情况下,每次这位名人战友飞行时,整个 2/33 中队都担惊受怕。副作战员雷蒙·迪里耶中尉解释说:“他有时非常愚笨[他的确做了一些傻事],但我们永远钦佩他,爱他,他就像我们的兄长。”6 月 6 日,尽管有报道称马赛天气恶劣,圣埃克苏佩里少校还是试图执行飞行任务,但左引擎起火,他被迫返回。(据航空日志记载,飞机引擎罩破了一个洞,但飞行员没注意到,这倒是省得他担心了。)他回到基地时得知盟军已经成功登陆诺曼底,这真是大好消息,中队里有人已经在想是不是能回家过圣诞节了,但圣埃克苏佩里没有表现得特别开心,至少他没有写下来过。他仍然一心关注伴随和平而来的人性丑陋,而不是战争的结果。他不再像 5 月份那样,吹嘘自己是“所有战时飞行员的头领”,而是对未来和自己在其中的位置越来越悲观。他简单地总结了自己的担忧:在未来的世界里,每天可以生产五千架流水线钢琴,却无法培养

出一位称职的钢琴家。一如既往,他表达了对现代世界的鄙视,在他笔下它不过是一个“蚁冢”。一天,菲利普斯偶遇圣埃克苏佩里,看见他趴在机场的地上,用一根稻草把一个群里的蚂蚁转移到另一个群里,观察它们混乱的样子。当然,对此菲利普斯并不感到意外。

6 月 14 日,他从阿尔盖罗起飞,飞过里维埃拉上空,第一次成功地完成飞行任务。第二天早上,他再次起飞,但氧气面罩出了问题,他差点在飞行中晕厥,被迫返回。在接下来的一个月里,他的飞行任务大抵都是这种模式。圣埃克苏佩里恳求让·勒勒给他分派飞经法国东南部的任务,勒勒批准了这一请求。然而,他没有注意到,命运弄人,飞行员每次飞越他心中如此热爱的土地时,都会遇到危险。7 月底,他自己总结了这些经历,告诉了达洛。自从回到 2/33 中队,他遭遇了各种灾难 428
性的事故:引擎发生故障、差点在飞行中晕厥、被敌机追赶、飞机失火,等等。在四十四岁生日那天,他第五次飞往法国,这次飞行将经过安纳西和尚贝里。在法国上空,左引擎出了问题,不得不关闭;少了一侧引擎,飞行很困难,他只好向南越过阿尔卑斯山,因为在那里不大可能遇到德国战斗机。他按照地中海发来的无线电通信的指示,飞往科西嘉岛东海岸的博尔戈,而不是阿尔盖罗,在那里过了一夜。2/33 中队的天才厨师和王牌飞行员安德烈·亨利中尉为他精心制作了摩卡生日蛋糕和冰激凌,可惜他不在,其他人只好一起享用了。

回到中队后,圣埃克苏佩里也只能给加瓦耶“充满幻想地讲述”了这次飞行的情况。照片冲洗员大概能够揭示他的奇思妙想:飞行员经由遍布敌人基地的波河河谷返回地中海。他之所以能死里逃生,也许是因为没有一个德国人会认为一架在八千英尺高空缓慢飞行的飞机是敌机。从都灵到热那亚,他在空中悠闲地漫步,忘了关掉相机;于是不经意间,他拍摄了一系列德国军事设施的绝佳照片。(其中一张照片还拍到了一架敌机。圣埃克苏佩里声称自己没有注意到它。)看到这些照片,加瓦耶非常吃惊,格外重视;而对于飞行员在这次任务中带回的另一组照片,他什么也没说。圣埃克苏佩里还飞到了阿盖附近的海岸,并拍摄了照片,这一区域不在规定的飞行路线上,可能是因为他得知妹妹家春天时被德国人摧毁了,就飞过去看看。圣埃克苏佩里超出既定安排的飞行终成伟大的善举,变为英勇无畏的行动,在他离世后为他赢得了战争十字勋章。

他正在贩卖奇迹,这一点他很清楚。然而,在他四十四岁生日那天早上,他尚未注意到近在眼前的危险。当圣埃克苏佩里将失效引擎的螺旋桨调为顺桨,驾着飞机悠闲地滑翔经过波河河谷时,心里一直在咒骂另外一些敌人:北非的“超级爱国者”,他们禁了他的书。那年冬天,他写道:“我爱法国,远远超越他们所有人。他们只爱自己。”现在他并不比 1940 年更清楚自己为什么而战,但这次他明白,如果他停下来,别人会如何评说。像以往一样,他飞行是出于职责,但在一定程度上也是出于自我辩护。1944 年,圣埃克苏佩里需要证明自己;正如他在《要塞》中所写的,敌人塑造了他。他是一位作家,但从来不相信笔比剑更有力量,可是在 1944 年,他感到国家内部的争吵和诽谤同国际冲突一
429 样令人深感挫败。与前一年不同,此时战斗任务已不再是他内心唯一的安宁,它们不再像从前一样让人感到纯净。在一次飞行之前,他向安德烈·亨利征求了一条看似不必要的建议。“为什么,”亨利问,“你害怕了吗?”“不,”圣埃克苏佩里回答,“但你要知道,很多人盼着我在执行任务时失败。”即使他现在坐在驾驶舱里,也气得咬牙切齿。

出于显而易见的原因,勒勒没有同意飞行员的第二个要求,1940 年他也向阿利亚提出过这个要求。少校争辩说:“对你们来说,多执行少执行一项任务没什么大不了。但我加入得晚,对我来说,你必须明白,这是至关重要的。”他擅自飞到了意大利,7 月 2 日周日才回来,后面一周的大部分时间他都待在阿尔及尔。中队试图让圣埃克苏佩里停飞,7

月份就在这个漫长的过程中过去了。在圣埃克苏佩里这边，他想出了一个长久之计，阻挠朋友和上级给他禁飞的处罚。11 日，尽管被清楚地告知天气条件不利，他还是飞往里昂执行任务，结果不到三个小时就回来了，也没拍到照片。两天后，按原计划他要再次飞行，但他迫于无奈将任务让给了迪里耶。他们说飞机上的氧气不够他用了，当然这也可能是个计谋；加瓦耶已经开始尽其所能让圣埃克苏佩里远离天空了。波利夫卡后来说，他也认为圣埃克苏佩里已经飞行了太长时间，并两次试图让他当月停飞，不过并没有正式文件支持这一说法。离法国解放越来越近了，波利夫卡回忆说："我们希望登陆法国海滩时，圣埃克斯也在场。"他的这一决定——如果他确曾作出这一决定——被上级驳回了。1940 年圣埃克苏佩里要求上前线时的那些说辞，这次还是没能起作用。沙桑想对这个他以前的学生讲讲道理，但圣埃克苏佩里平静地回答："我现在要坚持到底。我想离战争结束已经不远了……"中队的几名飞行员惊讶地发现，圣埃克苏佩里仍然在飞行，他们听说埃克给了他五项任务，菲利普斯了解到的情况也是如此。如果埃克发出了限制命令，它也从来没有传达到加瓦耶或勒勒，否则他们已经执行了。也不能指望圣埃克苏佩里自己会这么做；从这个方面看，似乎可以说他可能担不起自己的荣誉。

7 月 14 日，罗斯福总统给戴高乐将军发了一封电报，祝他巴士底日快乐，也认为法国完全解放似乎近在眼前。大约在同一时间，2/33 中队转移到科西嘉岛，也在现实距离上更接近祖国了。他们驻扎在埃尔巴隆加的一座别墅里，在巴斯蒂亚以北六英里。在这里，加瓦耶决定对圣埃克苏佩里明说；他一直对 1940 年半开玩笑半认真地讲过的一句话耿 430
耿于怀，这句话也写进了《空军飞行员》："上尉，你肯定不是真的期望活着走出战争吧？"18 日深夜，他去了圣埃克苏佩里的房间，发现2/33 中队死里逃生记录的保持者正躺在床上，衣服都没脱，双手枕在脑后，若有所思。加瓦耶开始取笑他生日那天的飞行任务,气氛非常尴尬。圣埃克苏佩里看得出谈话的目的,起初很安静,但到了重要关头,他情绪激动地打断了加瓦耶。要是再被禁飞,他会受不了的;他很清楚自己会以这样或那样的方式消失,他告诉加瓦耶,他希望自己在执行战斗任务时消失。这个请求,他的老战友还是能够满足的。他还有一件事要托付:那天晚上,他把猪皮包和文件交给加瓦耶,详细说明一旦自己去世,加瓦耶该怎么做。分别时,两个人都泪流满面。

接下来的那一周,加瓦耶三周大的儿子在拉马萨接受了洗礼。在圣埃克苏佩里的主动要求下,他成了孩子的教父。洗礼仪式结束后,24日他告诉突尼斯总督的妻子、孩子的教母玛丽-马德莱娜·马斯特,飞行变得越来越困难,他很有可能回不来了。同时马斯特将军和加瓦耶正在密谋着什么。他们一致认为,确保圣埃克苏佩里在战争中幸存下来的最简单方法是,告诉他即将来临的登陆的细节,从安全角度考虑,他知道之后就无法飞行了。亨利和勒勒已经因此被停飞了;圣埃克苏佩里喜欢从亨利身边走过,唐突地说一句:"亨利,向我问好,再别多说一个字。"(中队的航空日志记录着,两名飞行员利用他们知道的事,从战友那里勒索他们想要的任何东西,"他们威胁要泄露信息,让他们面临同样的命运"。)在随后一周,亨利会在吃饭或玩纸牌游戏时不经意地走漏消息。这似乎是一个万无一失的战术,到时候圣埃克苏佩里就没办法说他被停飞的理由不合理了。

那一周在阿尔及尔,圣埃克苏佩里把他的象棋留给了一位外交官朋友。"留着吧,"他对拉乌尔·贝特朗说,"下次我们将在另一个星球上下棋。"第二天,加瓦耶和美国飞行员尤金·梅雷迪思中尉起飞前往法国上空执行任务;梅雷迪思中尉返回时,在距基地六十英里处被击落,几分钟前,他还在半空中向加瓦耶挥手。圣埃克苏佩里从巴斯蒂亚回来时可能听到了这个消息。他在巴斯蒂亚拜访了美国空军中队,特别是保罗·罗克韦尔上校，还邀请上校第二天晚上在法国餐厅共进晚餐。飞行员在科西嘉岛降落时最容易出危险。由于放松警惕，加上飞 431
行疲劳，侦察机飞行员经常过早下降，增大了危险。也许是因为加瓦耶从中干预，也许是因为他经常缺勤，无论哪个原因都足以让一名飞行员跌到底层。尽管2/33中队有两名飞行员退役，但自18日以来，圣埃克苏佩里再没有执行过飞行任务，可是他总觉得自己第二天就会有任务。30日，加瓦耶疲劳过度，他从中得了好处，分到了一项飞行任务；人们对他在7月31日的起飞和后续的飞行任务本身都感到非常困惑。加瓦耶声称，并没有安排他去任何地方；负责分配任务的勒勒确定他手下的几名美国军官都有印象，当时他已经被停飞了，他周一起飞是违反命令的。送别他的迪里耶不记得圣埃克苏佩里的名字是否在执勤名单的最前面。不过他清楚地记得，如果圣埃克苏佩里少校极力要求去执行一项任务，他是无法拒绝的。

当天下午或晚上，圣埃克苏佩里写了两封信，一封给达洛，一封给B夫人，信中他再次表达了他的孤独、对戴高乐主义者的厌恶，以及对生活"惊人的冷漠"。此前一周，他写信给龚苏萝说，如果他被击落，唯一的遗憾是那会惹龚苏萝痛哭。30日晚上的一段时间，他在米莫的一家滨海餐厅里为一群年轻女孩表演纸牌戏法。临近午夜，他独自离开了餐厅。那天晚上他可能回过自己的房间，但并没有在那里过夜。7点半，他来吃早餐，和迪里耶坐在餐厅里，他要了黄油面包和奶油咖啡。两个人没怎么说话。副作战员开车把飞行员带到机场，为他查看了天气情况。天气极好，阳光灿烂。接着，他帮圣埃克苏佩里穿戴好装备，进入已经由机械师预热好的P-38。迪里耶等待飞行员完成十一项引擎检查。几分钟后，圣埃克苏佩里示意他准备好滑行了。中队的两名机械师拉走了轮挡。迪里耶挥了挥手，送他起飞。飞行员用英语向控制塔发出无线电通话，请求获准出发。根据迪里耶的说法，当时是8点半，而中队航空日志记录的是 8:45，他将飞往里昂以东，执行测绘任务。起飞前的二十四小时并没有什么异常，就连他房间里那几封充满绝望的信也很正常，那是他打算当晚给罗克韦尔上校的。唯一奇怪的是，前一晚他不在房间里，出发时加瓦耶也不场，这似乎支持了圣埃克苏佩里曾通过交换或讨价还价得到一项飞行任务的说法。当天傍晚，加瓦耶
432 冲着迪里耶大叫："天哪，你当时在想什么？为什么不想办法阻止他飞行？"科西嘉角的雷达追踪到圣埃克苏佩里进入了法国南部上空。他在《要塞》中写道："当你的神死了，你也就死了。因为你因他们而活。"按计划，他应该 12 点半回来，但再也没有他的消息了。

两周后，2/33 中队其余十二名飞行员参加了盟军登陆，他们负责在法国南部做好登陆前的准备。8 月 25 日，巴黎解放。第二天，夏尔·戴
433 高乐带领队伍在香榭丽舍大街举行了胜利大游行。

尾声：安托万·德·圣埃克苏佩里

这是值得的，即使最终坠毁也值得。

——梅尔莫兹，引自《风沙星辰》

1944 年 7 月 31 日从圣埃克苏佩里在巴斯蒂亚起飞，到六小时后燃料耗尽的这段时间里，到底发生了什么，仍然是个谜。将近下午 1 点时，加瓦耶连忙叫来在 2/33 中队负责区域管控的美国联络官弗农·罗比森。“圣埃克苏佩里未按时返回。请您呼叫他，可以吗？”加瓦耶解释说，嘴角有些抽搐。罗比森中尉照做了，反复呼叫了好几次。（下午本来有一场飞行彩排。圣埃克苏佩里外出执行任务逾期未归，大家很着急，加瓦耶又递给罗比森麦克风。大家推测飞行员可能在地中海上空；在法国上空时，他曾通过无线电报告说他还没有完成任务，请求继续执行任务，通信指挥官很不情愿地同意了他的请求。）这一次他没有回应。两个人仍抱着一线希望；这一切就像是等待生产的消息，每一分钟都更加煎熬，失踪的飞行员在《风沙星辰》中描述过这样的感受，令人难以忘怀。下午 3 点半，罗比森提交了圣埃克苏佩里第八次任务，也是最后一次任务的侦讯报告：**飞行员未返航，推定失踪**。这一损失对加瓦耶有多么沉痛，并不是每个人都懂：飞行指挥室的一名美国军官记得，他当时得知“一个法国人”没有正常返航，是一位作家，但他不认得那人的名字。（多年后他解释说：“我当年二十三岁，又不识字。”）当天晚上，罗克韦尔和一名美国军官出现在法国餐厅，这正是圣埃克苏佩里前一天邀请他们一起吃饭的地方。听到这个消息，他们非常惊愕难过，不过像加瓦耶所说的，“他们保持了航空人的优良传统”。大家在歌声中度过了这个夜晚。2/33 中队的大多数人始终希望他们卓越的战友已经到了瑞士，或者被俘虏了。圣埃克苏佩里只是借调到 2/33 中队，名义上还
434 是 1/22 中队的成员，1/22 中队打来电话，想看看能否从盟军指挥部打探到更多消息，但一无所获。他们没能说服安全意识很高的指挥部，特殊处理圣埃克苏佩里的情况。

在圣埃克苏佩里失踪第二天，阿尔及尔的报纸开始报道他的事件，随后又都陷入了沉默。新闻停了，可是爱说闲话的人开始兴奋地讨论起来。有的阵营的人窃笑着说，如果圣埃克苏佩里把飞机送到维希政府那里去了，也不奇怪。另一个阵营的人说，圣埃克苏佩里被戴高乐主义者暗杀了，是真的吗？8 月 2 日，佩利西耶从统帅部得到消息，因为他是圣埃克苏佩里发生意外时的紧急联系人。一些令人振奋的事件发生后，作家失踪的消息逐渐湮没了。人们很长时间无法接受他死亡的事实。仿佛这么多年来他写的所有颂词现在都可以用在他自己身上，朋友和家人都不愿意给予他那份对死者的尊敬和赞美，就像 1936 年他也一直不愿意这样去面对去世的梅尔莫兹。8 月 9 日深夜，莱昂·沃斯正漫不经心地听收音机，突然听到了好朋友失踪的消息。沃斯回想起他们一起谈天说地的日子和他那令人难以置信的纸牌戏法，还有多年来他的拖拖拉拉，最后沃斯得出结论：他的托尼奥虽然失踪了，但一定还活着。一周后，他仍然没有放弃希望。让·伊斯拉埃尔也通过无线电听到了这个消息；这是他被囚禁在战俘营的第五年，也是最后一年。他的回应是多拉式的，他说，这个消息让他感到震惊。

安妮·林德伯格在8月9日读到圣埃克苏佩里失踪的消息,并说出了她感到心痛的原因之一。作为一个有足够资格了解这件事的女人,她写道:“失踪”和“死亡”存在天壤之别。在她的想象中,“之前和以后,没有人比这个男人更懂得‘我独特的语言’”,他就像但丁笔下的一个灵魂,游走在天堂和地狱之间。8月10日,当美军距巴黎不到八十七英里时,《纽约时报》报道了作家的失踪。在盟军即将取得胜利之时,并非所有迹象都是正面的:让·盖埃诺在战争期间一直留在法国,但没有出版作品,他也听说了圣埃克苏佩里失踪的事,接着又读到皮埃尔·德里厄·拉罗谢勒自杀未遂的消息。(德里厄为德国人运营《新法兰西评论》,第二年他成功自杀了。)七天后,《为了胜利》周刊向讲法语的纽约人宣布了飞行员失踪的消息。编辑想象圣埃克苏佩里在法国藏起来了,并打赌他会重新露面。

同一周,加瓦耶按照圣埃克苏佩里的嘱咐,让一名飞行员将他的手稿送到佩利西耶手上。这种做法是直接违反军规的(圣埃克苏佩里的
事宜应交由空军部处理)。“但是至少这件事,”加瓦耶在给佩利西耶 435
的信中写道,“是我能为他做的。”这一做法非常适合圣埃克苏佩里:即便已经去世,他还在违反规定。罗克韦尔上校让人把信送给达洛和B夫人;达洛把他的信拿给纪德看,纪德一句一句地大声朗读这些令人沮丧的文字,放下信时不由得痛苦地叫了一声“啊!”。戴高乐的代理外长勒内·德·马西利将第二封信带到了伦敦,B夫人已经得知了作家的消息。月底,柯蒂斯·希契科克将圣埃克苏佩里为菲利普斯撰写的文章寄给了《生活》杂志的编辑。他在附信里写道:“我不能相信,在战争结束之前,圣埃克斯不会再出现在法国抗德游击队防线后面了。”他确信,大胆莽撞的作家还会再露面,来向出版社要稿费。他写道,如果作家还活着的话,他肯定需要钱,如果出于某种原因,他没有出现,他的妻子会来处理。

尽管朋友们不愿相信圣埃克苏佩里已经去世一事，但很少有人对他失踪的消息感到惊讶。自 1942 年以来，他一直在说再见——那年年末，他在纽约见到弗勒里就曾握手道别，他说“如果我消失了，你可以肯定的是，我没有遗憾”；第二年他也给密友写信说“我不会在乎死去”。赫达·斯特恩和西尔维娅·莱因哈特知道，圣埃克苏佩里离开纽约，他们就再也见不到他了（西尔维娅在圣埃克苏佩里离开后的那天晚上遇见了她未来的丈夫，当时她仍然泪流满面，看上去悲伤而富有魅力，很引人注目）；B 夫人去阿尔及尔看望他时，也强烈地感觉他会被击落。安妮·林德伯格承认有一段时间，她也预料到会传来这样的消息。在接下来的两个半月里，因为这个法国人的缘故，她经历了悲伤的各个阶段，其痛苦堪比失去姐妹或孩子。她感觉心脏被刺穿了。“他想作出伟大的牺牲，”她写道，“他就是怀着这样的意愿回到前线的。”像圣埃克苏佩里的其他友人一样，她为圣埃克苏佩里舒了一口气。一位经常在阿尔及尔见到他的军官也评论道：“这是最好的安排。他现在自由了。”至于龚苏萝——她此前也曾多次失去圣埃克苏佩里——我们不知道她是如何，在何时得知这永别的消息的。虽然她的行为常常掩饰了内心的怀恋，但她也是过了很久才相信圣埃克苏佩里真的走了。

马克西米利安·贝克尔觉得，他的委托人求死已经有一段时间了。那些不认为他会随随便便对待早逝的人，不得不承认他被绝望所俘虏。安妮·厄尔贡-德雅尔丹每次去看望纪德时，都会拜访这位作家，最后
436 一次拜访是在 7 月 26 日。她说：“圣埃克苏佩里不想再活下去了。”显然，他做好了死亡的准备：他道别过了，他向加瓦耶交代了相当于遗嘱的话，他公布了对手稿的计划，他喋喋不休地表达他对于生命的漠视。这样一来，人们难免觉得他预备了赴死。这似乎不太可能。所有侦察机飞行员都是孤身一人、手无寸铁飞向敌方领空的，他们赖以护身的只有速度、高度和机智，因此所有侦察机飞行员都是怀着恐惧飞行的。虽

然圣埃克苏佩里可能不会料到自己能在战争中幸存下来，但我们一点也不清楚他是否真的失去了活下去的意愿。他越来越绝望，越来越容易情绪爆发。到了 1944 年，他不再是 1930 年代思想开明的辩证学家，也不再像创作《风沙星辰》时那般高尚而神秘，但他的一生都贯穿着一声不满的长啸。他也毫不羞于拥抱未来。威廉・多诺万说过，1944 年年中，圣埃克苏佩里来看他，问自己是否可能在战略情报局服役；7 月的第二周，他写信给佩利西耶，希望在他精疲力竭前，战争能很快结束，因为他后面还有别的事要做。

尽管如此，为法国而死符合圣埃克苏佩里的原则，符合人们对拥有他这样背景的人的期待。圣埃克苏佩里把自己的国际象棋送给拉乌尔・贝特朗，在最后几天，贝特朗确实隐约发觉朋友流露出死亡的意愿。他称这是仁爱的姐妹，是对心胸狭窄之人的崇高回应。德尼・德・鲁热蒙几乎像所有认识圣埃克苏佩里的人一样，成了赞美他的人，他说得非常好："说到荣誉，为之献身远比与之共生要容易。"圣埃克苏佩里从来不属于他所在的时代，他只在飞行不依赖仪器的短暂岁月里才感到自在。许多人能够超越所在的时代，但圣埃克苏佩里弯着腰、身体僵硬，已经变得非常固执，不切实际到了粗鲁的地步。他从年轻时就哀叹一个时代结束了；如果他在战争中幸存下来，就不得不承认他的服役时光一去不返了。这比肃清法奸，比戴高乐掌权，比他准确预测的保龄球馆和流水线的时代更令他憎恶。约翰・菲利普斯指出，在他朋友学会飞行后的二十年里，航空业越来越强，他却越来越弱了；他在科西嘉岛的战友可以开飞机绕着他转圈，知识也不比他少。或许他们没有清楚地意识到，对于他那一代飞行员来说，几乎毫无意义的冒险行为是飞行运动不可分割的一部分，增添了飞行运动的韵味。他那个时代的飞行员只寻求一个结局。他们并不渴望在自家的床上终老。

为法国而死并不是圣埃克苏佩里第二次选择职业的先决条件。四 437

百五十位法国作家在一战中丧生，但当《出版人周刊》在1944年10月列出法国著名作家时，情况是这样的：本杰明·克雷米厄死在纳粹集中营里；纪德在罗马避难；朱尔·罗曼在纽约避难；罗杰·马丁·杜·加尔在尼斯。马尔罗、艾吕雅、阿拉贡和萨特都很好，其中一些人是抵抗运动或集中营的老兵。让·普雷沃也参加了抵抗运动；他在圣埃克苏佩里失踪的第二天去世了，当时他误入了德国人在法国南部部署的伏击圈。塞利纳在丹麦流亡（并最终入狱）。圣埃克苏佩里失踪。他之所以成为法国历史上死于战争的最著名文学家，原因很简单，那就是1940年法国沦陷后，大多数法国文学家都没有去前线参战。美国情报人员曾报告说法国"对失败几乎变得心理敏感了"，在这样一个国家，正如圣埃克苏佩里可能猜到的一样，他这样特立独行是不讨好的。1945年，他是美国人眼中最负盛名的法国作家，但当他的同代人执掌法国文学时，他已经走了。

圣埃克苏佩里没有再次出现；在他最后一次执行任务之后一年，人们终于在法国东部为他举行了弥撒。1948年4月，他被正式认定为为国捐躯，因为这份牺牲，作家的版权期延长了三十年。然而，关于最后一次飞行的情况一直有各种猜测，每过几年就有人提出结论性的揭秘，这与人们还原阿梅莉亚·埃尔哈特最后时刻的频率大致相同。我们知道，31日科西嘉角的雷达追踪到圣埃克苏佩里进入了法国，但没看到他离开法国。有可能他在法国上空坠落了，可能是在阿尔卑斯山；也有可能他飞越了里维埃拉，由于飞行高度太低，雷达无法发现飞机的任何踪迹，之后飞机在地中海消失，但这一可能性比较低。（如果他在极低空飞行，正如所说的那样，那大概是因为飞机出了故障，或者是正在阿盖附近，但阿盖不在规定的飞行路线上。）没有人确切知道他为什么会坠落。从他之前的飞行任务看，各种情况发生的可能性差不多大。他在那些任务中常常出事，其中任何一次事故都有可能和最后一次相同。

多年来，一些目击者站出来做证说，31 日他们看到一架 P－38 在戛纳和圣特罗佩之间的法国海岸坠落；然而，他们看到的也有可能是 30 日梅雷迪思的飞机坠毁。7 月下旬，科西嘉岛上空满是准备攻入德占法国的盟军轰炸机和法国战斗机。如果圣埃克苏佩里的飞机坠落了，当天下午这些飞行员或该地区的海空救援部队应该会看到一架 P－38 被击落，但他们并没有看到。

1981 年，纳粹飞行员罗伯特·赫歇勒的一份非官方报告曝光，这位 438
年轻的德国人声称他 31 日击落了一架 P－38 闪电战斗机，但当时他只是在执行例行的监视任务，并没有得到行动授权。他驾驶的是福克-伍尔夫，能够击落一架飞机无论如何都是值得骄傲的胜利，更何况他击落的是强大的 P－38，但他没有提交正式报告，这似乎说不通。（当时赫歇勒刚满二十一岁，他于几周后去世，埋葬在离圣莫里斯-德雷芒约十五英里的地方。）他的说法遭到了德国人极力否认，也很难得到证实。对地中海海域的搜索一直没有结果，不过在本书写作时，在法国南部土伦附近海域发现了一枚美国制造的螺丝钉，这可能为圣埃克苏佩里之死提供一些线索。还没有人对阿尔卑斯山展开大规模搜索，那是极其困难的。

不管是因为氧气面罩出了问题而坠毁（飞行员未察觉到缺氧，会先昏过去，这可能是最人道的死法了），还是因为被敌机击落，圣埃克苏佩里之死都是高尚的，可称为“虽死犹荣”。龚苏萝对很多事情的直觉都很准，1946 年她曾说，丈夫死得其所，那几乎是他定制的死亡；追逐星星的日子结束时，他如流星般划过。我们可能希望他以他想要的方式死去，对这个话题，他像大多数人一样有自己的看法。1930 年代，《玛丽安娜》杂志的一位编辑问他，在经历所有死里逃生之后，他究竟喜欢什么样的结局。他知道圣埃克苏佩里不会因为这个不寻常的问题而生气，他喜欢这种问题。说好不公开答案，至少在他“真的死去”之前不公开答案后，飞行员很快列出各种选择。他的结论是，水是最好的：“你不会觉得自己要死了。你感觉就像要睡着了，渐渐进入梦乡。”

*

神秘的早逝，或者说殉道，注定让圣埃克苏佩里成为传奇。然而，这并没有发掘出每个人最好的一面。佩利西耶牢牢地掌握着加瓦耶打破军规转给他的圣埃克苏佩里手稿；1945 年 1 月，航空部只好起诉要他归还，虽然付出了一些代价，最终还是成功索回。无论从哪个方面说，加瓦耶都是一位忠诚的朋友。当月，航空部询问如何联系飞行员的家人。作为他的指挥官，加瓦耶提供了 B 夫人的姓名和地址。B 夫人坚持认为，佩利西耶没有公布所有相关文件。在这期间，圣埃克苏佩里在科西嘉岛的个人物品清单整理出来了，这份清单令人心酸。最后，他的
439 财产只不过是九百一十五页的《要塞》手稿和许多其他笔记本、文件（一份德日进的打字稿，德日进是一位宗教人士，也与自然世界关系深刻，人们最初认为这份书稿是圣埃克苏佩里创作的），一个订书机，一只坏掉的烟斗，一个常规尺寸的衣柜，七双鞋，四套睡衣，一件泳衣，十四条手帕，一套水彩颜料，一副纸牌，一袋洗漱用品，两把电动剃须刀，一小笔包括各种货币的钱，一件丝绸浴衣。7 月，龚苏萝采取法律手段收回丈夫的剩余财产，其中最后一件物品在丈夫去世三年后，终于通过航空部回到了他家人手上。事实证明，遗产的分配同样混乱。圣埃克苏佩里这位自诩喜爱简单的男人把作品收入平分给两个女人——妻子和母亲*，却指定第三个女人——B 夫人——做他的遗稿保管人。这样明智而有些尴尬的安排使 B 夫人不得不提醒圣埃克苏佩里的美国经纪人，虽然龚苏萝可以领走丈夫作品的一半版税，但她不能以任何方式参

* 母亲的那一份需要和他的两个姐妹分。

与这些书的出版计划。

雷纳尔与希契科克出版社遇到的麻烦不是来自龚苏萝,而是来自伽利玛出版社。1945年,圣埃克苏佩里的法国出版商指控,圣埃克苏佩里作品的所有美国版本都是非法的,从未征得他们同意。伽利玛出版社声称,他们事先并不知道美国版本。但这一控告令人惊讶,因为雷纳尔与希契科克出版社1938年就与畅销书作家圣埃克苏佩里签订了合同,也和伽利玛出版社就《空军飞行员》的版权问题通信过,而且在双方共同的作家在世时他们也没有收到过法国出版商的反对意见,甚至作家收到的伽利玛出版社来信还是由他在纽约的编辑转交的。加斯东·伽利玛写给希契科克的信可能比较接近真相。他说,许多法国出版商多年无法与外面的世界取得联系,到了1945年,他们发现自己处于尴尬的境地。这些年来,他们的作家在其他地方出版了作品,这些作品产生了利润。绕开伽利玛对于雷纳尔与希契科克出版社而言,没有任何经济方面的好处,因为他们的收益来自作家的收入;虽然对挥霍无度的作家总是慷慨大方,在合同谈判中又非常谨慎(例如,《小王子》的法语版权在法国解放后将自动归圣埃克苏佩里所有),他们还是目瞪口呆。一方面,他们打消了人们的误解——圣埃克苏佩里在商业交易中并不愚笨,可以想象他告诉伽利玛出版社自己独立想出来的方案时,耸耸肩说:"加斯东,我做了一件可怕的事情。"(即便是圣埃克苏佩里表现得有些漫不经心,伽利玛出版社也不可能忘记他那些畅销的美国版作品, 440
因为世界很小。)这两家出版公司之间的诉讼官司一直打到1948年——雷纳尔多次称之为"僵局"。最终法国方面的特使阿尔贝·加缪担任了调停人。在圣埃克苏佩里去世四年后,法院裁决两家出版社均胜诉,这场纷争终于得以解决。

圣埃克苏佩里生命中的每个女人都写了回忆录。他的母亲,圣埃克苏佩里夫人写了一本诗集,由伽利玛出版。1946年,龚苏萝出版了

《岩石王国》[*]，刻画了她丈夫与小王子的形象，她成为圣埃克苏佩里家族中第二个在美国出版作品的人。B 夫人于 1949 年出版了一本她朋友的传记，署名皮埃尔·谢弗里耶。悲伤把三个截然不同的女人带向了不同的方向。圣埃克苏佩里夫人肃穆而谨慎地出席了纪念儿子的活动，就像 1936 年在皇家桥酒店时一样。1965 年，圣埃克苏佩里的名字刻上法国先贤祠的墙壁时，她就在现场，但 1975 年沃邦广场的公寓楼挂出牌匾时，她已去世三年了。她享年九十七岁，去世时还有两个孩子在世。

B 夫人把圣埃克苏佩里的文学遗产打理得很好，但显然刚开始时她是有些感情用事的。1946 年 10 月，英国作家理查德·奥尔丁顿对诗人希尔达·杜丽特尔说，B 夫人曾请自己为她正在筹划的一部纪念文集写一篇关于圣埃克苏佩里的文章。[**] 他略微夸张地写道："她是一个悲剧性的人物，常常靠苏格兰威士忌来麻醉自己，以忘记他——他们原本打算在他去世那天次日结婚的。我怎么能拒绝她呢？"在与圣埃克苏佩里的美国出版商的通信中，B 夫人承认她非常悲痛，但不会因此影响到手头的事务。她谨慎地作出所有的出版决定，确保所有手稿副本都避开龚苏萝，与此同时，她与各方保持着良好关系，而伽利玛和雷纳尔与希契科克两家出版社也摒弃了分歧。事实证明，她是最为坚定的信仰捍卫者：直到今天，传记作者向巴黎的圣埃克苏佩里之友协会发出的询问仍然是 B 夫人回答的，而她在这家机构中没有任何正式职位。圣埃克苏佩里家族掌控着他们的舅舅和舅老爷作品的相关权利；B 夫人打理的文件仍然是最多的，就是圣埃克苏佩里 1940 年离开法国时托付
441 给她的那些文件，包括笔记本、记事簿、信件和《要塞》最初的打字稿。

龚苏萝仍旧我行我素，B 夫人感到自己有责任帮助她改变火暴的

---

* 起初这本书名为"收获岩石"。

** 1947 年的《汇流》杂志为圣埃克苏佩里出版了一期纪念专刊。

脾气，减少危机。在她丈夫失踪后不久，有人在纽约看见她和德尼·德·鲁热蒙在一起。鲁热蒙写过《爱情与西方世界》，在美国颇有些名气，有一段时间，他总是护送龚苏萝。1945 年 11 月，阿奈·南在安德烈·布雷东的聚会上瞥见了她；南在日记中提到，圣埃克苏佩里夫人"看起来就是一个活过、爱过的女人，她的丈夫为天空和飞行献出了生命"。现在她和鲁热蒙生活在一起。战后有一段短暂的时间，她在塞纳河边经营一家名为"小王子"的餐厅，她戴着一顶水手帽，上面烫着金字"圣埃克斯"，身边没有谁喜欢她。在接下来的几年里，她作为圣埃克苏佩里伯爵夫人堂皇地出入一些场合。1950 年代，仍然有人说她美艳不可方物；由于酒精和香烟的熏染，她的声音有些沙哑，她仍然可以完全投入那些她精心挑选的、毫无疑心的男人的怀抱，可以少女一般主宰整个房间，可以用地震的故事迷住大家。她仍然为哮喘所困扰，经济拮据。1960 年代，她曾恳求法国政府官员免除几年来拖欠的税款；她没有积蓄，并且被威胁说要没收财产。她人生的最后时光大部分都在格拉斯度过，1979 年她因久病不愈在那里去世。她被埋葬在拉雪兹神父公墓，在她第二任丈夫戈麦斯·卡里略的墓地旁。他们结婚的时候，圣埃克苏佩里可能以为自己和她在一起会开心，或者不开心；这两种想法其实都对。还有一个女人，到头来对圣埃克苏佩里的吸引力是最大的，她就是作家的前未婚妻路易丝·德·维尔莫兰，她也向作家飞行员表达了敬意。据称，她曾打趣说，她要是当了圣埃克苏佩里的遗孀，可能会比当马尔罗的情人更好。

龚苏萝去世五年后，她的文件被拍卖，这让圣埃克苏佩里家族的人非常不满，虽然无法阻止拍卖，他们还是正式表示了反对。一般来说，文物交易会加重误解，有时甚至会升级为宗教战争。既要尊重圣埃克苏佩里的审慎，同时还要保障他在公众眼中的地位，很难平衡得当。1944 年，达洛卖掉圣埃克苏佩里的信，塞戈涅和他闹翻了；1951 年，佩利西耶出版了一本关于他家客人的传记，大家都很生气；勒妮·德·索西纳发表了早期的信件，塞戈涅也和她闹翻了；B 夫人允许伽利玛出版《要塞》时，圣埃克苏佩里的许多朋友怒不可遏。作家从未想过在有生
442 之年出版这部作品，所以不能让它以任何形式问世。佩利西耶声称，圣埃克苏佩里 1942 年曾禁止出版这本书。沃斯认为《要塞》出版时还不够成熟。加朗蒂埃购买圣埃克苏佩里的作品最多，他发现，即使《要塞》的英文版，也是“大量缺乏组织的重复内容”，而英文版的长度是法语版的三分之二。连一向温和的贝克尔这次也措辞严厉。“如果圣埃克斯知道他们出版了《要塞》，”他叹息道，“他还会死一次。”

《要塞》是圣埃克苏佩里去世后法国出版的他的第三部作品，前两部是《给一个人质的信》和《小王子》。战后，所有早期作品都得以再版，出版过《空军飞行员》的伽利玛出版社处境不再尴尬，它作为出版圣埃克苏佩里作品的反德出版社重新崛起。1944 年底，《给一个人质的信》出版。这一哀伤的文本是寻找作家失踪原因的一部圣徒传。一位评论家称赞它是“法国解放以来最好的文本”。[*] 紧接着，1946 年，《小王子》也出版了。骄傲而纯真的主人公来到地球，悄悄地对人类进行了快速的研究，最终消失得无影无踪。此时在法国读这本书和 1943 年在美国纽约读这本书，感受是不同的。因为它真实地反映了作家的生活，现在人们认为它诡异地预测了作家的死亡。奥登路上“书友之家”的店主阿德里安娜·莫尼耶的反应很有代表性，她曾接受让·普雷沃的建议，最先出版了圣埃克苏佩里的作品。起初她觉得《小王子》很幼稚，但读到最后她却满眼含泪。她后来意识到，自己不是在为这本书，而是为圣埃克苏佩里哭泣，作家在书中倾注了如此多的情感。评论家们并不这么感动。在这个国度里，人们对外表有一种近乎宗教般的信仰，他却

---

* 莱昂·沃斯一直没有见过这本和他关系密切的作品，直到圣埃克苏佩里去世五个月后，伽利玛出版社给了他一本特别版。

声称“本质的东西是肉眼看不见的”，这未免像他几年前提出的建议一样不敬，当时他曾建议宁可错在语法，也不能错在节奏。三十年后，大洋两岸的评论家才认识到，《小王子》是“一部完全法国式的、略显复杂的詹姆斯·巴里的《彼得·潘》”。那时，他们可能也准备好承认它的价值了，它已经变得如此流行，大家都想评论几句。

1948 年，伽利玛出版社推出了《要塞》。读这本书可以更好地了解作者的情绪，而不是哲理，这也是第一部挑战他身后荣耀的作品。这是一部沉思之书，其思考掩藏于沙漠酋长向儿子传授智慧的故事情节之中，它似乎与《夜航》或《风沙星辰》迥然不同。《要塞》有点像圣埃克苏佩里希望写给人类的《圣经》；语言有些浮夸，因为他一心想超越自己的 443
年龄，极力营造一种永恒性，但他反而受制于这一野心。（1948 年，斯图尔特·吉尔伯特选择了大量使用“whithers”和“herefores”等古风表达，他得意地写信给雷纳尔：“我找到了适合英文版《要塞》的风格，不过这就像一直在走钢丝一样！”）尽管《要塞》披着宗教的外衣，但它与圣埃克苏佩里的其余作品并没有多少区别。无所不能的所罗门酋长只不过是有着钢铁意志的《旧约》式人物多拉的延伸，他们都是由一个既没有父亲也没有儿子的人创造出来的。《要塞》不断强调用个体的牺牲换取更大的善，这是对《夜航》所传达观念的重申。在《要塞》中，柏柏尔人的阿卡狄亚是一个到处是沙狐和玫瑰林的地方，一半真实，一半是小王子的家园。年迈的酋长和骄傲的小王子实际上是血亲，他们超然、专横，以自己的方式行事，不屑于日常现实。从巴塔哥尼亚的麻风病人到战时纽约的争吵，圣埃克苏佩里的生命轨迹都可以在这部作品中找到；它代表一个疲惫不堪者划出的一片精神园地，这人相信天主教尚存的意义，又怀有天生的责任感，他一生追求两者的价值，但又不受两者的限制。令人惊叹的不是《夜航》的作者怎么能、为什么会写出这样一本书，而是他竟然可以集航空小说、个人散文集、儿童寓言和一位假想统治者在沙漠法庭上的一连串哲学对话于一书，并且保持主题连贯。

法国是一个思索者的国度，人们甘愿自担风险尝试哲学思考。伽利玛经过考虑，否定了出版删节版《要塞》的想法，因为那可能是对作家的一种伤害。到 1948 年，不管怎样，引发强烈批评的时机已经成熟。这部飞行员所写的巨著语言重复乏味，经文般的训诫让普通人难以接受，另外，作者的知识基础原本就不够稳固。它的出版对于提高圣埃克苏佩里的声誉没有任何好处。他掌握了写作神圣作品的节奏，但他的思想从来就不系统，现在也毫无长进。尽管一些和作家关系较近的人，同作家本人一样，认为《要塞》是其杰作，评论家们却从各个方面提出责难。（B 夫人始终是特别坚定的捍卫者。）这本书很可能是他个人信念的最充分表达，但也是最难懂的：除了那些喜欢《要塞》又精力充沛的读者，人们大多觉得这部作品让人昏昏欲睡。1952 年《要塞》的英文译本《沙漠的智慧》在英国出版时，V. S. 普里切特批评了书中“令人厌烦的古老语言”；法国评论家认为这本书“混乱而失败”。这样一部同时提倡自我实现和开明寡头政治的书，其中自然不乏矛盾之处；《世界报》
444 的评论员得意地指出，《要塞》写得过于天真，圣埃克苏佩里的要塞是一个没有石油的阿拉伯理想国。

到 1950 年代圣埃克苏佩里的新闻作品集问世时，一些最为宽容的评论家们希望，看在作者的分上，不要拿他当知识分子，因为他本来也不是。然而，还是有人攻击他，说他是骗子，是业余作家，“靠螺旋桨转动发出陈词滥调”。他表达的英勇无畏越发被理解为不合时宜的贵族政治或法西斯主义。《小王子》持续受到读者喜爱，却常常招致“做作多情”和“童子军做派”的指控。弗朗索瓦·吉鲁承认：“随着时间推移，圣埃克苏佩里的形象愈发糟糕了。他变成了一个童子军，一个傻子。”又一次，他没有因为成功而获得救赎。他的作品广受欢迎，这激怒了评论家，他们猛烈攻击这位笨拙的大块头作家。他们很可能会说，圣埃克苏佩里是一位伟大的作家，但除了《夜航》外，他从未写过一部伟大的作品。然而，《小王子》已经被译为近八十种语言；仅美国就每年售出十二万五千册，法国则每年售出三十万册。《小王子》拥有各种各样的书迷，获得了诸多赞誉。詹姆斯·迪恩痴迷《小王子》，曾想把它拍成电影。阿奈·南在 1950 年代试用了致幻剂，却无法把小王子的形象从脑海中抹去；对南来说，这个在他的星球边缘摇摇欲坠的小人儿，已经成了孤独的生动意象。2/33 中队把小王子的形象融入了它的徽章，也印在了幻影战斗机的机尾上。巴黎的园艺大师培育出了一种蓝玫瑰，命名为“圣埃克苏佩里玫瑰”；1987 年，苏联天文学家以他的名字命名了一颗小行星——这颗星很大，远不止可以容纳下几只羊。* 圣埃克苏佩里、小王子，还有消化大象的蟒蛇现在印在五十法郎纸币上。《小王子》已经多次搬上银幕和电视；舞台剧更是数不胜数；还有为了纪念它而创作的歌曲；《小王子》甚至改编成了百老汇音乐剧。事实证明，它是圣埃克苏佩里最受欢迎、最经久不衰的作品。它甚至作为一部关于“飞”的经典作品，和“玛丽·波平斯”系列童话、《彼得·潘》以及《绿野仙踪》摆在同一个书架上。

圣埃克苏佩里本人却不像《小王子》那般得到优待，有些人对其作品在法国的销量指指点点——尽管他是伽利玛出版社最畅销的作家之一——并辩称他最主要的读者是职业学校的学生。特别是，人们为他的死亡编织了一个神话，却牺牲掉了作为普通人的他。他死了，却在每
个相识的人那里活了下来，几十年来，他被各种悼念淹没了。有些人喜 445
欢让他待在安全的地方，通常不会让他跟着一位不受监管的传记作家走出安全的区域。他的崇拜者，像他的批评者一样，不关注他本人，只是关注他的传说。他是一个有远见的人，但他不是圣人，正如在 1943

* 圣埃克苏佩里小行星，直径十二英里，距太阳二亿八千英里，在火星和木星之间运行。

年摔下楼梯后他提醒佩利西耶的那样，当时他觉得自己已经达到了忍耐的极限。他从文学的荣誉之座跌落下来是特别痛苦的，因为从一开始他的位置就极不舒服。他的一位法国辩护者解释了他令人发指的罪行："他设法避开笛卡尔的思索，回避法国修辞学家的微妙，超越我们对批评的犹太法典式趣味——简而言之，他逃避我们民族的所有缺点。"他在有生之年为精神独立付出了如此高昂的代价，死后将继续因此受损。最后，他与全人类对话，因此备受欢迎；他过于宽广，很难被贴上任何类别的标签，因此仍饱受怀疑。

也许因为圣埃克苏佩里生活中矛盾重重、一团乱麻，所以他注定要遭受误解。他不受制于成见，人生充满了矛盾。他作为先驱，却活在过去；作为科学爱好者，却最相信本能；作为作家，却不信任语言和知识分子。他回避贵族生活的束缚和义务，却全然保留了封建领主的世界观。他呼吁人们彼此以兄弟相待，内心却是一个精英主义者，生活中也不擅交际；他赞美纪律和义务，却经常挑战它们的极限。每个学派都拉拢他——甚至存在主义者也发现他有价值——最终却无一接收他。我们努力摸索着，不放过最小的细节，试图判定他是怎样一个人。圣莫里斯纪念他的牌匾写错了出生日期（将圣莫里斯庄园改造成圣埃克苏佩里博物馆的计划正在进行中）；沃邦广场公寓的牌匾夸大了他在那里居住的时间；最初发行的五十法郎纸币拼错了他的名字。毫无疑问，圣埃克苏佩里会原谅这些小过失，考虑到他自己也常常弄错日期，这也就不算什么了。其他人也因他而变得温和起来。1959 年，在一次午餐会上，戴高乐想起在战争初期访问过纽约，他提到了圣埃克苏佩里。总统哀伤地回忆起这位作家和他的固执："几年后，我们在阿尔及尔的任务都结束了。他想约我见面。我心想：'我终于可以让他等一会儿了。'唉！可惜，我从来没见过他。这让我非常难过。事实上，我有两个身份：一个是男人，一个是将军。有时男人想做的事，将军却不能做，或不能立即去做。”

圣埃克苏佩里应该能理解这种困境。在书里,他可能听起来是一位百分之百的冒险家,但在现实中,他既是一个脆弱、痛苦的孩子,近乎贪婪地渴望得到理解,又像传说中的超人那般勇敢,既是宇宙里的顽童,又是沙漠里的酋长。他很少执着于现实,也从不讲求实际,他极具人性,超脱生活。正如他在《给一个人质的信》的最初手稿中表述的那样,他很清楚人都会脸红、犹豫、怀疑、口吃。他为他所处的时代赋予了传奇色彩;特别是在他生命的最后几年,他不知道自己的作品有多么伟大,不知道他的名字会使人思想变得多么开阔,身处的空间变得多么广阔。在对英勇抱有同样看法的人中,他经历的失败和机遇最多。在写作中,他将这些经历——还有他与现实的疏离——转化成自己的优势。他以不利为有利,他知道或者说是发现,伟大潜藏在意想不到的地方。他从完全世俗的生活中,采撷崇高的时刻,并不遗余力地将最为美好的部分写进书页里。他的作品加起来不过一抱,而且其中有些已经过时,很多也不无瑕疵,但它都有丰富的精神世界:它让我们想超越自我,它让我们怀有梦想。 446 447

后　记

1998年9月7日，一位渔夫在马赛海岸拖网作业时，从渔网上取下来一条银制的身份手链。手链表面坑坑洼洼，颜色发黑，用拇指擦拭后露出几个字来，有“安托万”，还有“圣埃克苏佩里”。再擦拭一下，又显出雷纳尔与希契科克在纽约的地址，以及龚苏萝的名字。“这么广阔的海洋，这么小的手链，”渔夫兴奋地喊道，“这简直是奇迹。”他说得没错。多年来，那么庞大的机身都没有搜到，现在这么小的首饰却突然从大海深处浮出水面——手链看起来很小，男人都不一定能戴进去。渔夫偷偷地（也是非法地）把发现的手链交给了当地一个专门从事海底探险的人。他们说好对手链的事保密。随后的六周里，他们又开展了细致而密集的搜索工作。在地中海的一大片水域发现了七艘沉船，其中一艘还是罗马船，可就是没有飞机残骸。

同时，渔夫捡到手链的消息不知怎么登上了报纸。圣埃克苏佩里的后代亲属，就是他妹妹加布丽埃勒的孙辈们，强烈质疑手链的真实性，况且他们也没有见到手链。这一发现并没有得到合理处置。阿盖家族一直以来都反对任何搜索活动，尤其反对搜索圣埃克苏佩里的遗骸，因为他们认为那有失体面。他在哪里，哪里就是他的安葬地。要想让作家的太阳永不落,就不要让他暴露于光天化日之下。失踪使他成为传奇,提升了他的地位,使他成为埃尔哈特/亚特兰蒂斯一样的谜。有人可能会说失踪之谜对版税收入也有重要意义。

关于这条手链究竟是不是伪造品的讨论一直在持续,职业潜水员吕克·万雷尔开始了他的搜寻工作。他对于马赛沿岸的海底非常熟悉,早在十五年前,他就在里乌岛附近拍到过一块残骸的照片,在他的印象中,他还勘测过一架法国或者德国飞机的残骸。接下来的几个月,他认真研究了洛克希德 P-38 闪电战斗机。到了 2000 年 5 月,他已经能够断定,在海平面二百五十英尺以下、一片半英里长的海底区域里散落的一个起落架舱、一大块机身和透平式压缩机的零件,只可能来自一架P-38。万雷尔对官方报告说,曾经有四架这一型号的飞机在地中海 449
上空坠毁,其中三架已经确认。

圣埃克苏佩里一直不善于把握时机,就连死后也依然如此。就差几周时间,他错过了巴黎的解放。他的头像印上了五十法郎纸币,但没过多久法郎就被欧元取代了。他不应该在 2000 年再次出现在世人面前;他已经上演了人们记忆中最著名的失踪戏码,如今在诞辰一百周年时突然出现一点也不明智。死亡是充满诗意的,但消失得无影无踪却不是。他的死亡之谜在 2000 年最受关注。被译为近百种语言的《小王子》仍然是地球上除《圣经》之外销量最大的一本书。各种小王子玩偶、枕头、笔、手表和笔记本等在世界各地的礼品店里都可以看到。为了纪念他,里昂机场被重新命名为里昂-圣埃克苏佩里机场,他出生的那条街也改成了他的名字。

所有能分他遗产的人都得到了自己的那一份。拉格勒努耶酒店外墙上挂起一块牌匾,它的前身是纽约一家圣埃克苏佩里经常光顾的餐厅。现在据称他是在东五十二街创作《小王子》的。(实际上,纽约诺斯波特中央公园南 240 号的公寓是他创作这个故事时居住的地方，现在倒没有挂什么牌匾。）龚苏萝的回忆录突然被一位评论家发现，经过修改后出版了。它们成了当时的畅销书。她的作品《玫瑰的故事》精练地讲述了与一个无可救药的男人度过无可救药的一生的故事。这个无可救药的男人虽然有着世界上最善意的初衷，却给周遭的人带来了痛苦。龚苏萝的作品中几乎没有对婚姻幸福的描写，而圣埃克苏佩里曾经对她说："你不在，我就无法思考；你一说话，我就无法写作。"

"他的内心世界过于丰富。"龚苏萝这样看待丈夫，这个观察是非常准确的。也可以这样评价他的爱情生活，但龚苏萝在作品中对B夫人，她最大的情敌停止了报复。B夫人是内莉·德·沃居埃，结婚时就已经和圣埃克苏佩里有瓜葛了，她不愿意媒体提及她的名字，即使在半个世纪以后也是如此。她早年发表观点时用的是皮埃尔·谢弗里耶这个名字，不过圣埃克苏佩里写给她的信尚未披露，或许有一天我们能借此更加了解圣埃克苏佩里。（她意味深长地对本传记的作者说："你死以前，他们是不会出版这些信的。"）这些信件现收藏于巴黎国家图书馆，封存起来留给五十年后的读者看。

尽管圣埃克苏佩里的妻子和情人颇为不同，但她们对他的描绘却非常接近。皮埃尔·谢弗里耶回忆，圣埃克苏佩里强迫她服下苯丙胺，这样她就能集中精神读他刚创作的作品了。他和龚苏萝共度第一晚时
450 做了什么？递给未婚妻他第一部小说的一些章节，然后灌她喝下镇静剂。难怪他不能在没有人陪伴监护的情况下见传记作者呢。在现实世界和情感世界里，圣埃克苏佩里总是显得很笨拙，关于这一点龚苏萝描述得非常生动：即便在北非的沙漠里，她丈夫走起路来也笨手笨脚，总能被什么东西绊倒。丈夫刚刚从地中海九死一生的遭遇中恢复过来，就提出要驾驶飞机去西贡，她当然很不高兴。1936年，她请求圣埃克苏佩里："答应我，托尼奥，你别再去海上飞行了，有水的地方都别去。我

这么说可能有点迷信,看起来很傻,但我觉得水对你不利。”

*

万雷尔找到飞机残骸三年后,法国政府才批准打捞那些已经有些分解的残骸。2003 年 9 月,他们用起重机把残骸吊上来,由于长期被酸腐蚀,残骸已经散架了。很快,人们发现了透平式压缩机上的一个不锈钢仪表盘,上面刻着数字 2734——这正是圣埃克苏佩里 1944 年 7 月 31 日从科西嘉岛起飞时所驾驶洛克希德飞机的序列号。尘埃落定。现在飞机残骸连同身份手链一起保存在布尔歇航空博物馆,不过圣埃克苏佩里的家人一直不愿承认那条手链是他的。六十年后,围绕圣埃克苏佩里最终归宿的谜团终于解开。他去了该去的地方。

这些锈迹斑斑的金属对圣埃克苏佩里之谜会有什么样的影响呢?事实上,这些残骸不能说明什么,因为只要从天空坠落,或早或晚都会落到地球上。引力从不失效。这些证据只能说明,圣埃克苏佩里驾驶的 P-38 很有可能是在返回科西嘉岛途中,以极高的速度垂直俯冲跌入大海的。他为什么会出现在那里,现在和将来我们仍然只能猜测。没有理由相信他是被击落的,飞机残骸上没有留下弹孔。同样,也没有理由相信他是自杀的。不过,关于飞机的这些新发现丝毫不会妨碍一些读者从《小王子》中解读出他的死亡意愿,但没有证据支持他们的观点。只能说,如果回想一下圣埃克苏佩里那些死里逃生的经历,这次坠机很难算是意外。他在 1944 年执行的任何一次飞行任务都有可能是最后一次。

他的死亡之谜或许可以从殉道、人类的错误、漫不经心这些方面来解释,又或者纯粹是因为运气不好。如果圣埃克苏佩里的命运和小王子的命运不再一致,他的传奇是否还会继续?《小王子》今天读起来已

和从前不同，它已经恢复成作家去世前的样子：一部小说。它已经担负
451 众望太久了。我们不觉得 P. L. 特拉弗斯会被西风吹走，也不觉得 C.
S. 刘易斯会投入狮子阿斯兰的怀抱。海底的残骸提醒我们，圣埃克苏
佩里并没有消失于他的书页中。残骸的发现揭去了神秘的面纱，也提
升了作品的意义。《小王子》这部薄薄的小书能闻名于世，并非因为作
452 者的死亡之谜，而是因为那些他在世时就困扰他的重要谜题。

索　引

（条目后的数字为原书页码，见本书边码）